Romanhaftes Erzählen von Geschichte

Studien und Texte zur Sozialgeschichte der Literatur

―

Herausgegeben von
Norbert Bachleitner, Christian Begemann,
Walter Erhart, Gangolf Hübinger, Barbara Picht
und Meike Werner

Band 148

Romanhaftes Erzählen von Geschichte

Vergegenwärtigte Vergangenheiten
im beginnenden 21. Jahrhundert

Herausgegeben von
Daniel Fulda und Stephan Jaeger

In Zusammenarbeit mit
Elena Agazzi

DE GRUYTER

ISBN 978-3-11-076194-8
e-ISBN (PDF) 978-3-11-054168-7
e-ISBN (EPUB) 978-3-11-054130-4
ISSN 0174-4410

Library of Congress Control Number: 2019938706

Bibliografische Information der Deutschen Nationalbibliothek
Die Deutsche Nationalbibliothek verzeichnet diese Publikation in der Deutschen Nationalbibliografie; detaillierte bibliografische Daten sind im Internet über http://dnb.dnb.de abrufbar.

© 2021 Walter de Gruyter GmbH, Berlin/Boston
Dieser Band ist text- und seitenidentisch mit der 2019 erschienenen gebundenen Ausgabe.
Satz: Integra Software Services Pvt. Ltd.
Druck und Bindung: CPI books GmbH, Leck

www.degruyter.com

Inhaltsverzeichnis

Daniel Fulda und Stephan Jaeger
Einleitung: Romanhaftes Geschichtserzählen in einer
erlebnisorientierten, enthierarchisierten und hybriden
Geschichtskultur —— 1

I Leitbegriffe und -aspekte

Beatrix van Dam
Belegen und beleben? Geschichtserfahrung und Metahistoriographie
in populären Geschichtserzählungen der Gegenwart —— 57

Daniel Fulda
Liebe geht durch alle Zeiten? Historische und poetologisch-
selbstreflexive Anachronismen im romanhaften Geschichtserzählen von
Sexualität und Geschlechterrollen —— 81

Kathrin Maurer
Der Spielbegriff im historischen Roman des frühen 21. Jahrhunderts —— 111

Leonhard Herrmann
Vom Glauben wissen: Religion und Gott im historischen Erzählen der
Gegenwart —— 131

II Romanhaftes Geschichtserzählen vom 20. Jahrhundert

Stephan Jaeger
Im Streben nach Transnationalität und historischer Authentizität:
Deutschsprachiges romanhaftes Geschichtserzählen vom Ersten
Weltkrieg im 21. Jahrhundert in Literatur, Geschichtsschreibung,
Museum und Film —— 155

Helmut P. E. Galle
Vom Zeugnis zur Fiktion: Zur Holocaustliteratur in deutscher Sprache
seit 1990 —— 181

Robert Forkel
Literarisches Geschichtserzählen über die Zeit des Nationalsozialismus seit der Jahrhundertwende: Bestandsaufnahme und Typologie —— 205

Eva Kuttenberg
Geschichte und Geschichten im österreichischen Generationenroman des 21. Jahrhunderts —— 229

Michael Ostheimer
Wendezeit – Wende der Zeit: Zum Zusammenhang von Geschichtsphilosophie und Zeitdenken in der Post-DDR-Literatur —— 251

III Alternative und hybride Romangattungen

Lynn L. Wolff
Literatur als Historiographie nach W. G. Sebald —— 279

Herbert Uerlings
Der neuere postkoloniale historische Roman: Probleme und Perspektiven —— 303

Elena Agazzi
Große Erwartungen und zerbrochene Träume: Deutschlands tropisches Kolonialland zwischen Utopie und Geschichte in Marc Buhls *Das Paradies des August Engelhardt* (2011) und in Christian Krachts *Imperium* (2012) —— 329

Daniele Vecchiato
Gärten der Utopie: Entwicklungen des parahistorischen Romans am Beispiel von Michael Kleebergs *Ein Garten im Norden* (1998) und Christian Krachts *Ich werde hier sein im Sonnenschein und im Schatten* (2008) —— 351

Ines Schubert
Historie und Gedächtnis im romanhaften Geschichtserzählen: Robert Menasses *Die Vertreibung aus der Hölle* (2001) —— 371

IV Zeitreisen und populäres Geschichtserzählen

Gaby Pailer
Frauen im Turm: Geschichtserzählung und Geschlechterverhältnis bei Felicitas Hoppe, Viola Roggenkamp und Sabine Weigand —— 393

Sabine Planka
Geschichtserzählende Zeitreiseliteratur des 21. Jahrhunderts für Kinder und Jugendliche —— 417

Anushka Gokhale
Im Zeichen der Normalisierung: Historische Kriminalromane zur Weimarer Republik im neuen Jahrhundert —— 441

Norbert D. Wernicke
Geschichte und ihre (un)politische Dimension in der Literatur und Erinnerungskultur der Schweiz des 21. Jahrhunderts —— 461

Beiträgerinnen und Beiträger —— 483

Namen-, Titel- und Sachregister —— 489

Daniel Fulda und Stephan Jaeger
Einleitung

Romanhaftes Geschichtserzählen in einer erlebnisorientierten, enthierarchisierten und hybriden Geschichtskultur

1 Fragen an eine boomende Textgruppe

In unserer Gegenwart erleben Erzähltexte mit historischen Themen oder zumindest historischer Szenerie eine neue Hochkonjunktur. Das ist im ästhetisch anspruchsvollen wie im populären Segment festzustellen, ebenso im Bereich nicht-fiktionaler Sachtexte. Über die bereits für die 1970er bis 90er Jahre konstatierte Wiederbelebung des literarischen Geschichtserzählens[1] geht die aktuelle Konjunktur noch einmal hinaus, denn sie hat auch die Kinder- und Jugendliteratur und nicht-fiktionale Sachbücher erfasst und überdies das ehedem despektierlich angesehene triviale Segment öffentlichkeitsfähig gemacht. Eine um 2000 nahezu neu hervorgetretene Gattung ist die autobiographisch fundierte Generationenerzählung. Sie bildet einen Motor jener Konjunktur und wird zugleich von ihr getragen; paradigmatisch ist sie überdies, indem sie ‚Familiengeschichtsforschungen' ohne künstlerische Ambitionen ebenso wie literarisch gestaltete Texte – fiktionale wie faktuale – umfasst.

Der vorliegende Band unternimmt es, den aktuellen Stand des historischen Erzählens in romanhaften Schreibweisen in der Pluralität seiner Formen, Interessen und Funktionen zu beschreiben, konzentriert auf deutschsprachige Texte,

---

[1] Die Anfänge dieser Entwicklung lokalisiert die Forschung in den 1970er Jahren; in den 1980er Jahren habe sie sich mit der ‚Wiederkehr des Erzählens' weiter verstärkt, so Hans-Edwin Friedrich: Die Wiederkehr des historischen Romans seit den 1980er Jahren. In: Ders.: Der historische Roman. Erkundung einer populären Gattung. (Beiträge zur Literatur und Literaturwissenschaft des 20. und 21. Jahrhundert 23) Frankfurt am Main [u. a.] 2013, S. 5–7. Stephanie Catani: Geschichte im Text. Geschichtsbegriff und Historisierungsverfahren in der deutschsprachigen Gegenwartsliteratur. Tübingen 2016, S. 41–42 und 44 sieht dagegen eine „Epochenzäsur 1989", allerdings ohne dies für das romanhafte Geschichtserzählen näher zu begründen. Die Maßgeblichkeit der politischen Wende von 1989/90 für die Literatur bestreiten, mit guten Gründen, Heribert Tommek, Matteo Galli und Achim Geisenhanslüke (Hg.): Wendejahr 1995. Transformationen der deutschsprachigen Literatur. (Spectrum Literaturwissenschaft 51) Berlin/Boston 2015. Ihr Plädoyer dafür, den Beginn der Gegenwartsliteratur in der Mitte der 1990er Jahre anzusetzen, nimmt allerdings keinerlei Bezug auf das Thema Geschichte in der Literatur.

aber mit vergleichenden Seitenblicken auf andere Sprachen und Länder. Besonderes Augenmerk liegt darauf, was als kennzeichnend für die gegenwärtige Situation seit ca. 2000 identifiziert werden kann. Dazu werden aktuelle Texte und Textgruppen zum einen vor dem Hintergrund etablierter Muster des literarischen Geschichtserzählens analysiert: In welchem Maße dienen die Traditionen des historischen Romans, sei es in klassischer Ausprägung à la Walter Scott,[2] sei es von den modernistischen Innovationen des 20. Jahrhunderts[3] her, noch heute als Modelle? In welcher Weise werden solche Traditionen gebrochen, umgestaltet, kommentiert oder mit anderen Roman- und Erzählformen zu Hybriden verarbeitet und welche neuen Erzähltechniken und Geschichtsmodelle treten ihnen zur Seite oder sogar an ihre Stelle? Bildet die Jahrtausendwende eine ästhetische, erinnerungspolitische oder geschichtskonzeptionelle Schwelle, an der sich das Erzählen von Geschichte grundlegend verändert hat?

Zum anderen richten wir den Blick auf die Kontexte, in denen das romanhafte Erzählen von Geschichte heute steht: auf besondere thematische Interessen, die durch möglicherweise neue gesellschaftliche Orientierungsbedürfnisse motiviert werden; auf das heutige Mediensystem und sich verändernde Üblichkeiten der Freizeitgestaltung[4]; auf die (angebliche) ‚Verbreiterung der Gegenwart' als Konsequenz einer Krise des modernen Geschichtsverständnisses mit seiner Separierung von Vergangenheit und Gegenwart und seiner Fortschrittsemphase[5]; auf das gerade in unserer medialisierten Gegenwart stark gewachsene Bedürfnis nach dem ‚Authentischen', nach Einfühlung und nach ‚Erfahrung' – sogar des längst Vergangenen[6]; auf die gewachsene Akzeptanz des Populären und die schwindende

---

[2] Differenziert zur Modellhaftigkeit von Scotts *Waverley* von 1814 vgl. Fabian Lampart: Zeit und Geschichte. Die mehrfachen Anfänge des historischen Romans bei Scott, Arnim, Vigny und Manzoni. (Epistemata 401) Würzburg 2002.
[3] Vgl. Harro Müller: Geschichte zwischen Kairos und Katastrophe. Historische Romane im 20. Jahrhundert. (Athenäums Monografien Literaturwissenschaft 89) Frankfurt am Main 1988.
[4] Vgl. Wolfgang Hardtwig und Alexander Schug (Hg.): History sells! Angewandte Geschichte als Wissenschaft und Markt. Stuttgart 2009; Barbara Korte und Sylvia Paletschek (Hg.): History Goes Pop. Zur Repräsentation von Geschichte in populären Medien und Genres. (Historische Lebenswelten in populären Wissenskulturen 1) Bielefeld 2009; Martin Neubauer: Frühere Verhältnisse. Geschichte und Geschichtsbewusstsein im Roman der Jahrtausendwende. (Wiener Arbeiten zur Literatur 22) Wien 2007; Jerome De Groot: Remaking History. The Past in Contemporary Historical Fictions. London/New York 2015.
[5] Vgl. Harry Harootunian: Remembering the Historical Present. In: Critical Inquiry 33 (2007), S. 471–494; Hans Ulrich Gumbrecht: Unsere breite Gegenwart. Berlin 2010; Aleida Assmann: Ist die Zeit aus den Fugen? Aufstieg und Fall des Zeitregimes der Moderne. München 2013.
[6] Vgl. Valentin Groebner: Retroland. Geschichtstourismus und die Sehnsucht nach dem Authentischen. Frankfurt am Main 2018.

Maßgeblichkeit der Experten, hier vor allem der Historiker.[7] Bildet die akademische Geschichtsschreibung noch den maßgeblichen Bezugsdiskurs, als dessen Ergänzung oder Kritik sich die fiktionale Geschichtsliteratur profiliert – so die gängige Ansicht der Forschung über den historischen Roman?[8] Oder muss heutiges Geschichtserzählen vor allem in einem multimedialen Kontext verstanden werden, der von Kinofilmen und TV-Formaten (mit Zeitzeugen-Interviews, Dokudramen, fingierten Live-Nachrichtensendungen über die Völkerschlacht bei Leipzig[9] u.v.a.m.) über Computerspiele und heute meist multimediale und inzwischen auch virtuelle historische Ausstellungen[10] bis hin zu touristischen oder Livinghistory-Angeboten reicht – lauter Repräsentationformen von hohem Immersionspotential, die Geschichte quasi zum Miterleben anbieten?[11] Wäre die Literaturwissenschaft allein auf literarische Autonomie und Autoreferentialität eingestellt, so könnte sie solchen funktionalen Verflechtungen und den dadurch sich verändernden Lese-Einstellungen nicht gerecht werden. Vielmehr muss sie die Konsequenz ziehen, sich auch mit nicht-fiktionalen und nicht-literarischen Geschichtserzählungen zu befassen, und zwar nicht nur mit historiographischen, die seit den 1990er Jahren einen anerkannten Gegenstand literaturwissenschaftlicher Analysen bilden.

---

7 Vgl. Jerome De Groot: Consuming History. Historians and Heritage in Contemporary Popular Culture. 2. Aufl. London/New York 2016 [2009].
8 Als gegenwärtigen Vertreter dieser Ansicht vgl. Brian Hamnett: The Historical Novel in Nineteenth-Century Europe. Representations of Reality in History and Fiction. Oxford 2011.
9 Vgl. URL: https://www.mdr.de/voelkerschlacht/topnews/index.html, zuletzt besucht am 10.10.2018.
10 Zu virtuellen historischen Ausstellungen siehe z. B. Alison Landsberg: Engaging the Past. Mass Culture and the Production of Historical Knowledge. New York 2015, S. 147–176; vgl. auch Adam Muller, Struan Sinclair und Andrew Woolford: Digitizing Trauma. Embodying Empathy in a Reconstructed Canadian Indian Residential School. In: Wolfgang Klooß (Hg.): Wor(l)ds of Trauma. Canadian and German Perspectives. (Diversity / Diversité / Diversität 3) Münster/New York 2017, S. 249–261.
11 Zum Begriff der Immersion vgl. Beatrix van Dam: Geschichte erzählen. Repräsentation von Vergangenheit in deutschen und niederländischen Texten der Gegenwart. (Studien zur deutschen Literatur 211) Berlin/Boston 2016 sowie den Beitrag der Autorin im vorliegenden Band. Die Erzeugung von geschichtsbezogener Emotion und Empathie und deren Korrelation mit kognitiven und ethischen Einsichten ist in der anglophonen Forschung in den vergangenen Jahren stark diskutiert worden, vgl. Alison Landsberg: Prosthetic Memory. The Transformation of American Remembrance in the Age of Mass Culture. New York 2004; dies.: Engaging the Past; Paul Williams: Memorial Museums. The Global Rush to Commemorate Atrocities. Oxford 2007; Silke Arnold-de Simine: Mediating Memory in the Museum. Trauma, Empathy, Nostalgia. (Palgrave Macmillan Memory Studies) Basingstoke 2013; Tyson Retz: Empathy and History. Historical Understanding in Re-enactment, Hermeneutics and Education. (Making Sense of History 35) New York 2018.

Die Forschung zum historischen Roman – als der klassischen Form romanhaften Geschichtserzählens – hat sich lange Zeit auf die epistemische Paradoxie konzentriert, dass diese Gattung *mit der Lizenz zum Erfinden über tatsächlich Gewesenes erzählt.*[12] Dass sich Geschichtsliteratur auf beiden Seiten der Grenze zwischen Fiktionalität und Faktualität bewegt, hat die modernen Errichter und Bewacher dieser Grenze irritiert und fasziniert zugleich. In vielen Bereichen der Gegenwartskultur scheint sich jene Grenze aufzulösen. Das gilt keineswegs allein für Darstellungen und Entwürfe von Geschichte, sondern reicht bis ins Lebensgefühl der Subjekte: ‚Sich zu erfinden' stellt heute einen Imperativ dar, demzufolge das Präsentieren-als-ob sogar persönliche Identität fundiert.[13] Wenn aber das ganze Leben ein Projekt mit fiktionalen Zügen wird: verändert sich dann die Literatur – als Kunstform des Fiktionalen –, weil sich die Erlebens-Erwartungen an sie wandeln? Rückt sie womöglich, paradoxerweise, sogar näher an das Faktuale heran, weil man weiß, dass dieses nicht objektiv gegeben, sondern ebenfalls konstruiert ist? Ist die Literatur „der Geschichtsschreibung gewissermaßen auf den Leib gerückt"?[14] Geschichtsthematisierendes Erzählen kann auf die genannten Herausforderungen sehr unterschiedlich reagieren: Viele Texte machen ihren Lesern große Miterlebens-Angebote und sich selbst (als sprachliche Artefakte) ganz klein; andere hingegen stellen sich reflexiv der zunehmenden Verflochtenheit von Fakten und Fiktion, von Existenz und Imagination, von Historisierung und Vergegenwärtigung und zeigen auf, was Sprachkunst sowohl für die Evokation als auch für die Dekonstruktion von Geschichte leisten kann.

Ergänzend zu den hier versammelten Studien, die Form- mit Funktionsanalysen verbinden, unternimmt es diese Einleitung, das romanhafte Geschichtserzählen der Gegenwart im Ensemble der Geschichtskultur insgesamt zu bestimmen. Zunächst fragen wir nach den Bedingungen und der Verfassung des romanhaften

---

12 Wirkmächtig war hier Hans Vilmar Geppert: Der „andere" historische Roman. Theorie und Strukturen einer diskontinuierlichen Gattung. (Studien zur deutschen Literatur 42) Tübingen 1976, wo der „Hiatus" zwischen Geschichte und Fiktion akzentuiert wird. Stärker auf die Interaktion zwischen beidem hebt dagegen Gepperts spätere Gattungsgeschichte ab, vgl. Hans Vilmar Geppert: Der historische Roman. Geschichte umerzählt – von Walter Scott bis zur Gegenwart. Tübingen 2009. Als rezente Studie auf dieser Linie vgl. Max Doll: Der Umgang mit Geschichte im historischen Roman der Gegenwart. Am Beispiel von Uwe Timms *Halbschatten*, Daniel Kehlmanns *Vermessung der Welt* und Christian Krachts *Imperium*. (Moderne und Gegenwart 21) Frankfurt am Main 2017.
13 Vgl. Wolfgang Kraus: Das erzählte Selbst. Die narrative Konstruktion von Identität in der Spätmoderne. (Münchner Studien zur Kultur- und Sozialpsychologie 8) Pfaffenweiler 1996.
14 So Aleida Assmann: Erlebte, erinnerte und erzählte Geschichte. In: Axel Rüth und Michael Schwarze (Hg.): Erfahrung und Referenz. Erzählte Geschichte im 20. Jahrhundert. Paderborn 2016, S. 43–58, hier S. 54.

Geschichtserzählens in unserem Untersuchungszeitraum – etwa seit dem Jahr 2000 – und wägen dabei Kontinuitäts- ebenso wie Veränderungsmomente (2. Abschnitt). Als nahezu neu hervorgetretene und für den gegenwärtigen Umgang mit Geschichte charakteristische Gattung wird sodann die (auto)biographische Generationenerzählung thematisiert (3). Ebenfalls für ein Charakteristikum der jüngsten Zeit halten wir die verstärkte Präsenz historischer Populärromane und anderer populärer Formate in der Öffentlichkeit (4). Der Geltungsgewinn des Populären trägt wiederum zu jener Enthierarchisierung bei, die für die gegenwärtige Geschichtskultur generell kennzeichnend ist; der damit verbundene Autoritätsverlust der Experten insbesondere aus der Geschichtswissenschaft verändert auch das Beziehungsgefüge, in dem das literarische Geschichtserzählen steht (5). Bezeichnend für Teile sowohl des romanhaften Geschichtserzählen als auch der gegenwärtigen Geschichtskultur insgesamt scheint uns die Erwartung, Geschichte lasse sich wie ein mehr oder weniger ferner Ort ‚bereisen', weshalb Zeitreisen ein beliebtes (Werbe-)Konzept für die Beschäftigung mit Geschichte geworden sind und sich sogar als Handlungsmotiv in historischen Romanen finden (6). Aus der heutigen Formenvielfalt des außerwissenschaftlichen Erzählens von Geschichte ziehen wir die Konsequenz, mit dem Begriff ‚romanhaftes Geschichtserzählen' statt mit dem traditionellen Gattungskonzept des historischen Romans zu arbeiten (7). Bezeichnend für die Dynamiken des heutigen romanhaften Geschichtserzählen erscheinen uns eine Reihe von Hybridisierungen: neben generischen (Gattungskombinationen) insbesondere Hybridisierungen von Romanförmigkeit und Faktenbezug sowie von Schrift- und anderen Medien (8). Ihren Abschluss findet diese Einleitung in einem knappen Überblick über die Beiträge des Bandes sowie einem Ausblick auf mögliche gesellschaftliche Gründe für das haussierende Geschichtsinteresse unserer Gegenwart (9).

2 Kontinuität über die Jahrhundertwende hinweg: Epistemologie der Geschichte und Poetik des historischen Erzählens

‚Seit ca. 2000' – gibt es gute Gründe dafür, den Untersuchungszeitraum dieses Bandes so zu definieren? Oder wird damit der arbeitspraktischen Notwendigkeit, dem Gegenstandsbereich eine Grenze zu ziehen, auf übermäßig bequeme Weise Genüge getan, d. h. nur scheinbar, weil runde Jahreszahlen allenfalls ein Surrogat historischer Periodisierung darstellen? Anders gefragt: welchen (literatur)historischen Gehalt hat die unterstellte Zäsur um 2000? Weist das romanhafte Geschichtserzählen des beginnenden 21.

Jahrhunderts Charakteristika auf, die sich in der Zeit davor nicht oder jedenfalls nicht im selben Maße und in derselben Weise zeigen?

Anders als manche anderen Stimmen der gegenwärtigen Germanistik sehen wir in der Epistemologie der Geschichte und Poetik des historischen Erzählens mehr Kontinuität über die Jahrtausendwende hinweg als einen prinzipiellen Umschwung. Dass Geschichte nichts per se Gegebenes und Stabiles ist, sondern durch Erzählungen erzeugt wird und daher höchst unsicher und bildsam ist, aber auch immer wieder neu hervorgebracht werden kann – diese seit den 1970er Jahren sowohl poetologisch als auch geschichtstheoretisch erarbeitete Einsicht bildet in den Jahren *vor wie nach* 2000 die Grundlage der literarischen wie wissenschaftlichen und weithin auch der öffentlichen Beschäftigung mit Geschichte. Fakten und Fiktionen der Geschichte gelten bereits seit Längerem als aufeinander angewiesen: Auch die faktuale Geschichtsdarstellung der Historiographie kommt ohne Fiktionen nicht aus, während das fiktionale Spiel mit Geschichtlichem zumindest in der Hinsicht mit der Erwartung des Tatsächlichgewesen-Seins rechnet, dass es sich davon absetzt – wenn es diese Erwartung nicht sogar bedient, indem es vorgibt, in erfundenen Geschichten die tatsächliche Geschichte darzustellen und erlebbar zu machen.[15] In diesem literatur- und geschichtstheoretisch zentralen Punkt hat sich seit seiner weitgehend durchgesetzten Anerkennung in den 1990er Jahren kein substantiell neuer Stand ergeben. Geändert hat sich die Situation nur insofern, als der ehedem scharfe Widerstreit zwischen theoretischer ‚Avantgarde' und ‚Konservativen', will sagen zwischen dekonstruktiver Kritik an der unreflektierten Voraussetzung einer gegebenen und empirisch fassbaren Geschichte einerseits[16] und der Abwehr einer solchen Reduktion von Geschichte auf Textualität und Erzählung andererseits zugunsten eines nahezu allseits akzeptierten gemäßigten Konstruktivismus überwunden scheint.[17] Die kognitionswissenschaftlichen Ansätze, die tatsächlich weitgehend neu und in der Narratologie mittlerweile recht stark sind[18] (während sie in der Geschichtstheorie bisher randständig geblieben sind), haben die

---

15 Vgl. Paul Ricœur: Zeit und Erzählung. Bd. 1–3. Übersetzt von Rainer Rochlitz und Andreas Knop (Bd. 3). München 1988–91 [französisch 1983–85].
16 Vgl. Robert F. Berkhofer, Jr.: Beyond the Great Story. History as Text and Discourse. Cambridge, Mass./London 1995.
17 Bezeichnend für die Abschwächung des Faktizitätstrotzes mancher Historiker ist Werner Paravicini: Die Wahrheit der Historiker. (Historische Zeitschrift, Beiheft N. F. 53) München 2010: Obwohl Paravicini scharfe Kritik am „methodischen Masochismus unserer Theoretiker" übt, konzediert er: „Konstruieren wir also, aber nur, um rekonstruieren zu können." (S. 40 und S. 32)
18 Vgl. Marco Caracciolo: The Experientiality of Narrative. An Enactivist Approach. (Narratologia 43) Berlin/Boston 2014.

weitgehend konsensuelle Ansicht, Geschichte sei ein Konstrukt – aber mit unaufgebbarem Tatsächlichkeitsanspruch und unabweisbarer Relevanz für Gesellschaft wie Individuum –, lediglich neu fundiert, jedoch keineswegs revidiert.

Mehr Kontinuität als Umbrüche zeigt ebenso die Poetik des historischen Romans (in einem weiten Verständnis dieser Gattung). Mit der Typologie des historischen Romans der Nachkriegszeit, die Ansgar Nünning 1995 publiziert hat,[19] lässt sich weiterhin sehr gut arbeiten. Literarische Selbstreflexivität und die Fiktion als Medium metahistoriographischer Reflexion, hybride Überkreuzungen mit anderen Romangattungen, Revisionen herkömmlicher Geschichtsvorstellungen im Interesse schwach repräsentierter Gruppen – all dies sind nach wie vor Charakteristika des romanhaften Geschichtserzählens. Gleichwohl werden in der neuesten Forschung spezifische Tendenzen der Zeit nach 2000 genannt, unter anderem eine „Präferenz des Fiktionalen", die das für den historischen Roman konstitutive „Schwanken zwischen Realität und Fiktion zugunsten der Fiktion" entschieden habe,[20] bzw. dass neuerdings „die literarische Inszenierung [...] gerade nicht in den Dienst der Geschichte sowie der Geschichtsschreibung gestellt" werde.[21] Diesem angeblichen Gewichtsgewinn des literarisch-fiktionalen Pols, für den Daniel Kehlmanns Erfolgsroman *Die Vermessung der Welt* (2005) sehr plastisch, aber nicht unbedingt repräsentativ steht – und ebenso sein *Tyll* von 2017 –, lässt sich entgegenhalten, dass in der Literatur- und Kulturwissenschaft gleichzeitig von einer ‚Rückkehr des Realen', der Wiederkehr persönlicher, auch leiblicher Erfahrungen sowie vom Vormarsch „identifikatorische[r] Lektüre[n]" die Rede ist.[22] Wenn sich geschichtsthematisierende Literatur aber schon seit

---

19 Vgl. Ansgar Nünning: Von historischer Fiktion zu historiographischer Metafiktion. Bd. 1: Theorie, Typologie und Poetik des historischen Romans. (LIR. Literatur – Imagination – Realität. Anglistische, germanistische, romanistische Schriften 11) Trier 1995.
20 Erik Schilling: Der historische Roman seit der Postmoderne. Umberto Eco und die deutsche Literatur. (Germanisch-romanische Monatsschrift. Beiheft 49) Heidelberg 2012, S. 285 und S. 288.
21 Stephanie Catani: Was bleibt von der Geschichte? Form und Funktion historisch-fiktionalen Erzählens im 21. Jahrhundert. In: Julia Schöll und Johanna Bohley (Hg.): Das erste Jahrzehnt. Narrative und Poetiken des 21. Jahrhunderts. Würzburg 2011, S. 23–35, hier S. 26.
22 Vgl. Aleida Assmann, Karoline Jeftic und Friederike Wappler (Hg.): Rendezvous mit dem Realen. Die Spur des Traumas in den Künsten. (Erinnerungskulturen 4) Bielefeld 2014; Birgitta Krumrey, Ingo Vogler und Katharina Derlin (Hg.): Realitätseffekte in der deutschsprachigen Gegenwartsliteratur. Schreibweisen nach der Postmoderne? (Beiträge zur neueren Literaturgeschichte 325) Heidelberg 2014; Søren R. Fauth und Rolf Parr (Hg.): Neue Realismen in der Gegenwartsliteratur. (Szenen/Schnittstellen 1) Paderborn 2016. Mit Bezug auf den historischen Roman vgl. Andrew James Johnston und Kai Wiegandt: Introduction. In: Dies. (Hg.): The Return of the Historical Novel? Thinking about Fiction and History after Historiographic Metafiction. Heidelberg 2017, S. 9–18, hier S. 12. Das Zitat findet sich bei Stefan Neuhaus: „Die Fremdheit ist ungeheuer". Zur Rekonzeptionalisierung historischen Erzählens in der Gegenwartsliteratur. In: Carsten Gansel

geraumer Zeit zwischen einem heteroreferentiellen Pol mit quasi-historiographischen Erkenntnisansprüchen und/oder starker Suggestion von Geschichtsdarstellung einerseits und einem autoreferentiellen Pol mit „ausgeprägter Dominanz der fiktionalen und metafiktionalen Elemente gegenüber Elementen der außertextuellen Realität"[23] andererseits bewegt, so haben wir es beim gegenwärtigen Nebeneinander von Texten entweder der einen oder der anderen Ausrichtung mit einem Spektrum von Möglichkeiten zu tun, das für das romanhafte Erzählen von Geschichte keineswegs neu ist.

In einem 2012 erschienenen Sammelband zum anglophonen Historischen Roman der Gegenwart heißt es, „contemporary readers [...] seem unconcerned as to whether the narratives they consume are factual or fictional."[24] Katherine Cooper und Emma Short legen das so aus, dass ‚die Leser' nicht mehr an einer „verifiable – or, occasionally, a recognizable history within these narratives" interessiert seien. Die von ihnen mit einer Anspielung auf Coleridge konstatierte ‚willingness to suspense one's disbelief' geht indessen nicht zwingend mit einem Bewusstsein von der Konstruktivität aller Geschichtsdarstellungen einher, die von der Geschichts- wie Literaturtheorie der letzten Jahrzehnte so einlässlich herausgearbeitet wurde. Der heute in allen gesellschaftlichen Bereichen thematischen Schwierigkeit, Fakten und Fiktionen voneinander zu unterscheiden, entspricht bei einer Mehrheit von Lesern vielmehr eine Lektüreeinstellung, die die Geschichtsdarstellung historischer Romane als im Großen und Ganzen zutreffend und damit als ‚wahr' akzeptiert, sobald sie dem im Allgemeinen für richtig gehaltenen Geschichtsbild entspricht.[25] Demnach scheint nicht das Interesse an ‚Fakten' erloschen, wohl aber die Bereitschaft gewachsen zu sein, sie in einer Textgattung zu finden, die erkennbar nicht faktualitätszuverlässig ist. Die Vermutung, dass diese Tendenz mit einer allgemein zu beobachtenden Mediennutzungsweise

---

und Elisabeth Herrmann (Hg.): Entwicklungen in der deutschsprachigen Gegenwartsliteratur nach 1989. (Deutschsprachige Gegenwartsliteratur und Medien 10) Göttingen 2013, S. 23–36, hier S. 25.

23 Ansgar Nünning: Von der fiktionalisierten Historie zur metahistoriographischen Fiktion. Bausteine für eine narratologische und funktionsgeschichtliche Theorie, Typologie und Geschichte des postmodernen historischen Romans. In: Daniel Fulda und Silvia Serena Tschopp (Hg.): Literatur und Geschichte. Ein Kompendium zu ihrem Verhältnis von der Aufklärung bis zur Gegenwart. Berlin/New York 2002, S. 541–571, hier S. 550.

24 Katherine Cooper und Emma Short: Introduction: Histories and Heroines: the Female Figure in Contemporary Historical Fiction. In: Dies. (Hg.): The Female Figure in Contemporary Historical Fiction. Basingstoke 2012, S. 1–19, hier S. 5. Das folgende Zitat ebenda.

25 Fulda, Daniel: Zeitreisen. Verbreiterungen der Gegenwart im populären Geschichtsroman. In: Silke Horstkotte und Leonhard Herrmann (Hg.): Poetiken der Gegenwart. Deutschsprachige Romane nach 2000. (spectrum Literaturwissenschaft/spectrum Literature 37) Berlin/Boston 2013, S. 189–211, hier S. 207–208.

zusammenhängt, die sich in jüngster Zeit als politisch höchst problematisch erwiesen hat, liegt nahe und verdient genauere Nachforschung.

3 Eine nahezu neue Gattung: Autobiographische Generationenerzählungen

Trotzdem lässt sich eine Weise des erzählerischen Zugriffs auf Geschichte nennen, die zu einem guten Teil neu ist und auch wegen ihrer quantitativen Konjunktur als charakteristisch für das beginnende 21. Jahrhundert angesehen werden kann: das *Erzählen von persönlichen Erfahrungen mit der Geschichte* – Geschichte verstanden als Geschehen wie als Bericht davon. Auffallend häufig wird sowohl von den historischen Erfahrungen erzählt, die der Ich-Erzähler oder eine (oft ihm nahestehende) Figur/Person gemacht hat, als auch von persönlichen Erfahrungen mit den Schwierigkeiten der Tradierung und Artikulation solcher Erfahrungen, die in der Katastrophengeschichte des 20. Jahrhunderts nicht selten traumatischen Charakter angenommen haben. Ganz neu ist zwar auch diese Tendenz nicht: Abgesehen davon, dass Literatur mindestens seit dem späten 18. Jahrhundert ein zentrales Medium von Subjektivität ist, rückte das Geschichte am eigenen Leib erlebende Individuum bereits in den 1990er Jahren ins Zentrum des literarischen und zum Teil auch des öffentlichen Geschichtsdiskurses, etwa mit Ruth Klügers *weiter leben* (1992) oder den Erzählungen W. G. Sebalds (*Die Ausgewanderten*, 1992), um nur einige prominente Texte mit Bezug auf die NS-Geschichte zu nennen. Um 2000 herum formierte sich jedoch zusätzlich eine neue Gattung: die autobiographische Generationenerzählung, in der Menschen der Gegenwart auf die Suche nach den historischen Erfahrungen älterer Familienangehöriger gehen.[26] Einer der ersten

---

26 Vgl. Katharina Gisbertz: Die andere Gegenwart. Zeitliche Interventionen in neueren Generationserzählungen. (Beiträge zur neueren Literaturgeschichte 391) Heidelberg 2018; Elena Agazzi: Familienromane, Familiengeschichten und Generationenkonflikte. Überlegungen zu einem eindrucksvollen Phänomen. In: Fabrizio Cambi (Hg.): Gedächtnis und Identität. Die deutsche Literatur nach der Vereinigung. Würzburg 2008, S. 187–203; Daniel Fulda: Literarische Familienbiographien. Ein „kleiner, vorstellbarer Ausschnitt der unvorstellbar grausamen Geschichte". In: Der Deutschunterricht 64 (2012) H. 2, S. 50–59; sowie Friederike Eigler: Gedächtnis und Geschichte in Generationenromanen seit der Wende. Berlin 2005. Die von Eigler analysierten Romane vor *Pawels Briefen* sind fiktionale Generationenerzählungen ohne offen ausgesprochenen autobiographischen Gehalt. Familiengeschichte als strukturgebendes Sujet von Romanen ist natürlich nicht neu, man denke nur an *Die Ahnen* von Gustav Freytag oder Thomas Manns *Buddenbrocks*. Auch Autobiographisches kommt dort vor. Der Ausbau dieses Aspekts zu einer Erzählsituation, in der der (Autor-)Erzähler von seiner Beschäftigung mit der

Texte, der dabei mehr Generationen als die basale Eltern-Kind-Beziehung in den Blick nahm und von einer ganz konkreten Suche nach Quellen des Verstehens von Familienangehörigen in heute sehr fremd erscheinenden gesellschaftlichen Kontexten erzählte, war *Pawels Briefe* (1999) von Monika Maron über ihren jüdischen, im Ghetto umgekommenen Großvater und die kommunistische Mutter.[27] Meist sind die Autoren autobiographischer Generationenerzählungen allerdings erheblich jünger als Maron (Jahrgang 1941), und es handelt sich um Versuche der Aneignung von Familien- und zugleich allgemeiner Geschichte durch lange nach dem Kriegsende Geborene. Familie bildet in den aktuellen Generationenerzählungen nicht allein einen vorteilhaften Darstellungsgegenstand, der die Möglichkeit eröffnet, das Politische im Privaten und das abstrakte Ganze im konkreten Teil dingfest zu machen. Vielmehr wird sie als immer schon gelebte Geschichtlichkeit erfahren. Die Herkunft aus einer Familie macht das Schreiben einerseits leichter, weil es Zugänge schafft (das Photoalbum der Großeltern muss womöglich nur vom Dachboden geholt werden). Da es historisch vor allem um die NS-Verbrechen geht, kann familiäre Verbundenheit andererseits aber auch eine starke Belastung sein, an der sich der Erzähler abarbeitet.

Den alle Altersgruppen motivierenden Hintergrund bildet der Umstand, dass diejenigen, die den Nationalsozialismus selbst erlebt haben, seit etwa der Jahrtausendwende rapide weniger werden. Die autobiographischen Generationenerzählungen unternehmen es, die Erinnerungen und Erfahrungen der ‚Zeitzeugen' zu bewahren bzw. zu rekonstruieren, und reflektieren zugleich darauf, wie und in welchem Maße dies möglich ist und welchen Anteil die heute Nachforschenden und davon Erzählenden daran haben.[28] Dass die Toten nicht mehr selbst erzählen können, bildet die Ausgangslage in der Mehrzahl der einschlägigen Texte, insbesondere in der sogenannten Enkelliteratur.[29] Typischerweise verbunden wird das Interesse an der Geschichte und den Menschen, die in ihr Opfer oder Täter waren, mit dem Bedürfnis des Erzählers nach Klärung der eigenen Identität durch Bewusstmachung der eigenen Herkunft.[30] Historisch stehen

---

eigenen Familiengeschichte berichtet, stellt das Charakteristikum der neuerdings haussierenden Generationenerzählungen dar.

27 Monika Maron: Pawels Briefe. Eine Familiengeschichte. Frankfurt am Main 1999.
28 Vgl. Ariane Eichenberg: Familie – Ich – Nation. Narrative Analysen zeitgenössischer Generationenromane. Göttingen 2009.
29 Vgl. Robert Forkel: Erfahrung aus Narration. Erinnerungskulturelle Funktionen der Enkelliteratur. Phil. Diss. Halle-Wittenberg 2018.
30 Wir schließen uns daher der von Schilling: Der historische Roman, S. 285 vorgetragenen, wenngleich an einem anderen Textmaterial gewonnenen These an, dass „die Suche nach Identität" ein Charakteristikum der Literatur nach 2000 bilde. Obwohl die Familienbiographie stark subjektive Perspektiven auf die Geschichte wirft, meist von einem Erzähler-Ich aus, trifft

dabei die Unheils- und Verbrechensjahre der deutschen Geschichte des 20. Jahrhunderts im Vordergrund, entsprechend dem NS-Schwerpunkt des öffentlichen Geschichtsdiskurses und ebenso auch deswegen, weil das kommunikative Gedächtnis der Familie in der Regel gerade drei Generationen zurückreicht. Über die mittlere Generation sind oft aber auch die DDR und die westdeutsche Bundesrepublik Thema, so dass Herkunfts-‚Brücken' zwischen NS-Zeit und Gegenwart entstehen.

Vorläufer hat auch die autobiographische Generationenerzählung: vor allem die sogenannte Väterliteratur, die zwischen 1975 und den frühen 1980er Jahren haussierte.[31] Davon unterscheiden sich die neueren Texte jedoch vielfältig. Zunächst durch die Ausweitung des historischen Fokus auf die Großelterngeneration (seltener darüber hinaus), auf weibliche Familienmitglieder – Protagonist*innen* sind in allen Sparten des romanhaften Geschichtserzählens stark auf dem Vormarsch[32] – sowie auf Nicht-Deutsche. Der mit dem Ingeborg-Bachmann-Preis 2011 ausgezeichnete autobiographisch grundierte Roman *Engel des Vergessens* von Maja Haderlap z. B. vereinigt alle drei Tendenzen.[33] Ebenfalls neu sind eine hohe Präsenz jüdischer Schicksale und anderer Opferbiographien neben den Täterbiographien, ein weit höherer Anteil von Autorinnen und Protagonistinnen sowie die Begünstigung statt Behinderung von Nachforschungen zur NS-Zeit durch den geschichtspolitischen Kontext. Außerdem hat sich das Spektrum der Gattung (wenn man eine solche anerkennt) zwischen Faktensuche und Fiktion deutlich geweitet: Neben die auto- und familienbiographische Erzählung literarischer Autoren, wie sie bereits in der ‚Väterliteratur' vorlag, sind einerseits zahlreiche so strukturierte ‚Familiengeschichtsforschungen' ohne literarische Ambitionen getreten (besonders viel Aufmerksamkeit hat 2004 das Buch *Meines Vaters Land* der Fernsehjournalistin Wibke Bruhns gefunden) sowie andererseits fiktionale Erzählungen, die das Schema der familienbiographischen Nachforschung anhand fiktiver Figuren reinszenieren und dabei mitunter auch persiflieren wie Arno Geigers Roman *Es geht uns gut* von 2005, wo der Enkel die gesamte Familienüberlieferung in den Müll gibt und umso präziser und interner fokalisiert von Eltern und Großeltern erzählt

---

auf sie jedoch kaum zu, dass jene Suche „an die Stelle von Pluralität und Multiperspektivität" tritt, wie Schilling schreibt (ebd.).
31 Differenziert dazu Julian Reidy: Vergessen, was Eltern sind. Relektüre und literaturgeschichtliche Neusituierung der angeblichen Väterliteratur. (Palaestra 336) Göttingen 2012.
32 Vgl. Cooper, Short: Introduction, S. 1: „the female figure is now not only desirable but also marketable." Zur anglophonen Literatur, mit Bezug sowohl auf populäre wie auch auf ästhetisch ambitionierte Texte, vgl. auch den ganzen Band von Cooper und Short, zu deutschsprachigen Texten die Beiträge von Gaby Pailer und Daniel Fulda in diesem Band.
33 Zu Haderlaps Roman vgl. den Beitrag von Eva Kuttenberg in diesem Band.

wird. Hinzu kommen Zwischenformen, z. B. in der Gestalt von Romanen mit autobiographischer Grundierung wie der eben erwähnte *Engel des Vergessens*. Über die Erschließung und Rhythmisierung von Geschichte durch die Generationenfolge einer Familie hinaus haben diese Texte grundlegend gemeinsam, dass auf mindestens zwei Zeitebenen erzählt wird: der ferneren Vergangenheit meist Mitte des 20. Jahrhunderts sowie der Gegenwart oder jüngeren Vergangenheit, in der die Beschäftigung mit der ferneren Vergangenheit stattfindet. Gemeinsam haben sie außerdem eine Appellstruktur, die den Leser dazu einlädt, sich empathisch auf Geschichte einzulassen.[34] Nachrangig ist dagegen, ob es sich um eine empirisch rekonstruierte Geschichte handelt oder um eine fiktional imaginierte. Beides wird in den Rahmen der bekannten ‚großen Geschichte' gestellt, durchaus nach dem Muster des klassischen historischen Romans: als ein „kleiner, vorstellbarer Ausschnitt der unvorstellbar grausamen Geschichte".[35]

Die Beurteilung der Täter oder Mitläufer des Nationalsozialismus fällt, anders als manchmal behauptet, in den neueren Texten keineswegs milder aus als in der älteren ‚Väterliteratur'.[36] In dieser Hinsicht hat sich vielmehr der geschichtskulturelle Kontext geändert: Die NS-Zeit stellt mittlerweile den öffentlich höchst präsenten Zentralgegenstand des deutschen Geschichtsbewusstseins dar – dementsprechend analysieren im vorliegenden Band gleich mehrere Beiträger das darauf bezogene Geschichtserzählen.[37] Da sich die unbedingte Verurteilung des Nationalsozialismus in den 1990er Jahren gesamtgesellschaftlich durchgesetzt hat,[38] stechen kritische Auseinandersetzungen mit den Tätern und Mitläufern heute wegen der damit verbundenen Empathieanstrengungen hervor, während sie eine Generation zuvor eher deshalb Aufsehen erregten, weil sie es wagten, die familiäre Teilhabe am Nationalsozialismus anzusprechen. In ihrer doppelten Ausrichtung einerseits auf eine erzählerisch zu rekonstruierende fernere Vergangenheit, andererseits auf die in der Gegenwart geleistete Rekonstruktionsarbeit,

---

34 Das arbeitet Robert Forkel in seiner oben genannten Dissertation: Erfahrung aus Narration heraus.
35 Maron: Pawels Briefe, S. 8. Neben diesen neueren Formen gibt es weiterhin auch den ‚klassischen' Familienroman, der eine Generationenfolge auktorial-neutral erzählt, z. B. Charles Lewinskys Erfolgsroman *Melnitz* von 2006 über eine Schweizer jüdische Familie.
36 Vgl. Daniel Fulda: Gewaltgeschichte als Sexualgeschichte. Wie neu ist die ‚neue Väterliteratur' der Gegenwart? In: Ders., Dagmar Herzog, Stefan-Ludwig Hoffmann und Till van Rahden (Hg.): Demokratie im Schatten der Gewalt. Geschichten des Privaten im deutschen Nachkrieg. Göttingen 2010, S. 230–261.
37 Vgl. die Beiträge von Robert Forkel, Helmut P. E. Galle, Lynn L. Wolff sowie, auf die ähnliche, aber nicht identische Situation in Österreich bezogen, von Eva Kuttenberg.
38 Im vorliegenden Band vgl. dazu den Beitrag von Helmut P. E. Galle.

von der ebenfalls erzählt wird, bestätigen die autobiographischen Generationenerzählungen die vorhin konstatierte Spannung zwischen geschichtsreferentiellem und autoreferentiellem Erzählen und loten sie sogar besonders eindringlich aus. Zu einem Verlust an metahistoriographischer Reflexion hat das seit der Jahrtausendwende deutlich verstärkte Interesse am tatsächlich Gewesenen und Erlebten nicht geführt, im Gegenteil: Die Tücken der Erinnerung und die Schwierigkeiten der biographischen Rekonstruktion werden ebenso thematisiert wie die Unmöglichkeit der Wiederherstellung des Vergangenen und die unumgängliche Perspektivität jeder Geschichtserzählung. Ebenso wenig hat das Interesse an Identitätsfragen das Wissen von der – nicht zuletzt narrativen – Konstruiertheit aller Identitäten sowie von der Instabilität aller Selbstverankerung in der Welt geschwächt. Mit Stephanie Catani kann vielmehr festgehalten werden: „Im historischen Roman der unmittelbaren Gegenwart verbinden sich [...] identitätsstiftende Themen mit der Problematik einer ausschließlich über polyvalente Wahrnehmungsprozesse zu erfassenden Wirklichkeit."[39]

An der seit etwa 2000 aufblühenden Gattung der autobiographischen Generationenerzählung lässt sich noch ein weiteres Charakteristikum des gegenwärtigen Erzählens von Geschichte ablesen: Sie umfasst fiktionale ebenso wie faktuale Texte (als Beispiele seien Sabrina Janeschs *Katzenberge* von 2010 vs. Per Leos *Flut und Boden* von 2014[40] genannt); literarische Texte – das soll hier heißen: sprachkünstlerisch ambitionierte Texte –, zu denen auch einige essayistisch angelegte gerechnet werden dürfen (etwa die drei Familienerzählungen von Stephan Wackwitz: *Ein unsichtbares Land* von 2003, *Neue Menschen* von 2005 und *Die Bilder meiner Mutter* von 2015), finden sich in ihr ebenso wie journalistische. Wir halten dies für einen der hervorstechendsten Punkte im hier betrachteten Feld: In der autobiographischen Familienerzählung als *der* Boomgattung des deutschsprachigen Geschichtserzählens im beginnenden 21. Jahrhundert ist die herkömmliche Absetzung der Literatur vom faktualen Aussagemodus hinfällig geworden. Oft handelt es sich um *Literatur ohne Fiktion*[41] und bei den übrigen literarischen Texten nicht selten um Fiktionen, die dem Leser die erzähltheoretisch skandalöse Identifikation von Ich-Erzähler und Autor nahelegen (so in Janeschs Roman

---

39 Catani: Geschichte im Text, S. 41.
40 Zu Leos Buch vgl. den Beitrag von Lynn L. Wolff in diesem Band.
41 Zu einem Begriff von Literatur, der Fiktionalität als Charakteristikum vieler ihrer Texte, aber nicht als notwendiges Merkmal expliziert, vgl. Jost Schneider: Literatur und Text. In: Handbuch Literaturwissenschaft. Hrsg. von Thomas Anz. Bd. 1–3. Stuttgart/Weimar 2007, Bd. 1, S. 1–24.

Katzenberge[42]). Den Untertitel *Roman* führen keineswegs nur fiktionale Texte der Gattung ‚autobiographische Generationenerzählung', sondern auch nichtfiktionale, so Leos „Roman einer Familie" und die beiden erstgenannten Bücher von Wackwitz („Familienroman", „Bildungsroman"). Das hat gewiss auch mit Marketinginteressen der Verlage zu tun, gründet substantieller aber auf der mittlerweile allgemein anerkannten Narrativität sowohl von persönlicher Identität und familiärer Kontinuität als auch der allgemeinen, ‚großen' Geschichte. Von all dem muss erzählt werden, sonst gäbe es gar keine persönliche Identität, familiäre Kontinuität und Geschichte. Auf dieser Theoriegrundlage, die heute fast Allgemeinwissen ist, erscheint die Rubrizierung als Roman – als der paradigmatischen Erzählgattung der Moderne – nicht mehr als willkürlich, sondern kann sich auf die Narrativität der Geschichte ebenso wie anderer, alltagsweltlicher Wirklichkeitskonstruktionen berufen. Entgrenzend ist die Verwendung des Romanbegriffs überdies in einer zweiten Hinsicht, die in unserem Zusammenhang nicht minder wichtig ist: Als Romane treten keineswegs nur szenisch erzählende Texte, sondern auch solche auf, die argumentieren, auf Quellen und Belege verweisen und Deutungen erwägen. Diese ‚Romane' sind offen für historiographische und essayistische Schreibweisen. Die Verbindung zu landläufig als romanhaft geltenden Schreibweisen halten sie gleichwohl durch die betonte Subjektivität ihrer Perspektiven und die als fundamental vorausgesetzte und häufig auch ausgewiesene Rolle der Erzählung.

4 Populäre Geschichtsromane gewinnen Präsenz in der Öffentlichkeit

Hat sich die Epistemologie des Historischen beim Übergang ins neue Jahrtausend kaum verändert und haben sich die Formen des romanhaften Geschichtserzählens weniger grundlegend verändert, als dass sie angereichert wurden, so lassen sich dennoch Punkte benennen, durch die eine neue Situation entstanden ist, die den hier betrachteten Zeitraum auszeichnet und von allen früheren unterscheidet. Diese Punkte liegen jenseits des Horizonts der üblichen literaturwissenschaftlichen Analysen,[43] denn sie betreffen erstens die populären bis trivialen Sparten des romanhaften Geschichtserzählens und zweitens die Geschichtskultur im Allgemeinen (siehe Abschnitt 5), und zwar wieder vorzüglich solche Teile, die ein

---

42 Vgl. Sabrina Janeschs Dank im Nachwort an ihren „Großvater, den eigentlichen Erzähler, für die Geschichten" (Katzenberge. Roman. Berlin 2010, S. 273).
43 Eine Ausnahme ist Friedrich (Hg.): Die Wiederkehr des historischen Romans, denn ein Schwerpunkt des Bandes liegt auf populären historischen Romanen.

breites Publikumsinteresse finden, weniger hingegen die Expertenkultur der geschichtstheoretischen Diskussion. Eine Enthierarchisierung mit Autoritätsverlust der Experten und ‚Upgrading' des Populären bildet dabei die übergreifende Tendenz.

Zum ersten Punkt: Der Verdacht des übermäßig Populären begleitet den historischen Roman seit dessen Anfängen um 1800. Populär sind – mit bemerkenswerter Konstanz über die Jahrhunderte hinweg – eine aktionsreiche Handlung mit viel Abenteuer- und Liebesmotivik, eindeutige moralische Wertungen, der schlussendliche Sieg der Guten über die Bösen nach vielen Irrungen und Wirrungen sowie ein Erzählen, das es dem Leser ermöglicht, sich mit einer zentralen Figur zu identifizieren, mit ihr mitzufühlen und historische Situationen aus ihrem Blickwinkel mitzuerleben. Populär ist die Suggestion eines schwierigkeitslosen Zugangs zur Vergangenheit, nicht aber die metafiktionale oder gar metahistoriographische Reflexion.[44] Populär ist ein Erzählen, das dem Leser dadurch Lust am historisch Fernen und Fremden bereitet, dass es ihn glauben macht, er vermöge mit dem ihm selbstverständlichen Weltverständnis alles zu verstehen. Gegen einen solchen Verzicht auf das Irritationspotential sowohl der Geschichte als auch der Literatur haben sich ambitionierte Schriftsteller immer wieder ausgesprochen. In der Gegenwart setzt beispielsweise Daniel Kehlmann der ‚Okkupation' der Gattung durch die „Trivialliteratur"[45] das Prinzip entgegen, „Fremdheit" literarisch auszustellen, statt sie zum Verschwinden zu bringen:

> nur Leute, die sich nicht mit Geschichte befassen, meinen, dass die Menschen im Wesentlichen immer gleich waren. Die Unterschiede zwischen den Zeitaltern sind gewaltig – im Verhalten, im Denken, in den emotionalen Prozessen. [...] Man kann eine Zeit am besten einfangen durch die Dinge in ihr, die für uns fast nicht mehr zu verstehen

---

44 Dagegen versucht Lisa Häfner: Familiengeheimnisse, Herrenhäuser, Spurensuchen. Populäre metahistorische Frauenromane im Kontext der Geschichtskultur der Jahrtausendwende. (Bamberger Studien zu Literatur, Kultur und Medien 20) Bamberg 2017 nachzuweisen, dass es neuerdings auch Populärromane gibt, die eine „metahistorische" Reflexion anstellen. Sie schließt dies aus dem Vorhandensein einer Gegenwartshandlung mit einer Figur, die sich auf die Suche nach ihrer Familiengeschichte macht. Wie Häfners Analysen erkennen lassen (vgl. ebd., S. 47–48), haben die Gegenwartshandlungen in den von ihr analysierten Texten von Hanna Caspian und Sophia Cronenberg aber nicht die Funktion, den Zugang zur Vergangenheit zu problematisieren, sondern sie führen vor, wie gut sich eine Frau von heute mit weiblichen Familienmitgliedern früherer Generationen identifizieren und darüber zu einer Selbstfindung gelangen kann.
45 [Oliver Vogel, Moderation:] „Die Fremdheit ist ungeheuer." Daniel Kehlmann und Michael Lentz im Gespräch über historische Stoffe in der Gegenwartsliteratur. In: Neue Rundschau 118 (2007) H. 1, S. 33–47, hier S. 33.

sind. Wenn man ein paar solcher Details der Fremdheit versammelt, ist eine fremde Epoche sofort erzählerisch beschworen.⁴⁶

Spielt die Abgrenzung von der leicht eingängigen Trivialliteratur also weiterhin eine Rolle für die Selbstpositionierung literarisch ambitionierter Autoren – auch wenn sie, wie Kehlmann, am Markt höchst erfolgreich sind –, so funktioniert die herkömmliche Invisibilisierung des Trivialen in der Öffentlichkeit heute kaum noch. Die im neuen Jahrtausend erfolgreichste deutschsprachige Serie historischer Romane dürfte die *Wanderhuren*-Serie von ‚Iny Lorentz' (einem Pseudonym des Autorenehepaares Ingrid Klocke und Elmar Wohlrath) sein, die 2004 bis 2014 in sechs Bänden mit Millionenauflage erschienen ist.⁴⁷ Geschichtenmuster und Erzählweise dieser und ähnlicher Romane haben große Ähnlichkeit mit den im 19. und 20. Jahrhundert verbreiteten Groschenheften, nicht zuletzt indem sie vorführen, wie sozial benachteiligte Helden bzw. heute meist Heldinnen schlussendlich glücklich werden und gesellschaftliche Anerkennung erlangen. Die Lektüre der *Wanderhure* und vergleichbarer Texte lässt sich jedoch keiner ökonomisch-sozial und bildungsmäßig inferioren Bevölkerungsschicht mehr zurechnen und wirkt nicht mehr stigmatisierend, nicht einmal unter Studentinnen der Germanistik.⁴⁸ Verfilmungen der ersten drei *Wanderhuren*-Bände entstanden 2010 bis 2012 als Gemeinschaftsproduktionen öffentlicher und privater Fernsehsender (ORF eins und Sat.1); die ersten beiden waren die meistgesehenen Fernsehfilme des Jahres. Im überregionalen Feuilleton werden solche Werke nach wie vor nicht besprochen, doch ist mit Internet-Portalen wie histo-couch.de, buechertreff.de oder LovelyBooks.de (mit 1,2 Mio. Besuchern im Monat!⁴⁹) eine alternative Öffentlichkeit entstanden, in der das Urteilen über Bücher ohne Autoritätsgefälle gepflegt wird, freilich auch weitgehend ohne Analyse. Weitere Aneignungen der für anspruchsvolle Literatur geprägten Kommunikationsformen sind die Lesungen, die neuerdings auch Trivialliteratur-Autoren wie ‚Iny Lorentz' bestreiten (das Pseudonym verweist

---

46 Vogel: „Die Fremdheit ist ungeheuer", S. 37.
47 Vgl. Christoph Rauen: Spektakuläre Geschichtsverbesserung. Iny Lorentz, *Die Wanderhure* (2004). In: Friedrich (Hg.): Die Wiederkehr des historischen Romans, S. 229–244.
48 Bei einer 2011 unter Vorlesungshörern durchgeführten Umfrage erreichte *Die Wanderhure* einen Spitzenplatz bei der Frage nach der persönlichen Lieblingslektüre, vgl. Fulda: Zeitreisen, S. 195–196. Zur spezifischen Lektüre der verschiedenen sozial-moralischen Milieus vgl. Jost Schneider: Sozialgeschichte des Lesens. Zur historischen Entwicklung und sozialen Differenzierung der literarischen Kommunikation in Deutschland. Berlin/New York 2004, der den historischen Populärroman allerdings nicht berücksichtigt.
49 Vgl. Oliver Jungen: Die ungeschlagene Schlacht. In: Frankfurter Allgemeine Zeitung vom 28.02.2015, S. 18.

dagegen noch auf das bis vor Kurzem übliche Verstecktwerden und Sichverstecken der Trivialliteratur), sowie ‚Sekundärliteratur'-Publikationen wie das buchlange Interview mit den *Wanderhure*-Autoren, das ein F.A.Z.-Redakteur publiziert hat.[50] Sogar eine Vereinigung von Autoren historischer Romane meist des unterhaltenden Segments gab es von 2002 bis 2014, den Autorenkreis Historischer Roman Quo Vadis, der den – mit seinem Namen übermäßig hochgreifenden – Sir-Walter-Scott-Preis vergeben hat.

Noch einmal betont sei, dass Trivial- oder Populärromane mit historischem Stoff keineswegs als solche neu sind.[51] Der später als Jugendschriftsteller langzeitberühmt gewordene Karl May beispielsweise veröffentlichte 1883–85 einen nahezu zweitausendseitigen Kolportageroman über die deutsch-französischen Kriege des 19. Jahrhunderts (*Die Liebe des Ulanen*).[52] Der entscheidende Punkt ist vielmehr, dass Trivialliteratur erst seit Kurzem einen anerkannten Platz in der öffentlichen Beschäftigung mit Geschichte und Literatur hat.[53] Die Kritik, der sie zwar weiterhin von Seiten der Spezialisten unterliegt, wirkt heute nicht mehr ausschließend. Wie weit die Öffnung ins Triviale reicht, lässt sich aus einem kurzen Vergleich mit der *Angélique*-Reihe von Anne Golon (eigentlich Simone Changeux) ersehen, deren 15 Bände 1956–1985 erschienen. Eine erotisch attraktive Titelheldin, die sich in vielen Abenteuern zu behaupten vermag, fand auch damals Millionen Leser und lockte ebenso die Kinogänger (5 Verfilmungen 1964–1968). Die *Angélique*-Reihe, die qua kommerziellem Erfolg zu einem öffentlich präsenten und (wenn auch zum Teil kritisch) diskutierten Phänomen

---

50 Vgl. Peter Lückemeier: Die Schöpfer der Wanderhure. Iny Lorentz im Gespräch. München 2016.
51 Vgl. Daniela Richter: (Hg.): The German Historical Novel since the Eighteenth Century. More than a Bestseller. Newcastle upon Tyne 2016. *Walter von Montbarry. Großmeister des Tempelordens* (2 Bde. Leipzig 1786) von Benedikte Naubert ist der erste dort behandelte Roman.
52 Karl May: Die Liebe des Ulanen. 5 Bde. Berlin 1993. Vgl. Daniel Fulda: „Ich lasse alle Nationalitäten gelten"? Karl Mays Re-Narration der deutsch-französischen Geschichte im Kolportagemodus (*Die Liebe des Ulanen*). In: Wolfram Pyta und Jörg Lehmann (Hg.): Krieg erzählen – Raconter la guerre. Darstellungsverfahren in Historiographie und Literatur nach den Kriegen von 1870/71 und 1914/18. (Kultur und Technik 26) Berlin 2014, S. 29–47.
53 Wir setzen den Akzent demnach anders als Friedrich: Die Wiederkehr des historischen Romans, S. 12, der schreibt: „In seiner populären Ausprägung hat sich die Gattung seit den neunziger Jahren des 20. Jahrhunderts zum Massengenre gewandelt." Denn ein Massengenre war sie seit je. In den 1990er Jahren erschien eine Reihe sehr viel gelesener populärer historischer Romane mit anglophonem Original (z. B. Ken Follet: Die Säulen der Erde 1992 [1989]; Donna W. Cross: Die Päpstin 1996 [1996]). Der erste ähnlich erfolgreiche deutsche Titel war *Das Lächeln der Fortuna* von Rebecca Gablé (Ps. für Ingrid Krane-Müschen), 1997. Eine Welle deutschsprachiger Bestseller folgte in den 2000er Jahren.

avancierte, hatte stilistisch und vom historischen Gehalt her allerdings ein weit höheres Niveau als die *Wanderhuren*-Serie. Unterscheidet man zwischen Trivialliteratur und (sorgfältiger gearbeiteter und weniger schematischer) Unterhaltungsliteratur,[54] so ist dieser die ältere Serie zuzuordnen, jener hingegen die neuere – was uns vielsagend scheint für den fortschreitenden Abbau von kulturellen Hierarchien im literarisch-historischen Feld.[55]

Mit diesen Ausführungen soll nicht gesagt sein, das romanhafte Geschichtserzählen der jüngsten Zeit rutsche ins Triviale ab, sondern lediglich (und fast im Gegenteil), dass erfolgreiche Vertreter dieses Segments neuerdings die Aufmerksamkeitsschwelle der ‚seriösen' Öffentlichkeit überschreiten. An Bedeutung hat auch das ‚mittlere' Segment der Unterhaltungsromane gewonnen, die kaum sprachkünstlerisch, wohl aber in der Geschichtsvermittlung ambitioniert sind. Sie adressieren sowohl Erlebnisbedürfnisse, vor allem durch spannende Plots und Fiktionen von Authentizität und Nähe, als auch die historische Neugier der Leser.[56] Vermittels Anhängen, Nachworten oder besonderen Websites mit historischen Erläuterungen und Literaturlisten weisen sich viele Autoren dieses Segments ihren Lesern gegenüber als sachkundig aus (aber nicht als ‚abgehobene' Berufshistoriker). Von traditionellen Geschichtsbildern setzen sie sich häufig bewusst ab, indem sie ihre Stoffe emanzipatorischen Akzentverlagerungen und ‚progressiven' Umwertungen unterziehen. Ein Beispiel ist die Gereon-Rath-Reihe

---

54 Vom populären historischen Erzählen sprechen wir als Sammelbegriff für Texte, die der Trivial- oder Unterhaltungsliteratur zuzurechnen sind. Trivialliteratur wird dabei als durch „schematische Erfüllung von lit. Mustern und d[ie] kischeehafte[] Darstellung von Wirklichkeit" gekennzeichnet verstanden (L[eubner], M[artin]: Unterhaltungsliteratur. In: Metzler Literatur Lexikon. Begriffe und Definitionen. Begr. von Günther und Irmgard Schweikle. Hg. von Dieter Burdorf, Christoph Fasbender, und Burkhard Moenninghoff. 3., völlig neu bearb. Aufl. Stuttgart/Weimar 2007, S. 794). Unterhaltungsliteratur bedient sich ebenfalls solcher Muster und Klischees (in unkritischer Weise), ohne aber davon „dominiert zu sein" (ebd.).
55 Eine „Aufweichung des dreischichtigen Modells von hoher, unterhaltender und trivialer Literatur" konstatiert auch Neubauer: Frühere Verhältnisse, S. 275 und sieht darin eine Eigenheit der „Postmoderne". Tatsächlich postulierten Programmatiker (oder auch Kritiker) der Postmoderne eine solche Enthierarchisierung. Durchgesetzt hat sie sich im Bereich des Geschichtserzählens aber erst in jüngster Zeit, also *nach* der Postmoderne.
56 Die Kombination von ‚Erlebnis' und ‚Wissen' in der Unterhaltung betont Kaspar Maase: Grenzenloses Vergnügen? Zum Unbehagen in der Unterhaltungskultur. In: Brigitte Frizzoni und Ingrid Tomkowiak (Hg.): Unterhaltung. Konzepte, Formen, Wirkungen. Zürich 2006, S. 49–67. Typisch sei das Versprechen, „ohne spürbare Anstrengung, ohne lästige Konzentration, ohne aufwändige Mobilisierung von Wissensbeständen, Fühlen und Denken auf physisch angenehm empfundene Weise anzuregen" (ebd., S. 53). Im vorliegenden Band analysiert Norbert D. Wernicke Texte dieses Typs.

von Volker Kutscher (*Der nasse Fisch*, 2007, und bisher sechs weitere Romane) über einen Kriminalkommissar im Berlin der späten 1920er und 30er Jahre. Die Ermittlungsarbeit und auch die privaten Beziehungen des als Identifikationsfigur angelegten Kommissars führen ihn in die unterschiedlichsten sozialen und politischen Milieus der Reichshauptstadt.[57] Mit diesem Setting ist nicht weniger als der Anspruch verbunden, die emanzipatorischen Chancen ebenso wie die Belastungen und wenig später das Scheitern der ersten deutschen Demokratie dem heutigen Leser verständlich zu machen.[58]

Die 2017 begonnene, recht freie Verfilmung *Babylon Berlin* ist wiederum typisch für die mediale Verwertungskette, in die vielverkaufte historische Romane eingespeist werden. Passend zum gehobenen Segment des Populären, dem die Gereon-Rath-Romane zuzurechnen sind, handelt es sich um eine äußerst aufwendig produzierte Serie, die konsequenterweise in Deutschland zuerst im Bezahlsender Sky und im angloamerikanischen Raum auf der Streaming-Plattform Netflix ausgestrahlt wurde. Für Drehbuch und Regie zeichnet zusammen mit Achim von Borries und Henk Handloegten Tom Tykwer verantwortlich, einer der künstlerisch profiliertesten deutschen Regisseure. An Kutschers Romanen und ihrer Verfilmung lässt sich ein weiteres Mal die gegenwärtige Tendenz zum ‚Upgrading' des Populären ablesen, ebenso die Hybridisierung von romanhaftem Geschichtserzählen in unterschiedlichen Medien (vgl. Abschnitt 8). Dabei werden keineswegs alle Abstufungen nivelliert, denn populär sind die historischen Romane von ‚Iny Lorentz' und Volker Kutscher ebenso wie ihre Verfilmungen auf anerkannt unterschiedlichen Niveaus. Doch verliert die in Deutschland traditionell starke Verachtung der literarisch Gebildeten für das Populäre rapide an gesellschaftlicher Durchsetzungskraft; sie ist nicht länger maßgeblich dafür, was Platz hat in der Öffentlichkeit.[59]

---

[57] Mehr dazu im Beitrag von Anushka Gokhale in diesem Band.
[58] Vgl. Andreas Kilb und Peter Körte: Unsere wilden Jahre. Ein Gespräch mit dem Autor Volker Kutscher über „Babylon Berlin", die Serie des Moments. In: Frankfurter Allgemeine Sonntagszeitung 01.10.2017, S. 41–42 sowie die Website https://www.gereonrath.de, besonders den Reiter „Recherche".
[59] Allgemeiner zur Enthierarchisierung als charakteristischer Tendenz der Nachwendeliteratur vgl. Heribert Tommek: Der lange Weg in die Gegenwartsliteratur. Studien zur Geschichte des literarischen Feldes in Deutschland von 1960 bis 2000. (Studien und Texte zur Sozialgeschichte der Literatur 144) Berlin/Boston 2015.

5 Geschichtskultur des beginnenden 21. Jahrhunderts: Pluralisierung und Enthierarchisierung

In einem 2004 erschienenen Band über *History and the Media* heißt es gleich im ersten Satz:

> the late 1990s and early 2000s witnessed what was widely regarded as an unprecedented interest in history: among publishers, in the newspapers, on radio and on film, and (especially) on television; and from the general public who, it seemed, could not get enough of it. Translated into the market-orientated language of our day, it looked as though more history was being produced and consumed than ever before.[60]

‚More than ever before' – und in der zitierten Aufzählung von Geschichtsmedien ist bei weitem nicht alles Wichtige genannt; es fehlen etwa Ausstellungen und Museen, Ritterspiele, Living-History-Veranstaltungen und Reenactments (das Nachspielen historischer Ereignisse), Computerspiele und touristische Angebote, seien es Städtereisen oder „Le Puy de Fou", ein der Geschichte von den Römern bis zur Belle Epoque gewidmeter Freizeitpark mit jährlich über 2 Millionen Besuchern.[61] Die jederzeitige Verfügbarkeit von „historical information" im Internet wird immerhin später noch erwähnt, ebenso der Geschichtsunterricht, dem indessen attestiert wird, heute nur noch nachrangige Bedeutung zu haben.[62]

In unserem Zusammenhang relevant sind sowohl die in der zitierten Feststellung enthaltenen Maxima – das gegenwärtige Allzeit-Maximum von Geschichtsinteresse, -produktion und -präsenz sowie eine maximale Vielfalt von Geschichtsmedien – als auch das implizierte Minimum an Bedeutung, das der Geschichtswissenschaft und der Geschichtsliteratur zugemessen wird. Bezog sich die Forschung zur Repräsentation von Geschichte bislang vorzugsweise auf die beiden letztgenannten Diskursformationen, so sind sie in der zitierten Aufzählung allenfalls implizit und summarisch im Stichwort

---

[60] David Cannadine: Introduction. In: Ders. (Hg.): History and the Media. Basingstoke 2004, S. 1–6, hier S. 1. Die zitierte Feststellung ist auf Großbritannien bezogen, gilt zweifellos aber auch für Deutschland und andere Länder – und trifft auch noch 15 Jahre später zu.

[61] Vgl. dazu Wolfgang Hochbruck: Geschichtstheater. Formen der „Living History". Eine Typologie. (Historische Lebenswelten in populären Wissenskulturen 10) Bielefeld 2013; Carl Heinze: Mittelalter – Computer – Spiele. Zur Darstellung und Modellierung von Geschichte im populären Computerspiel. (Historische Lebenswelten in populären Wissenskulturen 8) Bielefeld 2014.

[62] Vgl. Cannadine: Introduction, S. 1.

publishers enthalten – unter dem man genauso an Comics, Graphic Novels oder illustrierte Special-Interest-Zeitschriften denken kann. In solcher Entschiedenheit scheint die Zurückstufung der medial traditionellen, schrift- und buchgestützten Formen der Geschichtsdarstellung (noch) übertrieben. Eine Gewichtsverschiebung gibt es jedoch zweifellos: hin zum Bildmächtigen, zum Emotionalen und, erneut, zum Populären. Zwar ist an dieser Stelle vor Schwarz-weiß-Malerei zu warnen: Das Interesse an Erkenntnis, die Sensibilität für Darstellungsfragen und die Reflexion auf die eigenen Beschränktheiten haben die hochkulturellen Formate der Beschäftigung mit Geschichte keineswegs gepachtet; vielmehr mangeln ihnen diese Tugenden mitunter ebenso, wie man ihnen in den populäreren Formen und Medien begegnen kann.[63] Computerspiele z. B. können eine Vielfalt von Funktionen, von Entertainment über historische Informationsvermittlung bis hin zum kognitiven und emotionalen Nachvollzug von historischen Perspektiven, erfüllen. So müssen die Spieler des Videospiels *Attentat 1942*, das im Jahr 2001 in Tschechien spielt, im Stil des oben beschriebenen Generationenromans aus der Enkelperspektive herausfinden, warum der eigene Großvater 1942 nach dem Attentat auf Reinhard Heydrich von der Gestapo verschleppt wurde. Gleichzeitig wird das Spiel zur Zeitreise, denn die Spieler müssen sich ins Jahr 1942 begeben und können dort Handlungsmöglichkeiten für die tschechische Bevölkerung unter der NS-Diktatur nachempfinden.[64]

Weil das Interesse an Geschichte ganz allgemein wächst, interessieren sich heute wohl so viele Menschen wie niemals zuvor für die anspruchsvollen Geschichtsdarstellungen der Literatur und der Wissenschaft, obschon deren Anteil an der gesamten Geschichtskultur kleiner wird. Charakteristischer ist jedoch der seit einigen Jahren zu beobachtende *Autoritätsverlust* der Geschichts*wissenschaft* ebenso wie der *ästhetisch anspruchsvollen* Literatur. Weniger als noch im ausgehenden 20. Jahrhundert gelten in der Öffentlichkeit ihre Maßstäbe dafür, was ein verantwortlicher Umgang mit Geschichte wäre und was sich Literatur nennen darf. Hinsichtlich der Literatur haben wir diesen Punkt bereits im 4. Abschnitt berührt, als wir das öffentliche Sichtbarwerden und die kulturelle Akzeptanz des populären historischen Romans als Kennzeichen der Zeit seit ca. 2000 beschrieben.

---

[63] Dass auch populäre Formate komplexe Geschichte(n) erzählen und die Komplexität der Geschichts(re)konstruktion aufzeigen, versucht De Groot: Remaking History, nachzuweisen; vgl. das Resümee auf S. 226.
[64] Siehe Matthias Kreienbrink: Haken dran: Nazisymbole in *Attentat 1942* und *My Child Lebensborn*. In: Spiegel Online 17.09.2018, URL: http://www.spiegel.de/netzwelt/games/attentat-1942-und-my-child-lebensborn-die-erschuetterung-spielen-a-1228433.html, zuletzt besucht am 10.10.2018.

Strukturell sehr ähnlich sehen sich die heutigen Historiker damit konfrontiert, dass sie außerhalb ihres Fachs und einiger Behörden nicht mehr exklusiv als die für Geschichte Zuständigen anerkannt sind.[65] Selbst bei einer ihrer Hauptaufgaben, der Historiographie, haben sie seit etwa zwei Jahrzehnten Konkurrenz durch private ‚Geschichtsunternehmer' bekommen, die für diejenigen Geschichte schreiben, die einen konkreten Bedarf daran haben, etwa weil ein Firmenjubiläum ansteht oder die Rolle einer Organisation im Nationalsozialismus geklärt werden muss.[66] Noch auffälliger ist der Präsenz- und Autoritätsverlust in der Öffentlichkeit: Große, politisch aufgeladene Debatten über die Geschichte wurden in den 1980er Jahren noch unter maßgeblicher Beteiligung der Universitätshistoriker geführt – durchaus treffend spricht man vom ‚Historikerstreit' um die Singularität des Nationalsozialismus, obwohl der Anstoß dazu von Jürgen Habermas ausging. Dagegen entzündete sich der ausdauerndste Geschichtsstreit der 1990er Jahre, der die Öffentlichkeit bis hin zu Demonstrationen und einer Bundestagsdebatte bewegte, an einer privat erstellten Wanderausstellung, der sogenannten ersten Wehrmachtsausstellung *Vernichtungskrieg. Verbrechen der Wehrmacht*, insbesondere an deren plakativem Titel und suggestiver Verwendung von Photographien. Nach der ‚Wiederentdeckung' der deutschen ‚Opfer' des Kriegs durch Günter Grass' Fluchtnovelle *Im Krebsgang* und Jörg Friedrichs Bombenkriegsbuch *Der Brand* (beide 2002) gab es im neuen Jahrtausend in Deutschland keine wirklich großen Geschichtsdebatten mehr, die Wissenschaft wie Öffentlichkeit erfasst hätten. Das liegt zum Teil sicherlich an der mittlerweile weitgehend konsensuellen Beurteilung des Nationalsozialismus, des Zweiten Weltkriegs und der deutschen Verbrechen zu dieser Zeit. Ungünstig für konfrontative Debatten auf Argumentbasis sind aber auch die längst unüberschaubare Pluralität möglicher Zugänge zur Geschichte sowie der vorherrschende Wunsch des Publikums nach Erlebnissen mit Geschichte, statt sich ein begründetes Urteil über sie zu bilden.

Womöglich führt die polarisierende Repolitisierung, die die Bundesrepublik und andere westliche Länder spätestens seit 2015 erfasst hat, bald schon zu politisch-historischen Debatten, in denen die Stimmen der Historiker wieder

---

[65] In einem kleinen, aber gehaltvollen Büchlein erkennt der Historiker Wolfgang Hardtwig dies an und fordert trotzdem, die Geschichtswissenschaft solle „sehr viel aktiver als bisher in den Diskurs um die Qualitätsstandards der Geschichtsvermittlung ein[]steigen und vor allem auch die Maßstäbe der Qualitätsbewertung mit[]prägen" (W. H.: Verlust der Geschichte oder wie unterhaltsam ist die Vergangenheit? (Pamphletliteratur 1) Berlin 2010, S. 49, vgl. ebd., S. 33 und S. 17). Bislang sind Hardtwigs Kollegen seiner Aufforderung kaum gefolgt.

[66] Vgl. Gerhard Obermüller und Thomas Prüfer: Aus Geschichten Geschäfte machen. Kleine Pragmatik des Historischen. In: Jacqueline Nießer und Juliane Tomann (Hg.): Angewandte Geschichte. Neue Perspektiven in der Öffentlichkeit. Paderborn [u. a.] 2014, S. 77–96.

Vernehmlichkeit gewinnen. Ob die Geschichtswissenschaft dann wieder mit allgemein ihr zugestandener Autorität sprechen kann, scheint aber fraglich. Denn ihr Autoritätsverlust ist ja Teil einer generellen Enthierarchisierung der gesellschaftlichen Ordnung[67] (und resultiert nicht etwa aus schwachen Leistungen). Diese Enthierarchisierung hat eine helle Seite von demokratischer Partizipation und individueller Autonomie, aber auch eine dunkle Seite, die in der zunehmend aggressiven Kritik an den Eliten in Politik, Presse, Wissenschaft, Wirtschaft usw. sichtbar wird. Dass über Geschichte künftig wieder stärker unter politischen Aspekten debattiert wird, ist in der gegenwärtigen gesellschaftlichen Situation ebenso wahrscheinlich wie wünschenswert. Je mehr diese Debatte als Abwehr rechtspopulistischer Grenzüberschreitungen geführt wird, desto weniger allgemein werden jedoch die Autoritätsansprüche anerkannt werden, die Historiker und ebenso Schriftsteller in den 1990er Jahren noch wie selbstverständlich erheben konnten.

Was folgt aus der Pluralisierung und Enthierarchisierung der Geschichtskultur für das romanhafte Geschichtserzählen? Auf der einen Seite sind, wie gesagt, seine hochkulturellen Vertreter ebenfalls betroffen vom Autoritätsverlust der Eliten. Indem es immer weniger einen „offiziellen Geschichtsdiskurs" gibt, geht der Literatur zudem ein Gegenpol verloren, gegen den sie angeblich ihre spezifischen Leistungen entwickelt.[68] Die unter Literaturwissenschaftlern beliebte Bestimmung der Literatur als ‚Gegendiskurs' – „Fictions challenge, ‚pervert', critique, and queer a normative, straigthforward, linear, self-prescribing History"[69] – wird zunehmend hinfällig, weil es gar kein normatives, lineares Geschichtsbild mehr gibt. Auf der anderen Seite erscheint das romanhafte Geschichtserzählen als Profiteur der gegenwärtigen Situation, denn ein Teil der Formatvermehrungen der jüngsten Zeit geht auf sein Konto. Mit den Generationenerzählungen hat es eine zu großer Blüte und Publikumserfolg gelangte Gattung im Portfolio, die Identitätsversicherungsbedürfnissen ebenso Genüge tut, wie sie literarischer Kunst und metahistoriographischer Reflexion offensteht.

---

67 Zur „Enthierarchisierung der Kulturformate" in der Gegenwart vgl. Andreas Reckwitz: Die Gesellschaft der Singularitäten. Zum Strukturwandel der Moderne. Berlin 2017, S. 240–241. Wie Reckwitz betont, ist Enthierarchisierung nicht als Verschwinden materieller Ungleichheiten und valorisierter kultureller Unterschiede zu verstehen. Im Gegenteil: diese nehmen seit einigen Jahrzehnten zu (vgl. ebd., S. 277–285). Die enthierarchisierte Geschichtskultur der Gegenwart ist, so unser Argument, eine Angelegenheit der ‚alten' und vor allem der (akademisch gebildeten) ‚neuen Mittelklasse', nicht aber der auch kulturell abgehängten ‚neuen Unterklasse'.
68 So die Auffassung von Jasmin Marjam Rezai-Dubiel: Einleitung. In: Dies. (Hg.): „Indignez-vous!" Geschichte schreiben im 21. Jahrhundert. Berlin 2014, S. 7–12, hier S. 9.
69 De Groot: Remaking History, S. 2.

Vor allem die nicht-fiktionalen, aber auch die fiktionalen Texte dieser vielgestaltigen Gattung bedienen Lern- und Orientierungsbedürfnisse, die traditionell in die Zuständigkeit der Geschichtswissenschaft fielen. Der Autoritätsverlust der professionellen Historiker bringt überdies für alle Formen und Niveaus der Geschichtsliteratur einen Freiheitsgewinn mit sich, wenngleich es ebenso an der allgemeinen Fiktionalisierung und Ästhetisierung unseres Lebens liegen dürfte, dass es kaum noch Vorbehalte gegen fiktionale Spiele mit Geschichte gibt. Vielmehr besteht große Offenheit sogar gegenüber phantastischen Handlungsmotiven. Eines davon, und zwar ein für das aktuelle Verständnis von Geschichte besonders aufschlussreiches, ist die Zeitreise.

6 Die Zeitreise als Motiv und als Rezeptionserwartung

Die touristische Zugänglichkeit von Geschichte, die Reiseveranstalter, Fremdenverkehrsbüros, Kulturinstitutionen und Freizeitparks heute gerne suggerieren, mitunter in direktem Anschluss an bekannte historische Romane,[70] hat ein Pendant in unserem Untersuchungsfeld: die Vorstellung, der Leser könne durch Lektüre gleichsam eine Zeitreise unternehmen.[71] Wegen seiner auffälligen Irrealität gehört das Motiv der Zeitreise eigentlich in den Science Fiction- oder Fantasy-Bereich, doch hat es sich neuerdings auch in Texten verbreitet, die primär historische Romane sind oder jedenfalls dem weiter gefassten romanhaften Erzählen von Geschichte zugerechnet werden können. Tatsächlich passt es dahin, insofern historisches Erzählen dem Leser eine Art Zeitreise anbietet, nämlich wenn es ihm – unabhängig davon, ob es sich des Zeitreise-Motivs bedient – eine Vergangenheit so plastisch macht und als verständlich darstellt, dass er Geschichte dort immersiv ‚miterleben' kann, ‚ganz persönlich'

---

[70] In Konstanz und Freiburg bieten ‚Wanderhuren' im Kostüm historische Stadtführungen an; in Dresden kann man sich auf einem Gang zu den Schauplätzen von Uwe Tellkamps *Turm* in die Geschichte der späten DDR einführen lassen. Vgl. URL: https://www.stadtfuehrer-konstanz.de/stadtfuehrungen-konstanz/unterwegs-mit-der-wanderhure/, https://www.guiders.de/tour/1537-stadtfuehrung-in-freiburg-die-wanderhure sowie http://scottyscout.com/dresden/turmtour, beides zuletzt besucht am 10.10.2018).

[71] Als Metapher hat die Zeitreise schon vor einigen Jahren in den Titel eines Sammelbandes zum historischen Roman Eingang gefunden, vgl. Osman Durrani und Julian Preece (Hg.): Travellers in Time and Space. Reisende durch Zeit und Raum. The German Historical Novel. Der deutschsprachige historische Roman. (Amsterdamer Beiträge zur neueren Germanistik 51) Amsterdam/New York 2001. Sie erfährt in diesem Band jedoch keinerlei Auslegung oder Anwendung.

und emotional, wie es dem heute dominanten Subjektverständnis entspricht.[72] Freilich steht die Vorstellung einer Reise durch die Zeit in der Gefahr, mehr zu versprechen, als sich halten lässt: Als Zeitreise konzipiert, erscheint Geschichtserfahrung als ebenso unproblematisch machbar wie ein Ortswechsel – ein Kurzschluss, den gerade auch die boomende touristische Nutzung historischer Monumente nahelegt.[73]

Völlige Neuheit lässt sich auch diesem Charakteristikum romanhaften Geschichtserzählens im neuen Jahrtausend nicht attestieren. Der Klassiker des Zeitreise-Romans, *The Time Machine* von Herbert G. Wells, erschien bereits 1895. Allerdings führte die Zeitreise damals in sehr ferne Zukünfte mit schwer depravierten bzw. ganz verschwundenen Menschen; eine Entwicklung dahin lässt sich schwerlich historisch denken, sondern fußt auf der Darwin'schen Evolution. Mehr Anknüpfungspunkte für das historische Erzählen bietet der Utopie-Klassiker *L'An 2440, rêve s'il en fut jamais* (1771) von Louis-Sébastien Mercier. Die ohne Zeitmaschine besuchte Zukunft stellt sich bei Mercier weitgehend als Verwirklichung aufklärerischer Verbesserungsanstrengungen dar und kann daher als Antwort auf die Frage verstanden werden, wie die Geschichte weitergehen wird bzw. soll. Wie diese wenigen Beispiele schon andeuten, richtete sich das Erkundungsinteresse des Zeitreise-Romans ursprünglich und lange Zeit nicht vornehmlich auf die Vergangenheit. Erst seit dem späten 20. Jahrhundert zeigt die Gattung „eine deutliche Vorliebe für Vergangenheitsreisen",[74] so dass Amalgamierungen mit dem Erzählen von Geschichte naheliegen. Frühe Beispiele für Zeitreise-Erzählungen, die dem Leser anbieten, qua Identifikation mit zeitreisenden Figuren so in Szenen der Geschichte einzutauchen, als erlebe er sie *in actu*, finden sich vor allem in der Kinder- und Jugendliteratur (Edith Nesbit: *The Story of the Amulet*, 1906).

Publikationen für Kinder und Jugendliche sind auch heute ein bevorzugter, aber keineswegs der alleinige Ort für Zeitreisemotive.[75] Häufig dient das Motiv dazu, die Vermittlung von Geschichtswissen schmackhaft zu machen, so in

---

[72] Noch allgemeiner (und unseres Erachtens zu allgemein) formuliert David Wittenberg: Time Travel. The Popular Philosophy of Narrative. New York 2013, S. 1: „since all narratives do something like ‚travel' through time or construct ‚alternate' worlds – one could arguably call narrative itself a ‚time machine' [...]. In this more expansive view, literature itself might be viewed as a subtype of time travel, rather than the other way around".
[73] Vgl. die zugespitzte Formulierung von Valentin Groebner: Touristischer Geschichtsgebrauch. Über einige Merkmale neuer Vergangenheiten im 20. und 21. Jahrhundert. In: Historische Zeitschrift 296 (2013), S. 408–428, S. 421: „Tourismus ist in seiner modernen Form nicht denkbar ohne das Als-ob einer Reise in die Vergangenheit."
[74] Stefan Willer: Zeitreisender. In: Benjamin Bühler und S. W. (Hg.): Futurologien. Ordnungen des Zukunftswissens. Paderborn 2016, S. 257–269, hier S. 264.
[75] Ausführlich geht der Beitrag von Sabine Planka darauf ein.

Wo warst du, Robert? von Hans Magnus Enzensberger von 1998 oder, nicht ganz so klug mit der unvermeidlich sich ergebenden Gleichzeitigkeit des Ungleichzeitigen spielend, in der Reihe *Die Zeitdetektive* von Fabian Lenk (seit 2005; im Frühjahr 2019 ist bereits der 41. Band erschienen). *Die Zeitdetektive* belegen zugleich die generische Hybridität heutigen historischen Erzählens, denn die zeitreisenden Kinder lösen jeweils Kriminalfälle. Die detektivische Verstehensanstrengung gibt hier das Modell für einen ‚erfolgreichen' Umgang mit der zunächst fremd erscheinenden Geschichte ab. Auf die *Identitätsbildungsturbulenzen* vornehmlich weiblicher Jugendlicher sind die Bestseller der sogenannten Edelstein-Trilogie *Liebe geht durch alle Zeiten* von Kerstin Gier berechnet (2009–2010, verfilmt 2013–2016). Die vom jugendlichen Protagonistenpaar besuchten Vergangenheiten haben hier vor allem die Funktion, die in der Pubertät gefühlte ‚Fremdheit in der Welt' plastisch und dadurch leichter bewältigbar zu machen, gerne mit schönen Kleidern, die zur Aneignung des Fremden reizen. Im historischen Roman für Erwachsene hat das Zeitreise*motiv* seinen typischen Ort im populären Segment; der hier vorzüglich zu nennende Bestseller ist Diana Gabaldons *Outlander*-Serie (bisher 8 Bände 1991–2014, dt. Übers. 1995–2014, TV-Serie seit 2014). *Metaphorisch* kennt aber auch die anspruchsvolle Literatur die Idee einer Zeitreise als Möglichkeit, Zugang zu einer fremden Vergangenheit zu finden, explizit etwa in Anne Webers bis zum Urgroßvater zurückgehender Generationenerzählung *Ahnen. Ein Zeitreisetagebuch* (2015) sowie in Angela Steideles *Zeitreisen* (2018), einem mit einer Reiseerzählung verwobenen Porträt einer lesbischen Engländerin des 19. Jahrhunderts.

Wie bezeichnend die Vorstellung des Reisens in der Zeit für heutzutage weit verbreitete Haltungen zur Geschichte ist, zeigt sich vollends in ihrer Präsenz außerhalb der Literatur, und zwar auch bei seriösen Anbietern: Ein Schulbuch des Klett-Verlags für den Geschichtsunterricht heißt *Zeitreise*, mit dem dazu passenden Untertitel *Für Geschichte begeistern!*[76] Für den Nachbau einer mittelalterlichen Siedlung als Schauplatz von Living-History-Didaktik wird unter der Überschrift „Abenteuer Zeitreise" geworben.[77] Das Südtiroler Landesmuseum in Schloss Tirol lädt in einem Flyer zu „Zeitreisen durch die Geschichte des Landes" ein (und meint damit den Besuch der ständigen Ausstellung).

---

[76] Das Unterrichtswerk liegt in zahlreichen jahrgangs-, schulform- und bundesländerspezifischen Ausgaben vor, vgl. URL: https://www.klett.de/lehrwerk/zeitreise-neubearbeitung/ein stieg, zuletzt besucht am 10.10.2018.

[77] URL: https://abenteuer-zeitreise.ch, zuletzt besucht am 10.10.2018. Ebenfalls als Zeitreise beworben wird der Nachbau einer karolingischen Klosterstadt in Meßkirch, der mit mittelalterlichen Handwerkstechniken erfolgt und deshalb auf Jahrzehnte angelegt ist, vgl. URL: https://www.campus-galli.de, zuletzt besucht am 10.10.2018.

Historische Sachbücher werben ebenfalls mit dem Stichwort Zeitreisen, so etwa Bruno Preisendörfer in seiner kaleidoskopischen Zitatcollage *Als Deutschland noch nicht Deutschland war. Reise in die Goethezeit* (2015) oder seiner Alltagsgütergeschichte *Die Verwandlung der Dinge. Eine Zeitreise von 1950 bis morgen* (2018). Im ‚literarisch-historischen Sachbuch' hat Dieter Kühn die Vorstellung einer Reise in die Vergangenheit bereits 1986 imaginativ konkretisiert: Als Auftakt zu seinem Buch über den *Parzival des Wolfram von Eschenbach* erzählt der Autor/Erzähler von einer Fahrt nach Eschenbach, auf der die durchreiste Gegend mit jedem Kilometer ein Jahr weiter in die Vergangenheit zurückrutscht.[78] In allen diesen Fällen ist natürlich eine imaginative Zeitreise gemeint – also genau das, was romanhaftes Geschichtserzählen ganz generell dem Leser anbietet. Dieses metaphorische Angebot an den Leser in ein Handlungsmotiv zu transponieren, vermögen ausschließlich fiktionale Artefakte (neben Literatur auch der Film, z. B. Woody Allens *Midnight in Paris* von 2011), aber dies tun außer Kinder- und Jugendbüchern nur wenige historische Romane, weil es durchaus gewagt ist, den Anspruch auf akkurate Schilderung gewesener Wirklichkeiten mit dem entschieden fantastischen Motiv der Zeitreise zu kombinieren. Dass es heutzutage trotzdem weniger irritiert als fasziniert, Historie und Fantasy derart zu mischen, zeigt, wie offen das romanhafte Geschichtserzählen und wie geläufig die Idee einer Zeitreise geworden ist. In der Populärkultur dürften die Hollywood-Trilogie *Back to the Future* (1985–1990) und die zahlreichen daran anschließenden Computerspiele den Durchbruch gebracht haben. Um 2000 hinzugekommen ist eine Selbstverständlichkeit der Zeitreise-Vorstellung auch in nicht-fiktionalen Kontexten, die offenkundig mit der noch zu besprechenden Tendenz zur Hybridisierung von Faktualität und Romanförmigkeit zusammenhängt.

Dem Zeitreisenden wird die Vergangenheit (oder Zukunft) zur Gegenwart. Für eine zeitreisende Figur gilt das ganz wörtlich, für den Leser historischer Romane im übertragenen Sinne, mit der Folge scheinbarer Unmittelbarkeit, künstlich und gegebenenfalls künstlerisch erzeugter ‚Authentizität' gewissermaßen, so dass eine bestimmte Phase meist der Vergangenheit wie sonst nur die Gegenwart erlebt werden kann: ‚vergegenwärtigte Vergangenheit'. Was Zeitreisen versprechen, ist eine Geschichtserfahrung ohne Distanz. Dieses Paradoxon wird von den Texten teils verdeckt, teils ausgestellt, ähnlich wie es der historische Roman seit jeher mit seiner paradoxen ‚Erfindung von wirklich Gewesenem' tut. Beim Verdecken besteht die Gefahr, dass die als Zeitreise durchgeführte

---

[78] Vgl. Dieter Kühn: Der Parzival des Wolfram von Eschenbach. Frankfurt am Main/Leipzig 1986, S. 7–50.

Annäherung an ‚fremde' Zeiten eine Geschichte ohne Historizität schafft.[79] Im populären Sektor ist dies weithin der Fall – seit jeher –, weil Denken und Fühlen der identifikationsträchtigen Figuren meist nicht historisiert sind, denn dies würde die Identifikation des Lesers erschweren. Heute sind die Helden oder Heldinnen populärer historischer Romane zumeist emanzipiert und achten auf ihre Selbstbestimmung, selbst wenn sie ihren Auftritt im Mittelalter haben; ihre Lebensideale sind die unserer Zeit.[80] Als Charaktere sind sie demnach auch dann ‚Zeitreisende', wenn ein Roman auf das Motiv Zeitreise völlig verzichtet, denn sie scheinen aus unserer Zeit einfach in die jeweilige Vergangenheit versetzt worden zu sein.

Die relativ „risikofreie Begegnung mit fremden Lebenswelten",[81] die das Erzählen von Geschichte ermöglicht, muss jedoch keineswegs affirmativ, sondern kann auch horizonterweiternd ausfallen. Ebenso kann sich die Idee einer Zeitreise mit einem höchst selbstreflexiven Erzählen verbinden, wie Anne Webers *Zeitreisetagebuch* über ihre Beschäftigung mit ihrem Urgroßvater, dem protestantischen Theologen und Christentumskritiker Florens Christian Rang, zeigt. Die Autorin/Erzählerin macht sich und dem Leser immer wieder bewusst, wie sehr sich im Laufe eines Jahrhunderts die Denk- und Empfindungsweisen ebenso wie die sprachlichen Ausdrucksformen gewandelt haben, so dass ein Verstehen vergangener Leben höchst prekär und letztlich ein bloßes Ahnen bleibt – der Titel *Ahnen* entpuppt sich als doppeldeutig. Die beabsichtigte „Erkundungsreise" in die Vergangenheit stellt sich hier wie in vielen anderen anspruchsvollen Geschichtserzählungen als hindernisreich bis unmöglich heraus, denn „was ist die Vergangenheit anderes als ein unzugängliches Totenreich?"[82] Weber nimmt insbesondere die Verbrechen des Nationalsozialismus als „ein unüberwindbares Gebirge" wahr, „angehäuft aus Toten", das ihrer „Reise in die Fremde, zu meinen Vorfahren hin" im Wege stehe.[83] Auch Angela Steidele greift die Vorstellung von einer Zeitreise auf, um herauszustellen, dass sich historische Abstände nicht so leicht überwinden lassen wie räumliche Entfernungen: „Wer in die Vergangenheit reisen möchte, kommt nie an."[84]

---

79 Vgl. Michaela Fenske: Abenteuer Geschichte. Zeitreisen in der Spätmoderne. Reisefieber Richtung Vergangenheit. In: Hardtwig und Schug (Hg.): History sells!, S. 79–90.
80 Vgl. Simon Maria Hassemer: Das Mittelalter der Populärkultur. Medien – Designs – Mytheme. Phil. Diss. Freiburg i. Br. 2013, S. 275 (URL: https://freidok.uni-freiburg.de/data/10612, zuletzt besucht am 10.10.2018).
81 Barbara Korte und Sylvia Paletschek: Geschichte in populären Medien und Genres: Vom Historischen Roman zum Computerspiel. In: Dies. (Hg.): History Goes Pop, S. 9–60, hier S. 10.
82 Anne Weber: Ahnen. Ein Zeitreisetagebuch. Frankfurt am Main 2015, S. 21.
83 Weber: Ahnen, S. 37–38.
84 Angela Steidele: Zeitreisen. Vier Frauen, zwei Jahrhunderte, ein Weg. Berlin 2018, S. 13.

Mit einer Zeitreise kann man letztlich jede Beschäftigung mit Geschichte vergleichen, auch die bedächtigste, denn historisches Interesse geht immer von der jeweiligen Gegenwart aus und nimmt deren Überzeugungen als mentales Gepäck mit. An romanhaftes Geschichtserzählen ist daher die Frage zu richten, wie ein bestimmter Text heutige Sichtweisen auf die dargestellte Geschichte zur Geltung bringt. Sein Umgang mit perspektivischen Anachronismen kann sogar ein Maßstab für dessen Bewertung sein[85]: Unterlaufen sie dem Autor, oder setzt er sie als Mittel zur Bewertung historischer Situationen oder zur Provokation von Leserinteresse bewusst ein? Macht der Text autoreflexiv darauf aufmerksam, dass er Geschichte notwendigerweise von einem Gegenwartsstandpunkt konstruiert? Macht er dadurch vielleicht sogar die Nichtselbstverständlichkeit und damit die Historizität auch der gegenwärtig geltenden Maßstäbe kenntlich? Oder gibt er Geschichte als objektiv und ohne spezifische Perspektive rekonstruierbar aus? Verdeckt er möglicherweise sogar die nicht nur zeitliche, sondern auch weltbildliche Differenz zwischen Vergangenheit und Gegenwart, die Geschichte im modernen Verständnis ausmacht?

7 Was meint ‚romanhaftes Geschichtserzählen'?

Ist es angesichts der Formenvielfalt geschichtsbezogenen Erzählens noch sinnvoll, mit dem Gattungsbegriff Historischer Roman zu arbeiten? Zweifellos gibt es nach wie vor zahlreiche Texte, die das mit Walter Scotts Namen verbundene, tatsächlich jedoch auf Benedikte Naubert (1752–1819) zurückgehende Gattungsschema mit einem fiktiven Helden, der als interagierender Teil der bekannten ‚großen Geschichte' präsentiert wird,[86] erfüllen, nicht zuletzt im Segment der populären Geschichtsromane mit ihrer Millionen-Leserschaft. Zudem gab es nie bloß *einen* Typus des historischen Romans. Vielmehr zeigt sich die Gattung bereits in ihren Anfängen vielgestaltig und hat sich in über 200 Jahren als sehr wandelbar und anpassungsfähig erwiesen.[87] Polyzentrische Figurenkonstellationen, quasiwissenschaftliche Belege, fingierte Originaldokumente, metahistoriographische Erzählweisen oder Zeitromane mit gegenwartsnahem Stoff gehören bereits im 19. Jahrhundert dazu. Insofern setzt die gesteigerte Formenvielfalt der Gegenwart lediglich eine lange Tradition von generischer Innovation fort.

---

[85] Zur Problematik ebenso wie zum planvollen Einsatz von Anachronismen vgl. den Beitrag von Daniel Fulda.
[86] Vgl. Kurt Schreinert: Benedikte Naubert. Ein Beitrag zur Entstehungsgeschichte des historischen Romans in Deutschland. Berlin 1941.
[87] Vorzüglich zeigt dies Geppert: Der Historische Roman.

Die typische Weise des gegenwärtigen Umgangs mit der Gattung Historischer Roman lässt sich generalisierend als gesteigerte Hybridisierung fassen. Mehr denn je treten historische Romane als generische Hybride auf, denn sie sind zugleich Kriminal- oder Liebesromane, Kolonialromane und Reiseerzählungen, Räuber- oder Abenteuerromane, Frauen- und Emanzipationsromane, Adoleszenz- und Bildungsromane, Gelehrtensatiren, Archivromane und Quellenfiktionen, Gegenwartsromane usw.; sie können (Auto-)Biographisches oder Fantasyelemente integrieren, sie können als kontrafaktische Romane ein offenbares Spiel mit den historischen Fakten treiben und noch viel mehr. In diesem Sinne hat Nünning den historischen Roman bereits 1995 „ein hybrides Genre" genannt, das die „Merkmale unterschiedlicher Gattungen" vereine.[88] Hans Vilmar Geppert stellt dies in seinem 2009 erschienenen opus magnum über den historischen Roman noch stärker heraus, indem er gleich zu Beginn konstatiert: „es ist das Hybride dieses Erzählens, das es so vital, so faszinierend für immer neue Leser werden ließ."[89]

Trotz der Flexibilität der Gattung erscheint uns das Feld aber zu eng umrissen, wenn es als historischer Roman gefasst werden soll. Den heute so engen Verflechtungen nicht allein mit anderen literarischen Gattungen, sondern auch mit nicht-fiktionalen bzw. nicht-literarischen Weisen des Erzählens von Geschichte kann der etablierte Gattungsbegriff nicht gerecht werden. Wir schlagen deshalb vor, das zu untersuchende Feld als ‚romanhafte Geschichtserzählungen' abzustecken. Mit *romanhaftem* Erzählen meinen wir plastische Charaktere, spannende oder amüsante Geschichten, szenische Anschaulichkeit, die Simulation von historischen Atmosphären, Mentalitäten und Wahrnehmungsweisen und überhaupt alle Vergegenwärtigungstechniken, stilistische Attraktivität und symbolische Sinnbildung – nicht notwendig aber Fiktionalität. In diesem Sinne romanhaft sind auch viele nicht-fiktionale Geschichtserzählungen: historische Sachbücher oder Essays[90] sowie viele der oben beschriebenen Generationenerzählungen (vgl. Abschnitt 3), die seit der Jahrtausendwende so beliebt sind. Die wissenschaftliche Historiographie schließt der vorgeschlagene Begriff dagegen aus, von den wenigen Ausnahmen abgesehen, in denen Historiker entweder für ein größeres Publikum schreiben und deshalb zu den eben genannten Erzählverfahren greifen oder historiographische Experimente unternehmen und dabei metafiktionale Erzählweisen einsetzen.[91] Ein Beispiel dafür ist Karl Schlögels *Terror und Traum.*

---

88 Nünning: Von historischer Fiktion zu historiographischer Metafiktion. Bd. 1, S. 92.
89 Geppert: Der Historische Roman, S. 1.
90 Zu romanhaften Erzählformen auch in nicht-fiktionalen Geschichtsdarstellungen vgl. besonders den Beitrag von Beatrix von Dam sowie denjenigen von Stephan Jaeger in diesem Band.
91 Vgl. die Diskussion von postmoderner Geschichtsschreibung bei Lubomír Doležel: Possible Worlds of Fiction and History. The Postmodern Stage. Baltimore 2010, 84–100; Stephan Jaeger:

Moskau 1937 von 2008,⁹² ein polyphones Panorama, das es den Lesern ermöglicht, durch reale und sogar durch fantastische Räume zu ‚reisen' und die Kräfte, Gefühle und Stimmungen der damaligen Zeit zu erfahren, als seien sie (die Leser) selbst Akteure in einer Textwelt.⁹³ Wenngleich Schlögel auf die erzählerische Entwicklung von literarischen und historischen Figuren verzichtet, ist seine Kartographierung der historischen Sowjethauptstadt nur mit literarischen Mitteln möglich. Doch ist, wie gesagt, Schlögels Buch eine Ausnahme. Historiographie hat prinzipiell zwar eine narrative Struktur, teils manifest, weil sie geschichtenförmige Veränderungen im Zeitverlauf darstellt, teils latent, weil sie sich auf das geschichtenförmige Denkmuster Geschichte bezieht,⁹⁴ aber sie bedient sich in der Regel keiner romanhaften Erzählverfahren.

‚Romanhaftes' Erzählen steht seit den 1980er Jahren kaum noch in der Kritik nach modernistischen Maßstäben; es darf nach verbreiteter Ansicht wieder ‚genussvoll' gelesen werden.⁹⁵ Ob damit ein bedenklicher Rückgang von Reflexion zugunsten gefühliger Rezeptionshaltungen verbunden ist oder ob eher neuartige Verbindungen zwischen anscheinend traditionellem Erzählen und avancierter Reflexion zu verzeichnen sind, ist eine der zu klärenden Fragen. ‚*Geschichts*erzählen' explizieren wir *nicht* als Erzählen von einer einigermaßen weit zurückliegenden Vergangenheit (für den historischen Roman sprach Scott von mindestens 60 Jahren, weil die persönliche Erinnerung kaum dahinter zurückreicht⁹⁶). Denn

---

Unreliable Narration in Historical Studies. In: Vera Nünning (Hg.): Unreliable Narration and Trustworthiness. Intermedial and Interdisciplinary Perspectives. (Narratologia 44) Berlin/Boston 2015, S. 371–393, insbesondere S. 387–388. Zu Erzählverfahren in der Historiographie vgl. auch Alun Munslow: Narrative and History. (Theory and History) Oxford 2007, S. 44–63 sowie Philippe Carrard: Le Passé mis en texte. Poétique de l'historiographie française contemporaine. Paris 2013.
92 Karl Schlögel: Terror und Traum. Moskau 1937. München 2008.
93 Vgl. Stephan Jaeger: Poietic Worlds and Experientiality in Historiographic Narrative. In: SPIEL (Siegener Periodicum zur Internationalen Empirischen Literaturwissenschaft). Sonderheft Towards a Historiographic Narratology. Hg. Julia Nitz und Sandra Harbert Petrulionis, 30 (2011) H. 1, S. 39–40.
94 Vgl. Achim Saupe: Felix Wiedemann: Narration und Narratologie. Erzähltheorien in der Geschichtswissenschaft, Version: 1.0. In: Docupedia-Zeitgeschichte, 28.01.2015, URL: http://docupedia.de/zg/Narration, zuletzt besucht am 10.10.2018; Daniel Fulda: Historiografie als Erzählen. In: Martin Huber und Wolf Schmid (Hg.): Grundthemen der Literaturwissenschaft: Erzählen. Berlin/Boston 2018, S. 433–446.
95 Vgl. Schilling: Der historische Roman seit der Postmoderne, S. 290–291 sowie allgemeiner Nikolaus Förster: Die Wiederkehr des Erzählens. Deutschsprachige Prosa der 80er und 90er Jahre. Darmstadt 1999.
96 Am Institut für Germanistik der Universität Innsbruck wurde in den Jahren 1991 bis 1997 eine Datenbank für „eine sozialhistorisch und literatursoziologisch fundierte Gattungsgeschichte" von gut 6000 historischen Romanen als Bibliographie des deutschsprachigen historischen

die definitorische Beschränkung des historischen Romans oder des Geschichtserzählens auf Vergangenheitsstoffe beruht auf der unzulässigen Verwechslung einer einzelnen Zeitdimension (der Vergangenheit) mit dem Geschehenszusammenhang über alle drei Zeitdimensionen hinweg.[97] Geschichte ist ja keineswegs nur das Vergangene oder gar das seit Längerem Vergangene, sondern umfasst auch das gegenwärtig sich Vollziehende und das Kommende, soweit es unter einem bestimmten, nämlich dem ‚historischen' Blickwinkel betrachtet wird: d. h. als vom jeweils Vorangehenden bedingter und das Folgende bedingender Transformationsprozess, der Gesellschaft und Kultur insgesamt betrifft. Von der so aufgefassten Geschichte lässt sich zwar immer nur ausschnittsweise erzählen – aber auch dann, wenn die Stoffe in der Gegenwart oder Zukunft angesiedelt sind, Letzteres allerdings nur hypothetisch.[98]

Verwendet man den Begriff ‚romanhaftes Geschichtserzählen' ohne zeitliche oder generationelle Grenzziehung, so kann damit auch heutiges Erzählen von den beiden deutschen Staaten und der Wendezeit[99] oder von den Balkankonflikten der 1990er Jahre[100] erfasst werden. Entscheidend ist, dass im Erzählen *etwas über Geschichte ausgesagt wird*: wie sie war oder gewesen sein könnte, wie sie

---

Romans von 1780 bis 1945 erstellt. Gattungsdefinierend war dabei das u. a. von Ina Schabert (Der historische Roman in England und Amerika. Darmstadt 1981, S. 4) entwickelte Kriterium der historischen Distanz der im Roman behandelten Zeit, „wonach die Romanhandlung nicht ‚Selbsterlebtes und Erinnertes' enthalten dürfe". Projekt Historischer Roman. Kurzbeschreibung, URL: https://www.uibk.ac.at/germanistik/histrom/docs/about.htm, zuletzt besucht am 10.10.2018. Um sich nicht auf eine bestimmte Anzahl von Jahren festzulegen, beschreibt Schilling: Der historische Roman seit der Postmoderne, S. 16, sein Verständnis des historischen Romans so, dass „das Attribut ‚historisch' so zu verstehen [sei], dass das entsprechende Ereignis keine unmittelbar und kollektiv wahrzunehmenden Konsequenzen mehr für die Gegenwart hat." Für die mittlerweile über 70 Jahre zurückliegende NS-Zeit trifft das offensichtlich nicht zu, aber auch generell ist Schillings Bestimmung problematisch, wird als ‚historisches Ereignis' doch gemeinhin gerade das eingestuft, was wichtig für die Folgezeit war.

97 In verschärfter Form liegt diese unzulässige Identifizierung dem Vorschlag von Catani: Geschichte im Text, S. 51 zugrunde, es sei danach zu fragen, „welche Ereignisse als historische (im Gegensatz zu zeitgeschichtlichen, gegenwärtigen oder zukünftigen) begriffen werden". Verschärft, weil Catani noch einmal zwischen ‚historisch' und ‚zeitgeschichtlich' unterscheidet, mit der Folge, dass ihr z. B. die DDR, die Wiedervereinigung und alles Folgende nicht als ‚historisch' gelten.

98 In diesem Sinne rechnet auch André Peyronie: Présentation. In: Dominique Peyrache-Leborgne, A. P. (Hg.): Le Romanesque et l'historique. Nantes 2010, S. 11–25, hier S. 11 solche Romane als historische, „dont l'action est située dans la contemporanéité de leur auteur, mais qui prennent fortement en compte la configuration historique des événements qu'ils évoquent".

99 Zur DDR als Erzählgegenstand vgl. die Beiträge von Michael Ostheimer und Kathrin Maurer in diesem Band.

100 Vgl. den Beitrag von Kathrin Maurer.

sein sollte, was Geschichte (im Allgemeinen oder im gewählten Ausschnitt) ausmacht oder antreibt. Die Aussagen zu diesen Punkten können sehr unterschiedlich ausfallen; weitgehender Konsens indes ist, dass Geschichte nicht nur einzelne betrifft, sondern viele, im Grunde die ganze Gesellschaft, und dass Geschichte da greifbar wird, wo es im Zeitverlauf zu substantiellen Veränderungen kommt oder dem Betrachter ein substantielles Anderssein der Verhältnisse verglichen mit seinen eigenen auffällt. Diese überindividuelle Dimension von Geschichte muss das Erzählen von ihr zumindest andeuten, auch wenn es sich auf Einzelschicksale konzentriert, ebenso die fortwährende Produktion von Alterität, die Geschichte ausmacht. Dass das Erzählen von individualisierten Figuren durchaus als relevant für große Gruppen, ja ganze Gesellschaften wahrgenommen werden kann, zeigt sich an den engen Verbindungen, in denen viele romanhafte Geschichtserzählungen mit öffentlich geführten Debatten über die (meist nationale) Geschichte stehen.[101]

Wie in Abschnitt 3 gesehen, zeigen systematische Befunde zum aktuellen Geschichtserzählen vom Zweiten Weltkrieg und vom Holocaust einerseits, dass sich u. a. im Generationenroman Formen gebildet haben, in denen Vergangenheit ausdrücklich aus nachzeitigen Perspektiven erzählt wird und nicht anders erzählt werden kann.[102] Indessen finden sich gerade bei der Darstellung des Zweiten Weltkriegs zunehmend Geschichtsromane und -erzählungen, die die Vergangenheit (fast) ohne Brechungen als gegenwärtig und größtenteils geschlossene Romanhandlung erzählen, zum Beispiel Ralf Rothmanns Romane *Im Frühling Sterben* (2015) und *Der Gott jenes Sommers* (2018) oder, etwas multiperspektivischer gehalten, Arno Geigers *Unter der Drachenwand* (2018), wo ein Geschehen aus verschiedenen Perspektiven erzählt wird.[103] Hier zeigt sich ein Bedürfnis, die soldatischen oder zivilen Erfahrungen der Kriegsjahre und insbesondere des Kriegsendes in Geschichten zu fassen, die Einzelschicksale aus einem erzählerischen Nahblick, oft intern fokalisiert, verstehen lassen. Der einzelne Mensch und seine Erfahrungen, Handlungen und Wahrnehmungen stehen im Vordergrund, nicht die kollektiven Erfahrungen der Deutschen oder Österreicher oder gar ein historischer Gesamtüberblick über den Krieg, seine Gründe und Folgen. Auch wenn die Handlungen – zum Teil autobiographisch oder durch Quellen inspiriert – fiktiv sind, werden so Erklärungsmuster des

---
101 Dies analysieren im vorliegenden Band Eva Kuttenberg für Österreich, Norbert Wernicke für die Schweiz sowie Helmut P.E. Galle und Anushka Gokhale für Deutschland.
102 Vgl. hierzu die Beiträge von Jaeger (zur Darstellung des Ersten Weltkriegs) und Forkel (zur Darstellung des Zweiten Weltkriegs) in diesem Band.
103 Arno Geiger: Unter der Drachenwand. Roman. München 2018.

Lebens und Verhaltens der Deutschen und Österreicher in den letzten Kriegsmonaten zur Anschauung gebracht. Ein historisches Ereignis wie die Bombardierung Darmstadts am 11./12. September 1944 in Geigers *Unter der Drachenwand* stellt für die Leser nicht das zentrale Merkmal des Geschichtserzählens dar; vielmehr ermöglicht der Roman ein Nachvollziehen und Erleben von möglichen Handlungen von individuellen Deutschen und Österreichern zum Ende des Krieges. Die damit verbundene Renaissance realistischen Geschichtserzählens folgt einerseits durchaus dem Verfahren der Postmoderne, bewusst nur Einzelgeschichten zu erzählen. Anderseits geht Rothmanns *Der Gott jenes Sommers* dabei so weit, dass die Perspektive der zwölfjährigen Protagonistin so ungebrochen dominiert, dass Herausforderungen des Erzählens oder Erinnerns dem Leser gar nicht mehr zu Bewusstsein kommen. Geigers Roman lässt die Leser gerade dadurch, dass er teilweise auf Briefperspektiven basiert, in denen die Figuren auf Neuigkeiten warten, die die Leser durch andere Perspektiven bereits kennen, die Fragmentierung des Wissens über die Welt gegen Kriegsende erfahren; hingegen gibt die Romanhandlung den Lesern keine Möglichkeit, die Figuren und Ereignisse aus historischer Distanz zu verstehen oder zu bewerten.

Wie viel tatsächliche Ereignisse muss eine Geschichtserzählung beinhalten, damit sie als solche gelten kann? Konsens in der Forschung zum literarischen Geschichtserzählen ist, dass es sich nicht auf das Tatsächliche zu beschränken hat, sondern vermöge der Freiheit der Fiktion meist weit darüber hinausgeht und entwirft, was geschehen (sein) könnte. Wie soeben in der Diskussion der jüngsten realistischen Geschichtserzählungen über den Zweiten Weltkrieg angedeutet, kann man auch vollständig fiktive Geschichten – ohne aus dem faktualen Geschichtsdiskurs bekannte Figuren und Handlungsbestandteile, allerdings mit realen Handlungsräumen – als Geschichtserzählung bezeichnen.[104] Das eben formulierte entscheidende Kriterium – etwas über Geschichte auszusagen, und sei es nur, ein

---

104 Ähnlich Friedrich: Die Wiederkehr des historischen Romans, S. 9: „Zahlreiche Romane konzentrieren sich nicht mehr auf die großen Namen als Träger der Geschichte, sondern auf eine Authentifizierung nach dem Muster einer Rekonstruktion der Lebenswelt vergangener Epochen, in denen erfundene Figuren erfundene Geschichten erleben." Vgl. dagegen Schilling: Der historische Roman seit der Postmoderne, S. 16, der unter seinen „weit gefasst[en]" Begriff des historischen Romans solche Romane rechnet, „die in wenigstens einem für die Handlung fundamentalen Erzählkern auf einem historischen Ereignis, einer historischen Persönlichkeit oder einem historischen Text beruhen." Ließe man auch das Kriterium des realen Handlungsraums fallen, so wären quasihistorische Fantasy-Romane wie George Martins *Song of Ice and Fire* (bisher 5 Bände, 1996–2011, deutsche Übersetzung 1997–2012) ebenfalls zum romanhaften Geschichtserzählen zu rechnen. So weit gehen wir nicht, weil der Bezug auf Geschichte in dieser Textgruppe ein rein modellhafter ist und gar kein denotativer Realweltbezug vorliegt.

Modell ihres Funktionierens zu geben – erfüllen auch sie. Ein klassisches Beispiel sind die *Kulturgeschichtlichen Novellen* Wilhelm Heinrich Riehls von 1856, ein zeitgenössisches die ersten 940 Seiten von Uwe Tellkamps Roman *Der Turm* von 2008 (danach mündet die bislang ganz fiktive Handlung in die Niederknüpplung von Ausreisewilligen auf dem Dresdner Hauptbahnhof am 3. Oktober 1989).[105] Darüber hinaus bezieht unser auf die Struktur von Geschichte zielender Begriff des Geschichtserzählens auch das offenkundig *kontrafaktische* Erzählen ein, bei dem der Leser weiß, dass die Geschichte anders verlaufen ist.[106] Denn gerade in der Negation des Faktischen kann solches Erzählen stark auf Geschichte bezogen sein, nämlich indem es zum Nachdenken darüber anregt, welche Faktoren die historische Entwicklung in diese oder jene Richtung drängen.[107]

Ein Text, der den hier vorgeschlagenen Begriff von Geschichtserzählen in beiden ‚problematischen' Punkten (kein Vergangenheitsstoff und zudem kontrafaktisch) illustriert, ist *Plan D* von Simon Urban.[108] Der Roman spielt am 19. Oktober 2011 und den zehn Folgetagen in Berlin, das hier noch eine geteilte Stadt ist. Es gibt nach wie vor die DDR, wenngleich in gemäßigter Form (der Vorsitzende des Ministerrats ist Gregor Gysi), und auch die Bundesrepublik ist dank Bundeskanzler Lafontaine in anderer Verfassung, als der Leser sie kennt. Der Roman schlägt nicht nur einiges Witzkapital daraus, dass er heutige Politiker und andere bekannte Persönlichkeiten in gegenüber der Realität sinnig verschobenen Positionen auftreten lässt, sondern er stößt auch zum Nachdenken darüber an, wie es zu den realen Zuständen gekommen ist und ob die Entwicklung hätte anders laufen können (den Wunsch danach weckt *Plan D* aber kaum). Der Roman erschien im Spätsommer 2011 und bot so die Gelegenheit zu einer Lektüre, in der Lektürezeit und erzählte Zeit datengenau zusammenfallen. Auf diese Weise inszeniert sich *Plan D* als Gegenwartsroman im engsten Sinne und zugleich als historischer Roman, in dem es modellhaft um die Geschichtsfaktoren Ideologie und große Politik geht und darüber hinaus um *das* große historische Ereignis in der jüngeren deutschen Geschichte: die Wiedervereinigung, wenn auch als etwas (noch) nicht Vollzogenes.

---

105 Uwe Tellkamp: Der Turm. Roman. Frankfurt am Main 2008.
106 Zum parahistorischen Roman vgl. den Beitrag von Daniele Vecchiato in diesem Band.
107 Einen in diesem Sinne analytischen Einsatz kontrafaktischer Geschichtsentwürfe kennt auch die Geschichtswissenschaft, vgl. z. B. Christoph Nonn und Tobias Winnerling (Hg.): Eine andere deutsche Geschichte 1517–2017. Was wäre wenn… Paderborn 2017. Für das Feld des populären Geschichtserzählens siehe am Beispiel des Nationalsozialismus Gavriel D. Rosenfeld: The World Hitler Never Made. Alternate History and the Memory of Nazism. Cambridge 2005.
108 Simon Urban: Plan D. Roman. Frankfurt am Main 2011.

Auseinandersetzung mit der Geschichte muss demnach nicht unbedingt heißen, dass von Ereignissen erzählt wird, die als historisch bekannt sind, und ebenso wenig, dass die erzählte *story* so weit zurückliegt, dass sie als (fiktiver) Teil der Vergangenheit und nicht der Gegenwart anzusehen ist. Als Geschichtserzählen begreifen wir ebenso ein Erzählen über die Konstruktion, das Umstrittensein oder die Unvermeidlichkeit von Geschichte, und zwar auch dann, wenn dies anhand einer in der ‚Gegenwart' spielenden Handlung vorgeführt wird. Auch wenn in einer Gegenwartshandlung vorgeführt wird, welche unterschiedlichen Sichtweisen auf Geschichte möglich sind, wie beispielsweise Felicitas Hoppes Roman *Johanna* von 2006 dies tut, ohne zu einer Erzählung über den historischen Gegenstand – die Jungfrau von Orleans – zu gelangen, haben wir es mit einem romanhaften Erzählen von Geschichte, nämlich von ihrem Zustandekommen und ihrer Relevanz, zu tun.[109]

8 Zur Hybridität des romanhaften Erzählens von Geschichte

Von der Hybridität des romanhaften Geschichtserzählens der Gegenwart war in dieser Einleitung punktuell schon die Rede. Dem literatur- und kulturwissenschaftlichen Sprachgebrauch entsprechend meinen wir damit nicht bloß Vermischungen oder Kombinationen, etwa von unterschiedlichen Gattungsmustern. Mit dem Begriff des Hybriden werden vielmehr Tendenzen zum Überschreiten traditioneller Gattungs- und Begriffsgrenzen oder kultureller Felder bezeichnet, die Neues hervorbringen.[110] Im Bereich des romanhaften Geschichtserzählens zeigen sowohl die besprochenen generischen Rekombinationen diese produktive Dynamik als auch die immer wieder neuen Ausgestaltungen der gattungsbegründenden Spannung zwischen fiktionaler – oder besser: romanhaft erzählerischer – Darstellung und faktualem Geschichtsbezug.

Ganz im Sinne eines solchen Hybriditätsverständnisses stellt sich Hans Vilmar Geppert das „*Zusammenspiel von Fiktion und Historie*" in der von ihm untersuchten Gattung Historischer Roman als „eine *mehrdimensionale Spirale*" vor,

> in deren Dynamik der fiktionale Diskurs den historischen bedingt, von diesem partiell determiniert wird, ihn aber auch wiederum interpretiert, dann aber jederzeit frei überholen

---

109 Felicitas Hoppe: Johanna. Roman. Frankfurt am Main 2006. Vgl. dazu den Beitrag von Gaby Pailer in diesem Band.
110 Vgl. J[utta] E[rnst]: Hybride Genres. In: Metzler Lexikon Literatur- und Kulturtheorie. Hg. von Ansgar Nünning. Stuttgart: Metzler, 5. aktual. und erw. Aufl. 2013, S. 313.

kann, was wiederum neue interrelationale Bedeutungszuschreibungen ermöglicht, ein virtuell unendliches [...] Sichumkreisen von narrativen Bedeutungsprozessen [...].[111]

Wir brechen das Zitat mit seiner grammatischen Mimesis des Ausgesagten hier lange vor dem Satzende ab. Wie wir meinen, kann die von Geppert beschriebene Spirale indessen nicht allein in den fiktionalen Texten des historischen Romans entstehen, sondern in ganz ähnlicher Weise auch in faktualen Geschichtserzählungen, die sich romanhafter Darstellungstechniken bedienen. Denn jene Dynamik setzt nicht unbedingt Fiktionalität (vs. Faktualität) als Aussagemodus voraus, sondern kann auch von bestimmten – eben romanhaften – Erzählweisen ausgehen, die die Darstellung von Geschichte tragen und dabei darüber hinausgehen, was wissenschaftliche Geschichtsschreibung zu sagen vermöchte. Allerdings stellt sich diese Dynamik nicht zwingend ein, sondern bleibt in vielen Fällen stecken oder ganz aus – was dann als Zeichen dafür verstanden werden darf, dass man es mit einem zumindest für romanhaftes Geschichtserzählen weniger effektiven Text zu tun hat.

Nachdem wir auf den vorstehenden Seiten meist fiktionale und literarische Geschichtserzählungen als Beispiele herangezogen haben, möchten wir die Funktionsweise von Gepperts ‚mehrdimensionaler Spirale' von Fiktion und Historie im Folgenden mit Bezug auf populäre Geschichtsschreibung und das historische Sachbuch erläutern – mithin für Grenzformen, die sich sperren, Literatur oder Geschichtsschreibung zu sein – sowie für experimentelle Historiographie, bevor abschließend die Überschneidung von romanhaftem Geschichtserzählen mit anderen Medien anhand von Beispielen historischer und literarischer Museen in den Blick genommen wird.

Verschenkt wird das dynamische Potential jener Spirale in einem erheblichen Teil des populären Geschichtserzählens, denn dieses neigt dazu, dass Geschichtswelten erschaffen werden, die von einer eindeutigen Geschichtsinterpretation geprägt sind. Populäre Geschichtserzählungen haben die Tendenz, historische Präsenz, historische Atmosphären und kollektive Wahrnehmungen zu simulieren. Um dies zu erreichen, wird eine Romanwelt durch geläufige narrative Mittel wie Stimme, Perspektive oder Distanz geschaffen,[112] und zwar ohne dass für den Leser in Zweifel gerät, dass es sich um faktuales Erzählen handelt. In Geschichtsmagazinen und historischen Sachbüchern vergegenwärtigen populäre

---

[111] Geppert, Der historische Roman. Geschichte umerzählt, S. 157 (Hervorhebungen im Original).
[112] Vgl. Stephan Jaeger: Populäre Geschichtsschreibung: Aus narratologischer Perspektive. In: Susanne Popp [u. a.] (Hg.): Populäre Geschichtsmagazine in internationaler Perspektive: Interdisziplinäre Zugriffe und ausgewählte Fallbeispiele. Frankfurt am Main [u. a.] 2016, S. 98.

Geschichtserzählungen oft eine Vergangenheit, die für den Leser ungebrochen im historischen Präsens erscheint. So erzählt Oliver Hilmes in *Berlin 1936* (von 2016) die sechzehn Tage der Olympiade souverän im historischen Präsens aus einer überschauenden heterodiegetischen Erzählperspektive in der dritten Person.[113] Eine genaue Quellenrecherche u. a. in Tagebüchern, Briefen, Zeitungsartikeln, Wetterberichten, Tagesmeldungen der Staatspolizei und anderen Geschichtserzählungen erlaubt ihm ein multiperspektivisches Erzählen von kurzen historischen Versatzstücken in Tagebuchform. Zwar nennt der Erzähler ab und zu seine Quellen und macht so auf die Medialität des angebotenen Geschichtserlebnisses aufmerksam, doch entsteht eine eindeutige, nicht zu hinterfragende historische Wirklichkeit, die den Leser zum intimen Zuschauer einer simulierten historischen Welt macht. Der Leser erlebt zum Beispiel einen Autorenabend mit dem amerikanischen Schriftsteller Thomas Clayton Wolfe bei dem Verleger Ernst Rowohlt am 7. August 1936.[114] Ein anderes prominentes Beispiel für ein Sachbuch, das in Anekdoten eine vergangene Welt wiedererstehen lässt, ist Florian Illies' Bestseller *1913*.[115] Illies arrangiert viele oft historische Nebensächlichkeiten in unerwarteten Konstellationen als Gleichzeitigkeit des Ungleichzeitigen, sodass die Leser wie Kunstmuseumsbesucher oder Zeitungsleser interessante Neuigkeiten aus der Geschichte bestaunen können. Immerhin ist *1913* deutlich vieldeutiger und offener als *Berlin 1936*.

Offenere, polyphonere Formen als Hilmes' populäre Geschichtsvergegenwärtigung entstehen ebenso durch die Collage von Primärquellen wie im *Echolot*-Projekt von Walter Kempowski, einer reinen Collage aus vorwiegend privaten Dokumenten (Briefen, Tagebüchern, Photos, Autobiographien etc.).[116] Kempowskis Projekt verdeutlicht zugleich, dass die Hybridität des romanhaften Geschichtserzählens über Interferenzen zwischen Literatur und Geschichtsschreibung hinausgeht und weitere Textsorten sowie andere Medien wie die Photographie einbeziehen kann. Offenkundiger spielt ein hybrider Text wie Hans Magnus Enzensbergers *Hammerstein oder Der Eigensinn* (2008) mit der Grenzüberschreitung zwischen historischer Dokumentation, romanhaftem Erzählen und Imagination (nämlich von Totengesprächen) sowie zwischen verbalem Erzählen und photographischer Illustration. Ein gattungstypologisch kaum einzuordnendes Werk hat

---

113 Oliver Hilmes: Berlin 1936. Sechzehn Tage im August. München 2017.
114 Hilmes, Berlin 1936, S. 120–123.
115 Florian Illies: 1913. Der Sommer des Jahrhunderts. Frankfurt am Main 2012.
116 Das insgesamt zehnbändige *Echolot*-Projekt (1993–2005) begann mit Walter Kempowski: Das Echolot. Ein kollektives Tagebuch. Januar und Februar 1943. 4 Bände. München 1993. Zu Kempowski siehe den Beitrag von Helmut P. E. Galle in diesem Band. Für eine genaue Analyse von Kempowskis Collagetechnik siehe Carla A. Damiano: Walter Kempowski's „Das Echolot": Sifting and Exposing the Evidence via Montage. Heidelberg 2005.

Helmut Lethen vorgelegt, in dem vier herausragende Vertreter der deutschen Kultur im Dritten Reich, alle zu Preußischen Staatsräten ernannt – der Schauspieler Gustaf Gründgens, der Dirigent Wilhelm Furtwängler, der Chirurg Ferdinand Sauerbruch und der Staatsrechtler Carl Schmitt –, ‚Geistergespräche' führen. Die intellektuelle Atmosphäre und die Handlungsspielräume der Zeit werden dem Leser über Diskussionsthemen wie Scham oder Schmerz nahegebracht, vom heterodiegetischen Erzähler berichtet und spekulierend analysiert.[117] Lethens Buch könnte schlechtweg als Phantasie bezeichnet werden, und doch liest man es mit biographisch-faktualem Bezug auf die vier Hauptfiguren und ebenso mit historischem Bezug auf die Zeit des Nationalsozialismus. Ein ähnliches Beispiel für einen romanhaften Text mit biographisch-faktualem Bezug ist Éric Vuillards *Die Tagesordnung* (*L'Ordre du jour*, 2017).[118] Der Text beginnt mit einem Treffen von 24 hochrangigen Industrievertretern mit Adolf Hitler am 20. Februar 1933 und konzentriert sich dann auf die Ereignisse um den ‚Anschluss' Österreichs. In einem vom Film angeregten Schreibstil werden historische Ereignisse szenenhaft vorgeführt, die den Leser einerseits nahe an das historische Geschehen heranführen; andererseits bricht der Erzähler diese Nähe immer wieder ironisch. Zum Beispiel begleitet der Leser den österreichischen Bundeskanzler Schuschnigg bei einem Besuch auf Hitlers Berghof und erlebt aus Schuschniggs Sicht die absurden Gespräche, die letztlich zum ‚Anschluss' führen. Vom beschriebenen Detail her handelt es sich eindeutig um Fiktion; die Sprache ist von lyrischen Elementen durchsetzt. Vuillards Text verwendet in beeindruckender Kürze und Dichte romanhafte Darstellungsmittel, um ein imaginiertes historisches Panorama der Selbstinszenierung und des Aufstiegs des Dritten Reiches zu zeichnen. Dem Leser wird so die Möglichkeit gegeben, geschichtliche Prozesse und Momente als sich vollziehendes Weltgeschehen zu erleben.

Andere hybride Werke, bei denen eine klare Zuordnung zu Geschichtsschreibung oder fiktionaler Literatur schwierig ist, verdeutlichen stärker metanarrative Einsichten, als dass sie historische Wirklichkeit simulieren. Jan Brokkens *Die Vergeltung. Rhoon 1944 – Ein Dorf unter deutscher Besatzung* (*De Vergelding*, 2013) versucht sich beispielsweise an einer expliziten Rekonstruktion eines historischen Ereignisses und seiner bis in die Gegenwart reichenden Nachwirkungen.[119] Am 10. Oktober 1944 wird ein deutscher Soldat getötet; ob es ein Unfall war oder

---

[117] Helmuth Lethen: Die Staatsräte. Elite im Dritten Reich – Gründgens, Furtwängler, Sauerbruch, Schmitt. Berlin 2018.
[118] Éric Vuillard: Die Tagesordnung. Übersetzt von Nicola Denis. Berlin 2018 [französisch 2017].
[119] Jan Brokken: Die Vergeltung. Rhoon 1944 – Ein Dorf unter deutscher Besatzung. Köln 2015 [2013].

ein Attentat, bleibt offen. Jedenfalls üben die Deutschen drastische Vergeltung, indem sie sieben Männer des Dorfes hinrichten, deren Häuser zerstören und die Kinder aus dem Dorf verbannen. Der Text beginnt in einem romanhaften realistischen Stil, der das historische Ereignis aus unterschiedlichen Perspektiven rekonstruiert, aber später durch den Erzähler in Frage gestellt wird. Am Ende einer Rekonstruktionsphase scheint es stets so, als habe der Erzähler ausreichend Beweise für eine eindeutige Rekonstruktion der Ereignisse und Motive gefunden, nur um diese Version der Geschichte im nächsten Rekonstruktionsschritt wieder in Frage zu stellen. So entsteht ein historiographischer Möglichkeitstext, der ständig zwischen realistischem Geschichtserzählen und metahistoriographischer Reflexion changiert. Der Einsatz von romanhaften Techniken im Zusammenspiel mit metahistoriographischer Reflexion setzt eine Hybridisierung zwischen Fiktion und Historie in Gang, die zu verstehen erlaubt, wie historische Wahrheiten entstehen und wie diese durch neue Perspektiven und Blickwinkel laufend problematisiert werden. Die Leser werden nicht nur mit bestimmten historischen Ereignissen vertraut gemacht, sondern das Entstehen von Geschichte wird ihnen performativ vor Augen geführt.

Hybridisierung wirkt auch in der Überschneidung von romanhaftem Geschichtserzählen mit anderen Medien. Neben dem schon mehrfach angesprochenen Medium Film arbeiten heute auch viele Museen so, zumal wenn historische Ereignisse für die Besucher vergegenwärtigt und ‚historische Erfahrungen' ermöglicht werden sollen.[120] So präsentiert das Bastogne War Museum in seiner 2014 eröffneten Ausstellung vier aus zahllosen Zeitzeugendokumenten konstruierte, gewissermaßen synthetisierte fiktive Figuren – zwei belgische Zivilisten, einen deutschen Offizier und einen amerikanischen Soldaten –, die alle die Ereignisse der Ardennenschlacht aus ihrer Perspektive erzählen.[121] In der Audioführung werden die Besucher von diesen Vier durch das Museum begleitet; deren Berichte und Erfahrungen können sie darüber hinaus in drei multimedialen Szenen nacherleben, sogenannten Szenovisionen, die über historische Ereignisse informieren und diese zugleich erfahrbar machen. Der Besucher begibt sich auf eine Zeitreise wie in einer Romanwelt, während andere Darstellungstechniken verhindern, dass er die Geschichtsillusion als ungebrochene historische Wirklichkeit

---

[120] Vgl. auch die Diskussion der Vergegenwärtigung von historischen Emotionen im Museum am Beispiel der Darstellung des Ersten Weltkriegs im Beitrag von Jaeger in diesem Band.
[121] Vgl. Stephan Jaeger. The Experientiality of the Second World War in the 21st-Century European Museum (Normandy, the Ardennes, Germany). In: Jörg Echternkamp and Stephan Jaeger (Hg.): Views of Violence. Representing the Second World War in Museums and Memorials. (Spektrum 19) New York 2019, S. 52–74.

wahrnimmt. Vielleicht noch näher liegt ein romanhaftes Geschichtserzählen für literarische Museen. So entfaltet die zuerst 1999 in Barcelona präsentierte Ausstellung *The City of K. Franz Kafka and Prague*, die seit 2005 im Franz-Kafka-Museum in Prag zu sehen ist, eine Bühnenwelt, die den Besucher in die historische Welt von Kafkas Prag hineinversetzt. Im zweiten Teil geht diese Geschichtsillusion zunehmend in Kafkas Romanwelten über, so dass deren fiktionale Räume, Atmosphären und Handlungen von den Besuchern wahrgenommen werden, als ob sie historisch wären.

In der Fachdiskussion um den historischen Roman gibt es eine gewisse Tendenz, die Gattungsgeschichte als eine Art Fortschrittsgeschichte zu schreiben, die sich vom realistischen Roman des 19. Jahrhunderts über moderne Schreibweisen hin zum metafiktionalen[122] und postkolonialen[123] Roman der Postmoderne entwickele. Das postmoderne Spiel, Fragmentarisierung, Multiperspektivität, die Hybridisierung von Gattungen und die verstärkte Metafiktionalität oder Metareflexivität erscheinen dann als zwangsläufige Entwicklungsziele. Tatsächlich sind diese Tendenzen in der historischen Entwicklung des romanförmigen Geschichtserzählens immer stärker hervorgetreten, mit einem (vorläufigen) Höhepunkt in unserer Gegenwart. Jedoch sind keineswegs alle Texte und Sparten des romanhaften Geschichtserzählens im beginnenden 21. Jahrhundert daran beteiligt. Reflexion und Realismus, Selbst- und Fremdreferenz,[124] Metafiktionalität und Präsenzillusion, Faktizität und Fiktionalität, Fragmentierung und kontinuierliche Erzählung, Multiperspektivität und subjektive Einzelgeschichten finden wir in sehr unterschiedlichen Mischungsverhältnissen, die überdies unterschiedlich komplex ausfallen. Eine „ironische Balance von Authentizitätsverlangen und Fiktionalitätsbewusstsein"[125] kann wohl als charakteristisch gelten für die Geschichtskultur der Gegenwart ebenso wie für deren romanhaft erzählende Teile. Das heißt aber nicht, dass sie in jedem Text und jeglicher Geschichtsrepräsentation anzutreffen wären.

---

122 So z. B. Robin Hauenstein: Historiographische Metafiktionen. Ransmayr, Sebald, Kracht, Beyer. (Epistemata 820) Würzburg 2014.
123 Vgl. Hamish Dalley: The Postcolonial Historical Novel. Realism, Allegory, and the Representation of Contested Pasts. Basingstoke 2014, sowie die Beiträge von Elena Agazzi und Herbert Uerlings in diesem Band.
124 Vgl. auch den Beitrag von Kathrin Maurer in diesem Band.
125 Ernst Osterkamp: Alles authentisch, alles fiktiv! In: Frankfurter Allgemeine Zeitung vom 12.07.2008, S. Z1–Z2, hier Z1.

9 Struktur des Bandes

Unser Band gliedert sich in vier Sektionen, zwischen denen zahlreiche Querverbindungen bestehen: I. Leitbegriffe und -konzepte; II. Romanhaftes Geschichtserzählen vom 20. Jahrhundert; III. Alternative und hybride Romangattungen; IV. Zeitreisen und populäres Geschichtserzählen.

BEATRIX VAN DAM untersucht das Verhältnis von faktualem und fiktionalem Erzählen und führt am Beispiel von vorwiegend niederländischen Texten vor, wie diese sowohl *immersive* (‚eintauchende') als auch *emersive* (verweisende oder belegende) Erzähltechniken nutzen und dabei zwischen sich ‚annähernder' Evokation von Geschichtserfahrung und distanzierender Selbstreflexion der jeweiligen Darstellungsmöglichkeiten oszillieren. Konzepte wie Authentizität und Realität, die im Poststrukturalismus zunehmend dekonstruiert wurden, sind, so van Dam, im Geschichtserzählen des 21. Jahrhunderts wieder relevant geworden. DANIEL FULDA diskutiert, wie romanhaftes Geschichtserzählen mit den *Anachronismen* jeglicher Vergangenheitsdarstellung (weil diese stets von einer Gegenwart aus erfolgt und mit bestimmten Interessen verbunden ist) umgeht, etwa indem es sie durch absichtsvoll gesetzte Anachronismen sichtbar macht. Anachronismusträchtige Identifikationsbedürfnisse, die für die Gegenwartsliteratur typisch sind, macht er in den Themenfeldern der weiblichen Emanzipation sowie der sexuellen Selbstbestimmung aller Geschlechter aus. KATHRIN MAURER diskutiert an romanhaften Darstellungen der DDR-Geschichte sowie der Kriege im früheren Jugoslawien, wie sich Fremd- und Selbstreferenz spielerisch überlagern können. Der *Spielbegriff* ermögliche es, das Hybride der Gattung zwischen Selbstreferentialität und Faktualität genauer zu verstehen. Die erste Sektion abschließend, untersucht LEONHARD HERRMANN die Thematisierung des *Religiösen* im romanhaften Geschichtserzählen der Gegenwart als einen Sonderfall, der verbindliche Erinnerung ermögliche. Dies geschehe zwischen einem Säkularisierungspostulat, in dem eine religiös konnotierte Vergangenheit von einer säkularen Gegenwart unterschieden wird, und Säkularisierungskritik, die auf die Leerstellen modernen Wissens hinweist.

Die zweite Sektion „Romanhaftes Geschichtserzählen vom 20. Jahrhundert" zeigt in fünf textsorten-systematischen Überblickskapiteln, mit welchen Verfahren der Erste Weltkrieg, der Zweite Weltkrieg und der Holocaust sowie die DDR-Zeit – insbesondere die Wendejahre 1989–90 – im heutigen romanhaften Geschichtserzählen dargestellt werden. Grundlegend ist auch hier die Spannung zwischen realistischem und metafiktionalem Erzählen. Es gibt weder den ultimativen historischen Roman zu einem bestimmten historischen Thema noch den *einen* Erzählzugang, der durch das historische Thema vorgegeben würde. Vielmehr stellen die fünf Beiträge eine Vielfalt von hybriden Formationen und Stilen vor. Bei STEPHAN JAEGER wird deutlich, dass romanhaftes Erzählen über den *Ersten*

Weltkrieg im deutschsprachigen Raum vorwiegend transnational und in anderen Medien als der literarischen Fiktion stattfindet, z. B. im Museum, Dokumentarfilm oder Essay. Zudem zeigt Jaeger die Möglichkeiten und Grenzen romanhaften Erzählens in der Geschichtsschreibung zum Ersten Weltkrieg. Der Ausdruck einer authentischen, multiperspektivisch erzählten historischen Atmosphäre werde durch romanhafte Mittel wie immersive Erzählverfahren und Reenactment bei gleichzeitiger Reflexion der Medialität der Geschichtsdarstellung besonders bedeutsam. HELMUT P. E. GALLE exponiert die Begriffe der primären und der sekundären Zeugenschaft, bevor er die narrativen Strukturen von *Holocaust*-Darstellungen in deutscher Sprache seit Beginn der 1990er Jahre auf die Positionalität von Autoren und Figuren, auf romanhafte Techniken zur Absicherung von Fakten sowie auf alternative Geschichtsentwürfe untersucht. An der vielgestaltigen Holocaustliteratur mit ihrem besonderen Verhältnis zu Faktualität und Authentizität lässt sich das gesamte Spektrum romanhaften Geschichtserzählens, das in dieser Einleitung zwischen Enthierarchisierung, Generationenroman, Popularisierung, Zeitreisen und Hybridität entfaltet wurde, abschreiten. Der Beitrag von ROBERT FORKEL schließt an Galles Diskussion von primärer und sekundärer Zeitzeugenschaft an und entwickelt eine ebenso umfassende Typologie des literarischen Erzählens über den *Zweiten Weltkrieg* im 21. Jahrhundert. Wie in dieser Einleitung ausgeführt, ist hier zwischen Geschichtserzählungen mit reiner Vergangenheitshandlung und solchen mit zusätzlicher Gegenwartsperspektive, zwischen historischen Romanen im engeren Sinn und Generationenerzählungen zu unterscheiden. Im Weiteren entfaltet Forkel Formen und Funktionen des metaerinnerungskulturellen sowie des experimentellen Geschichtserzählens.

EVA KUTTENBERG stellt für den Sonderfall der *österreichischen* Literatur die Funktionen des Generationenromans im 21. Jahrhundert vor, durch die das offizielle Geschichtsnarrativ ergänzt und korrigiert werde. So entstünden Hybride zwischen Fiktionalität und Referentialität, Authentischem und Inszeniertem. Die untersuchten Romane seien wichtige kulturhistorische Gedächtnisträger, die die Vergangenheit historisieren und sie zugleich aktualisierend auf die Gegenwart beziehen, wobei das Konzept der Generation als übergeordnetes Erzählmuster fungiere. Abgeschlossen wird die zweite Sektion von MICHAEL OSTHEIMER, der die Geschichtsphilosophie und das Zeitdenken in der *DDR- und Wendeliteratur* untersucht und dabei die Relevanz des romanhaften Geschichtserzählens auch für jüngere Ereignisse der Zeitgeschichte aufzeigt. Einerseits gebe es ein romanhaftes Geschichtserzählen, das vom Subjekt ausgeht, um utopisches Denken jenseits der Utopie zu restituieren, andere Romane hingegen dekonstruierten Geschichtsphilosophie und Utopiedenken, um subjektive Zeiterfahrungen zu erfassen.

Die dritte Sektion „Alternative und hybride Romangattungen" setzt sich explizit mit dem charakteristischen Aspekt Hybridität auseinander. Ausgehend von *W. G. Sebald*, führt LYNN L. WOLFF vor, wie literarische Texte als Geschichtsdarstellung fungieren können, insbesondere wenn sie generische Hybride bilden und Intermedialität einsetzen. Eine kollektive Erfahrung der Vergangenheit werde empathetisch zugänglich gemacht, aber weniger um die Vergangenheit zu vergegenwärtigen als um die Konstruktivität der Geschichte hervorzuheben. Dies ermögliche ein ethisches Schreiben als Besonderheit des literarischen Geschichtserzählens im 21. Jahrhundert. HERBERT UERLINGS untersucht sodann, wie das Potential des neueren *postkolonialen* Romans poetisch entfaltet werden kann. Insbesondere thematisiert er die Spannungen zwischen imaginären Zeitreisen und der Unmöglichkeit einer objektiven Repräsentation des Vergangenen, die Herausforderung, koloniale Narrative nicht einfach zu wiederholen, Metafiktionalität sowie interkulturelle Herausforderungen – kann deutschsprachige Literatur indigene Perspektiven schaffen? In der Wahl eines ‚mittleren Helden' erkennt Uerlings Differenzierungen und das literarische Durchspielen unterschiedlicher Werthaltungen, Erfahrungs- und Verhaltensmodelle gegenüber den Kolonisierten und der ‚Fremde', jedoch bestehe zugleich die Gefahr, dass die koloniale Erzählung kultureller Differenzen reproduziert wird.

Auch der zweite Teil der dritten Sektion beschäftigt sich damit, dass romanhaftes Geschichtserzählen im 21. Jahrhundert explizit hybride Gattungsformen erzeugt. Wiederum zeigt sich eine für das romanhafte Geschichtserzählen im 21. Jahrhundert grundlegende Spannung zwischen Realitätsbezug und metanarrativer Negation von Realitätsansprüchen. ELENA AGAZZI beschäftigt sich mit unterschiedlichen Vermischungen von historischen und literarischen Quellen in neuen *Geschichtsutopien im postkolonialen Kontext*. Es werden zwei unterschiedliche Stile erkennbar, die den historischen Roman mit anderen literarischen Gattungen vermischen: Ein realistischer Stil, der an den klassischen historischen Roman des 19. Jahrhunderts erinnere, stehe einem postmodernen Vexierspiel entgegen. DANIELE VECCHIATO untersucht den zeitgenössischen Erfolg *parahistorischer* Erzählwerke als Sonderform des romanhaften Geschichtserzählens und entfaltet eine Gattungstypologie. Einerseits diskutiert er die in parahistorischen Texten erkennbare geschichtstheoretische Akzentuierung der Konstruiertheit und Narrativität der Historie, andererseits sieht er eine verstärkt exzentrische Perspektive auf Geschichte. Letztlich seien im parahistorischen Roman neue Erzähltechniken feststellbar, die eine Reflexion über kontrafaktische Geschichtsverläufe als problematisch darstellen und dies in den parahistorischen Texten des 21. Jahrhunderts selbst kritisch reflektieren. Die Sektion wird beschlossen durch INES SCHUBERTS Analyse von Robert Menasses *Die Vertreibung aus der Hölle* (2001). Sie führt vor, wie an die Seite der historiographischen Metafiktion eine *erinnerungskulturelle* Dimension tritt, die tiefgehender als in früheren Texten Identitätsproblematiken, Aspekte historischer subjektiver Erfahrungen sowie Überlegungen zum Verhältnis von Geschichte und Gedächtnis thematisieren kann.

Der abschließende Teil des Bandes „Zeitreisen und populäres Geschichtserzählen" nimmt das populäre Geschichtserzählen in den Blick, wo die Idee und mitunter auch das Motiv der Zeitreise in die Vergangenheit besonders bedeutsam sind. GABY PAILER demonstriert durch die Linse von *Geschlechtszuschreibungen* die Vielfalt der Vergegenwärtigung historischen Geschehens zwischen spielerischen Metafiktionen und modernen weiblichen Mentalitäten als Teil des erzählten Vergangenheitsgeschehens im heutigen Geschichtserzählen. Sie untersucht in unterschiedlichen Gattungen vom Liebes- und Abenteuerroman bis zum historischen Kriminalroman, wie neue Muster des weiblichen Geschichts- und Biographieerzählens intertextuell klassische Erzählgattungen dekonstruieren und Alternativen zum biographisch-monumentalen Erzählen früherer Jahrhunderte schaffen. SABINE PLANKA führt vor, wie geschichtserzählende Kinder- und Jugendliteratur immersive und implizite Formen der Vergegenwärtigung des Vergangenen verwendet, wobei die Leser gewissermaßen mit den Protagonisten auf *Zeitreisen* geschickt werden. Das Erleben von Geschichte und der didaktische Anspruch, literarisch Wissen über Geschichte zu vermitteln, überschneiden sich, so Planka, in den Erzählprozessen, die das Vergangene vergegenwärtigen. ANUSHKA GOKHALE analysiert am Beispiel des Berlins der Weimarer Republik, dass *historische Kriminalromane* sowie virtuelle Simulationen den heutigen Lesern oder Usern die Vergangenheit aus der Sicht der Gegenwart enträtseln können. Sie verdeutlicht, wie das Erzählen von geschlossenen Handlungen, die in einer vergangenen Epoche stattfinden, Normalisierungsdiskurse im wiedervereinigten Deutschland widerspiegelt. Das Wiedererleben der als Geheimnis zu erschließenden Vergangenheit dokumentiere letztlich, wie populäres Geschichtserzählen die Wertvorstellungen der Gegenwart in die Vergangenheit exportiert. Wie NORBERT D. WERNICKE abschließend am Beispiel der *Schweiz* vorführt, eignen sich *Nationalmythen* ganz besonders für ein populäres Geschichtserzählen auf der Grenze zwischen Fakt und Fiktion. Auffällig sei dort ein Mangel an erzählerischer Reflexion; stattdessen würden die Wendepunkte der Schweizer Geschichte genussvoll erzählt und werde die eigene Tradition vergegenwärtigt, was einerseits zur Erweiterung existierender Nationalmythen führe, andererseits stark politisierend auf das gegenwärtige Schweizer Verständnis der eigenen Geschichte und nationalen Identität einwirke.

Kommen wir zum Schluss dieser Einleitung noch kurz zu einer Frage, die sich aufdrängt, aber lediglich tentativ beantworten lässt: Warum ist das Geschichtsinteresse in unserer Gegenwart so stark? In der Minderheit sind Stimmen, die das literarische Spiel mit der Geschichte als Zeichen „neuer gesellschaftlicher Dynamiken" deuten, die aus der Krise des Kapitalismus entstanden seien.[126] Verbreiteter sind Erklärungen, die für die gegenwärtige ‚spätmoderne' Gesellschaft einerseits einen „beschleunigten Gesellschaftswandel",[127] andererseits das Schwinden positiver Zukunftserwartungen konstatieren. Hans Ulrich Gumbrecht schließt daraus, das ganze vom Fortschrittsgedanken geprägte Geschichtsverständnis der Moderne löse sich derzeit auf; „die Grenze zwischen Vergangenheit und Gegenwart" sei „porös geworden".[128] Deshalb „überschwemmen Vergangenheiten unsere Gegenwart". In der Tat steckt in jeder Beschäftigung mit Geschichte mehr oder weniger viel Gegenwart, nicht selten uneingestandenermaßen, doch ist das nichts, was neu wäre und als spezifisch für unsere Gegenwart gelten könnte. Ähnliches lässt sich vielmehr auch über das 19. Jahrhundert sagen – so wie Gumbrechts Gegenwartsdiagnose stark an die Historismuskritik Nietzsches erinnert. Geschichtsphilosophisch bescheidener und gängiger ist es, die seit geraumer Zeit zu beobachtende „Hinwendung zur Geschichte" als Kompensation zu deuten; in unserer beschleunigten Gesellschaft könne sie „Kontinuität, Identität und Orientierung stiften", so Barbara Korte und Sylvia Paletschek.[129] Die Kompensationsthese leuchtet partiell ein, vor allem für das populäre Segment; sie droht jedoch zu überdecken, dass die heute so elaborierte Beschäftigung mit Geschichte *innerhalb* der Gesellschaft stattfindet, deren Zustände angeblich auf diese Weise kompensiert werden sollen. Unseres Erachtens bezeugt es den geistigen wie materiellen Reichtum der liberalen westlichen Gesellschaften, dass sie sich ein hochdifferenziertes historisches Bewusstsein und eine Geschichtskultur mit mehr Formaten und Teilnehmern als je zuvor leisten. Die – zu erheblichen Teilen erzählerische, romanhafte – Beschäftigung mit Geschichte stellt mehr denn je einen wesentlichen Teil der gesellschaftlichen wie individuellen

---

126 Rezai-Dubiel: Einleitung, S. 7.
127 Korte und Paletschek: Geschichte in populären Medien und Genres, S. 10.
128 Gumbrecht: Unsere breite Gegenwart, S. 67. Das folgende Zitat ebd., S. 16. Zur Auseinandersetzung mit Gumbrechts These von ‚unserer breiten Gegenwart' vgl. Daniel Fulda: Weder Bloch noch Gumbrecht. Latenzen in Stephan Wackwitz' Generationenerzählungen, besonders in *Die Bilder meiner Mutter*. In: Anna-Katharina Gisbertz und Michael Ostheimer (Hg.): Geschichte – Latenz – Zukunft. Zur narrativen Modellierung von Zeit in der Gegenwartsliteratur. (Ästhetische Eigenzeiten 7) Hannover 2017, S. 63–75.
129 Korte und Paletschek: Geschichte in populären Medien und Genres, S. 10. Auch Neuhaus: „Die Fremdheit ist ungeheuer", S. 27 spricht von einem „zunehmenden Bedürfnis nach Orientierung", und zwar aufgrund neoliberaler Flexibilisierung.

Selbstfindung dar. Wir halten es weder für geboten noch für angemessen, darin ein Symptom der Krise oder Schwäche zu sehen.

Den aus acht Ländern stammenden Beiträgerinnen und Beiträgern, die diesen Band ermöglicht haben, danken die Herausgeber sehr herzlich, ebenso Daniel Janz für seine sorgfältige Redaktion der Beiträge und seine minutiöse Erstellung des Registers.

Bibliographie

Agazzi, Elena: Familienromane, Familiengeschichten und Generationenkonflikte.
    Überlegungen zu einem eindrucksvollen Phänomen. In: Fabrizio Cambi (Hg.): Gedächtnis und Identität. Die deutsche Literatur nach der Vereinigung. Würzburg 2008, S. 187–203.
Arnold-de Simine,Silke: Mediating Memory in the Museum. Trauma, Empathy, Nostalgia. (Palgrave Macmillan Memory Studies) Basingstoke 2013.
Assmann, Aleida: Ist die Zeit aus den Fugen? Aufstieg und Fall des Zeitregimes der Moderne. München 2013.
Assmann, Aleida, Karoline Jeftic und Friederike Wappler (Hg.): Rendezvous mit dem Realen. Die Spur des Traumas in den Künsten. (Erinnerungskulturen 4) Bielefeld 2014.
Assmann, Aleida: Erlebte, erinnerte und erzählte Geschichte. In: Axel Rüth und Michael Schwarze (Hg.): Erfahrung und Referenz. Erzählte Geschichte im 20. Jahrhundert. Paderborn 2016, S. 43–48.
Berkhofer, Robert F. Jr.: Beyond the Great Story. History as Text and Discourse. Cambridge, Mass./London 1995.
Brokken, Jan: Die Vergeltung. Rhoon 1944 – Ein Dorf unter deutscher Besatzung. Köln 2015 [2013].
Cannadine, David: Introduction. In: Ders. (Hg.): History and the Media. Basingstoke 2004, S. 1–6.
Caracciolo, Marco: The Experientiality of Narrative. An Enactivist Approach. (Narratologia 43) Berlin/Boston 2014.
Carrard, Philippe: Le Passé mis en texte. Poétique de l'historiographie française contemporaine. Paris 2013.
Catani, Stephanie: Was bleibt von der Geschichte? Form und Funktion historisch-fiktionalen Erzählens im 21. Jahrhundert. In: Julia Schöll und Johanna Bohley (Hg.): Das erste Jahrzehnt. Narrative und Poetiken des 21. Jahrhunderts. Würzburg 2011, S. 23–35.
Catani, Stephanie: Geschichte im Text. Geschichtsbegriff und Historisierungsverfahren in der deutschsprachigen Gegenwartsliteratur. Tübingen 2016.
Cooper, Katherine, und Emma Short: Introduction. Histories and Heroines: the Female Figure in Contemporary Historical Fiction. In: Dies. (Hg.): The Female Figure in Contemporary Historical Fiction. Basingstoke 2012, S. 1–19.
Dalley, Hamish: The Postcolonial Historical Novel. Realism, Allegory, and the Representation of Contested Pasts. Basingstoke 2014.
Dam, Beatrix van: Geschichte erzählen. Repräsentation von Vergangenheit in deutschen und niederländischen Texten der Gegenwart. (Studien zur deutschen Literatur 211) Berlin/Boston 2016.

Damiano, Carla A.: Walter Kempowski's „Das Echolot": Sifting and Exposing the Evidence via Montage. Heidelberg 2005.
De Groot, Jerome: Remaking History. The Past in Contemporary Historical Fictions. London/ New York 2015.
De Groot, Jerome: Consuming History. Historians and Heritage in Contemporary Popular Culture. 2. Aufl. London/New York 2016 [2009].
Doležel, Lubomír: Possible Worlds of Fiction and History. The Postmodern Stage. Baltimore/ London 2010.
Doll, Max: Der Umgang mit Geschichte im historischen Roman der Gegenwart. Am Beispiel von Uwe Timms *Halbschatten*, Daniel Kehlmanns *Vermessung der Welt* und Christian Krachts *Imperium*. (Moderne und Gegenwart 21) Frankfurt am Main 2017.
Durrani, Osman, und Julian Preece (Hg.): Travellers in Time and Space. Reisende durch Zeit und Raum. The German Historical Novel. Der deutschsprachige historische Roman. (Amsterdamer Beiträge zur neueren Germanistik 51) Amsterdam/New York 2001.
Eichenberg, Ariane: Familie – Ich – Nation. Narrative Analysen zeitgenössischer Generationenromane. Göttingen 2009.
Eigler, Friederike: Gedächtnis und Geschichte in Generationenromanen seit der Wende. Berlin 2005.
E[rnst], J[utta]: Hybride Genres. In: Metzler Lexikon Literatur- und Kulturtheorie. Hg. von Ansgar Nünning. Stuttgart: Metzler, 5. aktual. und erw. Aufl. 2013, S. 313–314.
Fauth, Søren R., und Rolf Parr (Hg.): Neue Realismen in der Gegenwartsliteratur. (Szenen/Schnittstellen 1) Paderborn 2016.
Fenske, Michaela: Abenteuer Geschichte. Zeitreisen in der Spätmoderne. Reisefieber Richtung Vergangenheit. In: Wolfgang Hardtwig und Alexander Schug (Hg.): History sells! Angewandte Geschichte als Wissenschaft und Markt. Stuttgart 2009, S. 79–90.
Forkel, Robert: Erfahrung aus Narration. Erinnerungskulturelle Funktionen der Enkelliteratur. Phil. Diss. Halle-Wittenberg 2018.
Förster, Nikolaus: Die Wiederkehr des Erzählens. Deutschsprachige Prosa der 80er und 90er Jahre. Darmstadt 1999.
Friedrich, Hans-Edwin (Hg.): Der historische Roman. Erkundung einer populären Gattung. (Beiträge zur Literatur und Literaturwissenschaft des 20. und 21. Jahrhundert 23) Frankfurt am Main [u. a.] 2013,
Friedrich, Hans-Edwin: Die Wiederkehr des historischen Romans seit den 1980er Jahren. In: Ders. (Hg.): Der historische Roman. Erkundung einer populären Gattung. (Beiträge zur Literatur und Literaturwissenschaft des 20. und 21. Jahrhundert 23) Frankfurt am Main [u. a.] 2013, S. 1–13.
Fulda, Daniel: Literarische Familienbiographien. Ein „kleiner, vorstellbarer Ausschnitt der unvorstellbar grausamen Geschichte". In: Der Deutschunterricht 64 (2012) H. 2, S. 50–59.
Fulda, Daniel: Gewaltgeschichte als Sexualgeschichte. Wie neu ist die ‚neue Väterliteratur' der Gegenwart? In: Ders., Dagmar Herzog, Stefan-Ludwig Hoffmann und Till van Rahden (Hg.): Demokratie im Schatten der Gewalt. Geschichten des Privaten im deutschen Nachkrieg. Göttingen 2010, S. 230–261.
Fulda, Daniel: Zeitreisen. Verbreiterungen der Gegenwart im populären Geschichtsroman. In: Silke Horstkotte und Leonhard Herrmann (Hg.): Poetiken der Gegenwart. Deutschsprachige Romane nach 2000. (spectrum Literaturwissenschaft/spectrum Literature 37) Berlin/Boston 2013, S. 189–211.

Fulda, Daniel: „Ich lasse alle Nationalitäten gelten"? Karl Mays Re-Narration der deutsch-französischen Geschichte im Kolportagemodus (*Die Liebe des Ulanen*). In: Wolfram Pyta und Jörg Lehmann (Hg.): Krieg erzählen – Raconter la guerre. Darstellungsverfahren in Historiographie und Literatur nach den Kriegen von 1870/71 und 1914/18. (Kultur und Technik 26) Berlin 2014, S. 29–47.

Fulda, Daniel: Weder Bloch noch Gumbrecht. Latenzen in Stephan Wackwitz' Generationenerzählungen, besonders in *Die Bilder meiner Mutter*. In: Anna-Katharina Gisbertz und Michael Ostheimer (Hg.): Geschichte – Latenz – Zukunft. Zur narrativen Modellierung von Zeit in der Gegenwartsliteratur. (Ästhetische Eigenzeiten 7) Hannover 2017, S. 63–75.

Fulda, Daniel: Historiografie als Erzählen. In: Martin Huber, Wolf Schmid (Hg.): Grundthemen der Literaturwissenschaft: Erzählen. Berlin/Boston 2018, S. 433–446.

Geppert, Hans Vilmar: Der „andere" historische Roman. Theorie und Strukturen einer diskontinuierlichen Gattung. (Studien zur deutschen Literatur 42) Tübingen 1976.

Geiger, Arno: Unter der Drachenwand. Roman. München 2018.

Geppert, Hans Vilmar: Der historische Roman. Geschichte umerzählt – von Walter Scott bis zur Gegenwart. Tübingen 2009.

Gisbertz, Katharina: Die andere Gegenwart. Zeitliche Interventionen in neueren Generationserzählungen. (Beiträge zur neueren Literaturgeschichte 391) Heidelberg 2018.

Groebner, Valentin: Touristischer Geschichtsgebrauch. Über einige Merkmale neuer Vergangenheiten im 20. und 21. Jahrhundert. In: Historische Zeitschrift 296 (2013), S. 408–428.

Groebner, Valentin: Retroland. Geschichtstourismus und die Sehnsucht nach dem Authentischen. Frankfurt am Main 2018.

Gumbrecht, Hans Ulrich: Unsere breite Gegenwart. Berlin 2010.

Häfner, Lisa: Familiengeheimnisse, Herrenhäuser, Spurensuchen. Populäre metahistorische Frauenromane im Kontext der Geschichtskultur der Jahrtausendwende. (Bamberger Studien zu Literatur, Kultur und Medien 20) Bamberg 2017.

Hamnett, Brian: The Historical Novel in Nineteenth-Century Europe. Representations of Reality in History and Fiction. Oxford 2011.

Hardtwig, Wolfgang und Alexander Schug (Hg.): History sells! Angewandte Geschichte als Wissenschaft und Markt. Stuttgart 2009.

Hardtwig, Wolfgang. Verlust der Geschichte oder wie unterhaltsam ist die Vergangenheit? (Pamphletliteratur 1) Berlin 2010.

Harootunian, Harry: Remembering the Historical Present. In: Critical Inquiry 33 (2007), S. 471–494.

Hassemer, Simon Maria: Das Mittelalter der Populärkultur. Medien – Designs – Mytheme. Phil. Diss. Freiburg i. Br. 2013, S. 275 (URL: https://freidok.uni-freiburg.de/data/10612, zuletzt besucht am 10. 10.2018).

Hauenstein, Robin: Historiographische Metafiktionen. Ransmayr, Sebald, Kracht, Beyer. (Epistemata 820) Würzburg 2014.

Heinze, Carl: Mittelalter – Computer – Spiele. Zur Darstellung und Modellierung von Geschichte im populären Computerspiel. (Historische Lebenswelten in populären Wissenskulturen 8) Bielefeld 2014.

Hilmes, Oliver: Berlin 1936. Sechzehn Tage im August. München 2017.

Hochbruck, Wolfgang: Geschichtstheater. Formen der „Living History". Eine Typologie. (Historische Lebenswelten in populären Wissenskulturen 10) Bielefeld 2013.

Hoppe, Felicitas: Johanna. Roman. Frankfurt am Main 2006.
Illies, Florian: 1913. Der Sommer des Jahrhunderts. Frankfurt am Main 2012.
Jaeger, Stephan: Poietic Worlds and Experientiality in Historiographic Narrative. In: SPIEL (Siegener Periodicum zur Internationalen Empirischen Literaturwissenschaft). Sonderheft Towards a Historiographic Narratology. Hg. von Julia Nitz and Sandra Harbert Petrulionis. 30 (2011) H. 1, S. 29–50.
Jaeger, Stephan: Unreliable Narration in Historical Studies. In: Vera Nünning (Hg.): Unreliable Narration and Trustworthiness. Intermedial and Interdisciplinary Perspectives. (Narratologia 44) Berlin/Boston 2015, S. 371–393.
Jaeger, Stephan: Populäre Geschichtsschreibung. Aus narratologischer Perspektive. In: Susanne Popp, Jutta Schumann, Fabio Crivellari, Michael Wobring, Claudius Springkart. (Hg.): Populäre Geschichtsmagazine in internationaler Perspektive. Interdisziplinäre Zugriffe und ausgewählte Fallbeispiele. Frankfurt am Main 2016, S. 71–100.
Jaeger, Stephan. The Experientiality of the Second World War in the 21st-Century European Museum (Normandy, the Ardennes, Germany). In: Jörg Echternkamp and Stephan Jaeger (Hg.): Views of Violence. Representing the Second World War in Museums and Memorials. (Spektrum 19) New York 2019, S. 52–74.
Janesch, Sabrina: Katzenberge. Roman. Berlin 2010.
Johnston, Andrew James, und Kai Wiegandt: Introduction. In: Dies. (Hg.): The Return of the Historical Novel? Thinking about Fiction and History after Historiographic Metafiction. Heidelberg 2017, S. 9–18.
Jungen, Oliver: Die ungeschlagene Schlacht. In: Frankfurter Allgemeine Zeitung 28.02.2015, S. 18.
Kempowski, Walter: Das Echolot. Ein kollektives Tagebuch. Januar und Februar 1943. 4 Bände. München 1993.
Kilb, Andreas, und Peter Körte: Unsere wilden Jahre. Ein Gespräch mit dem Autor Volker Kutscher über „Babylon Berlin", die Serie des Moments. In: Frankfurter Allgemeine Sonntagszeitung 01.10.2017, S. 41–42.
Korte, Barbara, und Sylvia Paletschek (Hg.): History Goes Pop. Zur Repräsentation von Geschichte in populären Medien und Genres. (Historische Lebenswelten in populären Wissenskulturen 1) Bielefeld 2009.
Kraus, Wolfgang: Das erzählte Selbst. Die narrative Konstruktion von Identität in der Spätmoderne. (Münchner Studien zur Kultur- und Sozialpsychologie 8) Pfaffenweiler 1996.
Kreienbrink, Matthias: Haken dran: Nazisymbole in *Attentat 1942* und *My Child Lebensborn*. In: Spiegel Online 17.09.2018, URL: http://www.spiegel.de/netzwelt/games/attentat-1942-und-my-child-lebensborn-die-erschuetterung-spielen-a-1228433.html, zuletzt besucht am 10.10.2018.
Krumrey, Birgitta, Ingo Vogler und Katharina Derlin (Hg.): Realitätseffekte in der deutschsprachigen Gegenwartsliteratur. Schreibweisen nach der Postmoderne? (Beiträge zur neueren Literaturgeschichte 325) Heidelberg 2014.
Kühn, Dieter: Der Parzival des Wolfram von Eschenbach. Frankfurt am Main/Leipzig 1986.
Lampart, Fabian: Zeit und Geschichte. Die mehrfachen Anfänge des historischen Romans bei Scott, Arnim, Vigny und Manzoni. (Epistemata 401) Würzburg 2002.
Landsberg, Alison: Prosthetic Memory. The Transformation of American Remembrance in the Age of Mass Culture. New York 2004.
Landsberg, Alison: Engaging the Past. Mass Culture and the Production of Historical Knowledge. New York 2015.

Lethen, Helmuth: Die Staatsräte. Elite im Dritten Reich – Gründgens, Furtwängler, Sauerbruch, Schmitt. Berlin 2018.

L[eubner], M[artin]: Unterhaltungsliteratur. In: Metzler Literatur Lexikon. Begriffe und Definitionen. Begr. von Günther und Irmgard Schweikle. Hg. von Dieter Burdorf, Christoph Fasbender, und Burkhard Moenninghoff. 3., völlig neu bearb. Aufl. Stuttgart/Weimar 2007, S. 794.

Lückemeier, Peter: Die Schöpfer der Wanderhure. Iny Lorentz im Gespräch. München 2016.

Maase, Kaspar: Grenzenloses Vergnügen? Zum Unbehagen in der Unterhaltungskultur. In: Brigitte Frizzoni und Ingrid Tomkowiak (Hg.): Unterhaltung. Konzepte, Formen, Wirkungen. Zürich 2006, S. 49–67.

Maron, Monika: Pawels Briefe. Eine Familiengeschichte. Frankfurt am Main 1999.

May, Karl: Die Liebe des Ulanen. 5 Bde. Berlin 1993.

Müller, Harro: Geschichte zwischen Kairos und Katastrophe. Historische Romane im 20. Jahrhundert. (Athenäums Monografien Literaturwissenschaft 89) Frankfurt am Main 1988.

Muller, Adam, Struan Sinclair und Andrew Woolford: Digitizing Trauma. Embodying Empathy in a Reconstructed Canadian Indian Residential School. In: Wolfgang Klooß (Hg.): Wor(l)ds of Trauma. Canadian and German Perspectives. (Diversity / Diversité / Diversität 3) Münster / New York 2017, S. 249–261.

Munslow, Alun: Narrative and History. (Theory and History) Oxford 2007.

Naubert, Benedikte: Walter von Montbarry. Großmeister des Tempelordens. 2 Bde. Leipzig 1786.

Neubauer, Martin: Frühere Verhältnisse. Geschichte und Geschichtsbewusstsein im Roman der Jahrtausendwende. (Wiener Arbeiten zur Literatur 22) Wien 2007.

Neuhaus, Stefan: „Die Fremdheit ist ungeheuer". Zur Rekonzeptionalisierung historischen Erzählens in der Gegenwartsliteratur. In: Carsten Gansel und Elisabeth Herrmann (Hg.): Entwicklungen in der deutschsprachigen Gegenwartsliteratur nach 1989. (Deutschsprachige Gegenwartsliteratur und Medien 10) Göttingen 2013, S. 23–36.

Nonn, Christoph, und Tobias Winnerling (Hg.): Eine andere deutsche Geschichte 1517–2017. Was wäre wenn ... Paderborn 2017.

Nünning, Ansgar: Von historischer Fiktion zu historiographischer Metafiktion. Bd. 1: Theorie, Typologie und Poetik des historischen Romans. (LIR. Literatur – Imagination – Realität. Anglistische, germanistische, romanistische Schriften 11) Trier 1995.

Nünning, Ansgar: Von der fiktionalisierten Historie zur metahistoriographischen Fiktion. Bausteine für eine narratologische und funktionsgeschichtliche Theorie, Typologie und Geschichte des postmodernen historischen Romans. In: Daniel Fulda und Silvia Serena Tschopp (Hg.): Literatur und Geschichte. Ein Kompendium zu ihrem Verhältnis von der Aufklärung bis zur Gegenwart. Berlin/New York 2002, S. 541–571.

Obermüller, Gerhard, und Thomas Prüfer: Aus Geschichten Geschäfte machen. Kleine Pragmatik des Historischen. In: Jacqueline Nießer und Juliane Tomann (Hg.): Angewandte Geschichte. Neue Perspektiven in der Öffentlichkeit. Paderborn [u. a.] 2014, S. 77–96.

Osterkamp, Ernst: Alles authentisch, alles fiktiv! In: Frankfurter Allgemeine Zeitung vom 12.07.2008, S. Z1–Z2.

Paravicini, Werner: Die Wahrheit der Historiker. (Historische Zeitschrift, Beiheft N. F. 53) München 2010.

Peyronie, André: Présentation. In: Dominique Peyrache-Leborgne und A. P. (Hg.): Le Romanesque et l'historique. Nantes 2010, S. 11–25.

Planka, Sabine: Einleitung. In: Dies. (Hg.): Die Zeitreise. Ein Motiv in Literatur und Film für Kinder und Jugendliche. (Kinder- und Jugendliteratur intermedial 3) Würzburg 2014, S. 9–27.
Rauen, Christoph: Spektakuläre Geschichtsverbesserung. Iny Lorentz, *Die Wanderhure* (2004). In: Hans-Edwin Friedrich (Hg.): Der historische Roman. Erkundung einer populären Gattung. (Beiträge zur Literatur und Literaturwissenschaft des 20. und 21. Jahrhundert 23) Frankfurt am Main [u. a.] 2013, S. 229–244.
Reckwitz, Andreas: Die Gesellschaft der Singularitäten. Zum Strukturwandel der Moderne. Berlin 2017.
Reidy, Julian: Vergessen, was Eltern sind. Relektüre und literaturgeschichtliche Neusituierung der angeblichen Väterliteratur. (Palaestra 336) Göttingen 2012.
Retz, Tyson: Empathy and History. Historical Understanding in Re-enactment, Hermeneutics and Education. (Making Sense of History 35) New York 2018.
Rezai-Dubiel, Jasmin Marjam: Einleitung. In: Dies. (Hg.): „Indignez-vous!" Geschichte schreiben im 21. Jahrhundert. Berlin 2014, S. 7–12.
Richter, Daniela: (Hg.): The German Historical Novel since the Eighteenth Century. More than a Bestseller. Newcastle upon Tyne 2016.
Ricœur, Paul: Zeit und Erzählung. Bd. 1–3. Übersetzt. von Rainer Rochlitz und Andreas Knop (Bd. 3). München 1988–91 [französisch 1983–85].
Rosenfeld, Gavriel D.: The World Hitler Never Made. Alternate History and the Memory of Nazism. Cambridge 2005.
Saupe, Achim, und Felix Wiedemann: Narration und Narratologie. Erzähltheorien in der Geschichtswissenschaft, Version: 1.0, in: Docupedia-Zeitgeschichte, 28.01.2015, URL: http://docupedia.de/zg/Narration, zuletzt besucht am 10.10.2018.
Schabert, Ina: Der historische Roman in England und Amerika. Darmstadt 1981.
Schilling, Erik: Der historische Roman seit der Postmoderne. Umberto Eco und die deutsche Literatur. (Germanisch-romanische Monatsschrift. Beiheft 49) Heidelberg 2012.
Schlögel. Karl: Terror und Traum. Moskau 1937. München 2008.
Schneider, Jost: Literatur und Text. In: Handbuch Literaturwissenschaft. Hrsg. von Thomas Anz. Bd. 1–3. Stuttgart/Weimar 2007, Bd. 1, S. 1–24.
Schneider, Jost: Sozialgeschichte des Lesens. Zur historischen Entwicklung und sozialen Differenzierung der literarischen Kommunikation in Deutschland. Berlin/New York 2004.
Schreinert, Kurt: Benedikte Naubert. Ein Beitrag zur Entstehungsgeschichte des historischen Romans in Deutschland. Berlin 1941.
Steidele, Angela: Zeitreisen. Vier Frauen, zwei Jahrhunderte, ein Weg. Berlin 2018.
Tellkamp, Uwe: Der Turm. Roman. Frankfurt am Main 2008.
Tommek, Heribert: Der lange Weg in die Gegenwartsliteratur. Studien zur Geschichte des literarischen Feldes in Deutschland von 1960 bis 2000. (Studien und Texte zur Sozialgeschichte der Literatur 144) Berlin/Boston 2015.
Tommek, Heribert, Matteo Galli, und Achim Geisenhanslüke (Hg.): Wendejahr 1995. Transformationen der deutschsprachigen Literatur. (Spectrum Literaturwissenschaft 51) Berlin/Boston 2015.
Urban, Simon: Plan D. Roman. Frankfurt am Main 2011.
[Vogel, Oliver, Moderation:] „Die Fremdheit ist ungeheuer." Daniel Kehlmann und Michael Lentz im Gespräch über historische Stoffe in der Gegenwartsliteratur. In: Neue Rundschau 118 (2007) H. 1, S. 33–47.
Vuillard, Éric: Die Tagesordnung. Übersetzt von Nicola Denis. Berlin 2018 [französisch 2017].
Weber, Anne: Ahnen. Ein Zeitreisetagebuch. Frankfurt am Main 2015.

White, Hayden: Fictions of Factual Representation. In: Ders.: Tropics of Discourse. Essays in Cultural Criticism. Baltimore/London 1978, S. 121–134.
Willer, Stefan: Zeitreisender. In: Benjamin Bühler und S. W. (Hg.): Futurologien. Ordnungen des Zukunftswissens. Paderborn 2016, S. 257–269.
Williams, Paul: Memorial Museums. The Global Rush to Commemorate Atrocities. Oxford 2007.
Wittenberg, David: Time Travel. The Popular Philosophy of Narrative. New York 2013.

I Leitbegriffe und -aspekte

Beatrix van Dam
Belegen und beleben?

Geschichtserfahrung und Metahistoriographie in populären Geschichtserzählungen der Gegenwart

Wer nach dem Romanhaften im Geschichtserzählen des 21. Jahrhunderts sucht, benutzt mit dem Romanhaften ein ‚fuzzy concept', das produktiv in verschiedene Richtungen definiert und ausdifferenziert werden kann. Die auch als ‚grand dame' der niederländischen Literatur des 20. Jahrhunderts bezeichnete Schriftstellerin Hella Haasse verwendet eine ähnliche Bezeichnung, um in einem „Quellennachweis" zu einem ihrer historischen Romane zu erklären, warum es sich bei diesem Text zwar um einen Roman, aber nicht um Fiktion handele. Mit einer gewissen Selbstverständlichkeit handhabt sie dabei die „Kriterien eines Romans" als Richtschnur und betont, dass diese Kriterien Fiktionalität nicht beinhalteten: „*Heren van de Thee* [Die Teebarone] ist ein Roman, aber keine Fiktion. Die Charaktere und Ereignisse beruhen auf Briefen und anderen Dokumenten [...]. Der Stoff wurde also nicht ersonnen, sondern nach den Kriterien eines Romans ausgewählt und geordnet."[1] In diesem Zitat macht die Romanautorin deutlich, dass die Gattung des Romans nicht an Fiktionalität gebunden ist. Wenn Fiktionalität also kein konstitutives Merkmal eines Romans, seine Hauptfunktion also nicht das Hervorbringen von erfundenen Welten ist, stellt sich die Frage, was eine Erzählweise nach dem Romanmodell bewirkt.

Aus produktionsseitiger Perspektive gibt Hella Haasse in ihrem „Quellennachweis" hierauf Antwort. Die „Kriterien des Romans" erforderten eine andere, strengere Selektion als die „historische", also nicht romanhafte Annäherung an den Stoff: „Das bedeutet [...], daß viele Einzelheiten, die bei streng historischem Vorgehen der Vollständigkeit halber hätten aufgenommen werden müssen, außer Acht gelassen wurden und ich dafür das Schicksal und die Entwicklung der einzelnen Personen in den Mittelpunkt gestellt habe."[2] Haasse konstruiert hier einen Gegensatz zwischen historischem und romanhaftem Erzählen über Geschichte, der insofern aufschlussreich ist, als er zwei unterschiedliche Arten, Geschichte erzählerisch aufzubereiten, andeutet. Das historische Erzählen sei mehr auf die möglichst umfassende Einbindung aller Aspekte angelegt, während das

---

[1] Hella Haasse: Die Teebarone. Übersetzt von Maria Csollány. Hamburg 1995, S. 343 [niederländisch 1992].
[2] Haasse: Die Teebarone, S. 343.

romanhafte Erzählen den Stoff stärker selektiere, um ihn einem bestimmten Erzählinteresse, nämlich der Akzentuierung individueller Schicksale und Entwicklungen, anzupassen. Auch wenn beide Erzählweisen nicht eindeutig entweder der Geschichtsschreibung oder der Literatur zuzuweisen sind, hilft Haasses Unterscheidung, das ‚fuzzy concept' der Romanhaftigkeit unabhängig von Gattungen und Textsorten einzugrenzen. Die thematische Schwerpunktsetzung bliebe noch auszubuchstabieren in Bezug auf die erzählerische Gestaltung eines solchen auf individuelle Entwicklungen bezogenen Zugangs, der, wie hier herausgearbeitet werden soll, mit einer Vergegenwärtigung des Erzählten im Sinne einer scheinbaren Anwesenheit des Erzählten einhergeht.

Schon die Genese von Haasses historischen Romanen deutet an, dass die Romanverfahrensweise dabei ein ganzes Spektrum an unterschiedlichen Erzählformen zulässt. Haasses erster historischer Roman *Het woud der verwachting* (1949, dt. 1993: *Wald der Erwartung*) ist ein klassischer historischer Roman im Scott'schen Sinne, der eine abenteuerliche Handlung in einer historisch verankerten Welt von einer souveränen Erzählinstanz erzählen lässt. In *Een nieuwer testament* (‚Ein neueres Testament', 1966) setzt mit dem Auftreten eines Ich-Erzählers das Zurücktreten der souveränen Erzählinstanz ein. In den 1970er Jahren schreibt Haasse mit den *Bentinck*-Romanen [1978/1981, dt. 1996: *Ich widerspreche stets*) historische Romane im dokumentarischen Stil, die sich auf die Wiedergabe von historischen Briefen mit kurzen überleitenden und kommentierenden Passagen beschränken. Haasse hält auch bei ihren dokumentarischen Romanen, die sich beinahe ausschließlich aus historischem Quellenmaterial zusammensetzen, den Anspruch auf Romanhaftigkeit – ohne Fiktionalität – aufrecht.

Romanhafte Erzählverfahren funktionieren unabhängig von Fiktionalität und, wie im vorliegenden Beitrag hervorgehoben werden soll, auch außerhalb der Gattung Roman. Ziel des Beitrages ist es, Form und Funktion romanhafter Erzählverfahren in Bezug auf (populäre) nicht-fiktionale Geschichtserzählungen zu erläutern und zu analysieren. Es gilt hierzu, einen von Fiktionalität und der Gattung Roman abgekoppelten Begriff der ‚Romanhaftigkeit' (in Bezug zum historischen Erzählen) zu füllen. Es wird dazu kurz auf die Diskussion um das faktuale Erzählen als eine nur scheinbar neutrale Erzählform verwiesen, die trotz des Anspruches auf Objektivität ein breites Spektrum an (auch romanhaften) Erzählformen zulässt. Ich lege dar, wie die Unterscheidung fiktional/faktual in Bezug auf populäre Geschichtserzählungen der Gegenwart so definiert werden kann, dass Erzählformen eine wenn auch nicht die entscheidende Rolle zur Unterscheidung von Fiktionalität und Faktualität spielen. Vor diesem Hintergrund kann dann geklärt werden, inwiefern romanhafte Erzählverfahren – gerade im Kontext eines sich gegenwärtig erneut geltend machenden Bedürfnisses nach Echtheit und Wirklichkeit – auch unabhängig von Fiktionalität und außerhalb der Gattung Roman in nicht-fiktionalen Geschichtserzählungen zur Stärkung des Wirklichkeitsbezugs eingesetzt werden können. Dazu werden romanhafte Erzählverfahren mit immersiven beziehungsweise immersionsfördernden Erzählverfahren enggeführt.[3] Anhand von Geert Maks *In Europa* (2005), David van Reybroucks *Kongo. Eine Geschichte* (2012) und Philipp Bloms *Der taumelnde Kontinent* (2009) zeige ich anschließend, welche Rolle romanhafte Erzählverfahren in zeitgenössischen Geschichtserzählungen spielen. Der Beitrag versteht sich dabei als eine Erweiterung der Erfassung von Spielarten populärer Geschichtserzählungen um eine Sparte, die einen höheren Grad an metahistoriographischer Selbstreflexion ihrer Erzählverfahren aufweist.[4]

1 ‚Die Fakten sprechen für sich' – Faktuales Erzählen als Nullstufe des Erzählens?

Die Möglichkeit, Geschichte ‚romanhaft' zu erzählen, betont den Umstand, dass ‚Fakten' stets erzählt oder anderweitig verzeichnet werden müssen. Dem widersprechend wurde faktuales Erzählen oft als eine Art Nullstufe des Erzählens wahrgenommen. Laut der Redensart ‚sprechen die Fakten für sich' und bedürfen keiner Vermittlung, die vielmehr die Gefahr der Verfälschung in sich berge. Fakten scheinen sich selbst zu kommunizieren, während viele Fiktionen anerkanntermaßen erzählt werden müssen, ja durch das Erzählen erst zustande kommen. Vor dem Hintergrund dieser Auffassung wird verständlich, warum das historische Erzählen oft als Beispiel für faktuales *Erzählen* (als notwendiges *Erzähltwerden* der Fakten) herangezogen wurde: Die vergangene Wirklichkeit als Bezugspunkt lässt in ihrer Abwesenheit einen Erzählvorgang überhaupt erst nötig erscheinen. In seiner berühmten Gegenüberstellung von Dichter und Geschichtsschreiber grenzt Aristoteles die Geschichtsschreibung („das wirklich Geschehene") von der Dichtung („was geschehen könnte") ab.[5] Durch die vergangene Wirklichkeit als

---

[3] Ich greife dabei zurück auf Konzepte, die ich im Rahmen meiner Dissertation entwickelt habe: Beatrix van Dam: Geschichte erzählen. Repräsentation von Vergangenheit in deutschen und niederländischen Texten der Gegenwart. (Studien zur deutschen Literatur 211) Berlin/Boston 2016.
[4] Für eine Übersicht zum Thema siehe Stephan Jaeger: Populäre Geschichtsschreibung. Aus narratologischer Perspektive. In: Susanne Popp [u. a.] (Hg.): Populäre Geschichtsmagazine in internationaler Perspektive. Interdisziplinäre Zugriffe und ausgewählte Fallbeispiele. Frankfurt am Main 2016, S. 71–74.
[5] Aristoteles: Poetik. 9. Abschnitt (1451a–1451b), zitiert nach Aristoteles: Poetik. Griechisch/Deutsch. Herausgegeben und übersetzt von Manfred Fuhrmann. Stuttgart 1994, S. 29.

Bezugspunkt ergibt sich für die Geschichtsschreibung zwar die Notwendigkeit des Erzählens. Anscheinend konstituiert und legitimiert sie sich jedoch allein aus den ihr vorausgehenden Tatsachen, ist also lediglich sekundäre Verarbeitung. Die Dichtung hat dagegen das Problem, dass in ihr das Erzählen primär ist und seinen Gegenstand erst hervorbringt. Die Dichtung hat ein Legitimationsdefizit, das Aristoteles auszugleichen versucht. In der Dichtung scheint somit ein Realitätsbezug nicht verabschiedet, aber gelockert zu sein. Aristoteles' Konzept von Dichtung lässt sich in diesem Punkt vergleichen mit modernen Konzepten von Fiktion, welche die „willing suspension of disbelief" zu einer Voraussetzung des Umgangs mit fiktionalen Texten machen. Fiktion erfordert es, die Frage nach dem Wirklichkeitsbezug zumindest offenzulassen.[6]

Auch bei der Infragestellung der Grenze zwischen Fiktionalität und Faktualität im 20. Jahrhundert ist es das historische Erzählen, das in Hayden Whites einflussreicher Studie *Metahistory* als Paradebeispiel für das faktuale Erzählen fungiert, dieses Mal jedoch in Bezug auf die Ununterscheidbarkeit von fiktionalem und faktualem Erzählen von der narrativen Konstruktion her. Anhand des historischen Erzählens demonstriert White, wie nicht nur die Dichtung, sondern auch die Geschichtserzählung ihren eigenen Erzählgegenstand erst hervorbringt, der keineswegs ‚einfach' zusammenfällt mit der Wirklichkeit als dem Erzählen vorgeordneter Größe.[7] Roland Barthes hebt den Illusionscharakter auch des faktualen Erzählens ebenfalls am Beispiel des historischen Erzählens heraus. Dieses erzeuge eine „Referenzillusion, [...] da der Historiker hier vorgibt, das Bezugsobjekt (référent) ganz allein sprechen zu lassen."[8] Das historische Erzählen eignet sich auch hier in besonderer Weise dafür, die Konstruiertheit des faktualen Erzählens zu repräsentieren, da ihm aufgrund der vergangenen Wirklichkeit als abwesendem Referenten erzählerische Konstruktionsvorgänge scheinbar leichter nachgewiesen werden können. Wenn dem historischen Erzählen aufgrund dieser Konstruiertheit Fiktionalität unterstellt wird, beruht auch diese Schlussfolgerung auf der Unterscheidung von primärem und sekundärem Erzählen. Faktuales Erzählen definiert sich diesem Ansatz zufolge durch einen grundsätzlich anderen Erzählvorgang als das fiktionale Erzählen, der sich dadurch auszeichnet, sekundär zur beschriebenen Wirklichkeit zu sein, also lediglich etwas dem Erzählen Vorgängiges zu beschrei-

---
6 Frank Zipfel: Fiktion, Fiktivität, Fiktionalität. Analysen zur Fiktion in der Literatur und zum Fiktionsbegriff in der Literaturwissenschaft. Berlin 2001, S. 283.
7 Hayden White: Metahistory. The Historical Imagination in Nineteenth-Century Europe. Baltimore/London 1973.
8 Roland Barthes: Die Historie und ihr Diskurs. Übersetzt von Erika Höhnisch. In: Alternative. Zeitschrift für Literatur und Diskussion 11 (1968), S. 171–180, hier S. 175.

ben, anstatt es erzählerisch hervorzubringen. Wird dem faktualen Erzählen dann nachgewiesen, dass das Erzählen der repräsentierten Wirklichkeit vorausgeht, wird es zum primären, also fiktionalen Erzählen. Wer die Unterscheidung von faktualem und fiktionalem Erzählen aufrechterhalten möchte, darf sie also nicht auf die Unterscheidung von primärem und sekundärem Erzählen gründen.

2 Populäre Geschichtserzählungen der Gegenwart

Wenn Barthes und White das historische Erzählen beschreiben, beziehen sie sich schwerpunktmäßig auf Geschichtsschreibung des 19. Jahrhunderts (etwa Michelet bei Barthes und Ranke bei White). Gerade in Anbetracht der Formenvielfalt von Erzählstilen in der zeitgenössischen Geschichtsschreibung stellt sich die von Barthes analysierte Geschichtserzählung jedoch nicht als Regelfall dar. Barthes beschreibt die ‚realistische' Geschichtsschreibung als ein so komplexes wie fragiles Konstrukt, das an Schizophrenie grenzende Anstrengungen fordert, um den Eindruck von Einfachheit zu produzieren. Bei der Betrachtung zeitgenössischer Geschichtserzählungen hilft es zu unterstellen, dass sie nach dem *linguistic turn* nicht mehr dem Legitimationszwang ausgesetzt sind, eine Art direkten Bezug zur Wirklichkeit vorspiegeln zu müssen. In diesem Zusammenhang werden die romanhaften Erzählverfahren interessant, da romanhaftes Erzählen den Umstand, dass erzählt wird, nicht wie in Barthes' Charakterisierung des historischen Erzählens verhüllt, sondern offenlegt – was nicht vorschnell mit Fiktionalität gleichgesetzt werden darf.

Es scheint sich dabei gegenwärtig eine Situation zu ergeben, in der sich das historische Erzählen neu als faktuales Erzählen profiliert und sich dabei aber in doppelter Form an das fiktionale Erzählen anlehnt. Einerseits eben darin, seinen Illusionscharakter offenzulegen, und andererseits darin, Erzählverfahren zu integrieren, die aus dem fiktionalen Kontext bekannt, aber nicht an ihn gebunden sind. Dass historische Erzählungen deshalb von ihren Erzählverfahren her streckenweise nicht von fiktionalen Erzählungen zu unterscheiden sind, muss nicht die Ununterscheidbarkeit von fiktionalem und faktualem Diskurs bedeuten, sofern diese Unterscheidung sprachpragmatisch in Bezug auf den Kontext definiert wird: „Die Klassifikation eines Textes als fiktional oder faktual ist eine Entscheidung, die letztlich auf textpragmatischer Ebene getroffen wird."[9] Faktualität und

---

9 Christian Klein und Matías Martínez: Wirklichkeitserzählungen. Felder, Formen und Funktionen nicht-literarischen Erzählens. Weimar 2009, S. 4.

Fiktionalität definieren sich nach dieser Annahme durch die produktionsseitigen und rezeptionsseitigen Erwartungen an das Erzählen in Bezug auf seinen ‚Wirklichkeitswert', also in Bezug auf die Frage, ob von einer Erzählung erwartet wird, in überprüfbarer Weise ‚die' Wirklichkeit so adäquat wie möglich wiederzugeben. Grundsätzlich kann jeder Text faktual und fiktional gelesen werden. Die Einordnung eines Textes als faktual oder fiktional wird von paratextuellen und textuellen Signalen beeinflusst, wenngleich diese nicht stabil sind. Es gibt also auf Textniveau wandelbare, konventionalisierte Signale für faktuales und fiktionales Erzählen.

Die Signale für fiktionales Erzählen sind dabei eindeutiger kartiert als die faktualen Erzählens,[10] das oft als ‚neutrales', eben nicht-fiktionales Erzählen wahrgenommen wird. Mit Roland Barthes kann gerade diese Neutralität als erzählerische Konstruktionsherausforderung gesehen werden, die im Gegensatz zum fiktionalen Erzählen ihre Niedrigschwelligkeit etwa durch das indizierte Zusammenfallen des Erzählers mit dem Autor (‚reale' Kommunikationssituation) oder gar mit der Wirklichkeit selbst signalisiert,[11] Subjektivierungsstrategien reduziert und durch erzählerische Distanz den Eindruck von Objektivität erzeugt.[12] Nicht zuletzt bei einer Analyse des vielförmigen historischen Erzählens der Gegenwart zeigt sich jedoch die Wandelbarkeit solcher Erzählkonventionen. Sowohl im faktualen wie auch im fiktionalen Kontext finden sich romanhafte erzählerische Techniken der Subjektivierung und Vergegenwärtigung. Zugleich sind in den faktualen Texten Tendenzen zur erzählerischen Selbstreflexion zu finden, wie sie eher in Bezug auf den postmodernen historischen Roman beschrieben wurden. Wenn im ‚neohistorischen Roman' die metareflexiven Züge, die den postmodernen historischen Roman auszeichneten, implizit werden und zurückgehen,[13] deutet sich hier eine Annäherung fiktionalen und faktualen Erzählens von Geschichte an: Selbstreflexion kommt im fiktionalen wie im faktualen Kontext vor, ohne dass sie wie im postmodernen historischen Roman in den Vordergrund gestellt wird.

Dieser Beitrag kann nur eine Textsorte betrachten, die wiederum einen Sonderfall von Geschichtserzählungen darstellt, nämlich das zwar im faktualen Kontext situierte, jedoch außerhalb der akademischen Geschichtsschreibung an ein

---

10 Vgl. etwa Frank Zipfel: Fiktionssignale. In: Tobias Klauk und Tilmann Köppe (Hg.): Fiktionalität. Ein interdisziplinäres Handbuch. Berlin/Boston 2014, S. 97–124.
11 Barthes: Die Historie und ihr Diskurs, S. 175.
12 Gérard Genette: Fiktion und Diktion. Übersetzt von Andreas Knop. 2. Aufl. München 1998 [1992], S. 75–79.
13 Zum Konzept des ‚neohistorischen' Romans siehe: Elodie Rousselot (Hg.): Exoticizing the Past in Contemporary Neo-Historical Fiction. Basingstoke 2014.

breiteres Publikum gerichtete historische Erzählen. Dieses Genre erlaubt sich eine größere erzählerische Freiheit, erhält dabei aber seinen Anspruch auf Wirklichkeitsrepräsentation aufrecht. In diesem Genre zeigt sich in besonderem Maße, wie vielgestaltig das historische Erzählen im faktualen Diskurs sein kann. Johan Huizinga betont, dass „historische Lieder und Epen aus früheren Kulturphasen" und die „nach streng kritischer Methode erforschte Geschichte" in der Beschreibung der Vergangenheit gleichberechtigt sind.[14] Dies bedeutet, dass auch ein historisches Erzählen, das nicht in akademischer Tradition fortwährend auf Quellen verweist, das große Erzählungen wie die der europäischen Geschichte des 20. Jahrhunderts nicht scheut und historische Zusammenhänge eher exemplarisch und anekdotisch als systematisch darlegt, nicht minder ‚faktual' erzählt. Es soll gezeigt werden, wie hier erzählerische Konstruiertheit, auch in romanhafter Form, und der weiterhin aufrecht erhaltene Anspruch auf Wirklichkeitsbezug – nicht zwangsläufig „naiv"[15] – Hand in Hand gehen.

3 Romanhafte Geschichte

Historisches Erzählen eignet sich in besonderer Form für eine solche Analyse, wenn es nicht als faktuales Erzählen par excellence, sondern als Sonderfall des faktualen Erzählens betrachtet wird. Auch wenn alle faktualen Erzählungen primär erzählen und erst sekundär ihren Erzählgegenstand als auf die Wirklichkeit bezogen markieren (oder so gelesen werden), nimmt das historische Erzählen innerhalb der faktualen Erzählungen eine Sonderstellung ein. Ausgangspunkt einer solchen Perspektive auf das historische Erzählen ist wiederum die besondere Bedingtheit des historischen Erzählens, das sich auf eine immer schon als ‚abwesend' markierte, weil vergangene Wirklichkeit bezieht. Zum Versuch, diese abwesende Vergangenheit zu begreifen, gehört es, das Handeln und Denken von Menschen zu begreifen. Es ist ein weiteres Spezifikum historischen Erzählens, dass es die vergangene Wirklichkeit auf menschliches Handeln, Denken und Fühlen zurückführt. Michel de Certeau bringt dieses Verhältnis auf den Punkt: „Die Geschichte bezieht sich schließlich auf ein ‚Machen' oder ‚Tun' [...]. Diese Beziehung des Diskurses zu einem *Tun* ist dem Gegenstand des Diskurses innerlich, denn auf die eine oder andere Weise spricht die Geschichte immer von Spannun-

---

14 Johan Huizinga: Über eine Definition des Begriffs Geschichte. Übersetzt von Werner Kaegi und Kurt Köster. In: Ders.: Geschichte und Kultur. Gesammelte Aufsätze. Hg. von Kurt Köster, Stuttgart 1954, S. 8.
15 Jaeger: Populäre Geschichtsschreibung, S. 78.

gen, Konfliktverhältnissen oder Kräftespielen."[16] Wenn Paul Ricœur die Schuld des Historikers gegenüber der Vergangenheit als eine Schuld gegenüber den Toten konkretisiert, wird ein ähnliches, auf den Menschen bezogenes Konzept von Vergangenheit deutlich. Ricœur spricht davon, dass „man *sich* den Lebenszusammenhang *vorstellt*"[17] und fasst die vergangene Wirklichkeit damit als (menschlichen) Lebenszusammenhang, der in der Geschichtsschreibung mit Hilfe des „Phantasieelement[s] der Repräsentanz" verdeutlicht werde: „Die Vergangenheit ist das, was ich gesehen hätte, dessen Augenzeuge ich gewesen wäre, wäre ich dabeigewesen."[18]

Um dem Ziel der Vergegenwärtigung menschlicher Lebenszusammenhänge gerecht zu werden, konnte sich das historische Erzählen schon immer ‚romanhafter' Erzählstrategien bedienen, wenn auch in einem ‚ernsten', weil auf verlässlichen Wirklichkeitsbezug ausgelegten Zusammenhang. Huizinga meint mit der ‚Ernsthaftigkeit' der Geschichtsschreibung keinesfalls den Einsatz einer täuschenden Erzählstrategie, die den Eindruck erweckt, der Erzählgegenstand falle mit seinem erzählerischen Bezugspunkt, der vergangenen Wirklichkeit, zusammen. Er betont vielmehr den Unterschied zwischen Geschichte und Vergangenheit:

> In der Regel stellt man sich vor, die Geschichte strebe darnach, die Erzählung der Vergangenheit zu geben [...]. In Wirklichkeit gibt sie nicht mehr als eine gewisse Vorstellung einer gewissen Vergangenheit, ein verständliches Bild eines Stückes Vergangenheit. Sie ist nie Rekonstruktion oder Reproduktion einer gegebenen Vergangenheit. Eine Vergangenheit ist nie gegeben.[19]

Vor diesem Hintergrund erhält das Bedürfnis, sich dieser Vergangenheit anzunähern, erhöhte Dringlichkeit: „Es ist ein absolutes Bedürfnis zu der echten Erkenntnis des wahrhaft Geschehenen hindurchzudringen, auch falls man sich der Mangelhaftigkeit der Mittel dazu bewußt ist."[20] Aus diesem Bedürfnis resultiert die Ernsthaftigkeit, mit der sich Historiker in kritischer Reflexion ihrer Möglichkeiten der Vergangenheit zuwenden.

Huizingas Konzept der historischen Erfahrung stellt eine Steigerung des Bedürfnisses nach „echte[r] Erkenntnis des wahrhaft Geschehenen" dar, die es

---

16 Michel de Certeau: Das Schreiben der Geschichte. Übersetzt von Sylvia M. Schomburg-Scherff. Frankfurt am Main/New York 1991 [französisch 1975], S. 69.
17 Paul Ricœur: Zeit und Erzählung. Band III: Die erzählte Zeit. Übersetzt von Andreas Knop. München 1991, S. 299.
18 Ricœur: Die erzählte Zeit, S. 300–301.
19 Huizinga: Über eine Definition des Begriffs Geschichte, S. 7–8.
20 Huizinga: Über eine Definition des Begriffs Geschichte, S. 9.

textueller und narrativer Repräsentation entzieht. Die erneute Aufmerksamkeit für dieses Konzept, etwa in Frank R. Ankersmits ‚sublimer historischer Erfahrung', die das poststrukturalistische Sprachgefängnis des 20. Jahrhunderts sprengen soll,[21] zeigt, wie der *linguistic turn* die Attraktivität der Idee, dass ein direkter Kontakt mit der vergangenen Wirklichkeit möglich sei, keineswegs schmälert, wenn nicht gar intensiviert. In der postmodernen, poststrukturalistischen, posthermeneutischen Perspektive der Gegenwart scheint das Bedürfnis nach der Durchlässigkeit der Erzählung zur Wirklichkeit wiederaufzuleben. Dabei geht es nicht um die Idee, die erzählte Geschichte könne in gleichen Teilen mit der Vergangenheit zusammenfallen, sondern um beiläufige und unkontrollierbare Momente, in denen die Anwesenheit des Abwesenden durchscheint wie etwa in Barthes Konzept des „punctums" oder in Merschs „passive[r] Präsenz".[22] Auch in der Literatur wird dem Bedürfnis nach einer die Zeiten übersteigenden Geschichtserfahrung Form gegeben.[23]

Auch nicht-fiktionale Geschichtserzählungen können das Bedürfnis nach Vergegenwärtigung der Vergangenheit mit Erzählverfahren inszenieren, die vor allem aus dem fiktionalen Kontext bekannt sind. Der Literaturhistoriker Stephen Greenblatt drückt das Bedürfnis nach Kontakt mit der Vergangenheit in der Begründung seiner Arbeit als Literaturhistoriker so aus: „I began with the desire to speak with the dead."[24] Wiederum fällt hier die vergangene Wirklichkeit mit den Toten zusammen, wird also in Bezug auf das nun abwesende Leben von Menschen verstanden. Greenblatt betont, dass das Bedürfnis nach Kontakt mit der (vergangenen) Wirklichkeit paradoxerweise ein konstitutiver Bestandteil gerade des fiktionalen und literarischen Erzählens sei, das dem vergangen Leben anscheinend besonders nahe kommen kann: „It is paradoxical, of course, to seek the living will of the dead in fictions [...]. But those who love literature tend to find more intensity in simulations – in the formal, self-conscious miming of life – [...] in full awareness of the absence of life they contrive to represent [...]."[25] In Fiktionen scheint die Anwesenheit des Abwesenden in der Simulation zu glücken.

---

21 Frank R. Ankersmit: Die drei Sinnbildungsebenen der Geschichtsschreibung. In: Klaus E. Müller (Hg.): Historische Sinnbildung. Problemstellungen, Zeitkonzepte, Wahrnehmungshorizonte, Darstellungsstrategien. Hamburg 1997, S. 98–117.
22 Roland Barthes: Die helle Kammer. Bemerkung zur Photographie. Übersetzt von Dietrich Leube. Frankfurt am Main 1989, S. 66–68; Dieter Mersch: Posthermeneutik. Berlin 2010, S. 122.
23 Vgl. Amy J. Elias: Sublime Desire. History and Post-1960s Fiction. (Parallax: Re-visions of Culture and Society) Baltimore/London 2001.
24 Stephen Greenblatt: Shakespearean Negotiations. The Circulation of Social Energy in Renaissance England. Oxford, 1988, S. 1.
25 Greenblatt: Shakespearean Negotiations, S. 1.

Textuelle Techniken der Simulation sind nicht der Dichtung vorbehalten, sondern werden schon in der antiken Rhetorik als auch im faktualen Kontext legitime Überzeugungsstrategien beschrieben. *Evidentia* kann durch das Anführen überzeugender Beweise erreicht werden, aber auch durch das rhetorische Mittel der *energeia*, der Kunst der Veranschaulichung durch Verlebendigung und detaillierte Beschreibung. Bei Quintilian bedeutet dies das Vor-Augen-Führen von etwas durch den Text. Damit verbinden sich z. B. Techniken des szenischen Erzählens, das den Anschein erweckt, etwas werde weniger erzählt als aufgeführt. Quintilian nennt dies ‚enargeia'. Diese Energie der Simulation wird von Aristoteles als Erzählmöglichkeit auch nicht-fiktionaler Texte betrachtet, die er als ‚energeia', als Anwesendmachen von etwas, das abwesend ist, bezeichnet.[26] Gerade für die Geschichtsschreibung eignet sich diese Technik, da sie die Erreichbarkeit der vergangenen Wirklichkeit suggeriert.

4 Immersion und Emersion

Die rhetorischen Vergegenwärtigungsstrategien kreuzen sich mit der ‚Intensität', die Greenblatt an der Literatur schätzt und die er in Zusammenhang mit seiner Arbeit als Literaturhistoriker bringt. Sie können zu einem breiteren, allgemein fiktionalen Erzählungen zugeschriebenen Set an Erzähltechniken gerechnet werden, welche die vom Text geschaffene Erzählwirklichkeit betonen. Sie stehen im Kontrast zu eher aus faktualen Texten bekannten Erzählverfahren, welche nicht die vom Text geschaffene Welt, sondern den überprüfbaren Bezug des Textes zur Wirklichkeit hervorheben. In beiden Fällen handelt es sich um Erzählstrategien, welche den Leser so stimulieren sollen, dass er mental etwas realisiert, das der Text selbst nicht leisten kann. Weder entsteht durch eine Erzählung eine sinnlich erfahrbare Wirklichkeit, noch kann die Erzählung mit der Wirklichkeit, die sie beschreibt, zusammenfallen. Beide Fälle stellen eine Form von ‚Simulation' in Greenblatts Sinne dar, wobei sie sich in der Offenlegung ihres Illusionscharakters unterscheiden. Spätestens im von Roland Barthes beschriebenen Fall einer Geschichtserzählung, die sich als sich selbst erzählende Wirklichkeit ausgibt, wird deutlich, dass auch im faktualen Kontext Illusionsbildung eine große Rolle spielt, ohne dass jedoch im Produktions- wie Rezeptionskontext ein dem Umgang mit fiktionaler Literatur vergleichbares Illusionsbewusstsein besteht.

---

[26] Ansgar Kemmann: Evidentia. Evidenz. In: Gert Ueding (Hg.): Historisches Wörterbuch der Rhetorik. Band III. Tübingen 1996, S. 33–47.

Es gibt also bestimmte Erzählverfahren, die besonders geeignet sind, die vom Text hervorgebrachte Erzählwelt einerseits oder den Bezug der Erzählung auf ‚die' Wirklichkeit andererseits zu betonen. Ohne dass dies explizit durch Erzählverfahren herausgestrichen wird, sind Inferenz (Bezug der Zeichen zueinander) und Referenz (Bezug der Zeichen zur Wirklichkeit) Voraussetzungen für jede Erzählung.[27] Gehört also das Zusammenspiel von Inferenz und Referenz zu den grundlegenden Prinzipien eines jeden Textes, können an der Textoberfläche verschiedene Erzähltechniken den Referenzcharakter oder den Inferenzcharakter des Textes hervorheben. Dabei geht es um die Stimulierung verschiedener kognitiver Prozesse während des Lesens: darum, sich einerseits das Erzählte vorzustellen, und darum, andererseits das Erzählte mit dem eigenen Bild der Wirklichkeit abzugleichen. Die Referenzfunktion des Textes betonen dezidierte Verweisformen aller Art – sie *belegen* das Erzählte. Direkte Verweise auf der Ebene des Erzählens sind zum Beispiel Verweise auf oder Zitate aus Quellen und Verweise auf kulturell verankerte Wirklichkeitsmarker wie Jahreszahlen, Namen von verbürgten Persönlichkeiten, Orten und Ereignissen. Indirekte Verweise wären etwa Erzähltechniken wie die Beschreibung. Ich nenne sie emersive Techniken und schließe mich dabei an das Konzept der „Referenzillusion" an, das Werner Wolf, zusammen mit der „Erlebnisillusion", mit Rekurs auf Ernst Gombrichs „illusion of life" und „illusion of reality" entwickelt hat.[28]

Techniken, die die individuelle Sinnstruktur als Eigenwirklichkeit des Textes hervorheben, werden eingesetzt, um den Eindruck zu erwecken, das Erzählte sei wirklich anwesend (unabhängig davon, ob es mit der Wirklichkeit übereinstimmt) – sie *beleben* das Erzählte. Der Leser soll in die Erzählwelt hineinversetzt werden und das Gefühl haben, in dieser Welt anwesend zu sein und sie erfahren zu können. Dementsprechend sind Erzählverfahren geeignet, die den Erfahrungscharakter des Erzählten betonen. Ich nenne diese Erzählverfahren der „illusion of life" immersiv, weil sie das Vorstellen der Textwelt und das Einleben in sie begünstigen.[29] Solche Effekte werden unter anderem begünstigt durch eine auf wenige konkrete Figuren beschränkte Handlung, durch szenisches Erzählen

---

27 Albrecht Koschorke: Wahrheit und Erfindung. Grundzüge einer Allgemeinen Erzähltheorie. Frankfurt am Main 2012, S. 232–235.
28 Werner Wolf: Ästhetische Illusion und Illusionsdurchbrechung in der Erzählkunst. Theorie und Geschichte mit Schwerpunkt auf englischem illusionsstörenden Erzählen. Tübingen 1993, S. 57. Ernst H. Gombrich: Art and Illusion. A Study in the Psychology of Pictorial Representation. New York 1960, S. 284.
29 Ursprünglich stammt der Begriff ‚Immersion' aus der Astronomie und bezeichnet den Eintritt eines Himmelskörpers in den Schatten eines anderen. ‚Emersion' ist das Heraustreten eines Himmelskörpers aus dem Schatten eines Planeten und wird von mir auch in Bezug auf die beschriebenen Erzählverfahren als Gegenbegriff zu Immersion verwendet. Während die

und die Präsentation des Erzählten aus der Perspektive von Figuren (die zugleich Erzähler sein können). Hier deutet sich bereits an, dass die Ausrichtung eines Stoffes auf individuelle Schicksale und Entwicklungen im Sinne Hella Haasses durch den Einsatz immersiver Erzählverfahren ermöglicht wird. Daher führt dieser Beitrag romanhaftes historisches Erzählen mit immersiven Erzählverfahren eng, ohne dabei auszuschließen, dass Romanhaftigkeit auch durch andere Erzählverfahren realisiert werden kann.

Emersive und immersive Erzähltechniken können einander verstärken (und stören). Immersive Erzählverfahren können den Wirklichkeitsbezug durch Veranschaulichung intensivieren. Umgekehrt verweist schon Aristoteles darauf, dass wir uns etwas besser als möglich vorstellen können, wenn wir wissen, dass es wirklich stattgefunden hat: „[N]un glauben wir von dem, was nicht wirklich geschehen ist, nicht ohne weiteres, daß es möglich sei, während im Falle des wirklich Geschehenen offenkundig ist, daß es möglich ist – es wäre ja nicht geschehen, wenn es unmöglich wäre."[30] Die Toleranz des Lesers gegenüber immersiven und emersiven Erzählverfahren kann dadurch beeinflusst sein, ob er den Text als faktual oder fiktional einordnet. In einem als faktual eingestuften Text reguliert und beschränkt der Anspruch, sich in nachvollziehbarer Art auf die Wirklichkeit zu beziehen, den Einsatz von immersiven Erzähltechniken. Interne Fokalisierung etwa muss sich auf Quellen, etwa Ego-Dokumente, zurückführen lassen. In einem fiktionalen Text können emersive Erzählverfahren nur insoweit eingesetzt werden, als sie das Gebot der vorstellbaren und zugänglichen Textwelt nicht behindern. Hätte die eingangs erwähnte Hella Haasse etwa einen historischen Roman geschrieben, der sich wie die Bentinck-Romane nur aus historischen Quellen zusammensetzt und sich dabei statt auf Briefe auf Sitzungsprotokolle eines Vereins beschränkt, wäre das vom Genre Roman erwartete Maß an Immersionsmöglichkeit für die meisten Leser unterschritten, auch wenn die zitierten Originalprotokolle einen hohen Wirklichkeitswert im Sinne des emersiven Erzählens besitzen.

5 Geert Mak: *In Europa*

Dieser Beitrag konzentriert sich auf die Frage, wie in Geschichtserzählungen als faktualer Textgattung immersive Erzähltechniken eingesetzt werden können, ohne dabei den Anspruch auf Wirklichkeitsbezug (zu sehr) zu unterlaufen.

‚Immersion' in der Literatur- und besonders Medienwissenschaft ein gängiger Begriff ist, ist die Begriffsbildung in Bezug auf ‚Referenzillusion' und ‚Emersion' weniger standardisiert.
30 Aristoteles: Poetik, 1451b, S. 31.

Anhand verschiedener Texte, die sich im Rahmen historischen Erzählens an ein breiteres Publikum richten, sollen Strategien der Vergegenwärtigung und des Einlebens vorgeführt werden, die mit dem Anspruch, die Vergangenheit wirklichkeitsgetreu wiederzugeben, einhergehen. Der erste Analysetext ist die international breit rezipierte Geschichtserzählung *In Europa* des Niederländers Geert Mak.[31] Diese Geschichtserzählung bricht offensichtlich mit der von Barthes konstatierten Abwesenheit des Erzählers in der Geschichtserzählung. Barthes hob hervor, dass die Geschichtserzählung Signale auf die Erzählinstanz tilge, um so den Eindruck zu erwecken, die Geschichte erzähle sich selbst und bedürfe keiner Vermittlung. In Maks Text ist ganz im Gegenteil der Erzähler eine stark in den Vordergrund tretende Vermittlerfigur. Damit werden in *In Europa* Erzählverfahren des New Journalism auf die Geschichtsschreibung angewendet. Die prominente Erzählerfigur unterstreicht ihre subjektive Sichtweise auf die Dinge, in diesem Falle auf die vergangene Wirklichkeit, und unterläuft das von Barthes betonte ‚objektive Erzählen'. Der *covert narrator* wird zum *overt narrator*.[32]

In einem weiteren wichtigen Erzählkniff wird die Erzählerfigur im Sinne des immersiven Erzählens dazu genutzt, die vergangene Wirklichkeit als eine betretbare Welt zu inszenieren. Durch die Figur des Erzählers tritt die Rahmenerzählung als sekundäre Illusion in den Vordergrund und erleichtert dem Leser das Einleben in die Textwirklichkeit, da der Ich-Erzähler die Geschichtserzählung als Reiseerzählung inszeniert. So weicht schon der erste Satz von *In Europa* signifikant vom historischen Erzählen nach Barthes ab, für den der Erzählstil der großen Historiker des 19. Jahrhunderts mustergebend ist. Ranke schreibt etwa in seiner *Deutschen Geschichte im Zeitalter der Reformation*: „Im zehnten Jahrhundert [...] waren es die Deutschen, welche die ersten großen Siege erfochten."[33] Dieser Text gibt an, wie es gewesen ist – dass die Deutschen im zehnten Jahrhundert erfolgreich gekämpft haben, scheint objektiv gegeben und wird ‚objektiv' wiedergegeben. Maks Text beginnt ganz im Gegensatz dazu als subjektive Reiseerzählung in der Gegenwart mit dem ersten Satz: „Als ich am Morgen des 4. Januar 1999 zu meiner Reise aufbrach, heulte in Amsterdam ein heftiger Sturm."[34] In diese Rahmenerzählung

---

[31] Geert Mak: In Europa. Eine Reise durch das 20. Jahrhundert. Übersetzt von Andreas Ecke und Gregor Seferens. München 2005 [niederländisch 2004].
[32] Vgl. Stephan Jaeger: Erzählen im historiografischen Diskurs. In: Christian Klein und Matías Martínez: Wirklichkeitserzählungen. Felder, Formen und Funktionen nichtliterarischen Erzählens. Weimar 2009, S. 110–135, hier S. 125.
[33] Leopold von Ranke: Deutsche Geschichte im Zeitalter der Reformation. Band 2. Berlin 1839, S. 251.
[34] Mak: In Europa, S. 21.

einer Reise in der Gegenwart wird die Geschichtserzählung als Binnenerzählung integriert. Dies geschieht auf eine im faktualen Erzählen nahezu illegitime Art und Weise. Das zeigt sich schon an den Landkarten, die zu Beginn jeden Kapitels abgedruckt sind. Es handelt sich um historische Karten von Europa, zum Beispiel aus der Zeit um 1900, in die jedoch die Reiseroute des Ich-Erzählers aus der Gegenwart integriert ist. Demonstrativ wird dabei die objektive Distanz der Wiedergabe des Raums auf der Karte im „survey" verbunden mit der persönlichen Erschließung des Raumes in der „route".[35]

Dieses Ineinanderblenden von Gegenwart und Vergangenheit ist auch in der Erzählung selbst zu finden. So leistet diese Geschichtserzählung etwas, das eigentlich im historischen Erzählen unmöglich ist: Der Erzähler erzählt die Geschichte, als hätte er sie selbst erlebt. Wenn er beispielsweise im Paris des Jahres 1999, seiner Erzählgegenwart, umherreist, tut er dies mit Hilfe eines historischen Reiseführers, des Baedekers von 1896. Wie auf der geographischen Karte verschmelzen dabei Vergangenheit und Gegenwart: „Ich lasse mich in einer der dreizehntausend Kutschen herumfahren oder nehme eine der vierzig Omnibuslinien, welche die Stadt durchkreuzen. Alles funktioniert und bewegt sich mit Pferdekraft, Zehntausende von Pferden vor Mietkutschen, Omnibussen, Pferdewagen, Kaleschen; mein ganzer Baedeker riecht nach Pferd."[36] Diese Art zu erzählen spricht die Sinne an und simuliert etwas Unmögliches: Der Erzähler befindet sich plötzlich im Paris des Jahres 1896 und vermittelt diesen Eindruck über den Geruchssinn an den Leser weiter.

In der Inszenierung der Geschichtserzählung als einer (Zeit-)Reise partizipiert der Text am *spatial turn* und macht sich eine räumliche Ordnungsstruktur zunutze. Im Zuge des *spatial turn* werden Raum und Zeit einander als soziale Konstruktionen oft gegenübergestellt: Die Zeit als Ordnungsstruktur ordnet im historischen Verstehen Elemente nacheinander, während in der räumlichen Ordnungsstruktur Elemente nebeneinanderstehen und damit gleichzeitig anwesend sein können. Dies lässt sich insofern mit dem *linguistic turn* parallelisieren, als das Synchrone über das Diachrone und das Systemische über das Geschichtliche gestellt wird.[37] Das Prinzip des Nebeneinanderstellens ermöglicht die Gleichzeitigkeit der gegenwärtigen Reiseroute des Ich-Erzählers und

---

[35] Zu „survey" und „route" vgl. Marie-Laure Ryan: Space. In: The Living Handbook of Narratology. Universität Hamburg, URL: http://www.lhn.uni-hamburg.de/article/space, zuletzt besucht am 10.10.2018.
[36] Mak: In Europa, S. 29.
[37] Doris Bachmann-Medick: Cultural Turns. Neuorientierungen in den Kulturwissenschaften. Reinbek bei Hamburg 2006, S. 285.

des vergangenen Raumes der historischen Europakarte in einer „breiten Gegenwart".[38]

Kann Maks Text in der Entlinearisierung und Dehierarchisierung durch die räumliche Struktur eine Affinität zu postmodernen und poststrukturalistischen Konzepten von Geschichte unterstellt werden, so gibt die Erzählung gegenläufig dazu dem neuen Bedürfnis nach Kontakt mit der vergangenen Wirklichkeit Raum. Der Text inszeniert den Kontakt zur Vergangenheit als direktes Gespräch mit einem ‚Jahrhundertmann', einem Menschen also, der das gesamte 20. Jahrhundert erlebt hat. Wiederum ist die sekundäre Illusion um die Erzählerfigur die Voraussetzung dafür, dass der Kontakt in dieser Form beschrieben werden kann. In der Begegnung mit diesem Mann erhält das 20. Jahrhundert einen Körper und eine Stimme und wird so (be-)greifbar. Dieser Effekt der Anwesenheit der abstrakten Größe der Vergangenheit in Form eines lebenden Menschen übersteigt den Informationswert des Gesprächs. Es geht um den Authentizitätseffekt des ‚Ich bin dabei gewesen', der sich im Gespräch auf die Erzählerfigur überträgt. Greenblatts „speaking with the dead" wird hier zu einem ‚speaking with the *nearly* dead', das die poststrukturalistische Grundsatzdiskussion um die Rehabilitierung der Schrift gegenüber der Stimme hinter sich lässt.

6 David van Reybrouck: *Kongo*

Ein Revival der Stimme als lebendiges Medium der Vergangenheit im Gespräch mit den uralten Zeugen der Geschichte feiert auch *Kongo. Eine Geschichte* des Flamen David van Reybrouck, eine weitere preisgekrönte Geschichtserzählung der jüngeren Vergangenheit.[39] Auch hier tritt, nicht nur erzählerisch, eine eigenwillige Kombination von postkolonialer Sensibilität für Alterität und Dezentralisierung mit dem Bedürfnis nach Authentizität auf. Der ebenfalls in der Erzählung als Figur anwesende Erzähler reflektiert eingangs seinen Zugang zur Geschichte:

> Als ich [...] mit dem Gedanken spielte [...] ein Buch über die turbulente Geschichte des Kongo zu schreiben [...], war mir bewusst, dass mein Unterfangen nur dann sinnvoll sein könnte, wenn auch möglichst viele kongolesische Stimmen zu Wort kämen. [...] Ich war

---

38 Zum Bezug der „Zeitreise-Poetik" auf das Konzept der „breiten Gegenwart" siehe Daniel Fulda: Zeitreisen. Zur Verbreiterung der Gegenwart im populären Geschichtsroman. In Silke Horstkotte und Leonhard Herrmann (Hg.): Poetiken der Gegenwart. Deutschsprachige Romane nach 2000. (spectrum Literaturwissenschaft/spectrum Literature 37) Berlin/Boston 2013, S. 189–211.
39 David van Reybrouck: Kongo. Eine Geschichte. Berlin 2012 [niederländisch 2010].

auf der Suche nach dem, was nur selten Eingang in Texte findet, da die Geschichte so viel mehr ist als das, was aufgeschrieben wird.

Während die schriftlichen Quellen nur ein zittriger Kompass seien, mache die an den menschlichen Körper gebundene Stimme die Vergangenheit ähnlich greifbar wie banale Alltagsgegenstände, denen der Erzähler in einem archäologischen Zugang zur vergangenen Gegenwart besonderen Wirklichkeitswert zuspricht.[40]

An dieser Stelle mischt sich das Begehren, in Kontakt mit der Vergangenheit zu treten, mit deren Konzeptualisierung als das ‚Andere'. Der Erzähler ist sich eines postkolonialen Ungleichgewichts bewusst, will er als Belgier doch die Geschichte der ehemaligen Kolonie Kongo schreiben. „Um dem Eurozentrismus, der mir zweifellos im Wege stehen würde, zumindest etwas entgegenzusetzen, war es mir wichtig, systematisch auf die Suche zu gehen nach [...] den lokalen Perspektiven."[41] Die kongolesischen Stimmen erzählen von der Vergangenheit, deren ‚Rekonstruktion' sich ebenfalls als ein dem kolonialen Gestus vergleichbarer Aneignungsvorgang beschreiben lässt. Hayden White parallelisiert die Betrachtung der Vergangenheit als anderer Zeit mit der Betrachtung einer anderen Kultur als anderem Ort:

> [T]he historical consciousness on which Western man has prided himself [...] may be little more than a theoretical basis for the ideological position from which Western civilization views its relationship not only to cultures and civilizations preceding it, but also those contemporary with it in time and contiguous with it in space.[42]

Die Suche nach dem Gespräch mit dem Anderen, der sowohl die andere Kultur wie die andere Zeit repräsentiert, ist eine reflektierte Strategie in *Kongo*, diesem kolonialen Gefälle sowohl in Bezug auf den Ort als auch auf die Zeit zu entkommen. Die Initialzündung zu seiner Geschichte des Kongo ist für den Erzähler genau wie in *In Europa* das Gespräch mit einem vergleichbaren ‚Jahrhundertmann', dessen Lebensspanne in diesem Falle ein Jahrhundert sogar überschreitet. Emersive Glaubwürdigkeit wird hier zugunsten der Simulierung des direkten Kontakts mit der Vergangenheit unterlaufen.

Das Gespräch mit dem alten Kongolesen ist sorgfältig als Höhepunkt einer Annäherungsbewegung inszeniert, die das Anliegen, dem doppelten Anderen des Kongo zeitlich wie räumlich näherzukommen, anschaulich macht. Die Einleitung zum Buch beginnt aus der Vogelperspektive, den Raum im „survey" aus der Totale in den Blick nehmend, mit der Beschreibung eines Satellitenbilds von

---

40 Van Reybrouck: Kongo, S. 12–14.
41 Van Reybrouck: Kongo, S. 13.
42 White: Metahistory, S. 2.

der Mündung des Kongo in den atlantischen Ozean, nicht ohne dieses Bild als „jemand, der sich die Pulsadern durchgeschnitten hat und sie unter Wasser hält",⁴³ zu einem düsteren Vorzeichen zu machen. Aus solcher Entfernung beginnt die deutlich markierte Annäherungsbewegung als imaginierter Flug über Kinshasa, die Hauptstadt des Kongos, deren städtischer Raum von Beginn an als hybride beschrieben wird. In das ebenfalls von oben beschriebene schwarzgraue Stadtbild mischt sich das Weiß der allgegenwärtigen Esspflanze Maniok, die von den Portugiesen im Kongo eingeführt wurde und daher auf die koloniale Vergangenheit verweist.⁴⁴ Während der Kongo auf Satellitenbildern nur ein „bräunlicher Fleck" und Kinshasa eine „Termitenkönigin" ist – der Blick aus dem Abstand also, in der Ideologie des Textes parallelisiert mit dem zittrigen Kompass schriftlicher Quellen, kein gutes Bild liefert –, schafft es der Leser mit dem Text, diesen Abstand zu überwinden: „Wir zoomen heran."⁴⁵ Nicht zufällig bleibt die rasante, erzählerisch umgesetzte Kamerafahrt über Kinshasa an einem Alltagsgegenstand hängen:

> Ein Töpfchen. Ein Kind sitzt darauf, ein niedliches Mädchen von einem Jahr. [...] Ich sah sie dort sitzen am Donnerstag, den 6. November 2008. Sie hieß Keitsha. Für sie war es ein traumatischer Nachmittag. [...] [S]ie musste [...] das Unheimlichste erblicken, was sie in ihrem kurzen Leben je gesehen hatte: einen Weißen[...].⁴⁶

Mit dem Toilettengang einer Einjährigen lässt der Erzähler seine Erzählung in einer Alltagsszene einsetzen. Er versucht, den Kongolesen dabei so nahe wie möglich zu kommen. Wichtiger noch ist der Umstand, dass er sich in dieser Szene selbst einführt, und zwar aus der Perspektive eines doppelt und dreifach markierten ‚Anderen', des kongolesischen Mädchens Keitsha, das sich in Alter, Geschlecht und Hautfarbe von ihm abhebt. Wie in der Anfangssituation bei Mak ist die Szene in der Gegenwart des Erzählers verortet. Deutlich wird dem Leser hier aber die Perspektive des Anderen angeboten. Er soll den Geschichtsschreiber durch die Brille der Beschriebenen sehen. In der Begegnung mit Keitshas lebendem „Urahnen",⁴⁷ dem ‚Jahrhundertmann' im *Kongo*, wird noch eine weitere Alterität hinzufügt: der Kontakt mit der anderen Zeit. Auch die Szene dieser Begegnung ist vom Schwarz-Weiß-Kontrast geprägt:

---

43 Van Reybrouck: Kongo, S. 11.
44 Van Reybrouck: Kongo, S. 15.
45 Van Reybrouck: Kongo, S. 16.
46 Van Reybrouck: Kongo, S. 16.
47 Van Reybrouck: Kongo, S. 17.

> Während meine Augen versuchten, sich an das Halbdunkel zu gewöhnen, hörte ich, wie das Dach vor Hitze knarrte. [...] Nkasi saß auf der Bettkante [...]. Mit seinen alten Fingern versuchte er sein offenstehendes Hemd zuzuknöpfen. Er war gerade erst aufgewacht. [...] *„Mundele"*, murmelte er, *„mundele!"* [...] „Weißer."⁴⁸

Dies ist der Beginn des als Szene inszenierten Gesprächs zwischen Nkasi und dem Erzähler über die Geschichte des Kongos. Nkasi figuriert als die Geschichte des Kongo und wird auch so bezeichnet, mit seinen unglaublichen 126 Jahren *ist* Nkasi die Geschichte des Kongo: „Nie zuvor hatte ich so mit der fernen Geschichte gesprochen, nie zuvor hatte ein Gespräch etwas so Zerbrechliches. [...] Nkasis Leben fällt mit der Geschichte des Kongo zusammen."⁴⁹

Im Gespräch wird auch intradiegetisches Erzählen über die Vergangenheit möglich, erzählt Nkasi doch die Geschichte des Kongo als eingebetteter Erzähler. Gleichzeitig kann der Ich-Erzähler wie Mak durch das Gespräch geradezu eintreten in die Geschichte als homodiegetischer Erzähler, der im Gespräch teilhat an der von Nkasis lebendiger Stimme erzählten Geschichte. In dieser Inszenierung tritt ein, was Greenblatt in Bezug auf sein ersehntes Gespräch mit den Toten beschreibt: „I was [...] certain that I could re-create a conversation with them. [...] It was true that I could hear only my own voice, but my own voice was the voice of the dead.⁵⁰ Die Szene inszeniert immersiv, was jedes wörtliche Quellenzitat im Rahmen einer Geschichtserzählung signalisiert: das Zusammenfallen der Erzählstimme mit der Stimme eines ‚Toten'.

Nachdem die Vergangenheit durch Nkasis Stimme so direkt wie möglich zugänglich gemacht wurde, kehrt der Text in einen emersiven Modus zurück. Das Gespräch mit Nkasi, das im Bericht eines Augenzeugen eine unsichere historische Quelle einführt, wird auf verschriftlichte historische Quellen bezogen, die für den Referenzanspruch des Erzählten bürgen. Dazu müssen die von Nkasi erzählten Erlebnisse zunächst in Schrift umgesetzt werden. Schon während des Gesprächs macht der Erzähler sich Notizen: „[Nkasi] war offenkundig von seinem Alter weniger beeindruckt als ich, während ich dasaß und meine Notizen machte."⁵¹ Die Tatsache, dass das Erzählte „anhand gut dokumentierter Ereignisse"⁵² mit den schriftlichen Quellen abgeglichen wird, ist ein Hinweis darauf, dass die „illusion of life" in diesem Text nur insoweit möglich ist, als sie den Status des Textes als referentiell glaubwürdig nicht gefährdet. Die

---

48 Van Reybrouck: Kongo, S. 17.
49 Van Reybrouck: Kongo, S. 18–23.
50 Greenblatt: Shakespearean Negotiations, S. 1.
51 Van Reybrouck: Kongo, S. 20.
52 Van Reybrouck: Kongo, S. 19.

‚Deadline', zu der das Buch fertig sein muss, bekommt eine konkrete Bedeutung, wenn der Ich-Erzähler eine Woche vor dem Einreichen des Buches vom Tod Nkasis erfährt. Nkasis Zeugnis wird zu einem „Atem der Vorväter", wie der Erzähler mit dem Zitat eines afrikanischen Gedichts verdeutlicht: „Erlausche nur geschwind / Die Wesen in den Dingen [...] / Die gestorben sind, sind niemals fort [...] / Die Toten sind nicht tot."[53] In den Dingen, also auch in der Schrift, liegt die Stimme der Toten beschlossen, das ‚Ding' Text wird zum magischen Gegenstand, der mit dem Zaubermittel der Immersion Zugang zur Vergangenheit schafft und ein Gespräch mit den Toten ermöglicht.

7 Philipp Blom: Der taumelnde Kontinent

Die ‚Energie' der Immersion kann innerhalb eines faktualen Textes durch das Vor-Augen-Führen eine beweisende Kraft entfalten. Sie läuft dabei Gefahr, als ‚unlauterer', naiver Zugang zur Geschichte die Glaubwürdigkeit des Textes zu unterlaufen und muss daher immer emersiv gerahmt, also durch Referentialität betonendes Erzählen eingebettet werden. Wie sich in Philipp Bloms *Der taumelnde Kontinent* von 2008 zeigt,[54] kann sie jedoch auch zu einem Mittel werden, die Erzählverfahren eines Textes metahistoriographisch einzuordnen. Bloms Buch über die Jahre 1900–1914 in Europa setzt eher ein wie ein Roman als wie eine faktuale Erzählung:

> Sie stehen entlang einer baumgesäumten Straße, [...] voller Erwartung. In der drückenden Sommerhitze blicken sie die [...] Landstraße entlang [...]. Ein leises Summen wird hörbar. Ein Auto erscheint [...]. Es rast auf die Betrachter zu [...]. Einer der Zuschauer [...] hält eine Kamera in der Hand. [...] [E]r fühlt die Schockwelle des Lärms [...]. In diesem Moment drückt er auf den Auslöser.[55]

Die szenische Erzählung versetzt den Leser in die Situation eines Autowettrennens und zieht dabei alle Register des immersiven Erzählens. Der Eindruck, dass das Erzählte präsent ist, wird gestärkt durch das Erzählen im Präsens, das Erzählen aus der Perspektive der Zuschauer des Wettrennens und durch das Ansprechen der Sinne, in diesem Falle durch die Beschreibung auditiver und visueller Reize.

An die Szene schließt jedoch eine metahistoriographische Reflexion an, welche den Einsatz immersiver Erzählstrategien im faktualen Erzählen

---

53 Van Reybrouck: Kongo, S. 41–42, nach „Le souffle desancêtres" von Birago Diop.
54 Philipp Blom: Der taumelnde Kontinent. Europa 1900–1914. Übersetzt von Philipp Blom. München 2009 [englisch 2008].
55 Blom: Der taumelnde Kontinent, S. 11.

begründet. Der Erzähler legt offen, dass es sich bei der Eingangsszene um die nicht mit Quellen belegbare Rekonstruktion der Entstehungssituation eines historischen Photos (das auf dem Buchdeckel des Buches abgedruckt ist) handelt. Beschrieben wird das Zustandekommen einer frühen Photographie des später erfolgreichen Photographen Henri Lartigue aus dem Jahr 1912, die ihr eigentliches Ziel, die Aufnahme des vorbeirasenden Autos, verfehlte: Auf der Aufnahme ist lediglich die hintere Hälfte eines Rennwagens zu sehen. Das Photo und seine imaginierte Entstehung werden zum Impuls, über den Versuch der Wiedergabe von etwas Flüchtigem, der vergangenen Wirklichkeit, im historischen Erzählen zu reflektieren[56]:

> Um der Zeit zwischen 1900 und 1914 näherzukommen, möchte ich also versuchen, eine Art Kameratechnik zu benutzen, wie sie auch der junge Jacques Lartigue hatte, als er seinen Photoapparat auf den Rennwagen Nummer sechs richtete. Das Resultat ist vielleicht [...] verzerrt, aber gleichzeitig bietet dieses Bild doch die Möglichkeit, die Dynamik, die Rasanz, die Unmittelbarkeit der damaligen Lebenserfahrung einzufangen.[57]

Diese Reflexion auf das eigene Schreiben kann als direkte Rechtfertigung der imaginierten Szene zu Beginn des Buches gelesen werden. Sie ist verzerrt in Bezug auf ihre referentielle Absicherbarkeit, kann aber dennoch oder gerade deswegen näher an die vergangene Wirklichkeit herantreten (oder genauer: kann besser den Eindruck – um nicht zu sagen: die Illusion – eines solchen Herantretens erzeugen), als es eine Betonung der referentiellen Absicherung des Erzählten im emersiven Erzählen vermag. Die Szene führt ein in eine Mentalität, die Bloms Erzählung den Menschen um 1900 zuschreibt: das „Gefühl, daß sie in einer sich beschleunigenden Welt lebten, die ins Unbekannte raste".[58] Was hier indirekt beschrieben wird, gibt die szenische Erzählung durch Immersion direkt nachvollziehbar wieder.

Der Erzähler begründet auch, warum er die Zeit vor dem Ersten Weltkrieg auf diese direkte Weise vermittelt: „Damals wie heute waren tägliche Gespräche und Presseartikel dominiert von neuen Technologien, von der Globalisierung, von Terrorismus, neuen Formen der Kommunikation und den Veränderungen im Sozialgefüge."[59] Hinter der im faktualen Erzählen grenzwertigen ‚direkten' Wiedergabe

---

[56] Streng genommen kann nur in diesem Kontext von ‚Metahistoriographie' gesprochen werden, da hier Geschichtsschreibung sich selbst reflektiert. In einem fiktionalen Kontext wäre demnach nur eine historiographische Reflexion über die Geschichtsschreibung (nicht als Selbstreflexion) möglich.
[57] Blom: Der taumelnde Kontinent, S. 15.
[58] Blom: Der taumelnde Kontinent, S. 12.
[59] Blom: Der taumelnde Kontinent, S. 12.

der Geschichte mittels immersiver Erzählverfahren steckt eine metahistoriographische Perspektive, die im ‚damals wie heute' durch Vergegenwärtigung Parallelen zwischen den Anfangsjahren des 20. und des 21. Jahrhunderts aufzeigen möchte. Sie stellt sich damit gegen die teleologische Sicht auf den Beginn des 20. Jahrhunderts als Auftakt des Ersten Weltkriegs, die die Vielschichtigkeit dieser Zeit übersehe. Der Einsatz immersiver Erzählverfahren wird damit metahistoriographisch in die Geschichts*deutung* des faktualen Texts eingeordnet.

8 Fazit

Im vorliegenden Beitrag wurde ‚Romanhaftigkeit' in Bezug auf populäre Geschichtserzählungen der Gegenwart als das *Beleben* der Geschichte (Erzeugung einer ‚Erlebnisillusion' durch immersive Erzähltechniken) bestimmt. Ihnen gegenübergestellt wurden ‚emersive' Erzähltechniken, die Geschichte *belegen* (den glaubwürdigen Wirklichkeitsbezug der Erzählung signalisieren). Die Wichtigkeit der Erzählpragmatik bzw. des kommunikativen Kontextes (Einordnung als faktuale oder fiktionale Geschichtserzählung) wurde in Bezug auf den Einsatz dieser Erzähltechniken hervorgehoben: Im Zusammenhang faktualer Geschichtserzählungen reguliert die referentielle Glaubwürdigkeit den Einsatz immersiver Techniken. Anhand dreier Geschichtserzählungen konnten verschiedene immersive Erzähltechniken herausgearbeitet werden. Durch den *overt narrator* kann die gegenwärtige Rahmenerzählung in der Sekundärillusion immersiv zugänglich gemacht werden. Dies ermöglicht stellenweise sogar homodiegetisches Erzählen (als hätte der Ich-Erzähler die erzählte Geschichte selbst erlebt) und intradiegetisches Erzählen, wenn Augenzeugen im Gespräch mit dem Ich-Erzähler die Geschichte als persönlichen Erlebnisbericht gestalten. Auch in der Binnenerzählung der erzählten Geschichte kann immersive Vergegenwärtigung durch das szenische Erzählen und durch das Einnehmen der Perspektive beschriebener Akteure erreicht werden. Auf der Ebene der Erzählwelt spielen die Hervorhebung sinnlicher Erfahrbarkeit etwa über Geruchs- oder Hörsinn eine Rolle. Die Texte oszillieren dabei zwischen annähernder Evozierung von Geschichtserfahrung und distanzierender Selbstreflexion der eigenen Darstellungsmöglichkeiten und -beschränkungen. Poststrukturalistische Ordnungsstrukturen wie das räumliche Nebeneinander oder postkoloniale Dezentralisierung stoßen zum Beispiel auf die gänzlich unpoststrukturalistische Reetablierung der Stimme als lebendigem Medium gegenüber der Schrift als vom vergangenen Leben abgekoppelten Bedeutungsträger. Insofern lässt sich an den behandelten Texten eine für die Gegenwart symptomatische Tendenz ablesen: Auf der Höhe des *linguistic turn* geben sie verabschiedeten Größen wie Realität und Authentizität in Texten erneut Form.

Bibliographie

Ankersmit, Frank R.: Die drei Sinnbildungsebenen der Geschichtsschreibung. In: Klaus E. Müller (Hg.): Historische Sinnbildung. Problemstellungen, Zeitkonzepte, Wahrnehmungshorizonte, Darstellungsstrategien. Hamburg 1997, S. 98–117.
Aristoteles: Poetik. Griechisch/Deutsch. Herausgegeben und übersetzt von Manfred Fuhrmann. Stuttgart 1994.
Bachmann-Medick, Doris: Cultural Turns. Neuorientierungen in den Kulturwissenschaften. Reinbek bei Hamburg 2006.
Blom, Philipp: Der taumelnde Kontinent. Europa 1900–1914. Übersetzt von Philipp Blom. München 2009 [2008].
Barthes, Roland: Die Historie und ihr Diskurs. Übersetzt von Erika Höhnisch. In: Alternative. Zeitschrift für Literatur und Diskussion 11 (1968), S. 171–180 [1967].
Barthes, Roland: Die helle Kammer. Bemerkung zur Photographie. Übersetzt von Dietrich Leube. Frankfurt am Main 1989 [1980].
Certeau, Michel de: Das Schreiben der Geschichte. Übersetzt von Sylvia M. Schomburg-Scherff. Frankfurt am Main/New York 1991 [französisch 1975].
Dam, Beatrix van: Geschichte erzählen. Repräsentation von Vergangenheit in deutschen und niederländischen Texten der Gegenwart. (Studien zur deutschen Literatur 211) Berlin/Boston 2016.
Elias, Amy J.: Sublime Desire. History and Post-1960s Fiction. (Parallax. Re-visions of Culture and Society) Baltimore/London 2001.
Fulda, Daniel: Zeitreisen. Zur Verbreitung der Gegenwart im populären Geschichtsroman. In: Silke Horstkotte und Leonhard Herrmann (Hg.): Poetiken der Gegenwart. Deutschsprachige Romane nach 2000. (spectrum Literaturwissenschaft/spectrum Literature 37) Berlin/Boston 2013, S. 189–211.
Genette, Gérard: Fiktion und Diktion. Übersetzt von Andreas Knopp. 2. Aufl. München 1998 [französisch 1992].
Gombrich, Ernst H.: Art and Illusion. A Study in the Psychology of Pictorial Representation. New York 1960.
Greenblatt, Stephen: Shakespearean Negotiations. The Circulation of Social Energy in Renaissance England. Oxford 1988.
Haasse, Hella: Die Teebarone. Übersetzt von Maria Csollány. Hamburg 1995 [1992].
Huizinga, Johan: Über eine Definition des Begriffs Geschichte. Übersetzt von Werner Kaegi und Kurt Köster. In: Ders.: Geschichte und Kultur. Gesammelte Aufsätze. Hg. von Kurst Köster. Stuttgart 1954, S. 1–15.
Jaeger, Stephan: Erzählen im historiographischen Diskurs. In: Christian Klein und Matías Martínez (Hg.): Wirklichkeitserzählungen. Felder, Formen und Funktionen nicht-literarischen Erzählens. Weimar 2009, S. 110–135.
Jaeger, Stephan: Populäre Geschichtsschreibung. Aus narratologischer Perspektive. In: Susanne Popp, Jutta Schumann, Fabio Crivellari, Michael Wobring, Claudius Springkart. (Hg.): Populäre Geschichtsmagazine in internationaler Perspektive. Interdisziplinäre Zugriffe und ausgewählte Fallbeispiele. Frankfurt am Main 2016, S. 71–100.
Kemmann, Ansgar: Evidentia. Evidenz. In: Gert Ueding (Hg.): Historisches Wörterbuch der Rhetorik. Tübingen 1996, S. 33–47.

Klein, Christian, und Matías Martínez: Wirklichkeitserzählungen. Felder, Formen und Funktionen nicht-literarischen Erzählens. Weimar 2009.

Koschorke, Albrecht: Wahrheit und Erfindung. Grundzüge einer Allgemeinen Erzähltheorie. Frankfurt am Main 2012.

Mak, Geert: In Europa. Eine Reise durch das 20. Jahrhundert. Übersetzt von Andreas Ecke und Gregor Seferens. München 2005 [niederländisch 2004].

Mersch, Dieter: Posthermeneutik. Berlin 2010.

Ranke, Leopold von: Deutsche Geschichte im Zeitalter der Reformation. Band 2. Berlin 1839.

Reybrouck, David van: Kongo. Eine Geschichte. Berlin 2012 [niederländisch 2010].

Ricœur, Paul: Zeit und Erzählung. Band III: Die erzählte Zeit. Übersetzt von Andreas Knop. München 1991 [französisch 1985].

Ryan, Marie-Laure: Space. In: The Living Handbook of Narratology. Universität Hamburg, URL: http://www.lhn.uni-hamburg.de/article/space, zuletzt besucht am 10.10.2018.

Rousselot, Elodie (Hg.): Exoticizing the Past in Contemporary Neo-Historical Fiction. Basingstoke 2014.

White, Hayden: Metahistory. The Historical Imagination in Nineteenth-Century Europe. Baltimore/London 1973.

Wolf, Werner: Ästhetische Illusion und Illusionsdurchbrechung in der Erzählkunst. Theorie und Geschichte mit Schwerpunkt auf englischem illusionsstörenden Erzählen. Tübingen 1993.

Zipfel, Frank: Fiktion, Fiktivität, Fiktionalität. Analysen zur Fiktion in der Literatur und zum Fiktionsbegriff in der Literaturwissenschaft. Berlin 2001.

Zipfel, Frank: Fiktionssignale. In: Tobias Klauk und Tilmann Köppe (Hg.): Fiktionalität. Ein interdisziplinäres Handbuch. Berlin/Boston 2014, S. 97–124.

Daniel Fulda
Liebe geht durch alle Zeiten?

Historische und poetologisch-selbstreflexive Anachronismen im romanhaften Geschichtserzählen von Sexualität und Geschlechterrollen

1 Geschichte als allmählicher Triumph des ‚Weiblichen' und das Problem des Anachronismus

„Erinnerung und Geschichtsschreibung, egal ob populär oder akademisch, sind immer geschlechtlich kodiert. Die Kategorie Geschlecht ist sowohl für die Subjekte als auch für die Objekte der Geschichte konstitutiv – wirkt sich also einerseits darauf aus, wer erinnert oder Geschichte schreibt, andererseits darauf, wer und was zum Gegenstand von Geschichtsdarstellungen wird."[1] Was Sylvia Paletschek und Nina Reusch hier ganz generell feststellen, lässt sich vielfältig untermauern: auf institutioneller Ebene mit dem lange währenden Ausschluss von Frauen aus der akademischen Historie und ihrer Abdrängung in die Kulturgeschichtsschreibung oder populäre Formate[2]; auf der thematischen Ebene durch Traditionen der geschlechterspezifischen Stoffzuweisung (Liebe und alles Häusliche vs. Politik und Krieg), die nach wie vor ihre Entsprechung hat in der Verteilung von Leserinteressen, mit der Buchverlage rechnen[3]; auf ideologischer Ebene mit einer bis in die Gegenwart fortgeschriebenen, neuerdings sogar mit feministischen Anliegen verbundenen Auffassung der ‚Geschichte' als männlich geprägter Denkform, und das heißt: autoritär statt dialogisch,

---

[1] Sylvia Paletschek und Nina Reusch: Populäre Geschichte und Geschlecht: Einleitung. In: Dies. (Hg.): Geschlecht und Geschichte in populären Medien. (Historische Lebenswelten in populären Wissenskulturen 9) Bielefeld 2013, S. 7–37, hier S. 7.
[2] Vgl. Paletschek und Reusch: Populäre Geschichte und Geschlecht, S. 10; Bonnie G. Smith: The Gender of History. Men, Woman, and Historical Practice. Cambridge, Mass. 1998; Angelika Epple: Empfindsame Geschichtsschreibung. Eine Geschlechtergeschichte der Historiographie zwischen Aufklärung und Historismus. (Beiträge zur Geschichtskultur 26) Köln [u. a.] 2003; Falko Schnicke: Die männliche Disziplin. Zur Vergeschlechtlichung der deutschen Geschichtswissenschaft 1780–1900. Göttingen 2015.
[3] Vgl. „Metzelfaktor für die Männer". Interview von Brigitte Preissler mit Cordelia Borchardt. In: Börsenblatt 176 (2009) H. 33, S. 27.

https://doi.org/10.1515/9783110541687-003

faktizistisch oder zumindest realistisch statt imaginativ, linear statt komplex.[4] In solchen Gegenüberstellungen wird die herkömmliche Marginalisierung von Frauen dadurch gekontert, dass die traditionelle Maskulinität von Geschichte und Historie durch negativ konnotierte Vokabeln expliziert wird.

Tritt zusätzlich die Literatur in den Fokus, so verstärkt sich traditionell noch die Maskulinisierung der Historie, während ihr eine feminisierte Literatur an die Seite tritt. Dieses Gendering ganzer Diskursformationen hat seine Wurzeln in der Goethezeit, ist aber auch im beginnenden 21. Jahrhundert keineswegs ganz vom Tisch. Die Germanistin Dorothee Kimmich etwa hat in ihrer 2002 erschienenen Habilitationsschrift die Formel „‚Frau Roman' und ‚Herr Geschichte'" aufgegriffen, um das Verhältnis von Literatur und Historiographie im 19. Jahrhundert zu kennzeichnen.[5] Es gibt gute Gründe dafür, solche Dichotomisierungen problematisch zu finden, denn sie bedienen sich traditioneller Zuschreibungen typischer Eigenschaften an die Geschlechter und substantialisieren sie, so wie sie auch über ‚Literatur' und ‚Geschichte/Historie' stark pauschalisierende Aussagen treffen. Dieser theoretische Einwand ändert indes nichts daran, dass der Geschichtsdiskurs sowie das literarische Feld und ebenso literarische Geschichtsdarstellungen in der Praxis einem Gendering unterliegen, das sich bis heute erstaunlich ungebrochen an den skizzierten Dichotomisierungen orientiert. Dies realisiert sich nicht bloß als diskursives Sortieren nach ‚typisch (oder zumindest eher) weiblich bzw. männlich', sondern hat ein reales und ökonomisch wirksames Fundament: Die Leserschaft von Belletristik ist seit Langem stark überwiegend weiblich, und auch historische Romane werden heute vor allem von Frauen gelesen. Jedenfalls gilt dies für das extrem auflagenstarke populäre Segment, wo es einzelne Titel immer wieder über die Millionenmarke schaffen und Auflagen im sechsstelligen Bereich keine

---

4 Ausführlich zum Gendering der Denkform ‚Geschichte', vgl. Daniel Fulda: Hat Geschichte ein Geschlecht? Ge*gender*te Autorschaft im historischen Diskurs. In: Stefan Deines, Stephan Jaeger, und Ansgar Nünning (Hg.): Historisierte Subjekte – Subjektivierte Historie. Zur Verfügbarkeit und Unverfügbarkeit von Geschichte. Berlin/New York 2003, S. 185–201. Zu „associations of men with accuracy and historical fact" im Unterschied zu einer weiblichen Offenheit gegenüber Phantasie vgl. Katherine Cooper und Emma Short: Introduction: Histories and heroines: the female figure in contemporary historical fiction. In: Dies. (Hg.): The Female Figure in Contemporary Historical Fiction. Basingstoke 2012, S. 1–19, hier S. 2.
5 Vgl. Dorothee Kimmich: Wirklichkeit als Konstruktion. Studien zu Geschichte und Geschichtlichkeit bei Heine, Büchner, Immermann, Stendhal, Keller und Flaubert. München 2002, S. 31. Anita Runge: Konstruktionen von Geschichte und Geschlecht im Geschichtsroman deutschsprachiger Autorinnen um 1800: Das Beispiel Benedikte Naubert (1756–1819). In: Das achtzehnte Jahrhundert 29 (2005), S. 222–240 rekonstruiert für die Zeit um 1800 noch eine differenzierter gegenderte Poetologie.

Seltenheit sind.⁶ Die an ein primär männliches Publikum adressierten populären Medien, die einen immersiven Zugang zur Geschichte versprechen, sind dagegen Kinofilme und mehr noch Computerspiele, wie Simon Maria Hassemer in einer medienvergleichenden Studie zum Mittelalter der Populärkultur gezeigt hat.⁷

Der Dominanz der Leserinnen entspricht in den Geschichten, die historische Populärromane erzählen, eine gerade für die letzten Jahrzehnte (anglophon seit ca. 1990, in deutscher Sprache seit ca. 2000) kennzeichnende Präferenz für weibliche Hauptfiguren. Aus ihrer Perspektive wird zumeist erzählt; sie sind die Sympathieträgerinnen, während von männlichen Figuren die plotauslösende Bedrohung für die Heldin ebenso wie für die gute und gerechte Ordnung der Gesellschaft insgesamt ausgeht.⁸ Zusätzlich erleichtert wird die Identifikation der Leserin mit der Heldin dadurch, dass „die positiv besetzten Protagonisten" nur oberflächlich der geschilderten Vergangenheit (meist dem Mittelalter oder einer anderen Epoche der Vormoderne) angehören, charakterlich aber „Kinder der Gegenwart" sind: „Ausgestattet mit Idealen und Werten der Gegenwart, nehmen sie den Leser an die Hand und lassen ihn durch ihre Augen eine mittelalterliche Welt sehen."⁹ Die historische Welt durchwalten Brutalität und Despotismus, Misogynie, Aberglauben usw.; die Protagonistinnen hingegen, die sich dessen zu erwehren haben, kämpfen sowohl für die Emanzipation ihres Geschlechts als auch, wenngleich meist nicht programmatisch, für eine bessere Gesellschaft, die nicht mehr männlich ‚vergewaltigt' wäre.

Für die Struktur des populären Geschichtsromans der Gegenwart ist daher nicht allein eine anhand von Geschlechterstereotypen polarisierte Figurenkonstellation sowie ein gynophiles Gendering der impliziten Normen kennzeichnend, sondern auch ein Gendering des Geschichtsverständnisses, denn die Vergangenheit stellt sich als männlich dominiert, aber „überwunden" dar.¹⁰ Nicht in den ‚Bösen', den männlichen Machthabern, sondern in den für Selbstbestimmung kämpfenden Frauen erkennen die heutigen Leser – auch die Männer – sich und unsere Zeit wieder. So gegendert, erscheint Geschichte als allmählicher Triumph des Weiblichen. Die Vergangenheit, in die populäre Geschichtsromane einen

---

6 Emmanuel van Stein: Oh du schöne Ritterzeit... In: Börsenblatt 176 (2009) H. 33, S. 25–27, hier S. 26.
7 Simon Maria Hassemer: Das Mittelalter der Populärkultur. Medien – Designs – Mytheme. Phil. Diss. Freiburg i. Br. 2013, S. 283, URL: https://freidok.uni-freiburg.de/data/10612, zuletzt besucht am 16.09.2018.
8 Vgl. dazu auch den Beitrag von Gaby Pailer in diesem Band.
9 Hassemer: Das Mittelalter der Populärkultur, S. 275.
10 Hassemer: Das Mittelalter der Populärkultur, S. 284.

imaginativen Ausflug anbieten, stellt sich kaum anders als im 19. Jahrhundert als klischeehaft ‚männlich' dar, nun aber in einem pejorisierten Sinne. Ein solches Geschichtskonstrukt bestätigt die bessere Ethik und womöglich sogar menschlichere Natur der Frauen und erfüllt Leserinnen wie Leser mit Zufriedenheit über „den vermeintlich erreichten Zustand"[11] der gegenwärtigen Gesellschaft.

Wie Paletschek und Reusch festhalten, ist die Ausgestaltung von historischen Geschlechterrollen nach den Mainstream-Vorstellungen der jeweiligen Gegenwart keineswegs an sich neu, wohl aber in der skizzierten Ausprägung:

> Während bis in die 1960er Jahre hinein in der populären Geschichte vor allem konservative Geschlechterverhältnisse und bürgerliche Familienmodelle propagiert wurden, zeigt sich die Intentionalität und der ahistorische Umgang mit Geschichte heute in den vielen emanzipierten Heldinnen vor allem fiktionaler Erzählungen, die letztlich Projektionen gegenwärtiger emanzipierter Geschlechterideale auf die Geschichte sind.[12]

So sehr die Geschlechterklischees demnach gewechselt haben, eines scheint gleich geblieben zu sein: Die Thematisierung bzw. der Abruf von Genderkonzepten ist enorm anachronismusträchtig. Gerade in diesem Themenfeld werden „eigene gesellschaftliche Verhältnisse und Wertvorstellungen [...] in die Vergangenheit projiziert",[13] konkret insbesondere als „projecting onto the past a sexual agency which would not necessarily have been attributed to women at the time".[14] Mit der Identifikationsträchtigkeit von Geschlechterrollenbildern dürfte dies ebenso ursächlich zu tun haben wie damit, dass das Bewusstsein von der Historizität auch scheinbar ‚natürlicher' Empfindungen und Bedürfnisse wie Liebe und Sexualität und der damit verbundenen Verhältnisse zwischen den Geschlechtern schwächer entwickelt ist als das Bewusstsein von der Historizität z. B. von politischen Ordnungen oder Technik. *Liebe geht durch alle Zeiten* – das ist der Obertitel der höchst erfolgreichen ‚Edelstein-Trilogie' von Kerstin Gier (*Rubinrot*, 2009, *Saphirblau*, 2009, *Smaragdgrün*, 2010), die ihre jugendlichen Protagonisten auf Zeitreisen ins 18. Jahrhundert schickt und sie dort in einer Liebe zueinander entbrennen lässt, die nach der Rückkehr von solchen ‚Ausflügen' im 21. Jahrhundert zu leben ist, als könne es keine ‚Übersetzungsprobleme' zwischen den Jahrhunderten geben. Der vorliegende Beitrag greift Giers Titel auf – und versieht ihn mit einem Fragezeichen –, um das keineswegs nur in den Texten dieser Autorin virulente Anachronismusproblem auszuloten.

---

11 Hassemer: Das Mittelalter der Populärkultur., S. 291.
12 Paletschek und Reusch: Populäre Geschichte und Geschlecht, S. 28.
13 Paletschek und Reusch: Populäre Geschichte und Geschlecht, S. 28.
14 Cooper und Short: Introduction, S. 9.

Freilich sind es *nicht nur Probleme, sondern auch Chancen*, die Anachronismen im Geschichtsdiskurs mit sich bringen, besonders im romanhaften Geschichtserzählen. Erörtert sei dies anhand eines geschichtsliterarischen Textes von 2015, der Geschlechterrollen und Sexualität in ungewöhnlichem Ausmaß *historisiert* – der sich also weit entfernt hält von den bequemen und/oder dreist auf Leseridentifikation[15] zielenden Anachronismen, die besonders im populären Segment bei diesen Themen üblich sind. Mit ‚historisieren' ist dabei zweierlei gemeint: dass Geschlechterrollen und Sexualität als abhängig von der historischen Situation dargestellt werden und dass sie als ihrerseits geschichtsmächtige Faktoren erscheinen, weil sie menschliches Verhalten disponieren und Bedürfnisse hervortreiben, aus denen historischer Wandel resultiert. Angela Steideles *Rosenstengel*[16] macht durch Historisierung einerseits starke Immersionsangebote und weist andererseits zahlreiche kalkulierte Anachronismen auf, deren Funktion meist darin besteht, das prinzipiell Anachronistische jeder Geschichts(re)konstruktion offenzulegen. Bevor wir den hochreflektierten, literarisch-spielerischen Umgang dieses Buches mit dem Anachronismusproblem analysieren, ist jedoch Rechenschaft darüber abzulegen, was es heißt, von Anachronismen im Denken und Schreiben der Geschichte zu sprechen.[17]

2 Die Anachronismen des Geschichtserzählens

Obwohl der Anachronismus der natürliche Feind des Historizitätsbewusstseins zu sein scheint – „die schlimmste, die unverzeihlichste aller Sünden" nennt ihn

---

[15] Nachdem ich weiter oben mehrfach von ‚Leserinnen' gesprochen habe, weil der typische Leser [generisches Maskulinum] populärer historischer Romane eine Frau ist, kehre ich hier und im Folgenden zum generischen Maskulinum zurück, wo der Leser als zunächst einmal geschlechtsneutrale Instanz der Kommunikationssituation, in der Texte stehen, gemeint ist.

[16] Angela Steidele: Rosenstengel. Ein Manuskript aus dem Umfeld Ludwigs II. Berlin 2015. Bloße Seitenangaben im Haupttext wie in den Fußnoten verweisen auf diesen Text.

[17] Im Fokus des *Rosenstengel* stehen weibliche und männliche Homosexualität. Einige Hinweise zum Anachronismusproblem in der Behandlung männlicher Heterosexualität und der mit ihr verbundenen Geschlechterrollen in neuerer Geschichtsliteratur enthält mein Beitrag: Gewaltgeschichte als Sexualgeschichte. Wie neu ist die ‚neue Väterliteratur' der Gegenwart? In: Daniel Fulda [u. a.] (Hg.): Demokratie im Schatten der Gewalt. Geschichten des Privaten im deutschen Nachkrieg. Göttingen 2010, S. 230–261, hier S. 240–250, 254–259. Die dort analysierten Texte sind ‚Familienerzählungen' von Uwe Timm (*Am Beispiel meines Bruders*, 2003) und Stephan Wackwitz (*Ein unsichtbares Land*, 2003 und *Neue Menschen*, 2005).

Lucien Febvre, einer der Gründer der Annales[18] –, gehört er konstitutiv zu jeder Beschäftigung mit und Darstellung von Geschichte. Zu unterscheiden gilt es indes, um welche Art von Anachronismus es sich handelt. Grundlegend und unaufhebbar ist (1.) der *epistemische* Anachronismus, der damit einhergeht, dass jede (Re-)Konstruktion von Geschichte aus einer späteren Zeit erfolgt und von deren Wissenmöglichkeiten und Denkweisen geprägt ist. Keine Geschichtsdarstellung ‚erfasst' die Vergangenheit oder ‚reicht in sie hinein', sondern sie verfertigt stets ‚nur' Entwürfe des Historischen, gestützt auf Materialien und Deutungskategorien, die in der jeweiligen Gegenwart zur Verfügung stehen.[19] Der epistemische Anachronismus ist jedoch nicht, was uns interessiert, denn er ist kein Problem bestimmter Texte und Weisen des Umgangs mit Geschichte im Unterschied zu anderen.

Gestaltbar und daher sehr unterschiedlich in Stärke und Art ihrer Ausprägung sind hingegen (2.) die *interessenbedingten*, eine bestimmte Geschichts*deutung* transportierenden und *wirkungsorientierten* Anachronismen, die politisch oder weltanschaulich ebenso wie kommerziell motiviert sein können. Sie zu vermeiden, bildet einen Kernpunkt im wissenschaftlichen Ideal der Geschichtsschreibung. Trotzdem prägen interessenbedingte und wirkungsorientierte Anachronismen auch die wissenschaftliche Beschäftigung mit Geschichte. Eine (durchschnittlich) noch größere Rolle spielen sie in den Gattungen und Formen der Literatur, da diese nicht methodisch reguliert und durch eine Ethik der Objektivität halbwegs gebändigt sind. Goethe meinte, „daß alle Poesie eigentlich in Anachronismen verkehre", denn der Dichter richte seine Behandlung auch von Vergangenheitsstoffen auf die „Mitlebenden" aus.[20] In der Tat sind es immer gegenwärtige Interessen,

---

18 Lucien Febvre: Das Problem des Unglaubens im 16. Jahrhunderts. Die Religion des Rabelais [1942]. Mit einem Nachwort von Kurt Flasch. Übersetzt von Gerda Kurz und Siglinde Summerer. Stuttgart 2002 [französisch 1942], S. 17. Den Hinweis auf diese Stelle verdanke ich Carlos Spoerhase: Historischer Anachronismus und ästhetische Anachronie in Durs Grünbeins Werk. In: Zeitschrift für Germanistik 21 (2011), S. 263–283, hier S. 265. Einen eindringlichen Überblick über die in Geschichts- und Literaturwissenschaft geführten methodologischen Anachronismusdebatten gibt ders.: Autorschaft und Interpretation. Methodische Grundlagen einer philologischen Hermeneutik. (Historia Hermeneutica 5) Berlin/New York 2007, S. 145–225.
19 Vgl. Johann Gustav Droysen: Historik. Rekonstruktion der ersten vollständigen Fassung der Vorlesungen (1857), Grundriß der Historik in der ersten handschriftlichen (1857/58) und in der letzten gedruckten Fassung (1882). Hg. von Peter Leyh. Stuttgart-Bad Cannstatt 1977, S. 9.
20 Johann Wolfgang Goethe: Gesamtausgabe der Werke und Schriften in zweiundzwanzig Bänden. Abt. 2, Bd. 15: Schriften zu Literatur und Theater. Hg. von Walther Rehm. Stuttgart 1958, S. 1122 (Goethe bespricht hier Alessandro Manzonis Tragödie *Adelchi*). An Goethes Gebrauch des Anachronismusbegriffs knüpft die Studie von Joseph Luzzi: The Rhetoric of Anachronism. In: Comparative Literature 61 (2009), S. 69–84 an. Zu der hier erstrebten Begriffsdifferenzierung trägt sie daher wenig bei.

die zur Gestaltung eines historischen Stoffs antreiben. Aus dem Interesse an einem bestimmten Bild von der Geschichte können (3.) *faktographische* Anachronismen folgen, die einer Zeit etwas zuschreiben, was in Wahrheit und wissbar älter oder jünger ist. Handelt es sich bei solchen chronologischen Dissonanzen um schlichte Irrtümer des Autors, so spricht man häufig ebenfalls von Anachronismen.[21]

Weil es zeitgenössische Leser sind, die ihrerseits interessiert werden sollen, stellen anachronistische Motive, Figuren und Sprachelemente ebenso beliebte Mittel der ‚Verlebendigung' dar wie Erzähltechniken, die den Leser in die Zeit zu versetzen scheinen, von der erzählt wird. Man kann hier (4.) von *darstellungstechnischen* Anachronismen sprechen, die planvoll eingesetzt werden, und zwar in der Literatur deutlich häufiger und spielerischer als in der Geschichtsschreibung. Dazu gehören auch erzähltechnische Kniffe wie der ‚Anachronismus des Erzählakts',[22] den der Erzähler in Theodor Fontanes *Vor dem Sturm* begeht, indem er eine Digression von der eigentlichen Romanhandlung in die Vorgeschichte des Schauplatzes so einleitet: „In der Halle schwelen noch einige Brände; schütten wir Tannäpfel auf und plaudern wir, ein paar Sessel an den Kamin rückend, von Hohen-Vietz"[23] – als wäre der Erzähler des 1878 erschienenen Romans ein Zeitgenosse seiner Figuren oder könnte er zusammen mit seinen Lesern in die Szenerie des 1812/13 spielenden Geschehens eintreten. Vereinzelt greift sogar die Historiographie zu anachronistisch wirkenden Darstellungsmitteln, etwa wenn Theodor Mommsen in seiner *Römischen Geschichte* (1854–56) Begriffe verwendet, die üblicherweise nur auf viel spätere Epochen angewandt werden, und die Konsuln als „Bürgermeister" bezeichnet sowie vom „Parlamentarismus" des Senats und dem „Menschenrecht" der persönlichen Freiheit spricht, das in der späten Republik vor der „fürchterlichen Allmacht des Capitals" gerettet werden musste.[24]

Solche Anachronismen können einerseits das Verständnis des Fremden, weil historisch weit Entfernten erleichtern und andererseits dazu anregen, die eigene Gegenwart im Lichte der dargestellten Vergangenheit zu deuten und

---

21 Dagegen sprechen sich jedoch Annette Barnes und Jonathan Barnes: Time Out of Joint: Some Reflections on Anachronism. In: The Journal of Aethetics and Art Criticism 47 (1989), S. 253–261, hier S. 253–254 aus.
22 Nicht zu verwechseln mit narrativen *Anachronien*, d. h. mit Abweichungen von der chronologischen Folge des Erzählten in der Reihenfolge, in der es zur Sprache kommt.
23 Theodor Fontane: Werke, Schriften und Briefe. Hg. von Walter Keitel und Helmuth Nürnberger. Abt. 1: Sämtliche Romane, Erzählungen, Gedichte, Nachgelassenes: Bd. 3: Vor dem Sturm. 3., durchges. und im Anhang erw. Aufl. München 1990, S. 14.
24 Theodor Mommsen: Römische Geschichte. Bd. 1–3. Berlin 1854–56, hier Bd. 1, S. 359 u. ö., Bd. 3, S. 117, Bd. 3, S. 346 u.ö.

Parallelen auszumachen. Über ihre Verlebendigungsfunktion hinaus können sie demnach eine *hermeneutisch-interpretatorische* Anregungswirkung haben. Mit einer anachronistischen Darstellungstechnik (dem modernen politischen Vokabular) gehen bei Mommsen Deutungsabsichten einher, die sowohl die Vergangenheit als auch die Gegenwart betreffen und in dem Maße anachronistisch sind, in dem sie den historischen Abstand ausblenden. Hingegen wird es im Allgemeinen *nicht* als Anachronismus empfunden, dass historische Darstellungen der Geschichtsschreibung und ebenso der Literatur ganz überwiegend in der jeweiligen Gegenwartssprache gehalten sind und allenfalls mit einzelnen quellensprachlichen Begriffen arbeiten oder sich eines archaisierenden Idioms bedienen.[25] Ebenso wenig wird der eingangs angesprochene grundlegende und unaufhebbare Anachronismus, der jeder Ex-post-(Re-)Konstruktion von Geschichte zugrunde liegt, als solcher wahrgenommen. Die Kritik, die Anachronismen häufig auf sich ziehen, richtet sich gegen sachliche Verzerrungen der (freilich nie objektiv fassbaren) Geschichte, die dargestellt wird, sowie gegen verzerrende Darstellungsweisen. Auch Verzerrungen durch Anachronismen werden indessen akzeptiert, wenn sie im Dienste ihrerseits akzeptierter übergeordneter Darstellungszwecke stehen, seien diese künstlerisch[26] oder durch empirisch inirritable Geschichtsdeutungsabsichten bestimmt.

In der Forschung zum historischen Roman sind die Anachronismen des historischen Denkens und Erzählens, an denen diese Gattung Anteil hat, kein großes Thema. In seiner bahnbrechenden Studie über den *‚anderen' historischen Roman*, der den „Hiatus von Fiktion und Historie" hervortreten lässt – z. B. durch absichtsvolle Anachronismen, darf man hinzufügen –, weist Hans Vilmar Geppert nur kurz auf die darstellungstechnischen Anachronismen in einigen Romanen des Exils (Heinrich Mann: *Henri Quatre*, Bertolt Brecht: *Die Geschäfte des Herrn Julius Cäsar*) sowie von Arno Schmidt (*Alexander*), die die jeweils erzählten Vergangenheiten, die viele Jahrhunderte zurückliegen, als Spiegel des 20. Jahrhunderts ausgeben, also zugleich eine hermeneutisch-interpretatorische Funktion haben.[27] Eher geschichtsphilosophisch gelagert ist Georg Lukács' Interesse an Anachronismen in seinem klassischen Werk über den historischen Roman: Von marxistischen Prämissen ausgehend, spricht er vom *„notwendigen Anachronismus"* der Romane

---

25 Vgl. Spoerhase: Autorschaft und Interpretation, S. 223 sowie Branko Mitrović: Attribution of Concepts and Problems with Anachronism. In: History & Theory 50 (2011), S. 303–327.
26 Vgl. Barnes, Barnes: Time Out of Joint, S. 259–260.
27 Vgl. Hans Vilmar Geppert: Der „andere" historische Roman. Theorie und Strukturen einer diskontinuierlichen Gattung. (Studien zur deutschen Literatur 42) Tübingen 1976, S. 121, das Zitat S. 34. Noch knapper sind die Hinweise bei dems.: Der Historische Roman. Geschichte umerzählt – von Walter Scott bis zur Gegenwart. Tübingen 2009, S. 207, 259.

Walter Scotts, der darin bestehe, dass die Figuren mehr von den „realen historischen Zusammenhängen" wissen, als es bei den historischen Akteuren der Fall sein konnte.[28] ‚Notwendig' ist für Lukács eine anachronistische Figurenzeichnung, die eine ‚fortschrittliche' Geschichtsdeutung in die dargestellte Vergangenheit zurückprojiziert.

Vermutet werden darf, dass die literaturwissenschaftlich-poetologische Zurückhaltung gegenüber dem Anachronismus daher rührt, dass dieser gemeinhin nicht nur in der Historiographie, sondern auch mit Blick auf die fiktionale Geschichtserzählung als prinzipieller Fehler galt und häufig noch gilt, nämlich als Verstoß gegen die qualitative Differenz der Zeiten, die Geschichte ausmacht.[29] Jedenfalls formuliert Lukács seine Rechtfertigung des, oder besser: eines ganz bestimmten (des ‚fortschrittlichen') Anachronismus als Ausnahme vom grundsätzlichen Anachronismusverbot, das Hegels *Ästhetik* für den Fall aufstellt, dass „Anschauungen und Vorstellungen einer *späteren* Entwicklung des religiösen und sittlichen Bewußtseins auf eine Zeit oder Nation übertragen werden, deren ganze Weltanschauung solchen neueren Vorstellungen *widerspricht*."[30] Es gibt zwar auch die Gegenposition, vertreten z. B. von Lion Feuchtwanger, für den das Lebendigste an der Geschichte das ist, was aus der Zeit des Autors und der Leser in sie hineingetragen wird.[31] So ehrlich Feuchtwangers mit seiner Verweigerung der Verleugnung interessenbedingter ebenso wie der prinzipiell der Geschichtserzählung anhaftenden Anachronismen war, so sehr trug er deren Lob jedoch als Provokation vor.[32]

---

28 Georg Lukács: Der historische Roman. Berlin 1955, S. 58.
29 Zahlreiche Belege für die häufig auch von den Autoren historischer Romane geübte Kritik an Anachronismen, und zwar meist an regelrechten Fehlern, sammelt Serge Heirbrant: Componenten en compositie van de historische roman. Een comparatistische en genologische benadering. (Literatuur in veelvoud 7) Leuven/Apeldoorn 1995, S. 76–79.
30 Georg Wilhelm Friedrich Hegel: Ästhetik. Bd. 1–2. Hg. von Friedrich Bassenge. Berlin 1985, Bd. 1, S. 272. Für legitim hält Hegel dagegen die Anpassung historischer Charaktere an die „Anschauungs- und Ausdrucksweise" zur Zeit des Dichters (ebd.); sein Beispiel sind die Helden des Trojanischen Kriegs in den Dramen von Aischylos oder Sophokles. In diesem Zusammenhang (und nur in diesem) schreibt Hegel, dies sei „ein für die Kunst *notwendiger Anachronismus*" (ebd.). Lukács übernimmt Hegels Begriff, verschiebt aber dessen Bedeutung hin zu dem Anachronismus, den Hegel ablehnte.
31 Lion Feuchtwanger: Das Haus der Desdemona oder Größe und Grenzen der historischen Dichtung. Frankfurt am Main 1986, S. 136–137: „Was also eine historische Dichtung lebendig macht, ist niemals aus der Geschichte einer fernen Zeit, es ist immer aus eigenem Erleben des Autors, es ist aus Zeitgenössischem geschöpft".
32 Vgl. Feuchtwanger: Das Haus der Desdemona, S. 135.

In der Tat sind Anachronismen sowohl ästhetisch als auch historiographisch nicht ohne Gefahr – in faktographischer Hinsicht ohnehin, aber auch als interessenbedingte –, doch sind sie zugleich von hohem Reiz: darstellungstechnisch und als hermeneutisch-interpretatorische Anreger. Problematisch sind sie insbesondere dann, wenn sie nicht auf Durchschaubarkeit angelegt sind, was im quantitativ bedeutenden Populärsegment des romanhaften Geschichtserzählens die Regel ist.[33] Im ästhetisch ambitionierten Segment werden sie hingegen, so meine These, zunehmend kultiviert und immer raffinierter eingesetzt, um den Konstruktcharakter jeder Geschichtsdarstellung und die Zeitenschichtung, die sie unvermeidlich vornimmt, auszustellen. Zumal in neuester Zeit spielt das literarische Geschichtserzählen gerne mit Anachronismen, um die Souveränität der fiktionalen Geschichtsdarstellung ihrem Stoff gegenüber zu demonstrieren und den Leser vor gattungsinadäquatem Vertrauen in die Zuverlässigkeit des Erzählers zu warnen. So setzt Daniel Kehlmanns Roman *Die Vermessung der Welt* von 2005 mit einer Szene ein, in der die Protagonisten Carl Friedrich Gauß und Alexander von Humboldt bereits 1828 von einem „Herrn Daguerre" photographiert werden.[34] Setzt man Romanzeit und Geschichtszeit in direkten Bezug, so sind das elf Jahre vor der öffentlichen Vorstellung dieser Technik mit dem Anspruch des Bezeugens und Festhaltens durch Louis Daguerre. Dass Kehlmann ausgerechnet das (vermeintlich[35]) dokumentarische Medium der Photographie anachronistisch einsetzt, darf als eine absichtsvolle Provokation gedeutet werden, die dokumentarische Referentialitätsansprüche an seinen Text von vornherein abweisen soll.

---

33 Vgl. Daniel Fulda: Zeitreisen. Verbreiterungen der Gegenwart im populären Geschichtsroman. In: Silke Horstkotte und Leonhard Herrmann (Hg.): In: Silke Horstkotte und Leonhard Herrmann (Hg.): Poetiken der Gegenwart. Deutschsprachige Romane nach 2000. (spectrum Literaturwissenschaft/spectrum Literature 37) Berlin/Boston 201, S. 189–211, hier insbesondere S. 206–208.
34 Daniel Kehlmann: Die Vermessung der Welt. Roman. Reinbek 2008, S. 15.
35 Diese Einschränkung bezieht sich darauf, dass die – prädigitale – Photographie zwar bezeugt, dass sich das Photographierte vor der Kamera befand (also nicht fiktiv ist; Roland Barthes: Die helle Kammer. Bemerkung zur Photographie. Übers. von Dietrich Leube. Frankfurt am Main 1989 [frz. 1980], S. 86 schreibt: „daß *die Sache dagewesen ist*"). Jedoch vermag sie selbst nicht zuverlässig anzugeben, *wer* oder *was* das Gezeigte ist und wann die Aufnahme gemacht wurde. Daher stellen Photographien keineswegs vollgültige historische Belege dar.

3 Angela Steideles *Rosenstengel* als Briefroman auf drei Zeitstufen in der Form einer sexualitätshistorischen Quellenedition

Steideles *Rosenstengel* tritt als faktuale Geschichtsdarstellung in Form einer Doppelbiographie auf. Die historisch bezeugte Figur Anastasius Lagrantius Rosenstengel war ein Wanderprediger und späterer Soldat, dessen Leben 1721 auf dem Schafott endete,[36] weil er eine Frau geheiratet hatte, obwohl er gar kein Mann war, sondern eine Frau namens Catharina Margaretha Linck, die zur Kleidung der Männer griff, weil sie deren freieres Leben führen (vgl. S. 163) und zugleich ihre Chancen verbessern wollte, an die von ihr begehrten Geschlechtsgenossinnen heranzukommen. Von seiner Form her ist Steideles Buch eine dokumentarische Zusammenstellung von Briefen, die zur knappen Hälfte im Zusammenhang mit Rosenstengels Fall geschrieben wurden und seine Geschichte, seine Tricks, die Widerstände, auf die er stieß, aber auch begünstigende Faktoren nachvollziehbar machen. Dem Leser ermöglichen diese Briefe die ‚Immersion' – gemeint ist, in der häufig exaltierten Sprache eben dieser Briefe, „der Sog einer Geschichte", der den Leser „ergreift bis zum Selbstvergessen!" (S. 140)[37] – in eine drei Jahrhunderte zurückliegende Vergangenheit, die sich schon in ihrem Sprachstand und Schreibstil als fremd und von ganz eigener Art präsentiert. Da die Briefe bloß ‚nachgemacht' sind, wäre der zutreffendste Gattungsbegriff allerdings *Briefroman* – in der Maske einer Quellendokumentation.[38] Denn auch der

---

[36] Über die historische Figur hat die Autorin vor einigen Jahren eine biographische Studie veröffentlicht, die geschichtswissenschaftlichen Standards entspricht, vgl. Angela Steidele: In Männerkleidern. Das verwegene Leben der Catharina Margaretha Linck alias Anastasius Lagrantinus Rosenstengel, hingerichtet 1721. Biographie und Dokumentation. Köln [u. a.] 2004, zu Rosenstengels Hinrichtung vgl. S. 133–134. Das fiktionale *sequel* lässt Rosenstengel 1715 durch Ertränktwerden zu Tode kommen, vgl. dies.: Rosenstengel, S. 339, offensichtlich um eine motivische Parallele zu dem Tod im Wasser, den die zweite Hauptfigur erleidet, herzustellen.

[37] Diese Immersionswirkung haben an der zitierten Stelle übrigens eben die Briefe um Rosenstengel; es handelt sich also binnen- wie extrafiktional um eine selbstreflexive Aussage. Zum Begriff der Immersion vgl. den Beitrag von Beatrix van Dam in diesem Band.

[38] In einem Brief an den angeblichen Sammler der Briefe heißt es denn auch poetologisch-selbstreflexiv: „In dem Briefromane, den Ihre Sammlung der Quellen mittlerweile ergibt, fehlen noch schmerzlich die Briefe, welche sich Rosenstengel und die Mühlhahnin doch geschrieben haben müssen." (S. 248) Der so Angeschriebene antwortet – mit objektiver, nicht subjektiver Ironie: „Daß die Sammlung der von mir gefundenen Schriftstücke einem Roman gleicht, wie der Freund feststellt, macht mich ein wenig unglücklich, aber was hilft's? Die Wirklichkeit ist nun einmal unwahrscheinlicher als jede Erfindung." (S. 252) Mit dem klassischen Genre der

übrige Text besteht größtenteils aus ebenso kenntnisreich wie stilsicher fingierten Briefen, aber nicht aus dem frühen 18., sondern aus dem späten 19. Jahrhundert. Hier steht ein ungleich berühmterer Homosexueller im Mittelpunkt: König Ludwig II. von Bayern in seinen letzten Lebensmonaten zwischen politischen Intrigen und Liebesbedürfnis, Baulust und Maskenfesten, Literatur- und Musikschwärmerei sowie wissenschaftlichen Streitigkeiten von Psychiatern und frühen Homosexualitätsforschern.

Das Bindeglied zwischen den beiden Zeitebenen bildet nicht nur das gemeinsame sexualitätshistorische Thema, sondern auch die Fiktion, dass die Briefe des älteren Teils von einer Figur des jüngeren Teils entdeckt und zusammengestellt (vgl. S. 136), womöglich zum Teil aber auch erfunden wurden.[39] Diese Bindeglied-Figur, die ebenso die Briefe des jüngeren Teils ins Archiv gegeben habe, ist ein dem ‚Märchenkönig' besonders nahe kommender junger Psychiater, Franz Carl Müller. Historisch ist Müller tatsächlich der erste gewesen, der Forschungen zu Rosenstengel/Linck anstellte,[40] doch hatte die historische Person mit dem bayerischen König bei weitem nicht so viel zu tun wie die Romanfigur und war auch nicht dessen (platonischer) Geliebter. Als in seiner Rolle weitgehend fiktive Vordergrundfigur besetzt Steideles Müller in den Ludwig-Passagen die Stelle des ‚mittleren Helden', wie ihn Walter Scott als Begleiter einer historischen Figur und Vermittler des Leserinteresses an derselben etabliert hat.

Aus der Fiktion der nachvollziehbaren Überlieferung der ‚mitgeteilten' Briefe resultiert schließlich noch eine dritte Zeitebene, das frühe 21. Jahrhundert, denn die Autorin tritt in einem auf „Pfingsten 2015" datierten „Vorwort" (vgl. S. 5–7) als bloße Herausgeberin auf, die im Historischen Archiv der Stadt

---

Parallelbiographie nach dem Vorbild von Plutarchs *Bíoi parálleloi* hat der *Rosenstengel* dagegen wenig Ähnlichkeit, bedingt schon durch die Dominanz der Briefromanform.

39 An zwei Stellen deutet sich die Möglichkeit einer Lesart an, dass diese Figur (Franz Carl Müller) die Briefe um Rosenstengel gar nicht gesammelt, sondern selbst verfasst bzw. aus verschiedenen Quellen „vermengt" (S. 247) hat, all dies natürlich binnenfiktional. Die weiter unten zu besprechenden Anachronismen lassen sich in diese Lesart allerdings nicht integrieren, ja schließen sie aus. Näher liegt es daher, nur in dem Brief, den Müller in der Maske von Rosenstengels Braut an Ludwig schickt (vgl. S. 255–256), ein Produkt der „Brieffälschungen" (S. 261) zu sehen, die Ludwigs Cousine Elisabeth von Österreich („Sisi") dem Arzt vorhält, um ihn zu necken; der König wiederum schreibt einen Brief in der Maske Rosenstengels (vgl. 251–252), mehr dazu unten S. 101.

40 Vgl. Franz Carl Müller: Ein weiterer Fall von conträrer Sexualempfindung. In: Friedreich's Blätter für gerichtliche Medicin und Sanitätspolizei 4 (1891), S. 279–300. Die sieben Seiten umfassende „Bibliographie" im „Anhang" von Steideles *Rosenstengel* verzeichnet diesen Titel ebenso wie viele andere Quellen des Buches (vgl. S. 359).

Köln die bereits von jenem Psychiater zusammengeführten Briefsammlungen gefunden und diese dann herausgegeben habe, „ergänzt" lediglich durch einen Anhang.[41] Um dem Leser bewusst zu halten, dass die dargestellten Vorgänge auf drei verschiedenen Zeitebenen angesiedelt sind, verwendet das Buch unterschiedliche Schriftfarben: ein helles Braun für die Rosenstengel- und ein dunkles Blau für die Ludwig-Passagen, außerdem ein gedecktes Violett für Motto, Autornamen, Untertitel, Verlagsangabe, „Vorwort" und „Personenregister" als Textteile der „Herausgeberin". Ein weiterer Textteil *außerhalb* der Fiktion sind einige Kurzbiographien im Anhang. Sie stellen klar, dass die angeblich historischen Briefe meist fingiert sind, und geben ein paar Hinweise, aus welchen Quellen sie montiert wurden. Auch einige Verschiebungen der Romanfiguren gegenüber den historischen Personen, die ihnen als Vorlage dienten, werden hier skizziert. Inkonsequent ist allerdings, dass die angeblich bloße Herausgeberin in ihrer Vorrede (vgl. S. 6) auf diese Kurzbiographien verweist, die sie als Verfasserin des Ganzen demaskieren; die Herausgeberfiktion wird dadurch ebenso unnötig wie *pointless* gebrochen.[42]

Innerhalb der Fiktion, es handle sich um eine Quellenedition, können Anachronismen eigentlich nicht vorkommen: Das historische Geschehen wird nicht im Rückblick erzählt, so dass dieses Einfallstor des Anachronismus in den historischen Diskurs scheinbar eliminiert ist. Vielmehr spricht jede Zeit für sich selbst und in ihrer eigenen Sprache – so die geradezu anti-anachronistische Fiktion. Eventuelle anachronistische Gesichtspunkte wiederum, die Müllers Sammlung und „Komposition" (S. 6) der Briefe beeinflusst haben mögen, sind jedenfalls nicht die Gesichtspunkte unserer Gegenwart. Steideles Buch macht zwei historische Zeitstufen in scheinbar reiner Historizität zugänglich und bemisst den Anteil unserer Gegenwart an seinem Zustandekommen als so gering, dass das übliche anachronistische Hineintragen der Gegenwart in die Vergangenheit keinen Ansatzpunkt zu haben scheint. Freilich ist diese Konstellation

---

41 Dass Müller auch über die von anderen ‚Irrenärzten' sowie von einer Reihe von Politikern verfassten Briefe verfügte, erfährt eine ebenso abenteuerliche wie augenzwinkernde Erklärung: Sisi habe Müller die vom habsburgischen Geheimdienst gesammelten Briefe zukommen lassen (vgl. S. 333).
42 Farblich wechseln sich in den „Kurzbiographien" (S. 360–370) Braun und Blau ab, je nachdem ob sich die Angaben auf das frühe 18. oder das späte 19. Jahrhundert beziehen; dasselbe gilt für die „Bibliographie" (S. 353–359) und das „Verzeichnis der Briefe" (S. 371–378). Das ist benutzerfreundlich; mindestens ebenso konsequent wäre es indes gewesen, diese Texte durch Violett als Produkte der „Herausgeberin" zu markieren. Noch konsequenter wäre es, für die Kurzbiographien eine vierte Farbe zu wählen, weil es sich um den einzigen Textteil handelt, der eindeutig außerhalb der Fiktion steht.

der Zeitebenen weitgehend fingiert, nämlich abgesehen von den verarbeiteten Originalquellen.

Im 5. Abschnitt werden wir sehen, dass diese Fiktion jedoch Risse hat, und zwar autorseitig kalkulierte Risse, die einem aufmerksamen Leser nicht entgehen sollen. Konkret sind es vor allem Anachronismen, die die vorgebliche Anachronismuslosigkeit dementieren. Der Schein eines romanhaften Geschichtserzählens *ohne* Anachronismen wird durch ebenso vermeid- wie durchschaubare Anachronismen *durchkreuzt*, die darauf weisen, dass das Buch in seiner ganzen Anlage ein Produkt unserer Gegenwart ist. Bevor wir näher auf diese Auto-Dekonstruktion des *Rosenstengel* eingehen, verdienen jedoch der Inhalt und die Struktur der dargestellten Geschichte ein wenig mehr Beachtung. Welche thematischen Akzente werden gesetzt? Wie kommen Geschlechterkonzepte und Sexualitätsdispositive in den Blick? Welche Faktoren bestimmen das Leben der Menschen, von denen erzählt wird? Zeichnet sich eine Richtung ab, in der die Geschichte verläuft bzw. verlaufen ist?

4 Zwischen Historizität und Gegenwartsbezug: Eine Geschichte homosexueller Emanzipationen und ihrer Artikulationshilfen

Romanhaftes *Geschichts*erzählen ist der *Rosenstengel* in dem anspruchsvollen Sinne, dass er sowohl den Wandel erfahrbar werden lässt, der Geschichte ausmacht, als auch darüber nachzudenken anregt, wie die Gegenwart an diese oder jene Vergangenheit anknüpft. Steideles fingiert dokumentarischer Briefroman unternimmt es aufzuzeigen, was an den dargestellten Konflikten historisch ist im Sinne von zeitbedingt und mittlerweile überholt und was bis heute relevant geblieben ist. Insbesondere gilt dies für die Spannungsfelder von Aufklärung und Religion, von Identitätsbildung und Rollenspiel sowie von Kunst und Leben. Im Spannungsfeld von Religion und Aufklärung bewegte sich Rosenstengels Leben, weil die „Linckin" in den Franckeschen Stiftungen aufwuchs und erzogen wurde, nach ihrem Entweichen daraus zunächst mit einer Gruppe radikaler Pietisten durch Deutschland zog und nach einigen Jahren nach Halle zurückkehrte, an dessen Universität Fromme und Aufklärer um die Vorherrschaft kämpften. So weit, so historisch. Was der Roman hinzufügt, sind enge Bezüge Rosenstengels zu Christian Thomasius, dem maßgeblichen Philosophen und Juristen der halleschen Frühaufklärung – der habe sie unterstützt, weil eine pietistische Frau in Männerkleidern das Waisenhaus seines Gegners August Hermann Francke in Misskredit bringen musste (vgl. S. 96–97, 154) – sowie zur Familie Franckes, denn dessen zum Radikalpietismus neigende Gattin habe in Rosenstengel ihr eigenes Ideal „eines neuen, gantzen MannWeibs oder Weib-Manns" (S. 166, vgl. S. 218, 276) verwirklicht gesehen, in dem die Geschlechterpolarität des fleischlichen Menschen überwunden sei (vgl. S. 58, 98, 165–166).

Dem schwärmerischen, von Gottfried Arnold geprägten Pietismus der „Franckin" und einiger anderer enthusiasmierter Frauen gibt Steideles Roman deutlich mehr Raum als dem autoritären Pietismus ihres Gatten. Die auf möglichst baldige Überwindung des Irdischen eingestellten Frauen (vgl. S. 170–172) sehen in der homosexuell begehrenden „Linckin" irrigerweise eine Gesinnungsgenossin (vgl. S. 217–218, 225), weil sie die erotische Metaphorik, derer sie sich reichlich bedienen, nicht anders denn als religiös gemeint verstehen mögen (vgl. S. 102, 222, 229). „Siehet der Herr also gnädig auff die Verbindung zweyer Weiber", schreibt Frau Francke an eine Freundin, und sie hat auch eine rechtfertigende Bibelstelle zur Hand (Rut 1,16–17): „und ist die Mühlhahnin [die Angetraute des inzwischen als Frau durchschauten Rosenstengel] der Linckin eine treue Ruth und folgt ihr bis in den Kerker nach." (S. 292) Schwärmerischer Pietismus erscheint im *Rosenstengel* demnach als ein Homosexualität begünstigender Rede- und Empfindungsstil. Ebenso wirkt die seelische Energie, die die Pietistinnen in ihre religiöse Subjektwerdung und zugleich intersubjektive Verschmelzung investieren. Lincks Wille zum Durchbrechen der Schranken, die die Gesellschaft ihrem lesbischen Begehren setzt, stellt sich in Steideles Roman als genuine Variante dieser Energie dar.[43] Bei ihrer Braut, die – ohne historische Grundlage – als prophetische Pietistin gezeichnet wird, gehen religiöse und sexuelle Transgressionsbereitschaft sogar ganz manifest Hand in Hand.[44]

Indem Aufklärung und Religion in der von Steidele präsentierten Geschichte gelebter weiblicher Homosexualität als Ermöglichungsbedingungen erscheinen, eröffnet der Roman eine auch heute noch ungewöhnliche Perspektive auf das 18.

---

[43] Einige Passagen legen die Frage nahe, ob Rosenstengel nicht eher als Transmann denn als homosexuelle Frau anzusehen ist (vgl. S. 94–95, 165). In ihrer Rosenstengel-Biographie diskutiert Steidele diese Frage ausführlich und kommt zu dem Schluss, dass Linck „eine lesbisch begehrende Frau" war, die sich als Mann kleidete, um den größeren Handlungsspielraum des anderen Geschlechts zu nutzen (In Männerkleidern, S. 146). Diese Auffassung liegt auch Steideles fiktionaler Linck/Rosenstengel-Darstellung zugrunde.

[44] Zur religiösen Subjektbildung pietistischer Frauen und deren Briefpraxis vgl. die im Hallenser Graduiertenkolleg *Aufklärung – Religion – Wissen* entstandene Dissertation von Katja Lißmann: Schreiben im Netzwerk. Briefe von Frauen als Praktiken frommer Selbstbildung im frühen Quedlinburger Pietismus. (Hallesche Forschungen 50) Wiesbaden 2019; zur Transgression und Neudefinition von Geschlechterrollen Pia Schmid in Zusammenarbeit mit Ruth Albrecht [u. a.] (Hg.): Gender im Pietismus. Netzwerke und Geschlechterkonstruktionen. (Hallesche Forschungen 40) Halle/Wiesbaden 2015.

Jahrhundert, die über das in Philosophie-, Kirchen- oder Literaturgeschichte etablierte Bild hinausgeht. Thomasius' Plädoyer für das Theater und den Roman – das aus echten Quellen montiert ist[45] – sowie seine Verteidigung dieser spielerisch-fiktionalen Ausdrucksformen gegen den Vorwurf, sie kämen „vom Satan als vom Vater aller Lügen" (S. 65, vgl. S. 60, 168), stellen sich als Parallelphänomene zu Rosenstengels Crossdressing und performativer Identität dar (vgl. S. 96, 293). Auf der religiösen Seite agiert August Hermann Francke zwar als strikter Gegner, der im Tragen von Männerkleidung durch Frauen und erst recht in Homosexualität nur schwere Sünde sehen kann (vgl. S. 95, 297). Die Transgressionsvisionen des schwärmerischen Pietismus bieten dem homosexuellen Begehren jedoch leicht adaptierbare Identitätsmuster. Eine Feststellung kann dieser Satz freilich nur in Bezug auf die Fiktionswelt des Romans sein, denn über den historischen Rosenstengel gibt es keine Zeugnisse, die dergleichen belegen.[46]

Das Thema Homosexualität steht auch in den Romanteilen, die dem 19. Jahrhundert gewidmet sind, im Mittelpunkt, exemplifiziert an Ludwig II. von Bayern und dessen Leibarzt. Gesellschaftlich akzeptiert war Homosexualität weder im frühen 18. noch im späten 19. Jahrhundert, doch haben sich, wie Steideles Roman vorführt, die Begründungen gewandelt: Was einst als Sünde gebrandmarkt wurde, wird nun als Krankheit diskriminiert (vgl. S. 103, 112, 135, 183). Religion stellt bei Ludwig II. und seinen Zeitgenossen keinen relevanten Faktor mehr dar, weder hemmend noch antreibend. Die Funktion der Artikulationshilfe für das homosexuelle Begehren haben vielmehr die Literatur (Schiller: *Don Carlos*, vgl. S. 140)

---

45 Vgl. S. 273: „Denn es bestehet der Nutzen, den ein Liebhaber der Weisheit aus der Beywohnung eines Dramas und der Lesung eines Romans hat, darinnen, daß er die unterschiedenen Neigungen und Arten der menschlichen Natur daraus erkennen lernet, seinen Verstand schärffet und zu der Klugheit, sich behutsam auffzuführen, Anleitung bekommt." Quellen sind Christian Thomasius: Ausgewählte Werke. Hg. von Werner Schneiders. Bd. 20: Cautelen zur Erlernung der Rechtsgelehrtheit. Nachdr. der Ausg. Halle, Renger, 1713. Hg. und mit einem Vorwort versehen von Friedrich Vollhardt, Hildesheim [u. a.] 2006, S. 160 sowie Otto F. Best (Hg.): Aufklärung und Rokoko. (Die deutsche Literatur. Ein Abriß in Text und Darstellung 5) Stuttgart 1980, S. 48, wo das Thomasius-Zitat mit denselben Worten eingeleitet wird wie im *Rosenstengel*.
46 Dass Catharina Linck „das androgyne Konzept" in Gottfried Arnolds Lehre von der Verschmelzung des Menschen (des Mannes!) mit der „himmlischen Weisheit (Sophia)" gekannt haben könnte, erörtert Steidele: In Männerkleidern, S. 41. Von einer historischen *Möglichkeit* darf man hier wohl sprechen. Ob die eheliche Verbindung zweier Frauen dadurch akzeptabel wurde für schwärmerische Pietistinnen, wie es sich in Steideles Roman darstellt, ist eine andere, skeptischer zu beurteilende Frage. Den schmalen Forschungsstand zum Auftreten (nicht: der Akzeptanz) von Homosexualität im Pietismus (genauer bei den Herrnhutern) resümiert Douglas H. Shantz: An Introduction to German Pietism. Protestant Renewal at the Dawn of Modern Europe. Baltimore 2013, S. 180.

und die Musikdramen Richard Wagners übernommen (vgl. u. a. S. 87, 91, 128, 140, 149–151, 187, 211). Ludwig und Müller verbindet eine grenzenlose Schwärmerei für diese Künste sowie das Theater (vgl. S. 39, 104–105, 201). Ähnlich wie der Pietismus ist ästhetische Begeisterung im Hinblick auf Homosexualität allerdings von einer tiefen Ambivalenz durchzogen. Als Medien der (Selbst-)Erfindung und der Erweiterung von (Er-)Lebensmöglichkeiten dienen jene Künste der freien Entfaltung des Menschen. Als Substitute unaussprechlicher Neigungen, wie Homosexualität bis vor Kurzem eine war, wirken sie aber auch an deren Verdrängung mit (vgl. S. 177) – all dies natürlich in der Darstellung von Steideles Briefroman. Funktional stellt sich der künstlerische Blick auf die Welt positiv wie negativ als genuiner Erbe der Religion dar (vgl. S. 80, 85, 104–105, 114). Mit ihm verbindet sich nun der Enthusiasmus, der die Grenzen der gesellschaftlichen Ordnung, ja die Schranken der Wirklichkeit überhaupt zu überschreiten sucht (vgl. S. 187, 267).

Dass der Roman zwei Vergangenheitsebenen bespielt, unterstreicht das Transformatorische der Geschichte und zeigt, dass nicht allein die gesellschaftlichen Verhältnisse und Lebensformen, sondern auch Sprache, Weltsichten und Beurteilungskategorien dem historischen Wandel unterliegen. Indem der Leser zwei Vergangenheiten und ihre Denkformen miteinander vergleicht, kann er sein Historizitätsbewusstsein schärfen. Konsequenterweise müsste er dem auch seine eigenen Überzeugungen unterwerfen. Nicht zuletzt die doppelte Stufung der Zeitebenen mit durch das Herausgebervorwort nur sehr schwach besetzter Gegenwartsebene fordert den Leser regelrecht auf zu selbstreflexiven Überlegungen. Man könnte von einem ‚historischen Dreisatz' sprechen, dessen Fragestellung lautet: Wenn man von dem historischen Wandel ausgeht, den Steideles Roman zwischen dem frühen 18. und dem späten 19. Jahrhundert nachzeichnet bzw. entwirft – was hat sich heute daraus ergeben?

5 Historiographische und poetologisch-selbstreflexive Anachronismen

Schaut man darauf, *welche* Geschichte in Steideles *Rosenstengel* erzählt wird, so zeigt sich, dass hier, entgegen der Fiktion einer weitgehend perspektivlosen Historizität, durchaus eine perspektivische Konstruktion von Geschichte von einem Gegenwartsstandpunkt aus vorliegt. Denn der Gesichtspunkt, der die Auswahl der zur Sprache kommenden Themen bestimmt und ebenso die positiven wie negativen Wertungen, die dem Leser nahegelegt werden, ist ein an der freien Entfaltung von Homosexualität interessierter, der personale Identität einschließlich der Wahl von Geschlechterrollen und sexueller Identität als etwas begreift, was im Spannungsfeld zwischen dem historisch zu Verfügung stehenden kulturellen Repertoire und individuellen Wünschen performativ verfertigt wird. Das aber ist ein Standpunkt unserer Gegenwart. Festzustellen ist daher nicht nur die Selbstverständlichkeit, dass auch der *Rosenstengel* dem fundamentalen epistemischen Anachronismus jeglicher (Re-)Konstruktion von Geschichte unterliegt. Deutlich wurde vielmehr das interpretatorische Interesse der Autorin, jenen Standpunkt durch zwei Geschichten aus dem frühen 18. und dem späten 19. Jahrhundert zu plausibilisieren, die den Leser erkennen lassen, dass die Verfertigung einer homosexuellen Identität eben so funktioniert. Nahegelegt wird sogar, dass die historischen Akteure, die der *Rosenstengel* fiktional entwirft, zumindest ansatzweise selbst schon so gedacht haben.

Ist dies ein faktographischer Anachronismus? Diese Frage unterstellt nicht, der fiktionale Text *Rosenstengel* sei in irgendeiner Weise auf Faktenrichtigkeit verpflichtet, sondern zielt allein auf den Typ von Anachronismus, der hier vorliegt. Wo eine Geschichtsdarstellung beginnt, faktographisch anachronistisch zu werden, lässt sich keineswegs immer klar entscheiden, zum einen weil die Quellen Interpretationsspielräume lassen – die Steidele geschickt ausnutzt, darin ganz der Gattungstradition des historischen Romans entsprechend –, zum anderen weil die Diskussion über eventuelle Anachronismen ihrerseits nur auf der unsicheren Basis des mehrfach angesprochenen epistemischen Anachronismus geführt werden kann. Trotzdem lassen sich einzelne faktographische Anachronismen benennen, die für das geschlechter- und sexualitätshistorische Modell des *Rosenstengel* von Belang sind. Die explizite Rechtfertigung, die der Roman-Thomasius der Liebe „contra naturam" angedeihen lässt – „weil nichts in der Natur widernatürlich seyn kann" –, ist vom Werk des historischen Thomasius nicht gedeckt (S. 317),[47] ebenso wenig der Vorschlag, Frauen sollten die Universität besuchen und auch selbst Professorinnen werden dürfen, „angeleitet von der

---

47 In seinen *Institutiones iurisprudentiae divinae* (1688) stellt Thomasius die Qualifizierung von homosexuellen Praktiken als „*Gebrauch der Glieder wider und ausser der Natur*" nicht in Frage, vgl. die deutsche Übersetzung: Christian Thomasius: Drey Bücher der Göttlichen Rechtsgelahrheit [...]. Halle 1709, S. 384 (3. Buch, 2. Cap., § 153). Hingegen bezweifelt er, dass sich naturrechtlich begründen lässt, dass Homosexualität stets „so eine grosse Sünde [sei]/ wie man von diesem schändlichen Laster vorgiebt" (ebd.). In der rechtsgeschichtlichen Forschung wird die Funktion dieses Zweifels so interpretiert, dass Thomasius provokativ habe zeigen wollen, dass „naturrechtliche Normen" „auf dem Gebiet des Geschlechtlichen" nicht ausreichen, vgl. Sabine Doyé: Das Eherecht der deutschen Frühaufklärung im Spiegel des neuzeitlichen Naturrechts: Hugo Grotius, Samuel Pufendorf, Christian Thomasius, Christian Wolff. In: Marion Heinz und S. D. (Hg.): Geschlechterordnung und Staat. Legitimationsfiguren der politischen Philosophie (1600–1850). (Deutsche Zeitschrift für Philosophie. Sonderbände 27) Berlin 2012, S. 57–118, hier S. 103.

hochwürdigen Frau Rectorin" (S. 274).[48] Ein Anachronismus, der mehr über die genderpolitischen Absichten der Autorin besagt als über das frühe 18. Jahrhundert, dürfte auch die Akzeptanz sein, die ein nicht nur vestimentäres weib-männliches Gendercrossing mit der Konsequenz einer lesbischen Ehe unter den radikalen Pietistinnen des Romans findet (vgl. S. 213–223, 225–226, 228–230).[49]

All dies sind nicht bloß nebensächliche Details. Trotzdem hat Steidele einen historisch sehr akkuraten Roman verfasst, vergleicht man ihn mit den Rückprojektionen heutiger Mentalitäten und Einstellungen in die jeweils geschilderte Vergangenheit, die in der Gattung historischer Roman üblich und vor allem im populären Segment eklatant sind. Seine hohe Anschlussfähigkeit zu aktuellen Konzepten und Debatten wird von einer ungewöhnlich weitgehenden Historisierung ausbalanciert, denn die Handlungsweisen, die Sprache und sogar die Psyche der Figuren entsprechen in seltenem Maße den dargestellten

---

48 Der *Vorschlag einer Jungfer-Academie*, den der Roman als Schrift von Thomasius ausgibt, erschien 1707 anonym (Auserlesene Anmerckungen über allerhand wichtige Materien und Schrifften. Theil 4. Frankfurt/Leipzig 1707, S. 301–330; Neudruck in Elmar Lechner [Hg.]: Pädagogik und Kulturkritik in der deutschen Frühaufklärung: Johann Gottfried Zeidler (1655–1711). Zehn Thesen und Edition einiger seiner autobiographischen, pädagogischen und historischen sowie aphoristischen Schriften. Frankfurt am Main [u. a.] 2008, S. 285–298). Lechner macht Zeidler – einen Mitarbeiter von Thomasius, der u. a. dessen *Institutiones iurisprudentiae divinae* übersetzte – als Verfasser wahrscheinlich (vgl. S. 10–13, zu Zeidler vgl. Hambrock, Matthias, und Martin Kühnel: Johann Gottfried Zeidlers ‚Thomasius-Werkstatt'. In: Renko Geffarth, Markus Meumann, Holger Zaunstöck (Hg.): Kampf um die Aufklärung? Institutionelle Konkurrenzen und intellektuelle Vielfalt im Halle des 18. Jahrhunderts. Halle 2018, S. 214–235). Für eventuelle Anachronismen weit relevanter ist indes, dass der *Vorschlag einer Jungfer-Academie* keineswegs eine gelehrte Ausbildung und Tätigkeit von Frauen vorsah, die sie den Männern gleichstellen würde. Vielmehr ging es darum, ihre theologische Bildung zu verbessern, sei es für ihr Leben als Gattin und Mutter, sei es für das Verfassen von Erbauungsbüchern (vgl. Sabine Koloch: Kommunikation, Macht, Bildung. Frauen im Kulturprozess der Frühen Neuzeit. Berlin 2011, S. 126–127; vgl. § 25 im *Vorschlag*, Lechner: Pädagogik und Kulturkritik in der deutschen Frühaufklärung, S. 295–296). An einen Aufstieg zu Professorinnen analog zu den Männern war nicht gedacht; der Unterricht in den Universitätsfächern wäre vielmehr den „Professores" vorbehalten geblieben, während die „Professorinnen" für „die Haußhaltung, das Decorum muliebre [weibliches Betragen] und die Weiber Künste" zuständig sein sollten (§ 25, Lechner: Pädagogik und Kulturkritik in der deutschen Frühaufklärung, S. 297).

49 „Sexual heterodoxy, to give it a word, has always characterized radical Pietism", konstatiert Michael Thomas Taylor: Queer Moravians? Sexual Heterodoxy and the Historiography of Zinzendorf's *Ehereligion*. In: Pia Schmid in Zusammenarbeit mit Ruth Albrecht [u. a.] (Hg.): Gender im Pietismus. Netzwerke und Geschlechterkonstruktionen. (Hallesche Forschungen 40) Halle/Wiesbaden 2015, S. 93–116, hier S. 94. Eine eheliche Gemeinschaft zweier Frauen scheint dies aber nicht eingeschlossen zu haben.

Vergangenheiten, obwohl sie nicht frei von Anachronismen sind, die sich Gegenwartsinteressen verdanken. Letzteres festzustellen impliziert, auch das sei betont, keineswegs automatisch eine Negativwertung. Aktualität herzustellen liegt vielmehr ebenso im Interesse von Geschichtserzählungen wie die Erzeugung von Historizität.

Dass die in allem Geschichtserzählen angelegte Amplitude zwischen Historizität und Aktualität im *Rosenstengel* ungewöhnlich groß ausfällt, ist dem Buch positiv anzurechnen. Am sichtbarsten wird diese Amplitude im Kontrast zwischen dem gekonnten Fingieren historischer Sprachformen und Schreibstile einerseits und dem Durchbrechen der so erzeugten Illusion durch die kurz schon erwähnten Anachronismen andererseits, kalkulierte und offenkundige Anachronismen wohlgemerkt. So fließt das bekannte Wort Immanuel Kants von der „selbstverschuldeten Unmündigkeit", aus der die Aufklärung herausführe, Christian Thomasius aus der Feder (S. 63). Frau Francke zitiert Nietzsche (vgl. S. 228). In Halberstadt wird schon im Jahr 1715 John Cages *As slow as possible* gespielt[50] und trägt ein Strumpfwirker den Namen „Gilles de Leuze" (S. 214, 256). Ein Brief über Ludwig enthält Anspielungen auf die Medientheorie Friedrich Kittlers,[51] während der König sein musikalisches Idol mit Worten lobt, die Thomas Manns Essay „Leiden und Größe Richard Wagners" entstammen (vgl. S. 133).[52] Verse aus Klopstocks *Messias* und mehreren Goethe-Gedichten werden als visionäre Hervorbringungen einer inspirierten jungen Pietistin präsentiert (vgl. S. 160, 215, 271, 291, 339). Und wenn Rosenstengel kurz vor seiner Hinrichtung das Heft mit jenen Versen „zerbeißet" und verschlingt (S. 338), so ist dies zugleich eine Anspielung auf die Verspeisung von Aristoteles' Buch über die Komödie im

---

50 Als Rosenstengel in Halberstadt ertränkt wird, „wehen vom Burchardi-Kloster leise Orgelklänge herüber, aber keine liebreitzende oder machtvolle Melodey, sondern anhaltende, mißklingende Töne, als wann die Musick, ja die Zeit selbsten stehen geblieben" (S. 339). Die reale Halberstädter Aufführung von Cages Orgelstück ist auf immerhin 639 Jahre Spielzeit angelegt; sie begann 2013.

51 Als Positionierung gegen Kittlers These vom militärischen Ursprung der modernen Medien kann verstanden werden, dass Ludwig sich so ausgesprochen haben soll: „Nicht der Krieg sei der Vater, so S.M. wörtlich, sondern die Theaterbühne sei die Mutter aller Dinge", insbesondere wenn gleich anschließend – und erneut (leicht) anachronistisch – auf das „so genannte Grammophon" als neue Erfindung verwiesen wird (S. 148), denn Kittlers einschlägige Studie von 1986 trägt den Titel *Grammophon, Film, Typewriter*.

52 Eine Reihe von Versen aus Kantaten und Oratorien Johann Sebastian Bachs (vgl. z. B. S. 61–62, 275, 336) ist ebenfalls erst nach den Briefen, in denen sie ‚zitiert' werden, entstanden. Diese Anachronismen sind allerdings nicht sehr auffällig. Anachronismen zu erkennen setzt einen bestimmten Kenntnishorizont beim Leser voraus.

Schlusskapitel von Umberto Ecos *Il nome della rosa* (1980), dem Archetext des postmodern intertextuellen historischen Romans.[53]

Welche Aussagen diese Anachronismen im Einzelnen enthalten, braucht hier nicht geklärt zu werden. Lediglich ein poetologisch aufschlussreiches Beispiel sei herausgegriffen: Als sich Müller gegen Ludwigs Idee wendet, ‚fehlende' Briefe – es gibt keinen einzigen Brief von oder an Rosenstengel – durch Nachschöpfungen („Originalfälschungen") zu substituieren, und dabei warnend an „das Schicksal des genialen, unverstandenen Herrn Beltracchi" erinnert (S. 252), so wird dem Leser gleich doppelt mitgeteilt, dass die ihm vorliegenden „Originalbriefe" (S. 249) lediglich „getreu nachgemacht[]" sind (S. 192). Zum einen, weil der 2011 verurteilte Kunstfälscher Wolfgang Beltracchi in diesem Brief von angeblich 1886 erwähnt wird, zum anderen weil sein Name auf ein Prinzip des ganzen Buches weist: das „täuschend echt[e]" (S. 142) Nachmachen. Fälschungen im engeren, juristischen Sinne sind die Briefe des *Rosenstengel* nur deshalb nicht, weil der fiktionale Charakter des Ganzen letztlich unverkennbar ist.

Durchgespielt wird die königliche Idee mit den nächsten Briefen zwischen Ludwig und Müller (vgl. S. 253–256): Ludwig verfasst einen Brief Rosenstengels an sein „vielgeliebtes Weib" (S. 253), worauf Müller in deren Rolle zurückschreibt, allerdings mit Angabe der von ihm benutzen Quelle im Postskriptum – analog zu Steideles Angabe ihrer Quellen im Literaturverzeichnis. Diese und viele andere Briefe legen die Poetik, der sie ihre Existenz verdanken, in schwerlich zu übersehender Weise offen, indem sie Fragen von „Original" und „Abbild" (S. 200), von Verweisen und Andeutungen (vgl. S. 128), von Collagieren, Montieren und Zitieren (vgl. S. 247, 249), von „Einzelstimmen" und „Compositionsprinzip[ien]" ansprechen (S. 114). Bei den zwei eben genannten Briefen kommt hinzu, dass sie explizit fingiert sind – von zwei Figuren, nicht von der Autorin, so viel Versteckspiel (vgl. S. 232) soll sein. Eine weitere Bedeutungsschicht speziell der beiden explizit erfundenen Briefe besteht darin, dass sie zugleich die explizitesten Liebesbriefe sind, die der König und sein Arzt sich schreiben. Es ist demnach das „Costüm" des Historischen (S. 201), das es möglich macht, das eigene Anliegen vorzubringen. *In* der Fiktion des Romans gilt das zunächst für das Liebesverhältnis der beiden Hauptfiguren des 19. Jahrhundert-Teils. Aber auch die Fiktion selbst, als Aussagemodus wie als *dieser* fiktionale Text, dient der Autorin als Maske für ihr geschlechter- und sexualpolitisches Anliegen. Woraus nicht folgt, dass das Historische wie in

---

[53] Vgl. Erik Schilling: Der historische Roman seit der Postmoderne. Umberto Eco und die deutsche Literatur. (Germanisch-romanische Monatsschrift. Beihefte 49) Heidelberg 2012.

Feuchtwangers Verständnis von Geschichtsdichtung⁵⁴ *nur* eine Maske für Ideale oder Probleme der Gegenwart wäre.

All dies – das Fingieren reiner Historizität, deren Negation durch Anachronismen und vollends die Kombination dieser gegenläufigen Verfahren – ist ausschließlich in einer fiktionalen Geschichtsdarstellung möglich, nicht in einer historiographischen. Manche Anachronismen weisen denn auch selbst auf den fiktionalen Status des *Rosenstengel*. So lässt sich nicht nur die versteckte Eco-Anspielung lesen. Wenn Ludwig seinem Psychiater empfiehlt, „Hildesheimers prächtige Schilderung des Lebens Marbots" zu lesen, um daraus Inspiration für die von ihm zunächst geplante Biographie Rosenstengels zu ziehen (S. 68, vgl. S. 73), so steckt darin zunächst eine weitere Konfundierung der Zeitebenen – *Marbot* erschien 1981 – und darüber hinaus ein metapoetischer Hinweis auf das ganz und gar Scheinhafte des dokumentarischen Anspruchs des *Rosenstengel*, denn schon bei Wolfgang Hildesheimer war der Anschein einer auf intensives Quellenstudium gestützten biographischen Rekonstruktion Teil eines literarischen Versteckspiels.⁵⁵

6 Eine *Mise en abyme*, welche die geschlechterhistorischen Anachronismen ausspart

Wie man sieht, ist der *Rosenstengel* von unterschiedlichen Verfahren der Selbstbezüglichkeit geprägt. Den eigenen Text in seiner Machart (collagiert und komponiert) und in seinem Status (*fingiert* historiographisch, d. h. fiktional) thematisieren sowohl die zahlreichen implizit selbstreflexiven poetologischen Aussagen in den Briefen als auch die Anachronismen, die die Illusion des Dokumentarischen brechen; zum Teil kommt beides zusammen. Beide Verfahren erklären, mit welcher Art von Text es der Leser zu tun hat. Der hervorstechendste Effekt, den die offenkundigen Anachronismen haben, ist das Unterlaufen der angeblichen Dokumentqualität der 252 Briefe. Anspielungen oder direkte Bezüge, die zumal unter der Prämisse des Dokumentarischen als anachronistisch zu qualifizieren sind, weil sie sich auf eine im Horizont der Briefe noch unbekannte Zukunft beziehen, tragen nicht nur zur Interpretation des

---

54 Vgl. Feuchtwanger: Das Haus der Desdemona, S. 139.
55 Zu *Marbot* vgl. Dorrit Cohn: The Distinction of Fiction. Baltimore/London 1999, S. 79–95. In *Marbot* ist allerdings schon die Titelfigur erfunden.

Textes und der dargestellten Geschichte(n) bei, sondern dementieren den im selben Text vorgetragenen Anspruch auf Historizität. Kurzum: In seinen Anachronismen zieht sich der *Rosenstengel* selbst den Boden unter den Füßen weg, auf dem er zu stehen behauptet.

Und zwar tut er dies in einem Verfahren, das vordergründig nur den fundamentalen Anachronismus des historischen Diskurses im Text wiederholt. Doch ist das im Erzählen von Geschichte absolut gängige Hineintragen von Wissen über Späteres in frühere Situationen nicht mehr akzeptabel, sobald der Leser in die erzählte Geschichte eintaucht und sich auf den Wissenshorizont vergangener Zeiten einlässt. In den Horizont von 1712 passt ein Zitat von 1784 nicht hinein, während es für einen Geschichtsinteressenten des frühen 21. Jahrhunderts keineswegs per se problematisch ist, auch an Kant zu denken, wenn er sich mit Thomasius beschäftigt, schließlich gelten beide als Aufklärer. Der Fachbegriff für eine solche in sich widersprüchliche ‚Einschachtelung' lautet *Mise en abyme*, ‚in den Abgrund versetzen'. Die perfekt passende Konkretisierung der wörtlichen Bedeutung dieses Begriffs ist wiederum der spektakuläre Einsturz, der 2009 ausgerechnet dem Kölner Stadtarchiv widerfuhr, in dem Müller seine Briefsammlung deponiert haben soll. Das Vorwort versäumt es nicht, auf diesen Sturz in den „Untergrund" (einen U-Bahn-Schacht) hinzuweisen (S. 7, vgl. S. 5), obschon ein angeblicher Quellenverlust durch Archiveinsturz an sich noch keine *Mise en abyme*, sondern lediglich einen augenzwinkernden Fiktionalitätshinweis darstellt.

Versuchen wir, die in den Abschnitten 4 und 5 (und davor) ausgelegten Fäden zusammenzuziehen: Was folgt aus der *Mise en abyme*, welche die aufs Bemerktwerden angelegten innerdiegetischen Anachronismen bewirken, für die weit weniger offenkundigen sexualitätshistorischen Anachronismen des *Rosenstengel*? Knapp zusammengefasst: Ein bisschen Reflexivitätsgewinn, aber kein Verzicht auf die Teleologisierung von Geschichte auf heutige Interessen und Vorstellungen und auch nicht deren Offenlegung. Im Einzelnen heißt dies: Jene illusionsbrechenden Anachronismen stellen klar, dass es sich um eine romanhafte Geschichtserzählung handelt, die die Autorin mit hohem Bewusstsein von den grundlegenden Anachronismen des historischen Diskurses konstruiert hat. Man darf daher annehmen, dass das performative Verständnis von personaler Identität, das sie ihren Protagonisten zuschreibt, keine naive Rückprojektion heutiger Identitätskonzepte darstellt, sondern den erzählten Vergangenheiten in bewusstem Hinausgehen über die Quellen implantiert wurde. Dem Leser hingegen werden die interpretatorischen und vereinzelt auch faktographischen Anachronismen des Romans nicht offengelegt, obschon die anhängenden Kurzbiographien in anderen Hinsichten explizit zwischen dem durch Quellen Bezeugten und der Romanversion unterscheiden. Die Folge sind recht unterschiedliche Grade von

Transparenz hinsichtlich des Gemachtseins dieser Geschichte. Zwar tut die Autorin viel dafür, dass der Leser die Machart des *Rosenstengel* als bloß fingierte Quellenedition durchschaut. Doch kann sich nur der Sachkenner ein Bild davon machen, wie stark sich das Erzählte einer bestimmten Geschichtsinterpretation verdankt. Erneut zu betonen ist an dieser Stelle, dass eine Geschichtsdarstellung *ohne* Interpretation nicht möglich ist. Und die im *Rosenstengel* angebotene Interpretation hat große Qualitäten: Sie ist originell; sie greift viel historisches Wissen auf, das nicht allgemein bekannt ist; sie ist nicht selten witzig und weckt Leselust und sie trifft einen oder sogar mehrere Nerven unserer Zeit. Jedoch erstreckt sich die selbstreflexive Offenlegung des eigenen Verfahrens ausschließlich auf das Fingieren einer Quellenedition, also auf die literarische Seite des Buches, nicht auf dessen Geschichtsentwurf und das damit verbundene geschlechterpolitische Interesse.

Der Anachronismus, der in Thomasius' angeblichem Vorschlag einer „Jungffer-Akademie" analog zur Universität für „Mannspersonen" (S. 274) steckt, hätte sich z. B. leicht durch die nachfolgende Nennung eines echten Professorinnen-Namens aus der Gegenwart oder jüngeren Vergangenheit markieren lassen (die erste deutsche Universitätsrektorin, die Physikerin Lieselott Herforth, trat erst 1965 ihr Amt an). Offensichtlich fällt es jedoch leichter, einen dokumentarischen Anspruch, der ohnehin nur zum Schein erhoben wird, zu unterminieren, als die erzählten Geschichten von den Identitätssuchen genderpolitisch Benachteiligter, seien es Frauen oder Homosexuelle, in Frage zu stellen. Denn diese Geschichten sind identifikationsträchtig, und ihre Dekonstruktion wäre kaum möglich, ohne dass die Identitätspolitik, die auf diesen Geschichten aufbaut, an Überzeugungskraft verlöre. Die Unterminierung der dokumentarischen Form durch offenkundige Anachronismen ist dagegen weit weniger risikoreich und sogar höchst hilfreich für die genderpolitische Absicht, denn erst in der Opazität des selbstreflexiv ,durchgestrichenen' historiographischen Modus kann eine in wichtigen Punkten empirisch nicht gedeckte Geschichte so dokumentationsähnlich erzählt werden. Die artistische Dekonstruktion der dokumentarischen Oberfläche stellt demnach nicht weniger als die entscheidende Möglichkeitsbedingung dafür dar, Geschichten zu erzählen, die zwar in vielen Details annähernd so dokumentiert sind, wie sie sich in den fingierten Briefen präsentieren, in einigen besonders deutungsrelevanten Punkten aber nicht. Oder noch ein bisschen zugespitzt: Die literarisch-offenkundigen Anachronismen legitimieren allererst die historiographischen, die verdeckt bleiben. Wenden wir uns mit diesem Befund zurück zu dem eingangs skizzierten interpretativen Anachronismus, der den gegenderten Blick auf Geschichte prägt, so ist festzustellen, dass er auch Steideles hochreflektierte Homosexualitätsgeschichte durchzieht, wenngleich er durch Historisierung abgeschwächt ist. Das literarische Spiel mit Anachronismen stellt ihn weniger in

Frage, als dass es ihm einen legitimen, weil als fiktional gekennzeichneten Entfaltungsraum schafft.

7 *Gender awareness*, biographische Zugänge zur Geschichte und Zeitreisen als typische Tendenzen im beginnenden 21. Jahrhundert

Unsere Einleitung zum vorliegenden Band sieht das romanhafte Geschichtserzählen im beginnenden 21. Jahrhundert doppelt charakterisiert: einerseits durch eine starke Orientierung auf Geschichte – als wirkmächtigen Prozess, als höchst farbigen, überraschungsträchtigen Stoff oder als Produkt einer ihrerseits erzählwürdigen Rekonstruktionsanstrengung –, andererseits durch ein nicht weniger großes Vergnügen am literarischen Spiel und dessen Nutzung für metahistoriographische Reflexionen. Diese beiden Orientierungen stehen letztlich gegenläufig zueinander, da die eine eher faktualitäts-, die andere hingegen eher fiktionsaffin ist. Sie treten daher keineswegs in allen Texten des zeitgenössischen romanhaften Geschichtserzählens im Ensemble mit der jeweils anderen Orientierung oder gar gleichgewichtig auf. Steideles *Rosenstengel* indes verbindet beide Orientierungen und treibt beide besonders weit, so dass sich dieser Briefroman in der fingierten Form einer Quellenedition durch eine außergewöhnliche Amplitude zwischen quasi-historiographischer Funktion und kunstvoll ausgestellter Fiktionalität auszeichnet. ‚Versöhnt' erscheinen die historische und die ludisch-fiktionale Orientierung gleichwohl nicht. Die Synthese, die sie im *Rosenstengel* eingehen, ist keine ganz konsequente.

Anteil an typischen Tendenzen des gegenwärtigen romanhaften Geschichtserzählens hat das Buch ebenso durch seine *gender awareness* und einen kritischen Blick auf hegemoniale Männlichkeit sowie durch seinen biographischen Zugang zur Geschichte. Für das schriftstellerische Werk Angela Steideles sind diese Ansätze generell konstitutiv, beginnend mit ihrer Linck/Rosenstengel-Studie *In Männerkleidern* sowie der stark auf Quellenzitate setzenden *Geschichte einer Liebe. Adele Schopenhauer und Sibylle Mertens*.[56] In Steideles Œuvre stellt *Rosenstengel* einen Ausflug in die – allerdings quellengespickte – Fiktion dar. Mit *Anne Lister*, der *erotischen Biographie* einer homosexuellen Engländerin des frühen 19. Jahrhunderts, die ein einzigartig akkurates und teilweise verschlüsseltes

---

[56] Vgl. Angela Steidele: Geschichte einer Liebe. Adele Schopenhauer und Sibylle Mertens. Berlin 2010.

Tagebuch geführt hat,[57] setzte die Autorin ihren Weg der sexualitätshistorischen Biographie dann wieder im faktualen Spektrum fort. Eine Poetik der Biographie hat sie für 2019 angekündigt. Das 2018 erschienene Buch *Zeitreisen. Vier Frauen, zwei Jahrhunderte, ein Weg*[58] greift das gegenwärtig besonders beliebte Motiv der Reise auf, die an Schauplätze der zu erzählenden Vergangenheitsgeschichte führt und dadurch die verstehende Annäherung an die Lebensumstände einer historischen Person erleichtern soll (für eine so angelegte ‚Spurensuche' hat Anne Weber den Untertitel *Ein Zeitreisetagebuch* bereits 2015 gewählt[59]). In Steideles *Zeitreisen* fahren die Autorin und ihre Frau in den Kaukasus, der 1840 das letzte Ziel von Anne Lister und ihrer Geliebten war. In *Rosenstengel* hat das Motiv in episodischer Miniaturisierung seinen Platz, denn Müller unternimmt als Rosenstengel-Forscher eine Reise zu den „Originalschauplätzen" in Halle und Halberstadt und berichtet von dort ganz begeistert an den König, den er am liebsten mitgenommen hätte (S. 237, vgl. S. 243, 245–246, 250–252). Der Titel *Zeitreisen* bestätigt zugleich die in unserer Einleitung konstatierte Signifikanz dieses Motivs für den in der gegenwärtigen Gesellschaft bevorzugten Umgang mit Geschichte: einerseits den Reiz des Fremden genießend und andererseits selbstbezogen; einerseits auf neue Erfahrungen und nicht allzu gefährliche Überraschungen hoffend, andererseits in der eigenen Zeit und ihren Vorstellungen verbleibend. Diese Ambivalenzen weist auch der *Rosenstengel* auf. Dass er sie ausreizt, indem er ungewöhnlich kenntnisreich eine Historisierung betreibt, die keinen Zweifel über die historischen Abstände lässt, und durch die Briefromanform trotzdem ein starkes Immersionsangebot macht, zählt zu den besonderen Qualitäten des Werks.

Mit ihrem Reisebuch greift Steidele überdies die Tendenz auf, dass sich der Erzähler, der häufig zugleich der Autor ist, in die erzählte Geschichte einbezieht – weil es auch um das eigene Leben geht oder von der eigenen Beschäftigung mit dem historischen Gegenstand erzählt wird, z. B. von einer Reise an Schauplätze der erzählten Geschichte. Besonders ausgeprägt ist diese Tendenz in den Generationen- oder Familienerzählungen, die seit der Jahrtausendwende haussiert haben. Nun sind Steideles *Zeitreisen* und ebenso der *Rosenstengel* keine Generationenerzählungen in einem biologischen Sinne von familiärer Deszendenz, denn es geht um Paare, aus deren Verbindung keine Abstammungsverhältnisse resultieren. Intime Beziehungen und sogar die Ehe sind

---

57 Vgl. Angela Steidele: Anne Lister. Eine erotische Biographie. Berlin 2017.
58 Vgl. Angela Steidele: Zeitreisen. Vier Frauen, zwei Jahrhunderte, ein Weg. Berlin 2018.
59 Vgl. Anne Weber: Ahnen. Ein Zeitreisetagebuch. Frankfurt am Main 2015.

deswegen aber nicht weniger Thema, ebenso Zugehörigkeitsfragen und Traditionen, die legitimieren oder hemmen. Steideles Homosexualitätsgeschichten können daher als gegenstandsangepasste Varianten der Gattung Familienerzählung gelten. Dass die Konstruktivität des Schreibens von Geschichte im *Rosenstengel* so offensiv ausgestellt wird, entspricht wiederum exakt der Performativität von Geschlechts- wie anderen Identitäten, die der Text im Leben König Ludwigs II. und der Titelfigur sichtbar macht.

Wenn man davon ausgehen darf, dass die Beschäftigung mit Geschichte in den seltensten Fällen um derer selbst willen erfolgt – „*mit Geschichte will man etwas*", hielt Döblin mit Blick auf wissenschaftliche wie literarische Geschichtsdarstellungen fest[60] –, so ist die Herrichtung der rekonstruierten Vergangenheit für die jeweilige Gegenwart völlig normal. In *Zeitreisen* hat Angela Steidele das Recht zu solcher Herrichtung mit einem von Elias Canetti entlehnten Motto reklamiert: „Sie geht der Vergangenheit nach, als wäre sie nicht zu verändern."[61] Der Konjunktiv II ist hier ein Irrealis, so dass der Satz insgesamt aussagt, was Steideles Bücher gerade nicht tun. Die spezifische Perspektive, die die Autorin dabei einbringt, wird durch die Feminisierung des Subjekt-Pronomens markiert, denn wie am Ende von *Zeitreisen* offengelegt wird, beginnt der zitierte Satz bei Canetti mit „Er".[62] Gründlich missverstanden wäre dieser Ansatz als Willkür, die sich nur ein Literat leisten kann. Vielmehr stellen auch Historiker ihre Vergangenheitsforschungen in den Dienst von Wünschen an die Gegenwart und Zukunft, so die plausible These – und Forderung – des Geschichtstheoretikers Jörn Rüsen. Augenzwinkernd und zugleich ganz ernsthaft hat sich Rüsen deshalb ein Bonmot der *Peanuts*-Figur Charlie Brown zu eigen gemacht: „Ich hoffe immer noch, daß gestern besser wird."[63] *Rosenstengel* ist ein die Freiheiten der Fiktion gezielt und keineswegs exzessiv nutzendes Beispiel dafür, wie eine in diesem Sinne ‚verbessernde' Geschichtsdarstellung aussehen kann.

---

60 Alfred Döblin: Der historische Roman und wir [1936]. In: Ders.: Schriften zu Ästhetik, Poetik und Literatur. Hg. von Erich Kleinschmidt. (Ausgewählte Werke in Einzelbänden [26]) Olten/Freiburg i. Br. 1989, S. 291–316, hier S. 302.
61 Steidele: Zeitreisen, S. 5.
62 Canetti, Elias: Werke. Bd. 4: Aufzeichnungen 1942–1985. Die Provinz des Menschen. Das Geheimherz der Uhr. München 1993, S. 400.
63 Jörn Rüsen: Kann gestern besser werden? Essays zum Bedenken der Geschichte. Berlin 2002, S. 21.

Bibliographie

Auserlesene Anmerckungen über allerhand wichtige Materien und Schrifften. Theil 4. Frankfurt/Leipzig 1707.

Barnes, Annette, und Jonathan Barnes: Time Out of Joint: Some Reflections on Anachronism. In: The Journal of Aethetics and Art Criticism 47 (1989), S. 253–261.

Barthes, Roland: Die helle Kammer. Bemerkung zur Photographie. Übers. von Dietrich Leube. Frankfurt am Main 1989 [frz. 1980].

Best, Otto F. (Hg.): Aufklärung und Rokoko. (Die deutsche Literatur. Ein Abriß in Text und Darstellung 5) Stuttgart 1980.

Canetti, Elias: Werke. Bd. 4: Aufzeichnungen 1942–1985. Die Provinz des Menschen. Das Geheimherz der Uhr. München 1993.

Cohn, Dorrit: The Distinction of Fiction. Baltimore/London 1999.

Cooper, Katherine, und Emma Short: Introduction. Histories and Heroines: the Female Figure in Contemporary Historical Fiction. In: Dies. (Hg.): The Female Figure in Contemporary Historical Fiction. Basingstoke 2012, S. 1–19.

Döblin, Alfred: Der historische Roman und wir [1936]. In: Ders.: Schriften zu Ästhetik, Poetik und Literatur. Hg. von Erich Kleinschmidt. (Ausgewählte Werke in Einzelbänden [26]) Olten/Freiburg i. Br. 1989, S. 291–316.

Doyé, Sabine: Das Eherecht der deutschen Frühaufklärung im Spiegel des neuzeitlichen Naturrechts: Hugo Grotius, Samuel Pufendorf, Christian Thomasius, Christian Wolff. In: Marion Heinz und S. D. (Hg.): Geschlechterordnung und Staat. Legitimationsfiguren der politischen Philosophie (1600–1850). (Deutsche Zeitschrift für Philosophie. Sonderbände 27) Berlin 2012, S. 57–118.

Droysen, Johann Gustav: Historik. Rekonstruktion der ersten vollständigen Fassung der Vorlesungen (1857), Grundriß der Historik in der ersten handschriftlichen (1857/58) und in der letzten gedruckten Fassung (1882). Hg. von Peter Leyh. Stuttgart-Bad Cannstatt 1977.

Epple, Angelika: Empfindsame Geschichtsschreibung. Eine Geschlechtergeschichte der Historiographie zwischen Aufklärung und Historismus. (Beiträge zur Geschichtskultur 26) Köln [u. a.] 2003.

Febvre, Lucien: Das Problem des Unglaubens im 16. Jahrhunderts. Die Religion des Rabelais. Mit einem Nachwort von Kurt Flasch. Übersetzt von Gerda Kurz und Siglinde Summerer. Stuttgart 2002 [französisch 1942].

Feuchtwanger, Lion: Das Haus der Desdemona oder Größe und Grenzen der historischen Dichtung. Frankfurt am Main 1986.

Fontane, Theodor: Werke, Schriften und Briefe. Hg. von Walter Keitel und Helmuth Nürnberger. Abt. 1: Sämtliche Romane, Erzählungen, Gedichte, Nachgelassenes: Bd. 3: Vor dem Sturm. 3., durchges. und im Anhang erw. Aufl. München 1990

Fulda, Daniel: Hat Geschichte ein Geschlecht? Ge*gender*te Autorschaft im historischen Diskurs. In: Stefan Deines, Stephan Jaeger, und Ansgar Nünning (Hg.): Historisierte Subjekte – Subjektivierte Historie. Zur Verfügbarkeit und Unverfügbarkeit von Geschichte. Berlin/New York 2003, S. 185–201.

Fulda, Daniel: Gewaltgeschichte als Sexualgeschichte. Wie neu ist die ‚neue Väterliteratur' der Gegenwart? In: Daniel Fulda, Dagmar Herzog, Stefan L. Hoffmann, und Till van Rahden (Hg.): Demokratie im Schatten der Gewalt. Geschichten des Privaten im deutschen Nachkrieg. Göttingen 2010, S. 230–261.

Fulda, Daniel: Zeitreisen. Verbreiterungen der Gegenwart im populären Geschichtsroman. In: Silke Horstkotte und Leonhard Herrmann (Hg.): Poetiken der Gegenwart. Deutschsprachige Romane nach 2000. (spectrum Literaturwissenschaft/spectrum Literature 37) Berlin/Boston 201, S. 189–211.

Geppert, Hans Vilmar: Der „andere" historische Roman. Theorie und Strukturen einer diskontinuierlichen Gattung. (Studien zur deutschen Literatur 42) Tübingen 1976.

Geppert, Vilmar: Der historische Roman. Geschichte umerzählt – von Walter Scott bis zur Gegenwart. Tübingen 2009.

Hambrock, Matthias, und Martin Kühnel: Johann Gottfried Zeidlers ‚Thomasius-Werkstatt'. In: Renko Geffarth, Markus Meumann, und Holger Zaunstöck (Hg.): Kampf um die Aufklärung? Institutionelle Konkurrenzen und intellektuelle Vielfalt im Halle des 18. Jahrhunderts. Halle 2018, S. 214–235.

Hassemer, Simon Maria: Das Mittelalter der Populärkultur. Medien – Designs – Mytheme. Phil. Diss. Freiburg i. Br. 2013, S. 283, URL: https://freidok.uni-freiburg.de/data/10612, zuletzt besucht am 16.09.2018.

Hegel, Georg Wilhelm Friedrich: Ästhetik. Bd. 1–2. Hg. von Friedrich Bassenge. Berlin 1985.

Heirbrant, Serge: Componenten en compositie van de historische roman. Een comparatistische en genologische benadering (Literatuur in veelvoud 7) Leuven/Apeldoorn 1995.

Kehlmann, Daniel: Die Vermessung der Welt. Roman. Reinbek 2008.

Kimmich, Dorothee: Wirklichkeit als Konstruktion. Studien zu Geschichte und Geschichtlichkeit bei Heine, Büchner, Immermann, Stendhal, Keller und Flaubert. München 2002.

Koloch, Sabine: Kommunikation, Macht, Bildung. Frauen im Kulturprozess der Frühen Neuzeit. Berlin 2011.

Lechner, Elmar [Hg.]: Pädagogik und Kulturkritik in der deutschen Frühaufklärung: Johann Gottfried Zeidler (1655–1711). Zehn Thesen und Edition einiger seiner autobiographischen, pädagogischen und historischen sowie aphoristischen Schriften. Frankfurt am Main [u. a.] 2008.

Lißmann, Katja: Schreiben im Netzwerk. Briefe von Frauen als Praktiken frommer Selbstbildung im frühen Quedlinburger Pietismus. (Hallesche Forschungen 50) Wiesbaden 2019.

Lukács, Georg: Der historische Roman. Berlin 1955.

Luzzi, Joseph: The Rhetoric of Anachronism. In: Comparative Literature 61 (2009), S. 69–84.

Mitrović, Branko: Attribution of Concepts and Problems with Anachronism. In: History & Theory 50 (2011), S. 303–327.

Mommsen, Theodor: Römische Geschichte. Bd. 1–3. Berlin 1854–56.

Müller, Franz Carl: Ein weiterer Fall von conträrer Sexualempfindung. In: Friedreich's Blätter für gerichtliche Medicin und Sanitätspolizei 4 (1891), S. 279–300.

Paletschek, Sylvia, und Nina Reusch: Populäre Geschichte und Geschlecht: Einleitung. In: Dies. (Hg.): Geschlecht und Geschichte in populären Medien. (Historische Lebenswelten in populären Wissenskulturen 9) Bielefeld 2013, S. 7–37.

Preissler, Brigitte, Interview mit Cordelia Borchardt. „Metzelfaktor für die Männer". In: Börsenblatt 176 (2009) H. 33, S. 27.

Rüsen, Jörn: Kann gestern besser werden? Essays zum Bedenken der Geschichte. Berlin 2002.

Runge, Anita: Konstruktionen von Geschichte und Geschlecht im Geschichtsroman deutschsprachiger Autorinnen um 1800: Das Beispiel Benedikte Naubert (1756–1819). In: Das achtzehnte Jahrhundert 29 (2005), S. 222–240.

Schilling, Erik: Der historische Roman seit der Postmoderne. Umberto Eco und die deutsche Literatur. (Germanisch-romanische Monatsschrift. Beihefte 49) Heidelberg 2012.

Schmid, Pia, in Zusammenarbeit mit Ruth Albrecht [u. a.] (Hg.): Gender im Pietismus. Netzwerke und Geschlechterkonstruktionen. (Hallesche Forschungen 40) Halle/Wiesbaden 2015.

Schnicke, Falko: Die männliche Disziplin. Zur Vergeschlechtlichung der deutschen Geschichtswissenschaft 1780–1900. Göttingen 2015.

Shantz, Douglas H.: An Introduction to German Pietism. Protestant Renewal at the Dawn of Modern Europe. Baltimore 2013

Spoerhase, Carlos: Autorschaft und Interpretation. Methodische Grundlagen einer philologischen Hermeneutik. (Historia Hermeneutica 5) Berlin/New York 2007.

Spoerhase, Carlos: Historischer Anachronismus und ästhetische Anachronie in Durs Grünbeins Werk. In: Zeitschrift für Germanistik 21 (2011), S. 263–283.

Smith, Bonnie G.: The Gender of History. Men, Woman, and Historical Practice. Cambridge, Mass. 1998.

Steidele, Angela: In Männerkleidern. Das verwegene Leben der Catharina Margaretha Linck alias Anastasius Lagrantinus Rosenstengel, hingerichtet 1721. Biographie und Dokumentation. Köln [u. a.] 2004.

Steidele, Angela: Geschichte einer Liebe. Adele Schopenhauer und Sibylle Mertens. Berlin 2010.

Steidele, Angela: Rosenstengel. Ein Manuskript aus dem Umfeld Ludwigs II. Berlin 2015.

Steidele, Angela: Anne Lister. Eine erotische Biographie. Berlin 2017.

Steidele, Angela: Zeitreisen. Vier Frauen, zwei Jahrhunderte, ein Weg. Berlin 2018.

Stein, Emmanuel van: Oh du schöne Ritterzeit... In: Börsenblatt 176 (2009) H. 33, S. 25–27.

Taylor, Michael Thomas: Queer Moravians? Sexual Heterodoxy and the Historiography of Zinzendorf's *Ehereligion*. In: Pia Schmid in Zusammenarbeit mit Ruth Albrecht [u. a.] (Hg.): Gender im Pietismus. Netzwerke und Geschlechterkonstruktionen. (Hallesche Forschungen 40) Halle/Wiesbaden 2015, S. 93–116.

Thomasius, Christian: Drey Bücher der Göttlichen Rechtsgelahrheit [...]. Halle 1709.

Thomasius, Christian: Ausgewählte Werke. Hg. von Werner Schneiders. Bd. 20: Cautelen zur Erlernung der Rechtsgelehrtheit. Nachdr. der Ausg. Halle, Renger, 1713. Hg. und mit einem Vorwort versehen von Friedrich Vollhardt. Hildesheim [u. a.] 2006.

Weber, Anne: Ahnen. Ein Zeitreisetagebuch. Frankfurt am Main 2015.

Kathrin Maurer
Der Spielbegriff im historischen Roman des frühen 21. Jahrhunderts

Im Folgenden soll der Spielbegriff und seine Position im historischen Roman des frühen 21. Jahrhunderts in deutschsprachiger Literatur untersucht werden.[1] Bekanntlich erlebte der Spielbegriff in der Postmoderne einen Aufschwung, von dem nicht nur die Literaturwissenschaft, sondern auch die Gattung des historischen Romans erfasst wurde. Hat sich der Umgang mit dem Spiel nach der Postmoderne im historischen Roman verändert? Gibt es wesentliche Unterschiede oder Verschiebungen? Um diese Fragen zu beantworten, wird in diesem Aufsatz auf theoretischer Ebene der Begriff des Spiels mit Niklas Luhmanns Konzept der Selbstreferenz zusammengebracht, das immer einen Bezug zur Umwelt, also die Fremdreferenz, mitdenkt. Gerade diese Verbindung zwischen Spiel und der Einheit der Differenz von Selbst- und Fremdreferenz stellt ein gattungsspezifisches Merkmal hinsichtlich der jüngsten historischen Romane dar. Es wird an Saša Stanišićs *Wie der Soldat das Grammofon repariert* (2006) und Eugen Ruges *In Zeiten des abnehmenden Lichts* (2011) exemplarisch gezeigt, dass diese Einheit der Differenz von Selbst- und Fremdreferenz produktiv ist, um Veränderungen mit Hinsicht auf den Spielbegriff im neuen historischen Roman aufzuzeigen. Zuvor wird Thomas Brussigs Roman *Helden wie wir* (1995) als postmoderner Romantypus und Kontrastfolie diskutiert.

1 Spielbegriff und historischer Roman: Spiel als ästhetisches Konzept und poetische Methode

Literatur und Spiel stehen sich nahe. Neben der gattungsbedingten Verwandtschaft zum Singspiel, Schauspiel oder Trauerspiel kann man Spiel als ästhetische Kategorie auch universell auf Literatur übertragen, indem Spiel zentrale Wesensmerkmale der *poeisis* beschreibt. Der Kulturhistoriker Johan Huizinga bezeichnet in seinem Werk *Homo Ludens*[2] die Modi der *poiesis* (wie zum Beispiel vershafte

---
[1] Da romanhaftes Erzählen auch beispielsweise in historischen Sachbüchern und historischen Dokumentationen vorkommen kann, wird in diesem Aufsatz mit dem engeren Gattungsbegriff des historischen Romans gearbeitet, da es vor allem um literarisches und poetisches Erzählen von Geschichte geht.
[2] Johan Huizinga: Homo Ludens. Vom Ursprung der Kultur im Spiel. Hamburg 1987.

https://doi.org/10.1515/9783110541687-004

Rede, Rhythmus und Artifizialität) als Spielformen und plädiert somit für eine „generelle Übertragbarkeit des Spiels auf die Literatur".[3] Wie bei einem Sport- oder Brettspiel schafft die Literatur ebenfalls eine künstliche Wirklichkeit, die die Realität gewissermaßen verdoppelt. Das bedeutet nicht, dass ein Fußball- oder ein Kinderspiel nicht in der Realität stattfinden. Sie stellen jedoch Orte des Imaginären dar, die die Wirklichkeit durch Nachahmung vervielfachen. Adorno betonte bereits in seinen Arbeiten zur Mimesis, dass im spielerischen Nachahmen von Wirklichkeit Momente ihrer potentiellen Konstruktion entstehen. Der Spielbegriff ist somit nicht nur eng mit der Gattung der Literatur verknüpft, sondern auch auf eines ihrer Wesensmerkmale – nämlich die Fiktionalität – bezogen. Auf der Grundlage der philosophischen Arbeiten von Kendall L. Walton hat Tilmann Köppe gezeigt, wie zentral der Spielbegriff für das Verstehen von Fiktionalität ist. Köppe begreift das Spiel als eine soziale Aktivität, die er auf Literatur überträgt, indem er das Spiel als ein Ergebnis von sprachlichen Handlungen und literarischen Äußerungen sieht: „Ein fiktionales literarisches Werk ist das Ergebnis sprachlicher Handlungen, denen die kategoriale Intention zugrunde liegt, dass das Werk gemäß den Regeln und Konventionen der Fiktionalitätsinstitution rezipiert werden soll."[4] Ähnlich wie bei einem Kinderspiel, in dem bestimmte Requisiten fiktionale Rollen haben – wie in Waltons Beispiel, in dem ein Baumstumpf zum Bären erklärt wird –, einigen sich die Kommunikanten bei einem fiktionalen Text – auf Autor-, Rezipienten- sowie auf Figurenebene – auf bestimmte Regeln oder eben Requisiten, die eine fiktionale Welt konstruieren. Damit lässt sich Fiktionalität als Ergebnis bestimmter Spielregeln mit Kendall Walton als ein sogenanntes ‚make-believe'-Spiel bezeichnen. Im Akzeptieren von bestimmten Spielkonventionen entsteht Literatur als ein Diskurs des Imaginären. Hierbei stellt sich allerdings die Frage, bei Köppe wie bei Walton, ob man mit der ‚make-believe'-Theorie tatsächlich zwischen fiktionalen und nicht-fiktionalen Texten unterscheiden kann. Denn nach Walton kann die Realität das Produkt der Phantasie sein, doch auch die Fiktion kann Aussagen über die Realität machen.[5]

Die Literaturwissenschaftlerin Dorrit Cohn hat dagegen darauf hingewiesen, dass es eine Unterscheidung zwischen fiktionalen und nicht-fiktionalen Texten

---

[3] Thomas Anz: Das Spiel ist aus. Zur Konjunktur und Verabschiedung des ‚postmodernen' Spielbegriffs. In: Henk Arbers (Hg.): Postmoderne Literatur in deutscher Sprache: Eine Ästhetik des Widerstands. Amsterdam 2000, S. 15–34, hier S. 16.
[4] Tilmann Köppe: Fiktion, Praxis, Spiel. Was leistet der Spielbegriff bei der Klärung des Fiktionalitätsbegriffs? In: Thomas Anz und Heinrich Kaulen (Hg.): Literatur als Spiel. Evolutionsbiologische, ästhetische und pädagogische Konzeptionen. Berlin 2009, S. 41.
[5] Siehe J. Alexis Bareis: Fiktionen als Make-believe. In: Thomas Klauk und Tilmann Köppe (Hg.): Fiktionalität: Ein interdisziplinäres Handbuch. Berlin 2014, S. 50–68.

durchaus gebe. Laut Cohn zeigen Fiktionssignale an, dass ein Text eine Fiktion darstellt, wie zum Beispiel der paratextuelle Hinweis auf einem Buchdeckel, dass es sich um einen Roman handelt. Darüber hinaus gibt es Fiktivitätssignale, die die Eigenständigkeit der fiktiven Welt – die Welt des „als-ob" – markieren, wie zum Beispiel die Darstellung von mentalen Prozessen und Gedanken in der Form der erlebten Rede.[6] Fiktivitätssignale können laut Cohn eine von der Realität abgelöste fiktive Welt fingieren, in der ein Erzähler keine Verantwortung für die historische Richtigkeit der Darstellung übernehmen muss. Somit verteidigt Cohn eine Gegenposition zum Poststrukturalismus, der den Fiktionalitätsbegriff universal auf alle Textsorten ausweitet.[7]

Inwiefern sind diese Debatte über das Spiel als ästhetisches Konzept und Fiktivitätssignale wichtig für die Analyse von historischen Romanen? Auf den ersten Blick könnte man annehmen, dass der Spielbegriff als ästhetische Kategorie, die eng mit dem Spiel der Imagination und Fiktivitätssignalen verbunden ist, nicht viel mit der Gattung des historischen Romans gemein zu haben scheint. Tatsächlich wurde im 19. Jahrhundert dieses Genre zeitweise als Diener der Historie gesehen, das, obschon auf anschauliche Weise, die faktuellen Narrative der Historiographie zu illustrieren hatte. Als ein Beispiel dafür ist Joseph Victor von Scheffels Roman *Ekkehard. Eine Geschichte aus dem zehnten Jahrhundert* (1855) zu nennen, der nicht nur die nationalpolitischen Ambitionen der preußischen Historikerschule widerspiegelt, sondern auch mit historiographischen Verfahren, wie die Einfügung von über 300 Fußnoten, arbeitet.[8] Doch gab es bereits eine Vielzahl historischer Romane, die sich über diese Abhängigkeit von der Geschichte und der akademischen Historiographie hinwegsetzten. Wilhelm Raabes *Das Odfeld* (1888) stellt ein Beispiel eines polyhistorischen Romans dar, das mittels ironischer Verfahren Fragen über seine eigene Darstellung der historischen Wirklichkeit aufwirft.[9] Bereits Alfred Döblin erklärte programmatisch: „Der historische Roman ist

---

6 Vgl. Dorrit Cohn: Signposts of Fictionality: A Narratological Perspective. In: Poetics Today 11 (1990) H. 4, S. 775–804 und dies: The Distinction of Fiction. Baltimore/London 1999.
7 Auch aus geschichtstheoretischer Sicht hat Reinhart Koselleck auf die ‚Wirklichkeitssignale', die die Faktualität von Texten anzeigen, verwiesen. Vgl. Reinhart Koselleck: Vergangene Zukunft: Zur Semantik geschichtlicher Zeiten. Frankfurt am Main 1995, S. 285. Siehe auch Beatrix van Dam: Geschichte Erzählen. Repräsentation von Vergangenheit in Deutschen und Niederländischen Texten der Gegenwart. (Studien zur deutschen Literatur 211) Berlin/Boston 2016. Dam zeigt die Interdependenz von fiktionalem und faktualem Erzählen und die daraus entspringende Dynamik zwischen Immersion und Emersion, vgl. S. 28–106.
8 Siehe dazu Kathrin Maurer: Discursive Interaction. Literary Realism and Academic Historiography in Nineteenth-Century Germany. Heidelberg 2006, S. 51–56.
9 Siehe dazu Hubert Ohl: Bild und Wirklichkeit. Studien zur Romankunst Raabes und Fontanes. Heidelberg 1968.

erstens Roman und zweitens keine Historie."¹⁰ Das löst den historischen Roman zwar nicht ganz aus seiner Zwitterstellung zwischen Historie und Literatur heraus, macht aber deutlich, dass er sich nach den Regeln des autonomen Literatursystems richtet und eine Disposition für das Spiel mit dem Imaginären aufweist. Solch eine Disposition wurde vor allem während der Postmoderne exzessiv ausgespielt.

In Theorie, Philosophie und Ästhetik der Postmoderne erfährt der Spielbegriff einen inflationären Aufschwung. Als deren Speerspitze setzten beispielweise Jacques Derrida und François Lyotard den Spielbegriff gegen das westliche Identitätsdenken. Die inhärente Kontingenz des Spiels generiere Differenz, Dissemination und Bedeutungsoffenheit. In der Literaturwissenschaft erhielt der postmoderne Spielbegriff ebenfalls viel Aufmerksamkeit und entwickelte sich weit über eine anthropologische Kategorie des Schönen hinaus. Schlüsselbegriff ist das Spiel mit den sprachlichen Zeichen, die eben nicht mehr auf eine textexterne Realität verweisen, sondern immer nur auf sich selbst (Derridas „il n'y a pas d'hors-texte"). Sprachliche Bedeutung verkörpert lediglich ein ‚Hinausschieben' (*différance*), ein Spiel von Oppositionen, bei dem es, ganz in frühromantischer Manier, nie zu einem Sinnabschluss kommt. Auch der Zusammenhang zwischen Spiel und Simulation, ein Sachverhalt, der vor allem in der Zeichentheorie Jean Baudrillards betont wird, zeigt an, dass der naive Zugriff auf eine außersprachliche historische Realität verschwunden und Wirklichkeit als sprachlich und medial immer schon vermittelt begriffen wird.

Von diesen postmodernen Auseinandersetzungen um den Spielbegriff blieb die Gattung des historischen Romans nicht unbeeinflusst. In den Geschichtserzählungen der Postmoderne spiegeln sich oft die Diskussionen der postmodernen Literaturtheorie, in dem der Spielbegriff vermehrt angewendet wird. Das Spiel fungiert in diesen Romanen dann weniger als ein ästhetischer Begriff, sondern vielmehr als eine poetische Methode. Spiel als Methode benutzt somit Aspekte des Spiels – beispielsweise die Ambivalenz zwischen Fiktion und Realität, ironischer Sprachwitz und Bedeutungsverschiebungen – als poetische Verfahrensweisen. Die Popularität des Spielbegriffs spiegelt sich in der Gestaltung des historischen Erzählens der 1980er bis heute wider. Gleichzeitig erlebte der historische Roman im deutsch- sowie im englischsprachigen Bereich Konjunktur. Bis dahin erfreute sich dieses Genre nicht gerade einer Reputation in Sachen Innovation und Attraktivität. Vielmehr wurde der historische Roman des 20. Jahrhunderts oft in die Nähe seiner staubigen Artgenossen des 19. Jahrhunderts gesetzt, die häufig von einem naiv

---

[10] Alfred Döblin: Der historische Roman und wir. In: Ders.: Schriften zu Ästhetik, Poetik und Literatur. Hg. von Erich Kleinschmidt. Freiburg 1989, S. 291–316, hier S. 298.

gezimmerten Repräsentationsbegriff und von einer nationalistischen Agenda geprägt waren. Die Arbeiten von Vilmar Geppert und Harro Müller haben allerdings diese Sichtweise auf die Beschaffenheit der Romane des 19. Jahrhunderts sowie die daran angeknüpfte Genealogie kritisiert.[11] Sie heben den Gattungstypus des ‚anderen' historischen Romans hervor, der insgesamt das Genre poetisch komplexer machte und seinen Ruf aufwertete. Die historischen Romane des späten 20. und des frühen 21. Jahrhunderts drehten schließlich das Bild der scheinbar obsoleten Gattung vollständig um.

Ein Grund dafür ist auch die Zentralität des Spielbegriffs, der die neuen historischen Erzählungen bestimmt. Vilmar Geppert benutzt den Spielbegriff, um großräumig die Textverfahren und die Themen des neueren historischen Romans zu umreißen.[12] Dabei geht er beispielsweise auf das Spiel mit den Katastrophen in Edgar Hilsenraths *Das Märchen vom letzten Gedanken* (1989) sowie auf die Spiele mit geschichtlicher Erinnerung bei W. G. Sebald und Uwe Timm ein. Auch Textspiele mit sogenannten geschichtlichen Hyperzeichen (z. B. die Rose bei Umberto Eco) sowie ein das sprachliche und geschichtliche Ordnungssystem erschütterndes dekonstruktives Spiel mit Zeichen in Christoph Ransmayrs *Die letzte Welt* (1991) werden analysiert. Geppert benutzt die Spielmetapher, um die Experimentierfreudigkeit des historischen Romans im Umgang mit der historischen Wirklichkeit zu kennzeichnen.

Diese Spiellust des postmodernen historischen Romans kann man mit Ansgar Nünnings (weitgefächertem) Begriff der metahistoriographischen Fiktion verbinden:

> Um diesen Veränderungen des Genres auch begrifflich Rechnung zu tragen, scheint es aus Gründen der terminologischen und typologischen Klarheit sinnvoll, solche innovativen Gattungsausprägungen von traditionellen Formen des historischen Romans zu unterscheiden und als historiographische Metafiktion bzw. als metahistoriographische Fiktion zu bezeichnen. Beide Begriffe signalisieren, dass sich die Aufmerksamkeit in solchen Werken von der Darstellung von geschichtlichen Ereigniszusammenhängen auf

---

11 Vgl. Hans Vilmar Geppert: Der „andere" historische Roman. Theorie und Strukturen einer diskontinuierlichen Gattung. (Studien zur deutschen Literatur 42) Tübingen 1976; Harro Müller: Historische Romane. In: Edward McInnes und Gerhard Plumpe (Hg.): Bürgerlicher Realismus und Gründerzeit 1848–1890. (Hansers Sozialgeschichte der deutschen Literatur 6) München 1996, S. 690–707; Harro Müller: Geschichte zwischen Kairos und Katastrophe. Historische Romane im 20. Jahrhundert. (Athenäums Monografien Literaturwissenschaft 89) Frankfurt am Main 1988.
12 Vgl. Vilmar Geppert: Der historische Roman: Geschichte umerzählt – von Walter Scott bis zur Gegenwart. Tübingen 2009.

die Metaebene der Reflexion über deren Aneignung, Rekonstruktion und Darstellung verlagert.[13]

Die Begriffe der historiographischen Metafiktion und der metahistoriographischen Fiktion thematisieren den sprachlichen Modus, den Status als poetische und narrative Konstruktion sowie die Lesbarkeit und Bedeutsamkeit des historischen Romans. Nünning bevorzugt den Begriff der metahistoriographischen Fiktion, da dieser nicht nur die Fiktionalisierung der Vergangenheit im historischen Roman andeutet, sondern sich auch mit den strukturellen und geschichtsinterpretatorischen Problemen von Geschichtsfiktionen auseinandersetzt.[14] Um es mit dem Schlüsselwort der Postmoderne zu sagen: Metahistoriographische Fiktionen praktizieren Selbstreferenz, indem sie mit ihren eigenen poetischen und narratologischen Techniken spielen. Hierzu zählen zum Beispiel das Spiel mit Intertextualität, Erzählperspektiven, Medialität, Multiperspektivismus, Subjektivierung, Semantisierung von Räumen und Erinnerung sowie Metafiktion. Oft werden dabei traditionelle Muster des linearen Erzählens, die Schablone des sogenannten ‚grand narrative', destabilisiert und unterminiert.[15] Nünning listet diese Kriterien auf, um die „narrative Inszenierung"[16] im neueren historischen Roman zu kennzeichnen. Er führt nicht all diese Kriterien auf das Metahistoriographische zurück, dennoch könnte man bei allen eine solche Funktion feststellen, da sie Textverfahren darstellen, die die Repräsentationsweise und Interpretation der Geschichte reflektieren. Der Spielbegriff wird von Nünning nicht explizit verwendet, sein Verweis auf die „narrative Inszenierung" durch metahistoriographische Elemente legt allerdings eine solche Verbindung nahe. Eine solche hat dann Robin Hauenstein in seinem Buch *Metahistoriographische*

---

13 Ansgar Nünning: Von der fiktionalisierten Historie zur metahistoriographischen Fiktion: Bausteine für eine narratologische und funktionsgeschichtliche Theorie, Typologie und Geschichte des postmodernen historischen Romans. In: Daniel Fulda und Silvia Serena Tschopp (Hg.): Literatur und Geschichte: Ein Kompendium zu ihrem Verhältnis von der Aufklärung bis zur Gegenwart. Berlin/New York 2002, S. 541–571, hier S. 547.
14 Siehe dazu Nünning: Von historischer Fiktion zu historiographischer Metafiktion. Band 1. (LIR. Literatur – Imagination – Realität. Anglistische, germanistische, romanistische Schriften 11) Trier 1995, S. 284. Siehe ferner Linda Hutcheon und ihren Begriff der ‚Meta-fiction', auf den sich Nünning bezieht. Linda Hutcheon: The Narcissistic Narrative: The Metafictional Paradox. New York 1984. Siehe auch Katharina Rennhak: Sprachkonzeptionen im metahistorischen Roman. Diskursspezifische Ausprägungen des Linguistic Turn in Critical Theory, Geschichtstheorie und Geschichtsfiktion (1970–1990). München 2002.
15 Zum Begriff des grand narrative, siehe Robert Berkhofer: Beyond the Great Story: History as Text and Discourse, Cambridge, Mass. 1995.
16 Nünning: Von der fiktionalisierten Historie, S. 547.

Fiktion: Ransmayr, Sebald, Kracht, Beyer vorgeschlagen, indem er Nünnings Begriff des Metahistoriographischen als „Spiel mit der Wirklichkeit" liest.[17] Ganz im Sinne des postmodernen Esprits bedeutet Spiel im historischen Roman für Hauenstein das Ausprobieren, Experimentieren sowie das Konstruieren von neuen (offenen) Auslegungsmöglichkeiten der Vergangenheit. Wichtig ist zu sehen, dass in postmodernen historischen Romanen der Spielbegriff somit weniger als ein ästhetisches Konzept fungiert, sondern vielmehr eine Methode darstellt, die die Darstellung von Geschichte steuert. Das bedeutet, dass die theoretischen Überlegungen zum Begriff des Spiels aus der Postmoderne als Methode des Schreibens eingesetzt werden.

Ein Beispiel für das postmoderne Interesse am Spiel als Methode im Kontext von metahistoriographischen Fiktionen stellt Thomas Brussigs Roman *Helden wie wir* (1995) dar.[18] Die in der Tradition des Schelmenromans geschriebene Geschichtsfiktion erzählt die einundzwanzigjährige Lebensgeschichte des Klaus Uhltzscht, die sich zwischen den markanten Eckdaten 6.8.1968 und 9.11.1989 erstreckt. Der Roman inszeniert ein Spiel mit absurden Phantasien und Imaginationen, die die Geschichte innerhalb dieser Zeit bewegt haben sollen. Laut Uhltzscht haben, zum Beispiel, nicht die Menschen der ehemaligen DDR die Mauer zu Fall gebracht, sondern allein er mit seinem Geschlechtsteil. Der Roman experimentiert somit mit ziemlich gewagten Geschichtsklitterungen, die die Geschichte der DDR mit einer fulminanten Mischung aus Stasi-, Sexual- und Fäkalsprache sowie zwanghaften Angstvorstellungen zu einer grotesken Satire verzerren.

Dabei bedient sich Brussig durchgängig des poetischen Verfahrens der Ironie. Uhltzscht, in der Rolle des Pikaro,[19] erforscht beispielsweise seine eigenen Perversionen gegen Devisen und bildet sich ein, damit das politische System der DDR gleichzeitig zu bereichern und zu untergraben („Was für eine Idee: Urheberrechtlich geschützte Perversionen zu fabrizieren und sie gegen Devisen zu exportieren!"[20]). Durch Brussigs karneveleskes Spiel ergeben sich sogenannte *mis-en-abyme* Effekte: Die Elemente der poetischen Konstruktion, der literarischen Verarbeitung und der geschichtlichen Referentialisierung werden im Roman immer wieder gespiegelt und reflektiert. Damit eröffnet die Ironie eine metahistoriographische Dimension, da sich durch sie neue Bedeutungs- und Interpretationsebenen ergeben, die die Darstellung der Geschichte polyvalent und satirisch verzerrt

---

17 Robin Hauenstein: Historiographische Metafiktionen: Ransmayr, Sebald, Kracht, Beyer. (Epistemata 820) Würzburg 2014, S. 11–14.
18 Thomas Brussig: Helden wie wir. Roman. Frankfurt am Main 1998.
19 Vgl. Mirjam Gebauer: Wendekrisen: Der Pikaro im deutschen Roman der 1990er Jahre. Trier 2006.
20 Brussig: Helden wie wir, S. 244.

erscheinen lässt. Die Ironie stellt nicht nur das offizielle Geschichtsnarrativ der geglückten Wiedervereinigung in Frage, sondern es dekonstruiert auch eine teleologische Sinnganzheit der Vergangenheit. Somit kann man Brussigs Roman als einen typischen Vertreter des postmodernen Romans betrachten, da dieser stark die selbstreferentielle Dimension des Spiels als Methode betont und seine ironische Bedeutungsvielfalt vollends zur Darstellung bringt.

Die zentrale Frage für diesen Beitrag ist jedoch, ob sich dieser postmoderne Spielbegriff für den historischen Roman in den letzten beiden Jahrzehnten geändert hat: Ist das Spielen immer noch eine zentrale Methode des historischen Romans oder hat das Spiel eine neue Dimension erhalten? Niklas Luhmann hat die postmoderne Begeisterung für das Spiel mit der Selbstreferenz, die er vor allem bei Derrida und Paul de Man beobachtete, etwas bissig einen „postmodernen Erstarrungstanz" genannt.[21] Ein Bild, das sich durchaus auch auf den historischen Roman der frühen Postmoderne übertragen lässt, der die Selbstreferenz ins Unendliche zu steigern bemüht ist und dabei die Idee von Geschichte als eine lebendige, dynamische und sinnhafte Entwicklung destabilisiert. Brussigs Roman spielt die metahistoriographischen Elemente aus, treibt sie an die Grenze des Absurden, und platziert sich dabei weit weg von fremdreferentiellen Bezügen zur historischen Umwelt. Es ist nämlich wichtig zu sehen, dass es, laut Luhmann, gar keine reine Selbstreferenz gibt. Selbstreferenz muss immer in Abhängigkeit von Fremdreferenz gedacht werden. Selbstreferentielle Momente, wie zum Beispiel die metahistoriographischen Verweise auf die Form der Darstellung, können gerade im historischen Roman nie ohne ein gewisses Maß an Fremdreferenz ablaufen, da diese literarischen Texte die nichtliterarische bzw. die geschichtliche Umwelt als konstitutives Medium ihrer Form benutzen. Laut Luhmann beschreibt die Umwelt ein notwendiges Korrelat selbstreferentieller Operationen, weil auch diese Operationen immer ein externes Medium zu ihrer eigenen Formgebung brauchen.[22]

Ob Luhmann eine theoretische Alternative zur Dekonstruktion bietet, darüber lässt sich lange streiten. Als analytisches Werkzeug jedoch, um das Spiel mit den Inszenierungsweisen von Geschichte im neuen historischen Roman zu beschreiben, kann diese Kombination aus Selbst- und Fremdreferenz durchaus produktiv sein. Das historische Erzählen, sei es als experimentelle Romanform,

---

[21] Niklas Luhmann: Sthenographie und Euryalistik. In: Hans Ulrich Gumbrecht und Karl Ludwig Pfeiffer (Hg.): Paradoxien, Dissonanzen, Zusammenbrüche: Situationen offener Epistemologie. Frankfurt am Main 1991, S. 63.
[22] Vgl. Niklas Luhmann: Soziale Systeme: Grundriß einer allgemeinen Theorie. Frankfurt am Main 1996, S. 17.

als Novelle, als Montage oder als erinnerndes autobiographisches Tagebuch, muss immer einen gewissen Grad der Fremdreferenz, oder um es mit Döblin zu sagen, einen „Wirklichkeitsrest",[23] mitdenken. Das bedeutet nicht, dass angenommen wird, Geschichte existiere jenseits von Vermittlung außerhalb des Diskurses über Geschichte. Vielmehr zeigt der Hinweis auf die Fremdreferenz, dass bei all der Aufmerksamkeit auf den metahistoriographischen Konstruktionscharakter der geschichtliche Rahmen nie ganz wegfällt. Wie gerade skizziert, befindet sich dieser Rahmen bei den historischen Romanen der frühen Postmoderne oft mehr im Hintergrund und erweist sich als eine eher brüchige Hilfskonstruktion, um die metahistoriographischen Elemente zu inszenieren. In den neuesten Geschichtsfiktionen nach der Jahrtausendwende scheint die Fremdreferenz dagegen wieder mehr in den Vordergrund zu treten, ohne dass das Spiel mit der Selbstreferenz dabei ganz aufgegeben würde. Spiel als poetische Methode wird in diesen literarischen Texten weniger in der Verbindung zur postmodernen Theorie wirksam, sondern mehr zu einem individuellen poetischen Gestus des jeweiligen Geschichtsromans. Dabei kann Spiel im wörtlichen Sinn benutzt werden oder auch als ein Symbol, wobei beide Möglichkeiten immer mit einer starken Verbindung zur historischen Umwelt (Fremdreferenz) gedacht werden müssen. Diese Verwendung von Spiel (in der buchstäblichen und symbolischen Dimension) soll im Folgenden an Stanišićs und Ruges Textbeispielen verdeutlicht werden.

2 Das Fußballspiel als Krieg: Saša Stanišićs *Wie der Soldat das Grammofon repariert* (2006)

In Saša Stanišićs Roman *Wie der Soldat das Grammofon repariert* (2006) wird ein imaginärer Pakt geschlossen zwischen dem Protagonisten Aleksandar, der in Višegrad in Bosnien-Herzegowina aufwuchs und während des Bürgerkriegs in den 1990er Jahren nach Deutschland kam, und seinem verstorbenen Großvater: „Wir hatten [...] ein ganz einfaches Versprechen: niemals aufhören zu erzählen."[24] Aleksandars Fabulierlust erweist sich im Laufe des Romans tatsächlich als lebenswichtig, um sich in der Fremde, nämlich im Exil in Deutschland, zurechtzufinden. Mit seinem erfundenen Zauberstab kann Aleksandar zwar nicht seinen Opa zurückholen, doch er schafft es in seiner Phantasie, die verlorene Heimat wiederaufleben lassen. Dabei erfährt der Leser

---

23 Döblin: Der historische Roman und wir, S. 295.
24 Saša Stanišić: Wie der Soldat das Grammofon repariert. Roman. München 2006, S. 31.

Geschichten von einem gescheiterten Familienfest, in dem Streitereien den Verfall und die Zersplitterung Jugoslawiens andeuten, von einem Schulaufsatz über die Stadt Essen, den Aleksandar als Anlass nutzt, um das Gericht Börek zu loben, und von kulturellen sowie ethnischen Differenzen und deren globaler Wahrnehmung. Doch in erster Linie handelt der Roman davon, die individuellen Erfahrungsaspekte der Jugoslawienkriege, also der Kriege in Slowenien, Kroatien, Bosnien und im Kosovo, literarisch darzustellen und zu verarbeiten. Insofern passt er in die Gattung des historischen Romans, da die Geschichte des politischen und historischen Zerfalls Jugoslawiens und dessen brutale Konsequenzen für den Einzelnen erzählerisch dargestellt werden.

Symptomatisch für den historischen Roman nach der Jahrtausendwende experimentiert Stanišić mit den poetischen Gattungstraditionen des historischen Romans, indem der Text die Einheit der Differenz von Selbstreferenz und Fremdreferenz spielerisch inszeniert.²⁵ Es wird im Folgenden gezeigt, dass einerseits diese selbstreferentielle Inszenierung der Geschichte stark an die postmodernen historischen Romane vor der Jahrtausendwende anschließt. Andererseits gibt es bei Stanišić einen wichtigen Unterschied: Das Spiel hat neben der selbstreferentiellen auch eine ganz konkrete Dimension: Spiel ist bei Stanišić ganz wörtlich und konkret zu verstehen, nämlich als ein erzähltes Fußballspiel zwischen Serben und Bosniaken. Historischer Kern dieses Fußballspiels ist das Meisterschaftsspiel von Dinamo Zagreb gegen Roter Stern Belgrad am 13.06.1994, das wegen nationalistischer Ausschreitungen und fanatischen Fangemeinschaften gar nicht erst angepfiffen werden konnte. Stanišićs Kapitel mit dem etwas sperrigen Titel *Was hinter Gottes Füßen gespielt wird, wofür sich Kiko die Zigarette aufhebt, wo Hollywood liegt und wie Mikimaus zu antworten lernt* verarbeitet dieses Fußballspiel zu einem literarischen Experiment mit den Darstellungsmöglichkeiten von Geschichte in der Literatur. Die Auflösung der Grenzen zwischen Schlachtfeld und Spielfeld, zwischen historischer Wirklichkeit und Fiktion, lösen ein Balancespiel von selbst- und fremdreferentiellen Prozessen aus. Diese Prozesse reflektieren jedoch nicht Geschichte als eine mediale, letztendlich von der Realität abgelöste Simulation, sondern das Spiel ist tief in einem realen historischen Kontext verankert.

---

25 Siehe auch Andrea Schüttes Beitrag: Krieg und Slapstick: Kontrolle und Kontrollverlust in der literarischen Darstellung des Bosnienkrieges. In: Søren Fauth, Kasper Green Krejberg und Jan Süselbeck (Hg.): Repräsentationen des Krieges: Emotionalisierungsstrategien in der Literatur und in den audiovisuellen Medien vom 18. bis zum 21. Jahrhundert. Göttingen 2012, S. 275–293. Mein Beitrag stützt sich auf Schüttes Analyse, wie Stanišićs Roman die Grenzen zwischen Fiktion und Wirklichkeit inszeniert, und fügt die Aspekte der metahistoriographischen Fiktion und des Changierens zwischen Selbst- und Fremdreferenz hinzu.

Das Kapitel beginnt mit zwei Zeitangaben, 14:22 Uhr signalisiert den Waffenstillstand zwischen Serben und den Bosniaken, 14:28 Uhr den Ballschuss aus dem serbischen Graben, der das Fußballspiel zwischen den beiden Fronten einleitet:

> Um 14:22 Uhr funkten sie den Waffenstillstand in den Schützengraben der territorialen Verteidigung. Den dritten in diesem Monat. Um 14:28 Uhr schoss vom nördlichen Waldrand, aus dem serbischen Graben, der Ball im hohen Bogen auf die Lichtung, die auf etwa zweihundert Metern die Stellungen trennte, setzte zwei Mal auf und rollte zu den beiden zusammengeschossenen Tannen, die schon in den letzten Kriegszeiten als Pfosten gedient hatten. Der Befehlshabende der Territorialen, Dino Safirović, genannt Dino Zoff, hechtete aus dem Stand auf den Grabenrand, formte mit den Händen einen Trichter um seinen Mund und streckte den Oberkörper nach hinten, als er auf die andere Seite rief, was ist Tschetniks, wollt ihr wieder auf die Fresse?[26]

Bereits Zeitangaben und Orte lassen die Grenzen zwischen Krieg und Spiel ineinander übergehen. Das Funksignal zum Waffenstillstand wird zum Anpfiff, das Schlachtfeld wird zum Spielfeld, die Soldaten werden zu Spielern. Die Tore aus Lattenzäunen, Pfosten, Waldgrenzen, Minen und Feldwege markieren auf der einen Seite das umkämpfte Gebiet, auf der anderen Seite stecken sie notdürftig das Fußballfeld ab. Der Erzähler bemerkt lakonisch: „Darum ging es hier seit zwei Monaten – um zwei Karrenwege."[27] Er lässt es bewusst offen, ob sich seine Äußerung nun auf das kriegerisch umkämpfte Territorium oder auf das Spielfeld bezieht. Diese Ambivalenz wird auch durch das Vokabular des Fußballs – stürmen, schießen, köpfen, Verteidigung – verstärkt. Stanišićs Sprache vermittelt dabei eine starke Intensität und Emotionalität, die den Leser das brutale Fußballspiel sowie das Kriegsgeschehen einerseits nah miterleben lässt und ihn andererseits durch grausam-komische Sprachwendungen distanziert.

Ebenso changieren die Figuren beständig zwischen Soldaten und Fußballspielern. Man muss das Kapitel einige Male lesen, um die Mannschaftsaufstellung der konkurrierenden Teams rekonstruieren zu können. Zwei Ethnien und damit in diesem Zusammenhang zwei Kriegsparteien bilden die Mannschaften: Auf der einen Seite die Territoriale Verteidigung – so wurden eigentlich die Streitkräfte der ehemaligen Sozialistischen Föderativen Republik Jugoslawien genannt –, die hier im Text aus bosniakischen Soldaten bzw. Spielern besteht, nämlich Meho, Dino Zoff, Kiko und dem erschossenen Cora. Ihnen gegenüber stehen die Serben, mit dem hünenhaften Milan alias Mikimaus, dem Torschmetterer, der seine Schüsse mit Urschreien begleitet und von der anderen

---

26 Stanišić: Wie der Soldat, S. 232.
27 Stanišić: Wie der Soldat, S. 235.

Mannschaft als Monika Seles gehänselt wird. Gavro und der General Mikado gehören ebenfalls zur serbischen Seite. Genaue Trennlinien zwischen den gegnerischen Mannschaften gibt es allerdings nicht. Die Männer kennen sich alle noch aus der Schulzeit, fallen sich manchmal, bevor sie sich totschießen, in die Arme, wissen um ihre jeweiligen Spitznamen und necken sich. Meho, der bosnische Stürmer, bemerkt: „die Jungs spielen doch nur Fußball."[28] Er ist nach wie vor leidenschaftlicher Fan des Belgrader (serbischen) Fußballvereins und trägt konsequent deren weiß-rotes Trikot („Immer und ewig die Rot-Weißen!"[29]). Doch das Spiel ist trotz dieser Vertrautheit blutiger Ernst, denn nachdem die serbische Seite kurzerhand die Waffenruhe aufgehoben hat, wird um Leben und Tod gespielt. Wenn die bosnische Seite verliert, soll sie von der serbischen exekutiert werden.

Das Schlachtfeld, das zum Spielfeld wurde, wird damit wieder zum Kriegsschauplatz. Das Changieren zwischen Stellungskrieg und Fußballspiel, zwischen Ernst und Match, zwischen Leben und Tod bleibt bis zum Ende des Kapitels ungelöst. Damit entstehen selbstreferentielle Verweise auf die poetische Konstruiertheit des Textes selbst. Die Grenzen zwischen Fiktion und Wirklichkeit verschwimmen und bleiben unscharf. Dieses Oszillieren wird auch durch comichafte und popkulturelle Aspekte der Figuren verstärkt. So trägt ein serbischer Stürmer den Namen Mikimaus, auch Pluto und Donald Duck würde er als Spitznamen anerkennen. Meho betet die unsterbliche Figur der Audrey Hepburn an, deren Photographie er mit sich herumträgt, bis er vom serbischen Torwart erschossen wird. Als Leser könnte man erwarten, dass Mikimaus seine Rolle als Soldat wieder ablegt und dass der niedergestreckte Meho wie in einem Zeichentrickfilm weiterlaufen könnte. Andrea Schütte hat treffend bemerkt, dass Stanišićs Figuren durch Slapstick-Gesten gekennzeichnet sind und dadurch dem Geschehen des Krieges ein Element der Künstlichkeit, des Imaginären und des Ironisch-Grotesken geben.[30] Dieses Spiel mit der Fiktion, also dem Verfließen der Grenzen zwischen der Virtualität und der Realität des Krieges, geben dem Erzählen von Geschichte eine metahistoriographische Dimension. Dadurch schärft Stanišićs Roman das Bewusstsein dafür, dass historische Fakten nicht direkt zugänglich sind. Das Erzählen kann sie nur als Rekonstruktion vergegenwärtigen; Geschichtsrepräsentation ist damit von den jeweiligen Akteuren und deren narrativen Strategien abhängig.

---

28 Stanišić: Wie der Soldat, S. 242.
29 Stanišić: Wie der Soldat, S. 241.
30 Schütte: Krieg und Slapstick, S. 275.

Diese metahistoriographische Selbstreferenz in Stanišićs Romankapitel bewahrt jedoch stets einen direkten Umweltbezug (Fremdreferenz) auf die Geschichte. Genau diese Betonung der Fremdreferenz im Rahmen des Spiels als poetische Methode Geschichte darzustellen kann als typisch für die jüngsten historischen Romane gesehen werden. Obwohl das Fußballspiel die Grenzen zwischen Schein und Sein ständig verwischt, enthält es trotzdem konkrete historische und territoriale Verweise. Wie schon bemerkt, basiert es auf einem tatsächlich stattgefundenen Fußballspiel. Am Maksimir-Stadion in Zagreb steht heute ein Denkmal, das den Beginn des Jugoslawien-Krieges mit dem Meisterschaftsspiel von Dinamo Zagreb gegen Roter Stern Belgrad ansetzt.[31] Dieses historische Faktum gibt Stanišićs Darstellung des Fußballspiels eine konkrete Topographie. Seine Fiktionalisierungsspiele erzeugen keine unendliche Kette von Signifikanten, die den Krieg als eine reine Fiktion simulieren. Vielmehr findet das Fußballspiel bei allem Hin und Her zwischen Spiel und Krieg auf einem konkreten historischen Boden statt. Dabei geht es weniger darum, diese Topographie oder, um eines von Nünnings Kriterien der narrativen Inszenierung zu bemühen, diesen „Erinnerungsraum",[32] in den Rahmen einer großen Erzählung zu integrieren, sondern *in* und *auf* diesem Raum spielerisch Geschichte zu inszenieren.

Wie schon angedeutet, wird die Erzählperspektive in Stanišićs Roman immer wieder gebrochen, nicht nur in der Schilderung jenes Spiels, sondern auch durch die Einfügung von Briefen sowie durch ein Buch im Buch mit dem Titel *Als alles gut war*, geschrieben vom Protagonisten. Dieser Bruch mit der linearen Narration ist ein Gattungsmerkmal des neueren historischen Erzählens, das sich allerdings in diesem Punkt an die poetische Architektur der postmodernen historischen Romane anschließt. In Stanišićs Text deutet der Bruch nicht nur das Singuläre, Simultane und Kontingente an, sondern verweist auch auf eine Problematisierung des historischen Abstands. In Stanišićs Roman gibt es keinen archimedischen Punkt, von dem aus die Ereignisse des Jugoslawienkrieges aus einer auktorialen und distanzierten Erzählweise linear und der Reihe nach erzählt werden könnten. Auf der horizontalen Fläche des Spielfeldes, umgeben von Waldstücken, gibt es keine Möglichkeit zur Übersicht, der Krieg ist räumlich und zeitlich ganz nah.

Dies verdeutlicht die Figur des Serben Milan (alias Mikimaus), der erst seine Eltern fragen muss, zu welcher Ethnie er denn eigentlich gehört: „Mikimaus fragte: wo ist der Krieg?, seine Mutter antwortete: Gott sei Dank noch weit weg, er fragte: gut, für wen sind wir?, sein Vater gab zurück: du bist Serbe."[33] Daraufhin bricht

---

31 Diesen Hinweis schulde ich Schütte: Krieg und Slapstick, S. 275.
32 Nünning: Von der fiktionalisierten Historie, S. 554.
33 Stanišić: Wie der Soldat, S. 236.

Milan von Zuhause auf und zieht als Soldat in den Krieg, dessen Sprache und Regeln er viel leichter als die des Schulalltags zu begreifen scheint. Milans recht überstürzte Identitätszuschreibung zeigt, wie im Jugoslawienkrieg Gegnerschaften aufgesetzt und erfunden worden sind. Milan war eigentlich mit den Bosniaken immer gut befreundet.

Die Idee der genauen Trennlinien innerhalb des Vielvölkerstaates Jugoslawiens erscheint somit als rein machtpolitische Strategie. Die Freund/Feind-Doktrinen sind nachträglich konstruiert worden, um den Krieg in seiner Brutalität zu legitimieren. Dies markiert die Unkontrollierbarkeit des Krieges in der Momentaufnahme seines geschichtlichen Sich-Ereignens. Die Schlachten im Roman bilden keine Zäsuren, Waffenstillstand und Kriegszustand gehen nahtlos ineinander über. Dabei werden die Regeln des Krieges bzw. des Fußballspieles ständig außer Kraft gesetzt. Der Schiedsrichter hat komplett seine Autorität verloren. Es wird ununterbrochen gefoult, betrogen und unfair abgepfiffen. Zeitweilig ist der serbische General/Mannschaftskapitän selbst der Schiedsrichter: „Gelbe Karten habe ich keine da, sagte der General, fürs Meckern gibt's ne Kugel".[34] Das Schlachtfeld/Fußballfeld erzeugt keine heroischen und pathetischen Momente, vielmehr versinken die Soldaten in Kot, Müll und Dreck. Immer wieder taucht der Ausdruck „hinter Gottes Füßen auf", die Soldaten führen einen Krieg an einem gottverlassenen Ort, wo nur noch Sinn- und Regellosigkeit regieren. Der bosnische Spieler Meho kommentiert: „Mein Gott, wieviel Mist hier herumliegt! Es müsste mal ordentlich aufgeräumt werden, wie leben wir hier überhaupt? Er zog die Augenbrauen zusammen und sah sich im zugemüllten Graben um, als würde er ihn zum ersten Mal betreten."[35] Stanišić erzählt Kriegsgeschichte jenseits von linearer Steuerung und mittendrin im „Mist". Die Geschichte verläuft nach widersprüchlichen, unlogischen und unfairen Gesetzen, deren Kontrolle die Beteiligten schon längst verloren haben. Dieses Chaos und die damit verbundene Nicht-Linearität der Erzählweise deuten an, dass man zum historischen großen Narrativ eine historische Distanz benötigt. Diese ist aber nach dem Jugoslawienkrieg der 1990er Jahre noch nicht gegeben. Stanišićs narrative Technik, die einen unzuverlässigen, subjektiven und singulären Erzählstandpunkt verdeutlicht, unterstreicht diese historische Nähe. Somit reflektiert und problematisiert Stanišićs Text spielerisch die Vermittlung und die Darstellungsweisen der jüngsten Geschichte in der Literatur, wobei sich allerdings die selbstreferentiellen Momente nicht in endlosen Sprachspielen verlieren, sondern immer ihre Umwelt (also historischen Kontext, Raum und Faktualität) mit einblenden. Gerade dieser Aspekt der Fremdreferenz

---

[34] Stanišić: Wie der Soldat, S. 245.
[35] Stanišić: Wie der Soldat, S. 242.

im Rahmen des selbstreferentiellen Spiels kann als eine typische Eigenschaft für das neue historische Erzählen gesehen werden, was im Folgenden durch die Analyse von Ruges Text verdeutlicht wird.

3 Spiel als Fuge in Eugen Ruges Roman *In Zeiten des abnehmenden Lichts* (2011)

Auch in Eugen Ruges Roman *In Zeiten des abnehmenden Lichts* (2011) hilft der Spielbegriff beim Verständnis des gewählten Modus der Geschichtsdarstellung. Allerdings muss man den Begriff metaphorisch benutzen, um die Erzählkomposition seines Romans und dessen Darstellung von Zeitschichten zu analysieren. Als ein Spiel bei Ruge könnte man das musikalische Genre der Fuge verstehen, in dem die Geschichte der DDR mehrstimmig, kontrapunktisch und polyphon inszeniert wird. Sein Roman erzählt zwischen den historischen Eckdaten von 1952 bis 2001 die Geschichte vom Aufstieg und Verfall einer intellektuellen Familie. Er handelt beispielsweise von dem aufstrebenden und 2001 an Demenz erkrankten DDR-Historiker Kurt Umnitzer, dessen sozialistische Historiographie von seinem Sohn nur noch als „Makulatur"[36] bezeichnet wird, sowie von Kurts russischer Ehefrau Irina, die 1956 in die DDR zog und dort mit den Demütigungen durch ihre Schwiegermutter, mit den Affären ihres Mannes sowie mit ihrer eigenen Alkoholsucht zu kämpfen hatte. Die Geschichte der DDR erzählt Ruge in Form eines multiperspektivischen Familienromans, wobei er den Untergang des Regimes im Zerfall der Familie spiegelt.[37]

Laut Nünnings Analysen müssen multiperspektivische Narrative mindestens eines der folgenden Kriterien aufweisen: zwei oder mehrere Erzählinstanzen auf der extra- und intradiegetischen Erzählebene, vielfältige Fokalisierungen sowie eine montagehafte Erzählstruktur.[38] Bei Ruge werden vor allem die individuellen Wirklichkeitssichten der fiktiven Gestalten (Figuren) betont, indem diese jeweils eine eigene Perspektive auf die Geschichte und Verständnisebene artikulieren. Die

---

36 Eugen Ruge: In Zeiten des abnehmenden Lichts. Roman einer Familie. Reinbek bei Hamburg 2011, S. 21.
37 Vgl. auch den Beitrag von Ostheimer in diesem Band.
38 Vgl. Vera Nünning und Ansgar Nünning: Von der Erzählperspektive zur Perspektivenstruktur narrativer Texte: Überlegungen zur Definition, Konzeptualisierung und Untersuchbarkeit von Multiperspektivität. In: Dies. (Hg.): Multiperspektivisches Erzählen: Zur Theorie und Geschichte der Perspektivenstruktur im englischen Roman des 18. und 20. Jahrhunderts. Trier 2000, S. 3–39, hier S. 18.

erste Erzähleben bildet die Familiengeschichte mit einzelnen Zeitstationen (1952, 1959, 1961, 1966, 1973, 1976, 1979, 1991 und 1995). Diese Zeitstationen stecken auf der syntagmatischen Ebene eine Chronologie von Ereignissen ab, die aus jeweils unterschiedlichen Perspektiven geschildert wird. So wird im ganzen ersten Kapitel des Romans aus der Perspektive Wilhelm Powileits erzählt, der zusammen mit seiner Frau Charlotte als Kommunist ins mexikanische Exil geflohen war und 1952 in die DDR zurückkehren konnte. Während der überzeugte Stalinist und SED-treue Wilhelm auf der Karriereleiter aufsteigt, kämpft seine beruflich weitaus qualifiziertere Frau um berufliche Anerkennung. Auch aus den Perspektiven der Familienmitglieder Umnitzers (Kurt, Irina, Alexander, Nadjeshda) werden individuelle Erfahrungen und Erlebnisse in den jeweiligen Zeitstationen geschildert. Geschichtliche Ereignisse, wie zum Beispiel der Mauerbau, stehen dabei im Hintergrund und werden nur sehr sparsam angedeutet. In diese syntagmatische Zeitstationen-Ebene sind paradigmatisch und synchron die Schilderungen von Wilhelms 90. Geburtstagsfeier eingestreut. Dieser Tag wird insgesamt sechsmal aus unterschiedlichen Figurenperspektiven erzählt und zwischen die anderen Kapitel gesetzt. Jede der Figuren erlebt den Geburtstag sowie den Verlauf des 8. Oktobers 1989 auf eigene Weise. Zu diesem Erzählstrang kommt noch der von Alexander, Kurts Sohn, dazu; dieser erstreckt sich vom Beginn des Romans im Jahr 2001 mit der Diagnose seiner unheilbaren Krebserkrankung sowie dem Besuch seines dementen Vaters bis zum Schluss seiner Mexikoreise in der unmittelbaren Gegenwart (deren Ausgang – und damit auch Alexanders Schicksal – offenbleibt).

Ruges Roman verknüpft die Erzähl- und Zeitebenen auf spielerische Weise, indem die individuelle Erfahrung der Vergangenheit pluralistisch dargestellt wird. Das Spiel wird somit wie bei Brussig und Stanišić s zu einer poetischen Methode, wobei bei Ruge vor allem die symbolische Bedeutung von Spiel, als musikalische Form der Fuge, im Vordergrund steht. Einzelne Stimmen treten dabei, eben wie bei einer Fuge, kunstvoll durch Wiederholungen des Themas (Verfall der DDR) in verschiedenen Tonarten in einen Dialog. Symbolische Leitmotive im Roman, wie das Gurkenglas, das Nadjeshda Kurt zum Geburtstag schenkt, oder eine ausgestopfte Schildkröte und ein mexikanisches Lied, verklammern die einzelnen Perspektiven zu einer polyphonen Komposition. Durch die personale Erzählperspektive in der 3. Person und den häufigen Gebrauch von erlebter Rede gibt es keine auktoriale übergeordnete Beobachtung der Vergangenheit. Dadurch erhält die Geschichte keine eindeutige Sinnzuschreibung; die Figuren erzählen Geschichte jenseits von Ideologie oder Nostalgie. Diese Montagetechnik zeigt, dass es nicht um die geschichtlichen Ereignisse selbst geht, sondern vielmehr um ein individuelles Bewusstsein, das die Figuren von der geschichtlichen Zeit haben, und um ihre jeweiligen subjektiven Rekonstruktionen des Vergangenen.

In diesem fugenhaften Spiel der erzählerischen Mehrstimmigkeit konstituieren sich Aspekte des Metahistoriographischen über unterschiedliche Weisen der Geschichtsdarstellung. Das Spiel mit den Erzählperspektiven löst selbstreferentielle Momente aus, die die Komposition der poetischen Darstellung der Geschichte sowie deren Auslegung und Interpretation selbst thematisieren. Diese multiperspektivische Auffächerung des erzählten Geschehens bewirkt eine Pluralisierung von Geschichte (*history*) zu Geschichten (*stories*).[39] Vergangenheit ist demnach nicht abgeschlossen, sondern wird aufgebrochen und von der Gegenwart her erzählt. Somit destabilisiert Ruges Spiel mit den Erzählweisen auch Vorstellungen von geschichtlicher Kontinuität und betont die Simultaneität, Überlagerung und Diskontinuität von Zeitschichten. Es geht also bei Ruge auch – mit den Worten von Paul Ricœur – darum, die sogenannten „tales of time" als „tales about time" zu verstehen und somit ihre jeweilige Auslegung und Konstruktion der Vergangenheit zu analysieren.[40] Verglichen mit Brussigs Roman, wo die selbstreferentiellen Bewegungen des Spiels die Fremdreferenz überlagern, tritt bei Ruge der Umweltbezug des Spiels stärker hervor. Allein der realistische Schreibstil und die detaillierten Wirklichkeitsillusionen zeigen dies an. Aber auch das Spiel mit den Erzählperspektiven hebt nicht ständig die imaginierte Verfasstheit der dargestellten Wirklichkeiten und deren sprachliche und zeichenhafte Konstruktion hervor, wie man es vor allem bei Brussigs Text beobachten kann. Vielmehr verkörpert Ruges Text zugleich eine Hinwendung zum realistischen Erzählen, ohne den Konstruktionscharakter der jeweiligen Geschichtsfiktion aus dem Auge zu verlieren. Somit kann man bei Ruge wie bei Stanišić feststellen, dass über die Spielmetapher neben den selbstreferentiellen Bezügen auch fremdreferentielle – auf die historische Umwelt und Realität gerichtete – Bezüge entstehen, die genau die Basis für die metahistorische Reflexion der Geschichte im Roman darstellen. Diese Verwobenheit von selbst- und fremdreferentiellen Elementen stellt damit eine neue Dimension des Spielbegriffs im historischen Roman des 21. Jahrhunderts dar, der sich von den frühen postmodernen Geschichtsfiktionen unterscheidet.

4 Fazit

Der Beitrag hat gezeigt, dass der Spielbegriff geeignet ist, die Poetik des neueren historischen Erzählens zu beschreiben. Das Spiel mit der Einheit

---

39 Vgl. Nünning: Von der fiktionalisierten Historie, S. 554.
40 Paul Ricœur: Time and Narrative. Band 3. Übersetzt von Kathleen McLaughlin and David Pellauer. Chicago 1988 [französisch 1985], S. 101.

der Differenz von Selbst- und Fremdreferenz ermöglicht es, die jeweiligen Mischungsverhältnisse von Fiktion und Faktualität, von Konstruktion und historischer ‚Empirie' sowie von Metahistoriographie und Historie zu beobachten. Die semantischen Bewegungen der Selbst- und Fremdreferenz erlauben, eine große Vielfalt von historischen Imaginationen und deren historische Kerne genau zu interpretieren. Der Spielbegriff kann demnach nicht nur das historische Beobachtungsfeld erweitern und es in seiner jeweiligen Komplexität differenzieren, sondern auch mit der Artenvielfalt des historischen Romans umgehen. Wie in vielen Abhandlungen über die neueren Erzählformen des historischen Romans zu lesen ist, bewirkte der Fall der Mauer und der damit zusammenhängende Aufschwung von Erinnerungsarbeit auch einen Boom im historischen Erzählen.[41] Autobiographien, populäre Geschichtsromane, Kriminalgeschichten, Augenzeugenberichte sowie experimentelle Geschichtsfiktionen über die deutsche Vergangenheit im 20. Jahrhundert erweiterten die literarische Landschaft. Der Spielbegriff hilft auch, mit der Gattungsvielfalt des historischen Romans fertigzuwerden, da dieser gerade die vielen gattungsmäßigen Kombinationen und ‚hybriden' Mischformen fassen kann. Stanišić und Ruge repräsentieren zwei sehr unterschiedliche Formen des historischen Romans. Stanišićs Text ist experimenteller und avantgardistischer angelegt; Ruges hat durch die Einfachheit der Sprache und der Handlung eine Nähe zur Unterhaltungsliteratur. Trotzdem folgen beide Texte exemplarisch einem ähnlichen Muster: der Verknüpfung von Selbst- und Fremdreferenz im Zusammenhang mit dem Spiel als poetische Methode. Gerade diese Verknüpfung stellt das Spezifische und Neue an den jüngsten Geschichtstexten dar. Tendenziell sind diese Romane vor allem auf Themen der jüngeren und nicht abgeschlossenen Geschichte gerichtet, wie zum Beispiel bei Ruge DDR-Geschichte und die Kriege in Jugoslawien bei Stanišić. Diese Ausrichtung auf die unmittelbare, noch nicht weit abgeschlossene Vergangenheit ist allerdings nicht etwas Neues im Hinblick auf die Romane der Postmoderne, wie Brussigs Text zeigt. Allerdings unterscheidet sich die Art und Weise der historischen Inszenierung bei den jüngsten Texten, da sich, wie gezeigt, über das Metahistoriographische und Selbstreferentielle hinaus auch eine Ausrichtung auf die historische Umwelt, auf deren Faktualität und Materialität abzeichnet.

---

[41] Siehe zum Beispiel Barbara Besslich, Katharina Grätz und Olaf Hildebrand (Hg.): Wende des Erinnerns? Geschichtskonstruktionen in der deutschen Literatur nach 1989. Berlin 2006.

Bibliographie

Anz, Thomas: Das Spiel ist aus. Zur Konjunktur und Verabschiedung des ‚postmodernen' Spielbegriffs. In: Henk Arbers (Hg.): Postmoderne Literatur in deutscher Sprache. Eine Ästhetik des Widerstands. Amsterdam 2000, S. 15–34.

Bareis, Alexis: Fiktionen als Make-believe. In: Thomas Klauk und Tilmann Köppe (Hg.): Fiktionalität. Ein interdisziplinäres Handbuch. Berlin 2014, S. 50–68.

Berkhofer, Robert: Beyond the Great Story. History as Text and Discourse. Cambridge, Mass. 1995.

Besslich, Barbara, Katharina Grätz und Olaf Hildebrand (Hg.): Wende des Erinnerns? Geschichtskonstruktionen in der deutschen Literatur nach 1989. Berlin 2006.

Brussig, Thomas: Helden wie wir. Roman. Frankfurt am Main 1998.

Cohn, Dorrit: Signposts of Fictionality. A Narratological Perspective. In: Poetics Today 11 (1990) H. 4, S. 775–804.

Cohn, Dorrit: The Distinction of Fiction. Baltimore/London 1999.

Döblin, Alfred: Der historische Roman und wir. In: Ders.: Schriften zu Ästhetik, Poetik und Literatur. Hg. von Erich Kleinschmidt. Freiburg 1989, S. 291–316.

Gebauer, Mirjam: Wendekrisen. Der Pikaro im deutschen Roman der 1990er Jahre. Trier 2006.

Geppert, Hans Vilmar: Der „andere" historische Roman. Theorie und Strukturen einer diskontinuierlichen Gattung. (Studien zur deutschen Literatur 42) Tübingen 1976.

Geppert, Vilmar: Der historische Roman. Geschichte umerzählt – von Walter Scott bis zur Gegenwart. Tübingen 2009.

Gross, Sybille: Das Spiel der Geschichte im historischen Roman. Historische Romane im Licht der Geschichtstheorie nach dem Linguistic Turn. Diss. Tübingen 2016.

Hauenstein, Robin: Historiographische Metafiktionen. Ransmayr, Sebald, Kracht, Beyer. (Epistemata 820) Würzburg 2014.

Huizinga, Johan: Homo Ludens. Vom Ursprung der Kultur im Spiel. Hamburg 1987.

Hutcheon, Linda: The Narcissistic Narrative. The Metafictional Paradox. New York 1984.

Köppe, Tilmann: Fiktion, Praxis, Spiel. Was leistet der Spielbegriff bei der Klärung des Fiktionalitätsbegriffs? In: Thomas Anz und Heinrich Kaulen (Hg.): Literatur als Spiel. Evolutionsbiologische, ästhetische und pädagogische Konzeptionen. Berlin 2009, S. 39–56.

Koselleck, Reinhart: Vergangene Zukunft. Zur Semantik geschichtlicher Zeiten. Frankfurt am Main 1995.

Luhmann, Niklas: Stenographie und Euryalistik. In: Hans Ulrich Gumbrecht und Karl Ludwig Pfeiffer (Hg.): Paradoxien, Dissonanzen, Zusammenbrüche. Situationen offener Epistemologie. Frankfurt am Main 1991, S. 58–82.

Luhmann, Niklas: Soziale Systeme. Grundriß einer allgemeinen Theorie. Frankfurt am Main 1996.

Maurer, Kathrin: Discursive Interaction. Literary Realism and Academic Historiography in Nineteenth-Century Germany. Heidelberg 2006.

Müller, Harro: Historische Romane. In: Edward McInnes und Gerhard Plumpe (Hg.): Bürgerlicher Realismus und Gründerzeit 1848–1890. (Hansers Sozialgeschichte der deutschen Literatur 6) München 1996, S. 690–707.

Müller, Harro: Geschichte zwischen Kairos und Katastrophe. Historische Romane im 20. Jahrhundert. (Athenäums Monografien Literaturwissenschaft 89) Frankfurt am Main 1988.

Nünning, Ansgar: Von der fiktionalisierten Historie zur metahistoriographischen Fiktion. Bausteine für eine narratologische und funktionsgeschichtliche Theorie, Typologie und Geschichte des postmodernen historischen Romans. In: Daniel Fulda und Silvia Serena Tschopp (Hg.): Literatur und Geschichte. Ein Kompendium zu ihrem Verhältnis von der Aufklärung bis zur Gegenwart. Berlin/New York 2002, S. 541–571.

Nünning, Vera, und Ansgar Nünning: Von der Erzählperspektive zur Perspektivenstruktur narrativer Texte. Überlegungen zur Definition, Konzeptualisierung und Untersuchbarkeit von Multiperspektivität. In: Dies. (Hg.): Multiperspektivisches Erzählen. Zur Theorie und Geschichte der Perspektivenstruktur im englischen Roman des 18. und 20. Jahrhunderts. Trier 2000, S. 3–39.

Ohl, Hubert: Bild und Wirklichkeit. Studien zur Romankunst Raabes und Fontanes. Heidelberg 1968.

Rennhak, Katharina: Sprachkonzeptionen im metahistorischen Roman. Diskursspezifische Ausprägungen des Linguistic Turn in Critical Theory, Geschichtstheorie und Geschichtsfiktion (1970–1990). München 2002.

Ricœur, Paul: Time and Narrative. Band 3. Übersetzt von Kathleen McLaughlin and David Pellauer. Chicago 1988 [französisch 1985].

Ruge, Eugen: In Zeiten des abnehmenden Lichts. Roman einer Familie. Reinbek bei Hamburg 2011.

Schütte, Andrea: Krieg und Slapstick. Kontrolle und Kontrollverlust in der literarischen Darstellung des Bosnienkrieges. In: Søren Fauth, Kasper Green Krejberg und Jan Süselbeck (Hg.): Repräsentationen des Krieges Emotionalisierungsstrategien in der Literatur und in den audiovisuellen Medien vom 18. bis zum 21. Jahrhundert. Göttingen 2012, S. 275–293.

Stanišić, Saša: Wie der Soldat das Grammofon repariert. Roman. München 2006.

Van Dam, Beatrix: Geschichte Erzählen. Repräsentation von Vergangenheit in Deutschen und Niederländischen Texten der Gegenwart. (Studien zur deutschen Literatur 211) Berlin/Boston 2016.

White, Hayden: Metahistory. The Historical Imagination in Nineteenth Century Europe. Baltimore/London 1973.

Leonhard Herrmann
Vom Glauben wissen

Religion und Gott im historischen Erzählen der Gegenwart

Kurz nach der Jahrtausendwende[1] artikuliert sich in soziologischen, theologischen und kulturtheoretischen Debatten die These einer „Rückkehr der Religion"[2] oder „Rückkehr der Götter".[3] Ein Anlass für das wiedererwachende Interesse an Religion und Religiosität in der Öffentlichkeit waren die Anschläge vom 11. September 2001, mit denen die Bedrohungen durch einen radikalen Islamismus offenbar geworden waren. Auch die Frage nach der Bedeutung des Islams für das Selbstverständnis des Westens hat die Debatten um Religion erheblich dynamisiert. Zugleich wurden religiöse Ereignisse wie die Papstwahl und der Kölner Weltjugendtag 2005 oder das Reformationsjubiläum im Jahr 2017 medial intensiv inszeniert und rezipiert.

Exemplarisch für die neuen Diskurse um Religion und Religiosität ist ein Poster, das die erste Ausgabe des Magazins *Zeit Wissen* im Januar 2005 enthielt. Unter dem Titel *Wissen, was andere glauben* sollte es das neue Produkt des Hamburger Verlagshauses bewerben und listete in ironisch-satirischen Bildern auf, wie sich verschiedene Religionen etwa zu Fragen der Sexualität verhalten, wie ihre ‚Leibesübungen' vonstattengehen, welche Jenseitsvorstellungen sie vertreten, welcher ‚Dresscode' bei ihnen gilt und wer ihr ‚Bodenpersonal' ist. Als ‚Glaube' galten dabei nicht nur der Islam, der Buddhismus, das Judentum, der Katholizismus und der Protestantismus, sondern auch der Atheismus, das Jedi-Rittertum und die Yoga-Lehre. Dieses ‚Wissen vom Glauben', das das Plakat auf ironische Weise skizziert, steht paradigmatisch für den gegenwärtigen Umgang westeuropäischer Gesellschaften mit Religiosität: Religion gilt als kultureller Gehalt mit je unterschiedlicher Relevanz für die eigene Wirklichkeit, der zur Auseinandersetzung auffordert und wohl partiell oder temporär große Faszination ausüben kann, zu dem man sich aber nicht (mehr) umfassend oder

---

1 Wichtige Grundlagen für den vorliegenden Aufsatz bildete ein gemeinsam mit Silke Horstkotte im Sommersemester 2011 gehaltenes Seminar zu Religion in der Gegenwartsliteratur. Auch darüber hinaus danke ich Silke Horstkotte für zahllose Hinweise und Anregungen.
2 Martin Riesebrodt: Die Rückkehr der Religionen. Fundamentalismus und der „Kampf der Kulturen". München 2000.
3 Friedrich Wilhelm Graf: Die Wiederkehr der Götter. Religion in der modernen Kultur. München 2004.

https://doi.org/10.1515/9783110541687-005

gar exklusiv bekennen kann. Sie ist ein Objekt der kulturellen und/oder historischen Erkenntnis, nicht aber Gegenstand des eigenen Bekenntnisses.

Die kulturtheoretische und -wissenschaftliche Forschung hat die Rückkehr der Religion in die öffentlichen Debatten intensiv begleitet und weiter dynamisiert. Die Rede ist gar vom „religious turn",[4] der die Religion und den kulturellen Umgang mit ihr verändert habe. Die neue kulturwissenschaftliche Auseinandersetzung mit Religion zeigt sich insbesondere in den Literaturwissenschaften: Zahlreiche Sammelbände,[5] zwei Handbücher[6] und eine große Zahl an Aufsätzen beleuchten mit systematischem wie historischem Interesse das Verhältnis von Literatur und Religion. Ein vergleichbares Interesse zeigt sich auch in der Literaturkritik: *Das Heilige* lautete der Titel der Literaturbeilage der *Süddeutschen Zeitung* zur Leipziger Buchmesse 2006; die Zeitschrift *Literaturen* fragte im November 2002 unter dem Titel *Grüß Gott* nach der „Rückkehr der Religionen" und titelte im Dezember 2005: „Wie gewaltig ist der Glaube?"

Ein besonderer Fokus der sich für die religiösen Dimensionen ihres Gegenstands öffnenden Literaturwissenschaft liegt auf der Gegenwartsliteratur, die sich seit der Jahrtausendwende stärker als zuvor religiösen Themen und Motiven zuwendet.[7] Autorinnen und Autoren wie Patrick Roth,[8] Sibylle Lewitscharoff oder Benjamin Stein legen nicht allein durch den Inhalt und die Form ihrer Texte, sondern auch durch Interviews und poetologische Selbstaussagen enge Bezüge zwischen ihrem literarischen Schreiben und Religion nahe. Aber auch bei weniger offensichtlichen Bezugnahmen – etwa in Texten von Daniel Kehlmann und Thomas Glavinic, von Felicitas Hoppe oder Christian Kracht – sind religiöse Bezüge literarischer Texte intensiv untersucht worden.

Silke Horstkotte, auf deren Arbeiten die Entdeckung des Religiösen in der Gegenwartsliteratur wesentlich zurückgeht, hat herausgearbeitet, dass fiktionale Erzähltexte der Gegenwart insbesondere Formen des phantastischen und des unzuverlässigen Erzählens nutzen, um „diffuse Formen der

---

4 Andreas Nehring und Regina Ammicht Qinn (Hg.): Religious Turns – Turning Religions. Veränderte kulturelle Diskurse – neue religiöse Wissensformen. Stuttgart 2008.
5 Zuletzt: Klaus von Stosch, Sabine Schmitz und Michael Hofmann (Hg.): Kultur und Religion. Eine interdiszipinäre Bestandsaufnahme. Bielefeld 2016.
6 Zuletzt: Daniel Weidner (Hg.): Handbuch Literatur und Religion. Stuttgart 2016.
7 Georg Langenhorst: „Ich gönne mir das Wort Gott". Annäherungen an Gott in der Gegenwartsliteratur. 2., aktualisierte und völlig überarbeitete Aufl. Freiburg [u. a.] 2014, S. 11, spricht gar von einem „religious turn in der deutschsprachigen Gegenwartsliteratur".
8 Silke Horstkotte: Den Tod nicht kosten. Patrick Roths *Sunrise* als moderne Gnosis. In: Scientia Poetica 17 (2013), S. 150–177.

Transzendenzerfahrung"⁹ in die eigenen poetischen Verfahren zu integrieren. Gerade fiktionale Literatur sei auf diese Weise in der Lage, vielschichtige und komplexe religiöse Erfahrungen zum Ausdruck zu bringen, für die konventionalisierte religiöse Deutungsmodelle an Überzeugungskraft eingebüßt haben.

In den hoch individualisierten „phänomenalen Glaubenserfahrungen",¹⁰ die fiktive Protagonistinnen und Protagonisten machen, vollzieht sich die vielfach zitierte ‚Rückkehr der Götter' auf eine Weise, die typisch für den Umgang mit Religion in der Gegenwart ist: An die Stelle eines universalen religiösen Kosmos rückt der „eigene Gott"; dieser ist „teilbar und zusammensetzbar wie das Individuum selbst".¹¹ In der US-amerikanischen Religionssoziologie wird in diesem Zusammenhang seit Längerem die sog. *religious market theory* diskutiert: Diverse Anbieter religiöser Gehalte konkurrieren mit unterschiedlichen Sinnangeboten und rituellen Praktiken um eine sinn- und orientierungsbedürftige Kundschaft,¹² die sich nach individuellen Bedürfnissen für einzelne der zur Verfügung stehenden Angebote entscheidet. Literarische Texte haben einen solchen hoch individualisierten religiösen Eklektizismus einerseits zum Gegenstand, betreiben ihn andererseits jedoch selbst: In Gestalt fiktionaler Texte kehrt Religion „in komischer, privatisierter, verzerrter und entstellter Form" zurück,¹³ wobei „genuin religiöse Figuren und Denkmuster" durch verschiedene Erzähltechniken – und bereits durch die Fiktionalität als uneigentliche Redeweise – „systematisch verrätselt und systematisch gebrochen"¹⁴ werden.

Das historische Erzählen der Gegenwart spiegelt den Trend zu religiösen Themen in der Öffentlichkeit in zweifacher Weise wider: einerseits, indem es Protagonistinnen und Protagonisten schildert, die mit Religiosität konfrontiert werden, andererseits, indem es die eigenen, als spezifisch literarisch ausgewiesenen

---

9 Silke Horstkotte: Heilige Wirklichkeit! Religiöse Dimensionen einer neuen Fantastik. In: Silke Horstkotte und Leonhard Herrmann (Hg.): Poetiken der Gegenwart. Deutschsprachige Romane nach 2000. (spectrum Literaturwissenschaft/spectrum Literature 37) Berlin/Boston 2013, S. 67–82.
10 Silke Horstkotte: Poetische Parusie. Zur Rückkehr der Religion in die Gegenwartsliteratur. In: Norbert Otto Eke und Stefan Elit (Hg.): Deutschsprachige Literatur(en) seit 1989. Zeitschrift für deutsche Philologie, Sonderheft zum Bd. 131 (2012), S. 265–282, hier S. 267.
11 Ulrich Beck: Der eigene Gott. Von der Friedensfähigkeit und dem Gewaltpotenzial der Religionen. Frankfurt am Main 2008, S. 26.
12 Vgl. Friedrich Wilhelm Graf: Kampf um Aufmerksamkeit. Die Konkurrenz auf dem Markt der Religionen. In: Herder Korrespondenz Spezial: Renaissance der Religion. Mode oder Megathema, Oktober 2006, S. 20–27, hier S. 21.
13 Horstkotte: Poetische Parusie, S. 269.
14 Horstkotte: Poetische Parusie, S. 281.

Verfahren des Erinnerns religiös codiert. Beide Umgangsweisen werfen in systematischer Hinsicht eine Vielzahl hochkomplexer Fragen auf: nach dem Verhältnis von Literatur und Religion im historischen wie systematischen Sinn; nach dem Zusammenhang von Erzählen, Erinnern und Geschichte und dem Konnex von Geschichte, Geschichtsschreibung und Religion, darüber hinaus nach der Referentialität fiktionaler Texte und nach dem ontologischen Status religiöser Gehalte. Denn wie ‚wirklich' sind religiöse Vorstellungen, und inwiefern kann sich fiktionales historisches Erzählen auf diese beziehen?

Vor dem Hintergrund einer übergreifenden Funktionsbestimmung des fiktionalen Geschichtserzählens in der Gegenwart, wie sie dieser Band anstrebt, soll im Folgenden deutlich werden, dass religiöse Stoffe, Motive und Verfahren im Zusammenhang mit gegenwärtigen Fragen und Debatten um Religiosität, Sakralität und Säkularität literarisch-fiktional verarbeitet werden. Damit scheint sich die Kardinalthese der kulturwissenschaftlichen Gedächtnistheorie zu bestätigen, dass das Erinnern historischer Gehalte Identitäts- und Selbstfindungsprozessen der Gegenwart dient. Und auch die These der zunehmenden Verschmelzung von Vergangenheit, Gegenwart und Zukunft, wie sie neue geschichts- und erinnerungstheoretische Positionen gerade im Angesicht einer neuen Suche nach Transzendenz beschreiben,[15] bestätigen sich zunächst: Indem gegenwärtige Probleme anhand von historischen Vorgängen literarisch evoziert werden, scheint die Grenze zwischen Vergangenheit und Gegenwart porös zu werden.

Doch zugleich kann das religiös konnotierte historische Erzählen der Gegenwart die Grenzen der Verschmelzungshypothese deutlich machen: Religion interessiert das historische Erzählen auch deshalb, weil sie die Differenzen zwischen Vergangenheit und Gegenwart deutlich macht. In der Geschichte, die als die ‚eigene' markiert ist, sind religiöse Parameter und Paradigmen in Kraft, welche die Gegenwart nur noch als partikulare Versatzstücke und Gegenstände der Erinnerung kennt. Die profund religiöse Geschichte wird auf diese Weise ‚zum eigenen Anderen', das einer nur noch fragmentarisch religiösen Gegenwart entgegengehalten wird. Aus dieser Konfrontation zwischen Geschichte und Gegenwart resultiert die Annahme eines historischen Prozesses, der von einer profunden Religiosität der Vergangenheit in eine Gegenwart führt, die Religionsausübung nur noch als partikulares Phänomen kennt. Dieser Prozess ist einerseits Gegenstand des Erzählens, wird jedoch andererseits durch das Erzählen fortgeschrieben, indem Literatur selbst ein Medium jener Partikularisierung von Religiosität ist, die dargestellt wird.

---

15 Vgl. dazu grundlegend Hans Ulrich Gumbrecht: Unsere breite Gegenwart. Berlin 2010, insbesondere S. 17.

Das religiös konnotierte historische Erzählen lässt daher Zweifel daran aufkommen, dass das für die Moderne typische „Zeitgefüge von Vergangenheit, Gegenwart und Zukunft" in der Gegenwart gänzlich „auseinandergebrochen"[16] und durch ein „kulturelles Zeitregime"[17] ersetzt worden ist, in dem verschiedene Zeitebenen simultan existieren. Dennoch kennen literarische Texte, die Religiosität und Geschichtlichkeit verbinden, Momente der Verschmelzung von Vergangenheit, Gegenwart und Zukunft. Diese werden der religiös konnotierten Vergangenheit zugewiesen, zugleich aber – und das spricht für die Kulturalität der simultanen Existenz von Gegenwart und Vergangenheit – mit dem eigenen Ansatz einer literarischen Erinnerung korreliert. Inwiefern jedoch dieses kulturelle Zeitregime jenseits des ästhetischen Objekts in der Gegenwart existiert, bleibt angesichts der konfrontativen Funktion der Vergangenheit fraglich.

Nach einigen systematischen Überlegungen zum Verhältnis von Religion und Literatur einerseits, von Religion und Geschichtsschreibung andererseits (Abschnitt 1) werden im Folgenden anhand von drei Beispielen mögliche Funktionen des Religiösen in der vergangenheitsbezogenen Erzählliteratur der Gegenwart dargestellt: Ilija Trojanows *Der Weltensammler* (2006) zeigt, inwiefern die Vergangenheit positive Modelle für eine flexible, dynamische und zugleich authentische Religiosität in der Gegenwart liefern kann (Abschnitt 2). Sibylle Lewitscharoffs Romane *Blumenberg* (2010) und *Das Pfingstwunder* (2016) (Abschnitt 3) hingegen konfrontieren die Gegenwart mit vergangenen Formen des Religiösen in gegenwartskritischer Absicht. Michael Köhlmeiers Romane *Abendland* (2008) und *Die Abenteuer des Joel Spazierer* (2013) (Abschnitt 4) korrelieren literarische Formen der Erinnerung mit religiösen Annahmen und verbinden auf diese Weise literarisch-fiktionale und religiöse Verfahren. Ein letzter Schritt (Abschnitt 5) fragt danach, wie sich die literarische Wiederkehr der Götter, die sich in allen drei Textbeispielen zeigt, zur Säkularisierungshypothese verhält, die vom fortschreitenden Verlust von Religiosität in der Moderne ausgeht. Dabei soll deutlich werden, dass eine in Form des fiktional-erinnernden Erzählens wiederkehrende Religion sowohl Bestandteil als auch Reflexionsmedium von Säkularisierungsprozessen ist, die als fortschreitende Dynamisierung, Pluralisierung und Individualisierung, nicht aber als gänzliche Aufhebung von Religiosität zu begreifen sind.

---

16 Aleida Assmann: Ist die Zeit aus den Fugen? Aufstieg und Fall des Zeitregimes der Moderne. München 2013, S. 320.
17 Assmann: Ist die Zeit aus den Fugen?, S. 19.

1 Zum Verhältnis von Literatur, Geschichtsschreibung und Religion

In systematischer Hinsicht teilen Literatur und Geschichtsschreibung mit der Religion zentrale Funktionen; historisch dagegen stehen beide mit ihrem Bedeutungsverlust in Zusammenhang. Die im ausgehenden 18. Jahrhundert entstehende Vorstellung, dass Literatur eine eigene, von anderen Bedeutungs- und Sozialsystemen unabhängige Sinn- und Formsphäre darstellt, gilt als zentrales Medium der Säkularisierung, indem sie der Religion und der ihr inhärenten Ästhetik und Poetik alternative Sinngehalte und Repräsentationsformen an die Seite stellt.[18] Zugleich rekurriert Literatur auf die „Problemhypothek",[19] die die Auflösung eines geschlossenen religiösen Weltbildes hinterlässt. Der Begriff der „Kunstreligion"[20] basiert auf der Annahme, dass Literatur einerseits von religiösen Verfahren zehrt, sie aber andererseits als sinnlichere, anschaulichere Alternative beerben will – im Sinne einer gleichzeitigen Humanisierung des Heiligen und der Kunst.[21] Kunst ist damit sowohl Medium der Säkularisierung als auch der Säkularisierungsskepsis,[22] wobei literarische Texte zentrale soziale Funktionen und Praktiken von der Religion übernehmen: Sie benennen, veranschaulichen und kommunizieren abstrakte Bedeutungsgehalte und wollen ein die „gesellschaftliche Einheit verbürgendes Weltbild"[23] stiften – ein Anspruch, der sich jedoch schnell als nicht realisierbar erweist. Doch auch jenseits kunstreligiöser Vorstellungen berühren sich Literatur und Religion vielfach: Wie die monotheistischen Offenbarungsreligionen ist Literatur ein genuin textuelles Phänomen. Sie erbt von diesen die Textauslegung als heuristisches Verfahren sowie den Anspruch, „einen Zugang zu tieferen Schichten der Wirklichkeit"[24] zu bieten. Wie die Religion ist Literatur eine „symbolische Form", die „die Fähigkeit zur umfassenden Weltdeutung" in Anspruch

---

18 Wobei in der abendländischen Geschichte zu keinem Zeitpunkt „die Literatur ganz im religiösen Horizont aufging" (Bernd Auerochs: Literatur und Religion. In: Hans Dieter Betz et al. (Hg.): Religion in Geschichte und Gegenwart. Bd. 5, L–M. Tübingen 2008, Sp. 391–403, hier Sp. 394).
19 Wolfgang Braungart: Literatur und Religion in der Moderne. Studien. Paderborn 2016.
20 Grundlegend dazu Bernd Auerochs: Die Entstehung der Kunstreligion. Göttingen 2006.
21 Vgl. Braungart: Literatur und Religion in der Moderne, S. 35–103.
22 Vgl. Wolfgang Braungart: Die Geburt der modernen Ästhetik aus dem Geist der Theodizée. In: Ders., Gotthard Fuchs und Manfred Koch (Hg.): Ästhetische und religiöse Erfahrungen der Jahrhundertwenden. Bd. 1: um 1800. Paderborn [u. a.] 1997, S. 17–34.
23 Auerochs: Literatur und Religion, Sp. 397.
24 Auerochs: Literatur und Religion, Sp. 399.

nimmt „und sich in sprachlicher Gestalt [...] artikuliert".[25] Beide sprechen nicht allein die intellektuell-kognitiven Kapazitäten, sondern auch die sinnlich-anschaulichen Bedürfnisse des Menschen an und erzeugen Vorstellungen, die für die menschliche Vernunft undenkbar sind. Bereits in der Antike stehen die Dichter in engem Kontakt zu den Göttern. Als Poetae vates verfügen sie über Einsichten, die sie von den Normalsterblichen unterscheiden.[26] Bis heute sind wesentliche Elemente literaturwissenschaftlicher Theoriebildung „durch das Erbe einer theologischen Epistemologie geprägt".[27]

Eine vergleichbare Rolle als Medium und Organon der Säkularisierung besitzt die Geschichtsschreibung. Als soziale Kommunikationsform erhält sie im Lauf des 19. Jahrhunderts Funktionen, die traditionell die Religion besaß: Sie garantiert Identität, sichert kollektive Werte und Normen, strukturiert die kommunikative Modellierung von Zukunft und erzeugt dabei sowohl eschatologische als auch apokalyptische Szenarien. Analog zur Literatur ist Geschichtsschreibung damit einerseits Effekt und Ausdruck von Säkularisierungsprozessen, zehrt aber andererseits von religiösen Deutungsmustern und Erwartungshorizonten, die sie der weltlichen Geschichte zuweist: Erlösungserwartungen, Gemeinschaftsstiftung durch Traditionsbildung und die Grundlegung ethisch-moralischer Normen werden nicht mehr (allein) aus einer göttlichen Instanz abgeleitet, sondern aus der Geschichte als einer wirklichen und diesseitigen Ereigniskette. Sie steuert das Verhalten des Einzelnen und regelt das Zusammenspiel von Einzelnem und Gemeinschaft, indem sie aus der Geschichte gemeinsame Ziele, aber auch Risiken und Gefahren ableitet. Mit Hegels *Phänomenologie des Geistes* gilt Geschichte als eine weltimmanente Heilsgeschichte. Geschichtsschreibung wird dabei zu einer säkularisierten Eschatologie, die Zeichen der Fortentwicklung, Erlösung und Befreiung sucht und auf diese Weise die erinnerungskulturelle Funktion von Religion übernimmt.

Beide Wurzeln des fiktionalen Geschichtserzählens der Gegenwart – der in der Autonomieästhetik grundgelegte moderne Roman seit dem ausgehenden 18. Jahrhundert und die Geschichtsschreibung des 19. Jahrhunderts – verweisen damit auf Säkularisierungsprozesse und besitzen zugleich Parallelen zu ursprünglich religiösen Praktiken, Deutungs- und Wahrnehmungsmustern. Zwar wird die latent heilsgeschichtliche Perspektive der hegelianischen Geschichtsphilosophie

---

25 Auerochs: Literatur und Religion, Sp. 392.
26 Christian Sieg und Martina Wagner-Egelhaaf: Einleitung. In: Dies. (Hg.): Autorschaften im Spannungsfeld von Religion und Politik. Würzburg 2014, S. 7–19, hier S. 11.
27 Daniel Weidner: Religion in Theorien der Literatur. In: Ders. (Hg.): Handbuch Literatur und Religion, S. 9–17, hier S. 11.

in der Gegenwart weitestgehend aufgegeben zugunsten einer skeptischen Sicht auf historische Prozesse. Doch dass sich gerade das literarische Geschichtserzählen der Gegenwart in Debatten um Religiosität einbringt, liegt auch in seiner doppelt mit der Säkularisierung verbundenen Entstehungsgeschichte begründet, auf die Gegenwartsliteratur dadurch verweist, dass sie das eigene Erinnerungsverfahren religiös konnotiert.

2 Religiöse Geschichte als Muster der Gegenwart: Ilija Trojanow

Ilija Trojanows historischer Roman *Der Weltensammler* (2006) macht Geschichte zu einem positiven Modell für eine neue Religiosität der Gegenwart. Der Text ist von Literaturkritik wie -wissenschaft als Beispiel für die zahlreichen Reise- und Entdeckerromane rezipiert worden, die kurz nach der Jahrtausendwende entstanden. Oft übersehen wurde dabei, dass der Text den britischen Entdeckungsreisenden, Geodäten und Offizier Richard Francis Burton (1821–1890) zu einer Romanfigur mit einer hochkomplexen und sehr dynamischen religiösen Identität macht, die mit wechselnden kulturellen Zugehörigkeiten einhergeht. Dementsprechend hat Trojanow in autobiographischen und poetologischen Texten seinen Roman explizit auf aktuelle Debatten um Migration und Transkulturalität bezogen. Kulturen befinden sich für Trojanow, der analog zu seiner historischen Gestalt die Hadj unternommen haben will,[28] in permanenter, wechselseitiger Dynamik[29] – und dementsprechend sind auch Religionen für Trojanow nicht trennscharf voneinander abzugrenzen oder durch Dogmen zu fixieren; auch seine eigene religiöse Zugehörigkeit bleibt daher ambivalent.[30]

Religiöse Bekenntnisse werden anhand des historischen Reisenden Burton als Charakterzüge ausgewiesen, die subjektiver Natur sind und von Außenstehenden nicht beurteilt werden können. Damit macht der Roman den

---

28 Vgl. Ilija Trojanow: Zu den heiligen Quellen des Islam. München 2014.
29 Vgl. Ranjit Hoskote und Ilija Trojanow: Kampfabsage. Kulturen bekämpfen sich nicht, sie fließen zusammen. München 2007; Feridun Zaimoglu und Ilija Trojanow: Ferne Nähe. Tübinger Poetik-Dozentur 2007. Künzelsau 2008.
30 2007 leugnet Trojanow ein Bekenntnis zum Islam, da er „gegen Ideologien" sei und daher „kein Anhänger eines Dogmas" sein könne. Er sei nicht am Islam als solchem, sondern an „bestimmte[n] Traditionen des Sufismus" interessiert, vgl. Sebastian Fasthuber und Ilija Trojanow: Schöpfen aus Welterkenntnis. Ilija Trojanow im Gespräch. In: Der Standard, 11.04.2007, URL: http://derstandard.at/2838905/Schoepfen-aus-Weltkenntnis-Ilija-Trojanow-im-Gespraech, zuletzt besucht am 10.10.2018.

historischen Burton zum Repräsentanten einer individualisierten Religiosität der Gegenwart; zugleich grenzt er die auf die Gegenwart verweisende Religiosität Burtons von ihrem historischen Umfeld ab – bei seinen profund religiösen, dogmatischen Zeitgenossen stößt Burton mit seiner dynamischen, emotional intensiven Religiosität immer wieder auf Akzeptanzprobleme; er kann sie nur als Solitär ausleben.

In drei zeitlich voneinander isolierten Abschnitten schildert der Roman Burtons Reisen durch das britisch kolonialisierte Indien, seine Pilgerschaft nach Mekka in Gestalt eines Moslems und seine Reisen durch Ostafrika auf der Suche nach den Quellen des Nils. Gerahmt werden die Berichte von Burtons Reisen durch die Schilderung seiner Todesumstände, mit denen der Text beginnt und endet. Zentral für die religiöse Dimension des Romans ist die Beschreibung der Hadj sowie die Rahmenerzählung. Wie alle Berichte von Burtons Reisen stammt die Erzählung der Hadj von einer heterodiegetischen Erzählinstanz, die auf die Wahrnehmungen der Hauptfigur fokalisiert. Diese wird – wie alle übrigen Berichte – ergänzt durch Berichte homodiegetischer Instanzen, die Burtons Reisen aus persönlicher Sicht schildern. Im Falle der Hadj-Passage stammen diese von arabischen Religionswächtern, die zu ihrem großen Missfallen feststellen müssen, dass ein augenscheinlicher Nicht-Moslem die heiligen Stätten betreten hat, und nun Burtons Mitreisende als Zeugen befragen. Die Rahmenerzählung ist auf die Wahrnehmungen eines katholischen Priesters fokalisiert, der Burton in seinen letzten Stunden gemäß dem katholischen Ritus begleitet und erhebliche Zweifel an der dogmatischen Legitimität seines Tuns artikuliert, da der Verstorbene ganz offenkundig weder Katholik noch überhaupt Christ, sondern vielmehr Moslem gewesen sei.

Bereits die Reise durch Indien ist von Burtons Bemühen geprägt, auf maximal mögliche Weise mit jenen Kulturen zu verschmelzen, durch die er reist. Durch sein Sprach- und Verstellungstalent ist er bald in der Lage, von Angehörigen verschiedener indigener Kulturkreise als einer der ihren angenommen zu werden. Und auch er selbst ist sich bald seiner eigenen Zugehörigkeit nicht mehr sicher. Als Burton in den Spiegel blickt, „erkannte er sich selbst nicht wieder. Nicht wegen irgendeiner äußeren Veränderung, sondern weil er sich verwandelt fühlte".[31]

Entsprechend tritt Burton seine Hadj als indischer Derwisch an – eine Identität, die jedoch uneindeutig bleibt. Von seinen Mitreisenden wird Burton durch ein nur scheinbar belangloses Detail als Ungläubiger identifiziert: Er trägt einen

---

[31] Ilija Trojanow: Der Weltensammler. München 2006, S. 95; im Folgenden zitiert unter der Sigle DWS.

Sextanten bei sich, den der als Zeuge befragte Moslem nur als ein „Teufelszeug" identifizieren kann, in jedem Fall als ein „Gerät, das kein Derwisch aus Indien mit sich herumträgt" (DWS 251), weil mit ihm „die Sterne vermessen" (DWS 252) werden – ein Ansinnen, das ihm als „heiliger Mann" eigentlich fremd sein müsse. Ein weiterer Zeuge ist sich dagegen nicht sicher, ob Burton die Hadj unberechtigterweise unternommen habe – ein „Mann des gründlichen Wissens" könnte auch als Moslem „ein Gerät besitzen, das uns nicht bekannt war" (DWS 256). Ein weiterer Zeuge glaubt, Burton sei „vielleicht ein Moslem, vielleicht ein Shia, vielleicht ein Sufi, vielleicht aber auch nur ein Lügner, der sich als dieses und jenes ausgab, um die Hadj zu unternehmen" (DWS 262). Ganz sicher sei er jedoch kein Gläubiger im eigentlichen Sinne (vgl. DWS 263). „Er war ein Mohammedaner, er war ein verdammter Mohammedaner" (DWS 462), klagt dagegen der katholische Priester, der ihm das letzte Sakrament gereicht hat und dies nun bereut. „Sie machen sich unnötig Sorgen. Er war Katholik. Basta" (DSW 465), beruhigt ihn schließlich sein Bischof, dem er seine Gewissensnöte anvertraut.

Doch Burtons Religionszugehörigkeit ist durch seine Mitmenschen nicht zu beurteilen. Sie entspricht zwar nicht den religiösen Dogmen seiner Zeit, ist aber dennoch keine lediglich vorgetäuschte Maskerade, sondern als individuelles, intensives inneres Erleben durch und durch wirklich. Anders als die Figuren aus Burtons Umfeld besitzt der heterodiegetische Erzähler umfassende Einblicke in das innere Erleben der Hauptfigur und schildert, wie Burton das Erreichen der Kaaba in Mekka als ekstatischen Moment von großer Intensität erlebt. Trojanows fikionalisierter Burton verfügt damit über einen ‚eigenen Gott' im Sinne einer individualisierten Religiosität, die ihn in seiner eigenen Zeit zu einer Ausnahmeerscheinung, für unsere eigene Gegenwart jedoch zu einem positiven Modell werden lässt.

3 Religiöse Geschichte als Kontrast zur Gegenwart: Sibylle Lewitscharoff

Ein stärker kontrastives Verfahren, eine religiöse Vergangenheit der säkularen Gegenwart gegenüberzustellen, wählt Sibylle Lewitscharoff in ihren Romanen *Blumenberg* (2012) und *Das Pfingstwunder* (2016). Deren Protagonisten können eine religiös determinierte Geschichte epistemologisch nur noch partiell (*Blumenberg*) oder gar nicht mehr (*Das Pfingstwunder*) durchdringen, sodass sich die Vergangenheit als Gegenbild zur säkularisierten Gegenwart darstellt.

Mit Hans Blumenberg wählt Lewitscharoff einen Philosophen zum Gegenstand eines Romans, dessen Denken eng mit der Säkularisierungshypothese verflochten ist: *Die Legitimität der Neuzeit* (zuerst 1966) beschreibt die Entwicklung des neuzeitlichen Selbstverständnisses des Menschen aus der Ablehnung des „theologischen Absolutismus"[32] des Mittelalters. In Lewitscharoffs Roman schlägt dieser „theologische Absolutismus" zurück, indem er Blumenbergs neuzeitliche Rationalität zunächst maximal herausfordert und schließlich überstrapaziert. Eines Nachts, so berichtet ein heterodiegetischer Erzähler, der eng auf die Wahrnehmung und die inneren Vorgänge Blumenbergs fokalisiert, erblickt Blumenberg unter seinem Schreibtisch einen Löwen. Mühsam ringt Blumenberg um Besonnenheit, um das ungewöhnliche Phänomen mit den Mitteln seiner Fachdisziplin kognitiv zu bewältigen, und unternimmt eine motiv- und metapherngeschichtliche Einordnung des Tiers. Er durchkämt „die Bibel im Schnelldurchlauf"[33] (Bl 12) und ruft sich Löwenerscheinungen quer durch die gesamte Kulturgeschichte in Erinnerung, bis er sich mit seinem rätselhaften Begleiter arrangieren kann. Dies gelingt auf eine für das eigene Selbstbild äußerst vorteilhafte Weise: Er erkennt das Wesen seines Tiers, das einerseits eine wirkliche Erscheinung ist, wegen einer Reihe von Merkmalen aber nicht mit einer natürlichen Raubkatze identisch ist, als Konkretisierung einer langen Mythen- und Metapherngeschichte, die ihm aufgrund großer Verdienste in beiden Bereichen (*Paradigmen zu einer Metaphorologie*, 1960; *Arbeit am Mythos*, 1979) „[h]öhererseits" (Bl 13) verliehen worden sei, um ihn gegenüber seiner nur am Oberflächlichen interessierten Umwelt auszuzeichnen.

Doch der Löwe besitzt, wie Blumenberg sukzessive bewusst wird, eine weitere Dimension, die sein Lehrgebäude nicht bestätigt, sondern latent in Frage stellt. Außer Blumenberg kann nur eine weitere Romanfigur den Löwen wahrnehmen: die Ordensschwester Käthe Mehliss, der er zufällig begegnet, als er sich auf dem Weg zu einem schwer erkrankten Freund befindet. Anders als Blumenberg erkennt sie die vollständige Bedeutung des Löwen, die seiner philosophisch-philologischen Vernunft entgeht: Der Löwe ist ein Gottes- und Todesbote, der ihn an die eigene Ohnmacht gegenüber dem Tod und das Ausgeliefertsein an die Transzendenz mahnen soll. Die postmortale Schlussszene des Romans macht darüber hinaus deutlich, dass der Löwe Blumenberg nicht nur bis in den Tod, sondern auch über diesen hinaus begleitet: Blumenberg befindet sich nun, zusammen mit Käthe Mehliss und vier verstorbenen

---

[32] Der zweite Teil von Blumenbergs Hauptwerk trägt den Titel *Theologischer Absolutismus und humane Selbstbehauptung*, vgl. Hans Blumenberg: Die Legitimität der Neuzeit. Erneuerte Ausgabe. Frankfurt am Main 1996 [1966], S. 139–262.
[33] Sibylle Lewitscharoff: Blumenberg. Roman. Berlin 2011, S. 12. Im Folgenden zitiert unter der Sigle Bl.

Studierenden, in einer an das Purgatorium erinnernden Höhle. Diese Schlussszene ist eine Anspielung auf Blumenbergs Buch *Höhlenausgänge* (zuerst 1989), dessen Schlusskapitel danach fragt, wie eine „finale Höhlenfiktion"[34] beschaffen sein müsse, um als Anschauungsmodell für das menschliche Dasein zu dienen. Doch nicht die eigene philosophische oder ästhetische Reflexion, sondern erst ein kräftiger Prankenhieb des Löwen bewirkt den ‚Höhlenausgang' des fiktiven Blumenberg, der in ein Jenseits befördert wird, von dem auch der Erzähler nichts mehr zu berichten weiß.

Eine vergleichbare Szene bildet den Schluss von Lewitscharoffs Roman *Das Pfingstwunder* (2016). Der Ich-Erzähler Gottlieb Elsheimer, einer der angesehensten Dante-Forscher seiner Zunft, berichtet von einem Kongress zur *Göttlichen Komödie*, der zu Pfingsten internationale Dante-Exegeten in Rom versammelt, um den Text Gesang für Gesang einer Relektüre zu unterziehen. Bereits zu Beginn weicht die Konferenz von den üblichen akademischen Gepflogenheiten ab – die Stimmung unter den Teilnehmenden ist gelöst und von einem freundschaftlichen, fast ausgelassenen Umgang geprägt. Die Vorträge und Diskussionen wandeln sich schließlich zur Symphilosophie im romantischen Sinne: Die erzielten Einsichten sind nicht mehr auf die Erkenntnisse Einzelner zurückzuführen, sondern kollektive Sinnstiftungs- und -findungsprozesse. Auf dem Höhepunkt der Debatten – die Glocken im Petersdom läuten gerade das Pfingstfest ein – öffnen die Teilnehmer die Fenster des Saals und fahren gemeinsam in den Himmel auf. Lediglich Gottlieb Elsheimer bleibt zurück, dem die Verzückung seiner Kolleginnen und Kollegen fremd bleibt.

Elsheimer erweist sich in seinem Bericht als ein Vertreter der wissenschaftlich-philologischen Vernunft, der seinen Gegenstand zwar rational durchdringen kann, aber zu wirklicher Anteilnahme an seinen ursprünglichen Zusammenhängen weder willens noch in der Lage ist. Indem er Dantes *Göttliche Komödie* ausschließlich als wissenschaftlichen Gegenstand wahrnimmt und aus dem religiösen Kontext herauslöst, kann er dem Text bei allem fachlichen Wissen, mit dem er ihn liest, nicht gerecht werden, da er seine ursprüngliche Bedeutung ignoriert. Von seiner Vernunft, die den Text auf das rational Fassbare reduziert, ist Elsheimers gesamter Bericht auch stilistisch geprägt: Anders als der heterodiegetische Erzähler in *Blumenberg* berichtet der autodiegetisch erzählende Elsheimer im spröden, schwatzhaften und von Platituden durchzogenen Duktus des Philologen, der auch im Angesicht des Unglaublichen noch an seiner Gelehrsamkeit festhält. Erzählanlass ist für Elsheimer die fundamentale Enttäuschung darüber, dass er als einziger Teilnehmer der Konferenz von der Himmelfahrt seiner

---

34 Hans Blumenberg: Höhlenausgänge. Frankfurt am Main 1996, S. 809.

Kolleginnen und Kollegen ausgeschlossen ist, da seine wissenschaftliche Rationalität ihm die Begegnung mit der eigentlichen, profund religiösen Lebenswelt Dantes verunmöglicht. Vor dem Hintergrund der impliziten Kontrastierung von Vergangenheit und Gegenwart bedeutet die Himmelfahrt der Dante-Forschung einen Austritt aus der säkularisierten Neuzeit, die Gottlieb Elsheimer nicht verlassen kann. Seine Kolleginnen und Kollegen, die sich zwar auch, aber eben nicht ausschließlich rational auf ihren Gegenstand einlassen können, unternehmen dagegen eine Zeitreise zurück in eine Lebenswelt, die die wirkliche Begegnung mit Göttlichkeit noch kennt. Basis dafür ist die Fähigkeit, sich ganzheitlich auf ihren Gegenstand einzulassen.

In ihrer Poetikvorlesung *Vom Guten, Wahren und Schönen* (2012), die von theologischen und von poetologischen Fragen geprägt sind, hat Sibylle Lewitscharoff fiktionales Erzählen als Möglichkeit der Offenbarung – im Sinne eines „Botschaftsverkehr[s] zwischen Oben und Unten"[35] – bezeichnet: In einer Zeit, in der das (rationale) Wissen vom Zweifel umstellt ist, da alles, was die Vernunft hervorbringt, durch diese auch wieder infrage gestellt werde, sei die literarisch vermittelte Offenbarung über jeden Zweifel erhaben. Die Einsichten des Gläubigen seien daher stabiler als die des Wissenden – und zwar nicht trotz, sondern aufgrund ihrer Fundierung im Ästhetischen. Dennoch unterscheide sich die literarisch-fiktionale von der profund religiösen Offenbarung: Die „hochmögende[-] Literatur" erschließe die in ihrer „erlesenen Schwindelmaterie" offenbarte Wahrheit in Form von „herrliche[n] Wahrheitskapseln",[36] die von Leserinnen und Lesern ‚aufgeschlossen' werden müssten – und damit in einem Akt individuell-subjektiver Rezeption wirksam werden, nicht aber als kollektiv verbindlicher, universal-religiöser Kosmos Gültigkeit haben.

4 Literarische Erinnerung als religiöse Erfahrung: Michael Köhlmeier

Die Geschichte des 20. Jahrhunderts und ihre Bedeutung für die Gegenwart sind das zentrale Thema der seit der Jahrtausendwende entstandenen Romane Michael Köhlmeiers. Zugleich fragen Köhlmeiers Texte nach den Bedingungen

---

35 Sibylle Lewitscharoff: Vom Guten, Wahren und Schönen. Frankfurter und Züricher Poetikvorlesungen. Berlin 2012, S. 136. Hier auch die Bestätigung, dass der Akt der Invocatio Blumenbergs durch den Löwen von ‚oben' nach ‚unten' erfolgt und Blumenberg einer für ihn uneinsehbaren Macht ausgesetzt ist: „Von Oben nach Unten wird der Mensch beim Namen gerufen".
36 Lewitscharoff: Vom Guten, S. 154.

des Zustandekommens von Geschichtsschreibung und nach der Wirklichkeit dessen, was sie erzählen. Damit stehen sie zunächst im Kontext vieler nach 2000 entstehender Erinnerungsromane, die die Konstruiertheit und Narrativität von Historiographie betonen und damit auf die geschichtstheoretischen Debatten seit den 1980er Jahren rekurrieren. Doch anders als diese konnotieren Köhlmeiers Romane die Begegnung mit Geschichte und die Suche nach möglichen Repräsentationsformen religiös. Die spezifischen Möglichkeiten fiktionalen Geschichtserzählens, nämlich nicht allein die Geschichte selbst, sondern auch die Unzulänglichkeiten und die notwendige Subjektivität in ihrer Erfassung zum Gegenstand zu machen, werden dabei explizit mit der Frage nach der Erfahrbarkeit von Transzendenz korreliert.

Der Jahrhundert-Roman *Abendland* (2007) reflektiert das 20. Jahrhundert anhand des fiktiven Mathematikers[37] Carl Jacob Candoris, dessen Lebensgeschichte im Zentrum des Romans steht. Carls Leben wird retrospektiv, von einem Erzählstandpunkt nach dem Tod des Protagonisten, in einem autodiegetischen Bericht seines Freundes, des Schriftstellers Sebastian Lukasser, präsent. Carl überragt das Leben Sebastians geradezu magisch – er ist ein langjähriger Freund und Förderer seines Vaters, eines bekannten Jazz-Musikers, und hat die Familiengeschichte der Lukassers immer wieder entscheidend beeinflusst. Kurz vor seinem Tod lädt er Sebastian in sein Haus ein, damit dieser in langen Gesprächen Material für eine Biographie sammeln kann, die sich Carl von ihm erbittet. Doch das von Carl initiierte biographische Großprojekt scheitert, wie sich Sebastian in seinem Bericht immer wieder eingestehen muss. Möglich wird ein Bericht von Carls Leben erst, als Sebastian seine eigenen Erinnerungen in die Darstellung von Carls Leben integriert. In Sebastians Berichten erweist sich Carls mathematische Epistemologie als die dominante Rationalität des 20. Jahrhunderts. Als ganz und gar diesseitsbezogener Macht- und Kalkülmensch ist Carl Phänotyp des technischen Zeitalters und des *homo faber* als seiner Gattung. Carl ist von nichts überzeugt außer der Gestaltbarkeit der Welt durch den Menschen: „Ich habe nie an etwas anderes geglaubt als an das, was Menschen bewerkstelligen. Daran aber schon."[38]

Indem er sein eigenes Jahrhundert als amoralisch empfindet, sieht sich Carl im Recht, frei von Moral zu handeln. Jahrelang im falschen Glauben, ein Mörder gewesen zu sein, hat Carl für sich selbst anschließend „einen Mord

---

[37] Zum Verhältnis von fiktiver Wirklichkeit und realer Mathematik- und Musikgeschichte in Köhlmeiers Roman vgl. Andrea Albrecht: Mathematisches Wissen und historisches Erzählen. Michael Köhlmeiers Roman *Abendland*. In: Gegenwartsliteratur 8 (2009), S. 192–217.
[38] Michael Köhlmeier: Abendland. Roman. München 2009 [2007], S. 68; im Folgenden zitiert unter der Sigle A.

frei" und will einen Auftragsmörder auf den Geliebten seiner Frau ansetzen – was jedoch am humanisierenden Einfluss des damals elfjährigen Sebastian scheitert. Teil seiner persönlichen ‚Wiedergutmachung' gegenüber der Welt, die er durch die Beteiligung am Bau der ersten Atombombe geschädigt hatte, ist die Förderung eines japanischen Mathematik-Genies, das durch die amerikanischen Luftangriffe zum Waisen geworden war. Carl sorgt sein ganzes Leben lang für Makoto Kurabashi. Doch nicht „irgendein Pathos", „womöglich so etwas wie religiöse Erhebung" oder „ethischer Qualm" (A 607) seien dafür der Grund gewesen, sondern jene Devise, die Carl selbst als die des 20. Jahrhundert betrachtet: „Ich kann's, also tu' ich's. Mehr war es nicht. *Queo, ergo facio*. Die bewährte Fortsetzung des *cogito, ergo sum* ins technische Zeitalter" (A 607). Auch nachträgliche Zweifel an der Legitimität seines Tuns äußert Carl an keiner Stelle. Im Gegenteil bekennt er gegenüber Sebastian: „Zum Glück bin ich ein Unmensch" (A 655). Begründet wird diese selbstbewusst ausgewiesene Unmenschlichkeit durch jenes Epistem, das Carl durch und durch auszeichnet: „Mathematik ist elegantester Nihilismus" (A 648).

Der Schriftsteller Sebastian erkennt die im ethischen Sinne hochproblematische Epistemologie seines Ziehvaters, von dem er sich – trotz des großen Einflusses, den Carl auf ihn ausübt – kritisch distanzieren kann. Und auch Carl selbst stellt am Ende des Romans seine bisherige Epistemologie in Frage. Ohne bewusst einem entsprechenden Glauben anzuhängen, reflektiert er in den Gesprächen mit Sebastian die (theoretische) Möglichkeit der Annahme eines transzendenten Gottes, die er zeitlebens kategorisch ausgeschlossen hatte. Gott wird für Carl in der Begegnung mit Geschichte und ihrer Repräsentationsweisen denkbar – und damit in Konfrontation von etwas, das sich in seiner Kontingenz, Vielschichtigkeit und Subjektivität mathematischen Annahmen entzieht, in der spezifischen Erzählweise des Schriftstellers Sebastian aber eine mögliche Darstellungsform besitzt. In der „Antinomie des *futurum exactum*", in einem „in alle Ewigkeit [...] sich an sich selbst erinnernde[n] Geist", der einem „Spiegel im Spiegel" gleiche, erkennt Carl die Möglichkeit eines Gottesbeweises, den seine mathematische Logik ablehnen muss. Für den „agnostizistischen Formalisten" Carl liegt im *Futurum exactum* ein Hinweis darauf vor, dass sich die Unergründlichkeit des ‚Dinges an sich' „durch einen Nachweis der Widerspruchsfreiheit formaler Systeme nicht aus der Welt schaffen lasse" (A 710–711). Der Gedanke, dass in der grammatikalischen Form des *Futurum exactum* – des Futur II – ein Gottesbeweis verborgen liegt, stammt von Robert Spaemann.[39] Als ein ‚sich an sich selbst erinnernder

---

[39] Robert Spaemann: Der letzte Gottesbeweis. Mit einer Einführung [...] und einem Kommentar [...] von Rolf Schönberger. München 2007.

Geist' oder ‚Spiegel im Spiegel' fungiert Spaemanns (als solche gewiss fragliche) Theorie in *Abendland* als metanarrativer Kommentar zur Erzählstruktur des Romans, die aus einem autodiegetischen Bericht des Biographen Lukasser besteht, in dessen Bericht sich nicht allein Carls Leben, sondern auch sein eigenes spiegelt, wobei sich der Biograph Sebastian als ‚Geschöpf' des biographierten Carl fühlt. Im Unterschied zur formalen Logik Carls ist der sich hier andeutende Kreis aus erinnerndem Geist und sich erinnerndem Biographen nicht geschlossen, sondern – analog zu den sich spiegelnden Spiegeln – unabschließbar und verweist damit auf die Unendlichkeit Gottes.

Zeigt sich die religiöse Fundierung in *Abendland* in Form des *Futurum exactum* nur in Form eines scheinbar beiläufigen Details, so ist Köhlmeiers späterer Roman *Die Abenteuer des Joel Spazierer* (2013) deutlicher von religiösen Inhalten geprägt. Abermals steht zunächst die Geschichte des 20. Jahrhunderts im Zentrum: In Form einer Autodiegese berichtet der fiktive Protagonist, der 1949 in Budapest geborene Joel Spazierer, von seinem Leben; sein Freund, der bereits aus *Abendland* bekannte Schriftsteller Sebastian Lukasser, steht als dramaturgischer Ratgeber zur Verfügung und könnte daher – ohne dass dies je explizit würde – für etwaige Unzuverlässigkeiten, Zuspitzungen und fiktionalisierende Eingriffe verantwortlich sein. Aufgewachsen in einem bürgerlichen Haushalt, flieht Spazierer mit seiner Familie aus dem stalinistischen Ungarn nach Österreich, durchstreift später ganz Europa und wird schließlich Universitätsdozent für wissenschaftlichen Atheismus in der DDR. Diese Berufstätigkeit steht in eklatantem Widerspruch zu vielen religiösen Erfahrungen, die Spazierer während seines schelmenhaften Umherstreifens macht – Menschen, denen wie ihm selbst Gott erschienen ist, bezeichnet er als Mitglieder in seinem ‚Club'.[40] Doch sind Spazierers Berichte in vielerlei Hinsicht als unzuverlässig markiert – dies nicht allein durch mögliche Eingriffe von Sebastian Lukasser, sondern durch den Charakter Spazierers, dessen gesamtes Leben von Lüge, Betrug, Mord und anderweitigem ethischem Zwielicht geprägt ist. Was an seiner Erzählung also tatsächlich Bestandteil der fiktiven Wirklichkeit, was bewusste Lüge und was Konstrukt seiner Erinnerung ist, bleibt offen. Analog zu Carl in *Abendland* empfindet Spazierer angesichts seiner Untaten keinerlei Reue – wer in einer Zeit wie dem 20. Jahrhundert aufwächst, die von millionenfachem Morden in Kriegen und Genoziden geprägt ist, der könne für einen einzelnen privaten Mord nicht zur Verantwortung gezogen werden, glaubt Spazierer und ähnelt mit diesem ethischen Pragmatismus der Figur Carl aus *Abendland*.

---

40 Michael Köhlmeier: Die Abenteuer des Joel Spazierer. München 2013, S. 284; im Folgenden zitiert unter der Sigle AJS.

Steht das Wissen in Köhlmeiers Roman kontinuierlich im Zweifel, so erweist sich der Glaube für den notorischen Lügner als eine vergleichsweise zuverlässige epistemische Kategorie. Er besitzt für Spazierer jene Anschaulichkeit, die dem Wissen fehlt. Vor Studierenden etwa doziert er, er könne die Erkenntnisse der Atomphysik wohl als Wissen bezeichnen, nicht aber als Glaube, weil er sie sich nicht vorstellen könne. Trotz seiner akademischen Tätigkeit als ‚wissenschaftlicher Atheist' ist Spazierer – gemeinsam mit seinem Ratgeber Sebastian Lukasser – von der Existenz einer „höheren Dimension" überzeugt, von der aus betrachtet „nur allgemeine Gegenwart, also eine alles umfassende Gleichzeitigkeit herrsche" und die Zeit „mit ihrer Vergangenheit, Gegenwart und Zukunft lediglich die trügerische Wahrnehmung desjenigen sei, der sich in ihr bewege" (AJS 278). Unsicher ist jedoch, inwiefern bereits sein eigener Bericht auf dieser religiös-transzendenten Ebene anzusiedeln ist: „Kann sein, dass ich vor lauter Langeweile in diese höhere Dimension gerutscht bin und gehört habe, was in einer niedrigeren erst in der Zukunft gesagt werden wird" (AJS 278), gesteht er sich ein. Möglich ist aber auch, dass an seinem Bericht letztlich nichts der Wahrheit entspricht. Auch diese Möglichkeit spricht für Spazierer nicht gegen die Existenz Gottes. Denn „auch die Lüge kommt von Gott" (AJS 366), wie er von einem Priester erfährt.

Der Schluss von Spazierers Bericht konfrontiert die transzendente Gewissheit Spazierers mit der profund säkularen Heilsideologie des real existierenden Sozialismus. Bei einem inoffiziellen Treffen im Privathaus von Kurt Hager eröffnen führende SED-Funktionäre Spazierer, dass die Staats- und Parteiorgane um seine übernatürlichen Fähigkeiten wissen und diese nun in den Dienst des Sozialismus stellen wollen. Dieser Wunsch entsteht, wie Markus Wolf in einem langen Monolog deutlich macht, aus der Einsicht in die Defizite des eigenen, strikt diesseitig-materialistischen Programms. „Wir wissen alles. Und glauben nichts" (AJS 647), erläutert der fiktionalisierte Chef des Auslandsspionagedients der DDR. Doch gerade das Nicht-Glauben erschwere die „Arbeit am besseren Menschen", der man sich bisher vergeblich verschrieben habe, denn diese bestehe „wenigstens zur Hälfte darin, an ihn zu glauben" (AJS 647–648), klagt Wolf: „Der Weltgeist ist auf unserer Seite, daran besteht kein Zweifel. Aber wir sehen ihn nicht" (AJS 648). „Ein bisschen materialistische Religion [...] nur ein kleines bisschen", „[e]ine Botschaft. Etwas nur für uns. Etwas, das wir mit niemandem teilen müssen" (AJS 648), erbittet er sich von dem prophetischen Redner Spazierer, der tausende Studierende in seinen Bann ziehen kann. Die christusgleiche Antwort Spazierers ist ein zunächst rätselhaftes Tier-Gleichnis, in dem ein Spatz den Tod eines Kutschers prophezeit, der nicht auf sein Wort hört, und diesen Tod selbst verursacht. Das an diese Szene anschließende, letzte Kapitel des Romans besteht aus nur einem einzigen Absatz und berichtet von Spazierers Flucht aus der DDR Anfang 1987. Indem das Gleichnis Spazierers das Ende des Staates vorhersagt, offenbaren sich die seherischen Fähigkeiten Spazierers als Möglichkeiten des Romans, die dieser als ein zwar genuin säkulares, aber zugleich transzendenzoffenes Medium besitzt, dem man nicht glauben muss, aber glauben kann.

5 Säkular, postreligiös, postsäkular: Was sind wir, was waren wir?

Sind die behandelten Beispiele für ein religiös grundiertes, historisches Erzählen der Gegenwart ein Beleg dafür, dass die Säkularisierung an ein Ende gekommen ist, dass die ‚Rückkehr der Götter' neue, abermals religiöse Verhältnisse schaffen wird oder dass gar die Hypothese von der Säkularisierung als Fundamentalprozess der Moderne als solche unzutreffend ist? Nicht allein kultur- und literaturwissenschaftliche Befunde, sondern auch soziologische und philosophische Schlagworte wie das der „postsäkularen Gesellschaft",[41] das Jürgen Habermas einen Monat nach den Anschlägen vom 11. September prägte, scheinen das zu belegen. Doch ein genauerer Blick in die entsprechenden Debatten zeigt: Die Beobachtung, dass Religion in der Gegenwart (und also auch in der Gegenwartsliteratur) nicht verschwindet, sondern in veränderter Gestalt fortexistiert, spricht nicht gegen das Säkularisierungstheorem als solches, sondern trägt dazu bei, dieses zu präzisieren und weiter auszudifferenzieren – ein Projekt, dass die Religionssoziologie der Gegenwart zu ihrem zentralen Vorhaben gemacht hat.[42] Dabei wird das Säkularisierungspostulat als solches nicht etwa negiert, wohl aber hinsichtlich seiner Universalität, impliziten Normativität und Teleologie kritisiert. Entsprechend lautet etwa der Vorschlag einer Leipziger Forschergruppe um die Religionssoziologin Monika Wohlrab-Sahr,[43] dass die globalisierte Gegenwart von je unterschiedlichen, multiplen Säkularitäten[44] geprägt ist, die das Verhältnis einer Gesellschaft zu

---

[41] Jürgen Habermas: Glauben und Wissen. Friedenspreisrede 2001. In: Ders.: Zeitdiagnosen. Zwölf Essays. Frankfurt am Main 2003, S. 249–262, hier S. 249.
[42] Eine Liste soziologischer Titel, die die Säkularisierungstheorie kritisiert und/oder revidiert, liefert Beck: Der eigene Gott, S. 34.
[43] Vgl. Monika Wohlrab-Sahr und Marian Burchardt: Vielfältige Säkularitäten. Vorschlag zu einer vergleichenden Analyse religiös-säkularer Grenzziehungen. In: Denkströme. Journal der Sächsischen Akademie der Wissenschaften, H. 7 (2011), URL: http://www.denkstroeme.de/heft-7/s_53-71_wohlrab-sahr-burchardt, zuletzt besucht am 10.10.2018.
[44] Vgl. dazu auch Beck: Der eigene Gott, S. 58.

Kultur und Religion auf je unterschiedliche Weise bestimmen. Das ist insbesondere mit Blick auf eine globale Wirklichkeit relevant: Bereits das Beispiel der USA, wo gesellschaftliche Modernisierung und Religiosität parallel existieren,[45] macht deutlich, dass die Deutung von Modernisierung als Verlust von Religiosität nicht nur als Beschreibung des status quo vielfach unzutreffend ist, sondern mit der Annahme eines ursprünglich ‚christlichen Abendlandes' auch von historischen Voraussetzungen ausgeht, die vielleicht im Europa des Mittelalters, nicht aber in anderen Regionen der Welt bestanden.[46]

Ein genauerer Blick auf Habermas' Bestimmung des Begriffs ‚postsäkular' zeigt, dass damit keine Wiederkehr der Religion nach ihrem Verschwinden gemeint ist, sondern die soziale Akzeptanz religiöser Restbestände, die in veränderter Form, verändertem Selbstbild und Selbstanspruch auch in der Moderne fortexistieren. Zweifel an der einseitigen Kontrastierung von Modernität und Religiosität äußerte bereits Thomas Luckmanns *Die unsichtbare Religion*[47]; und auch für Charles Taylors *Ein säkulares Zeitalter*[48] ist eine säkularisierte Gesellschaft nicht dadurch gekennzeichnet, dass kaum mehr jemand an Gott glaubt, sondern dadurch, dass es möglich wird, nicht mehr an Gott zu glauben – eine Option, die den Menschen um 1500 kaum offen stand. Entsprechend spricht die ‚Rückkehr der Götter' im Medium der Literatur just in einem Moment, in dem in Wissenschaft, Technik und Politik weitestgehend „postreligiöse[-]"[49] Verhältnisse herrschen, für den Verlust von Religion im Sinne eines kollektiv verbindlichen und alle Daseinsbereiche des Menschen umfassenden Bezugsrahmens, nicht aber für das gänzliche Verschwinden von Religiosität als individueller Praxis. Als autonome künstlerische Sphäre entdeckt Literatur die Religion gerade zu einem Zeitpunkt, an dem sie als soziale Verbindlichkeit verloren gegangen ist, und hält ihrer Gegenwart einzelne, als „kulturelles Treibgut"[50] aufgelesene Versatzstücke als ihr ‚Anderes' entgegen.

Dass Gegenwartsliteratur dieses „Treibgut" (s. o.) aus dem Strom der Geschichte fischt, spricht wiederum dafür, dass historisch-fiktionale Erzähltexte

---

45 Vgl. dazu Charles Taylor: Die Formen des Religiösen in der Gegenwart. Übersetzt von Karin Wördemann. Frankfurt am Main 2002 [englisch 2002], S. 63.
46 Vgl. dazu Hartmut Lehmann: Säkularisierung. Der europäische Sonderweg in Sachen Religion. Göttingen 2004.
47 Thomas Luckmann. Die unsichtbare Religion. Frankfurt am Main 1991 [englisch 1967].
48 Charles Taylor: Ein säkulares Zeitalter. Übersetzt von Joachim Schulte. Frankfurt am Main 2009 [englisch 2007].
49 Hans-Joachim Höhn: Postreligiös oder postsäkular? Wo heute religiöse Bedürfnisse aufleben. In: Herder Korrespondenz Spezial: Renaissance der Religion. Mode oder Megathema, Oktober 2006, S. 2–6, hier S. 2.
50 Höhn: Postreligiös oder postsäkular?, S. 2.

im Rahmen ihrer eigenen Geschichtsbilder grundsätzlich am Säkularisierungspostulat festhalten, indem sie eine religiös konnotierte Vergangenheit von einer säkularen Gegenwart unterscheiden; zugleich verhalten sie sich dabei aber auch säkularisierungskritisch, indem sie auf die Leerstellen des modernen ‚Wissens' hinweisen, die sie einerseits mit dem ‚Glauben' der Religion, andererseits mit dem ‚Glauben-Machen' der Fiktion füllen wollen. Im Sinne der Fiktion geht es bei religiöser Motivik in Gegenwartsliteratur nicht primär um ‚Glauben' im Sinne eines religiösen Bekenntnisses, sondern um die Überzeugung von den Möglichkeiten der eigenen, narrativ-fiktionalen Form, die sie den rationalisierten Wissensformen der Gegenwart entgegenhalten und die mit religiösen Anschauungsformen und Anschauungsweisen korrelieren. Auch dass sie diese – wie in den drei oben erläuterten Beispielen – der Geschichte zuweisen, und nicht etwa in der je eigenen Gegenwart verorten, spricht dafür, dass es ihnen nicht so sehr um die Religion als solche geht, sondern um eine Art ‚Religion des Als-ob': Sie teilen die Formen und Anschauungsweisen, das sinnliche Potenzial und die Rätselhaftigkeiten der Religion, scheuen aber ihre Verbindlichkeit und Universalität.

Bibliographie

Albrecht, Andrea: Mathematisches Wissen und historisches Erzählen. Michael Köhlmeiers Roman *Abendland*. In: Gegenwartsliteratur 8 (2009), S. 192–217.
Assmann, Aleida: Ist die Zeit aus den Fugen? Aufstieg und Fall des Zeitregimes der Moderne. München 2013.
Auerochs, Bernd: Die Entstehung der Kunstreligion. Göttingen 2006.
Auerochs, Bernd: Literatur und Religion. In: Hans Dieter Betz et al. (Hg.): Religion in Geschichte und Gegenwart. Bd. 5, L-M. Tübingen 2008, Sp. 391–403.
Beck, Ulrich: Der eigene Gott. Von der Friedensfähigkeit und dem Gewaltpotenzial der Religionen. Frankfurt am Main 2008.
Blumenberg, Hans: Die Legitimität der Neuzeit. Erneuerte Ausgabe. Frankfurt am Main 1996 [1966].
Blumenberg, Hans: Höhlenausgänge. Frankfurt am Main 1996.
Braungart, Wolfgang: Die Geburt der modernen Ästhetik aus dem Geist der Theodizée. In: Ders., Gotthard Fuchs und Manfred Koch (Hg.): Ästhetische und religiöse Erfahrungen der Jahrhundertwenden. Bd. 1: um 1800. Paderborn [u. a.] 1997, S. 17–34.
Braungart, Wolfgang: Literatur und Religion in der Moderne. Studien. Paderborn 2016.
Fasthuber, Sebastian und Ilija Trojanow: Schöpfen aus Welterkenntnis. Ilija Trojanow im Gespräch. In: Der Standard, 11.04.2007, URL: http://derstandard.at/2838905/Schoepfen-aus-Weltkenntnis-Ilija-Trojanow-im-Gespraech, zuletzt besucht am 10.10.2018.
Graf, Friedrich Wilhelm: Die Wiederkehr der Götter. Religion in der modernen Kultur. München 2004.

Graf, Friedrich Wilhelm: Kampf um Aufmerksamkeit. Die Konkurrenz auf dem Markt der Religionen. In: Herder Korrespondenz Spezial: Renaissance der Religion. Mode oder Megathema, Oktober 2006, S. 20–27.
Gumbrecht, Hans Ulrich: Unsere breite Gegenwart. Berlin 2010.
Habermas Jürgen: Glauben und Wissen. Friedenspreisrede 2001. In: Ders.: Zeitdiagnosen. Zwölf Essays. Frankfurt am Main 2003, S. 249–262.
Höhn, Hans-Joachim: Postreligiös oder postsäkular? Wo heute religiöse Bedürfnisse aufleben. In: Herder Korrespondenz Spezial: Renaissance der Religion. Mode oder Megathema, Oktober 2006, S. 2–6.
Horstkotte, Silke: Poetische Parusie. Zur Rückkehr der Religion in die Gegenwartsliteratur. In: Norbert Otto Eke und Stefan Elit (Hg.): Deutschsprachige Literatur(en) seit 1989. Zeitschrift für deutsche Philologie, Sonderheft zum Bd. 131 (2012), S. 265–282.
Horstkotte, Silke: Den Tod nicht kosten. Patrick Roths *Sunrise* als moderne Gnosis. In: Scientia Poetica 17 (2013), S. 150–177.
Horstkotte, Silke: Heilige Wirklichkeit! Religiöse Dimensionen einer neuen Fantastik. In: Silke Horstkotte und Leonhard Herrmann (Hg.): Poetiken der Gegenwart. Deutschsprachige Romane nach 2000. (spectrum Literaturwissenschaft/spectrum Literature 37) Berlin/Boston 2013, S. 67–82.
Hoskote, Ranjit, und Ilija Trojanow: Kampfabsage. Kulturen bekämpfen sich nicht, sie fließen zusammen. München 2007.
Köhlmeier, Michael: Abendland. Roman. München 2009 [2007].
Köhlmeier, Michael: Die Abenteuer des Joel Spazierer. München 2013.
Langenhorst, Georg: „Ich gönne mir das Wort Gott". Annäherungen an Gott in der Gegenwartsliteratur. 2., aktualisierte und völlig überarbeitete Aufl. Freiburg [u. a.] 2014.
Lehmann, Hartmut: Säkularisierung. Der europäische Sonderweg in Sachen Religion. Göttingen 2004.
Lewitscharoff, Sibylle: Blumenberg. Roman. Berlin 2011.
Lewitscharoff, Sibylle: Vom Guten, Wahren und Schönen. Frankfurter und Züricher Poetikvorlesungen. Berlin 2012.
Luckmann, Thomas. Die unsichtbare Religion. Frankfurt am Main 1991 [englisch 1967].
Nehring, Andreas, und Regina Ammicht Qinn (Hg.): Religious Turns – Turning Religions. Veränderte kulturelle Diskurse – neue religiöse Wissensformen. Stuttgart 2008.
Riesebrodt, Martin: Die Rückkehr der Religionen. Fundamentalismus und der „Kampf der Kulturen". München 2000.
Sieg, Christian, und Martina Wagner-Egelhaaf: Einleitung. In: Dies. (Hg.): Autorschaften im Spannungsfeld von Religion und Politik. Würzburg 2014, S. 7–19.
Spaemann, Robert: Der letzte Gottesbeweis. Mit einer Einführung [...] und einem Kommentar [...] von Rolf Schönberger. München 2007.
Stosch, Klaus von, Sabine Schmitz und Michael Hofmann (Hg.): Kultur und Religion. Eine interdisziplinäre Bestandsaufnahme. Bielefeld 2016.
Taylor, Charles: Die Formen des Religiösen in der Gegenwart. Übersetzt von Karin Wördemann. Frankfurt am Main 2002 [englisch 2002].
Taylor, Charles: Ein säkulares Zeitalter. Übersetzt von Joachim Schulte. Frankfurt am Main 2009 [englisch 2007].
Trojanow, Ilija: Der Weltensammler. München 2006.
Trojanow, Ilija: Zu den heiligen Quellen des Islam. München 2014.
Weidner, Daniel (Hg.): Handbuch Literatur und Religion. Stuttgart 2016.

Weidner, Daniel (Hg.): Religion in Theorien der Literatur. In: Ders. (Hg.): Handbuch Literatur und Religion. Stuttgart 2016, S. 9–17.

Wohlrab-Sahr, Monika, und Marian Burchardt: Vielfältige Säkularitäten. Vorschlag zu einer vergleichenden Analyse religiös-säkularer Grenzziehungen. In: Denkströme. Journal der Sächsischen Akademie der Wissenschaften, H. 7 (2011), URL: http://www.denkstroeme.de/heft-7/s_53-71_wohlrab-sahr-burchardt, zuletzt besucht am 10.10.2018.

Zaimoglu, Feridun, und Ilija Trojanow: Ferne Nähe. Tübinger Poetik-Dozentur 2007. Künzelsau 2008.

II Romanhaftes Geschichtserzählen vom
  20. Jahrhundert

Stephan Jaeger
Im Streben nach Transnationalität und historischer Authentizität

Deutschsprachiges romanhaftes Geschichtserzählen vom Ersten Weltkrieg im 21. Jahrhundert in Literatur, Geschichtsschreibung, Museum und Film

Eine Renaissance des historischen Romans zum Ersten Weltkrieg sucht man im wiedervereinigten Deutschland und im zeitgenössischen Österreich auf den ersten Blick vergeblich, wohingegen im englisch- und französischsprachigen Raum immer wieder einzelne herausragende Romane zum Ersten Weltkrieg erscheinen.[1] Auch ein weiter ausgreifender Blick auf die nicht nur fiktionale, sondern auch faktuale Literatur, die um die Jubiläumsjahre 2014 bis 2018 erschienen ist, ergibt für den deutschsprachigen Raum relativ wenig. Der deutschsprachige Buchmarkt schien sich um den hundertjährigen Jahrestag des Kriegsausbruchs auf historiographische Texte zu beschränken, u. a. von Jörn Leonhard, Herfried Münkler, Ernst Piper, Olaf Jessen, Oliver Janz, Jörg Friedrich – hierzu gehören auch Übersetzungen wie die von Christopher Clarks Bestseller *Die Schlafwandler* (The Sleepwalkers. How Europe Went to War in 1914), die den Markt geradezu überschwemmten und für Geschichtsschreibung zum Teil beeindruckende Auflagenzahlen erzielten.[2] Hinzu treten einzelne,

---

[1] In der über siebzigseitigen Bibliographie von Nikolas Buck: Der deutschsprachige historische Roman 1985–2010/2011. Bibliographie. In: Hans-Edwin Friedrich (Hg.): Der historische Roman. Erkundung einer populären Gattung. (Beiträge zur Literatur und Literaturwissenschaft des 20. und 21. Jahrhunderts 23) Frankfurt am Main [u. a.] 2013, S. 257–330, werden keine sich explizit mit dem Ersten Weltkrieg auseinandersetzenden historischen Romane genannt. Auch die im Weiteren analysierten Romane von Baláka und Poschenrieder werden in der Bibliographie nicht aufgeführt.
[2] Jörn Leonhard: Die Büchse der Pandora. Geschichte des Ersten Weltkriegs. München 2014; Herfried Münkler: Der Große Krieg. Die Welt 1914 bis 1918. Berlin 2014; Ernst Piper: Nacht über Europa. Kulturgeschichte des Ersten Weltkriegs. Berlin 2013; Olaf Jessen: Verdun 1916. Urschlacht des Jahrhunderts. München 2014; Oliver Janz: 14. Der große Krieg. Frankfurt am Main/New York 2013; Jörg Friedrich: 14/18. Der Weg nach Versailles. Berlin 2014; Christopher Clark: Die Schlafwandler. Wie Europa in den ersten Weltkrieg zog. Übersetzt von Norbert Juraschitz. München 2013 [englisch 2012].

https://doi.org/10.1515/9783110541687-006

wiederaufgelegte autobiographische Erinnerungen und zahllose wiederaufgelegte Romane aus der Weimarer Republik.³

Diesem Desiderat wird im Folgenden in vier Schritten nachgegangen. Zuerst wird ein Überblick über deutschsprachige Romane gegeben, in denen der Erste Weltkrieg thematisiert wird. Diese in Bezug auf die Darstellung des Krieges und seiner Erfahrungen eher unbefriedigende Bestandsaufnahme wird mit den Erzählmöglichkeiten von in jüngster Zeit erschienenen Romanen und anderen Formen romanhaften Erzählens in anderen Sprachen kontrastiert. In einem zweiten Schritt beschäftigt sich dieser Aufsatz mit den Erzählweisen und Möglichkeiten von Beispielen der sehr erfolgreichen deutschsprachigen Geschichtsschreibung, die um das Jubiläumsjahr 2014 herum erschienen sind. Diese zeigt eine klare Tendenz zum Transnationalen, beschränkt sich aber vorwiegend auf argumentative Strukturerzählungen. In einem dritten Schritt werden dann mit Hans von Trothas *Czernin oder wie ich lernte den Ersten Weltkrieg zu verstehen* und Christoph Poschenrieders *Der Spiegelkasten* zwei Romane in den Blick genommen, die sich scheinbar ausgiebig mit dem Ersten Weltkrieg beschäftigen, doch letztlich, statt Geschichte zu verstehen, auf unterschiedliche Weise vornehmlich die Gegenwart widerspiegeln. Im vierten und letzten Schritt wird dann gezeigt, dass romanhaftes Geschichtserzählen im deutschsprachigen Raum weniger im historischen Roman zu finden ist, sondern hauptsächlich in anderen literarischen Formen (am Beispiel des Sonderheftes *August 1914* der Zeitschrift *die horen*), Geschichtsausstellungen (am Beispiel der Sonderausstellung *Der gefühlte Krieg* im Museum europäischer Kulturen in Berlin), und Dokumentarfilmen (am Beispiel von Jan Peters achtteiliger Dokumentarfilmserie *14 – Tagebücher des Ersten Weltkriegs*). Hier werden jeweils romanhafte

---

3 Auch die germanistische Forschung scheint mit dem Thema des Ersten Weltkriegs in der Gegenwartsliteratur wenig anfangen zu können. Zum Beispiel thematisiert der von Bernd Neumann und Gernot Wimmer herausgegebene Band: Der Erste Weltkrieg auf dem deutsch-europäischen Literaturfeld. (Schriften der Group2012 2) Wien [u. a.] 2017 keine deutsche Literatur, die nach dem Zweiten Weltkrieg entstanden ist. Der vielversprechende, von Martin Löschnigg und Marzena Sokołowska-Paryż herausgegebene Band: The Great War in Post-Memory Literature and Film (Media and Cultural Memory/Medien und kulturelle Erinnerung 18) Berlin 2014 diskutiert zwar Romane aus u. a. Kanada, Australien, Großbritannien und Irland sowie zahlreiche filmische Darstellungen, aber deutschsprachige Gegenwartstexte tauchen nur kurz im kolonialen Kontext auf, wobei in diesen Texten der Erste Weltkrieg vornehmlich als Kulisse dient. Ebenso diskutiert der von Hans-Heino Ewers herausgegebene Band: 1914/2014 – Erster Weltkrieg. Kriegskindheit und Kriegsjugend, Literatur, Erinnerungskultur. Frankfurt am Main [u. a.] 2016 für den deutschsprachigen Raum fast ausschließlich historische Kinder- und Jugendliteratur, während andere Länder auch mit Aufsätzen zur Kinder- und Jugendliteratur in der Gegenwart behandelt werden.

Darstellungsmittel wie immersive Erzählverfahren zur Schaffung historischer Authentizität bei gleichzeitiger Reflexion des Konstruktionscharakters von Geschichte eingesetzt. Zudem zeichnet sich eine klare Tendenz zum transnationalen Geschichtserzählen ab.

1 Der fehlende deutschsprachige Roman zum Ersten Weltkrieg im 21. Jahrhundert

Die wenigen existierenden Romane zum Ersten Weltkrieg aus dem 21. Jahrhundert weisen gerade im Vergleich zu Sachbüchern und historiographischen Texten geringe Verkaufszahlen auf, wie sich an der Amazon.de-Verkaufsliste ablesen lässt. Als ersten Romantext aus dem 21. Jahrhundert findet man dort, unter dem Stichwort ‚Erster Weltkrieg' nach Beliebtheit sortiert auf Platz 31 – nach zahllosen historiographischen Werken und Sachbüchern –, Angelika Felendas Kriminalroman *Der eiserne Sommer. Reitmeyers erster Fall* von 2014.[4] Bezeichnenderweise wird das Sujet dieses Romans von der nationalistischen Vorkriegsatmosphäre geprägt, und Reitmayers zweiter Fall setzt dann im Jahr 1920 ein, nachdem der Kommissar aus dem Krieg zurückgekehrt ist. Das Kriegsgeschehen selbst scheint dem populären Genre des historischen Kriminalromans weniger zu entsprechen. Einer der wenigen ‚klassischen' historischen Romane ist *Wie Blätter im Wind* von Edgar Andre, 2017 im Selbstverlag herausgebracht.[5] Dieser erste Teil einer Trilogie aus der Perspektive einfacher Menschen, u. a. des aus einer Arbeiterfamilie stammenden und als Soldat dienenden Hans Fülbert, versucht die Wochen vor Kriegsbeginn, den Krieg und die Revolutionsunruhen nach Kriegsende zu erzählen, beschränkt sich aber letztlich auf sehr einfache stereotype Perspektiven, was den Roman weder bei der Literaturkritik noch bei einem weiten belletristischen Publikum erfolgreich machen dürfte. Sätze wie „Doch der Weg ist lang, sehr lang sogar. Hans sieht, wie ein Soldat neben ihm von einer Mörsergranate regelrecht in Stücke gerissen wird. Blut- und Knochensplitter besudeln seine Uniform. Ihm wird übel und schon muss er sich im Voranstürmen übergeben"[6] zeigen, warum die deutschsprachigen Verlage lieber Romane der 1920er Jahre wieder auflegen. Eine Sprache für den Ersten Weltkrieg und einen den Erwartungen des 21. Jahrhunderts entsprechenden Zugang findet Andre nicht.

---

4 Vgl. www.amazon.de. Stand 05.09.2017. Angelika Felenda: Der eiserne Sommer. Reitmeyers erster Fall – Kriminalroman. Berlin 2016.
5 Edgar Andre: Wie Blätter im Wind. Historischer Roman. O. O. 2017.
6 Andre: Wie Blätter, S. 211.

Die meisten Romanversuche – bei der Bestandsaufnahme wurden Texte seit 2000 berücksichtigt – bewegen sich am Rande des Krieges und beschränken sich entweder auf deren Vorgeschichte, wie zum Beispiel Gerhard Seyfrieds Spionageroman *Verdammte Deutsche!*,[7] oder auf die direkten Nachwehen des Krieges, wie Bettina Balàkas Kriminalroman *Eisflüstern*, der im Wien der frühen zwanziger Jahre spielt.[8] *Eisflüstern* kreiert den aus sowjetischer Kriegsgefangenschaft nach Wien zurückkehrenden Kriminalkommissar und Oberleutnant Baltasar Beck, der von den Erinnerungen an die Gräuel des Kriegs verfolgt wird. Balàkas Roman ist einer der wenigen deutschsprachigen Romane über den Ersten Weltkrieg mit geschlossener Handlung in der Vergangenheit. Er verschmilzt vornehmlich die Gattungen von Kriegsheimkehrerroman und Kriminalroman miteinander. Atmosphärisch konzentriert sich der Roman auf die wirtschaftlichen und sozialen Herausforderungen der Nachkriegszeit, Antisemitismus einschließend. Der Erste Weltkrieg findet in Erinnerungen und seinen Nachwirkungen statt. Die Leser werden zu Detektiven, die das Kriegs- und vornehmlich Kriegsgefangenschaftstrauma des Protagonisten nachvollziehen zu versuchen, um zu verstehen, ob dieser selbst in die aufzuklärende Mordserie involviert ist.

Wenn ein Autor sich nach dem klassischen Modell des historischen Romans – mit fiktionaler Hauptfigur, detailtreuer, genau recherchierter Historie und Erörterung einer möglichen historischen Wirklichkeit – dem Thema nähert, handelt es vorwiegend von politischen Anekdoten. Dies wird gerade in Steffen Kopetzkys vielbesprochenem Roman *Risiko* von 2015 deutlich, in dem es um eine Afghanistanexpedition geht, mit der die Deutschen die islamische Welt zum Angriff auf Britisch-Indien bewegen wollten.[9] In Burkhard Spinnens zwischen Abenteuergeschichte und Novellenzyklus changierendem Roman *Zacharias Katz*[10] wird der Erste Weltkrieg mehr zur Kulisse von Identitätsgeschichten, was eine durchaus originelle anekdotische Reflexion des Erzählens ermöglicht. Um den Ersten Weltkrieg – aus militärischer oder ziviler Sicht – bzw. um die Frage, wie diesem im 21. Jahrhundert erzählerisch zu begegnen sei, geht es aber in allen diesen Romanen nur am Rande. Die einzige, historische Realität durch fiktive Figuren erzeugende Ausnahme davon bilden Jugendromane wie Elisabeth Zöllers *Der Krieg ist ein Menschenfresser*,[11] der sich explizit auf

---

7 Gerhard Seyfried: Verdammte Deutsche! Roman. München 2012.
8 Bettina Balàka: Eisflüstern. Roman. Graz 2006.
9 Steffen Kopetzky: Risiko. Roman. Stuttgart 2015. Die genau recherchierte Historie wird bei Kopetzky durch das utopische Ende eines uchronischen Waffenstillstandes in Verdun im Jahr 1916 gebrochen.
10 Burkhard Spinnen: Zacharias Katz. Roman. Frankfurt am Main 2014.
11 Elisabeth Zöller: Der Krieg ist ein Menschenfresser. München 2014.

grundlegende Soldatenerfahrungen: die Entscheidung zu töten und das Leiden im Krieg konzentriert, oder Herbert Günthers *Zeit der großen Worte*,[12] der aus der Perspektive eines 14-jährigen an der Heimatfront zeigt, wie der Krieg das Leben zunehmend verändert. Schließlich gibt es eine Unmenge an rein belletristischen Bestsellern, die um die Zeit des Ersten Weltkrieges angesiedelt sind, in denen aber der historische Hintergrund letztlich beliebige Kulisse für populäre Unterhaltungsgenres wie den Liebes- oder den Abenteuerroman bleibt. So verlässt der Leser deutschsprachiger Literatur schnell das 21. Jahrhundert, wenn er romanhaftes Erzählen des Ersten Weltkriegs entdecken will, und gelangt zum Beispiel zu Walter Kempowskis erstem Teil seiner Deutschen Chronik, *Aus großer Zeit*[13] von 1978, der in einer dokumentarisch-autobiographischen Montage, die mit der Spannung zwischen Chronik, Geschichtsschreibung und Roman spielt, ein Panorama der Zeit vor und im Ersten Weltkrieg schafft.

Am auffälligsten ist diese relative Vermeidung des Ersten Weltkrieges im deutschsprachigen Roman des 21. Jahrhunderts, wenn man sich jüngste französische Veröffentlichungen ansieht. Hier fallen zwei sehr erfolgreiche und viel besprochene Typen des Erzählens ins Auge: einerseits der realistische, aber multiperspektivische Roman, andererseits der metafiktionale, reflexive Roman, der sich stärker an postmodernen Erzählweisen orientiert. Ersterer Typ wird am deutlichsten durch Pierre Lemaitres *Wir sehen uns dort oben*[14] (im Original *Au revoir là-haut*) repräsentiert. Dieser Roman stellt eine zeitlich abgeschlossene Handlung dar, die 1921 endet. Er setzt sich, von den letzten absurden Kriegstagen ausgehend, mit den Nachwirkungen des Krieges zwischen Kriegsversehrtheit, Tod, Erinnerung und deren Verwaltung in der französischen Nachkriegsgesellschaft auseinander. Originell ist Lemaitres Roman wegen seines historischen Stoffs – im Identitätstausch zwischen den Figuren und der Art, wie das Kriegsgedenken zu einem Geschäft gemacht wird[15] –, den er im tragikomischen Dreiecksverhältnis der beiden Soldaten Albert Maillard und Édouard Péricourt und ihres die Schurkenrolle einnehmenden Vorgesetzten Henri d'Aulnay-Pradelle zur Sprache bringt. Ähnlich geschlossen ist die Handlung in Avi Primors Roman *Süß und*

---

12 Herbert Günther: Zeit der großen Worte. Hildesheim 2014.
13 Walter Kempowski: Aus großer Zeit. Roman. München 1996 [1978].
14 Pierre Lemaitre: Wir sehen uns dort oben. Roman. Übersetzt von Antje Peter. Stuttgart 2014 [französisch 2013].
15 Dass Lemaitre ein entscheidendes Element des Geschichtsstoffes, den Betrug mit Gefallenendenkmälern, einfach erfindet (vgl. Wir sehen uns dort oben, S. 519), verhindert nicht, dass der Roman als Geschichtserzählen über die Effekte des Ersten Weltkriegs verstanden werden kann.

ehrenvoll[16] (aus dem Hebräischen übersetzt), der von den Geschichten eines deutsch-jüdischen und eines französisch-jüdischen Soldaten lebt. Auch hier liegt jenseits kurzer Vorausdeutungen auf das spätere Leben historischer Persönlichkeiten am Ende des Romans eine zeitlich geschlossene Romanhandlung vor. Jenseits der realistischen Erzählweise ist es gerade die multiperspektivische Darstellung von Figuren und Erzählern und Zeitebenen, die realistische Innenperspektiven des Krieges schafft. Dies geschieht auch im Roman *Three Day Road*[17] des Kanadiers Joseph Boyden (dt. *Der lange Weg*). Um die Fronterlebnisse aus der Perspektive des indigenen kanadischen Scharfschützen Xavier realistisch erzählen zu können, benötigt der Roman die beiden anderen Erzählperspektiven der Gedanken und Erinnerungen von Xavier und der seiner Tante Niska, nach Xaviers Rückkehr nach Kanada. Der Beginn des Kapitels „Naatamaasowin – Revenge" zeigt eine Sprache, die im – zumindest bei entweder der Kritik oder dem Publikum erfolgreichen – deutschen romanhaften Geschichtserzählen vom Ersten Weltkrieg nur schwer vorstellbar ist:

> The frequency of German fire from behind their steel plates drops off almost completely in the next days, and this is proof enough to McCaan and Lieutenant Breech that Elijah [der andere indigene Held, Xaviers Kamerad und der beste Scharfschütze im Roman] and I [Xavier] are accomplishing what we need to. We come in for a little food and rest and the others ask if it is Sean Patrick's killer we have gotten. We shake our heads and explain that he does not work from the trenches but is somewhere behind, where he has a better view of the Canadians. Elijah warns everyone to keep their heads down.[18]

Der Leser befindet sich direkt in der gegenwärtig stattfindenden Kriegshandlung einer abgeschlossenen Vergangenheit, mit anderen Worten: Man kann sich durch Empathie in die Perspektive der Soldaten hineinfühlen. Boydens multiperspektivischer Ansatz bringt in den beiden anderen Perspektiven auch das Traumatische von Krieg und der Behandlung indigener Menschen in Kanada zur Sprache, aber wesentliche Teile des Romans werden in geschlossener vergangener Romanhandlung erzählt, die die Illusion einer erzählerischen Einheit in der Vergangenheit weckt.

Deutlich stärker an der Frage ausgerichtet, wie man den Ersten Weltkrieg erzählen kann, ist Jean Echenoz' *14*,[19] der sich als postmoderner Roman oder

---

16 Avi Primor: Süß und ehrenvoll. Übersetzt von Beate Esther von Schwarze. Roman. Köln 2013.
17 Joseph Boyden: Three Day Road. Harmondsworth 2005.
18 Boyden, Three Day Road, S. 119.
19 Jean Echenoz: 14. Roman. Übersetzt von Hinrich Schmidt-Henkel. Berlin 2014 [französisch 2012].

subversiver Antiroman lesen lässt und darauf reagiert, dass „[d]er Erste Weltkrieg [...] heute nicht mehr mit traditionellen Romanmitteln darstellbar"[20] sei. Ähnlich funktioniert Éric Vuillards *Ballade vom Abendland*[21] (im Original *La bataille d'Occident*), ein Text, in dem die Gattungsdefinition des historischen Romans, zumindest die einfache Unterscheidung zwischen dem sogenannten ‚traditionellen' oder ‚üblichen' Typ des historischen Romans und dem ‚anderen' oder ‚modernen' Typ[22] vollends zusammenbricht. Die Hauptfigur des historischen Romans, die entweder eine buchstäbliche Zeitreise unternimmt oder im übertragenen Sinne einer Zeitreise dem Leser das Einfühlen in die Vergangenheit erlaubt, ist hier verschwunden. Einzelne historische Akteure und Episoden werden fast lyrisch vorgestellt; der Leser ist näher am Attentat auf Erzherzog Ferdinand dabei als in jeder Geschichtsschreibung und sich zugleich der extremen Künstlichkeit des Textes bewusst: „Eine zweite Kugel sauste durch die Luft und traf den Hals des Erzherzogs. Er legte die Hand auf die Wunde. Das Wetter war schön, die Bäume waren grün, die Menge war dicht, wohlgesonnen; er wunderte sich."[23] Fast essayistisch in kleinen Episoden gleitet der Erzähler mal in Zeitlupe, oft im Zeitraffer durch die Geschichte, zum Beispiel:

> Es geht weiter. 1915, 16, 17. Man tötet sich ohne sich zu sehen. Die Bäume schälen sich. Die Maschinengewehre spulen ihre ununterbrochenen bösen Wortsalven ab, dann sind es Flammenwerfer, Feuerzungen, die den Feind anzüngeln wie der Drache aus den Sagen.[24]

---

20 Echenoz: 14, Klappentext.
21 Éric Vuillard: Ballade vom Abendland. Übersetzt von Nicola Denis. Berlin 2014 [französisch 2012].
22 Vgl. Hans Vilmar Geppert: Der ‚andere' historische Roman. Theorie und Strukturen einer diskontinuierlichen Gattung. (Studien zur deutschen Literatur 42) Tübingen 1976; Hugo Aust: Der historische Roman. (Sammlung Metzler 278) Stuttgart/Weimar 1994, v. a. S. 42. Auch wenn dieser Aufsatz es für sinnvoller hält, die Gattungsschablone ‚historischer Roman' zum romanhaften Geschichtserzählen hin zu öffnen, sei Ansgar Nünnings Überlegung, „eine kommunikationstheoretische Skalierung des historischen Romans" zu schaffen, was die Beschreibung der „Relationierung und Gestaltung der Erzählebenen" ermöglicht, als dynamischer Ansatz erwähnt; siehe hierzu zusammenfassend Ansgar Nünning: Kriterien der Gattungsbestimmung und Typologie narrativ-fiktionaler Gattungen am Beispiel des historischen Romans. In: Marion Gymnich, Birgit Neumann und ders. (Hg.): Gattungstheorie und Gattungsgeschichte. (ELCH 28) Trier 2007, S. 73–99, hier S. 94. Die französischen Texte von Echenoz und Vuillard in ihrem Hyper-Realismus zeigen aber auch, dass es metafiktionale Realismusoptionen des Geschichtserzählens gibt.
23 Vuillard: Ballade, S. 53.
24 Vuillard: Ballade, S. 127.

Hier wird die Verdichtung zum Satz; die Wortsalven, Feuerzungen und Sagen lassen Sprache und maschinelle Schreckensversionen verschmelzen. Wenn auch parataktisch im Untertitel explizit kein Roman, zeigt Vuillard eine grundlegende Möglichkeit der präsentischen Form historischen Erzählens über den Ersten Weltkrieg, das sich als romanhaftes Geschichtserzählen fassen lässt. Der Leser ist dabei und fühlt sich zugleich als unangemessener Voyeur.

Echenoz' *14* erscheint stärker als Vuillards Text als historischer Roman; schließlich verbindet er eine historische Rahmenwelt mit den privaten Schicksalen sechs fiktiver Figuren. Keiner Figur kommt allerdings je eine bestimmende Perspektive zu. Stattdessen schafft es der Roman, völlige Belanglosigkeiten erzählerisch mit substantiellen Kriegserfahrungen, z. B. dem zunehmenden Feststecken der Infanterie in Regen und Schlamm, zu verbinden und damit erzählerische Distanz und eine Perspektive zu erzeugen, die den Leser in verdichteter Form – man erlebt scheinbar auf gut 100 Seiten den ganzen Ersten Weltkrieg – das gesamte Spektrum der in diesem Krieg erzeugten Emotionen erfahren lässt. Als ein konkretes Beispiel sei die ohne Zweifel vom Nouveau Roman angeregte Darstellung von Charles' Tod in einem Luftkampf im siebten Kapitel genannt. Der Erzähler nähert sich mit dem Leser, extern fokalisiert, scheinbar einem Insekt, das sich letztlich als Flugzeug entpuppt. Auch der Gegner erscheint als Mücke, nicht mehr deutlich, ob für die beiden Insassen des Flugzeugs intern fokalisiert oder extern vom Erzähler für den Leser. Am Ende scheint der Leser mit Charles den Tod zu erleben:

> [U]nd Charles, mit weit aufgerissenen Augen, [...] den Boden nahen sieht, auf dem er zerschellen wird, bei voller Geschwindigkeit und ohne andere Alternative als seinen bevorstehenden, unvermeidlichen Tod vor Augen [...].[25]

Der Leser befindet sich im Bewusstsein der Figur und zugleich beobachtet er sie mit dem lakonischen Allgemeinwissen des Erzählers von außen. Der Tod des Einzelnen kann die Essenz des Todes von vielen im Ersten Weltkrieg bedeuten, wobei es der lakonisch-ironische Stil nicht zulässt, sich mit den sechs Hauptfiguren zu identifizieren.

Kehrt man nach dieser ersten Bestandsaufnahme zurück zum deutschsprachigen romanhaften Geschichtserzählen über den Ersten Weltkrieg, so ergibt sich der Eindruck, dass die Darstellung der Geschichte, die sich damals gerade erst vollzogen hatte, in Texten von Remarque, Zweig, Jünger und anderen aus den 1920er und 30er Jahren, und die darauffolgende Überlagerung durch den Zweiten Weltkrieg, den deutschsprachigen Bedarf an fiktionalen Auseinandersetzungen

---

[25] Echenoz: 14, S. 56.

mit dem Ersten Weltkrieg an sich gedeckt haben. Dies scheint wie gesehen sowohl für historische Romane, die eine historische Illusion des Vergangenen realistisch schaffen, als auch für diejenigen, die die Möglichkeiten des Erzählens der Geschichte selbstreflexiv erörtern, zu gelten. In einem ersten Überblick über die Grundfragen zum romanhaften Geschichtserzählen, die in diesem Buch untersucht werden, bleibt festzuhalten, dass zumindest auf den ersten Blick weder historische Romane im Scottschen Sinne noch moderne ‚andere' historische Romane noch metareflexive oder postmodern-spielerische Romane, die Geschichten statt Geschichte betonen, zu entdecken sind. Dies gilt sowohl für Texte, die in der Literaturkritik als anspruchsvolle Literatur gefeiert werden, als auch für eher beim Massenpublikum erfolgreiche Romane und Erzähltexte. Weiterhin ist zu beobachten, dass die Hybridisierung der Gattung ‚historischer Roman' mit erzählten Sachtexten, Familien- und Generationenromanen, Geschichtsschreibung und Autobiographie[26] für neueres Geschichtserzählen über den Ersten Weltkrieg ebenfalls wenig ausgeprägt zu sein scheint. Das bei Vuillard und Echenoz zu sehende Phänomen, Lyrik bzw. Roman und Faktualität miteinander zu verschmelzen, ist in keinem deutschsprachigen Text zu finden.

2 Der Erste Weltkrieg in der Historiographie des 21. Jahrhunderts

Bevor der Frage, welche neuen Fiktionen über den Ersten Weltkrieg im 21. Jahrhundert geschaffen werden, an weiteren konkreten Beispielen nachgegangen werden soll, bietet es sich an, das Phänomen der erfolgreichen historiographischen Großerzählungen genauer anzusehen.[27] Während diese durchaus interessante Darstellungstechniken beinhalten, um den Stoff ‚Erster Weltkrieg' bewältigen zu können, steht bei keinem der einschlägigen Texte in Frage, dass sie dem Diskurs der Geschichtsschreibung angehören und einen historischen Wahrhaftigkeitsanspruch vertreten, also keinen eigenständigen fiktionalen Raum erstellen. Auffällig ist auch, dass die neuere Geschichtsschreibung sehr an

---

26 Vgl. u. a. den Beitrag von Robert Forkel in diesem Band.
27 Die historiographischen Großerzählungen des Ersten Weltkriegs (vgl. Anmerkung 2) entstammen einer Vielfalt unterschiedlicher Diskurse zwischen fachwissenschaftlichem und populärwissenschaftlichem Diskurs: Die Autoren reichen von Historikern mit Universitätslehrstühlen (Janz, Leonhard sowie Clark), Politologen (Münkler), Verlegern (Piper, der zugleich habilitierter Historiker ist), freiberuflichen Historikern (Jessen) bis zu Autoren von historischen Sachbüchern (Friedrich).

der Erklärung von Ursache-Wirkungs-Konstellationen interessiert ist, sodass auf logischen Argumenten basierende Welten erzählt werden. Die interessantesten Neuerungen werden stofflich begründet: einerseits in neuen oder anders betonten Themen, Kausalitäten und Interpretationen, andererseits durch eine Hervorhebung von transnationalem, europäischem und universellem Geschehen.[28] Europa und die Welt, jeweils mit starker deutscher Beteiligung, dominieren eine mögliche nationale Perspektive des Deutschen Reichs oder Österreich-Ungarns. Herfried Münklers 900-Seiten-Werk *Der Große Krieg* trägt den Untertitel: *Die Welt 1914–1918*. Wie in den meisten Geschichtswerken der letzten Jahre liegt der Fokus der Erzählung auf den eigentlichen Kriegsjahren. Münkler ergänzt dies aus politikwissenschaftlicher Perspektive um ein Schlusskapitel „Der Erste Weltkrieg als politische Herausforderung", das in aller Kürze kollektive Gedächtnisgeschichte bis in die Gegenwart umreißt und zum Beispiel die Rolle des heutigen Chinas mit dem Wilhelminischen Deutschland vergleicht. Ob Münkler, Piper oder Leonhard, alle schreiben eine klassische Meistererzählung, die sie aus erzählerischer Distanz synthetisch kontrollieren. Innerhalb des Erzählraums kommen durchaus vielfältige Stimmen zu Wort, und es werden kurzzeitig kollektive Perspektiven für Zivilbevölkerung und Militär unterschiedlicher Länder und Gruppen geschaffen. Allerdings sind diese nie ausgeprägt genug, um eine Eigenwirklichkeit des Erzählten zu erzeugen. Ernst Pipers Kulturgeschichte lässt mehr Geschichten in der Regel durch Intellektuelle und Künstler zur Sprache kommen und integriert stärker die historische Wahrnehmung von Geschichte in seine Erzählung. Er nutzt vielfach immersive Darstellungstechniken wie zum Beispiel den Einstieg in das Kapitel „Die Ideen von 1917" mit den Worten Rosa Luxemburgs,[29] doch bleiben diese szenischen Einschübe einer synthetischen Faktenerzählung untergeordnet. Letztlich dominiert das historische Argument jegliche historische Erfahrungshaftigkeit. Zwar scheint der Erste Weltkrieg das Bedürfnis an großen Geschichtserzählungen im Rahmen der hundertjährigen Jahrestage von Kriegsereignissen wieder geweckt zu haben, doch für den Leser entstehen in der Regel keine Illusionen des Geschehens; sei es, um die Wirklichkeit der historischen Personen, sei es, um durch historische Kollektiva oder als simulierte Effekte die damalige Zeit mitzuerleben.

---

[28] Die Tendenz zum Transnationalen wird auch geschichtspolitisch deutlich, z. B. im 2014 fertiggestellten Gefallenenmahnmal Notre-Dame-de-Lorette, in dem am Rande des dortigen Soldatenfriedhofs gemeinsam der Toten der Engländer (und aller Commonwealth-Länder), Franzosen (und des französischen Kolonialreichs) und Deutschen gedacht wird. Ein anderes Beispiel ist die 2017 in Hartmannswillerkopf im Elsass eröffnete erste deutsch-französische Gedenkstätte, in der an die Toten des Ersten Weltkriegs erinnert wird.
[29] Piper: Nacht über Europa, S. 396.

Dies sei an Jörn Leonhards noch umfangreicherem 1050-Seiten-Werk *Die Büchse der Pandora* kurz erläutert. Die Meistererzählung Leonhards funktioniert transnational. Der Historiker wählt systematische Themen wie „Abnutzen und Durchhalten. 1916", um die Ereignisse in verschiedenen Ländern zusammenzuführen. Die Frage von Freund und Feind verschwindet hinter der präzisen, gruppen- und grenzübergreifenden Strukturerzählung: Hierzu seien drei Beispiele aus Leonhards Text kurz angeführt: die Hungererfahrung an der Heimatfront, die ärztliche Behandlung neurologischer Symptome und die Kampferfahrung an der Front. Leonhard schreibt über die deutsche Heimatfront:

> Für die subjektive Wahrnehmung werden Hunger und Mangel entscheidende Kennzeichen der Heimatfront. Seit Ende 1914 waren erhebliche Mangelerscheinungen an der Tagesordnung, und bereits 1915 wurde die schleichende Kriminalisierung des Alltags [...] in den Berichten der Polizeipräsidenten als Problem der öffentlichen Wahrnehmung wahrgenommen.[30]

Es folgen zusammengefasste Quellenbelege des Heidelberger Historikers Karl Hampe und von Reichskanzler Bethmann Hollweg. Geschichte wird also nicht zur Darstellung gebracht, sondern in Strukturerzählung argumentativ beschrieben. Ähnlich beschreibt Leonhard die Reaktion auf die neurologischen Folgen des Krieges. Er hält schlussfolgernd für alle Kriegsseiten fest:

> Die Kriegsneurotiker repräsentieren in dieser Wahrnehmung einen zutiefst unmännlichen und dem Ideal soldatischer Willensstärke und Selbstkontrolle widersprechenden Zustand, einen Zusammenbruch der individuellen Disziplin, einen unbeherrschbar gewordenen Körper.[31]

Es handelt sich bei Leonard also nie um die Erfahrung individueller historischer Personen. Einzelne Quellenstimmen ebenso wie die Konstruktion von Gruppenkollektiven werden analytisch und funktional von der synthetisierten und distanzierten Historikerstimme eingesetzt. Die klassische Erwartung an eine Geschichtsschreibung, die sich romanhafter Darstellungsformen bedient, wäre es, die Erfahrung der Soldaten im Kampf bzw. an der Front anschaulich zu machen, zum Beispiel im Teilkapitel „Die Grenzen der Belastung: Die Soldaten des Jahres 1917 zwischen Devianz und Protest, Gefangenschaft und Politik".[32] Leonhard analysiert hingegen die Belastungsgrenzen der Soldaten und Meutereien in Frankreich und Deutschland.

---

30 Leonhard: Büchse der Pandora, S. 519.
31 Leonhard: Büchse der Pandora, S. 571.
32 Leonhard: Büchse der Pandora, S. 634–651.

Wiederum wird Erfahrung in der historischen Analyse synthetisch in Argumente aufgehoben. Ähnlich schildert Leonhard das Leben im Felde zwischen Latrine und Bordell; einige Einzelbeobachtungen und autobiographisch-literarische Quellen führen zu einer strukturellen Zusammenfassung der Bedingungen auf beiden Kriegsseiten an der Westfront. Dem Leser werden interessante Beobachtungen und Argumente angeboten, aber keine Erfahrungen des Krieges. Mit der Terminologie von Beatrix van Dam in diesem Buch lässt sich festhalten, dass Leonhard auf immersive Erzählverfahren weitestgehend verzichtet. Leonhard schafft keine Erzählillusionen,[33] simuliert weder historische Erfahrungen noch historische Prozesse; er erzählt eine abgeschlossene Vergangenheit, wobei der transnationale, europäische Rahmen und viele Unterthemen die Themenauswahl ambitioniert wirken lassen. Es finden sich auch keine Methodenreflexion oder Subjektivierung der Erzählerstimme; es bleibt bei einem klassischen *covert narrator*.[34] Es besteht kein Zweifel, dass Leonhard wie viele deutschsprachige Historiker gut erzählt, um sein über 1000-seitiges Werk lesbar zu machen. Die Auswahl von Stoffen und die größtenteils chronologische Strukturierung der thematischen Episoden sowie die auf viele Länder bezogene Themenvielfalt scheinen beim Publikum sehr erfolgreich zu sein. Allerdings schaffen diese Erzählstrategien, wie gezeigt, keine textuellen Eigenwelten.[35]

Der Erfolg der deutschen bzw. deutschsprachigen Geschichtsschreibung zum Ersten Weltkrieg scheint also auf einem Interesse an historischen Themen und Fakten zu beruhen, die es historiographischen Strukturerzählungen erlaubt, neue transnationale Strukturen über den Ersten Weltkrieg zu erschließen und zu erzählen. Passiert nun etwas Vergleichbares in fiktionalen Geschichtserzählungen? Können diese ebenfalls eine Sprache finden, die einen neuen Zugang auf ähnliche transnationale Phänomene schafft und sich von den Kriegs- und

---

[33] Vgl. auch Beatrix van Dam: Geschichte erzählen. Repräsentation von Vergangenheit in deutschen und niederländischen Texten der Gegenwart. (Studien zur deutschen Literatur 211) Berlin/Boston 2016, S. 74–88.

[34] Für einen narratologischen Überblick von Verfahren in der Geschichtsschreibung siehe Stephan Jaeger: Erzählen im historiographischen Diskurs. In: Christian Klein und Matías Martínez (Hg.): Wirklichkeitserzählungen. Felder, Formen und Funktionen nicht-literarischen Erzählens. Stuttgart/Weimar 2009, S. 110–135.

[35] Zu poetischen, also schaffenden Qualitäten von Geschichtsschreibung, sodass sie trotz Referentialitätskriterium ästhetische Eigenwelten erzeugen kann, siehe Stephan Jaeger: Poietic Worlds and Experientiality in Historiographic Narrative. In: Julia Nitz und Sandra Harbert Petrulionis (Hg.): SPIEL (Siegener Periodicum zur Internationalen Empirischen Literaturwissenschaft). Sonderheft Towards a Historiographic Narratology 30 (2011) H. 1, S. 29–50.

Antikriegsromanen der 1920er Jahre unterscheidet? Ist es hierfür unabdingbar, dass die zumindest teilweise fiktive Handlung in einen realistischen, historisch korrekten Kontext eingebettet ist, oder muss die Handlung nur historisch wahrscheinlich bzw. möglich sein?

3 Deutschsprachige historische Romane des 21. Jahrhundert: Trotha und Poschenrieder

Im dritten Schritt sollen nun zwei der wenigen jüngeren deutschsprachigen historischen Romane, die den Ersten Weltkrieg nicht nur peripher behandeln, in den Blick genommen werden: Hans von Trothas *Czernin oder wie ich lernte, den Ersten Weltkrieg zu verstehen*[36] und Christoph Poschenrieders *Der Spiegelkasten*.[37] Trothas Montageroman inszeniert aus der Erinnerungsperspektive und Spurensuche der vierten Generation ein selbstreflexives Panorama des Habsburgischen Kaiserreichs und des Ersten Weltkriegs. Er beginnt mit dem Mauerfall 1989 und der Hauptfigur Max von Andersleben in Berlin, der unter mysteriösen Umständen in den Besitz von brisanten Papieren kommt, die seinem Urgroßvater und dem vorletzten Außenminister der österreichisch-ungarischen Monarchie, dem Grafen Ottokar Czernin, gehörten. Czernin stolperte in Geschichte und Roman über die sogenannte Sixtus-Affäre, das Bekanntwerden der geheimen Verhandlungen, die Österreich-Ungarn vor allem mit Frankreich führte. Zunehmend wird der zuerst desinteressierte Max in eine Spurensuche nach seinem Urgroßvater verstrickt. Der Roman verknüpft dabei drei unterschiedliche Erzählebenen: Max' Spurensuche, die ihn letztlich nach Wien in die Archive führt; eine Darstellung der Geschehnisse im Leben Graf Czernins durch einen Er-Erzähler mit Perspektivenwechseln, oft aus der Perspektive Czernins; und schließlich in der Länge variierende Texte, die als historische Dokumente präsentiert werden. Das Modell der vierten Generation, die angeregt von der zweiten Generation (hier Max' Großmutter) Geschichte versteht, zeigt ein grundlegendes Modell, wie heute aus Sicht der damaligen Mittelmächte historische Ereignisgeschichte erzählt werden kann, nicht als reines Ereignis im historischen Präsens, sondern im Modus einer Detektivgeschichte, die über Generationen hinweg das Vergangene mehr oder

---

36 Hans von Trotha: Czernin oder wie ich lernte, den Ersten Weltkrieg zu verstehen. Roman. Berlin 2013.
37 Christoph Poschenrieder: Der Spiegelkasten. Roman. Zürich 2011.

weniger erfolgreich zu erhellen sucht.[38] Trotha verbindet lose die Themen der beiden Haupterzählstränge und lässt Max und Czernin assoziativ miteinander verschmelzen, zum Beispiel indem sie beide am Schreibtisch sitzen oder wenn Max mit dem Zug nach Wien ins Archiv fährt, während Czernin im Zug von Friedensverhandlung zu Friedensverhandlung reist und im Eisenbahnwaggon den Frieden von Brest-Litowsk aushandelt.

Poschenrieders *Der Spiegelkasten* verwendet eine Trothas Methode ähnliche, stilistisch letztlich elegantere Form. Der Roman springt zwischen zwei Perspektiven hin und her: einerseits der eines namenlosen Ich-Erzählers in der Gegenwart, der an seinem Job als Medienanalytiker und der Umstellung von Papier- auf Onlinequellen leidet und dies dadurch kompensiert, dass er sich auf die Photoalben seines Großonkels Ismar Manneberg konzentriert und sich in Internetforen zum Ersten-Weltkriegs-Experten entwickelt, andererseits auf den deutsch-jüdischen Leutnant Ismar Manneberg, dessen Kriegserlebnisse in der dritten Person, größtenteils als erlebte Rede, dargestellt werden. Der Ich-Erzähler besitzt fünf Photoalben seines Großonkels; eines zeigt verschwommen den sogenannten Spiegelkasten. Wie bei Trotha eröffnet die doppelte Zeitfiktion den Zugang zum Vergangenen. Die Erzählstränge laufen für die jeweiligen Figuren unabhängig voneinander ab; wodurch es dem Leser überlassen bleibt, das Wissen, das den Figuren fehlt, zu ergänzen und die Parallelgeschichten und parallelen Darstellungstechniken zu erkennen. Der Spiegelkasten wurde historisch eigentlich in der Neurologie in den 1990er-Jahren von Vilayanur S. Ramachandran entwickelt und ist bis heute umstritten. Bei Poschenrieder wird er zu einem Instrument des deutschen Arztes Karamchand, der durch einen Zufall, weil er Manneberg den Spiegelkasten erklärt hat, von einer Granate auf einer Straßenkreuzung getötet wird.[39] Es handelt sich um ein therapeutisches Hilfsmittel zur Behandlung Amputierter, das diesen die Existenz des fehlenden Körperteils simuliert, wodurch Phantomschmerzen nachlassen. Der Spiegelkasten verbindet als Motiv beide Erzählebenen; sein illusionistisches Verfahren wird zum poetischen Vehikel multipler Spiegelungen zwischen diesen.

Dies zeigt auch, dass ein zentraler Unterschied zwischen den beiden Texten in der Realismusoption besteht. Anders als Mannebergs Geschichte ist Czernins historische Geschichte auch für sich lesbar und erlaubt dem Historiographen, die Wahrscheinlichkeit dieser Fiktion zu überprüfen. Zugleich unterläuft der

---

[38] Einschränkend ist hierbei für Österreich natürlich zu berücksichtigen, dass der Erste Weltkrieg mit seiner symbolischen Bedeutung des Untergangs der k.u.k. Monarchie in anderer Form als aus deutscher Perspektive vom Zweiten Weltkrieg überschattet wurde.
[39] Poschenrieder: Spiegelkasten, S. 130.

Roman jedoch durch die extreme imaginierte Nähe zu seiner Hauptfigur, wodurch die Zufälle und Absurditäten Czernins deutlich zu Tage gebracht werden, jede historiographische Wahrhaftigkeit, beispielsweise in so lakonischen Sätzen wie: „Überwältigt von den Ereignissen und den letzten Auswirkungen der Influenza, war der Graf Czernin gerade dabei, seinen Eintritt in die Weltgeschichte zu verpassen."[40] Die Zuverlässigkeit historischen Erzählens wird dekonstruiert. Hingegen bleibt Max in der zur Verschwörungsgeschichte ausartenden Suche nach den Dokumenten seines Urgroßvaters erfolglos. Letztlich scheinen die Dokumente zwar seinen Urgroßvater zu entlasten, aber die wenigen neuen Informationen haben kein wirkliches Publikum. Den mysteriösen Hintermännern, die eine Czernin-Tagung in New York erfunden haben, vermeintlich im Namen der weiterzuführenden Monarchie, geht es letztlich nur darum, an eine Kennnummer für einen Banksafe zu kommen, in dem 20 Millionen Schweizer Franken lagern. Und Max findet zwar durch Zufall die Nummer, doch vergisst er in der Vereinigung mit seiner geliebten Fiona und dem neuen Reichtum die Historie, womit er wie sein Urgroßvater daran scheitert, den Verlauf von Geschichte zu beeinflussen. Zuvor fühlte sich Max bisweilen ganz nah daran, Geschichte zu machen, nicht nur zu studieren,[41] und damit dem Credo seines Urgroßvaters nachzukommen: „Geschichte machen heißt Geschichte schreiben. Sonst schreiben sie andere. Niemals den anderen die Deutung überlassen."[42] Zudem übersieht Max das Telegramm über den Tod der Großmutter, also der letzten Verbindung zur Geschichte. Interpretiert man nun den zweiten Teil des Titels des Romans „oder wie ich lernte, den Ersten Weltkrieg zu verstehen", wird damit deutlich, dass auch Trotha kein ernsthaftes Verstehen des Ersten Weltkriegs ermöglichen kann bzw. der Roman letztlich nur das Scheitern von Czernin und Max beim Schreiben der Geschichte widerspiegeln kann. Die erzählte Geschichte mit den diplomatischen Verwicklungen und Absurditäten der Sixtusaffäre führt letztlich weder zu einem historischen Erkenntnisgewinn noch ändert sie die Gegenwart – abgesehen davon, dass Max auf archivarischen Umwegen vollends in der Gegenwart bzw. der unmittelbaren Zeit nach dem Mauerfall und in seiner Liebe zu Fiona aufgehen kann.

Wie metahistoriographisch über Realität reflektiert werden kann, zeigt Poschenrieder am eindrücklichsten durch die Landschaft als Vermittlerin des Vergangenen. Der Gegenwarts-Icherzähler, dessen Imagination vom unscharfen Photo des Spiegelkastens angeregt wurde, nutzt Google Earth, indem er historische

---

40 Trotha: Czernin, S. 124.
41 Vgl. Trotha: Czernin, S. 255.
42 Trotha: Czernin, S. 227.

Stellungskarten als durchscheinende Graphiken über die Satellitenphotos legt: „Das Terrain begann zu reden. Ein Gebäude an einer Straßenkreuzung stellte sich als die umkämpfte *maison blanche* heraus, und ein Feldweg deckte sich mit der gepunkteten Linie, die als Gaul-Weg bezeichnet war".[43] In der virtuellen Vorstellung beginnt der Ich-Erzähler ein reales Erleben der Szenen zu imaginieren. Letztlich verbleibt er aber in seinem Alltag zwischen Arbeit und online bestellter, selbst kreierter Pizza und Ersten-Weltkriegs-Chats sowie Videospielen wie *Der Rote Baron* oder *Westfront – Der schonungslose Grabenkampf* und schickt stattdessen einen belgischen Arbeitskollegen an den durch GPS bestimmten Ort in der Nähe von Arras, um Mannebergs Trauma nachzuvollziehen. Natürlich gelingt es dem Kollegen im von Jauche getränkten Feld nicht im Geringsten, sich in die Geschichte hineinzuversetzen.

In der Parallelgeschichte beginnt Manneberg zur Heilung seines Kriegstraumas einen imaginierten Briefwechsel mit einer virtuellen Freundin Ariadne, die durch einen Scherz eines Offizierskollegen ‚entstanden' ist, der Mannebergs ins Nichts geschriebene Postkarte beantwortet hat. Am Ende kommt das Treffen im Münchener Hofbräuhaus in den Wirren der Räterepublik zustande, ebendort wo auch der Ich-Erzähler seinen Chat-Kontakt ‚WarGirl18' trifft bzw. imaginiert zu treffen, um die Quellen von Mannebergs Photoalben mit dessen Briefen an Ariadne zusammenzubringen. Ich-Erzähler und Ismar Manneberg, Ariadne Müller und WarGirl18 beginnen sich zu überblenden, wodurch zwischen Simulation und Illusionismus für den Leser nicht wirklich zu verstehen ist, was Realität und was Einbildung ist. Der Ich-Erzähler wird verrückt, scheint sich selbst im Hofbräuhaus als historischer Manneberg mit Ariadne zu sehen und springt aus dem Fenster. Poschenrieder spielt also anhand des historisch anachronistischen Spiegelkastens die möglicherweise zur Vollständigkeit der erlebten Historie führende Fiktion und das im Wahnsinn endende Scheitern durch. Die Quellen, Photographien, Briefe, Karten und die Landschaft der Gegenwart reichen aus, um den Protagonisten von seiner Wirklichkeit zu entfremden und in den Wahnsinn zu treiben. Statt die Geschichte oder auch nur eine Geschichte zu verstehen, drücken die Romane mehr die Psychose der Gegenwart aus. Beide Romane – Poschenrieder auf anekdotische, postmodern verspielte und verspiegelte Weise, Trotha ernsthafter, aber ohne über politische Machtspiele und biographische Einzelheiten hinauszukommen – kommen dem Ersten Weltkrieg historisch und in seiner anthropologisch-emotionalen Bedeutung nicht näher; der Leser erfährt wenig oder zumindest nichts Zuverlässiges über die Geschichte des Ersten Weltkriegs.

---

43 Poschenrieder: Spiegelkasten, S. 141–142.

4 Romanhafte Erfahrungspanoramen in Literatur, Museum und Film

Was die stärkste Antwort deutschsprachiger Literaten auf den Umgang mit dem Ersten Weltkrieg ist, lässt sich an einem Sonderheft der Zeitschrift *die horen* mit dem Titel *Mit dieser Welt muss aufgeräumt werden. August 1914 – Autoren blicken auf die Städte Europas* zeigen.[44] Hier wird die Stimmung des Augusts, also des ersten Kriegsmonats, in vielfältigen literarischen Kurzformen – dokumentarischen Montagen, Essays, Erzählungen, Gedichten, Brief- und Tagebuchgeschichten sowie Chroniken – von 23 Autorinnen und Autoren aus vielen Städten Europas festgehalten. Der Band besteht aus literarischen Texten über die Stimmung in ganz Europa mit Schwerpunkt auf unterschiedlichen deutschen, österreichischen und Schweizer Städten, ergänzt durch übersetzte Kurztexte aus anderen europäischen Metropolen. Die Texte entstehen vornehmlich aus Realdokumenten, insbesondere aus Zeitungsmaterial der Monate Juli und August 1914, aber auch aus Tagebüchern, Briefen und anderen Quellen. Ein kurzer Blick auf einige der interessantesten Texte des Bandes zeigt dessen Möglichkeiten und Grenzen. Steffen Kopetzky[45] entwirft aus der Sicht eines ca. 11- bis 12-jährigen Jungen ein Stimmungspanorama in einem Mietshaus in Rixdorf (Neukölln), in dem die politischen Ereignisse insbesondere davon geprägt sind, dass der Enkel einer Mieterin, Karl, zu Kriegsbeginn auf dem Großen Kreuzer SMS Goeben, dem Flaggschiff der Mittelmeerdivision der Kaiserlichen Marine, diente. Die Goeben läuft letztlich nach Umwegen und Bangen in Konstantinopel ein und wird Teil der Marine des Osmanischen Reiches. Somit wird Karl zum „ersten Türken von Neukölln." Der Krieg wird zu einem Suchspiel von Jungen, die in ihren Phantasien das im Mittelmeer gefangene Schiff zu retten versuchen. Der Text inszeniert die Wahrnehmung von Nachrichten durch Kriegspostkarten und Zeitungsnachrichten. Kopetzky gelingt es damit in einer der wenigen historischen Fiktionen des Bandes, im Sinne der Kreierung von fiktiven Figuren mit eigener Wahrnehmung, eine konkrete Möglichkeit des Alltags und von dessen Kriegswahrnehmung im August 1914 auszuloten. Bettina Balàka hingegen stellt in ihrem Essay *In dieser Stunde spricht man Deutsch* die Atmosphäre in Graz und der Steiermark und die dortigen

---

44 Mit dieser Welt muss aufgeräumt werden. August 1914 – Autoren blicken auf die Städte Europas. Zusammengestellt vom Netzwerk der Literaturhäuser. Die horen. Zeitschrift für Literatur, Kunst und Kritik 59 (2014) H. 254.
45 Steffen Kopetzky: Der erste Türke von Neukölln. In: Mit dieser Welt muss aufgeräumt werden, S. 28–45.

Spannungen zwischen der österreichischen Mehrheit und den slowenischen, bosnischen und anderen Minderheiten dar.[46] Der optimistische Text verschmilzt nationale Feste, Gesang und Militärmusik der damaligen Zeit mit anderen Ereignissen, zum Beispiel den *European Choir Games* im Juli 2013 in Graz, den hohen Standards bosnischer Regimenter in der österreichisch-ungarischen Armee oder dem im Ersten Weltkrieg für den Genuss zukünftiger Grazer und Gäste gebauten „Kriegssteig". Balàkas literarische Schreibweise erlaubt es, eine solche temporalisierende, multiethnische Vielfalt aller nationalistischen Kriegstreiberei zum Trotz zur Schau zu stellen.

Zusammenfassend bestätigt der *horen*-Band den Eindruck, dass der Erste Weltkrieg in seiner Erfahrungshaftigkeit heutzutage letztlich nur postmodern zu fassen ist. Viele kleine Geschichten – statt einer Geschichte oder Perspektive – verdichten sich episodenhaft zu einem Panorama, in dem durch Zeitungen, Photos, Briefwechsel und andere Dokumente Stimmungen in ganz Europa eingefangen werden. Manche Episoden verschmelzen offensichtlich Fakt und Fiktion, wie Andrea Molesinis dokumentarische Phantasie des Unternehmers und Hotelbesitzers Niccolò Spada, der die historischen Veränderungen für sein Hotel in Träumen und einem Flirt mit der fiktiven österreichischen Gräfin Margarete von Hayek erahnt.[47] Melitta Brezniks *Basel bei Kriegsausbruch* besteht aus fünf Briefen von einem Klaus an einen Albert, wobei unklar bleibt, ob der Briefwechsel frei erfunden ist oder auf einem realen Briefwechsel beruht.[48] Offensichtlich schreibt Klaus über alles, was er in Basel erlebt, hört und liest, vom Gesundheitszustand seiner Frau, vom Wetter, von Empfängen, Geschenken und der Politik. Es geht in den Texten kaum um die Kriegserfahrung an der Front, sondern um geschichtenhafte Erfahrungen in den Städten Europas, darum, ein vielstimmiges Panorama unterschiedlicher Impressionen zu Kriegsbeginn zur Sprache zu bringen, die sich überlagern und sich als Alltagswahrnehmungen oft für den Leser miteinander verbinden lassen. Dabei werden sowohl regionale und nationale Besonderheiten als auch transnationale und universelle Wahrnehmungen der Stimmungen der damaligen Zeit ausgedrückt. Ganz grundlegend für den Gesamteindruck von *Mit dieser Welt muss aufgeräumt werden* ist es, dass es für den Leser irrelevant ist, was exakt dokumentarisch aus historischen Quellen zu belegen und was erfunden ist.

---

[46] Vgl. Bettina Balàka: In dieser Stunde spricht man deutsch. Graz und das Herzogtum Steiermark zu Beginn des Ersten Weltkriegs. In: Mit dieser Welt muss aufgeräumt werden, S. 280–294.

[47] Andrea Molesini: Vorahnung. Venedig 1914 – Die letzten Julitage. Übersetzt von Barbara Kleiner. In: Mit dieser Welt muss aufgeräumt werden, S. 295–311.

[48] Melitta Breznik: Basel bei Kriegsausbruch. In: Mit dieser Welt muss aufgeräumt werden, S. 222–238.

Es entsteht eine mögliche Welt, die hinsichtlich der Wahrnehmungen und Stimmungen der Zeit höchst wahrscheinlich erscheint. Die Montagetechnik, die viele Autoren mit ihren historischen Dokumenten nutzen, verdoppelt sich in der Vielstimmigkeit aller Texte. Wendet man dieses Verfahren auf die Gattungsdiskussionen zum historischen Roman an, wird deutlich, dass der *horen*-Band in der Zusammenfügung vieler literarischer Kleinformen ähnlich einem modernen polyhistorischen Roman[49] verfährt, nur dass im *horen*-Band die Orte und Gegenden zu Subjekten werden, die sich in überlagernden Themen, Wahrnehmungen und Stimmungen polyhistorisch verbinden. Durch das entstehende Stimmungspanorama einer vielstimmigen historischen Welt lässt sich durchaus von einer sich dokumentarisch inszenierenden romanhaften Historiographie sprechen.[50]

Wie grundlegend der dokumentarische Ansatz ist, der mit fiktionalen Techniken Stimmungen, Erfahrungen und Gefühle erzeugt, wird auch in der Sonderausstellung *Der gefühlte Krieg* deutlich, die vom 27.06.2014 bis zum 30.08.2015 im Museum europäischer Kulturen in Berlin-Dahlem zu sehen war.[51] Die Ausstellung entfaltete ein strukturelles Panorama durch Dinge, Installationen und Stimmen und brachte bestimmte mit dem Krieg verbundene Emotionen unterschiedlicher Art, insbesondere Liebe, Angst und Trauer, zur Anschauung. Auch wenn die Ausstellung vorwiegend auf den Ersten Weltkrieg referierte, war sie letztlich durch die Konzentration auf zeitübergreifende Emotionsstrukturen geprägt. Zum Beispiel gab es den Installationsbereich ‚Trauer', der durch schwarze Fadenvorhänge visuell in Sektionen geteilt war und damit Trauer und die Bitte um Pietät ausdrückte. Ein Teil dieses Bereichs war das Reenactment von Käthe Kollwitz' Tagebüchern, in denen sie den Tod ihres Sohnes Peter in den ersten Tagen des Ersten Weltkriegs betrauert und verarbeitet. In einem anderen Teil wurde der Briefwechsel zwischen Frieda Milewski und dem im Feld befindlichen Grenadier Georg Ehrenburg inszeniert. Die Ausstellung nutzte hierzu Postkarten, Photos, Originalbriefe und Faksimiles, verstärkt durch einen Schreibsekretär, der viele dieser Objekte enthielt, und durch eine Blätterstapelinstallation, von der die Briefblätter wegzufliegen schienen.[52] Das Thema war hier der anthropologische

---

49 Siehe hierzu Hans Vilmar Geppert: Der historische Roman. Geschichte umerzählt – von Walter Scott bis zur Gegenwart. Tübingen 2009, S. 216–226.
50 Siehe hierzu den Beitrag von Lynn Wolff in diesem Band.
51 Vgl. Jane Redlin: Der gefühlte Krieg. Krieg und Gefühle im Ausstellungsformat. In: Jane Redlin und Dagmar Neuland-Kizerow (Hg.): Der Gefühlte Krieg. Emotionen im Ersten Weltkrieg. Berlin 2014, S. 7–12. Vgl. auch URL: http://www.smb.museum/ausstellungen/detail/der-gefuehlte-krieg.html, zuletzt besucht am 10.10.2018.
52 Siehe auch Vera Heinrich: Emotionen in der Feldpostkorrespondenz zweier Liebender. In: Redlin und Neuland-Kizerow (Hg.): Der Gefühlte Krieg, S. 61–68.

Zusammenhang von Krieg und Liebe, nicht speziell der Erste Weltkrieg. Wiederum wie in *Mit dieser Welt muss aufgeräumt werden* erfuhr der Rezipient sich verdichtende dokumentarische Facetten des Krieges, die inszeniert wurden. Für die Romanform fehlt solchen Darstellungen der Zusammenhalt durch entwickelte oder wiederauftauchende Figuren, doch wurde in der Ausstellung eine Welt simuliert, die romanhaft eine Erfahrungswelt für den Rezipienten inszenierte und ihm erlaubte, in assoziativen Denkräumen Gefühle im Krieg wie Liebe, Angst oder Trauer zu erfahren.

Die größte Annäherung an eine romanhafte Erzählung von Geschichte gelang im Jubiläumsjahr 2014 jedoch einem Filmprojekt: der achtteiligen Dokumentarfilmserie *14 – Tagebücher des Ersten Weltkriegs*. Sie wurde als europäische Koproduktion unter Regie von Jan Peter gedreht. Vierzehn aus Tagebüchern bekannte Biographien, ausgewählt aus über 1000 gesichteten Tagebüchern und Briefsammlungen, die vom Kaukasus über Ostpreußen bis England reichen, bringen die Erfahrung des Ersten Weltkriegs multiperspektivisch durch die historische Nachstellung von Szenen und Stimmen wieder zum Leben.[53] Der Regisseur kategorisiert die Serie als „dokumentarischen Spielfilm",[54] der eine „gemeinsame europäische Erinnerung" durch „gemeinsame[s] Erzählen"[55] schaffen soll. Die 14 ausgewählten Stimmen gehören Soldaten, Hausfrauen, Kindern, Krankenschwestern und anderen den Kriegsalltag erlebenden Zivilisten aus sieben Nationen, beide Kriegsseiten umfassend, darunter auch bekannte Persönlichkeiten wie Ernst Jünger und Käthe Kollwitz. Die Serie verwendet klassische Elemente des Dokumentarfilms wie Filmmaterial und Photos, die von der Stimme eines Erzählers begleitet werden; doch prägend für die Darstellungsweise ist das Reenactment der Szenen aus den Tagebüchern in Bild und Ton.

Auch wenn sich die vierzehn historischen Personen mit Ausnahme eines Paares nie begegnet sind, verbinden sie sich zu einem Erfahrungspanorama von Geschichten des Ersten Weltkriegs. Dies bezieht sich auf den Kriegsausbruch, den Schock der ersten Kriegserfahrung, Themen wie Hunger und Liebe, die Nachrichten über den Krieg, den Effekt von Propaganda, Enthusiasmus und Enttäuschungen über den Krieg, die in den jeweiligen Ländern wahrgenommen werden, die Trauer der Mutter, das Leiden in vielen Situationen, die Erfahrungen an der Front und die Revolutionen zum Ende des Krieges. Hinzu kommt ein

---

[53] Gorch Pieken im Gespräch mit Jan Peter, Jury Winterberg, Gunnar Dedio und Oliver Janz: Interviews zu „14 – Tagebücher des Ersten Weltkriegs". In: Gerhard Bauer, Gorch Pieken und Matthias Rogg (Hg.): 14 Menschen Krieg. Essays zur Ausstellung zum ersten Weltkrieg, Militärhistorisches Museum der Bundeswehr. Dresden 2013, S. 276–303.
[54] Pieken: Gorch Pieken im Gespräch, S. 277.
[55] Pieken: Gorch Pieken im Gespräch, S. 279.

Stimmen-Chor, der zweimal pro Episode in schneller Folge Zitate unterschiedlicher weiterer Stimmen zusammenzieht. Beispielsweise wird in der sechsten Episode durch fünf Stimmen aus Österreich, Deutschland, Frankreich, Galizien und Schottland, illustriert von Graphiken, Photos, Propagandapostern und Karikaturen der Zeit, deutlich, wie Kinder den Krieg praktisch unterstützten. Vor und nach dem Chor der europäischen Stimmen sammelt die 1902 geborene Schülerin Elfriede Kuhr (gespielt von Elisa Monse) aus dem westpreußischen Schneidemühl erst alle Metallwaren in der Küche ihrer Großmutter, später dann die Wintervorräte ein, was zu Diskussionen mit der pragmatischeren Großmutter führt. Zwischendurch erzählt der Erzähler durchaus wertend vom Wahn in ganz Europa, alle materiellen Errungenschaften der vergangenen Jahre einzuschmelzen, um die Materialschlachten des Krieges zu bezahlen. Elfriede wird zum Beispiel für ein Kind, für das der Krieg als Helferin an der Heimatfront viel wichtiger als die Schule wird. Die nach den Tagebucheinträgen aufgeführten Szenen beinhalten reichlich Phantasie, um die Szene auszufüllen, sind aber eine wahrscheinliche Interpretation des im Tagebuch Beschriebenen. Weil es der Serie gelingt, durch das Reenactment 14 Bewusstseinsträger der Geschehnisse zu schaffen, folgt und leidet der Zuschauer mit diesen während des Kriegsverlaufs. Anders als in den oben besprochenen historiographischen Texten, die beschreibend und kausalanalytisch erklärend erzählen, ist der Zuschauer der simulierten Geschichte in vielen Geschichten multiperspektivisch und transnational[56] sehr nah. Ein Roman wird *14* dadurch nicht, aber romanhaftes Geschichtserzählen findet hier ohne Zweifel statt, um den Zuschauer die historische Atmosphäre des Krieges in simulierter Form in einem romanhaften Konstrukt einer multiperspektivischen Geschichtswelt erfahren zu lassen.

5 Fazit

Ohne Zweifel wird die Darstellung des Ersten Weltkriegs trotz der Konjunktur des Themas zum hundertjährigen Jahrestag von Geschichtserzählungen des

---

56 Allerdings zeigt die Analyse von Silke Arnold-de Simine und Tea Sindbæk Andersen: Between Transnationalism and Localization. The Pan-European TV Miniseries 14 – Diaries of the Great War. In: Image & Narrative 18 (2017) H. 1, S. 63–79, dass nationale Fernsehsender – am Beispiel von Großbritannien, Deutschland, Dänemark und Schweden – die Serie nach nationalen Kriterien bearbeitet haben und so die Transnationalität des Filmprojekts in Teilen wieder aufgehoben haben.

Zweiten Weltkriegs überschattet,[57] dessen Erinnerung im historischen Roman, in Generationenerzählungen, in metafiktionalen und experimentellen Texten fast unendliche Formen romanhaften Geschichtserzählens im 21. Jahrhundert produziert.[58] Anders als in Deutschland hat der Erste Weltkrieg im französischen und britischen, aber noch mehr im kanadischen kulturellen Gedächtnis einen besonderen Platz, ob als heroisch-identitätsstiftende Erinnerung oder durch Erzählungen von Trauer und Verlust, was durchaus realistische geschlossene Romanformen erlaubt. Es kommt nicht von ungefähr, dass zwei der realistischen deutschsprachigen Darstellungsformen, Balàkas *Eisflüstern* und der historische Teil von Trothas *Czernin*, sich auf das für Österreich erinnerungspolitisch bedeutsamere Auseinanderbrechen der österreichisch-ungarischen Monarchie beziehen.

Poetologisch führen alle Diskussionen über das heutige romanhafte Geschichtserzählen vom Ersten Weltkrieg zu der Frage, ob und wie sich Gegenwart und Vergangenheit miteinander verknüpfen lassen. Dieser Aufsatz hat die folgenden Typen analysiert: Erstens gibt es den geschlossenen historischen Roman, der realistisch von den Kriegszeiten erzählt. Dieser findet sich fast ausschließlich in belletristischer Literatur und bezieht oft die unmittelbare Erinnerung an den Krieg in den direkten Nachkriegsjahren mit ein. Zweitens bleibt die neueste Historiographie darauf bedacht, die Geschichte des Ersten Weltkrieges in Strukturen argumentativ vorzuführen, wodurch die Überlagerung mit romanhaften Darstellungstechniken begrenzt bleibt. Verbindungen zur Gegenwart entstehen bestenfalls – wie bei Münkler – in kurzen Gedankenexperimenten eines argumentativen Vergleichs. Wie in Trothas und Poschenrieders Romanen deutlich wird, ist das romanhafte Geschichtserzählen, das die Perspektiven von Gegenwart und Vergangenheit sich erinnernd überschneiden lässt, drittens in der Gefahr, dass der eigentliche historische Stoff beliebig wird. Viertens wurde untersucht, wie unterschiedliche Formen das Vergangene in der

---

57 Ein gutes Beispiel ist hierfür Friedrich Christian Delius: Die Liebesgeschichtenerzählerin. Roman. Berlin 2016. Delius' Erzählerin Marie – im Jahre 1969 – erzählt zwar die Liebesgeschichte ihrer Eltern im Ersten Weltkrieg und spekuliert über die Motive ihres Vaters, eines U-Boot-Kapitäns, trotz des Matrosenaufstandes bis zum Schluss die kaiserliche Flagge zu ehren, doch letztlich erfährt der Leser wenig über den Ersten Weltkrieg, sondern erlebt eine lose, spekulative Art Chronik deutscher Geschichte in Charakteristiken und Liebesgeschichten. Die Erinnerungen an die NS-Zeit dominieren dabei diejenigen an den Ersten Weltkrieg, und die Schwierigkeiten des Erzählens überlagern die Geschichte.

58 Siehe hierzu die Typologie, die Robert Forkel in seinem Beitrag in diesem Band entwickelt hat. Vgl. auch die Beiträge von Helmut Galle und Lynn Wolff in diesem Band, letzere zur literarischen Historiographie.

dokumentarisch-literarischen Geschichtensammlung *Mit dieser Welt muss aufgeräumt werden*, im Museum und im Dokumentarfilm historische Erfahrungshaftigkeit simulieren.[59] Diese Darstellungen sind zwar letztlich auch geschlossene Geschichte ohne Akteure aus der Gegenwart, konzentrieren sich aber darauf, dem Rezipienten eine metaphorische Zeitreise in ein als konstruiert markiertes historisches Stimmenpanorama zu ermöglichen.

Hierbei sind zwei konzeptuelle Punkte entscheidend. Erstens: Wie auch in der neueren Geschichtsschreibung zum Ersten Weltkrieg sind Texte und Medien, die geschichtliche Erfahrungshaftigkeit des Ersten Weltkriegs produzieren, entweder transnational oder universell ausgerichtet.[60] Damit sollen allgemeine anthropologische Dimensionen und über Regionen und Nationen hinausgehende Erfahrungen ausgedrückt werden. Der Erste Weltkrieg bietet sich hierfür als der erste große Krieg an, in dem individuelles Kämpfen stark gegenüber industriellem, maschinellem Massenkrieg zurücktrat und in dem alle Zivilbevölkerungen den direkten Einfluss des Krieges spürten.[61] Zweitens – und hierin besteht das entscheidende Argument, um das romanhafte Geschichtserzählen des Ersten Weltkriegs im 21. Jahrhundert erklären zu können – ist historische Authentizität besonders bedeutsam, um den Ersten Weltkrieg einem deutschsprachigen Publikum im 21. Jahrhundert zu vermitteln. Die untersuchten Texte und Medien wollen einen Zugang zum Authentischen des Ersten Weltkriegs schaffen, daher steht ein dokumentarischer Gestus im Vordergrund der hier vorgestellten Darstellungen. Ob der zu erzählende Geschichtsstoff fiktiv oder faktual ist, spielt dabei eine weit geringere Rolle, solange der Eindruck des Dokumentarischen und Authentischen entsteht.[62] Dies führt zur Erzählung

---

59 Vgl. Jaeger: Poietic Worlds.
60 Dies gilt auch für die Spielfilme der letzten Jahre zum Ersten Weltkrieg, die mit deutscher Beteiligung immer als internationale Koproduktionen mit länderübergreifenden oder universellem Anspruch geschaffen worden sind. Zum Beispiel lässt sich *Joyeux Noël (Frohe Weihnachten*. Regie Christian Carion. 2005) als universales Antikriegsdrama verstehen. Auch François Ozons von Ernst Lubitsch inspirierte französisch-deutsche Produktion *Frantz* (2016) verhandelt universale Wahrnehmungen des Krieges in allerdings sehr präzisen historischen Sujets in Deutschland und Frankreich. Selbst Chris Kraus' *Poll* (2011), das am Vorabend des Ersten Weltkrieges unter Deutschen spielt, die an der Ostseeküste in zum Russischen Reich gehörenden Estland leben, ist an den Rändern des deutschen Reiches angesiedelt. Ähnlich wie die fiktionalen Texte sind auch die jüngsten Spielfilme entweder nach dem Krieg auf dessen Verarbeitung ausgerichtet (*Frantz*) oder am Rande des Krieges angesiedelt (*Poll*). Nur *Joyeux Noël* spielt im Krieg, wobei es die Episode vom Weihnachtsfrieden 1914 stark mythisiert und universalisiert.
61 Der Zweite Weltkrieg konkurriert stärker mit den sehr individuellen nationalen Beweggründen und Schicksalen, um diese Funktion in Reinform zu erfüllen.
62 Vgl. hierzu insbesondere den Beitrag von van Dam in diesem Band.

von Geschichten, die den Rezipienten eine multiperspektivische historische Atmosphäre erleben lassen. Um eine solche zu erzeugen, sind romanhafte Mittel wie immersive Erzählverfahren und Reenactment, die bei gleichzeitigem Bewusstsein des Konstruktionscharakters der Darstellung die Distanz zum Historischen aufbrechen, besonders bedeutsam. Hier wird auch deutlich, dass die betonte Medialität dieser simulierten Erfahrungshaftigkeit automatisch zu unterschiedlichen Medien führt – wie Filmen oder Museen, die Geschichte präsentisch in der Vergangenheit zur Anschauung bringen können. Was der Serie *14* filmisch durch romanhafte und ästhetische Techniken gelingt, ist in der Großform Roman in der Zukunft ohne Zweifel auch möglich, doch derzeit scheint das Interesse an Erzählungen vom Ersten Weltkrieg vorwiegend durch auf die historische Wirklichkeit referierende, nicht-fiktive Geschichten, die multiperspektivisch und multimedial die Erfahrung der historischen Realität simulieren, zu befriedigen zu sein.

Bibliographie

Andre, Edgar: Wie Blätter im Wind. Historischer Roman. O. O. 2017.
Arnold-de Simine, Silke, und Tea Sindbæk Andersen: Between Transnationalism and Localization. The Pan-European TV Miniseries 14 – *Diaries of the Great War*. In: Image & Narrative 18 (2017) H. 1, S. 63–79.
Aust, Hugo: Der historische Roman. (Sammlung Metzler 278) Stuttgart/Weimar 1994.
Balàka, Bettina: Eisflüstern. Roman. Graz 2006.
Balàka, Bettina: In dieser Stunde spricht man deutsch. Graz und das Herzogtum Steiermark zu Beginn des Ersten Weltkriegs. In: Mit dieser Welt muss aufgeräumt werden. August 1914 – Autoren blicken auf die Städte Europas. Zusammengestellt vom Netzwerk der Literaturhäuser. Die horen. Zeitschrift für Literatur, Kunst und Kritik 59 (2014) H. 254, S. 280–294.
Boyden, Joseph: Three Day Road. Harmondsworth 2005.
Breznik, Melitta: Basel bei Kriegsausbruch. In: Mit dieser Welt muss aufgeräumt werden. August 1914 – Autoren blicken auf die Städte Europas. Zusammengestellt vom Netzwerk der Literaturhäuser. Die horen. Zeitschrift für Literatur, Kunst und Kritik 59 (2014) H. 254, S. 222–238.
Buck, Nicholas: Der deutschsprachige historische Roman 1985–2010/2011. Bibliographie. In: Hans-Edwin Friedrich (Hg.): Der historische Roman. Erkundung einer populären Gattung. (Beiträge zur Literatur und Literaturwissenschaft des 20. und 21. Jahrhundert 23) Frankfurt am Main [u. a.] 2013, S. 257–330.
Clark, Christopher: Die Schlafwandler. Wie Europa in den ersten Weltkrieg zog. Übersetzt von Norbert Juraschitz. München 2013 [englisch 2012].
Delius, Friedrich Christian. Die Liebesgeschichtenerzählerin. Roman. Berlin 2016.
Echenoz, Jean: 14. Roman. Übersetzt von Hinrich Schmidt-Henkel. Berlin 2014 [französisch 2012].

Ewers, Hans-Heino (Hg.): 1914/2014 – Erster Weltkrieg. Kriegskindheit und Kriegsjugend, Literatur, Erinnerungskultur. Frankfurt am Main [u. a.] 2016.
Felenda, Angelika: Der eiserne Sommer. Reitmeyers erster Fall – Kriminalroman. Berlin 2016.
Friedrich, Jörg: 14/18. Der Weg nach Versailles. Berlin 2014.
Geppert, Hans Vilmar: Der ‚andere' historische Roman. Theorie und Strukturen einer diskontinuierlichen Gattung. (Studien zur deutschen Literatur 42) Tübingen 1976.
Geppert, Hans Vilmar: Der historische Roman. Geschichte umerzählt – von Walter Scott bis zur Gegenwart. Tübingen 2009.
Günther, Herbert: Zeit der großen Worte. Hildesheim 2014.
Heinrich, Vera: Emotionen in der Feldpostkorrespondenz zweier Liebender. In: Jane Redlin und Dagmar Neuland-Kizerow (Hg.): Der Gefühlte Krieg. Emotionen im Ersten Weltkrieg. Berlin 2014, S. 61–68.
Jaeger, Stephan: Erzählen im historiographischen Diskurs. In: Christian Klein und Matías Martínez (Hg.): Wirklichkeitserzählungen. Felder, Formen und Funktionen nicht-literarischen Erzählens. Stuttgart/Weimar 2009, S. 110–135.
Jaeger, Stephan: Poietic Worlds and Experientiality in Historiographic Narrative. In: Julia Nitz und Sandra Harbert Petrulionis (Hg.): SPIEL (Siegener Periodicum zur Internationalen Empirischen Literaturwissenschaft). Sonderheft Towards a Historiographic Narratology 30 (2011) H. 1, S. 29–50.
Janz, Oliver: 14. Der große Krieg. Frankfurt am Main/New York 2013.
Jessen, Olaf: Verdun 1916. Urschlacht des Jahrhunderts. München 2014.
Kempowski, Walter: Aus großer Zeit. Roman. München 1996 [1978].
Kopetzky, Steffen: Risiko. Roman. Stuttgart 2015.
Kopetzky, Steffen: Der erste Türke von Neukölln. In: Mit dieser Welt muss aufgeräumt werden. August 1914 – Autoren blicken auf die Städte Europas. Zusammengestellt vom Netzwerk der Literaturhäuser. Die horen. Zeitschrift für Literatur, Kunst und Kritik 59 (2014) H. 254, S. 28–45.
Lemaitre, Pierre: Wir sehen uns dort oben. Roman. Übersetzt von Antje Peter. Stuttgart 2014 [französisch 2013].
Leonhard, Jörn: Die Büchse der Pandora. Geschichte des Ersten Weltkriegs. München 2014.
Löschnigg, Martin, und Marzena Sokołowska-Paryż (Hg.): The Great War in Post-Memory Literature and Film. (Media and Cultural Memory / Medien und kulturelle Erinnerung 18) Berlin 2014.
Mit dieser Welt muss aufgeräumt werden. August 1914 – Autoren blicken auf die Städte Europas. Zusammengestellt vom Netzwerk der Literaturhäuser. Die horen. Zeitschrift für Literatur, Kunst und Kritik 59 (2014) H. 254.
Molesini, Andrea: Vorahnung. Venedig 1914 – Die letzten Julitage. Übersetzt von Barbara Kleiner. In: Mit dieser Welt muss aufgeräumt werden. August 1914 – Autoren blicken auf die Städte Europas. Zusammengestellt vom Netzwerk der Literaturhäuser. Die horen. Zeitschrift für Literatur, Kunst und Kritik 59 (2014) H. 254, S. 295–311.
Münkler, Herfried: Der Große Krieg. Die Welt 1914 bis 1918. Berlin 2014.
Neumann, Bernd, und Gernot Wimmer (Hg.): Der Erste Weltkrieg auf dem deutsch-europäischen Literaturfeld. (Schriften der Group2012 2) Wien [u. a.] 2017.
Nünning, Ansgar: Kriterien der Gattungsbestimmung und Typologie narrativ-fiktionaler Gattungen am Beispiel des historischen Romans. In: Marion Gymnich, Birgit Neumann und Ansgar Nünning (Hg.): Gattungstheorie und Gattungsgeschichte. (ELCH 28) Trier 2007, S. 73–99.

Pieken, Gorch, im Gespräch mit Jan Peter, Jury Winterberg, Gunnar Dedio und Oliver Janz: Interviews zu „14 – Tagebücher des Ersten Weltkriegs". In: Gerhard Bauer, Gorch Pieken, Matthias Rogg (Hg.): 14 Menschen Krieg. Essays zur Ausstellung zum ersten Weltkrieg, Militärhistorisches Museum der Bundeswehr. Dresden 2013, S. 276–303.
Piper, Ernst: Nacht über Europa. Kulturgeschichte des Ersten Weltkriegs. Berlin 2013.
Poschenrieder, Christoph: Der Spiegelkasten. Roman. Zürich 2011.
Primor, Avi: Süß und ehrenvoll. Übersetzt von Beate Esther von Schwarze. Roman. Köln 2013.
Redlin, Jane: Der gefühlte Krieg. Krieg und Gefühle im Ausstellungsformat. In: Jane Redlin und Dagmar Neuland-Kizerow (Hg.): Der Gefühlte Krieg. Emotionen im Ersten Weltkrieg. Berlin 2014, S. 7–12.
Seyfried, Gerhard: Verdammte Deutsche! Roman. München 2012.
Spinnen, Burkhard: Zacharias Katz. Roman. Frankfurt am Main 2014.
Trotha, Hans von: Czernin oder wie ich lernte, den Ersten Weltkrieg zu verstehen. Roman. Berlin 2013.
Van Dam, Beatrix: Geschichte erzählen. Repräsentation von Vergangenheit in deutschen und niederländischen Texten der Gegenwart. (Studien zur deutschen Literatur 211) Berlin/Boston 2016.
Vuillard, Éric: Ballade vom Abendland. Übersetzt von Nicola Denis. Berlin 2014 [französisch 2012].
Zöller, Elisabeth: Der Krieg ist ein Menschenfresser. München 2014.

Filmographie

14 – Tagebücher des Ersten Weltkriegs. 8 Teile. Regie Jan Peter. 2014.
Frantz. Regie François Ozon. 2016.
Joyeux Noël (Frohe Weihnachten). Regie Christian Carion. 2005.
Poll. Regie Chris Kraus. 2011.

Helmut P. E. Galle
Vom Zeugnis zur Fiktion
Zur Holocaustliteratur in deutscher Sprache seit 1990

> Den zwei Geleisen entlang wachsen Blumen. Die Landschaft des Todes ist grün. Der Ort wurde weder von meinem fingierten Hirn ausgedacht oder geträumt, weder vom Hirn des Gottes mit Bart, noch von jenem des Gottes ohne Bart [...], und auch ich habe ihn nicht erdacht oder geträumt. Er ist undenkbar, und was undenkbar ist, kann auch nicht möglich sein, weil es keinen Sinn hat. Es ist, als ob der Ort sich selber erdacht hätte. Er ist nur. Sinnlos wie die Wirklichkeit und unbegreiflich wie sie und ohne Grund.[1]

Mit dieser Beschreibung von Auschwitz endet Friedrich Dürrenmatts Gedankenspiel *Das Hirn* und zugleich der zweite und letzte Band der *Stoffe*, publiziert 1990, im Todesjahr des Autors. Im Text entwirft ein einsames menschliches Gehirn aus Angst vor dem Nichts ein Universum und spielt alle denkbaren Varianten von Geschichte durch, einschließlich der tatsächlichen Geschichte der Menschheit und der möglichen Existenz eines Friedrich Dürrenmatt und eines Textes mit dem Titel *Das Hirn*. Unter all den unzähligen Möglichkeiten ist auch die einer „rationale[n] Realität. Das alles ist denkbar, ob wirklich oder möglich." Aber dann geraten „wir", ob „wirklich oder möglich [...] auf die Straße, die aus Krakau hinausführte."[2] Und die führt nach Auschwitz und Birkenau, Orten, die weder für fingierte noch für reale menschliche oder göttliche Gehirne „denkbar" sind. Hier kapituliert die Erfindungskraft des Schriftstellers, der schon zuvor, angesichts des „wuchtigen abstrakten Denkmal[s] mit der polnischen Inschrift" bemerkt hatte, es gebe „Gelände, da hat Kunst nichts zu suchen".[3] Dürrenmatt hat erst im Mai 1990 diese letzten Seiten eingefügt, die unter dem Eindruck einer Reise nach Auschwitz entstanden sind. All das geschah in den Monaten jener großen Wende, die als Ende der Nachkriegszeit oder gar ‚Ende der Geschichte' ausgerufen wurde.

Auschwitz als das nicht von einem menschlichen Gehirn Denkbare und damit auch nicht Darstellbare und zugleich Auschwitz als unhintergehbare Realität, denn „Das Hirn" spricht nicht von dem vergangenen Todeslager, sondern von der gegenwärtigen Gedenkstätte, mit der Dürrenmatt wie jeder andere

---

1 Friedrich Dürrenmatt: Turmbau. Stoffe IV–IX. Begegnungen. Querfahrt. Die Brücke. Das Haus. Vinter. Das Hirn. Zürich 1990, S. 266.
2 Dürrenmatt: Turmbau, S. 264.
3 Dürrenmatt: Turmbau, S. 265.

https://doi.org/10.1515/9783110541687-007

Tourist 1990 konfrontiert war. Der Ort der Abwesenheit des Vergangenen ist zugleich realer als alle anderen Orte und als alle anderen Konstrukte kollektiver menschlicher Aktivität.

> Dürrenmatts groß angelegte Schöpfungsgeschichte, die eine *creatio ex nihilo* ist, führt gleichsam ins Nichts. Auschwitz erscheint als der Un-Ort *par excellence,* als Nicht-Ort, als unbedingter Ort, wo die Sinnlosigkeit der Geschichte, die Dürrenmatt behauptet, zu sich kommt.[4]

Die exponierte Stellung am Ende des Werks eines der wichtigsten deutschsprachigen Nachkriegsautoren weist den Holocaust als Paradigma des Denkens über Geschichte am Ende des 20. Jahrhunderts aus. Die Referenz auf die „Geleise" und die Metapher „Landschaft des Todes" genügen, um eine historische Realität aufzurufen, die sich als solche der Darstellung entzieht. Dürrenmatts Text bekräftigt damit noch einmal die exzeptionelle Stellung, die der Holocaust seit den 1950er Jahren in den ästhetischen Debatten eingenommen hat, von Adornos Diktum über die Unmöglichkeit, nach Auschwitz Gedichte zu schreiben, bis zu Claude Lanzmanns Überzeugung, dass „jede Darstellung verboten" sei.[5]

Auch wenn diese Tabus und Verbote immer von Neuem bekräftigt werden, sind sie in den vergangenen sieben Jahrzehnten vor allem übertreten worden, und man muss mit Stefan Krankenhagen konstatieren: „dass es unübersehbar viele Darstellungen gibt und dass Auschwitz als ein ikonisches Zeichen der Gegenwart in einen massenmedialen Verwertungszusammenhang eingespeist ist – daran besteht kein Zweifel."[6] Fraglich ist allerdings, ob „die Kunst, Auschwitz darzustellen, [...] sich erschöpft" hat, da „Auschwitz keine Frage und keine Forderung mehr an die Kunst stellt", wie Krankenhagen behauptet.[7] Blickt man auf die Literatur seit der Jahrtausendwende, scheint es eher so, als würden die Autoren weiterhin den Holocaust – und seine Darstellung – als die zentrale von der jüngeren Vergangenheit aufgeworfene Frage aufgreifen.

Im Folgenden soll versucht werden, die dabei eingeschlagenen Wege zu kartieren und typische Vorgehensweisen zu erfassen. Zuvor soll gezeigt werden, dass der Beginn der 1990er Jahre eine Zäsur darstellt (1). Im Anschluss

---

[4] Reto Sorg: Von Konolfingen nach Auschwitz. Topographie und Poetologie in den „Stoffen" Friedrich Dürrenmatts. In: Friedrich Dürrenmatt. Hg. von Heinz Ludwig Arnold. 3. Aufl. (Text + Kritik 50/51) München 2003, S. 36–46, hier S. 43.

[5] Claude Lanzmann: Ihr sollt nicht weinen. In: Frankfurter Allgemeine Zeitung, 05.03.1994, S. 27.

[6] Stefan Krankenhagen: Von der Kunst, Auschwitz darzustellen. Die Ausstellungen „Große Abstraktion" und „Birkenau" im Museum Frieder Burda. In: Merkur. Deutsche Zeitschrift für europäisches Denken 70 (2016), S. 59–66, hier S. 59.

[7] Krankenhagen: Von der Kunst, Auschwitz darzustellen, S. 59.

wird die zentrale Bedeutung der Zeugen für die Holocaustliteratur diskutiert (2) sowie der Begriff der primären (2.1) und sekundären Zeugenschaft (2.2) an literarischen Beispielen erläutert. Im Zusammenhang mit den narrativen Verfahren (3) wird zunächst die Positionalität von Autoren und Figuren im Spektrum zwischen Opfern und Tätern diskutiert (3.1). Die für zahlreiche Werke fundamentale Bedeutung von Dokumenten und ihre Integration in die Erzählung ist Thema des anschließenden Kapitels (3.2); ein weiteres befasst sich mit kontrafaktischen Geschichten (3.3) und das letzte mit dem Präsensroman (3.4).

1 Der Einschnitt um 1990

Das Jahr 1990 bietet sich eher als Zäsur an als die Jahrtausendwende, da der historische Umbruch in Europa schon in den 1990er Jahren bei Autoren, Kritikern und Publikum zu einem anderen Umgang mit den bis dahin etablierten literarischen Formen und Tabus führte, was in besonderem Maße für das Verhältnis zur NS-Zeit und zum Holocaust gilt. Dass die Darstellung des Nazismus einem Wandel unterliegt, hatte bereits Saul Friedländer festgestellt, der für die ersten Nachkriegsjahrzehnte eine extreme Dämonisierung der Täter beobachtete, auf die in den 1970ern eine „ästhetisierende Versuchsphase" folgte und in den 1990ern eine Welle „‚neuer Sachlichkeit', für die etwa der zentrale Stellenwert von Dokumenten und Photoausstellungen oder von Rekonstruktionen und Collagen typisch ist und die sich weithin an die dokumentaristische Methode hält".[8] Die Zeugnisse von Naziopfern lassen sich Annette Wieviorka[9] zufolge in drei Perioden einordnen: die noch während des Holocaust entstandenen Tagebücher als „Schriften von jenseits des Grabes",[10] die im Gefolge des Eichmann-Prozesses durch eine breite Öffentlichkeit rezipierten Berichte von einzelnen Zeugen und die in den 1990er Jahren erfolgte systematische Erfassung der Stimmen von Überlebenden in audiovisuellen Archiven, die einhergeht mit der „Amerikanisierung des Holocaust",[11] d. h. mit einer massenwirksamen fiktionalen Aufbereitung wie z. B. in *Schindler's List* (Film 1993, Roman von Thomas Keneally 1982). Aus der Perspektive des kollektiven Gedächtnisses setzt Aleida Assmann einen Einschnitt um 1990 an, bedingt durch den Generationswechsel

---

8 Saul Friedländer: Kitsch und Tod. Der Widerschein des Nazismus. Frankfurt am Main 2007, S. 12.
9 Annette Wieviorka: The Witness in History. In: Poetics Today 27 (2006) H. 2, S. 385–397.
10 Wieviorka: The Witness in History, S. 388.
11 Wieviorka: The Witness in History, S. 393.

„nach einer Periode von ca. vierzig Jahren"[12]: Die persönlichen Erinnerungen der Kriegsgeneration schwinden in einem allmählichen Prozess aus dem kommunikativen Gedächtnis und werden, sofern sie den Nachgeborenen erhaltenswert erscheinen, in Form von kulturellen Artefakten gespeichert. Im Zusammenhang mit dem Altern der Augenzeugen prägte Marianne Hirsch 1992 den Begriff ‚post-memory', der die ‚Übertragung' von Gedächtnisinhalten und Traumata auf die Generation der Kinder von Opfern bezeichnen sollte.[13] Anfänglich auf den familiären Kontext beschränkt, erfuhr er bald eine Erweiterung auf Nachgeborene, die durch persönlichen Kontakt zu primären Zeugen eine Art von gewählter Verwandtschaft herstellen und als sekundäre Zeugen oder „witness by adoption" (Geoffrey Hartman) eine „affiliative post-memory" ausbilden.[14] Zwar ist dieses Konzept der Übertragung auch auf Kritik gestoßen,[15] doch spielt es nach wie vor eine große Rolle in den Debatten über die jüngere Holocaustliteratur, vor allem im anglophonen Bereich.[16] Sowohl die Fixierung von individuellen Erinnerungen in Medien des kulturellen Gedächtnisses im Sinne Aleida Assmanns als auch die ‚post-memory' von Marianne Hirsch lassen sich als Versuche verstehen, auch jenseits der eigentlichen Augenzeugen das Erzählen von Auschwitz an die Erfahrung des historischen Geschehens zurückzubinden. Während Assmanns Modell den Übergang von organischen auf kulturelle Gedächtnisträger beschreibt, der für historische Erfahrung prinzipiell gilt, legt die ‚post-memory' den Akzent auf die ‚organischen' Spuren der Gewalt, die weitgehend dem rationalen Zugriff entzogen bleiben, aber gewissermaßen eine physische Verbindung zum Ereignis garantieren. Ebenfalls seit den 1990er Jahren zeigt sich ein verstärktes Interesse an der Darstellung von Tätern, indem versucht wird, ihre Psyche und ihre Handlungsweise im Genozid zugänglich und verständlich zu machen (vgl. Christopher Browning: *Ordinary Men*, 1992). Dies steht im Zeichen der Neujustierung des kollektiven Gedächtnisses, mit der die bisherige dominante Konzentration auf die Schuld der Deutschen den Blick auch auf ihr ‚Leiden' lenkte (vgl. Walter Kempowski: *Das Echolot*, 1993–2005; Günter Grass: *Im Krebsgang*, 2002; Jörg Friedrich: *Der*

---

[12] Aleida Assmann und Ute Frevert: Geschichtsvergessenheit – Geschichtsversessenheit. Vom Umgang mit deutschen Vergangenheiten nach 1945. Stuttgart 1999, S. 37.
[13] Marianne Hirsch: The Generation of Postmemory. In: Poetics Today 29 (2008) H. 1, S. 103–128, hier: S. 106.
[14] Hirsch: The Generation of Postmemory, S. 115.
[15] Vgl. Ernst van Alphen: Second-Generation Testimony, Transmission of Trauma, and Postmemory. In: Poetics Today 27 (2006) H. 2, S. 473–488, hier S. 482.
[16] Vgl. Jenni Adams: New Directions in Holocaust Literary Studies. In: Dies. (Hg.): The Bloomsbury Companion to Holocaust Literature. London/New York 2014.

Brand, 2002). Seit der Jahrtausendwende wurden Täter und Opfer verstärkt im Horizont ihres historischen Kontextes gesehen und so dem nachträglichen moralischen Urteil entzogen. Selbst die Erlebnisperspektive von Nazitätern konnte zum autonomen Gegenstand (schockierender) literarischer Darstellung werden (vgl. Jonathan Littell: *Les Bienveillantes*, 2006). Die von Tabubrüchen dieser Art ausgelösten Debatten werden jedoch seit der Jahrtausendwende seltener, was den oben angeführten Befund Krankenhagens stützen würde, dass in der Darstellung des Holocaust mittlerweile die meisten Tabus gefallen sind.

2 Zeugnisse von Überlebenden

2.1 Primäres und sekundäres Zeugnis

Die Geschichtswissenschaft erforscht den Holocaust prinzipiell mit denselben Methoden wie jedes andere geschichtliche Ereignis und hat so in den vergangenen sieben Jahrzehnten ein immens umfangreiches und detailliertes Netz von Daten und Hintergrundwissen geschaffen, auch wenn dies dem Ausmaß des Mordens und der Bedeutung des Geschehens nie völlig Rechnung tragen kann. Für die Literatur hingegen ist der Holocaust ein Sonderfall. Die Gründe liegen in seiner moralischen und epistemischen Dimension: Es widerspricht dem ethischen Empfinden verantwortlicher Künstler, das Äußerste an Inhumanität zu Kunstwerken zu verarbeiten, und für das – obendrein geheim gehaltene – fabrikmäßige massenhafte Töten stehen weder Verstehensmuster noch Darstellungsmittel zur Verfügung. Doch das Zeugnis der Überlebenden bot einen Ausweg aus diesen Dilemmata. Die ablehnende Haltung Adornos beruhte auf der Annahme, dass jede künstlerische Darstellung des Massenmordes die Getöteten unweigerlich zum Objekt ästhetischen Genusses machen und folglich abermals ihrer menschlichen Würde berauben würde. Die spätere Einschränkung, „das perennierende Leiden ha[be] soviel Recht auf Ausdruck wie der Gemarterte zu brüllen",[17] konnte zumindest als Lizenz für die literarische Verarbeitung durch die Überlebenden verstanden werden, wenn auch nicht für die Fiktionalisierung durch Unbeteiligte. Für die Augenzeugen schien auch der epistemische Einwand irrelevant, denn zwar hatten die Nationalsozialisten alles getan, um den Genozid und seine Spuren vor der Welt zu verbergen, aber die wenigen Geretteten hatten

---

[17] Theodor W. Adorno: Negative Dialektik. Jargon der Eigentlichkeit: Dritter Teil: Modelle. In: Gesammelte Schriften. Bd. 6. Hg. von Rolf Tiedemann und Gretel Adorno. Frankfurt am Main 1973, S. 355.

ja mit eigenen Augen gesehen und am eigenen Leib erfahren, was in Auschwitz und den anderen Lagern den Menschen angetan wurde, und fühlten sich nun dazu verpflichtet, diese unwahrscheinlichen Wahrheiten bekanntzumachen. Erst mit der Zeit wurde deutlich, dass auch der aufrichtige Bericht eines Primo Levi vor dem äußersten Grauen halt machte und nur ein unzulängliches, stellvertretendes Zeugnis sein konnte für jene, die „den tiefsten Punkt des Abgrunds" berührt hatten.[18] Aber ungeachtet dieses Paradoxons wird für die Überlebenden das doppelte Verdikt zu einem doppelten Mandat: das über dem Holocaust liegende Geheimnis zu durchbrechen und die Menschenwürde der ‚Untergegangenen' wiederherzustellen, indem sie vor aller Welt Zeugnis ablegen.

Aleida Assmann betont den Adressatenbezug des Zeugnisses und hat im Sinne Weberscher Idealtypen vier „Grundformen" von Zeugenschaft unterschieden: die juridische, religiöse, historische und moralische.[19] Im Sinne des beobachtenden unbeteiligten Dritten, des lateinischen *terstis/testis*, ist der Zeuge eine Quelle von Wissen über einen strittigen Sachverhalt.[20] Als Märtyrer (*martys*) bekennt er durch seinen gewaltsamen Tod einen Glauben und verwandelt sich vom passiven Opfer (*victima*) in ein aktives Subjekt (*sacrificium*). Dieser Märtyrertod wird der Nachwelt übermittelt durch den überlebenden historischen Zeugen (*superstes*). Der – auf Avishai Margalit zurückgehende – Typus des moralischen Zeugen schließlich vereinigt Züge der anderen drei: Er ist Opfer und Zeuge in einer Person und gibt sein Zeugnis nicht durch den Tod, sondern durch das Überleben, durch seinen Körper.[21] Die Gewalt bleibt in seinen Körper als Trauma eingeschrieben. Für Shoshana Felman und Dori Laub steht das traumatische Erlebnis, das dem Überlebenden selbst unzugänglich ist, im Zentrum des Zeugnisses und macht dieses zu einem dynamischen, performativen Sprechakt, der nicht auf sachliche Mitteilungen zu reduzieren ist.[22] Für den Adressaten ergibt sich daraus laut Sibylle Schmidt eine Art von „Ansteckung" durch die Erfahrungs- und Gefühlsgehalte, die ihn zu ethischer Verantwortung und sekundärer Zeugenschaft aufrufen.[23]

---

18 Primo Levi: Die Untergegangenen und die Geretteten. München 1990, S. 83–84.
19 Aleida Assmann: Vier Grundtypen von Zeugenschaft. In: Ulrike Petzold (Hg.): Zeugen und Zeugnisse. Bildungsprojekte zur NS-Zwangsarbeit mit Jugendlichen Berlin 2008, S. 12–26, hier S. 13.
20 Vgl. Assmann: Vier Grundtypen von Zeugenschaft, S. 13.
21 Vgl. Assmann: Vier Grundtypen von Zeugenschaft, S. 18–20.
22 Vgl. Shoshana Felman und Dori Laub: Testimony. Crises of Witnessing in Literature, Psychoanalysis and History. London/New York 1991, S. 5.
23 Vgl. Sibylle Schmidt: Ethik und Episteme der Zeugenschaft. Konstanz 2015, S. 49.

Die in den Jahrzehnten nach Kriegsende entstandenen Zeugnisse haben einen gewissen Kanon herausgebildet, zu dem im deutschen Sprachraum Jean Amérys Essays *Jenseits von Schuld und Sühne* (1966) und Ruth Klügers *weiter leben* (1992) gehören. Neben solche faktualen Erzählungen traten aber schon früh auch Fiktionen von Überlebenden wie Edgar Hilsenraths *Nacht* (1954), was scheinbar im Widerspruch zur epistemischen Funktion des Zeugnisses steht, das ja gerade bezeugen will, was eigentlich geschehen ist. Wie soll ein Leser authentische Informationen über die verborgene Welt des Genozids aus einem Text entnehmen, der ihm als Roman präsentiert wird, also mit der Lizenz, Erfundenes zu enthalten?[24] Zur Lösung dieses Dilemmas hat Aleida Assmann vorgeschlagen, „zwischen literarischer Ausarbeitung und Fiktionalisierung" zu unterscheiden. „Literarische Ausarbeitung bezieht sich auf Fragen der Darstellung wie Rahmung, Narrativierung, stilistische Mittel, Deutungsangebote usw. Fiktionalisierung bedeutet demgegenüber, dass Teile der Erzählung bewusst hinzuerfunden, umgestellt oder anderweitig verändert werden."[25] Wichtiger noch ist Assmanns Hinweis, dass die Autoren als Überlebende sich mit ihrer spezifischen ‚unveräußerlichen' Erfahrung für den Inhalt ihrer Texte verbürgen.[26] Selbst wenn sie in ihren ‚Erinnerungsbüchern' bewusst hinzuerfinden sollten, so kann man den Gedankengang fortsetzen, darf der Leser davon ausgehen, dass diese fiktiven Figuren oder Episoden in der tatsächlichen Welt des Genozids möglich und wahrscheinlich waren, auch wenn sie in der beschriebenen Form nicht stattgefunden haben. Für literarische Zeugnisse, faktuale wie fiktionale, ließe sich also gewissermaßen von einem eigenständigen ‚Pakt' sprechen, durch den der Autor dem Leser gegenüber mit seiner Erfahrung für die Wahrheit bzw. Wahrscheinlichkeit der dargestellten Welt bürgt.[27]

Die Aussage, die Epoche der Augenzeugen gehe ‚aus biologischen Gründen' zu Ende, ist für die jüngere Literaturkritik geradezu topisch geworden. Aber noch nach der Jahrtausendwende erschienen bisher unbekannte Zeugentexte. So versammelt eine Publikation von 2016 fünfzehn Hefte mit Memoiren von Holocaustüberlebenden.[28] Auch wenn es in Zukunft immer weniger

---

24 Grundlage für das diesem Beitrag zugrunde liegende Fiktionsverständnis ist Frank Zipfels pragmatische Fiktionstheorie. Frank Zipfel: Fiktion, Fiktivität, Fiktionalität. Analysen zur Fiktion in der Literatur und zum Fiktionsbegriff in der Literaturwissenschaft. Berlin 2001.
25 Aleida Assmann: Wem gehört die Geschichte? Fakten und Fiktionen in der neueren deutschen Erinnerungsliteratur. In: Internationales Archiv für Sozialgeschichte der deutschen Literatur 36 (2011) H. 1, S. 213–225, hier: S. 218.
26 Vgl. Assmann: Wem gehört die Geschichte?, S. 216.
27 Vgl. hierzu vom Autor: O testemunho: um novo paradigma da ficção? In: Ders. (Hg.): Ficcionalidade. Uma prática cultural e seus contextos. São Paulo 2018, S. 167–186.
28 Ivan Lefkovits (Hg.): „Mit meiner Vergangenheit lebe ich". Memoiren von Holocaust-Überlebenden. Berlin 2016.

Zeitzeugen geben wird, die noch zur Feder greifen, um Zeugnis abzulegen, besteht doch die Chance, dass weiterhin Texte entdeckt und ediert werden, die Genozid und Verfolgung aus erster Hand beschreiben und so unsere Kenntnis um wichtige Facetten erweitern, auch wenn sie – bedingt durch die Zeit ihrer Entstehung – keine aus heutiger Sicht formalen Innovationen aufweisen.

Wer aber zählt zu den ‚Überlebenden'? Sicherlich die Juden, die in Auschwitz und anderen Lagern waren, aber auch solche, die aus den Ghettos entkommen sind und die durch Emigration, auf den ‚Kindertransports' oder in Verstecken der Vernichtung entgingen. Doch auch Nichtjuden gehörten zu den Opfern: Menschen, die aufgrund körperlicher Behinderungen getötet und aus politischen oder andern Motiven von den Nationalsozialisten verfolgt wurden. Auch wenn nicht alle Überlebenden unmittelbar vom Genozid berichten, bezeugen sie doch den Vernichtungsdruck, der von den Nazizentralen im Herzen Europas in die ganze Welt ausstrahlte und der mit den Chiffren Auschwitz, Holocaust, Shoah und Churban umschrieben wird.

2.2 Sekundäre Zeugnisse in deutscher Sprache

Bücher in deutscher Sprache, die sich als sekundäre Zeugnisse auffassen lassen, können sich ebenfalls sowohl faktualer wie auch fiktionaler Pakte bedienen, ja sie können sogar die eindeutige Zuordnung zu einem der beiden Diskurse durch den Leser unterlaufen. Eine eindeutig faktual präsentierte Geschichte ist z. B. Katarina Baders *Jureks Erben* (2010)[29] über einen ehemaligen polnischen Auschwitzhäftling und seine Freundschaft zu der jungen deutschen Autorin. Dagegen beruft sich Katharina Hackers Roman *Eine Art Liebe* (2011)[30] zwar im Nachwort auf die Autobiographie des Historikers Saul Friedländer, *Wenn die Erinnerung kommt*,[31] verarbeitet jedoch das Material auf fiktionale Weise.[32] In W. G. Sebalds *Austerlitz* (2001),[33] das er weder als Roman noch als

---

29 Katarina Bader: Jureks Erben. Vom Weiterleben nach dem Überleben. Köln 2010.
30 Katharina Hacker: Eine Art Liebe. Roman. Frankfurt am Main 2011 [2003].
31 Saul Friedländer: Wenn die Erinnerung kommt. Übersetzt von Helgard Oestreich. 2. Aufl. München 1998 [1979, französisch 1978].
32 Vgl. Katja Stopka: Sekundäre Zeugenschaft in postmemorialer Literatur. Katharina Hackers *Eine Art Liebe*. In: Torben Fischer, Philipp Hammermeister und Sven Kramer (Hg.): Der Nationalsozialismus und die Shoah in der deutschsprachigen Gegenwartsliteratur. Amsterdam 2014, 219–235, hier S. 233.
33 W. G. Sebald: Austerlitz. Frankfurt am Main 2003 [2001].

Dokumentation, sondern als „Prosabuch unbestimmter Art"[34] verstanden wissen wollte, erzählt ein autofiktionaler Erzähler die reale Geschichte der ‚Kindertransports' anhand einer weitgehend erfundenen Figur.[35] Jedes der drei Bücher bringt einen deutschen Ich-Erzähler in Kontakt mit einem Überlebenden und erzählt dessen Geschichte gespiegelt in der eigenen.

In *Eine Art Liebe* von Katharina Hacker erscheint von Anfang an eine explizite metafiktionale Ebene, indem die Erzählerin vom allmählichen Werden eines Manuskripts spricht, das der Leser mit dem ihm vorliegenden Buch identifizieren darf. Autodiegetisch erzählt die junge deutsche Autorin Sophie von ihrer Freundschaft mit dem alternden israelischen Anwalt Moshe Fein und seiner Kindheit in einem sehr katholischen französischen Internat, wo er mit dem gleichaltrigen Franzosen Jean befreundet war. Moshe Fein ‚schenkt' ihr die Geschichte von Jean, damit diese in der Fiktion Gestalt annimmt. Denn in Moshes Erinnerung bleibt die Geschichte von Jean schemenhaft, unvollständig und unverstanden. So entwickelt die innerfiktionale Autorin Sophie allmählich eine Rekonstruktion der gemeinsamen Internatsjahre von Moshe und Jean, mit der Pointe, dass es dieser beste Freund war, der Moshes Eltern – unabsichtlich – an seinen faschistischen Vater verriet und so an ihrem Tod mitschuldig wurde. Zu Sophies – und ebenso zu Hackers – ‚Fiktion' gehört offenbar auch das romanhafte Ende Jeans: Nach Jahrzehnten im Kloster ‚büßt' Jean seine Schuld, indem er sich unter der Identität Moshes nach Berlin, dem Geburtsort Moshes und dem Wohnort Sophies, begibt und dort unter ungeklärten Umständen in einem Nachtklub erschlagen wird. Erst in der Einbildungskraft der in der Tätergesellschaft geborenen deutschen Autoren kann die ‚Wahrheit' des Verrats zutage treten. Dieses Vertrauen in die Fiktion wird dem Überlebenden selbst in den Mund gelegt, wenn er bemerkt: „Was du erfinden könntest, unterscheidet sich nicht von dem, was ich erzähle."[36] Das Reale dagegen ist eher irrelevant: „das alles erklärte nichts, es war eine Vergangenheit aus Fakten, das konnte es nicht sein, was Moshe beschäftigte wie eine Frage, die entschieden werden muß, so oder so."[37] Wichtiger als die Fakten sind für die Protagonisten des Romans die „Geschichten", die sich an die Menschen heften, aber auch ihr Eigenleben führen: Als Sophie am Ende Moshe „das Manuskript" übergibt, ist es

---
34 W. G. Sebald: „Ich fürchte das Melodramatische". In: Der Spiegel 11 (2001). Gespräch mit Martin Doerry und Volker Hage, S. 228–234, hier S. 230.
35 Jacques Austerlitz ist ein *composite character*, in dem die Schicksale der Susi Bechhöfer und eines britischen Historikers amalgamiert wurden. Vgl. Sebald: „Ich fürchte das Melodramatische", S. 230.
36 Hacker: Eine Art Liebe, S. 15–16.
37 Hacker: Eine Art Liebe, S. 28.

weder das, was er, noch das, was sie sich vorstellt hat.[38] Aber es ist nun tatsächlich die Geschichte Sophies geworden, denn Moshe hat sie ihr „geschenkt", wie er nun nochmals bekräftigt. In diesem Gabentausch – unerzählte Geschichte (im Sinne einer *histoire*) gegen erzählte Geschichte (in *discours*-Gestalt) – finden beide zu einer neuen Identität, denn es ist ja auch Sophies Geschichte, die da neu geschrieben wird. Es braucht nicht betont zu werden, dass diese Identität vor allem für die Angehörigen des Täterkollektivs in der zweiten Generation eine entlastende ist: Durch das sekundäre Zeugnis hat sich auch die reale Autorin gewissermaßen freigeschrieben von ihrer biologischen Verstrickung und eingeschrieben in „eine Art Liebe".

In Sebalds *Austerlitz* findet sich schon zehn Jahre zuvor eine ganz ähnliche Konstellation: ein deutscher Erzähler (mit autobiographischen Markierungen), der einem Überlebenden in Freundschaft verbunden ist und sich mit dessen Schicksal auseinandersetzt. Austerlitz' Geschichte wird im *discours* von Sebalds Erzählung auf eine fragmentarische und diskontinuierliche Weise mitgeteilt und nicht in Form tatsächlicher Ereignisse, die dem Protagonisten zustoßen: Es handelt sich um subjektive Erinnerungen mit unsicherem Status und um Rekonstruktionen aufgrund von Dokumenten, die sämtlich durch Figurenreden gefiltert sind. Mit dieser Erzählstruktur und den rekurrenten Hinweisen auf die Unzuverlässigkeit des Gedächtnisses, noch verstärkt durch die Vermischung von fiktiven und realen Elementen, scheint der Autor vor allem den poststrukturalistischen Zweifel an der epistemischen Validität des Geschichtsdiskurses zu unterstreichen. Dennoch werden Referenzen auf außersprachliche Realität durch Photos suggeriert, die auf der Existenz des Historischen ebenso insistieren wie auf der des fiktiven Austerlitz. Bemerkenswerter als diese Ästhetik des epistemischen Zweifels ist freilich, dass es dem Autor gelingt, vom Vernichtungsprozess zu sprechen, ohne ihn darzustellen. Das geschieht, indem er – in der Figur der *praeteritio* – beteuert, er könne sich nicht vorstellen, wie die Häftlinge im Lager Breendonk die dort noch immer ausgestellten „Karren stemmten, bis ihnen beinah das Herz zersprang, oder wie ihnen, wenn sie nicht vorankamen, der Schaufelstiel über den Kopf geschlagen wurde von einem der Aufseher."[39] Indem er das ausformuliert, was ihm ‚undenkbar' ist, nimmt es auch in der Vorstellung des Lesers Gestalt an, ohne dass (in der fiktiven Welt) Existenzaussagen gemacht würden. Analog zeugen die Bilder (der Festungsmauern, des Grundrisses, des Tunnelgangs in Breendonk) von der Existenz des Lagers, werden jedoch nicht durch Bildlegenden eindeutig referentialisiert. In

---

38 Hacker: Eine Art Liebe, S. 265.
39 Sebald: Austerlitz, S. 37.

unglaublicher Dichte schließt sich an dieses Zeugnis von der Besichtigung Breendonks durch den Erzähler der Hinweis auf Jean Améry an, dessen Essay *Die Tortur*[40] mit einer entscheidenden Stelle nahezu wörtlich zitiert wird.

Sebald ist in den vergangenen Jahren zu einem paradigmatischen Autor der internationalen Literaturwissenschaft avanciert, dessen hybride Texte als wegweisend für verschiedenste Trends der Gegenwartsliteratur figurieren[41] und in der deutschsprachigen Literatur zum Holocaust aufgegriffen werden. In den sekundären Zeugnissen von Sebald und Hacker übernimmt die Fiktion eine wichtige Rolle, nicht nur als Mittel zur Einbettung der Erinnerung von Überlebenden in eine zeitgenössische Lebensgeschichte, sondern auch zur Überwindung der Grenzen zwischen Opfer- und Täterkollektiv. Zwar findet die Annäherung und die tendenzielle Konversion von der Täter- zur Opferseite im Prinzip ‚nur' in der fiktiven Welt der Texte statt, doch deren autofiktionale Anlage und der Akt der Publikation wirken auch auf die Autoren zurück.

3 Narrative Strukturen

3.1 Positionalität von Autoren und Figuren

Spätestens die Skandale um Wolfgang Koeppen[42] und Bruno Dösseker[43] haben bewusst gemacht, dass es den Rezipienten nicht gleichgültig ist, ob der Autor aus einer Täter- oder aus einer Opferposition heraus schreibt. Jakob Littners *Weg durch die Nacht* (2002) als Text eines jüdischen Überlebenden, der seine

---

40 Vgl. : Jean Améry: Jenseits von Schuld und Sühne. Bewältigungsversuche eines Überwältigten. In: Werke. Bd. 2. Jenseits von Schuld und Sühne. Unmeisterliche Wanderjahre. Örtlichkeiten. Stuttgart 2002. S. 7–177, hier S. 73.
41 Vgl. Alison Gibbons: Altermodernist fiction. In: Joe Bray, Alison Gibbons und Brian McHale (Hg.): The Routledge Companion to Experimental Literature. London 2012, S. 238–252; Irene Kacandes: Experimental Life Writing. In: Bray, Gibbons und McHale (Hg.): The Routledge Companion to Experimental Literature, S. 380–392; Simon Cooke: ‚Always somewhere else': Generic ‚Unclassifiability' W. G. Sebald. In: Marion Gymnich, Birgit Neumann und Ansgar Nünning (Hg.): Gattungstheorie und Gattungsgeschichte. Trier 2007, S. 235–252.
42 Vgl. Roland Ulrich: Vom Report zum Roman. Zur Textwelt von Wolfgang Koeppens Roman *Jakob Littners Aufzeichnungen aus einem Erdloch*. In: Germanica. Internationale Zeitschrift für Germanistik 32 (1999), S. 135–150; Reinhard Zachau: Das Originalmanuskript zu Wolfgang Koeppens *Jakob Littners Aufzeichnungen aus einem Erdloch*. In: Germanica. Internationale Zeitschrift für Germanistik 32 (1999), S. 115–133.
43 Vgl. Stefan Mächler: Der Fall Wilkomirski. Über die Wahrheit einer Biographie. Zürich 2000.

Rettung als göttliche Fügung versteht, mag zwar atheistischen Leidensgenossen als Blasphemie erscheinen, behält jedoch als subjektive Deutung des eigenen Schicksals sein Recht. Wenn dagegen der nicht-jüdische Autor Koeppen denselben Text (mit redaktionellen Überarbeitungen) als seine eigene Fiktion[44] ausgibt, maßt er sich im Namen seiner fiktionalen Figur an, in der Shoah göttliches Wirken zu erkennen. Auch die von Bruno Dösseker ursprünglich unter dem Namen Binjamin Wilkomirski als autobiographische Erinnerungen an eine Kindheit in Riga und Majdanek publizierten *Fragmente*[45] wurden als Holocaustdarstellung durch die Enthüllung disqualifiziert, dass der Autor als Nicht-Jude in der Schweiz aufgewachsen war.

Die Zugehörigkeit zur Gesellschaft der ‚Täter und Zuschauer' implizierte bisher auch für die Nachgeborenen eine spezielle Verantwortlichkeit. Selbst wer sich wie W. G. Sebald in ein selbstgewähltes Exil begab, konnte sich dadurch nicht aus seiner kollektiven Zugehörigkeit verabschieden und die Opferidentität gleichsam okkupieren. Das ‚vererbte' familiäre und soziale Kontinuum, das ihn gegen seinen Willen prägte, ließ sich trotz schärfster intellektueller Ablehnung der Herkunft nicht abschütteln, wie Thomas Bernhard an der Figur Franz-Josef Murau in *Auslöschung*[46] gezeigt hat. Konsequenterweise erfolgt bei Sebald wie bei Hacker die Annäherung an die Opfer vermittelt über eine Erzählerfigur, die wie die Autoren ihre genealogischen Bindungen an die Tätergesellschaft nicht verleugnet.

Thomas Harlan, Sohn des NS-Propagandaregisseurs Veit Harlan, hat kontinuierlich und militant die Auffindung und Bestrafung von Nazitätern im Nachkriegseuropa betrieben. Schon diese persönliche Parteinahme relativiert seine Position in der Beziehung von Tätern und Opfern. Hauptfigur und Binnenerzähler seines Romans *Heldenfriedhof*[47] ist Enrico Cosulich, selbst ein Opfernachkomme, der wie der Autor sein Leben in den Dienst der Aufdeckung unerkannter SS-Täter stellt. Die Eindeutigkeit der Identifikation mit Opfern bzw. Tätern wird in der Handlung aber in Frage gestellt, indem Cosulichs Psyche angesichts seiner obsessiven Verfolgung der Täter dissoziiert. Dies interpretiert Sven Kramer als angemessene Reaktion auf die Opfer-Täter-Dichotomie, denn

> gerade die doppelseitige Identifikation – mit den Opfern *und* mit den Tätern – eröffnet einen Weg über die Anklage der Täter hinaus in die radikale Selbstbefragung. Während die Anklage der Täter eine Differenz zwischen diesen und den Anklägern ermöglicht [...]

---

44 Wolfgang Koeppen: Jakob Littners Aufzeichnungen aus einem Erdloch. Frankfurt am Main 1992 [1948].
45 Binjamin Wilkomirski: Bruchstücke. Aus einer Kindheit 1939–1948. Frankfurt am Main 1998 [1995].
46 Thomas Bernhard: Auslöschung. Ein Zerfall. München 2005 [1986].
47 Thomas Harlan: Heldenfriedhof. Frankfurt am Main 2006.

und die Externalisierung der Taten mit sich bringt, führt die Identifikation mit den Tätern unweigerlich zu der Frage, inwiefern Anteile des eigenen Selbst mit der Disposition der Mörder korrespondieren.[48]

Wie durchlässig die Grenzen zwischen Täter- und Opferidentitäten geworden sind, zeigen auch der Roman *Die Leinwand*[49] sowie die Person seines Autors Benjamin Stein. Unter dem Namen Matthias Albrecht in einer kommunistischen Familie in der DDR aufgewachsen, ‚konvertierte' er mit 21 Jahren zunächst zum reformierten, dann zum orthodoxen jüdischen Glauben und lebt und publiziert heute unter dem Namen Benjamin Stein.[50] In seinem Roman verhandelt er auf intrikate fiktionale Weise den Fall Wilkomirski aus zwei verschiedenen Perspektiven, die erzähltechnisch von zwei Ich-Erzählern und buchtechnisch in Form eines „*flip book[s]* mit zwei Eingängen und keinem Ausgang"[51] präsentiert werden. Die eine Perspektive wird von Amnon Zichroni eingenommen, dem Freund einer an Dösseker/Wilkomirski angelehnten Figur namens Minsky, die andere Perspektive ist die von Jan Wechsler, hier der für die Aufdeckung der falschen Identität Minskys verantwortliche Journalist. Sowohl der orthodoxe Jude Zichroni als auch Minsky sind durchaus positive Figuren, und Minsky erscheint nicht als Betrüger, sondern als Opfer einer journalistischen Kampagne. Es gibt in der Erzählung Zichronis keine Anzeichen für eine Relativierung seiner Sicht im Sinne einer ‚moralischen Unzuverlässigkeit' des Erzählers. Dagegen ist der Journalist Jan Wechsler eine geradezu psychotische Persönlichkeit, die offensichtlich unter einer schweren Amnesie leidet. Wie in seiner Erzählung allmählich klar wird, hat Wechsler nicht nur das Leben Minskys durch seine Denunziation zerstört, sondern selbst einen ebenso radikalen Identitätswechsel vorgenommen und leidet nun unter den Inkohärenzen zwischen seinem früheren und dem jetzigen jüdischen Selbst. Zielpunkt beider Erzählungen ist eine Mikwe in Israel, ein rituelles Tauchbad aus historischer Zeit, dem im Roman mystische Qualitäten zugeschrieben werden. Der Ausgang der Geschichte bleibt offen, und das Zusammentreffen der beiden Erzähler an diesem Ort der Reinigung und Wandlung trägt Züge einer phantastischen Doppelgängerhandlung, doch wird deutlich, dass der Autor Stein die Figur Minskys – und damit auch die von Dösseker vollzogene Okkupation

---

48 Sven Kramer: Nationalsozialismus und Shoah in Thomas Harlans literarischem Spätwerk. In: Fischer, Hammermeister und Kramer (Hg.): Der Nationalsozialismus und die Shoah, S. 313–334, hier S. 329.
49 Benjamin Stein: Die Leinwand. Roman. München 2010.
50 Vgl. Ijoma Mangold: Religion ist kein Wunschkonzert. In: Die Zeit, 08.04.2010, S. 47.
51 Silke Horstkotte: „Ich bin, woran ich mich erinnere." Benjamin Steins *Die Leinwand* und der Fall Wilkomirski. In: Fischer, Hammermeister und Kramer (Hg.): Der Nationalsozialismus und die Shoah, S. 115–132, hier S. 117.

der Opfer-Identität – nicht verurteilen will, schließlich weist sie deutliche Analogien zu seiner eigenen Biographie auf. Im Unrecht ist dagegen der vermeintliche Aufklärer Wechsler, der am eigenen Leib erfahren muss, was es heißt, wenn die selbst geglaubte Identität von der gesamten Umwelt und den Fakten in Frage gestellt wird. Auch ästhetisch verteidigt das „von zwei Seiten" lesbare Buch eine Pluralität von Wahrheit. „Nicht eine, sondern beide Geschichten gelten", wie Silke Horstkotte feststellt: „Ein solchermaßen verabschiedetes einheitliches Wahrheitskonzept löst selbstverständlich auch den Widerspruch zwischen fiktionalen und authentischen Holocausterzählungen auf."[52] Ähnlich wie in den aktuellen Gender-Debatten, wird hier für die freie Wahl der Identität durch das Subjekt plädiert, ohne Rücksicht auf Herkunft und ererbte Verantwortung.

3.2 Dokumente

Wenn die Erfahrungshaltigkeit des Zeugnisses einen zentralen Aspekt der Holocaustliteratur ausmacht, so ist ein weiterer die Absicherung durch historische Fakten. Schon der historische Roman, im Sinne Roman Ingardens als eine universale Kategorie betrachtet, lässt trotz seiner Autonomie als Kunstwerk immer auch eine historische Lektüre zu und bedarf daher zumindest eines Skeletts an Daten aus der Historiographie.[53] Dass für den historischen Roman spezielle Regeln gelten, bestätigt auch der Fiktionstheoretiker Kendall Walton, insofern „the author may well be held responsible for the accuracy of his portayal of the general outline of the events".[54] Die von Ansgar Nünning konstatierte Verschiebung von „fiktionalisierter Historie zur metahistoriographischen Fiktion"[55] findet sich in einem Großteil der jüngeren Holocaustliteratur, sie hat jedoch nicht bewirkt, dass sich die prinzipielle Verankerung der dargestellten Welt im realen Kontinuum von Geschichte und Gegenwart aufgelöst hätte. Stattdessen verlangt die Thematik mehr als jede andere die Überprüfung der historischen Korrektheit von fiktionalen Aussagen.

---

52 Horstkotte: „Ich bin, woran ich mich erinnere.", S. 130.
53 Vgl. Hans Vilmar Geppert: Der ‚andere' historische Roman. Theorie und Strukturen einer diskontinuierlichen Gattung. (Studien zur deutschen Literatur 42) Tübingen 1976, S. 34.
54 Kendall Walton: Mimesis as Make-Believe. On the Foundations of the Representational Arts. Cambridge, Massachussetts 1990, S. 79.
55 Ansgar Nünning: Von der fiktionalisierten Historie zur metahistoriographischen Fiktion. Bausteine für eine narratologische und funktionsgeschichtliche Theorie, Typologie und Geschichte des postmodernen historischen Romans. In: Daniel Fulda und Silvia Serena Tschopp (Hg.): Literatur und Geschichte. Ein Kompendium zu ihrem Verhältnis von der Aufklärung bis zur Gegenwart. Berlin/New York 2002, S. 541–569, hier S. 547.

Kann bei den Augenzeugen noch die subjektive Erinnerung gegen das objektiv rekonstruierte Faktum stehen, so müssen alle anderen Autoren bemüht sein, nicht in Widerspruch zum aktuellen Stand der Geschichtswissenschaft und zum Archiv der relevanten Zeugnisse zu geraten, da sie andernfalls auch als Romanautoren den Verdacht der Geschichtsfälschung auf sich ziehen würden.

Die vorgängige Recherche kann jedoch in sehr unterschiedlicher Weise in die Konstitution der Bücher eingehen. Sie kann weitgehend implizit bleiben, als Hinweis auf die verwendeten Quellen in einem Anhang erscheinen oder in die Darstellung selbst integriert werden. Das *Echolot*-Projekt von Walter Kempowski[56] bietet eine besonders radikale ästhetische Lösung: als reine Collage von privaten Dokumenten (Briefe, Diarien, Photos, Autobiographien etc.) in Form eines monumentalen kollektiven Tagebuchs stellt es nicht nur den Inhalt, sondern die sprachliche Konkretheit der Quellen aus. Das setzt beim Leser Kenntnis des Geschichtsverlaufs voraus und besitzt ein Potential als Komplement zur Historiographie, nämlich als Quelle von Bewusstseinslagen, Feindbildern und Hoffnungen von Zeitzeugen. Aus dem Nebeneinander der Stimmen und dem Fehlen eines Erzählerkommentars entsteht ein polyphones Panorama ohne „Zentralperspektive".[57] Der Leser nimmt die zitierten Aussagen vor dem damaligen Wissenshorizont wahr, was ihm ein anderes Verstehen – nicht unbedingt Empathie – ermöglicht. Im Sinne Lucian Hölschers gewährt diese narrative Konstruktion einen Blick in die „Offenheit vergangener Zukunftshorizonte"[58]; der Leser des *Echolot* sieht mit den Augen der 1940er Jahre auf die Ereignisse und beurteilt sie nicht von vornherein von ihrem Ausgang und dem weiteren Verlauf der Geschichte her. Dass diese Polyphonie dennoch nicht mit einem objektiven Verfahren verwechselt werden darf, zeigt Valéria Pereiras[59] Vergleich des Buchs mit dem Archivmaterial: Kempowskis Verfahren hat durch gezielte Kürzungen und Auslassungen einzelne Stimmen zu ‚typischen Akteuren' modelliert, ohne dass dies dem Leser des Buches erkenntlich wäre.

Wo die Zitate aus Dokumenten eingebettet sind in fiktionale Erzählungen, ließe sich anhand von Nünnings Kategorien von „dokumentarischen

---

56 Walter Kempowski: Das Echolot. Barbarossa '41. Ein kollektives Tagebuch. München 2004 [2002].
57 Vgl. Daniel Fulda: Abschied von der Zentralperspektive. Der nicht nur literarische Geschichtsdiskurs im Nachwende-Deutschland als Dispositiv für Jörg Friedrichs *Brand*. In: Wilfried Wilms und William Rasch (Hg.): Bombs Away! Representing the Air War over Europe and Japan. (Amsterdamer Beiträge zur Neueren Germanistik 60) Amsterdam/New York 2006, S. 46–64.
58 Lucian Hölscher: Neue Annalistik. Umrisse einer Theorie der Geschichte. Göttingen 2003, S. 52.
59 Vgl. Valéria Sabrina Pereira: Die Hand des Autors. Walter Kempowski und *Das Echolot*. In: Weimarer Beiträge 59 (2013) H. 4, S. 526–545.

historischen Romanen"[60] sprechen. Außer dem bereits erwähnten Buch von Thomas Harlan gehören dazu Erich Hackls *Hochzeit von Auschwitz* (2002) sowie Ursula Krechels Roman *Shanghai fern von wo* (2008). Die imaginative und narrative Leistung der Autoren reicht vom reflektierenden Kommentar über die komplettierende Vergegenwärtigung des in den Dokumenten nur lückenhaft erscheinenden Lebenszusammenhanges bis hin zur surrealen Verrätselung bei Harlan. Die ambitionierteren Texte behalten dabei immer die Grenzen im Auge, die der Vorstellungskraft vom Thema gesetzt sind: Das eigentliche Grauen kann allenfalls umschrieben und angedeutet oder als Groteske repräsentiert werden. Ersteres gelingt am ehesten in Romanen, die das Exil und den Nachkrieg, aber nicht die Vernichtung selbst fokussieren. Letzteres bedingt ein Verlassen des realistischen Diskurses und damit auch der ‚Darstellung von Vergangenheit' im engeren Sinne.

Auch zahlreiche Erinnerungsbücher verfolgen eine dokumentengestützte Ästhetik, die sowohl private Briefe und Aufzeichnungen aus Familienbesitz als auch amtliche Schriften und Fachpublikationen einbezieht, und Daniel Fulda attestiert diesen Autoren ein der Historiographie analoges Selbstverständnis, „ebenfalls zu ‚forschen' und zu dokumentieren".[61] Die Erzählstruktur vieler sekundärer Zeugnisse und ‚Familienromane' – wie etwa Uwe Timms *Am Beispiel meines Bruders* (2003) und Katja Petrowskajas (2016) *Vielleicht Esther* – ist gekennzeichnet von einer Verlagerung des *discours* von der Handlung auf den Pol des Erzählakts und der Reflexion. Mit Ansgar Nünning kann dies als ‚Metaisierung' verstanden werden, als eine tendenzielle Zersetzung des primären Erzählvorgangs durch Kommentare, metafiktionale Aussagen, Exkurse über das Gedächtnis und die Sprache usw. Beim eigentlichen historischen Roman liegt der Fiktion historiographisch verfasste Geschichte voraus, die neu formuliert wird. In den gegenwärtigen Erinnerungsbüchern, einem neuen Genre auf dem Feld des Autobiographischen, hat diese Meta-Erzählstruktur etwas geradezu Naturwüchsiges. Zur Zeit von Christa Wolfs *Kindheitsmustern* (1976) mochte es noch avantgardistisch anmuten, wenn ein solcher Text auf drei verschiedenen Zeitebenen operiert und dabei die erinnerten Kindheitsepisoden dem Erzählakt und der Recherche unterordnet. Zwar bildet diese Struktur nicht mimetisch ab, was beim Schreibakt vor sich geht, wie es vielleicht die bei der Lektüre entstehende Illusion nahelegen könnte; doch wird im

---

60 Ansgar Nünning: Von der fiktionalisierten Historie zur metahistoriographischen Fiktion, S. 551.
61 Daniel Fulda: Formen des Erzählens in der Zeitgeschichte: Gegenläufige Trends und ihr Zusammenhang. In: Zeithistorische Forschungen/Studies in Contemporary History, Online-Ausgabe 6 (2009), S. 435–440, hier S. 437.

Sinne eines „diaphanen Erzählens" (Irina Rajewsky)[62] offengelegt, welches die Voraussetzungen und Bedingungen eines literarischen Schreibens sind, das sich auf Erinnerung, Recherche und Interpretation von Dokumenten stützt.

3.3 Alternative Geschichte

Kontrafaktische Fiktionen zur Nazizeit sind ein international sehr erfolgreiches Genre,[63] das in Deutschland bisher eher eine Nebenrolle spielte. Der ebenso naheliegende wie problematische Wunsch, es möge die Nationalsozialisten nicht gegeben haben, wird vom – durchweg als dubios markierten – Erzähler in Christian Krachts *Faserland*[64] zu einer ebenso idyllischen wie folgenlosen Phantasie ausgemalt und führt gerade dadurch vor Augen, wie unvorstellbar dies für unsere Gegenwart geworden ist. „Zugespitzt heißt das," so Caspar Battegay, „dass eine Welt ohne Shoah nach Auschwitz nicht mehr denkbar und auch nicht mehr erlebbar ist. Weil das Bewusstsein der menschlichen Wirklichkeit im Negativen fundamental erweitert wurde, gibt es die Shoah nach dieser Verschiebung in gewisser Weise auch in allen möglichen Welten."[65] Gleichwohl kann es durchaus fruchtbar sein, Gedankenexperimente auszumalen, in denen der Holocaust nicht stattfindet. Michael Kleebergs *Ein Garten im Norden* (1998)[66] spinnt ein Deutschland aus, wo selbst Wagner und Heidegger so wenig deutsch sind, dass es zur Machtergreifung gar nicht kommen konnte. In Dieter Kühns *Ich war Hitlers Schutzengel*[67] werden zwei Fiktionen vorgestellt, in denen tatsächlich geplante Attentate auf Hitler (Elser 1939 und Tresckow 1943) nicht scheitern. Das Interesse gilt dabei den Konstellationen, die sich jeweils nach dem Tod des Führers hätten ergeben können und

---

62 Irina Rajewsky: Diaphanes Erzählen. Das Ausstellen der Erzähl(er)fiktion in Romanen der jeunes auteurs de Minuit und seine Implikationen für die Erzähltheorie. In: Irina Rajewsky und Ulrike Schneider (Hg.): Im Zeichen der Fiktion. Aspekte fiktionaler Rede aus historischer und systematischer Sicht. Festschrift für Klaus W. Hempfer zum 65. Geburtstag. Stuttgart 2008, S. 327–364.
63 Zu den bekanntesten Beispielen gehören: Philip K. Dick: *The Man in the High Castle* (1962); George Steiner: *The Portage of San Cristobal* (1981), Robert Harris: *Fatherland* (1992), Harry Mulisch: *Siegfried* (2001), Éric-Emmanuel Schmitt: *La part de l'autre* (2001), Philip Roth: *The Plot against America* (2004).
64 Christian Kracht: Faserland. München 2002 [1995].
65 Caspar Battegay: Kontrafaktisches Erzählen der Shoah. In: Esther Kilchmann (Hg.): Artefrakte. Holocaust und Zweiter Weltkrieg in experimentellen Darstellungsformen in Literatur und Kunst. Köln [u. a.] 2016, S. 283–300, hier S. 292.
66 Vgl. auch den Beitrag von Vecchiato in diesem Band.
67 Dieter Kühn: Ich war Hitlers Schutzengel. Frankfurt am Main 2009.

welche Konsequenzen dies für den Fortgang der europäischen Geschichte gehabt hätte. Auch wenn in solchen kontrafaktischen Phantasien der Holocaust nicht – oder zumindest nicht in den bekannten historischen Dimensionen – stattfindet, bleibt die reale Geschichte stets die Folie, vor deren Hintergrund Autor und Leser diese fiktive Welt imaginieren. Auch hier wird also der Genozid nicht einfach ungeschehen gemacht, sondern er bleibt im Gegenteil wie alle anderen historischen Fakten ein zentraler Bezugspunkt.

Die jüngste und kommerziell erfolgreichste kontrafaktische Fiktion stammt von Timur Vermes. Sein auch verfilmter Roman *Er ist wieder da*[68] lässt Hitler auf phantastische Weise im Jahr 2011 vor dem Areal des Führerbunkers und mitten in der Realität der ‚Berliner Republik' auferstehen. Hier bleibt der bekannte Verlauf der Geschichte bis zur Gegenwart des 21. Jahrhunderts unangetastet, aber die anachronistisch-phantastische Wiederkehr des Diktators und sein Umgang mit dem Alltag und den Massenmedien entwerfen eine alternative Sicht auf diese unsere Gegenwart, in der der Führer und die NS-Propaganda nach allgemeiner Ansicht keine Macht mehr haben dürften, vor allem auch wegen des Genozids, der Hitler zum ‚größten' Massenmörder der Weltgeschichte macht. Im Verlauf der Handlung findet sich der fiktionale Hitler jedoch zusehends in der neuen Situation zurecht, und die Öffentlichkeit ist für sein Charisma und seine Botschaft durchaus empfänglich. Die dahinterstehende Botschaft ist mehr als deutlich: Unsere Gegenwart unterscheidet sich von der Weimarer Republik weniger, als wir glauben, und wenn Hitler heute aufträte, hätte er genauso leichtes Spiel wie seinerzeit. Es bleibt aber bei dieser recht eindimensionalen politischen Aussage, denn die einzelnen Episoden sind zwar als Satire sehr effizient, können aber zum tieferen Verständnis des Faschismus in seiner Zeit und der Chancen von totalitären Ideologien in der Gegenwart wenig beitragen. In der satirischen Überzeichnung mag es auch durchgehen, dass das Skandalon Auschwitz den Erfolg des auferstandenen Diktators nicht nennenswert beeinträchtigt. An den Reaktionen auf die aktuellen rechtspopulistischen Tendenzen in Deutschland ist dagegen erkennbar, dass eine eindeutige Haltung in dieser Frage immer noch den Prüfstein für den Zugang zu öffentlichen Debatten bildet. Das Buch – und mehr noch der Film – arbeiten zudem mit der weitgehend aus dem historischen Kontext herausgelösten, nur mehr als mediales Zeichen reproduzierten Figur, wie sie seit Jahrzehnten in der Pop- und Trashkultur zirkuliert.[69] In dieser Sphäre ist Hitler eine Marke wie

---

68 Timur Vermes: Er ist wieder da. Der Roman. Frankfurt am Main 2012.
69 Vgl. hierzu Susanne Rohr: „Genocide pop": the Holocaust as media event. In: Sophia Komor und Susanne Rohr (Hg.): The Holocaust, Art, and Taboo: Transatlantic Exchanges on the Ethics and Aesthetics of Representation. Heidelberg 2010, S. 155–177.

Batman oder Winnetou und steht für Humor- und Horroreffekte frei zur Verfügung, ohne ernsthafte Referenzen zu historischen Geschehnissen auszulösen.[70]

3.4 Holocaust im Präsensroman

Der durchgängig im Präsens erzählte Roman – mit sekundären Funktionen für Futur und Perfekt – hat sich nach Armen Avanessian und Anke Hennig[71] vor allem „in den letzten Jahrzehnten des vergangenen Jahrhunderts" etabliert; die Autoren nennen mit Marcel Beyer und Kevin Vennemann zwei Repräsentanten, in deren Büchern auch der Holocaust eine mehr oder weniger explizite Rolle spielt. Marcel Beyers *Kaltenburg*[72] ist als fiktionale Täterbiographie, als sekundäres Zeugnis[73] und als alternative Geschichte[74] verstanden worden. Letzteres ist jedoch wenig einleuchtend, wenn nicht jede Fiktionalisierung realer Personen als alternative Geschichte gelten soll. Eine offensichtliche Veränderung des allgemeinen Verlaufs der Geschichte liegt hier jedoch nicht vor, sondern lediglich eine Verlagerung konkreter Umstände der fiktionalisierten Biographien von Konrad Lorenz, Joseph Beuys und Heinz Sielmann, die statt in der BRD in der DDR der 1950er Jahre angesiedelt werden, was aber keinerlei Konsequenzen für den bekannten Gang der Nachkriegszeit hat.[75] Beyers Roman ist durch den konsequenten Gebrauch des Präsens als Zeit der Handlung jedoch, wie Avanessian meint, „paradigmatisch für einen „Übergang von der klassischen Erzählfiktion zu fiktionalem Erzählen"[76] und damit für den „altermodernen Präsensroman".[77] Wenn üblicherweise aus einem Gegenwartsmoment rückblickend im Präteritum eine fiktive Handlung erzählt wird, so ereignen sich im Präsensroman Erzählen und Geschehen gleichzeitig, was eine „fundamentale Verschiebung auf den Ebenen von Fabel und Sujet, also von Erzähltem und Erzählen, sowie von Fiktion und

---

70 Vgl. hierzu Eva Kingsepp: Nazityskland i populärkulturen. Minne, myt, medier. Stockholm 2008.
71 Armen Avanessian und Anke Hennig: Präsens. Poetik eines Tempus. Zürich 2012.
72 Marcel Beyer: Kaltenburg. Roman. Frankfurt am Main 2009 [2008].
73 Vgl. Aleida Assmann: History from a Bird's Eye View: Reimagining the Past in Marcel Beyer's *Kaltenburg*. In: Anne Fuchs, Kathleen James und Linda Shortt (Hg.): Debating German Cultural Identity since 1989. Rochester, N.Y. 2011, S. 205–220.
74 Vgl. Philipp Hammermeister: Vergangenheit im Konjunktiv: Erinnerung und Geschichte in Marcel Beyers *Kaltenburg*. In: Fischer, Hammermeister und Kramer (Hg.): Der Nationalsozialismus und die Shoah, S. 237–272.
75 Vgl. hierzu Caspar Battegay: Kontrafaktisches Erzählen der Shoah, S. 287.
76 Armen Avanessian: Hören, bis einem das Sehen vergeht, S. 261.
77 Vgl. Armen Avanessian und Anke Hennig (Hg.): Der Präsensroman. Berlin/New York 2013.

Narration"[78] zur Folge hat. Indem der Horizont des Erzählens auf den Moment des Geschehens zurückverlegt wird, erscheint die fiktionale Geschichte nicht als stabil und festgelegt, sondern als etwas, das erst im Erzählakt erschaffen wird.

Nahe Jedenew,[79] ein schmaler Band von Kevin Vennemann, ist in vieler Hinsicht noch radikaler als Beyers *Kaltenburg*, da hier in der Wir-Form und ausschließlich im Präsens erzählt wird. Auch um eine Darstellung von Geschichte handelt es sich nur noch bedingt, da die Orientierung an expliziten historischen Ereignissen, Daten und Orten verweigert wird. Selbst eine Fabel im Sinn von eindeutig fixierten Figuren, einer klaren zeitlichen und kausalen Abfolge von Ereignissen und der Unterscheidung von Realem und Imaginiertem erschließt sich dem Leser allenfalls durch intensive Mitarbeit. Diffus lässt sich eine dörfliche Region im Osten Europas mit polnischer Bevölkerung in einer von deutscher Besatzung geprägten Zeit vermuten. Die Stimme gehört zu Beginn zwei Schwestern, von denen am Ende nur noch eine am Leben ist, und tritt durchgängig als „wir" auf; ein Einzelsubjekt ‚entsteht' erst durch den Tod einer der beiden. Anscheinend beobachten die jungen Mädchen aus einem Versteck das Pogrom an ihren Angehörigen und erinnern die vorangegangene Zeit der Familie in erzählten Geschichten. Doch schon Aussagen wie „vorangegangene Zeit", „beobachten", „erinnern" gehen im Grunde zu weit, da der *discours* konsequent im Präsens gehalten ist, selbst dort, wo syntaktisch-semantisch Vorzeitigkeit angezeigt wäre. Der Text erschafft so eine klaustrophobisch wirkende, permanente Gegenwart, in der die nur angedeuteten Gräuel den Leser umso stärker emotional affizieren. Die immer wieder unterbrochenen und von neuem aufgenommenen Fragmente der ‚Vorgeschichte' lassen den Umschlag von nachbarschaftlich solidarischen Verhältnissen in brutale, lustvoll ausgeübte eliminatorische Gewalt erkennen, die von der Erzählstimme in einen Schleier von ungläubiger Abwehr eingehüllt wird. Wie in einem Thriller wächst die Spannung stetig an bis hin zum Schlusssatz: „Ich atme nicht."[80] Eine Darstellung des als Holocaust bezeichneten historischen Geschehens ist dieser experimentelle Text nur unter der Voraussetzung, dass die wenigen Zeichen vom Leser in seiner ‚Enzyklopädie' (Umberto Eco) hinreichend mit historischem Wissen vernetzt werden können. Da keiner der Ortsnamen auf einer Landkarte zu identifizieren ist und sich auch keiner der Personennamen referentialisieren lässt, bleibt es eine rein fiktionale, extrem subjektiv perspektivierte Darstellung von einem Pogrom, die keinerlei Faktenwissen vermittelt, stattdessen aber

---

78 Avanessian: Hören, bis einem das Sehen vergeht, S. 261.
79 Kevin Vennemann: Nahe Jedenew. Roman. Frankfurt am Main 2005.
80 Vennemann: Nahe Jedenew, S. 143.

Empfindungen von Hilflosigkeit, Angst, Verwirrung, Verzweiflung, Trauer, aber auch von Würde, in einer Intensität, die auch bewegende Zeugenberichte kaum erreichen. Natürlich handelt es sich um eine – höchst kunstvolle – literarische Konstruktion, und wir wissen nicht, ob die vom Text ausgelösten Empfindungen in irgendeiner Weise dem entsprechen, was Opfer von Pogromen gefühlt haben. Aber dies ist schließlich die Aufgabe literarischer Fiktionen: Erfahrungen zu simulieren, die als reale Erfahrungen mit zu hohen Kosten verbunden wären. „[S]chuldiger als in Beyers Roman kann uns das [Präsenserzählen, H.G.] kaum machen," kommentiert Armen Avanessian. „Im Tempus Präsens sind wir so direkt ans Geschehen angeschlossen, so nah an den Ereignissen, wie wir das wollen."[81] Mit Bezug auf Vennemanns Erzählung darf man andererseits behaupten, dass wir als Leser kaum direkter mit der Opfererfahrung konfrontiert werden könnten als auf diese Weise. Zugleich wird durch das ‚Fiktionserzählen' im Leser beständig das Bewusstsein wachgehalten, dass es sich hier nicht um die authentische Reproduktion von vergangener Realität, sondern um eine artifiziell erzeugte Darstellung von Imaginiertem handelt.

Bibliographie

Adams, Jenni: New Directions in Holocaust Literary Studies. In: Jenni Adams (Hg.): The Bloomsbury Companion to Holocaust Literature. London/New York 2014.

Adorno, Theodor W.: Negative Dialektik. Jargon der Eigentlichkeit: Dritter Teil: Modelle. In: Ders.: Gesammelte Schriften. Bd. 6. Hg. von Rolf Tiedemann und Gretel Adorno. Berlin 2003.

Alphen, Ernst van: Second-Generation Testimony, Transmission of Trauma, and Postmemory. In: Poetics Today 27 (2006) H. 2, S. 473–488.

Améry, Jean: Jenseits von Schuld und Sühne. Bewältigungsversuche eines Überwältigten. In: Werke. Bd. 2. Jenseits von Schuld und Sühne. Unmeisterliche Wanderjahre. Örtlichkeiten. Stuttgart 2002, S. 7–177.

Assmann, Aleida: Vier Grundtypen von Zeugenschaft. In: Ulrike Petzold (Hg.): Zeugen und Zeugnisse. Bildungsprojekte zur NS-Zwangsarbeit mit Jugendlichen. Berlin 2008, S. 12–26.

Assmann, Aleida: History from a Bird's Eye View: Reimagining the Past in Marcel Beyer's *Kaltenburg*. In: Anne Fuchs, Kathleen James und Linda Shortt (Hg.): Debating German Cultural Identity since 1989. Rochester, N.Y. 2011, S. 205–220.

Assmann, Aleida: Wem gehört die Geschichte? Fakten und Fiktionen in der neueren deutschen Erinnerungsliteratur. In: Internationales Archiv für Sozialgeschichte der deutschen Literatur 36 (2011) H. 1, S. 213–225.

---

81 Avanessian: Hören, bis einem das Sehen vergeht, S. 268.

Assmann, Aleida, und Ute Frevert: Geschichtsvergessenheit – Geschichtsversessenheit. Vom Umgang mit deutschen Vergangenheiten nach 1945. Stuttgart 1999.
Avanessian, Armen: Hören, bis einem das Sehen vergeht: Marcel Beyers Lesen der Vergangenheit. „später einmal wird er zu mir sagen": Vergangenheit + Zukunft = Präsens. In: Armen Avanessian und Anke Hennig (Hg.): Der Präsensroman. Berlin/New York 2013, S. 260–269.
Avanessian, Armen, und Anke Hennig: Präsens. Poetik eines Tempus. Zürich 2012.
Avanessian, Armen, und Anke Hennig (Hg.): Der Präsensroman. Berlin/New York 2013.
Bader, Katarina: Jureks Erben. Vom Weiterleben nach dem Überleben. Köln 2010.
Battegay, Caspar: Kontrafaktisches Erzählen der Shoah. In: Esther Kilchmann (Hg.): artefrakte. Holocaust und Zweiter Weltkrieg in experimentellen Darstellungsformen in Literatur und Kunst. Köln [u. a.] 2016, S. 283–300.
Bernhard, Thomas: Auslöschung. Ein Zerfall. München 2005 [1986].
Cooke, Simon: ‚Always somewhere else': Generic ‚Unclassifiability' in the Work of W. G. Sebald. In: Marion Gymnich, Birgit Neumann und Ansgar Nünning (Hg.): Gattungstheorie und Gattungsgeschichte. Trier 2007, S. 235–252.
Dürrenmatt, Friedrich: Turmbau. Stoffe IV–IX. Begegnungen. Querfahrt. Die Brücke. Das Haus. Vinter. Das Hirn. Zürich 1990.
Felman, Shoshana und Dori Laub: Testimony. Crises of Witnessing in Literature, Psychoanalysis and History. London/New York 1991.
Friedländer, Saul: Wenn die Erinnerung kommt. Übersetzt von Helgard Oestreich. 2. Aufl. München 1998 [1979, französisch 1978].
Friedländer, Saul: Kitsch und Tod. Der Widerschein des Nazismus. Frankfurt am Main 2007.
Fulda, Daniel: Abschied von der Zentralperspektive. Der nicht nur literarische Geschichtsdiskurs im Nachwende-Deutschland als Dispositiv für Jörg Friedrichs *Brand*. In: Wilfried Wilms und William Rasch (Hg.): Bombs Away! Representing the Air War over Europe and Japan. (Amsterdamer Beiträge zur Neueren Germanistik 60) Amsterdam/New York 2006, S. 46–64.
Fulda, Daniel: Formen des Erzählens in der Zeitgeschichte: Gegenläufige Trends und ihr Zusammenhang. In: Zeithistorische Forschungen/Studies in Contemporary History, Online-Ausgabe 6 (2009), S. 435–440.
Galle, Helmut: O testemunho: um novo paradigma da ficção? In: Ders. (Hg.): Ficcionalidade. Uma prática cultural e seus contextos. São Paulo 2018, S. 167–186.
Geppert, Hans Vilmar: Der ‚andere' historische Roman. Theorie und Strukturen einer diskontinuierlichen Gattung. (Studien zur deutschen Literatur 42) Tübingen 1976.
Gibbons, Alison: Altermodernist fiction. In: Joe Bray, Alison Gibbons und Brian McHale (Hg.): The Routledge Companion to Experimental Literature. London 2012, S. 238–252.
Hacker, Katharina: Eine Art Liebe. Roman. Frankfurt am Main 2011 [2003].
Hammermeister, Philipp: Vergangenheit im Konjunktiv: Erinnerung und Geschichte in Marcel Beyers *Kaltenburg*. In: Torben Fischer, Philipp Hammermeister und Sven Kramer (Hg.): Der Nationalsozialismus und die Shoah in der deutschsprachigen Gegenwartsliteratur. Amsterdam 2014, S. 237–272.
Harlan, Thomas: Heldenfriedhof. Frankfurt am Main 2006.
Hirsch, Marianne: The Generation of Postmemory. In: Poetics Today 29 (2008) H. 1, S. 103–128.
Hölscher, Lucian: Neue Annalistik. Umrisse einer Theorie der Geschichte. Göttingen 2003.

Horstkotte, Silke: „Ich bin, woran ich mich erinnere." Benjamin Steins *Die Leinwand* und der Fall Wilkomirski. In: Torben Fischer, Philipp Hammermeister und Sven Kramer (Hg.): Der Nationalsozialismus und die Shoah in der deutschsprachigen Gegenwartsliteratur. Amsterdam 2014, S. 115–132.

Kacandes, Irene: Experimental Life Writing. In: Joe Bray, Alison Gibbons und Brian McHale. (Hg.): The Routledge Companion to Experimental Literature. London 2012. S. 380–392.

Kempowski, Walter: Das Echolot. Barbarossa '41. Ein kollektives Tagebuch. München 2004 [2002].

Kingsepp, Eva: Nazityskland i populärkulturen. Minne, myt, medier. Stockholm 2008.

Kleeberg, Michael: Ein Garten im Norden. Roman. Berlin 1998.

Klüger, Ruth: „Meine Toten sind zahlreich und gesprächig". Nachwort in: Fred Wander: Der siebente Brunnen. Roman. München 2006, S. 151–162.

Koeppen, Wolfgang: Jakob Littners Aufzeichnungen aus einem Erdloch. Frankfurt am Main 1992 [1948].

Konrad, Eva-Maria: Dimensionen der Fiktionalität. Analyse eines Grundbegriffs der Literaturwissenschaft. Münster 2014.

Kracht, Christian: Faserland. München 2002 [1995].

Kracht, Christian: Ich werde hier sein im Sonnenschein und im Schatten. Köln 2008.

Kracht, Christian: 1979. Ein Roman. Frankfurt am Main 2010 [2001].

Kramer, Sven: Nationalsozialismus und Shoah in Thomas Harlans literarischem Spätwerk. In: Torben Fischer, Philipp Hammermeister und Sven Kramer (Hg.): Der Nationalsozialismus und die Shoah in der deutschsprachigen Gegenwartsliteratur. Amsterdam 2014, S. 313–334.

Krankenhagen, Stefan: Von der Kunst, Auschwitz darzustellen. Die Ausstellungen „Große Abstraktion" und „Birkenau" im Museum Frieder Burda. In: Merkur. Deutsche Zeitschrift für europäisches Denken 70 (2016), S. 59–66.

Kühn, Dieter: Ich war Hitlers Schutzengel. Frankfurt am Main 2009.

Lanzmann, Claude: Ihr sollt nicht weinen. In: Frankfurter Allgemeine Zeitung, 05.03.1994, S. 27.

Lefkovits, Ivan (Hg.): „Mit meiner Vergangenheit lebe ich". Memoiren von Holocaust-Überlebenden. Berlin 2016.

Levi, Primo: Die Untergegangenen und die Geretteten. München 1990.

Mächler, Stefan: Der Fall Wilkomirski. Über die Wahrheit einer Biographie. Zürich 2000.

Mangold, Ijoma: Religion ist kein Wunschkonzert. In: Die Zeit, 08.04.2010, S. 47.

Moller, Sabine, Karoline Tschuggnall und Harald Welzer: „Opa war kein Nazi". Nationalsozialismus und Holocaust im Familiengedächtnis. Frankfurt am Main 2005.

Nünning, Ansgar: Von der fiktionalisierten Historie zur metahistoriographischen Fiktion. Bausteine für eine narratologische und funktionsgeschichtliche Theorie, Typologie und Geschichte des postmodernen historischen Romans. In: Daniel Fulda und Silvia Serena Tschopp (Hg.): Literatur und Geschichte. Ein Kompendium zu ihrem Verhältnis von der Aufklärung bis zur Gegenwart. Berlin/New York 2002, S. 541–569.

Pereira, Valéria Sabrina: Die Hand des Autors. Walter Kempowski und *Das Echolot*. In: Weimarer Beiträge 59 (2013) H. 4, S. 526–545.

Rajewsky, Irina: Diaphanes Erzählen. Das Ausstellen der Erzähl(er)fiktion in Romanen der jeunes auteurs de Minuit und seine Implikationen für die Erzähltheorie. In: Irina Rajewsky und Ulrike Schneider (Hg.): Im Zeichen der Fiktion. Aspekte fiktionaler Rede aus

historischer und systematischer Sicht. Festschrift für Klaus W. Hempfer zum 65. Geburtstag. Stuttgart 2008, S. 327–364.
Rohr, Susanne: „Genocide pop": the Holocaust as Media Event. In: Sophia Komor und Susanne Rohr (Hg.): The Holocaust, Art, and Taboo: Transatlantic Exchanges on the Ethics and Aesthetics of Representation. Heidelberg 2010, S. 155–177.
Schmidt, Sibylle: Ethik und Episteme der Zeugenschaft. Konstanz 2015.
Sebald, W. G.: „Ich fürchte das Melodramatische". In: Der Spiegel 11 (2001). Gespräch mit Martin Doerry und Volker Hage (2001), S. 228–234.
Sebald, W. G.: Austerlitz. Frankfurt am Main 2003 [2001].
Sorg, Reto: Von Konolflngen nach Auschwitz. Topographie und Poetologie in den „Stoffen" Friedrich Dürrenmatts. In: Heinz Ludwig Arnold (Hg.): Friedrich Dürrenmatt. 3. Aufl. (Text + Kritik H. 50/51) München 2003, S. 36–46.
Stein, Benjamin: Die Leinwand. Roman. München 2010.
Stopka, Katja: Sekundäre Zeugenschaft in postmemorialer Literatur. Katharina Hackers *Eine Art Liebe*. In: Torben Fischer, Philipp Hammermeister und Sven Kramer (Hg.): Der Nationalsozialismus und die Shoah in der deutschsprachigen Gegenwartsliteratur. Hrsg. von Torben Fischer, Philipp Hammermeister und Sven Kramer. Amsterdam 2014, S. 219–235.
Ulrich, Roland: Vom Report zum Roman. Zur Textwelt von Wolfgang Koeppens Roman *Jakob Littners Aufzeichnungen aus einem Erdloch*. In: Germanica. Internationale Zeitschrift für Germanistik 32 (1999), S. 135–150.
Vennemann, Kevin: Nahe Jedenew. Roman. Frankfurt am Main 2005.
Vermes, Timur: Er ist wieder da. Der Roman. Frankfurt am Main 2012.
Walton, Kendall: Mimesis as Make-Believe. On the Foundations of the Representational Arts. Cambridge, Massachussetts 1990.
Wieviorka, Annette: The Witness in History. In: Poetics Today 27 (2006) H. 2, S. 385–397.
Wilkomirski, Binjamin: Bruchstücke. Aus einer Kindheit 1939–1948. Frankfurt am Main 1998 [1995].
Zachau, Reinhard: Das Originalmanuskript zu Wolfgang Koeppens *Jakob Littners Aufzeichnungen aus einem Erdloch*. In: Germanica. Internationale Zeitschrift für Germanistik 32 (1999), S. 115–133.
Zipfel, Frank: Fiktion, Fiktivität, Fiktionalität. Analysen zur Fiktion in der Literatur und zum Fiktionsbegriff in der Literaturwissenschaft. Berlin 2001.

Robert Forkel
Literarisches Geschichtserzählen über die Zeit des Nationalsozialismus seit der Jahrhundertwende

Bestandsaufnahme und Typologie

Der vorliegende Beitrag wirft einen typologisierenden Blick auf die seit 2000 erschienenen historischen Romane und romanhaften – auch nichtfiktionalen – Erzählungen deutschsprachiger Autorinnen und Autoren über die Zeit des Nationalsozialismus. Das Korpus umfasst mehr als 50 Texte und überschreitet bewusst den literaturwissenschaftlichen Kanon. Dadurch soll die Gattung möglichst unvoreingenommen – d. h. ungeachtet literarischer Qualitäten und Auflagenzahlen – in ihrer Breite erfasst werden. Gleichzeitig sollen typologische Differenzkriterien zu einer besseren Übersichtlichkeit verhelfen. Hierzu werden in den ersten beiden Kapiteln Geschichtserzählungen mit reiner Vergangenheitshandlung (1) von solchen mit zusätzlicher Gegenwartsperspektive (2) getrennt voneinander erfasst und besprochen – zur ersten Gruppe zählen historische Romane im engeren Sinn, während die Texte der zweiten Gruppe gemeinhin als Generationenerzählungen bezeichnet werden. Eine Vergegenwärtigung der Vergangenheit wird bei diesen beiden Typen auf grundlegend unterschiedliche Weise geleistet: Beim historischen Roman ereignet sie sich erst während der Rezeption durch das Hineinversetzen in den historischen Erfahrungskontext – der Leser vergegenwärtigt sich das Historische, indem er es mental repräsentiert. Bei Generationenerzählungen hingegen wird der Akt des Vergegenwärtigens von den Figuren bzw. Erzählern vorweggenommen und ist Teil der Erzählung – hier lohnt eine weitere typologische Untergliederung anhand der dabei jeweils bevorzugten Vergegenwärtigungstechniken: (a) recherchebasierte Rekonstruktion, (b) Wiedergabe von Erzähltem, (c) Erfinden und imaginäres Füllen von Leerstellen und (d) Erinnern und Reflektieren. Je mehr diese Techniken mittels metahistoriographischer, metanarrativer, metafiktionaler und metamnemonischer Kommentare und Reflexionen thematisiert und problematisiert werden, desto stärker tritt der historische Gegenstand in den Hintergrund und desto intensiver werden die Möglichkeiten und Grenzen der Vergegenwärtigung von Vergangenheiten ausgelotet. Auf diese Weise können die Generationenerzählungen auch über den literarischen Diskurs hinaus Orientierungsfunktionen erfüllen, indem sie beispielsweise etablierte erinnerungskulturelle Praktiken kritisieren oder für alternative Umgangsformen mit der Geschichte werben. Dieses Funktionspotential wird im Typus des metaerinnerungskulturellen Erzählens (3) noch einmal gesteigert, da hier der Fokus einseitig auf der Gegenwartsebene liegt und der historische Gegenstand fast nur noch als abstrakter Bezugshorizont oder implizites Figurenwissen zur Geltung kommt. Mit einigen Beispielen zum experimentellen Geschichtserzählen (4) wird abschließend ein Typus umrissen, der bewusst auf formalästhetische Wirkung abzielt oder durch Hybridisierung die Gattungsgrenzen aufweicht.

1 Historische Romane

Um sich die historische Vergangenheit mental vergegenwärtigen zu können, muss sich der Leser mit der Zukunftsungewissheit der Romanfiguren vertraut machen. Der Zugang zu deren Wissens- und Erwartungshorizont wird von historischen Romanen auf unterschiedliche Weise hergestellt. In *Alles umsonst* (2006)[1] lässt Walter Kempowski seine Leser nicht nur an der Unwissenheit seiner Figuren über den Ausgang des Zweiten Weltkriegs teilhaben, sondern wechselt auch kapitelweise die Fokalisierungsinstanz und macht somit kontrastierende Wirklichkeitsbilder und Zukunftserwartungen zugänglich. Neben Katharina, ihrem Sohn Peter und Tante Helene – den Bewohnern eines ostpreußischen Landguts – werden deren Nachbarn und durchreisende Besucher nacheinander ‚ausgeleuchtet', sodass ein Panorama abweichender Erfahrungen und Meinungen entsteht:

> Sie sind allesamt [...] ‚Träger' der Zeitsignaturen, lassen den Leser tief in die Mentalität des untergehenden Nazireiches schauen. Hoffnungen neben Verzweiflung, trotzige Negation der längst bekannten Verbrechen, bittere Erkenntnis über den Abgrund – all das finden wir beim Romanpersonal von *Alles umsonst* wieder, das so auch zu einem Ensemble von Typen damals gängiger politischer Einstellungen wird.[2]

Da die Figuren konsequent mit „historisch beschränkten Bewusstseinszuständen"[3] ausgestattet werden, kann der Leser die abwartende Haltung der Protagonisten

---

[1] Walter Kempowski: Alles umsonst. Roman. München 2006.
[2] Sascha Feuchert: Walter Kempowski – der Erinnerungsmonteur aus Nartum. Notizen zu seinem Roman *Alles umsonst*. In: Ders., Joanna Jablkowska und Jörg Riecke (Hg.): Literatur und Geschichte. Festschrift für Erwin Leibfried. Frankfurt am Main 2007. S. 7–18, hier S. 12.
[3] Gustav Seibt: Mit vor Entsetzen geweiteten Augen. In: Süddeutsche Zeitung, 27.09.2006, S. 16.

nachvollziehen und die im historischen Erfahrungskontext üblichen Reaktionen und Denkweisen besser verstehen.

Während die Handlung in Kempowskis Roman an fiktiven oder namenlosen Orten stattfindet und zeitlich weitgehend unbestimmt bleibt, sind in Herma Kennels ‚Tatsachenroman' *BergersDorf* (2003) über die Zeit des Zweiten Weltkriegs im Gebiet der ‚Iglauer Sprachinsel' alle Ereignisse auf reale historische Orte bezogen und genauestens datiert. Dabei handelt es sich weniger um ein ästhetisches Prinzip als vielmehr um Anzeichen des – sich schon in der Gattungsbezeichnung ankündigenden – dokumentarischen Anspruchs des Buchs, den Kennel paratextuell auch explizit erhebt:

> Es handelt sich [...] um wahre Begebenheiten, die ich mit einigen fiktiven Szenen und Dialogen verbunden und ausgeschmückt habe. Alle wesentlichen Ereignisse, die ich in meinem Buch schildere, und die Zitate sind authentisch. Ich wollte Geschichte in Form einer spannenden Geschichte erzählen.[4]

Auf interne Fokalisierung wird weitgehend verzichtet – Gedanken und Gefühle werden meistens über den Umweg der direkten Figurenrede mitgeteilt. Authentische Zitate und Dokumente – etwa Auszüge aus der Regionalzeitung *Mährischer Grenzbote* – werden mittels Einrückung bzw. Kursivschreibung graphisch abgehoben. Manche Figuren und Orte sind auf unsortiert eingebundenen Photographien abgebildet. Fußnoten im Romantext und angehängte Kurzbiographien sowie ein Verzeichnis der von der Autorin aufgesuchten Archive erzeugen eine Nähe zum Diskurs der Geschichtsschreibung.[5]

Statt in einer komplexen Figurenkonstellation ein Panorama unterschiedlicher Lebensläufe zu erschaffen, kann sich der historische Roman auch auf ein Einzelschicksal konzentrieren. In Stephanie Barts Roman *Deutscher Meister* (2014)[6] steht der Boxer Johann Wilhelm Trollmann im Zentrum, der als Sinto im Juni 1933 in Berlin den Deutschen Meistertitel im Halbschwergewicht errang und damit in einer für die Nationalsozialisten höchst symbolträchtigen Sportart die vermeintliche Überlegenheit der ‚arischen Rasse' in Frage stellte. Entlang den historischen Tatsachen thematisiert der Roman die Reaktionen der nationalsozialistischen Sportfunktionäre und erinnert damit an ein unrühmliches Kapitel deutscher Boxsportgeschichte. Die Konzentration auf eine Hauptfigur erfolgt noch deutlicher und konsequenter in homodiegetischen Erzählungen –

---
4 Herma Kennel: BergersDorf. Ein Tatsachenroman. Furth im Wald/Prag 2003, S. 8.
5 Dasselbe Erzählverfahren verwendet Kennel in ihrem darauffolgenden Buch mit dem Titel *Die Welt im Frühling verlassen* (2008), das von einer tschechischen Widerstandsgruppe handelt, die von der Gestapo aufgegriffen wird.
6 Stephanie Bart: Deutscher Meister. Roman. Hamburg 2014.

wie in dem Roman *Gerron* (2011) von Charles Lewinsky.[7] Darin erzählt der jüdische Schauspieler, Sänger und Filmregisseur Kurt Gerron von seinen letzten Wochen im KZ Theresienstadt, wo er vom Lagerkommandanten Karl Rahm beauftragt wird, den NS-Propagandafilm *Der Führer schenkt den Juden eine Stadt* zu drehen. Der Ich-Erzähler beendet seinen mit aufbauenden autobiographischen Rückwenden angereicherten Bericht im Oktober 1944 im Zug nach Auschwitz, sein nahendes – im unmittelbar darauffolgenden Paratext datiertes – Lebensende vorausahnend.

Dass der Holocaust den Zeitgenossen erst nach und nach als historische Tatsache bewusst wird, zeigt Julia Franck in *Die Mittagsfrau* (2007), indem sie ihre Leser erlebnisnah an dem sukzessiven Erkenntnisprozess ihrer Protagonistin teilhaben lässt. Beim Pilzsammeln mit ihrem Sohn nähert sich Helene einem im Wald stehengebliebenen Zug, den sie des Gestanks wegen zunächst für einen Viehtransport hält: „Womöglich war die Lok ausgefallen, das Vieh darbte bei langdauernden Transporten. [...] Vielleicht war ihnen Vieh abhanden gekommen? Vielleicht jagten sie Kühe sonntags im Wald, kleine Ferkel."[8] Erst als sie einen Entflohenen in seinem Versteck findet und Schüsse im Wald hört, erkennt sie ihren Irrtum: „Das Vieh war ein Mensch, womöglich waren es Menschen, die dort auf den Gleisen standen und faulten und stanken."[9] Freilich wird hier keineswegs vom Leser erwartet, seinen Wissensvorsprung gegenüber der Figur zu suspendieren. Vielmehr besteht der ästhetische Reiz des historischen Romans häufig gerade darin, die Erlebniswirklichkeit der Figuren auf ihre spätere Geschichtlichkeit zu beziehen – so sieht es auch Hugo Aust: „‚Historisches Erzählen' bedeutet, Geschichten zu erzählen, die wiedererkennbare Geschichte voraussetzen."[10]

Diese Wiedererkennbarkeit kann aber auch bewusst unterbunden werden – so in Kevin Vennemanns Roman *Nahe Jedenew* (2005)[11]: Die 16-jährige Wir-Erzählerin und ihre Zwillingsschwester werden Zeuginnen eines antisemitischen Pogroms, dem ihre gesamte Familie und am Ende auch sie selbst zum Opfer fallen. Tagelang halten sie sich in einem Baumhaus versteckt, von wo aus sie die unbegreiflichen Vorfälle beobachten, in denen Nachbarn und frühere Spielgefährten plötzlich zu Mördern werden. Das unmittelbare Erleben wird mit Erinnerungen an eine friedliche Zeit kontrastiert, doch die unterschiedlichen Zeitebenen verschmelzen im Präsens zu einem Bewusstseinsstrom, in dem zeitliche und räumliche Strukturen weitgehend aufgelöst

---

7 Charles Lewinsky: Gerron. Roman. München 2011.
8 Julia Franck: Die Mittagsfrau. Roman. Frankfurt am Main 2007, S. 404.
9 Franck: Die Mittagsfrau, S. 406.
10 Hugo Aust: Der historische Roman. (Sammlung Metzler 178) Stuttgart/Weimar 1994, S. 17.
11 Kevin Vennemann: Nahe Jedenew. Roman. Frankfurt am Main 2005.

werden. Auf diese Weise wird gezielt von der historischen Referenz des dargestellten Geschehens abgelenkt[12] und das eigentlich Nichterzählbare – die Todesangst der Erzählerin – in eine sprachliche Form gebracht, in der bewusst auf narrative Sinnstiftung verzichtet wird. Indem Vennemann die leserseitige Erwartung von Linearität und Kontinuität der Geschichte unterläuft und einer voreiligen makrohistorischen Kontextualisierung konsequent vorbeugt, bringt er eine maximale Offenheit des historischen Prozesses zur Darstellung.

2 Generationenerzählungen

Die literarische Auseinandersetzung mit Geschichte im Rahmen einer transgenerationalen Vermittlung hat seit der Jahrhundertwende Konjunktur und wird durch eine Vielfalt an Erzählweisen umgesetzt. Um das Phänomen in seiner Heterogenität adäquat bezeichnen zu können, seien drei Bemerkungen zum Gattungsbegriff vorangestellt: Erstens sind Generationenromane nicht zwangsläufig Familienromane, denn die Auseinandersetzung Nachgeborener mit Zeitzeugen des Nationalsozialismus wird in der Literatur häufig genug auch abseits von Verwandtschaftsverhältnissen thematisiert, etwa in *Eine Art Liebe* (2003) von Katharina Hacker und *Webers Protokoll* (2009) von Nora Bossong. Zweitens sind Familienromane nicht zwangsläufig Generationenromane – der Generationenroman legt den Fokus auf das *Nacheinander* der Generationen, der Familienroman hingegen auf deren *Miteinander*.[13] Und drittens treffen die meisten Merkmale des Generationenromans nicht nur auf fiktionale Texte zu. Einem Vorschlag Daniel Fuldas folgend wird daher allgemeiner – nämlich nichtfiktionale Werke einschließend – von ‚Generationenerzählungen' die Rede sein.[14]

---

12 Der fiktive Ort Jedenew kann als Anspielung auf das Pogrom in der Polnischen Stadt Jedwabne am 10. Juli 1941 und somit als Referenz auf ein dokumentiertes historisches Ereignis gedeutet werden, vgl. den Hinweis bei Carola Hähnel-Mesnard: Die Inszenierung von Zeugenschaft im Roman *Nahe Jedenew* (2005) von Kevin Vennemann. In: Torben Fischer, Philipp Hammermeister und Sven Kramer (Hg.): Der Nationalsozialismus und die Shoah in der deutschsprachigen Gegenwartsliteratur. Amsterdam/New York 2014. S. 167–186, hier S. 176.
13 Ähnlich unterscheiden auch Matteo Galli und Simone Costagli zwischen den Gattungsbegriffen ‚Familienroman' und ‚Generationenroman': „Ersterer kann als allgemeine Bezeichnung für Texte mit Handlungsfokus innerhalb einer Familie gelten, während der zweite Romane betrifft, die chronologisch mehrere Generationen umfassen." (Matteo Galli und Simone Costagli: Chronotopoi. Vom Familienroman zum Generationenroman. In: Dies. (Hg.): Deutsche Familienromane. Literarische Genealogien und internationaler Kontext. München 2010. S. 7–20, hier S. 8–9).
14 Vgl. Daniel Fulda: Gewaltgeschichte als Sexualgeschichte. Wie neu ist die ‚neue Väterliteratur' der Gegenwart? In: Ders., Dagmar Herzog, Stefan-Ludwig Hoffmann und Till van

2.1 Vier Typen von Generationenerzählungen

Die im ersten Kapitel besprochenen historischen Romane beruhen zwar allesamt auf Quellen und Nachforschungen sowie Erinnerungen und Vorstellungen ihrer Autorinnen und Autoren, jedoch ist davon im Romantext selbst nichts zu lesen. Die Generationenerzählungen hingegen machen diese pragmatische Ebene selbst zum Thema und widmen sich dabei schwerpunktmäßig einer von vier metahistorischen Darstellungstechniken – die sich wie folgt typisieren lassen: (a) Recherchieren und Rekonstruieren, (b) Erzählen erzählter Geschichte, (c) Imaginieren und Erfinden, (d) Erinnern und Reflektieren.

a) Recherchieren und Rekonstruieren

Generationenerzählungen nähern sich der Vergangenheit stets ausgehend vom Wissensstandpunkt der Nachgeborenen und übergehen somit die Zukunftsungewissheit der historischen Figuren. Obwohl Thomas Medicus im Titel seines Buches *In den Augen meines Großvaters* (2004) eine Zeitzeugenperspektive andeutet, betreibt er die Recherchen zur Biographie seines Großvaters Wilhelm Crisolli durchweg vor dem Hintergrund, dass dieser 1944 in Italien von Partisanen erschossen wurde – und äußert sich dazu reflexiv: „Ein Mann, der mit neunundvierzig Jahren eines ungewöhnlichen Todes stirbt, ist im Nachhinein in jeder Minute seines Lebens ein Mann, der mit neunundvierzig Jahren einen ungewöhnlichen Tod sterben wird."[15] Ausgehend von Photographien und dem Wehrpass sowie anderen Hinterlassenschaften des Großvaters, begibt sich Medicus auf Spurensuche, für die er die historischen Orte aufsucht, Zeitzeugen trifft, Forschungsliteratur liest und in Archiven recherchiert. Fakten, Wahrscheinlichkeiten und Wissenslücken werden dabei konsequent auseinandergehalten; gelegentlich werden verschiedene Varianten der historischen Abläufe in Erwägung gezogen. Auf diese Mittel der Rekonstruktion von Familiengeschichte und der metahistoriographischen Reflexion greift auch Stephan Wackwitz in seinem, so der Untertitel, „Familienroman" *Ein unsichtbares Land* (2003)[16] zurück. Die auffälligste Ähnlichkeit beider Texte besteht aber in ihrem Umgang mit überlieferten Photographien, die nicht etwa nur ekphrastisch in die Erzählung eingebunden, sondern zu

---

Rahden (Hg.): Demokratie im Schatten der Gewalt. Geschichten des Privaten im deutschen Nachkrieg. Göttingen 2010. S. 230–261, hier S. 232.
15 Thomas Medicus: In den Augen meines Großvaters. München 2004, S. 54.
16 Stephan Wackwitz: Ein unsichtbares Land. Familienroman. Frankfurt am Main 2003.

einem großen Teil auch bildlich in den Text einmontiert werden und damit die außerliterarischen Referenzansprüche unterstreichen.

Obwohl literarische Geschichtsrekonstruktionen bestmöglich den historischen Fakten zu entsprechen und gegenüber etwaiger geschichtswissenschaftlicher Prüfung bestehen zu können beabsichtigen, bleiben sie doch zugleich ihrem poetologischen Gesamtkonzept verpflichtet und können daher allzu strengen Objektivitätsansprüchen oftmals nicht genügen. So kritisiert etwa Hannes Heer, Medicus habe bei Weitem nicht ausreichend zu seinem Großvater recherchiert und mystifiziere ihn.[17] Julian Reidy wirft Wackwitz einen „apologetische[n] Grundton"[18] vor und konstatiert, dass er durch seine kontinuitätsstiftende Schreibweise „die tatsächlichen historischen Brüche und Verwerfungen von Krieg und Holocaust [...] überblendet".[19] Dem ist entgegenzuhalten, dass für einen literarischen Text, bloß weil er seine Quellen offenlegt, noch lange nicht die Regeln des wissenschaftlichen Diskurses gelten. Mit Blick auf Medicus und Wackwitz macht Ariane Eichenberg außerdem darauf aufmerksam, „dass gerade das Unheimliche und Mysteriöse zur Kategorie des zeitgenössischen Generationenromans wird und im genauen Gegensatz zu dem steht, was die Dokumente erzeugen sollen: Sachlichkeit, Verifizierbarkeit und Authentizität".[20] Zudem wird die Rekonstruktion von Familiengeschichte in der Regel von einer Identitätskrise der Ich-Erzähler begleitet und in erster Linie zu deren Bewältigung betrieben – häufig erweist sich die Identitätsproblematik sogar als das zentrale erinnerungskulturelle Thema von Generationenerzählungen.[21]

Indes kommen manche rekonstruierende Generationenerzählungen ohne Verhandlung von Identitätsfragen aus – so etwa Ferdinand von Schirachs heterodiegetisch erzählter Roman *Der Fall Collini* (2011).[22] Hier sucht ein junger Anwalt das Motiv für die Ermordung des Industriellen Hans Meyer, der zugleich der Großvater seines Jugendfreundes sowie seiner Geliebten ist. Bei dem geständigen Täter handelt es sich um den Rentner Fabrizio Collini, dessen

---

17 Vgl. Hannes Heer: Literatur und Erinnerung. Die Nazizeit als Familiengeheimnis. In: Zeitschrift für Geschichtswissenschaften 53 (2005) H. 9, S. 809–835, hier S. 822–824.
18 Julian Reidy: Rekonstruktion und Entheroisierung. Paradigmen des ‚Generationenromans' in der deutschsprachigen Gegenwartsliteratur. Bielefeld 2013, S. 132.
19 Reidy: Rekonstruktion und Entheroisierung, S. 146.
20 Ariane Eichenberg: Familie – Ich – Nation. Narrative Analysen zeitgenössischer Generationenromane. Göttingen 2009, S. 42.
21 Vgl. hierzu die Untersuchungen von Markus Neuschäfer: Das bedingte Selbst. Familie, Identität und Geschichte im zeitgenössischen Generationenroman. Berlin 2013.
22 Ferdinand von Schirach: Der Fall Collini. Roman. München/Zürich 2011.

Vater als italienischer Partisan im Zweiten Weltkrieg hingerichtet worden ist – auf Befehl des SS-Sturmbannführers Meyer, der sich für diese Tat nie hat verantworten müssen. Zwar erfolgt die Rekonstruktion der historischen Zusammenhänge nicht ohne emotionale Beteiligung des Rechtsvertreters, aber primär geht es ihm um eine sachliche Verteidigung seines Mandanten. Im Übrigen will der Autor seinen Roman auch als Beitrag zur Aufarbeitung bundesdeutscher Rechtsgeschichte verstanden wissen.

b) Erzählen erzählter Geschichte

In Minka Pradelskis Roman *Und da kam Frau Kugelmann* (2005) reist die in Deutschland lebende junge Ich-Erzählerin Zippy Silberberg nach Tel Aviv, um das Erbe ihrer Tante – ein altes Fischbesteck – in Empfang zu nehmen. In ihrem Hotelzimmer erhält sie täglich Besuch von einer ihr unbekannten älteren Dame namens Bella Kugelmann, die ihr ausführlich von ihrer Heimatstadt Będzin in Polen erzählt. Wie sich allmählich herausstellt, ist diese Binnenerzählung, auf die der ungleich größere Anteil der Erzählzeit des Romans entfällt, zufällig mit Zippys eigener Familiengeschichte verwoben, von der sie bisher kaum etwas wusste. Indem das Historische *als* Erzählung erzählt wird, erscheint es zugleich in einem erinnerungskulturellen Funktionszusammenhang – der unter anderem wie folgt metanarrativ expliziert wird: „Ich muss erzählen, sonst stirbt meine Stadt."[23]

In Eva Menasses autobiographisch gefärbtem Roman *Vienna* (2005) gibt eine homodiegetische Erzählerin die innerhalb ihrer Familie kursierenden Geschichten und Anekdoten wieder und zeichnet deren transgenerationale Weitergabe sowie – damit einhergehend – zunehmenden Verlust an Tragfähigkeit nach. Narratologisch auffällig ist, dass die Ich-Erzählerin mit einer auktorial anmutenden Fabulierlust nicht nur historische Ereignisse, sondern auch deren Überlieferungskontexte in einer szenischen Detailliertheit zu beschreiben weiß, die ihren Wissens- und Erfahrungshorizont deutlich überschreitet. Bezeichnenderweise wirkt eine derartige Kompetenzüberschreitung in erinnerungsliterarischen Generationenerzählungen nicht befremdlich – und zwar insbesondere dann, wenn dieses Verfahren metanarrativ begründet wird: Alle Familienmitglieder seien geübte Geschichtenerzähler, denn nur auf diese Weise könne Zusammenhalt hergestellt werden in „dieser Familie, wo das Faktische oft ungewiß war, wo alles nur gut und ganz wurde, wenn man es zu einer Geschichte mit einer Pointe machen konnte".[24]

---

23 Minka Pradelski: Und da kam Frau Kugelmann. Roman. Frankfurt am Main 2005, S. 15.
24 Eva Menasse: Vienna. Roman. Köln 2005, S. 389.

Eine solche Ersetzung des Faktischen durch das Erzählen wird von Gila Lustiger in *So sind wir* (2005) durch die Feststellung legitimiert, dass durch bloßes Addieren historischer Fakten das Leid ihrer Familie nicht verständlicher werde:

> Daten [...] und Tatsachen [sind] ein Blendwerk, weil man der Geschichte meiner Familie nicht beikommen kann, wenn man sich nicht dem Zufall ausliefert. Dem Zufall? Ja. Und den Gefühlen, Geräuschen, Eindrücken, Begegnungen und Sehnsüchten. Ich müsste mich vor allen Dingen mit den Sehnsüchten abgeben und den Lügen, Wünschen, Illusionen und Märchen. [...] Diese Märchen, nichts kann ihre magische Ausstrahlung schwächen. Ach, diese Märchen, diese Märchen, mit denen wir uns, ohne Ekel und Schaudern, zeitlebens abgelenkt haben...[25]

In diesen drei Beispielen tritt darüber hinaus eine Besonderheit der jüdisch-deutschen Generationenerzählung hervor, auf die Ariane Eichenberg aufmerksam gemacht hat:

> Auch wenn alle Autoren gleichfalls recherchieren, reisen, private und öffentliche Archive aufsuchen, wird die mediale und perspektivische Vielfalt nicht im Text repräsentiert und erzählerisch entfaltet. Gerade umgekehrt versuchen die Autoren, die Vielfalt narrativ zu integrieren und durch die entsprechenden Erzählverfahren ihren Figuren einzuschreiben, sie als Alltagsgeschichte zu erzählen, als eine Geschichte der Gegenwart, in der zugleich der Urahn immer noch hockt und Vergangenheit schaufelt.[26]

Die deutsch-deutsche Generationenerzählung hingegen verfolge immer zugleich auch Objektivitätsansprüche, denen sie mit Quellenbezügen und geschichtswissenschaftlicher Absicherung sowie der Verortung des Privaten in makrohistorischen Kontexten gerecht zu werden versuche.[27] Wo allerdings keine Quellen vorliegen, wird von der Vorstellungskraft Gebrauch gemacht – wie in den nachfolgenden Beispielen.

c) Imaginieren und Erfinden

In seinem Roman *Heimaturlaub* (2010) schildert Joachim Geil den letzten Aufenthalt des Frontsoldaten Dieter Thomas bei seiner Familie im pfälzischen Bergzabern im Juni 1944. Die äußere Handlung dieser Urlaubstage wird permanent von Erinnerungen an Kriegserlebnisse und eigene Gräueltaten unterbrochen und von unkontrollierbaren Gewaltphantasien überlagert. Die

---

25 Gila Lustiger: So sind wir. Ein Familienroman. Berlin 2005, S. 251.
26 Eichenberg: Familie – Ich – Nation, S. 172.
27 Vgl. Eichenberg: Familie – Ich – Nation, S. 172.

interne Fokalisierung und die bis hin zum Bewusstseinsstrom reichende Unmittelbarkeit bei der Darstellung der Gedanken und Gefühle des Protagonisten sowie die Einsicht in dessen intimste Geheimnisse sind für einen historischen Roman nichts Ungewöhnliches. Jedoch offenbart sich schon im zweiten Kapitel ein 1970 geborener Ich-Erzähler als Urheber der erzählten Geschichte über seinen Onkel zweiten Grades, der noch im selben Jahr fällt, ohne vorher die Möglichkeit gehabt zu haben, jemandem seine Erlebnisse und Taten mitzuteilen – überliefert sind lediglich stapelweise Briefe. Demnach wird das üblicherweise Romanautoren zukommende Privileg des Erfindens auf einen intradiegetisch-heterodiegetischen Erzähler übertragen. Die Gegenwartshandlung weist sich selbst explizit als metafiktionaler Rahmen der Vergangenheitshandlung aus: „Ich inventarisiere die Briefe [...]. Man muß sich an etwas halten, an eine Ordnung, Zahlen, Fakten, sonst fällt alles auseinander. Es soll sich doch alles zu einem Bild zusammenfügen. [...] Aus den Briefen muß es doch gelingen, die Zeit, in der sie geschrieben worden sind, zu lesen."[28]

Während sich der Ich-Erzähler in Geils Roman zwischendurch immer wieder zu Wort meldet und mit seinen Kommentaren wiederholt auf seine eigenen Konstruktionsverfahren verweist, ist die Vergangenheitsebene in Ralf Rothmanns Roman *Im Frühling sterben* (2015) als geschlossene heterodiegetische Binnenerzählung angelegt, die für sich genommen den Darstellungsprinzipien des klassischen historischen Romans folgt und dabei ein Höchstmaß an Unmittelbarkeit erzeugt: Die Präsentation der historischen Ereignisse folgt der natürlichen Ordnung, auf Iterationen wird verzichtet und Ereignisfolgen werden in der Regel zeitdeckend – das heißt ohne Raffungen – erzählt. Eine Beschleunigung erfolgt durch – im Text anhand von Leerzeilen markierte – narrative Ellipsen, die in den meisten Fällen unbestimmt sind. Indem sich somit der Organisationsaufwand für die temporale Struktur der Erzählung auf ein Minimum beschränkt, bleibt die dafür zuständige narrative Instanz weitgehend unsichtbar. Darüber hinaus erfolgt die Präsentation von Figurenrede durchweg als direktes Zitat und bedient somit den dramatischen Modus. Obwohl hiermit ein hohes Maß an Geschehensillusion erzeugt und von der hervorbringenden Instanz abgelenkt wird, ist die gesamte Binnenerzählung gleichwohl als ein Imaginationsakt innerhalb der Rahmenerzählung zu verstehen. Darauf verweist ein schwaches, aber doch poetologisch verbindliches metafiktionales Signal:

> Bereits zu seiner Pensionierung hatte ich ihm eine schöne Kladde geschenkt in der Hoffnung, er würde mir sein Leben skizzieren, erwähnenswerte Episoden aus der Zeit vor

---

28 Joachim Geil: Heimaturlaub. Roman. Göttingen 2010, S. 24–25.

meiner Geburt; doch sie blieb fast leer. Nur ein paar Wörter hatte er notiert, Stichwörter womöglich, fremd klingende Ortsnamen, und als ich ihn nach dem ersten Blutsturz bat, mir wenigstens jene Wochen im Frühjahr '45 genauer zu beschreiben, winkte er müde ab und sagte mit seiner sonoren, wie aus dem Hohlraum der Taubheit hervorhallenden Stimme: „Wozu denn noch? Hab ich's dir nicht erzählt? Du bist der Schriftsteller."[29]

In Jan Koneffkes Roman *Ein Sonntagskind* (2015) wird der metafiktionale Bezugsrahmen erst ganz am Ende hergestellt: Nach ausgiebigen – intern fokalisierten – Schilderungen des Soldatenlebens von Konrad Kannmacher und seiner Kampfhandlungen an der Ostfront sowie seines weiteren Lebenslaufes gibt sich dessen Sohn erst im letzten Kapitel als Ich-Erzähler zu erkennen, benennt Briefe und autobiographische Schriften des inzwischen verstorbenen Vaters als seine Quellen und legt sich eine Begründung dafür zurecht, dass er „[s]einem Vater ein Sonntagskindleben erfand".[30]

Während die imaginierenden Erzähler bei Geil, Rothmann und Koneffke ihre Version der Geschichte jeweils ohne Widerrede von Seiten anderer Figuren hervorbringen, sieht sich die junge Ich-Erzählerin in Nora Bossongs Roman *Webers Protokoll* permanent den kritischen Kommentaren eines Zeitzeugen ausgesetzt: Obwohl sie ihre Erzählung über den 1943 in Mailand tätigen Diplomaten Konrad Weber schon im ersten Satz und auch später immer wieder als Imagination ausweist, wird sie ständig von einem namenlosen „uralte[n] Diplomat[en]"[31] – dem Adressaten ihrer Erzählung – unterbrochen und korrigiert. Da sie sich jedoch nicht von ihm vereinnahmen lässt und an ihrer Version der Geschichte festhält, thematisiert der Roman auch die Verhandlung von Deutungshoheit zwischen den Generationen – wobei es die Kohärenzstiftung durch Imagination offenbar mit der begrenzten Beweiskraft einer prekären Faktenlage aufnehmen kann.

Während Rekonstruktion und Erfinden bei Bossong noch als Konfliktpositionen fungieren, fordert der Zeitzeuge Moshe Fein in Katharina Hackers Roman *Eine Art Liebe* die nachgeborene Erzählerin sogar ausdrücklich dazu auf, den evidenten Lücken in der Geschichte mit Erfindungen entgegenzuwirken: „Moshe wollte, daß ich erfinde, was er nicht wußte".[32] Diese metafiktionale Kommentierung des poetologischen Verfahrens wird zusätzlich peritextuell von der Autorin – nämlich in der Widmung am Ende des Buches – bekräftigt: „Das Buch ‚Eine Art Liebe' handelt von der Frage, wie es möglich ist, mit Hilfe der Imagination da zu verstehen, wo es kein eigenes Erinnern gibt."[33] Indes kann das Erfinden

---

29 Ralf Rothmann: Im Frühling sterben. Roman. Berlin 2015, S. 10.
30 Jan Koneffke: Ein Sonntagskind. Roman. Berlin 2015, S. 579.
31 Nora Bossong: Webers Protokoll. Roman. Frankfurt am Main 2009, S. 9.
32 Katharina Hacker: Eine Art Liebe. Roman. Frankfurt am Main 2003, S. 257.
33 Hacker: Eine Art Liebe, S. 267.

mangels Faktenkenntnis auch pathologische Züge annehmen, wie Matthias Uecker in Bezug auf Marcel Beyers Roman *Spione* (2000) feststellt.[34] In jedem Fall aber erweist sich das Erfinden einer Vergangenheit nicht allein als ein Privileg des fiktionalen Mediums, sondern wird längst auch als allgemeine erinnerungskulturelle Praxis gehandelt – die in der Erinnerungsliteratur nicht nur als solche dargestellt, sondern auch implizit beworben oder gar ausdrücklich eingefordert wird.

d) Erinnern und Reflektieren

Während es in den meisten Generationenerzählungen um das Ausfüllen von Wissenslücken geht – sei es durch Recherche, erzählerische Vermittlung oder mutmaßendes Imaginieren –, wird manchmal auch bereits vorhandenes Geschichtswissen bloß erinnert oder im Zuge gegenwartsbezogener Reflexionen unbewusst tangiert. Im Roman *Lenas Liebe* (2002) von Judith Kuckart[35] fährt die 39-jährige Lena nach Oświęcim, um von einem Freundschaftsspiel zwischen einer deutschen und einer polnischen Jugendfußballmannschaft zu berichten. Die Protagonistin betreibt keine Recherche, führt keine Gespräche über den Holocaust und versucht sich auch keine Vorstellung davon zu machen. Gleichwohl schwingt die Geschichte des Ortes in der Gegenwartshandlung immer mit, und zwar nicht nur im Bewusstsein der Figuren, sondern vor allem auch in dem der Leser.

Während die Gegenwartsebene bei Kuckart von Beginn an mit einem bedeutungsschweren Erinnerungsort verknüpft ist, konzentriert sich die Handlung in Katharina Hackers Roman *Der Bademeister* (2000)[36] auf ein Schwimmbad in Berlin-Prenzlauer Berg und damit auf einen vergleichsweise geschichtslosen Ort. Nach vierzigjähriger Dienstzeit erlebt der titelgebende 58-jährige Bademeister die Schließung des Schwimmbads und nistet sich daraufhin in dem leerstehenden Gebäude ein, wo er – erzählt in Form eines Monologs – über sein Leben nachdenkt. Aus den versprengten Erinnerungen erfährt der Leser nach und nach von einem übermächtigen Vater, der während der NS-Zeit an Massentötungen von Juden beteiligt gewesen sein soll und bis zu seinem Selbstmord ein überzeugter

---

34 Vgl. Matthias Uecker: „Uns allen steckt noch etwas von damals in den Knochen". Der Nationalsozialismus als Objekt der Faszination in den Romanen Marcel Beyers. In: Barbara Beßlich, Katharina Grätz und Olaf Hildebrand (Hg.): Wende des Erinnerns? Geschichtskonstruktionen in der deutschen Literatur nach 1989. Berlin 2006. S. 53–68, hier S. 63.
35 Judith Kuckart: Lenas Liebe. Roman. Köln 2002.
36 Katharina Hacker: Der Bademeister. Roman. Frankfurt am Main 2000.

Nationalsozialist geblieben ist. Auch in dem Schwimmbad seien Menschen eingesperrt und hingerichtet worden, aber der Protagonist hat sich nie ernsthaft mit der Geschichte des Gebäudes auseinandergesetzt oder Fragen zu seiner Familiengeschichte gestellt – nach dem Tod seiner Mutter entsorgt er kurzerhand das Familienphotoalbum und sucht gar nicht erst nach einer Antwort dafür, dass im Keller eine Sammlung gebrauchter Schuhe in allen Größen eingelagert ist.

In diesen beiden Romanen tritt das historische Geschehen – und somit das eigentliche Geschichtserzählen – stark in den Hintergrund. Statt eine von der Gegenwart getrennte Vergangenheit zu betrachten und zu beschreiben, wird eine von der Vergangenheit überschwemmte Gegenwart geschildert. Weil aber die Gegenwartshandlung nur vor dem Hintergrund der Geschichte verstanden und sinnvoll interpretiert werden kann, handelt es sich noch immer um Geschichtserzählungen. Die Autorinnen verlassen sich darauf, dass ihre Leser bereits vorhandenes Wissen in den Lektüreprozess einbringen und über die nötigen Deutungskompetenzen verfügen. Damit appellieren sie auch an die eigenverantwortliche Auseinandersetzung mit der erinnerungskulturellen Thematik und liefern mit ihren Texten somit auch Material für eine weiterführende historische Bildung. Andererseits arbeiten Generationenerzählungen dieses Typs häufig mit metamnemonischen Kommentaren, in denen Gedächtnisfunktionen aufgezeigt und die Möglichkeiten und Grenzen des Erinnerns thematisiert werden – wodurch die Vergegenwärtigung der Vergangenheit noch einmal zusätzlich erschwert und problematisiert werden kann.

2.2 Motivation und Schreibfiktion

In den Generationenerzählungen gibt es meistens ein zentrales Ereignis innerhalb der Gegenwartshandlung, durch das die Vergegenwärtigung des Vergangenen motiviert wird. Häufig wird die Beschäftigung mit der Familiengeschichte durch den Tod eines Familienmitglieds ausgelöst – so etwa bei Sabrina Janesch (*Katzenberge*, 2010), Viola Roggenkamp (*Tochter und Vater*, 2011) oder Dagmar Leupold (*Nach den Kriegen*, 2004). Umgekehrt kann aber auch der noch bevorstehende Tod eines Familienmitglieds und die zunehmende Dringlichkeit eines klärenden Gesprächs ein Motivationsfaktor sein – so bei Helga Schneider (*Laß mich gehen*, 2003) und Annette Pehnt (*Chronik der Nähe*, 2012). Manche Nachkommen stoßen zufällig in einem Buch auf ihre eigene, ihnen selbst unbekannte Familiengeschichte – so bei Gila Lustiger (*So sind wir*) und Jennifer Teege (*Amon*, 2013). In den meisten Fällen aber sind es private Gegenstände, Briefe, Photographien oder autobiographische Schriften, die in die Hände der Nachkommen geraten und deren Neugier wecken oder unbekannte Details über die Familiengeschichte preisgeben.

Ein nicht gleichermaßen häufiges, aber doch erwähnenswertes Merkmal metahistorischen Erzählens ist die Fiktion eines Schreibanlasses oder einer anhaltenden schriftstellerischen Tätigkeit des Erzählers. Diese kann unterschiedlich deutlich markiert sein. So spricht etwa für eine Schreibfiktion in Rothmanns Roman lediglich die Berufsbezeichnung im oben angeführten Zitat. Bei Geil hingegen wird beschrieben, wie der Ich-Erzähler an seinem Schreibtisch Platz nimmt und mit dem Schreiben beginnt.[37] Solche metanarrativen Einbettungen des Erzählvorgangs legen die Deutung nahe, dass der Romantext oder Teile davon identisch sind mit dem schriftlichen Erzeugnis der Erzählerfigur. Allerdings sind es keineswegs immer Schriftstellerfiguren im engeren Sinne, die eine fiktionsinterne Verschriftlichung vornehmen. So endet etwa Pradelskis Roman *Und da kam Frau Kugelmann* mit einem völlig überraschenden Schreibanfall der Ich-Erzählerin, die sich plötzlich berufen fühlt, die Geschichte Bella Kugelmanns vor dem Vergessen zu bewahren. Dieser Romanschluss mag einerseits als moralischer Appell und erinnerungskulturelle Pointe verstanden werden, kann aber andererseits auch als selbstreferentieller Hinweis dafür gelten, dass der Romantext mit dem am Ende angefertigten Manuskript identisch ist. In Hackers *Eine Art Liebe* drängt sich diese Deutung ungleich stärker auf, da hier nicht nur mehrmals die Transformation des Mündlichen ins Schriftliche reflektiert wird, sondern die Ich-Erzählerin am Ende ihrem Freund Moshe das fertige Manuskript überreicht.[38] Ganz explizit ist die Selbstreferenz in Tanja Dückers' Roman *Himmelskörper* (2003),[39] in dessen letztem Kapitel sich Freia und ihr Zwillingsbruder dazu entschließen, über ihre Familiengeschichte ein Buch mit dem Titel ‚Himmelskörper' zu schreiben – hier wird nicht lediglich auf einen mit dem Romantext identischen fiktionsinternen Text, sondern metaleptisch auf die außerliterarische Produktionsinstanz verwiesen.

2.3 Väterliteratur und Enkelliteratur

Da inzwischen die Enkel der Zeitzeugen des Nationalsozialismus in das für literarische Produktion geeignete Alter gekommen sind, zeichnet sich seit der Jahrhundertwende ein Generationswechsel in der deutschsprachigen Erinnerungsliteratur ab. Abgesehen von ihren altersbedingten Lebenserfahrungen unterscheiden sich

---

[37] Vgl. Geil: Heimaturlaub, S. 25.
[38] Vgl. Hacker: Eine Art Liebe, S. 265. Da hiermit ein Ereignis *nach* der Fertigstellung des Manuskripts beschrieben wird, kann dieses allerdings nicht identisch sein mit dem Romantext, sondern höchstens mit Teilen davon.
[39] Tanja Dückers: Himmelskörper. Roman. Berlin 2003.

Autorinnen und Autoren der zweiten und dritten Generation grundlegend durch ihre jeweils spezifische Stellung innerhalb der generationellen Konstellation. Während die Vertreter der zweiten Generation in eine bipolare Auseinandersetzung mit der Zeitzeugengeneration treten, steht die dritte Generation nicht nur unter dem Einfluss der Zeitzeugen, sondern auch unter dem ihrer Eltern. Das Verhältnis zu Letzteren ist ungleich enger und weist folglich auch ein größeres Konfliktpotential auf. Bei den Großeltern hingegen sind die Enkel in der Regel nur zu Besuch; die pädagogische oder auch ideologische Einflussnahme hält sich daher in Grenzen.[40] Deshalb scheint auch die Hemmschwelle geringer zu sein, die Rolle von Familienmitgliedern im Nationalsozialismus zu hinterfragen – wobei die Enkel allerdings auf den Widerstand ihrer Eltern treffen können. So deckt Marion Welsch in *Sprich mit mir* (2005)[41] nicht nur die Verstrickung des verstorbenen Großvaters in den Nationalsozialismus auf, sondern kämpft vor allem gegen ihren vom Gegenteil überzeugten Vater an. Umgekehrt haben die Söhne und Töchter der Zeitzeugen meistens selbst Kinder und beschäftigen sich daher bereits mit der Frage, ob und wie sie Familiengeschichte an die nächste Generation weitergeben. Diese Problematik wird sowohl in Täterfamilien – zum Beispiel in Helga Schneiders *Laß mich gehen* – als auch in Opferfamilien – zum Beispiel in Gila Lustigers *So sind wir* – verhandelt.

Obwohl es sich dabei ursprünglich um eine Gattung der Siebziger- und Achtzigerjahre handelt, wird der Begriff ‚Väterliteratur' inzwischen auch zur Bezeichnung von Texten der zweiten Generation seit 1990 verwendet.[42] Problematisch an diesem Gattungsbegriff ist seine Einengung auf die Auseinandersetzung mit männlichen Tätern. Zwar wird die Gattung auch nach der Jahrhundertwende noch vorwiegend nach diesem Muster bedient, etwa von Dagmar Leupold (*Nach den Kriegen*), Ulla Hahn (*Unscharfe Bilder*, 2003),

---

40 Das Lebensmodell der Großfamilie, in dem die Möglichkeit eines unmittelbaren Einflusses der Zeitzeugen auf die Enkel gegeben ist, liegt in der Literatur ebenso selten vor wie in der Lebenswirklichkeit ihrer Autorinnen und Autoren. Ein seltenes Beispiel ist der im ländlichen Raum spielende Roman *Engel des Vergessens* (2011) von Maja Haderlap; vgl. auch den Beitrag von Eva Kuttenberg in diesem Band. In *Drei Irre unterm Flachdach* (2007) von Bastienne Voss hingegen übernehmen die Großeltern die Erziehung der Enkelin aufgrund der Abwesenheit der Eltern.
41 Marion Welsch: Sprich mit mir. Auf der Suche nach der Vergangenheit meiner Familie. Berlin 2005.
42 In zwei jüngeren Dissertationen wird versucht, entsprechende gattungsgeschichtliche Kontinuitäten aufzuzeigen, vgl. Mathias Brandstädter: Folgeschäden. Kontext, narrative Strukturen und Verlaufsformen der Väterliteratur 1960 bis 2008. Bestimmung eines Genres. Würzburg 2010, und Dominika Borowicz: Vater-Spuren-Suche. Auseinandersetzung mit der Vätergeneration in deutschsprachigen autobiographischen Texten von 1975 bis 2006. Göttingen 2013.

Monika Jetter (*Mein Kriegsvater*, 2004), Ute Scheub (*Das falsche Leben*, 2006), Martin Pollack (*Der Tote im Bunker*, 2004), Alexandra Senfft (*Schweigen tut weh*, 2007), Katrin Himmler (*Die Brüder Himmler*, 2005), Thomas Harlan (*Veit*, 2011) und Richard von Schirach (*Der Schatten meines Vaters*, 2005). Zum Korpus gehören aber auch Texte über Täter*innen* (wie Helga Schneiders *Laß mich gehen* und Gisela Heidenreichs *Das endlose Jahr*, 2002) sowie über elterliche ‚Heldenfiguren' (wie Wibke Bruhns *Meines Vaters Land*, 2004, und Viola Roggenkamps *Tochter und Vater*) und Opfer (wie Lustigers *So sind wir* und Irina Liebmanns *Wäre es schön? Es wäre schön!*, 2008).

Die im Begriff ‚Väterliteratur' angelegte Beschränkung auf männliche Täterschaften setzt sich in der literaturgeschichtlich nachfolgenden Gattung nicht fort. Statt bei den Texten der Enkel von ‚Großväterliteratur' zu sprechen, etabliert sich allmählich die Bezeichnung ‚Enkelliteratur'.[43] Diese Begriffsbildung wird der Tatsache gerecht, dass es sich bei den literarisch porträtierten Großeltern häufig um *Opfer* des Nationalsozialismus bzw. des Zweiten Weltkriegs handelt (und somit auch das Schicksal von Frauen und Kindern thematisiert wird). Um Opferbiographien geht es unter anderem in den Enkelbüchern von Eleonora Hummel (*Die Fische von Berlin*, 2005), Bastienne Voss (*Drei Irre unterm Flachdach*, 2007), Johanna Adorján (*Eine exklusive Liebe*, 2009), Maxim Leo (*Haltet euer Herz bereit*, 2009), Sabrina Janesch (*Katzenberge*), Maja Haderlap (*Engel des Vergessens*, 2011), Channah Trzebiner (*Die Enkelin oder Wie ich zu Pessach die vier Fragen nicht wusste*, 2013), Beate Schaefer (*Weiße Nelken für Elise*, 2013) und Matthias Nawrat (*Die vielen Tode unseres Opas Jurek*, 2015).

3 Metaerinnerungskulturelles Erzählen

Metaerinnerungskulturelle Erzählungen handeln nicht von einer ereignishaften historischen Vergangenheit oder den Möglichkeiten, eine solche – rekonstruierend, erzählend, imaginierend oder erinnernd – verfügbar zu machen, sondern von gegenwärtigen erinnerungskulturellen Institutionen, Praktiken und Wirkabsichten.[44] Der Protagonist in Iris Hanikas Roman *Das Eigentliche* (2010)

---

[43] Als Gattungsbegriff erstmals bei Mila Ganeva: From West-German *Väterliteratur* to Post-Wall *Enkelliteratur*. The End of the Generation Conflict in Marcel Beyer's *Spione* and Tanja Dückers's *Himmelskörper*. In: Seminar. A Journal of Germanic Studies 43 (2007) H. 2, S. 149–162.
[44] Den Begriff des ‚metaerinnerungskulturellen Erzählens' verwenden in diesem Sinne auch Torben Fischer, Philipp Hammermeister und Sven Kramer: Der Nationalsozialismus und die Shoah in der deutschsprachigen Literatur des ersten Jahrzehnts. Zur Einführung. In: Dies.

arbeitet in Berlin am „Institut für Vergangenheitsbewirtschaftung"[45] als Archivar. Während er diese Arbeit die längste Zeit als eine moralische Pflicht ansah und auch im Alltag jedes Gedenkangebot dankend annahm, hält er die staatlich gelenkten Erinnerungsimperative zunehmend für fehlgeleitet und diskutiert mit seiner einzigen Freundin – einer Enkelin von Tätern – die Widersprüche innerhalb der Praktiken und Selbstvergewisserungsformeln der bundesdeutschen Erinnerungskultur. Statt konkrete historische Ereignisse auch nur zu erwähnen, greift der Roman gegenwärtige erinnerungskulturelle und geschichtspolitische Diskurse auf und bildet somit ein „erinnerungskulturelles Metanarrativ".[46] Dieses liest sich allerdings nicht als Erfolgsgeschichte, sondern führt zu der ernüchternden Erkenntnis, dass die organisierte Erinnerungsarbeit die Vergangenheit als solche ersetzt.[47]

Klaus Modick konzentriert sich in seinem satirischen Roman *Bestseller* (2006) auf den Literaturbetrieb. Dem nur mäßig erfolgreichen Schriftsteller – und anagrammatisch mit dem Autor verwandten – Lukas Domcik wird vom „Produktmanager"[48] seines Verlags geraten, etwas zum Thema Zweiter Weltkrieg und Holocaust zu schreiben, denn Nazigroßväter und transgenerationale Traumata seien mit guten Erfolgsaussichten auf dem Buchmarkt zu platzieren, seit „die Aufarbeitung der deutschen Schande zu einem kulturindustriellen Faktor ersten Ranges geworden ist".[49] Da Domcik gerade einen mit autobiographischen Manuskripten gefüllten Koffer von seiner Großtante geerbt hat, kann er ein solches ‚erinnerungskulturelles Verkaufsprodukt' kurzfristig abliefern.

Trotz maximaler Fokussierung auf die Gegenwartshandlung sind beide Romane als Geschichtserzählungen zu lesen. Denn da die Protagonisten sowohl in ihrer charakterlichen Veranlagung als auch in ihrem alltäglichen Handeln vollständig von der Geschichte geprägt sind, müssen sie auch vor diesem Hintergrund interpretiert werden – die historische Kontextualisierung der Gegenwartshandlung

---

(Hg.): Der Nationalsozialismus und die Shoah in der deutschsprachigen Gegenwartsliteratur, S. 9–25, hier S. 16.
45 Iris Hanika: Das Eigentliche. Roman. Graz/Wien 2010, S. 14.
46 Christopher Schliephake: Textualität und ‚Vergangenheitsbewirtschaftung': Überlegungen zum kulturwissenschaftlichen Erinnerungsparadigma anhand von Iris Hanikas *Das Eigentliche*. In: Christian Baier, Nina Benkert und Hans-Joachim Schott (Hg.): Die Textualität der Kultur. Gegenstände, Methoden, Probleme der kultur- und literaturwissenschaftlichen Forschung. Bamberg 2014. S. 303–323, hier S. 304.
47 Zu diesem – von François Hartog als ‚Präsentismus' bezeichneten – Phänomen einer die Vergangenheit vereinnahmenden Gegenwart vgl. Aleida Assmann: Ist die Zeit aus den Fugen? Aufstieg und Fall des Zeitregimes der Moderne. München 2013, S. 256–262.
48 Klaus Modick: Bestseller. Roman. Frankfurt am Main 2006, S. 68.
49 Modick: Bestseller, S. 75.

ist durchweg in der Wirkungsstruktur des metaerinnerungskulturellen Erzählens verankert. Dass eine inhaltliche Bestimmung des Historischen dabei weitgehend verweigert wird, kann aber auch als negative Gegenwartsdiagnose gelesen werden: Hanika und Modick üben Kritik an einer Erinnerungskultur, die infolge geschichtspolitischer Einflussnahme bzw. wirtschaftlicher Interessen zunehmend ihren originären Gegenstand aus dem Blick verliert und stattdessen immer mehr mit sich selbst beschäftigt ist.

4 Experimentelles Geschichtserzählen

In Jenny Erpenbecks Roman *Heimsuchung* (2008)[50] sind die Handlungen der Figuren um ein Haus und somit ein unbewegliches räumliches Zentrum herum gruppiert: „Das Haus ist der eigentliche Protagonist, das geographisch und historisch eng mit dem Lokus Deutschland verwobene Kraftzentrum des Romans."[51] Auf welche historischen Ereignisse die zahlreichen Besitzerwechsel zurückzuführen sind, lässt sich nur vor dem Hintergrund des leserseitig vorausgesetzten Geschichtswissens erschließen. Im Gegensatz zu dieser radikalen *räumlichen* Beschränkung des Handlungsrahmens erprobt Thomas Lehr in seiner Novelle *Frühling* (2001)[52] ein *zeitstrukturelles* Extrem. Innerhalb der letzten 39 Sekunden vor seinem Selbstmord verarbeitet der Ich-Erzähler Christian Rauch in einem stark gedehnten Bewusstseinsstrom ein Schlüsselerlebnis seiner Kindheit: Im Sommer 1961 steht plötzlich ein entkleideter Mann im Vorgarten seiner Eltern und inszeniert einen Appell, wie er ihn einst als Häftling im KZ Dachau vor den Augen von Christians Vater – der in diesem Moment als ehemaliger SS-Arzt entlarvt wird – auszuführen hatte. Diese traumatische Erfahrung kommt auch in der sprachlichen Form zum Ausdruck: Die Aneinanderreihung unsortierter Erinnerungsfragmente führt zu einer Auflösung der Syntax und unterläuft die Kohärenzansprüche des Erzählens.

Als experimentelle Spielart des Geschichtserzählens gilt auch Erich Hackls Erzählung *Die Hochzeit von Auschwitz* (2002),[53] die mittels eines multiperspektivischen Verfahrens das Leben des österreichischen Kommunisten Rudolf Friemel rekonstruiert. Neben den historisch verbürgten Wegbegleitern und Zeitzeugen

---

50 Jenny Erpenbeck: Heimsuchung. Roman. Frankfurt am Main 2008.
51 Anke S. Biendarra: Jenny Erpenbecks Romane *Heimsuchung* (2008) und *Aller Tage Abend* (2012) als europäische Erinnerungsorte. In: Friedhelm Marx und Julia Schöll (Hg.): Wahrheit und Täuschung. Beiträge zum Werk Jenny Erpenbecks. Göttingen 2014. S. 125–143, hier S. 133.
52 Thomas Lehr: Frühling. Novelle. Berlin 2001.
53 Erich Hackl: Die Hochzeit von Auschwitz. Eine Begebenheit. Zürich 2002.

kommt der im Dezember 1944 in Auschwitz ermordete Protagonist zu Wort – diese fiktiven Erinnerungen des Toten unterlaufen den insgesamt dokumentarischen Anspruch des Buches. Von anderen rekonstruktiven Geschichtserzählungen unterscheidet sich Hackl auch darin, dass er Widersprüche innerhalb des Stimmengewirrs weder glättet noch auch nur als solche kenntlich macht. Dies ist aber weniger ein Defizit als vielmehr ein metahistoriographisches Statement, wie Stephanie Catani treffend feststellt:

> Tatsächlich zeigt die Erzählung zwar, dass sich die Vergangenheit zum einen nur unter Berücksichtigung verschiedener, teils sich widersprechender Perspektiven aufarbeiten lässt, und zum anderen, dass diese Mehrstimmigkeit zu keinem verlässlichen Ergebnis führt, sondern neben einigen Antworten ebenso viele Fragen an die Geschichte aufwirft. Entscheidend aber ist, dass die erzählerische Unzuverlässigkeit eingesetzt wird, weil sie die Verletzungen der Vergangenheit, die Traumatisierungen sichtbar macht, welche Resultat der deutschen Katastrophengeschichte im 20. Jahrhundert sowie damit verbundener familiärer Desaster sind.[54]

Auch Irene Dische bedient sich in ihrem autobiographischen Roman *Großmama packt aus* (2005)[55] der Freiheiten literarischer Perspektivengestaltung. Statt die Familiengeschichte aus der Enkelperspektive zu erzählen, setzt Dische die eigene Großmutter als Ich-Erzählerin ein und konstruiert damit eine Außensicht auf sich selbst. Wie fest die Enkelin die Erzählfäden in der Hand hält – und sei es auch bloß als ‚implizite Autorin' –, zeigt sich allerdings spätestens gegen Ende des Buchs, als die Großmutter ihren eigenen Tod erzählt und auch über diesen hinaus noch Details der Familiengeschichte preisgibt. Vor diesem Hintergrund handelt es sich bei dem Roman weniger um eine fingierte Autobiographie als vielmehr um ein literarisches Spiel im Grenzbereich von primärer und sekundärer Zeugenschaft.

Auch in Harald Martensteins Roman *Heimweg* (2007) tritt ein toter Ich-Erzähler auf, der sich wie folgt vorstellt: „Ich bin nur ein Kind, obwohl ich schon so lange auf der Welt bin. Es ist das erste Mal, dass ich eine Geschichte aufschreibe."[56] Diese häufig ironisch erzählte Geschichte handelt von den vermeintlichen Großeltern des Erzählers vor, während und nach dem Zweiten Weltkrieg, vor allem aber von einem Ereignis an der Ostfront, bei dem der Großvater Joseph nicht nur einen sowjetischen Kommissar hinrichtet, sondern aus Willkür auch einen Jungen erschießt. Wie sich nach und nach

---

54 Stephanie Catani: Geschichte im Text. Geschichtsbegriff und Historisierungsverfahren in der deutschsprachigen Gegenwartsliteratur. Tübingen 2016, S. 254.
55 Irene Dische: Großmama packt aus. Roman. Hamburg 2005.
56 Harald Martenstein: Heimweg. Roman. München 2007, S. 16.

herausstellt, handelt es sich bei dem Ich-Erzähler um eben diesen ermordeten Jungen. Am Ende sucht er seinen – inzwischen ins Alter gekommenen – Mörder persönlich auf. Dabei verdichtet sich der Eindruck, dass Joseph halluziniert und seine eigene Lebensgeschichte aus Sicht der ‚Geister der Vergangenheit' erinnert.[57]

Eine Tendenz zum Phantastischen liegt auch im Roman *Legenden* (2014) von Gesa Olkusz vor, der um eine Heldentat und einen Verrat in einem polnischen Dorf zur Zeit der deutschen Besetzung kreist. Der Enkel des Helden und der Urenkel des Verräters suchen nach der historischen Wahrheit, wofür Letzterer nicht nur in das Dorf seiner Vorfahren, sondern schließlich auch in deren historische Gegenwart reist: „[D]er Boden reißt auf und bernsteinfarben ergießt sich die Zeit über die Felder, strömt über Wiesen und Weg, streift auch Aureliusz' Füße, die sich sofort in Bewegung setzen, zu laufen beginnen, dann auf den Wald zurennen, spritzend in den Fluten der Zeit."[58] Als Zeitreisender wird er Augenzeuge eines Streits zwischen den Vorfahren und verschafft sich somit Gewissheit über das bislang nur in Form von Gerüchten überlieferte historische Geschehen.

Wie diese Beispiele zeigen, handelt es sich bei der literarischen Geschichtserzählung – ungeachtet der Ernsthaftigkeit und Folgenschwere der verhandelten Thematik – um eine experimentierfreudige Gattung. Indem einzelne narrative Merkmale – hier sind es Raum, Zeit, Sprache, Perspektive und Unzuverlässigkeit – durch extreme Abweichung von der Erwartung in den Vordergrund gerückt werden, wird gezielt ein formalästhetisches Rezeptionserlebnis hervorgerufen. Indes fällt der Bruch mit Darstellungskonventionen des Geschichtserzählens nicht nur innerhalb des literarischen Diskurses ins Gewicht, sondern mag die Leser auch zur Reflexion ihres alltäglichen Umgangs mit der Geschichte und gegebenenfalls zur Erneuerung – privater wie gesellschaftlicher – erinnerungskultureller Praktiken ermutigen.

---

[57] Neben dem Ich-Erzähler treten auch noch weitere unvergessene Tote aus der Familiengeschichte als Figuren in Erscheinung. Im Gespräch mit Andreas Kilb erklärt Martenstein die Wahl seines Erzählverfahrens wie folgt: „Die Geister der Vergangenheit: diese Metapher, diese Leitartikel-Floskel habe ich halt wörtlich genommen. Lasst die Geister der Vergangenheit einfach mal aus ihren Ritzen rauskriechen! Und zwar nicht die politischen, sondern ganz normale Geister aus dem konkreten Leben: die Leute, die man umgebracht hat, die Leute, die man liebt oder gern lieben würde" (Andreas Kilb: Lasst die Geister heraus! In: Frankfurter Allgemeine Zeitung, 31.03.2007, S. Z4).

[58] Gesa Olkusz: Legenden. Roman. St. Pölten [u. a.] 2014, S. 41.

5 Schluss

Gegenüber Deutschlandfunk Kultur gab Arno Geiger bekannt, bei der Recherche für seinen Roman *Unter der Drachenwand* (2018) bewusst kaum Fachliteratur gelesen, sondern vielmehr historische Dokumente aus den Kriegsjahren studiert zu haben, denn es interessiere ihn nicht, wie man heute auf diese Zeit blickt, sondern wie man 1944 gedacht und gelebt hat.[59] Diese produktionsästhetische Herangehensweise entspricht voll und ganz der üblichen Wirkungsintention von Autorinnen und Autoren historischer Romane: Indem nachträgliche Deutungsperspektiven von vornherein ausgeblendet und gleichzeitig Geschehensillusionen maximiert werden, erlangt der Leser ein Gespür für die offene Zukunft der historischen Akteure und kann auf diese Weise deren Ansichten und Handlungen besser verstehen und nachvollziehen. Die Generationenerzählungen hingegen bedienen stets die epistemisch privilegierte Perspektive von Nachgeborenen oder gealterten Zeitzeugen und erörtern die Möglichkeiten einer adäquaten und erinnerungskulturell verantwortungsvollen Auseinandersetzung mit der Zeit des Nationalsozialismus. Durch ihre Nähe zum Erfahrungshorizont der Leser nehmen sie einen ungleich größeren Einfluss auf außerliterarische Diskurse und ringen häufig aktiv um Deutungshoheit. Übertroffen werden sie darin höchstens noch von metaerinnerungskulturellen Geschichtserzählungen. Dieser Typus zeigt auf, dass uns Geschichte – zumindest im öffentlichen Raum – als ein Produkt geschichtspolitischer Deutung und musealer Inszenierung begegnet. Metaerinnerungskulturelle Erzählungen können diese Deutungsprozesse und Darbietungskontexte in ihrer Entstehung nachvollziehen und auf ihre Leistungsfähigkeit hin überprüfen. Die experimentellen Spielarten des Geschichtserzählens hingegen entfalten ihr Innovationspotential vornehmlich innerhalb des literarischen Diskurses. Zwar kann auch hier Geschichte vergegenwärtigt und gedeutet werden, jedoch wird dabei bewusst eine Abgrenzung von den Darstellungskonventionen benachbarter Diskurse – insbesondere dem der Geschichtsschreibung – vorgenommen und auf erinnerungskulturelle Einmischung tendenziell verzichtet.

Die hier vorgestellte Typologie belegt eine kaum zu überblickende Vielfalt an Darstellungszielen und Erzählweisen beim literarischen Geschichtserzählen

---

59 Arno Geiger im Gespräch mit Andrea Gerk: „Jede Figur hat das Recht auf Atem und Pulsschlag." Arno Geiger über seinen Roman *Unter der Drachenwand*. Deutschlandfunk Kultur, URL: https://www.deutschlandfunkkultur.de/arno-geiger-ueber-seinen-roman-unter-der-drachenwand-jede.1270.de.html?dram:article_id=407604, zuletzt besucht am 10.10.2018.

über die Zeit des Nationalsozialismus. Dieses breite Spektrum verdankt sich zum einen der Beteiligung verschiedener Autorengenerationen, die aufgrund ihrer spezifischen Erfahrungen und Interessen häufig abweichende moralische Positionen vertreten sowie möglicherweise unter dem Einfluss unterschiedlicher literarischer Vorbilder schreiben. Zum anderen besteht offenbar ein Zusammenhang mit dem unmittelbar bevorstehenden Ende der Zeitzeugenschaft und der dabei entstehenden Leerstelle in der Erinnerungskultur. Indem die Literatur neue Formen des Erinnerns und Bewahrens erprobt, leistet sie einen Beitrag zur allgemeinen erinnerungskulturellen Orientierung in Deutschland und Europa. Wann diese dynamische Phase an ihr Ende gelangt und eine Homogenisierung innerhalb der Gattung eingeleitet wird, hängt nicht zuletzt davon ab, wie lange ein solcher Orientierungsbedarf noch bestehen bleibt und welchen erinnerungskulturellen Stellenwert der Nationalsozialismus und der Holocaust sowie der Zweite Weltkrieg und seine Folgen zukünftig einnehmen werden.

Bibliographie

Assmann, Aleida: Ist die Zeit aus den Fugen? Aufstieg und Fall des Zeitregimes der Moderne. München 2013.
Aust, Hugo: Der historische Roman. (Sammlung Metzler 178) Stuttgart/Weimar 1994.
Bart, Stephanie: Deutscher Meister. Roman. Hamburg 2014.
Biendarra, Anke S.: Jenny Erpenbecks Romane *Heimsuchung* (2008) und *Aller Tage Abend* (2012) als europäische Erinnerungsorte. In: Friedhelm Marx und Julia Schöll (Hg.): Wahrheit und Täuschung. Beiträge zum Werk Jenny Erpenbecks. Göttingen 2014, S. 125–143.
Borowicz, Dominika: Vater-Spuren-Suche. Auseinandersetzung mit der Vätergeneration in deutschsprachigen autobiographischen Texten von 1975 bis 2006. Göttingen 2013.
Bossong, Nora: Webers Protokoll. Roman. Frankfurt am Main 2009.
Brandstädter, Mathias: Folgeschäden. Kontext, narrative Strukturen und Verlaufsformen der Väterliteratur 1960 bis 2008. Bestimmung eines Genres. Würzburg 2010.
Catani, Stephanie: Geschichte im Text. Geschichtsbegriff und Historisierungsverfahren in der deutschsprachigen Gegenwartsliteratur. Tübingen 2016.
Dische, Irene: Großmama packt aus. Roman. Hamburg 2005.
Dückers, Tanja: Himmelskörper. Roman. Berlin 2003.
Eichenberg, Ariane: Familie – Ich – Nation. Narrative Analysen zeitgenössischer Generationenromane. Göttingen 2009.
Erpenbeck, Jenny: Heimsuchung. Roman. Frankfurt am Main 2008.
Feuchert, Sascha: Walter Kempowski – der Erinnerungsmonteur aus Nartum. Notizen zu seinem Roman Alles umsonst. In: Ders., Joanna Jablkowska und Jörg Riecke (Hg.): Literatur und Geschichte. Festschrift für Erwin Leibfried. Frankfurt am Main 2007. S. 7–18.
Fischer, Torben, Philipp Hammermeister und Sven Kramer: Der Nationalsozialismus und die Shoah in der deutschsprachigen Literatur des ersten Jahrzehnts. Zur Einführung. In: Dies.

(Hg.): Der Nationalsozialismus und die Shoah in der deutschsprachigen Gegenwartsliteratur. Amsterdam/New York 2014, S. 9–25.

Franck, Julia: Die Mittagsfrau. Roman. Frankfurt am Main 2007.

Fulda, Daniel: Gewaltgeschichte als Sexualgeschichte. Wie neu ist die ‚neue Väterliteratur' der Gegenwart? In: Ders., Dagmar Herzog, Stefan-Ludwig Hoffmann und Till van Rahden (Hg.): Demokratie im Schatten der Gewalt. Geschichten des Privaten im deutschen Nachkrieg. Göttingen 2010, S. 230–261.

Galli, Matteo, und Simone Costagli: Chronotopoi. Vom Familienroman zum Generationenroman. In: Dies. (Hg.): Deutsche Familienromane. Literarische Genealogien und internationaler Kontext. München 2010, S. 7–20.

Ganeva, Mila: From West-German *Väterliteratur* to Post-Wall *Enkelliteratur*. The End of the Generation Conflict in Marcel Beyer's *Spione* and Tanja Dückers's *Himmelskörper*. In: Seminar. A Journal of Germanic Studies 43 (2007) H. 2, S. 149–162.

Geiger, Arno, im Gespräch mit Andrea Gerk: „Jede Figur hat das Recht auf Atem und Pulsschlag." Arno Geiger über seinen Roman *Unter der Drachenwand*. Deutschlandfunk Kultur, URL: https://www.deutschlandfunkkultur.de/arno-geiger-ueber-seinen-roman-unter-der-drachenwand-jede.1270.de.html?dram:article_id=407604, zuletzt besucht am 10.10.2018.

Geil, Joachim: Heimaturlaub. Roman. Göttingen 2010.

Hacker, Katharina: Der Bademeister. Roman. Frankfurt am Main 2000.

Hacker, Katharina: Eine Art Liebe. Roman. Frankfurt am Main 2003.

Hähnel-Mesnard, Carola: Die Inszenierung von Zeugenschaft im Roman *Nahe Jedenew* (2005) von Kevin Vennemann. In: Torben Fischer, Philipp Hammermeister und Sven Kramer (Hg.): Der Nationalsozialismus und die Shoah in der deutschsprachigen Gegenwartsliteratur. Amsterdam/New York 2014. S. 167–186.

Hanika, Iris: Das Eigentliche. Roman. Graz/Wien 2010.

Heer, Hannes: Literatur und Erinnerung. Die Nazizeit als Familiengeheimnis. In: Zeitschrift für Geschichtswissenschaften 53 (2005) H. 9, S. 809–835.

Kempowski, Walter: Alles umsonst. Roman. München 2006.

Kennel, Herma: BergersDorf. Ein Tatsachenroman. Furth im Wald/Prag 2003.

Kilb, Andreas: Lasst die Geister heraus! In: Frankfurter Allgemeine Zeitung, 31.03.2007, S. Z4.

Koneffke, Jan: Ein Sonntagskind. Roman. Berlin 2015.

Kuckart, Judith: Lenas Liebe. Roman. Köln 2002.

Lehr, Thomas. Frühling. Novelle. Berlin 2001.

Lewinsky, Charles: Gerron. Roman. München 2011.

Lusiger, Gila: So sind wir. Ein Familienroman. Berlin 2005.

Martenstein, Harald: Heimweg. Roman. München 2007.

Medicus, Thomas: In den Augen meines Großvaters. München 2004.

Menasse, Eva: Vienna. Roman. Köln 2005.

Modick, Klaus: Bestseller. Roman. Frankfurt am Main 2006.

Neuschäfer, Markus: Das bedingte Selbst. Familie, Identität und Geschichte im zeitgenössischen Generationenroman. Berlin 2013.

Olkusz, Gesa: Legenden. Roman. St. Pölten [u. a.] 2014.

Pradelski, Minka: Und da kam Frau Kugelmann. Roman. Frankfurt am Main 2005.

Reidy, Julian: Rekonstruktion und Entheroisierung. Paradigmen des ‚Generationenromans' in der deutschsprachigen Gegenwartsliteratur. Bielefeld 2013.

Rothmann, Ralf: Im Frühling sterben. Roman. Berlin 2015.

Schirach, Ferdinand von: Der Fall Collini. Roman. München/Zürich 2011.

Schliephake, Christopher: Textualität und ‚Vergangenheitsbewirtschaftung': Überlegungen zum kulturwissenschaftlichen Erinnerungsparadigma anhand von Iris Hanikas *Das Eigentliche*. In: Christian Baier, Nina Benkert und Hans-Joachim Schott (Hg.): Die Textualität der Kultur. Gegenstände, Methoden, Probleme der kultur- und literaturwissenschaftlichen Forschung. Bamberg 2014. S. 303–323.

Seibt, Gustav: Mit vor Entsetzen geweiteten Augen. In: Süddeutsche Zeitung, 27.09.2006, S. 16.

Uecker, Matthias: „Uns allen steckt noch etwas von damals in den Knochen". Der Nationalsozialismus als Objekt der Faszination in den Romanen Marcel Beyers. In: Barbara Beßlich, Katharina Grätz und Olaf Hildebrand (Hg.): Wende des Erinnerns? Geschichtskonstruktionen in der deutschen Literatur nach 1989. Berlin 2006. S. 53–68.

Vennemann, Kevin: Nahe Jedenew. Roman. Frankfurt am Main 2005.

Wackwitz, Stephan: Ein unsichtbares Land. Familienroman. Frankfurt am Main 2003.

Welsch, Marion: Sprich mit mir. Auf der Suche nach der Vergangenheit meiner Familie. Berlin 2005.

Eva Kuttenberg
Geschichte und Geschichten im österreichischen Generationenroman des 21. Jahrhunderts

Nach Heimito von Doderers *Die Merowinger oder Die totale Familie* (1962) „lässt sich ernsthaft kein Generationenroman mehr schreiben", meinte Sigrid Löffler 2005 „zur immergrünen Gattung der Generationen-Saga".[1] Löffler erklärte die Popularität des Genres mit einer „Lust an kompensatorischer Lektüre" in einer Zeit, in der „die gesellschaftlichen Voraussetzungen, auf denen der Familienroman traditionellerweise beruht, nicht mehr gegeben sind".[2] Je deutlicher sich die prekäre, fragmentierte Familienstruktur abzeichne, desto intensiver werde die mit nationaler und zunehmend transnationaler Geschichte vernetzte Familiengeschichte rekonstruiert. Im österreichischen Generationenroman des 21. Jahrhunderts machen vor allem die Folgegenerationen die Zwischenkriegszeit, den Zweiten Weltkrieg, die Shoah und den Alltag der 1950er bis 1990er Jahre vorstellbar und setzen die historisch bedingten Einbrüche in das Leben der Eltern und Großeltern mit ihrem Leben in Bezug.

Mit dem Geschichtswissen des 21. Jahrhunderts und einem diachronen und synchronen Generationsmodell widmen sich die Romane dem 20. Jahrhundert. Sie gestalten ein Neben- beziehungsweise Ineinander aus privaten und nationalen traumatischen Welten, verschiedenen politischen Lagern und Einstellungen, Berufen, Religionen oder Geschlechterrollen sowie das Misstrauen, „die Ahnungslosigkeit und das Schweigen".[3] In einer „Spirale von Fiktion, Historie, Fiktion"[4] hinterfragen sie das Verhältnis zur NS-Vergangenheit und Geschichte (hier teilweise ein Synonym für die Habsburgermonarchie) in den Familien, woraus sich vielfältige, erkenntnisreiche Perspektiven und Zugänge zur Vergangenheit ergeben. Indem sie den Alltag bestimmende Erfahrungswelten jenseits

---

1 Sigrid Löffler: Die Familie. Ein Roman. In: Literaturen 6 (2005), S. 18–26, hier S. 18.
2 Löffler: Die Familie, S. 21.
3 Sigrid Weigel: Familienbande, Phantome und die Vergangenheitspolitik des Generationsdiskurses. Abwehr von und Sehnsucht nach Herkunft. In: Ulrike Jureit und Michael Wildt (Hg.): Generationen. Zur Relevanz eines wissenschaftlichen Grundbegriffs. Hamburg 2005, S. 108–126, hier S. 110.
4 Hans Vilmar Geppert: Der historische Roman. Geschichte umerzählt – von Walter Scott bis zur Gegenwart. Tübingen 2009, hier S. 150 und 202.

der Faktenkenntnis vermitteln, bringen sie „die verborgenen und verdrängten Spuren der Geschichte zum Sprechen."[5]

Zur erfolgreichen Entwicklung des Genres tragen drei Generationen von Autoren bei. Das Erzählen „von der Geschichte und den Geschichten" thematisierte schon Ingeborg Bachmann in der Kurzgeschichte *Unter Mördern und Irren*,[6] in der sich Opfer und Täter, Juden und Ex-Nationalsozialisten, Emigranten und Opportunisten beim Stammtisch austauschen. Die meisten Werke der Zeitzeugen, so beispielsweise Gerhard Fritschs (1924–1969) österreichischer Staatsvertragsroman *Moos auf den Steinen* (1956) oder sein Deserteurroman *Fasching* (1967), konnten sich jedoch gerade wegen ihrer historischen Brisanz in einem politischen Klima des Schweigens nicht durchsetzen. Die nach 1940 geborene zweite und vor allem die nach 1960 geborene dritte Autorengeneration haben die nötige Distanz, um sich darüber klar zu werden, wie sehr der Nationalsozialismus auch ihr Leben geprägt hat. Begünstigt hat diese Entwicklung neben einer wahren Erzähllust unter dem Motto „Geschichte verhindert nicht mehr Geschichten"[7] ein deutlicher Kurswechsel im Umgang mit der Vergangenheit seit den 1990er Jahren. Fulda spricht hierzu von enthierarchisierten Perspektiven, subjektiven Zugängen zur Vergangenheit, pluralistischen Geschichtsbildern und Brüchen.[8]

Selbst eine bescheidene Auswahl der seit 2000 erschienen österreichischen Generationenromane, denen im Sinne Gepperts ein „historisch fundierter Kern"[9] eigen ist, besticht durch eine das offizielle Geschichtsbild erweiternde und revidierende Themenvielfalt, die über eine literarisch angereicherte Informations- und Wissensvermittlung hinausgeht, um Leerstellen sichtbar zu machen. In einem Wechselverhältnis aus Erfundenem und Gefundenem, Synchronie und Diachronie, Nationalem und Supranationalem reflektieren sie über die Darstellungsmöglichkeiten des Umgangs mit Geschichte oder liefern Wunschkorrektive. Um dies genauer zu verstehen, werden im Weiteren acht Romane aus dem 21. Jahrhundert analysiert: Josef Haslingers (*1955) *Das Vaterspiel* (2000), Rosemarie

---

5 Weigel: Familienbande, S. 110.
6 Ingeborg Bachmann: Unter Mördern und Irren. In: Dies.: Werke. Band 2. Hg. von Christina Koschel, Inge von Weidenbaum und Clemens Münster. München/Zürich 1978, S. 159–186, hier S. 159.
7 Helmut Gollner: „Tut der Held, was der Autor will?" Positionen des Erzählens in der jungen österreichischen Literatur. In: Ders. (Hg.): Die Wahrheit Lügen. Die Renaissance des Erzählens in der Jungen Österreichischen Literatur. Innsbruck 2005, S. 12.
8 Vgl. Daniel Fulda: Abschied von der Zentralperspektive. Der nicht nur literarische Geschichtsdiskurs im Nachwende-Deutschland als Dispositiv für Jörg Friedrichs *Brand*. In: Wilfried Wilms und William Rasch (Hg.): Bombs away! Representing the Air War over Europe and Japan. (Amsterdamer Beiträge zur Neueren Germanistik 60) Amsterdam/New York 2006, S. 50–51, 54 und 59. Vgl. auch die Einleitung von Daniel Fulda und Stephan Jaeger in diesem Band.
9 Geppert: Der historische Roman, S. 159.

Marschners (*1944) *Das Bücherzimmer* (2004), Arno Geigers (*1968) *Es geht uns gut* (2005), Maja Haderlaps (*1961) *Engel des Vergessens* (2011), Melitta Brezniks (*1961) *Der Sommer hat lange auf sich warten lassen* (2013), Robert Schindels (*1944) *Der Kalte* (2013) sowie Anna Mitgutschs (*1948) *Haus der Kindheit* (2000) und *Die Annäherung* (2016).[10]

In Haslingers *Vaterspiel* erteilt ein in den USA untergetauchter Kriegsverbrecher aus Litauen unerwartet dem Spross einer antifaschistischen, sozialdemokratischen Wiener Familie und videospielendem Vatermörder eine Geschichtslektion. Marschner verbindet in *Das Bücherzimmer* eine Lebensgeschichte mit der Stadtgeschichte der ehemaligen Führerhauptstadt Linz, von der vier Jahre vor dem Anschluss im Februar 1934 der Bürgerkrieg ausging. In *Es geht uns gut* entwirft Geiger die Familiengeschichte als eine Poetik der Zeit, Denkmöglichkeit und Spielanordnung. In *Engel des Vergessens* reflektiert Haderlap über eine traumatische Familiengeschichte von Kärntner Slowenen im Widerstand gegen die Wehrmacht. In Brezniks *Der Sommer hat lange auf sich warten lassen* kommen sich wegen der verschwiegenen Kriegserfahrungen der Eltern und des beschwiegenen Selbstmords des Vaters eine Mutter und Tochter erst nach Jahrzehnten wieder näher. In *Der Kalte* vernetzt Schindel jüdische, nationalsozialistische, künstlerische, politische und unpolitische Familiengeschichten mit der Waldheimaffäre. Mitgutsch beschreibt die mühsame Rückerstattung von arisiertem jüdischem Eigentum in *Haus der Kindheit*, und in *Die Annäherung*, wie eine Photographie von Kriegsverbrechen zum Familienkonflikt führt.

Außer bei der Rahmenerzählung mit chronologischem Binnentext in *Das Bücherzimmer* wird in den Romanen die Gegenwart mit der Vergangenheit verflochten, sodass ineinander verschlungene Familiengeschichten entstehen. In *Das Vaterspiel* unterbricht das Protokoll eines Überlebenden, der vor Kommissionen Zeugnis über die Verfolgung seiner Familie in Litauen ablegt, ein Wiener Familiennarrativ, das sich unvermutet mit der Geschichte einer litauischen Kriegsverbrecherfamilie kreuzt. In *Es geht uns gut* schiebt der Erzähler chronologisch erzählte Familiengeschichten um die Eckdaten österreichischer Geschichte – 1938, 1945, 1955 – ein. Im Gegensatz dazu reflektiert die Erzählerin in *Engel des Vergessens* mit einem freien Bewusstseinsstrom über das Partisanenschicksal. In *Der Kalte* gibt es

---

10 Josef Haslinger: Das Vaterspiel. Roman. Frankfurt am Main 2000; Rosemarie Marschner: Das Bücherzimmer. Roman. München 2004; Arno Geiger: Es geht uns gut. Roman. München/Wien 2005; Maja Haderlap: Engel des Vergessens. Roman. Göttingen 2011; Melitta Breznik: Der Sommer hat lange auf sich warten lassen. Roman. München 2013; Robert Schindel: Der Kalte. Roman. Berlin 2014 [2013]; Anna Mitgutsch: Haus der Kindheit. Roman. München 2000; Anna Mitgutsch: Die Annäherung. Roman. München 2016. Künftig werden die Romane unter ihren vollen Titeln oder leicht erkennbaren Kurztiteln wie *Engel* mit Seitenangaben im Text zitiert.

einen polyphonen „Erzählzopf" (599) aus Familiengeschichten und einem enzyklopädischen Figurenensemble aus der Wiener Welt der Politik, Kunst und Presse. Breznik lässt zwei Ich-Erzählerinnen in akribisch mit Zeit- und Ortsangaben versehenen Abschnitten abwechselnd ihr Leben Revue passieren. Mitgutsch organisiert beide Romane nach dem Zyklus der vier Jahreszeiten und erzeugt schon alleine dadurch ein Spannungsfeld aus „historischer Zeit und naturbedingter Zeitenfolge".[11] Daraus folgt, dass sich bei der organisatorischen Bewältigung der Materialfülle verschiedene Strategien bewähren.

Außerdem kristallisieren sich zwei Gemeinsamkeiten heraus. Erstens ermöglicht ein Dichotomien entkräftendes Generationenmodell, das in der Regel aus mindestens drei Generationen besteht, individuelle, subjektive Geschichten (Lebensgeschichten und Familiengeschichte) in Relation zur österreichischen Geschichte des 20. Jahrhunderts und zum zeitgenössischen Geschichtsdiskurs zu setzen. Somit lassen sich disparate Erfahrungen und ein heterogenes Geschichtsbild vermitteln und es ist möglich, „Brüche und Leerstellen in den Erinnerungsdiskursen, aber auch deren Identifikationsangebote und Sinnentwürfe herauszuarbeiten".[12] Zweitens wird wegen des Schweigens der Kriegsgeneration, unter dem alles begraben war, was die nächste Generation „nicht einmal ahnen konnte" (*Annäherung* 436), die Familiengeschichte im „Spannungsfeld zwischen Fiktionalität und Referenzialität"[13] und einem Nebeneinander aus „Faktischem und Fiktionalem, Erfahrenem und Erfundenem, Authentischem und Inszeniertem" rekonstruiert.[14] Daraus entsteht das Hybride (Assmann, Geppert, Eichenberg[15]), das eine Polyphonie aus verschiedenen Zeitebenen, Erzählfiguren, Schauplätzen und Familiengeschichten ergänzt. Der *modus operandi* ist ein Realismus, der Wirklichkeiten schafft, indem er Möglichkeiten erfindet.[16]

---

11 Reinhart Koselleck: Zeitschichten. Studien zur Historik. Frankfurt am Main 2000, S. 10.
12 Friederike Eigler: Gedächtnis und Geschichte in Generationenromanen seit der Wende. Berlin 2005, S. 10.
13 Eigler: Gedächtnis und Geschichte, S. 10.
14 Aleida Assmann: Unbewältigte Erbschaften. Fakten und Fiktionen im Zeitgenössischen Familienroman. In: Andreas Kraft und Mark Weißhaupt (Hg.): Generationen. Erfahrung – Erzählung – Identität. Konstanz 2009, S. 67.
15 Aleida Assmann: Generationsidentitäten und Vorurteilsstrukturen in der neuen deutschen Erinnerungsliteratur. (Wiener Vorlesungen im Rathaus 117) Wien 2006, S. 27; Geppert: Der historische Roman. S. 3; Ariane Eichenberg: Familie – Ich – Nation. Narrative Analysen zeitgenössischer Generationenromane. Göttingen 2009, S. 16, 62, 85.
16 Vgl. Hartmut Steinecke: Robert Schindel. Gedächtnis der ‚Vergessenshauptstadt'. In: Norbert Otto Eke und ders. (Hg.): Shoah in der deutschsprachigen Literatur. Berlin 2006, S. 293–301, hier S. 294.

Diese bewusste Fiktionalisierung ist symptomatisch für die Funktion von Geschichte und Familiengeschichte im Generationenroman. Ausschlaggebend dabei ist weder, ob die Geschichte *der* Untersuchungsgegenstand par excellence oder „die multiperspektivische Grundierung einer fiktionalen Handlung"[17] ist, noch, ob die Familiengeschichte in Archiven recherchiert oder frei erfunden ist, sondern die Auseinandersetzung mit diesem emotional-traumatischen, politisch-ideologischen oder rein materiellen Erbe. Neben den vorbildlichen, rechtmäßigen Erben, die sich die Vermittlung der Geschichte zur Lebensaufgabe machen, gibt es demonstrative Erbschaftsverweigerer und Skeptiker mit einer „Erballergie", weil sie mit Nationalsozialisten nichts zu tun haben wollen (*Vaterspiel* 472). Unabhängig von ihrer Einstellung beschließen sie, die Familiengeschichte aufzuschreiben, wodurch sie zum „akkumulierenden Fortschreiben" und „korrigierendem Umschreiben der Geschichte" beitragen.[18] Daraus entsteht ein Kaleidoskop aus subjektiven Geschichtsabrissen des 20. Jahrhunderts, das die dritte Generation unmissverständlich erkennen lässt, dass sie ihr Erbe bewusst oder unbewusst längst angetreten hat.

Die Erzählfiguren vergegenwärtigen sich eine „geisterhafte, zum Phantom gewordene Vergangenheit",[19] um zu verstehen, wie und warum ein Leben so „geworden ist".[20] Statt eines autoritären ‚So ist es gewesen' bieten sie Jahrzehnte später eine mögliche subjektive Perspektive darauf, wie es unter Umständen in einer Familie gewesen sein könnte. Hinter dem Phantomhaften verbergen sich meistens traumatische Erfahrungen, wie beispielsweise in Brezniks *Der Sommer hat lange auf sich warten lassen*. Im streng gehüteten Familiengeheimnis verschweigt die Mutter ihre Vergewaltigung durch Soldaten der Roten Armee gegen Ende des Krieges. Auch der Vater war von den verdrängten Aspekten der Geschichte schwer traumatisiert. Die Traumata begannen für ihn 1934 mit dem Kampf gegen den Austrofaschismus, fanden bei den Kriegsverbrechen der Wehrmachtssoldaten und der inadäquaten psychiatrischen Behandlung nach dem Krieg ihre Fortsetzung und endeten erst mit seinem Selbstmord.

Von den hier ausgewählten acht Generationenromanen lassen sich fünf näher ausgeführte Tendenzen ableiten. Erstens macht die intensive Beschäftigung mit dem Dritten Reich die Romane zu wichtigen, kulturhistorischen Gedächtnisträgern, die die Vergangenheit historisieren, sie mit der Gegenwart in Bezug setzen und dadurch aktualisieren. Zweitens ist das Erzählen der

---

17 Volker Kaukoreit und Matthias Beilein: Robert Schindel. In: Kritisches Lexikon zur deutschsprachigen Gegenwartsliteratur. Stand: 15.09.2014.
18 Koselleck: Zeitschichten, S. 41.
19 Assmann: Unbewältigte Erbschaften, S. 68.
20 Assmann: Unbewältigte Erbschaften, S. 53.

Vergangenheit an die ‚Generation' als übergeordnetes Erzählmuster gekoppelt. Mit zahlreichen Textbeispielen wird dann auf drei weitere Tendenzen – den spielerischen Umgang mit Geschichte, das veränderte Geschichtsbewusstsein und das Überschreiten nationaler Grenzen – eingegangen.

1 Der Generationenroman als kulturhistorischer Gedächtnisträger

Der österreichische Generationenroman avancierte im 21. Jahrhundert zum „genuin literarischen Gedächtnisort".[21] Er vergegenwärtigt „vieles, das in der Gesellschaft unausgesprochen und unansprechbar geblieben ist."[22] Unter der Prämisse ‚Geschichten gegen die Geschichte' experimentiert er in der post-Waldheim-Ära mit dem Erzählbarmachen der Tabus der österreichischen Geschichte des 20. Jahrhunderts. In fiktionalen Geschichtsentwürfen prallen die „Gedächtnislücken"[23] förmlich aufeinander. Bisher ausgeklammerte Themen werden angesprochen, sodass lange ignorierte Ideologien in das nationale Gedächtnis einbrechen.

In den 1980er Jahren wurde die Beschäftigung mit der nationalsozialistischen Vergangenheit ausgehend von der Waldheimaffäre zum Massenphänomen. Daher spricht der Historiker, Essayist und Autor Doron Rabinovici von Kurt Waldheim als von einer „Aufklärungsmaschine"[24] und Robert Schindel vom Wahljahr „1986" als dem „1968 Österreichs".[25] Zwei Jahre nach der umstrittenen Bundespräsidentenwahl rückte das Gedenkjahr 1988 den Anschluss 1938 ins kollektive Gedächtnis. Kurz danach bewirkte die Wanderausstellung *Vernichtungskrieg. Verbrechen der Wehrmacht 1941 bis 1944* des Hamburger

---

21 Eigler: Gedächtnis und Geschichte, S. 25.
22 Assmann: Unbewältigte Erbschaften, S. 68.
23 Barbara Frischmuth: Vieles ist ein Schwindel, aber nichts ist ein Zufall. Wovon hierzulande die Rede ist. In: Jochen Jung (Hg.): Reden an Österreich. Schriftsteller ergreifen das Wort. Salzburg/Wien 1988, S. 38–56, hier S. 38.
24 Matthias Beilein: Wir sind die Angelus-Novus Generation. Interview mit Robert Schindel, Robert Menasse und Doron Rabinovici, 04.04.2006. In: Ders. (Hg.): 86 und die Folgen. Robert Schindel, Robert Menasse und Doron Rabinovici im literarischen Feld Österreichs. Berlin 2008, S. 312.
25 Beilein: Wir sind die Angelus-Novus Generation, S. 311–312. Die Signifikanz des Waldheimskandals für das österreichische Geschichtsbewusstsein zeigt auch Ruth Beckermanns Dokumentarfilm *Waldheims Walzer* (2018), der auf der Berlinale 2018 seine Weltpremiere feierte und ausgezeichnet wurde.

Instituts für Sozialforschung auch in Österreich die Auseinandersetzung mit der NS-Vergangenheit in den Familien.[26] Diese drei Ereignisse gemeinsam mit den entsprechenden Protesten und Skandalen führten zu einer pluralistischen Erinnerungskultur. Die jahrzehntelang auf mehreren Ebenen orchestrierte Geschichtsvergessenheit wich einer Geschichtsversessenheit, die staatstragende Mythen zerstörte. Waldheim wurde zum Synonym des Zusammenbruchs der österreichischen Lebenslüge und zerstörte den offiziellen Gründungsmythos der Zweiten Republik als erstem Opfer Nazideutschlands. Die Wehrmachtsausstellung widerlegte „die Legende von der „sauberen" Wehrmacht, in der behauptet wird, diese habe Distanz zu Hitler und zum NS-Regime gehalten sowie mit „Anstand und Würde" ihre Pflicht erfüllt.[27] Schindel und Mitgutsch historisieren und aktualisieren diese zwei fundamentalen Wenden in ihren Romanen. In Schindels *Der Kalte* führt die Waldheimaffäre[28] zur antisemitischen Provokation bei einer Demonstration, dient als Textmaterial mit fast wörtlich wiedergegebenen Presseerklärungen[29] und wird zum Medienereignis, das in den Abendnachrichten in die Wohnzimmer vordringt. So verfolgt im Roman die Familie Segal das Wahlergebnis im Fernsehen mit. Der Vater reagiert, „als wäre der Hitler selbst an die Macht gekommen" (*Der Kalte* 329), und arrangiert die Emigration der Familie nach Israel. In Mitgutschs *Die Annäherung* veranlasst eine Photographie von Kriegsverbrechen im Osten, wie sie bei der Wehrmachtsausstellung zum ersten Mal öffentlich gezeigt wurden, die Tochter zu Verdächtigungen über den Kriegseinsatz ihres Vaters, der beharrlich dazu schweigt. Erst einer Altenpflegerin aus der Ukraine beginnt er vom Krieg zu erzählen. Völlig unerwartet legt er dann an seinem siebenundneunzigsten Geburtstag im Kreis der Familie sein Geständnis ab, worauf seine Tochter, eine pensionierte Geschichtslehrerin, auf den Spuren der jüdischen Geschichte in die Ukraine reist. Zur historischen Dimension des Romans kommt das aktuelle Thema der Wirtschaftsmigration in der Heimkrankenpflege. Der betagte, auf die Hilfe angewiesene Vater meint vorwurfsvoll: „Was

---

26 Die Ausstellung wurde ab 1995 in den Landeshauptstädten Wien, Innsbruck, Klagenfurt, Linz, Graz und Salzburg gezeigt. Siehe Margit Reiter: Die Generation danach. Der Nationalsozialismus im Familiengedächtnis. Innsbruck [u. a.] 2006, S. 10.
27 Helga Embacher, Albert Lichtblau und Günther Sandner (Hg.): Umkämpfte Erinnerung. Die Wehrmachtsausstellung in Salzburg. Salzburg/Wien 1999, S. 7.
28 Siehe Katya Krylova: Disturbing the Past. The Representation of the Waldheim Affair in Robert Schindel's *Der Kalte*. In: Stephanie Bird, Mary Fulbrook, Julia Wagner und Christiane Wienand (Hg.): Reverberations of Nazi Violence in Germany and Beyond. Disturbing Pasts. London 2016, S. 107–123. Siehe auch Krylovas Kapitel Historicizing the Waldheim Affair. Robert Schindel's *Der Kalte*. In: Dies.: The Long Shadow of the Past. Contemporary Austrian Literature, Film, and Culture. Rochester 2017, S. 79–95, insbesondere S. 6.
29 Vgl. Krylova: Disturbing the Past, S. 115.

ist das für eine Zeit, in der Frauen ihre Familien verlassen müssen, um in einem fremden Land alte Leute zu pflegen anstatt sich um ihre eigenen Eltern und ihre eigenen Kinder zu kümmern" (*Annäherung* 304). Mit dieser weitverbreiteten Dienstleistung „zerstören [wir] eine ganze Generation" (*Annäherung* 305). Plakativ, doch effektiv verknüpft Mitgutsch dieses sehr reale, soziale Phänomen mit der Aufarbeitung von Familiengeschichte und Geschichte und verleiht dadurch dem Generationenroman zusätzliche Aktualität.

2 Die Funktion der Generation

In der Kultur- und Literaturwissenschaft dient der universelle, interdisziplinäre Generationsbegriff zu jener „historische[n] Periodisierung",[30] die der Generationenroman des 21. Jahrhunderts durch seinen Gegenwartsbezug und den synchronen Entwürfen von Lebensgeschichte unterminiert. Vor allem seit dem Zweiten Weltkrieg wird „die Geschichte in Generationen gezählt und auch von ihnen erzählt".[31] Die erste Generation hat das Dritte Reich und die Shoah als Erwachsene miterlebt. Die zweite Generation ist mit den Traumata der Eltern aufgewachsen, und die mit einer „Erinnerungskultur"[32] vertraute dritte Generation rekonstruiert Familiengeschichte. Da sich das Erinnerungsprofil durch den Generationswandel ständig weiter verschiebt, sind für die vierte über die Verbrechen des Zweiten Weltkriegs aufgeklärte Generation der Waldheimskandal Geschichte und die Mahnmale Teil des Wiener Stadtbildes. Sie interessiert sich für weitere, bis jetzt nur sehr bruchstückhaft aufgearbeitete Leerstellen im nationalen Gedächtnis.

Während Feuilleton und Sammelbände die Begriffe Familien- und Generationenroman beziehungsweise historischer Roman meist austauschbar verwenden, hält dieser Essay den Terminus Generationenroman oder -erzählung für adäquater.[33] Der theoretisch fundierte Begriff der Generation

---

[30] Sigrid Weigel: Generation, Genealogie, Geschlecht. Zur Geschichte des Generationskonzepts und seiner kulturwissenschaftlichen Konzeptualisierung seit Ende des 18. Jahrhunderts. In: Lutz Musner und Gotthart Wunberg (Hg.): Kulturwissenschaften. Forschung – Praxis – Positionen. Wien 2002, S. 165.

[31] Sigrid Weigel: Die ‚Generation' als symbolische Form. Zum genealogischen Diskurs im Gedächtnis nach 1945. In: figurationen. gender, literatur, kultur 0 (1999), S. 159 und dies.: Generation, Genealogie, Geschlecht, S. 162.

[32] Assmann. Unbewältigte Erbschaften. S. 55.

[33] Vgl. Julian Reidy: Die Unmöglichkeit der Erinnerung. Arno Geigers *Es geht uns gut* als Persiflage des Generationenromans der Gegenwartsliteratur. In: German Studies Review 36 (2013) H. 1, S. 79–102; insbesondere S. 79. Siehe auch Daniel Fulda: Gewaltgeschichte als Sexualgeschichte. Wie neu ist die ‚neue Väterliteratur'. In: Ders., Dagmar Herzog, Stefan-Ludwig

bezieht sich auf eine Gedächtniskategorie.[34] In seinem Aufsatz *Das Problem der Generationen* (1928)[35] spricht der Begründer der Generationsforschung Karl Mannheim vom „unbewussten Lebensfonds", der erst aus der Perspektive der nachfolgenden Generation thematisiert werden kann und aus dem die Differenzen zwischen individuellen Erfahrungen und dem kollektiven Gedächtnis hervorgehen.[36]

Obwohl Rezensenten wiederholt von Epochenromanen sprechen, stehen in den Generationenromanen nicht das Gesellschaftspanorama einer Epoche oder der Aufstieg, Fall und Wiederaufstieg einer Familie, die an Traditionen festhält, nach Kontinuität strebt und damit den offiziellen Geschichtsdiskurs Österreichs bestätigt, im Mittelpunkt, sondern die Zäsuren in antifaschistischen, jüdischen oder nationalsozialistischen Familien. Dazu gehören Eltern oder Großeltern, die Auschwitz, Dachau oder Ravensbrück überlebten, Väter oder Großväter in Wehrmachtsuniform, die belasteten Vater-Sohn/Tochter- oder Mutter-Sohn/Tochterbeziehungen, die Söhne, die um oder gegen das Familienerbe kämpfen beziehungsweise die Töchter, die eine ihnen vorenthaltene Nähe und Intimität suchen. Die Familie hat ihren Status als Hort materiellen Wohlstands, stabiler Werteregister oder rigider, patriarchaler Ordnungsmuster eingebüßt. Stattdessen prägen Gewalt- und Verlusterfahrungen, Abwesenheit, Distanz und Schweigen den Gefühlshaushalt der fragmentierten Nachkriegsfamilien bis in die dritte Generation. Bereits Romantitel wie *Die Annäherung* oder *Der Kalte* (alias ein „Nahferner", *Der Kalte* 316) nehmen dieses „Gefühlsschweigen" vorweg (*Der Kalte* 396), mit dem die Ich-Erzähler aller drei Generationen kämpfen. In *Der Sommer hat lange auf sich warten lassen* verortet Breznik die Gefühlskälte in den prägenden Kindheitserfahrungen der Eltern. Die mit zwölf Jahren verwaiste Mutter kommt in den 1930er Jahren in den strengen Haushalt eines kinderlosen Wiener Ehepaars. Unter dem Motto ‚tu', was du für richtig hältst' verweigert sie später ihrer Tochter die Mutterschaft. Damit will sie der Tochter um jeden Preis eine ihr vorenthaltene Freiheit geben, was diese als emotionale Distanzierung empfindet. Das Kindheitstrauma des Vaters beginnt 1934 mit seiner Zwangsverschickung nach Moskau. Der überzeugte Sozialist, der sich mit dem Roten Wien der 1920er Jahre identifiziert, Antifaschist, Wehrmachtssoldat, Kriegsgefangene, gebrochene Kriegsheimkehrer

---

Hoffmann und Till van Rahden (Hg.): Demokratie im Schatten der Gewalt. Geschichten des Privaten im deutschen Nachkrieg. Göttingen 2010, S. 230–261, insbesondere S. 232, Fußnote 6. Fulda plädiert für den Terminus Generationenerzählung.
34 Vgl. Weigel: Familienbande, S. 125.
35 Karl Mannheim: Das Problem der Generationen. In: Ders: Wissenssoziologie. Hg. von Kurt Wolff. Berlin 1965, S. 509–565.
36 Mannheim: Das Problem der Generationen, S. 538.

und nach einem Verkehrsunfall Invalide konnte seiner Tochter kein richtiger Vater mehr sein, sodass diese in einem emotionalen Vakuum aufwächst.

3 Geschichte und Vergangenheit als Spielanordnung

Im Generationenroman kann Gepperts „spielerische Konfiguration von Zeit und Geschichte"[37] in Form einer wörtlichen oder figurativen Spielanordnung die Familiengeschichte, Vergangenheit oder Geschichte erschließen. In Sprach-, Video- oder Brettspielen, im Film oder Theater, im Erzählen oder Schreiben erleben die Erzählfiguren beim Durch- beziehungsweise Nachspielen der Geschichte Erkenntnisdurchbrüche oder entwerfen Anknüpfungsmodi, da der Dialog zwischen den Generationen entweder ausbleibt oder unbefriedigend ist. In *Das Vaterspiel* gestaltet Haslinger facettenreiche, dynamische Opfer-Täter-Konstellationen, die sich immer wieder verschieben, sobald das Private oder Verborgene öffentlich gemacht wird. Dies geschieht, wenn das Kriegsopfer mit seinem detaillierten Zeugenbericht an die Öffentlichkeit tritt, vor der sich der ehemalige Kriegsverbrecher jahrzehntelang mit Hilfe seiner Familie verstecken muss, oder wenn der Erzähler die Eskapaden seines geschiedenen Vaters mit einem Videospiel, einem Vatervernichtungsspiel rächt, das in den USA zur Jahrtausendwende mit dem Slogan „the newest from Vienna, the city of Sigmund Freud" (*Vaterspiel* 530) vermarktet wird und an die Anfänge der Psychoanalyse in Wien um 1900 anknüpft. Aus der persönlichen Vendetta ist ein käuflich erwerbbares Spiel geworden, bei dem man nach Belieben Figuren einscannen kann, wodurch der figurative Opfer-Täter-Kreis unkontrollierbar erweitert wird. Der Lebens- und Videokünstler ist zum Komplizen der Verbreitung von Gewalt geworden. Seine Schwester hingegen akzeptiert die neue „Schnepfe", denn man könne „sich nicht in irgendwelchen alten Geschichten verbeißen. Wenn jeder sich in alle Geschichten verbeißt, kann die Welt zusperren. Schau nach Jugoslawien, sagte sie, alte Geschichten, in die sich alle so gründlich verbeißen, bis sie sich umbringen müssen, weil vor tausendfünfhundert Jahren das Römische Reich geteilt wurde" (*Vaterspiel* 344). Statt eines Rachefeldzugs, der das Problem verschärft, verharmlost sie die Affäre mit einem Wortspiel. Sie reduziert die Geschichte zu Geschichten und setzt im gleichen Atemzug den Ehekonflikt der Eltern in Relation zur europäischen Geschichte. Es liege im Interesse des Selbsterhalts der Menschheit, den Krieg in den

---

37 Geppert: Der historische Roman. S. 156.

Familien nicht eskalieren zu lassen. Dieses Perpetuum mobile aus familiären oder lokalpolitischen Mikro- und historischen Makrowelten gestaltet der Roman mit drei Familiengeschichten, deren Zusammenhalt mehrfach auf die Probe gestellt wird, sei es in Alltags- oder Extremsituationen vom Kampf ums nackte Überleben in der Shoah oder die Beihilfe beim Verstecken einen Kriegsverbrechers zu verstecken.

In Geigers *Es geht uns gut* erbt ein Enkel mit der Villa der Großeltern rund hundert Jahre Geschichte. Anstatt sie aufzuarbeiten, entsorgt er sie wegen seiner „familiären Unambitioniertheit" (*Es geht uns gut* 11) wie die Dokumente seiner Großmutter im „Altpapiercontainer" (*Es geht uns gut* 188). Er befreit sich vom Ballast seiner Familiengeschichte, um sich mit grundlegenden Fragen der österreichischen Nachkriegsgeschichte zu beschäftigen. Seine ostentative Ablehnung der ‚Erinnerungsbesessenheit'[38] entspricht dem bewussten Herbeiführen eines Erinnerungsdefizits, das symptomatisch für Österreichs Verhältnis zur NS-Vergangenheit ist. In Anlehnung an Familienphotos gestaltet er ein imaginäres „Klassenfoto" (*Es geht uns gut* 15). Er mischt sich unter die Ahnen und integriert sich in eine Familiengeschichte, von der er wenig weiß, weil er mit dem Vater nie darüber spricht. Sein Nicht-Wissen-Wollen unterstreicht die Tatsache, dass er statt Zimmern, in denen die Zeit stehen geblieben ist, ein leeres Haus bevorzugt „und in jede[m] Zimmer einen Schreibtisch, für jede Person auf dem Klassenfoto einen Schreibtisch." (*Es geht uns gut* 52) Für ein Haus voller geerbter Lebensgeschichten entspricht dieser Wunsch einer Allegorie des österreichischen Geschichtsbewusstseins der 1950er Jahre. Wie der Großvater knüpfte man damals an die Zeit der ausklingenden Habsburgermonarchie an, als gäbe es keinen „entscheidenden Unterschied zwischen dem greisen Renner und dem greisen Franz Joseph", also zwischen den politischen Köpfen der Zweiten Republik und der Monarchie (*Es geht uns gut* 349). Offensichtlich herrschte damals „eine eigene Zeitrechnung", die den Nationalsozialismus aus- und die Monarchie einblendete, sodass man sich manchmal fragte, „hat Kaiser Franz Joseph jetzt vor oder nach Hitler regiert?" (*Es geht uns gut* 349) Dieses Arrangieren der Zeitkulissen hat „Österreich zu dem gemacht, was es ist, nur erinnert sich niemand mehr daran oder nur sehr schwach." (*Es geht uns gut* 349) Wie bei einem Brettspiel könne eine Figur die andere überspringen in einem Land, „in dem man bei der Einreise die Vergangenheit abgeben muß oder darf, je nach Lage der Dinge (in dem man mit Vergessen bestraft oder belohnt wird, je nachdem, von welcher Seite man kommt, von links oder von rechts, wie in dem Weltspiel, mit dem Peter endgültig bankrott gemacht hat.)"

---

38 Vgl. Julian Reidy: Die Unmöglichkeit der Erinnerung.

(*Es geht uns gut* 195) Diese expliziten Textpassagen zeigen, dass die Beschäftigung mit der Vergangenheit nicht nur sinnstiftend, sondern auch „sinnfordernd"[39] ist, vor allem, wenn sie zur Verwechslungskomödie wird.

An den Ambitionen von zwei Generationen zeigt Geiger in *Es geht uns gut* die programmatische Verharmlosung der Mitverantwortung Österreichs am Nationalsozialismus. Der Großvater ist in die politischen Verhandlungen zum Staatsvertrag 1955, also in das identitätsstiftende Moment der Nachkriegsgeschichte involviert. Der Schwiegersohn erfindet das „Reise- und Geographiespiel *Wer kennt Österreich?*, das die kleine, besetzte (und bald die Unabhängigkeit wiedererlangende?) Republik in ihrer Schönheit und Harmlosigkeit in den Mittelpunkt stellt" (*Es geht uns gut* 161). Die Tochter wiederum wirkt als Statistin in dem Filmklassiker *Der Hofrat Geiger* (1947) mit, der zwei Jahre nach Kriegsende den Blick auf die weitgehend unzerstörte Provinz lenkt. Die einprägsame „Mariandl-andl-andl aus dem Wachauer Landl"-Melodie aus dem Film entspricht dem Selbstbild Österreichs, das der Kulturapparat der 1950er Jahre förderte, um den Gründungsmythos der Zweiten Republik als erstes Opfer der Nationalsozialisten zu festigen.

Es geht uns gut demonstriert den selektiven Umgang mit der Geschichte und ihrer Entwicklung von einer Gedächtnis- zu einer profitablen Wertkategorie. Als die rumänischen Arbeiter im Roman für den Sondermüll bestimmte Dinge mit der Begründung „Die Zeit macht alles wertvoll" einpacken, meint der Enkel lapidar: „Die Zeit macht alles hinfällig, kaputt, überflüssig, nutzlos." (*Es geht uns gut* 190) Wegen der fragwürdigen Anknüpfungsmodi nach historischen Zäsuren lehnt der Enkel eine historische „Eigenzeit"[40] kategorisch ab. Er hält ihr synchrone Befindlichkeitsbilder entgegen, die sich als moderate Kriegserklärungen an das selbstgefällige, harmlose Selbstbild Österreichs entpuppen, dem es wirklich gut geht.

In Schindels *Der Kalte* denkt ein Dramatiker über Waldheims Satz „Ich habe nur meine Pflicht getan" nach (457). In der Folge entsteht das Theaterstück *Der Heilsbringer* (alias *Mein Kampf*), das die Geschichte des Dritten Reichs mit einem grotesken Simulationsspiel erschließt. Im Gegensatz zum Vater, der die Shoah am Tag recherchiert, in Büchern dokumentiert oder bei Vorträgen diskutiert und nachts in Albträumen die Brutalität der Lager wieder durchlebt, spielt der Sohn den Holocaust, den die Eltern überlebten, auf der Bühne nach. Der Sohn des Auschwitzüberlebenden, der in der reichlich dokumentierten, von der Masse be- und verschwiegenen nationalsozialistischen Vergangenheit, die nicht vergehen will, unermüdlich „herumstierlt" (*Der Kalte* 476), entscheidet sich gegen ein

---
[39] Koselleck: Zeitschichten, S. 278.
[40] Geppert: Der historische Roman, S. 203.

Geschichtsstudium und für den Schauspielberuf. Doch an der „Rolle des Benjamin Ruben, Sohn eines Judenältesten in einem Ghetto in Ungarn" (*Der Kalte* 576) scheitert er beinahe. Zur szenischen Auseinandersetzung mit der elterlichen Erfahrungswelt meint seine Mutter: „Schau, er [Vater] musste diese Zeit durchleben. Du [Sohn] brauchst sie nur zu spielen" (*Der Kalte* 477). Dieses Nachspielen der Geschichte im Theater ist für den Sohn „die einzige Chance [...] das Damals durchzukauen" (*Der Kalte* 540). Es ermöglicht ihm, die Distanz zu seinem Vater zu überwinden, der ihn „nur verstehen" konnte, wenn er ihn sich als einen vorstellte, „der gar nicht wusste, aus welchem Geschichtsleichenberg er herausgewachsen war" (*Der Kalte* 64). Auch in Haderlaps *Engel des Vergessens* studiert die Erzählerin Theaterwissenschaften, um als Dramaturgin auf der „Bühne [...] allen Verzweiflungen und Verstrickungen gefahrlos begegnen" zu können, denn „das Theater kann einen nicht hinterrücks überfallen wie das Leben, auch wenn es um sich schlägt. Alles ist Spiel, alles in Schwebe" (174). Diese Reflexionen über die Funktion des Theaters im Generationenroman ermöglichen es, eine Erfahrungswelt in Distanz zur Geschichte zu setzen.

Außerdem gibt es in *Der Kalte* zwischenmenschliche, politische und topographische „Wunschkorrektive".[41] So unwahrscheinlich es klingen mag, tauschen im Klima der Gesprächsbereitschaft jede Woche ein Auschwitzgefangener und ein NS-Arzt Geschichten aus dem Lager aus. Der Vater versöhnt sich mit seinem Sohn, der als Schauspieler seinen eigenen Weg gegangen ist. Waldheim tritt vor Ende seiner Amtsperiode zurück. Das Drama *Vom Balkon* (alias Thomas Bernhards *Heldenplatz*) weist auf das „einzige signifikante identitätsstiftende Ereignis der Zweiten Republik" hin.[42] Adolf Hitlers sogenannte ‚Heim ins Reich'-Ansprache vom März 1938 auf dem Wiener Heldenplatz ist zwar ikonisch ins Bildgedächtnis der Österreicher eingegangen, doch das Geschichtsbewusstsein der Nachkriegszeit orientierte sich an der Unterzeichnung des Staatsvertrags am 15. Mai 1955, den Bundeskanzler Leopold Figl vom Balkon des Belvedere mit den legendären Worten „Österreich ist frei" präsentierte. Die ausgeblendeten Jahre 1938–1955 rückt ausgerechnet Alfred Hrdlickas kontroverses *Mahnmal gegen Krieg und Faschismus* (1988)[43] ins Rampenlicht. Der umstrittenen Skulptur des

---

41 Krylova: Disturbing the Past, S. 118–120.
42 Heidemarie Uhl: Vom Opfermythos zur Mitverantwortungsthese. NS-Herrschaft, Krieg und Holocaust im ‚österreichischen Gedächtnis'. In: Christian Gerbel et al. (Hg.): Transformationen gesellschaftlicher Erinnerung. Studien zur ‚Gedächtnisgeschichte' der Zweiten Republik. Wien 2005, S. 57.
43 Siehe Eva Kuttenberg: Austria's Topography of Memory. Heldenplatz, Albertinaplatz, Judenplatz, and Beyond. In: The German Quarterly 80 (2007) H. 4, S. 468–472 und S. 479–484.

bei den sogenannten Reibpartien von 1938 die Straße schrubbenden Juden fügt Schindel eine Zuschauergruppe hinzu. Damit nimmt er das Projekt *The Missing Image* der Wiener Filmemacherin Ruth Beckermann vorweg, die 2015 an diesen Akt der Erniedrigung und Volksbelustigung[44] mit aus Archivmaterial erstellten Videoinstallationen grinsender Beistehender erinnert.[45] Schindel nutzt hier „die Freiheit fiktionalen Erzählens",[46] um die einseitige Darstellung des Antisemitismus in einem Mahnmal zu korrigieren oder sanft daran zu erinnern, dass für viele Österreicher 1955 die Chance bot, 1938 hinter sich zu lassen.

Diese phantasievollen, spielerischen Auseinandersetzungen mit der Geschichte arbeiten mit einer stark verdichteten Poetik der Zeit. Im „Vergangenheitskeller" (*Engel* 186) gefangen zu sein, heißt, in der Gegenwart zu leben. Daher ist der Ausgangspunkt in den Romanen die Gegenwart. Dann erzeugen chronologische, synchrone, sich abrupt unterbrechende oder fächerartig überlagernde Zeitkabinen ein Spannungsfeld aus historischer Distanz mit illusionärer Nähe und Unmittelbarkeit, in dem sich Erfahrungen wie „ein überblendender Film in eigentümliche Distanz zur Historie setzen".[47] Synchrone Bildsequenzen lösen eine chronologische, historische Zeitenfolge ab; die Zäsuren gewinnen durch das Anknüpfen an frühere Epochen neue historische Relevanz.

4 Die Geschichtsbilder und das Geschichtsbewusstsein im Generationenroman

Das Erforschen und Aufschreiben der Familiengeschichte hängt mit einem radikal veränderten und sich permanent weiter verändernden Geschichtsbewusstsein zusammen. Seit der Geschichtsdiskurs die relative Stabilität der Vergangenheit als Vergangenes nicht mehr zu garantieren vermag,[48] konzipiert man die Geschichte als offenen, unabgeschlossenen Prozess. Das wirbelt den „Erinnerungsstaub, der sich zurück in die Substanz der Ereignisse setzt", auf (*Es geht uns gut* 42). Aus Laien werden in den Romanen Historiker. Der Auschwitzüberlebende in

---

44 Martin Pollack: „Des is a Hetz und kost net viel" In: Ders.: Topographie der Erinnerung. Salzburg/Wien 2016, S. 92–98.
45 Siehe URL: http://www.themissingimage.at/home.php?il=2&l=de und http://ruthbeckermann.com/home.php?il=97, beide zuletzt besucht am 10.10.2018.
46 Geppert: Der historische Roman, S. 167.
47 Geppert: Der historische Roman, S. 169.
48 Siehe Andreas Huyssen in Present Pasts. Urban Palimpsests and the Politics of Memory. Stanford 2003, S. 1: „the discourse of history was there to guarantee the relative stability of the past in its pastness."

Schindels *Der Kalte* widmet sich der Holocaustforschung, der Innenarchitekt in Mitgutschs *Haus der Kindheit* schreibt eine Chronik über das Leben der Juden in der Stadt H. In Geigers *Es geht uns gut* produziert selbst das Entsorgen der Familiengeschichte Geschichten zum inflationären Umgang mit der Geschichte. Die Geschichtsschreibung wird zum demokratischen Partizipationsmoment und Allgemeingut.

Dennoch teilt diese Analyse Ariane Eichenbergs Enthusiasmus über den von dieser Gattung erzielten „Gewinn", „Geschichte rückblickend für jeden erzählbar zu machen",[49] im Hinblick auf Österreich nur mit Vorbehalt, da solches Erzählen auf eine Konsumierbarkeit der Geschichte als Massenware auf Kosten einer differenzierten Darstellung hinauslaufen kann, die wieder die Mythen und blinden Flecken begünstigt, die Roman für Roman abgebaut werden. Individuelle Erfahrungswelten lassen sich nicht automatisch als repräsentative Kollektiverfahrung kooptieren. Von den subsumierenden Opfer-Täter-Bildern, in denen die Täter jahrzehntelang ausgeblendet wurden, wollen sich die Romane mit einem differenzierten Bild inner- und außerfamiliären Verhaltens im Nationalsozialismus deutlich distanzieren. Alleine in den hier diskutierten Texten leben verfolgte unpolitische Juden mit antifaschistischen politischen Juden, Sozialisten neben Antifaschisten, Schutzbündler neben überzeugten Nationalsozialisten, Kriegsverbrecher neben Wehrmachtssoldaten, Kriegsheimkehrer neben Partisanen.

Wie sehr sich gerade die Literatur dazu eignet, den Übergang vom statischen Geschichtsbild zum wandlungsfähigen Geschichtsprozess vorstell- und nachvollziehbar zu machen, soll die Gegenüberstellung zweier Generationenromane veranschaulichen. Passend zum Thema der Wiener Festwochen 2004 *Februar 1934 – Das Wörterbuch des Schweigens* erscheint Marschners *Das Bücherzimmer*,[50] das die Lebensgeschichte einer Frau vom Dienstmädchen zur erfolgreichen Journalistin mit Linzer Stadtgeschichte der 1930er Jahre verknüpft, von den Auseinandersetzungen des Republikanischen Schutzbundes mit der großdeutsch orientierten, konservativen, christlich-sozialen Heimwehr bis zur Zwangsumsiedlung eines Stadtviertels 1938, um die Hermann-Göring-Stahlwerke zu errichten. Der packend erzählte Roman entwirft ein lebendiges Bild der Zeit, macht historische Ereignisse vorstellbar und fesselt mit seiner klaren Sprache literarisch und belletristisch orientierte Leser, ohne jedoch über die Geschichtswahrnehmung zu reflektieren. Der eher literarisch orientierte Generationenroman vergegenwärtigt

---

49 Eichenberg: Familie – Ich – Nation. S, 16.
50 Siehe meine Rezension in Glossen 20 (2004), URL: http://www2.dickinson.edu/glossen/heft20/marschner.html

Geschichte mit szenischer Anschaulichkeit, gestaltet sie jedoch als dynamisches Beziehungssystem, ohne sie unbedingt zu einem Ganzen zusammenzufügen. In Mitgutschs *Haus der Kindheit* kehrt der Sohn jüdischer Exilanten in seine österreichische Heimatstadt H. zurück, renoviert das nach langwierigen Verhandlungen zurückerstattete Elternhaus und forscht in der Stadt nach den Spuren jüdischen Lebens.[51] Die Reflexion über die Geschichte ist in den Alltag der Erzählfigur eingeschrieben, die in Archiven recherchiert und freitags Zeitzeuge der schwindenden jüdischen Gemeinde wird. Je länger Max das Haus renoviert, desto weiter schreitet seine Chronik über die Juden in H. voran und desto klarer zeichnet sich durch das Freilegen der Schichten der Vergangenheit das Bewusstsein einer unwiderruflichen Auslöschung ab. Marschners Roman stellt die Geschichte als abgeschlossenen Prozess dar, bei dem der Leser zwar neue Erkenntnisse zum Dritten Reich gewinnt, doch eher um einen Schlussstrich ziehen zu können, statt zur Reflexion angeregt zu werden. Mitgutschs Roman hingegen zeigt die allgegenwärtige Präsenz der Geschichte, die im Verborgenen, in der Gedankenwelt des Erzählers, weiterexistiert.

Eine der wesentlichsten Herausforderungen im Generationenroman besteht darin, dem Trauma eine narrative Form zu geben. Ruth Klüger fordert den Begriff „Zeitschaft", um den Horror der Konzentrationslager zu beschreiben, um „zu vermitteln, was ein Ort in der Zeit ist, zu einer gewissen Zeit, weder vorher noch nachher".[52] Regelmäßig scheitern Erzählfiguren in den Romanen daran, bei Reisen auf den Spuren der Geschichte oder beim wörtlichen ‚Ergehen' geschichtsträchtiger Orte ehemalige Erfahrungen nachzuvollziehen. Ähnlich unbefriedigend ist die textuelle Umsetzung dieser traumatischen „unwirklichen Realität", da sich die Erzählfiguren etwas vorzustellen versuchen, was man sich nicht vorstellen kann.[53] Daraus entsteht das nächste Dilemma, denn „aufgeschrieben wird, wovon das Aufgeschriebene eben nicht handelt".[54] Schindel setzt die Erfahrungswelt in Distanz zur Geschichte und lässt den Zeitzeugen seelenruhig seinen Vortrag halten, in dem „die Skelette nur so herumpurzeln" (*Der Kalte* 42), was dem Trauma etwas Unwirkliches verleiht. Jeder Versuch, das Geschehene entweder so anschaulich oder distanziert wie möglich mitzuteilen, macht es noch unbegreiflicher. Diese unwirklichen Wirklichkeiten vom Bild Österreichs als einer „Insel der Seligen", umgeben von

---

51 Vgl. Andrea Reiter: Contemporary Jewish Writing. Austria after Waldheim. New York/London 2013, S. 157–160.
52 Ruth Klüger: weiter leben. Eine Jugend. Göttingen 1992, S. 78.
53 Assmann: Generationsidentitäten, S. 49.
54 Robert Schindel: Mein liebster Feind. Essays, Reden, Miniaturen. Frankfurt am Main 2004, S. 103.

„Geschichtsleichenberg[en]" (*Der Kalte* 64), versuchen die Generationenromane zu gestalten. Auch Haderlap stellt sich in *Engel des Vergessens* dieser Aufgabe. Mit einer Erzählung bewahrt eine Enkelin das Vermächtnis ihrer in Ravensbrück internierten Großmutter und ihres vom Krieg traumatisierten Vaters auf. Ein Jahr vor seinem Selbstmord erhält er aus dem 1995 gegründeten Nationalfonds der Republik Österreich für die Opfer des Nationalsozialismus „eine symbolische Wiedergutmachung" (*Engel* 263). Die Lagergeschichten der Großmutter und der psychisch kranke Vater prägen die Kindheit der Erzählerin im „selbstvergessenen" Bundesland Kärnten, das Geschichte als „Rechtfertigungsphantom" (*Engel* 275) praktiziert und „alle, die unter die Räder des Nationalsozialismus gekommen sind", aus seinem Selbstbild ausschließt (*Engel* 275). Daher beschließt die Enkelin, „das Versprengte, Erinnerte und das Erzählte, das Anwesende und Abwesende" aufzuschreiben, um sich „aus dem Gedächtnis neu zu entwerfen" (*Engel* 282). Sie studiert das dreiseitige Lagerheft und die Hochzeitsphotos und taucht bei einem Besuch in Ravensbrück noch einmal in die Erfahrungswelt der Großmutter ein, die ihr die Dringlichkeit des Erzählens und Erinnerns vermittelt hat. Mit dem Aufschreiben der Traumata bricht sie das Kärntner Rede- und Schweigetabu und vergewissert sich mit ihrem fiktionalen Gegenentwurf zur offiziellen Geschichte, dass sie ihren eigenen Weg gefunden hat. Dabei reflektiert sie über mögliche Strategien für die romanhafte Geschichtsaufarbeitung und formuliert gleichzeitig das Potential des Generationenromans im 21. Jahrhundert:

> Ich könnte das Unumkehrbare zurückholen und feststellen, dass es in veränderter Form zurückgekehrt ist, dass es sich und mich verwandelt hat. Ich könnte das Auseinandergefallene und Auseinandergestobene neu gliedern, um das Darunter durchscheinen zu lassen. Ich könnte das Gewesene mit einem unsichtbaren Leib umschließen, der es versiegelt und bezwingt. (*Engel* 282)

Da sich das Geschehene nicht ungeschehen machen lässt und die Inhaftierung der Großmutter in Ravensbrück keine Lernerfahrung, sondern wie das Leben des traumatisierten Vaters ein Überlebenskampf war, ist die Wiederholung beim Aufschreiben die Bedingung dafür, es zu akzeptieren und dadurch zu bezwingen. Daher geht die Erzählerin den verdrängten Spuren der Geschichte nach und grenzt sich gleichzeitig von dem Gemeinplatz ab, aus der Geschichte lernen zu können. Sie lehnt jegliche Bemühungen ab, Ordnung im Chaos zu schaffen, das Disparate mit Überbegriffen zu kategorisieren und nivellieren, um einen Schlussstrich ziehen zu können, sondern gibt diesem Gewebe menschlicher Gewalterfahrungen eine narrative Form.

5 Der Generationenroman als supranationale Erfahrungswelt

Zu einem differenzierten, heterogenen Geschichtsbewusstsein in den Generationenromanen trägt auch deren „Kosmopolitisierung" bei.[55] Abgesehen von dem Linzroman *Das Bücherzimmer* oder den Wienromanen *Es geht uns gut* und *Der Kalte*, in denen Erzählfiguren in die USA abwandern, um aus dem Blickfeld zu verschwinden, oder aus politischen Gründen nach Israel emigrieren, lässt sich schon an den hier diskutierten Beispielen eine intranationale, europäische und internationale Ausrichtung festmachen. Mit dem Fokus auf den Kärntner Slowenen, den Partisanenkämpfern gegen das Dritte Reich und kurzen Textpassagen auf Slowenisch kommt Haderlap in *Engel des Vergessens* ihrer eigenen Forderung an die Literatur des 21. Jahrhunderts nach, die homogenen, „geschlossenen, einsprachigen Kulturräume" aufzusprengen.[56] Sie betont das im nationalen Geschichtsnarrativ ausgesparte intranationale Element der Minderheiten in Österreich sowie das Transnationale der Lager. In Ravensbrück „trafen die Frauen aus den Gräben [des Widerstands] mit den Frauen aus ganz Europa zusammen" (*Engel* 285). Die Großmutter wurde „aus der Kärntner Abgeschiedenheit in einen Todesbrennpunkt gebracht", an einen Ort, der ihr Leben bestimmte (*Engel* 285). Die Todesangst und Gewalt machen die Lager zu einem Ort der Solidarität, wo „die Lagerfrauen mehr Verbindendes anführen [könnten], als nationale Geschichtsschreibungen je zu formulieren und zu denken wagen" (*Engel* 285). Auf dieses Wagnis lassen sich die Geschichtsdarstellungen in den Generationenromanen ein.

Auch die Reisen auf den Spuren der Vergangenheit, durch die Jahrzehnte später in die Erfahrungswelten der Eltern, Großeltern oder Ehepartner als Kriegsopfer, Soldaten oder Kriegsgefangene eingetaucht wird, gehen über ein nationales Geschichtsnarrativ hinaus. So findet man in Brezniks Roman über eine dreiköpfige Wiener Familie Fragmente einer west-, mittel- und südeuropäischen Geschichte sowie der russischen Geschichte. Ins Europabild gehören ausgehend von Wien und dem steirischen Kapfenberg das kleine Heimatdorf der Mutter in Deutschland und ihr Alterssitz in der Schweiz. Vergeblich versucht sie, sich auf einer Griechenlandreise ein Bild vom dortigen Kriegseinsatz ihres Mannes zu machen. Für ihn wiederum war Moskau die Stadt seines Kindheitstraumas, weil er aus politischen Gründen 1934 mit Hilfe des Schutzbundes dort

---

55 Eigler: Gedächtnis und Geschichte, S. 17.
56 Siehe Jacqueline Vansant: Als Wildwuchs der Mehrheitssprache. Interview with Author Maja Haderlap. In: Journal of Austrian Studies 47 (2014) H. 3, . 93–102, hier S. 96.

untertauchen musste. Wegen seiner Kriegsgefangenschaft in Großbritannien macht die Tochter London zu ihrer Wahlheimat.

Haslinger ergänzt Wien und Niederösterreich mit internationalen Schauplätzen in den USA, in Litauen und mit Singapur, um Klischees zu relativieren. Den Sohn verschlägt es kurzfristig ins Land der unbegrenzten Möglichkeiten, wo Verfolgte und ehemalige Kriegsverbrecher Unterschlupf fanden und nebeneinander leben. Litauen ist der designierte Ort von Kriegsverbrechen, Singapur das Zentrum des Wirtschaftswunders und der Finanzwelt. In Mitgutschs *Haus der Kindheit* kommt der Sohn einer 1928 nach New York emigrierten jüdischen Familie nach Österreich zurück, dem er jedoch nach einem Jahr wieder den Rücken kehrt. In Mitgutschs *Die Annäherung* wird die Unwissenheit über Kriegsverbrechen in den Ostgebieten auf eine Krankenpflegerin aus der Ukraine übertragen, die die Funktion einer Ersatztochter erfüllt. Auch in *Es geht uns gut* werden die ukrainischen Arbeiter, die dem Erzähler bei der Entrümpelung der geerbten Villa helfen, zu seiner Ersatzfamilie. Statt im Wohlstandsland Österreich gibt es bei Mitgutsch und Geiger in der krisengeplagten Ukraine noch Ehe- und Familienglück. Die geographisch disparaten Kriegs- und Nachkriegswelten der Erzählfiguren sprengen ein homogenes, nationales Geschichtsnarrativ.

6 Fazit

Die österreichischen Generationenromane im 21. Jahrhundert sind symptomatisch für den Strukturwandel des Geschichtsbewusstseins und die Vermittlung eines heterogenen Geschichtsbildes in der heutigen österreichischen Gesellschaft. Sie bringen lange ignorierte Ideologien ins offizielle Geschichtsnarrativ, entkräften und revidieren staatstragende Mythen und brechen homogene Kulturräume auf. Allmählich weicht die Konfrontation der Reflexion, das Schweigen dem Dokumentieren, Recherchieren, Rekonstruieren und Fabulieren, das Diffamieren dem Aufdecken, Verstehenwollen und dem Wunsch nach gegenseitiger Akzeptanz. Der zwanghaften Verdrängung der Vergangenheit folgt die Bewältigung der Gegenwart, denn der Krieg „war der Maßstab alles Erzählens, was dazu führte, dass das Leben der Gegenwart unerzählt blieb, sich entwirklichte und keinen Ansatzpunkt bot für eigenes Erleben".[57] Diesem Nachholbedarf wird der österreichische Generationenroman in all seiner Breite und Vielfalt gerecht. Er nützt subjektive Erfahrungswelten, um Geschichtskonstruktionen im post-individuellen Zeitalter zu hinterfragen, und stellt den Selbstbezug zur Familiengeschichte und Geschichte

---

57 Assmann: Geschichte im Familiengedächtnis, S. 163.

her, um „geschichtliche Transformationsprozesse an Menschen sichtbar" zu machen.[58] In diesem Sinn gehören Breznik, Geiger, Haderlap, Haslinger, Marschner, Mitgutsch und Schindel neben vielen anderen Autoren zu den Archivaren des Verdrängten, deren facettenreiche, kulturhistorische Retrospektiven auf das 20. Jahrhundert ein literarisches Haus der Geschichte Österreich bereichert. Wie das gleichnamige Wiener Museum, das im November 2018 mit einer Ausstellung zum 100-jährigen Jubiläum der Republikgründung eröffnet wurde, tragen diese Romane dazu bei, dass die Diskussion über Geschichte nicht verstummt.

Bibliographie

Assmann, Aleida: Generationsidentitäten und Vorurteilsstrukturen in der neuen deutschen Erinnerungsliteratur. Generationsidentitäten und Vorurteilsstrukturen in der neuen deutschen Erinnerungsliteratur. (Wiener Vorlesungen im Rathaus 117) Wien 2006.
Assmann, Aleida: Geschichte im Familiengedächtnis. In: Neue Rundschau 118 (2007) H. 1, S. 157–176.
Assmann, Aleida: Unbewältigte Erbschaften. Fakten und Fiktionen im zeitgenössischen Familienroman. In: Generationen. Erfahrung – Erzählung – Identität. Hg. von Andreas Kraft und Mark Weißhaupt. Konstanz 2009, S. 49–69.
Bachmann, Ingeborg: Unter Mördern und Irren. In: Dies.: Werke. Band 2. Hg. von Christina Koschel, Inge von Weidenbaum und Clemens Münster. München/Zürich 1978, S. 159–186.
Beilein, Matthias: Wir sind die Angelus-Novus Generation. Interview mit Robert Schindel, Robert Menasse und Doron Rabinovici, 04.04.2006. In: Ders.: 86 und die Folgen. Robert Schindel, Robert Menasse und Doron Rabinovici im literarischen Feld Österreichs. Berlin 2008, S. 297–325.
Beßlich, Barbara, Katharina Grätz und Olaf Hildebrand (Hg.): Wende des Erinnerns? Geschichtskonstruktionen in der deutschen Literatur nach 1989. Berlin 2006.
Breznik, Melitta: Der Sommer hat lange auf sich warten lassen. Roman. München 2013.
Eichenberg, Ariane: Familie – Ich – Nation. Narrative Analysen zeitgenössischer Generationenromane. Göttingen 2009.
Eigler, Friederike: Gedächtnis und Geschichte in Generationenromanen seit der Wende. Berlin 2005.
Embacher, Helga, Albert Lichtblau und Günther Sandner (Hg.): Umkämpfte Erinnerung. Die Wehrmachtsausstellung in Salzburg. Salzburg/Wien 1999.
Frischmuth, Barbara: Vieles ist ein Schwindel, aber nichts ist ein Zufall. Wovon hierzulande die Rede ist. In: Jochen Jung (Hg.): Reden an Österreich. Schriftsteller ergreifen das Wort. Salzburg/Wien 1988, S. 38–56.
Fulda, Daniel: Abschied von der Zentralperspektive. Der nicht nur literarische Geschichtsdiskurs im Nachwende-Deutschland als Dispositiv für Jörg Friedrichs *Brand*. In: Wilfried Wilms, William Rasch (Hg.): Bombs away! Representing the Air War over

---

[58] Eichenberg: Familie – Ich – Nation, S. 175.

Europe and Japan. (Amsterdamer Beiträge zur Neueren Germanistik 60) Amsterdam/New York 2006, S. 44–64.

Fulda, Daniel: Gewaltgeschichte als Sexualgeschichte. Wie neu ist die ‚neue Väterliteratur'. In: Ders., Dagmar Herzog, Stefan-Ludwig Hoffmann und Till van Rahden (Hg.): Demokratie im Schatten der Gewalt. Geschichten des Privaten im deutschen Nachkrieg. Göttingen 2010, S. 230–261.

Geiger, Arno: Es geht uns gut. Roman. München/Wien 2005.

Geppert, Hans Vilmar: Der historische Roman. Geschichte umerzählt – von Walter Scott bis zur Gegenwart. Tübingen 2009.

Gollner, Helmut: „Tut der Held, was der Autor will?" Positionen des Erzählens in der jungen österreichischen Literatur. In: Helmut Gollner (Hg.): Die Wahrheit Lügen: Die Renaissance des Erzählens in der Jungen Österreichischen Literatur. Innsbruck 2005, S. 9–20.

Haderlap, Maja: Engel des Vergessens. Roman. Göttingen 2011.

Haslinger, Josef: Das Vaterspiel. Roman. Frankfurt am Main 2000.

Huyssen, Andreas: Present Pasts. Urban Palimpsests and the Politics of Memory. Stanford 2003.

Kaukoreit, Volker, und Matthias Beilein: Robert Schindel. In: Kritisches Lexikon zur deutschsprachigen Gegenwartsliteratur. Stand: 15.09.2014.

Klüger, Ruth: weiter leben. Eine Jugend. Göttingen 1992.

Koselleck, Reinhart: Zeitschichten. Studien zur Historik. Frankfurt am Main 2000.

Krylova, Katya: Disturbing the Past: The Representation of the Waldheim Affair in Robert Schindel's *Der Kalte*. In: Stephanie Bird, Mary Fulbrook, Julia Wagner und Christiane Wienand (Hg.): Reverberations of Nazi Violence in Germany and Beyond. Disturbing Pasts. London 2016, S. 107–123.

Krylova, Katya: The Long Shadow of the Past. Contemporary Austrian Literature, Film, and Culture. Rochester, New York 2017.

Kuttenberg, Eva: Austria's Topography of Memory: Heldenplatz, Albertinaplatz, Judenplatz, and Beyond. In: The German Quarterly 80 (2007) H. 4, S. 468–491.

Kuttenberg, Eva: Rosemarie Marschner. Das Bücherzimmer. In: Glossen 20 (2004) http://www2.dickinson.edu/glossen/heft20/marschner.html.

Löffler, Sigrid: Die Familie. Ein Roman. In: Literaturen 6 (2005), S. 18–26.

Mannheim, Karl: Das Problem der Generationen. In: Ders.: Wissenssoziologie. Hg. von Kurt Wolff. Berlin 1965, S. 509–565.

Marschner, Rosemarie. Das Bücherzimmer. Roman. München 2004.

Mitgutsch, Anna: Haus der Kindheit. Roman. München 2000.

Mitgutsch, Anna: Die Annäherung. Roman. München 2016.

Pollack Martin:„Des is a Hetz und kost net viel". In: Ders.: Topographie der Erinnerung. Salzburg/Wien 2016, S. 92–98.

Reidy, Julian: Die Unmöglichkeit der Erinnerung. Arno Geigers *Es geht uns gut* als Persiflage des Generationenromans der Gegenwartsliteratur. In: German Studies Review 36 (2013) H. 1, S. 79–102.

Reiter, Andrea: Contemporary Jewish Writing: Austria After Waldheim. New York/London 2013.

Reiter, Margit: Die Generation danach. Der Nationalsozialismus im Familiengedächtnis. Innsbruck [u. a.] 2006.

Schindel, Robert: Der Kalte. Roman. Berlin 2014.

Schindel, Robert: Mein liebster Feind. Essays, Reden, Miniaturen. Frankfurt am Main 2004.

Steinecke, Hartmut: Robert Schindel. Gedächtnis der ‚Vergessenshauptstadt'. In: Norbert Otto Eke und H. S. (Hg.): Shoah in der deutschsprachigen Literatur. Berlin 2006, S. 293–301.
Uhl, Heidemarie: Vom Opfermythos zur Mitverantwortungsthese. NS-Herrschaft, Krieg und Holocaust im österreichischen Gedächtnis. In: Christian Gerbel et al. (Hg.): Transformationen gesellschaftlicher Erinnerung. Studien zur ‚Gedächtnisgeschichte' der Zweiten Republik. Wien 2005, S. 50–85.
Vansant, Jacqueline: Als Wildwuchs der Mehrheitssprache. Interview with Author Maja Haderlap. In: Journal of Austrian Studies 47 (2014) H. 3, S. 93–102.
Weigel, Sigrid: Die ‚Generation' als symbolische Form. Zum genealogischen Diskurs im Gedächtnis nach 1945. In: figurationen. gender, literatur, kultur 0 (1999), S. 158–173.
Weigel, Sigrid: Generation, Genealogie, Geschlecht: Zur Geschichte des Generationskonzepts und seiner wissenschaftlichen Konzeptualisierung seit Ende des 18. Jahrhunderts. In: Lutz Musner und Gotthart Wunberg (Hg.): Kulturwissenschaften: Forschung – Praxis – Positionen. Wien 2002, S. 161–190.
Weigel, Sigrid: Familienbande, Phantome und die Vergangenheitspolitik des Generationendiskurses. Abwehr von und Sehnsucht nach Herkunft. In: Ulrike Jureit und Michael Wildt (Hg.): Generationen. Zur Relevanz eines wissenschaftlichen Grundbegriffs. Hamburg 2005, S. 108–126.

Michael Ostheimer
Wendezeit – Wende der Zeit

Zum Zusammenhang von Geschichtsphilosophie und Zeitdenken in der Post-DDR-Literatur

Lange genug hielt die Literaturkritik nach dem (einen großen, repräsentativen) Wenderoman Ausschau, klassifizierte die Literaturwissenschaft Werke mit thematischem Bezug zu den (zumal politischen) Ereignissen von 1989/1990 als Wendeliteratur.[1] Es ist an der Zeit, den Ausdruck ‚Wende' selbst zu befragen.[2] Betrifft er bloß die ‚gewendeten' geschichtlichen Ereignisse, die sich als Revolution, Systemwechsel usw. zusammenfassen lassen? Oder geht er über diesen Gegenstandsbereich hinaus? Verweist er auf weitere Phänomene, an denen sich eine ‚Wende' beobachten ließ?

Der vorliegende Beitrag geht von der Annahme aus, dass sich in der ‚Wendezeit' 1989/1990 zugleich eine ‚Wende der Zeit' vollzog. ‚Wende der Zeit' meint im Rückgriff auf zeittheoretische Überlegungen Michael Theunissens „eine Verwandlung herrschender Zeit in eine andere. Darum ist der Wandel eine Wende, eine Umwendung der Zeit in ihr selbst."[3] Während der Wendezeit realisierte sich mithin ein geschichtlicher Wandel der Zeiten *und* eine Wende der Zeit. Beide, Wandel der Zeiten und Wende der Zeit, stellen Prozesse dar, die jenseits der Grenzen des literarischen Gegenstandsbereichs liegen. Autoren reflektieren diese Prozesse, indem sie Menschen schildern, die Veränderungen unterworfen sind.

> Sie erfassen den mit der Zeit selbst vor sich gehenden Wandel nur indirekt, indem sie ihn an der damit eintretenden Verwandlung menschlichen Daseins ablesen. Hiermit vergleichbar ist die hermeneutische Situation, die der Betrachter des Wandels vorfindet. Läuft dieser Prozeß doch hinter dem Rücken derer ab, die in ihn involviert sind. Selbst wer zum Fortschritt beiträgt, kann davon kein hinreichendes Bewußtsein haben. Das Gesetz des Fortschritts wird ja nur *post festum* erkennbar, in einer Übersicht über die ganze

---

[1] Vgl. zum Wenderoman und zur eng mit ihm verbundenen Wendeliteratur Frank Thomas Grub: ‚Wende' und ‚Einheit' im Spiegel der deutschsprachigen Literatur. Ein Handbuch. Bd. 1: Untersuchungen. Berlin/New York 2003, S. 69–90.
[2] Elke Brüns: Nach dem Mauerfall. Eine Literaturgeschichte der Entgrenzung. München 2006 tut das insofern, als sie anhand ausgewählter Texte aus beiden Teilen Deutschlands die ästhetischen und symbolischen Dimensionen der Herbstereignisse in der DDR von 1989 und der Vereinigung im Jahre 1990 beleuchtet.
[3] Michael Theunissen: Pindar. Menschenlos und Wende der Zeit. München 2000, S. 1.

Entwicklung, auch und gerade dann, wenn nach und nach üblich gewordene Verwendungsweisen eines Ausdrucks schon in dessen anfänglichem Gebrauch angelegt waren.[4]

Anders gesagt: Die Annahme einer Wende der Zeit stützt sich auf Ausdrücke für temporale Verhältnisse und Passagen, in denen Zeitverhältnisse diskutiert und reflektiert werden. Die Signifikate dieser Ausdrücke bzw. die Semantik dieser Passagen machen als geschichtliche Gestalten die Erscheinungsformen der Zeitwende aus. Zugänglich werden diese Erscheinungsformen in der

> Unauflöslichkeit des Zusammenhangs von Zeit und Zeiterfahrung. Erfahren wird das Subjekt stets eine Zeit, die ihm als beherrschende immer schon zuvorkommt. [...] Es ist *die* Zeit, die eine Zeit, die über uns herrscht. Deren Pluralisierung mißversteht als Verschiedenheit von Zeiten, was in Wahrheit bloß ein Unterschied in der Wahrnehmung der einen und selben Zeit ist, der zwischen ihrer Wahrnehmung aus der Außenperspektive und ihrer Wahrnehmung aus der Innenperspektive.[5]

In Anlehnung an diese Unterscheidung, die zwischen der Wahrnehmung der Zeit aus der Außen- und der Innenperspektive differenziert, werden im Folgenden drei verschiedene Formen romanhaften Geschichtserzählens in der Post-DDR-Literatur vorgestellt: Volker Brauns *Das unbesetzte Gebiet* (2004), Julia Schochs *Mit der Geschwindigkeit des Sommers* (2009) und Ingo Schulzes *Neue Leben* (2005). Rückhalt im Material findet das Vorgehen durch den Rekurs auf empirisch feststellbare Zeitausdrücke und, wo gegeben, auf die Diskussionen und Reflexionen von Zeitvorstellungen. Mit diesem Ansatz wird gewährleistet, dass etwas von der Sache, um die es hier geht, auch im Bewusstseinshorizont der besprochenen Autoren existierte. Eine temporale Perspektive auf das Wendegeschehen zu etablieren, verweist auf das Forschungsfeld einer komparatistischen Zeitforschung. Da sich diese in der zeittheoretisch interessierten Geschichtswissenschaft oder auch Literaturwissenschaft bislang nur in Ansätzen wiederfindet,[6] werden im Sinne einer Vorverständigung zunächst einige

---

4 Theunissen: Pindar, S. 3.
5 Michael Theunissen: Negative Theologie der Zeit. Frankfurt am Main 1991, S. 42.
6 Unlängst legte etwa Martin Sabrow eine zeitpolitische Vergleichsskizze der beiden deutschen Diktaturen des 20. Jahrhunderts vor (vgl. Martin Sabrow: Die „Zeit" der Diktaturen. In: Merkur. Deutsche Zeitschrift für europäisches Denken 68 (2014), S. 400–411) und Aleida Assmann brachte die durch die politischen Ereignisse von 1989/1990 hervorgerufene Verschiebung in der kulturellen Zeitordnung mit der These auf den Punkt, dass das moderne, am Orientierungspotential der Zukunft ausgerichtete Zeitregime verklinge, indem der Akzent von der Zukunft auf die Vergangenheit verschoben werde; vgl. Aleida Assmann: Ist die Zeit aus den Fugen? Aufstieg und Fall des Zeitregimes der Moderne. München 2013.

Bedingungen und Faktoren für eine mögliche Historisierung von kulturellen Zeittypen in Ost- und Westdeutschland skizziert.

1 Sozialistische Verlangsamung vs. kapitalistische Beschleunigung

Jede politische Herrschaft, gleich in welchem Gesellschaftssystem sie sich ausdrückt, realisiert, wie bewusst auch immer, eine Zeitpolitik.[7] Als Sammelbegriff umfasst sie die unterschiedlichen Praktiken zur Organisation von historischen Zeitverläufen. Während der Verlauf der physikalischen Zeit, dem alle Phänomene ausgesetzt sind, sich der sozialen Beeinflussung entzieht, gehört die Gestaltung der historischen Zeit zum Kerngeschäft der politischen Herrschaft. Ihren Ausdruck findet sie in der Zeitpolitik als Vermittlung von, um zwei prominente Begriffe Reinhart Kosellecks zu verwenden, „Erfahrungsraum" und „Erwartungshorizont".[8] Das subjektive Zeiterleben ist mithin in entscheidendem Maß zeitpolitisch geprägt. Neben den ideologischen Rahmenbedingungen der Gesellschaftsordnung kommen in der Zeitpolitik insbesondere soziale, ökonomische und kulturelle Faktoren bei der Produktion von und Selbstverständigung über kollektive Zeitwelten zum Tragen. In ihr manifestiert sich die für das Verständnis des Politischen in der Neuzeit maßgebliche Aufgabe, Richtung und Ziel der Geschichtsentwicklung wenn nicht nach geschichtsphilosophischen Prinzipien bestimmen, so zumindest politisch maßgeblich gestalten zu können.

In Gestalt der BRD und der DDR standen sich in der zweiten Hälfte des zwanzigsten Jahrhunderts zwei gegensätzliche ökonomische Ordnungsansätze gegenüber: eine liberale Wettbewerbswirtschaft und eine Planwirtschaft sowjetischen Musters. Der ordnungspolitische Ansatz der sozialen Marktwirtschaft prägt eine Zeitkultur aus, deren maßgebliche Faktoren die demokratische Entscheidungsfindung und die sozialen sowie ökonomischen Entwicklungen ausmachen. Während die Bündelung kollektiver Interessen als Ausdruck demokratischer Politik den Einsatz zeitintensiver Verfahren bedeutet, besteht, da die Bereiche des Sozialen und des Ökonomischen in hohem Maß beschleunigungsfähig sind, die Gefahr der Desynchronisation. Folgt man der akzelerationsgeschichtlichen

---

[7] Teile dieses Kapitels basieren auf Michael Ostheimer: Zwischen sozialistischer Verlangsamung und kapitalistischer Beschleunigung. Heiner Müller als Zeitdenker und Mythopoet. In: Berliner Debatte Initial 26 (2015) H. 3, S. 16–26, hier S. 17–20.
[8] Vgl. Reinhart Koselleck: Vergangene Zukunft. Zur Semantik geschichtlicher Zeiten. Frankfurt am Main 1989, S. 349–375.

Argumentation Hartmut Rosas, so lässt sich die daraus folgende Krise der politischen Gestaltungsenergien nicht mehr mit einer chronopolitischen Neuausrichtung des Handelns kurieren. Sie ist also weniger eine Krisenzeit, in der die Vermittlung zwischen dem Erbe der Vergangenheit, Erwartungen an die Zukunft und Ansprüchen an die Gegenwart neu auszuhandeln ist, als vielmehr eine Zeitkrise, in der die politische Ernüchterung manifest wird, sodass es kaum noch etwas zu entscheiden gebe.[9] In dieser Zeitkrise wird spätmoderne Politik, sofern sie auf ihrem Gestaltungs- und Kontrollanspruch insistiert, zu einem Entschleuniger, der seiner geschichtsmächtigen Gestaltungsperspektiven verlustig gegangen ist und nach dem Prinzip des situativen Handelns agiert.[10]

Im Unterschied zur sozialen Marktwirtschaft vereinigte die sozialistische Planwirtschaft Politik und Wirtschaft.

> Die Wirtschaft stellte den integralen Bestandteil einer einheitlich konzipierten Gesellschaftsordnung dar. Alle gesellschaftlichen und damit auch staatlichen Institutionen und Einrichtungen galten als ‚Glieder eines Organismus, der in bewußter Durchsetzung der ökonomischen Gesetze des Sozialismus nach einem einheitlichen, auf die Entwicklung der Wirtschaft und Gesellschaft gerichteten staatlichen Gesamtplan wirksam' war – so die Standardformulierung der Lehrbücher der DDR zum Wirtschaftsrecht.[11]

Die Zeitpolitik des DDR-Regimes resultierte in der Hauptsache aus der Dialektik von Arbeitswelt und Zukunftsgewissheit. Einerseits galt es, in Gestalt von revolutionären Arbeitsprozessen in Industrie und Landwirtschaft die menschliche Arbeitszeit (gemäß der von Marx geprägten Arbeitswertlehre, wonach sich der ökonomische Wert eines Guts aus der zu seiner Herstellung verwendeten und gesellschaftlich als notwendig anerkannten Arbeit ergibt) möglichst effizient dienstbar zu machen – ein Wirklichkeitshorizont, in dem Größen wie Produktionstempi, Rationalisierungsziele und Zeitersparnisse bei Arbeitsverrichtungen den realsozialistischen Takt vorgaben. Andererseits korrespondierte der Planbarkeit der Arbeitswelt ein utopisches Fortschrittsdenken, woraus die Vorstellung von einer historischen Zeit resultierte, die Machbarkeit, linearen Fortschritt und kollektive Zukunftsprognostik samt heilsgewisser Erwartung miteinander in Einklang brachte. Je mehr freilich der realsozialistische Alltag

---

9 Vgl. Hartmut Rosa: Beschleunigung. Die Veränderung der Zeitstrukturen in der Moderne. Frankfurt am Main 2005, S. 424.
10 Vgl. Rosa: Beschleunigung, S. 477–478.
11 Gerold Ambrosius: „Sozialistische Planwirtschaft" als Alternative und Variante in der Industriegesellschaft – die Wirtschaftsordnung. In: André Steiner (Hg.): Überholen ohne einzuholen. Die DDR-Wirtschaft als Fußnote der deutschen Geschichte. Berlin 2006, S. 11–31, hier S. 13.

sich der ökonomischen Planbarkeit und dem rationellen Zeitcode entzog, desto mehr verlor die chronopolitisch verordnete Propaganda vom linearen Fortschrittsdenken an Kredit. Die im deutsch-deutschen Vergleich anfänglich systemlegitimierende Überlegenheit der sozialistischen Zukunftsvision geriet zunehmend zu einer wirtschaftstheoretisch mangelhaft fundierten Planungsökonomie, deren Rückstand im Wettbewerb mit der hochproduktiven kapitalistischen Ökonomie der BRD immer größer wurde.[12]

Vergleicht man das zweigeteilte Deutschland unter dem Aspekt des Gestaltungsspielraums für eine konturierte Zeitpolitik, so standen sich eine Marktwirtschaft mit einer sukzessiven Entkopplung von politischer und wirtschaftlicher Sphäre und eine Planwirtschaft mit dem Postulat einer Einheit von Politik und Wirtschaft gegenüber. Hier eine liberaldemokratische Gesellschaft, die Hartmut Rosa zufolge ihre utopischen Potentiale und Sinnressourcen zunehmend einbüßte und deren Charakter als politisch zu steuerndes Gemeinwesen sich erschöpfte. Dort eine sozialistische Planwirtschaft, die aufgrund der zentralen Steuerung zwar grundsätzlich die Synchronisation von Politik und Wirtschaft behauptete, aber wegen der Wohlstandsbesänftigungspolitik gegenüber der Bevölkerung und dem damit einhergehenden Schuldenanstieg sukzessiv an Handlungsspielraum verlor.

Im zeitpolitischen Vergleich zwischen West- und Ostdeutschland widerstritten somit um 1989 eine beschleunigte Demokratie des ‚rasenden Stillstands'[13] und ein verlangsamter Realsozialismus mit einem ‚entschleunigten Stillstand'. Dem spätmodernen Wahrnehmungsmuster der – nicht-intendierten – ewigen Wiederkehr des Immergleichen kontrastierte die – ebenfalls nicht-intendierte – mangelwirtschaftliche Alltagserfahrung einer auf Dauer gestellten Stagnation. Diese vergleichende Temporal-Diagnose zeigt, dass die ökonomische Entwicklung in der DDR sich nicht unter das von Hartmut Rosa rekonstruierte moderne Beschleunigungsparadigma subsumieren lässt. Mit der Wiedervereinigung trafen mithin zwei grundverschiedene gesellschaftliche Temporalitäten aufeinander.

---

12 Ungeachtet der Ursachenanalyse und damit der Frage, ob der Sozialismus an der prinzipiell vermeidbaren Ineffizienz der zentralen Planwirtschaft gescheitert ist (vgl. etwa G. Ambrosius oder A. Steiner: From the Soviet Occupation Zone to the „New Eastern States". A Survey. In: Hartmut Berghoff (Hg.): The East German Economy, 1945–2010. Falling Behind or Catching up? Washington, D.C. 2013, S. 17–49) oder an einem systematischen Theoriedefizit (vgl. Hajo Riese: Grenzen und Schwächen der Erkenntnis – die Wirtschaftstheorie. In: André Steiner (Hg.): Überholen ohne einzuholen. Die DDR-Wirtschaft als Fußnote der deutschen Geschichte. Berlin 2006, S. 33–44): Die realhistorische Entwicklung der DDR-Volkswirtschaft, wie sie sich in Konsum-, Produktivitäts- und Investitionskennziffern spiegeln lässt, ist in der wirtschaftsgeschichtlichen Forschung grundsätzlich unumstritten.
13 Vgl. Rosa: Beschleunigung, S. 436: „Rasender Stillstand bedeutet dann, dass *nichts bleibt, wie es ist*, ohne dass sich etwas *Wesentliches* verändert."

Welche Implikationen beinhaltet diese Diagnose für das gesellschaftliche Zusammenwachsen im wiedervereinigten Deutschland?

Bereits 1990 legte der Publizist Lothar Baier mit seinem Essay *Volk ohne Zeit* eine temporal fundierte Betrachtung des deutsch-deutschen Vereinigungsprozesses vor: Baiers luzide Gegenüberstellung der Langsamkeit als modus vivendi in der DDR und der westdeutschen Geschwindigkeit, die durch Techniken der Zeitökonomie nach einer „Beherrschung der Zeit"[14] trachtet. Er beschreibt den Mauerfall als Ende der räumlichen Abgrenzung zweier unterschiedlicher Zeitsphären und als beginnende Ablösung der Geopolitik durch die Chronopolitik.[15]

> Es gilt nur noch eine einzige Zeitordnung, und sie ist ökonomisch bestimmt. In dieser Welt übt Macht aus, wer dank seiner ökonomischen Potenz die Uhr der Weltzeit stellt, der ökonomischen Zeit, der einzigen, die nach der Schwächung ihrer strategischen und ideologischen Bestimmung universell dominiert.[16]

Komplementär zu Rosas auf die höchstentwickelten Industriestaaten gerichteter Beschleunigungsperspektive akzentuiert Baier, dass der Begriff der Verzeitlichung nicht allein nationalstaatliche Binnendynamiken, sondern eben auch Unterschiede zwischen verschiedenen supranationalen politischen Einflusssphären zu beschreiben imstande ist. „Mit dem Verschwinden der räumlichen Grenzen zwischen Ost und West ist auch die Abschottung gefallen, die zwei verschiedene Zeitsphären, eine von den Kapitalverwertungsprozessen und eine von ideologischen Prämissen und territorialer Abschottung bestimmte, voneinander trennte."[17] Vor 1989/1990 wurde die Zeitzone, in der die Freiheit der liberalen Marktwirtschaft kultiviert und abgesichert wurde, ebenso durch ein Militärbündnis territorial und machtpolitisch kontrolliert wie die Zeitzone der sowjetisch geprägten Planwirtschaft. Mit der Öffnung der Grenzen inmitten Europas vollzog sich eine Homogenisierung der Zeit: Zwei ideologisch und militärisch-geostrategisch fundierte Zeitzonen wurden sukzessiv in eine – sieht man einmal von einigen wenigen ideologisch bzw. religiös motivierten ‚Zeitinseln' wie Nordkorea und dem Iran ab – ökonomisch bestimmte einheitliche Weltzeit aufgelöst.

Die beiden Leitfragen, auf die romanhaftes Post-DDR-Geschichtserzählen reagieren muss, lauten: Welche Mittel und Darstellungsweisen eignen sich erstens, um die vom Mauerfall bewirkte Kollision zweier gesellschaftlicher

---

14 Lothar Baier: Volk ohne Zeit. Essay über das eilige Vaterland. Berlin 1990, S. 12.
15 Vgl. Baier: Volk ohne Zeit, S. 23–24.
16 Baier: Volk ohne Zeit, S. 13.
17 Baier: Volk ohne Zeit, S. 25.

Zeitkulturen literarisch zu reflektieren? Wie lassen sich zweitens im Zeitalter einer homogenisierten Globalzeit noch Prozesse mit geschichts- und gesellschaftsgestaltendem Anspruch aufrechterhalten und literarisch gestalten?

2 Trauerarbeit im Geiste der Gegenwartspolitik vs. Schreiben im Geist der Nachgeschichte der Utopie

Volker Brauns 2004 erschienener Text *Das unbesetzte Gebiet* schließt unmittelbar an Stefan Heyms Roman *Schwarzenberg* aus dem Jahr 1984 an.[18] Darin fundiert Heym erstens die Behauptung, dass „die Geschichte der Republik Schwarzenberg [...] zur Un-Geschichte erklärt worden"[19] sei, zweitens die enorme Bedeutung, die der Geschichte dieses „Niemandsland[s]"[20] für die DDR zugesprochen wird. Da Braun 20 Jahre nach Heym und in direkter Reaktion auf ihn noch einmal über die politische Episode ‚Republik Schwarzenberg' schreibt, ist es unumgänglich, zunächst *Schwarzenberg* in groben Zügen vorzustellen. Als Frage mit Blick auf beide Texte formuliert: Warum avanciert das nach Ende des Zweiten Weltkriegs für ca. sechs Wochen unbesetzte Gebiet rund um Schwarzenberg, sprich ein lokales, auf dem Georaum der späteren DDR angesiedeltes Geschichtsereignis, sowohl einige Jahre vor der Wende wie reichlich nach ihr zum paradigmatischen Ansatzpunkt für utopische Gesellschaftsvorstellungen?

2.1 Stefan Heym: *Schwarzenberg* (1984)

Stefan Heyms 1984 erschienenes Buch *Schwarzenberg* hat die historische Tatsache, dass der Landkreis Schwarzenberg im Erzgebirge im Mai/Juni 1945 für sechs Wochen unbesetzt blieb, zur Voraussetzung.[21] *Schwarzenberg* ist aber

---

[18] Teile dieses Kapitels basieren auf Michael Ostheimer: „Niemandsland". Der utopische Chronotopos „Schwarzenberg" bei Stefan Heym und Volker Braun. In: Bernadette Malinowski und Ulrike Uhlig (Hg.): Der Jahrhundertzeuge. Geschichtsschreibung und Geschichtsentwürfe im Werk von Stefan Heym. (Euros. Chemnitzer Arbeiten zur Literaturwissenschaft 9) Würzburg 2016, S. 142–160.
[19] Stefan Heym: Schwarzenberg. München 1984, S. 150.
[20] Heym: Schwarzenberg, S. 40.
[21] Vgl. Lenore Lobeck: Die Schwarzenberg-Utopie. Geschichte und Legende im „Niemandsland". Leipzig 2004.

weder ein Tatsachenbericht noch ein historischer Roman, der nach dem autoritativen Prinzip der Realitätsreferenz verfährt.[22] Vielmehr betreibt Stefan Heyms fiktionalisierende Ausgestaltung der sechs Wochen Selbstbestimmung eines Aktionsausschusses von Arbeitern im Landkreis Schwarzenberg literarische Trauerarbeit. Eine Trauerarbeit, der folgende Doppeldeutigkeit eingeschrieben ist: In einem Atemzug wird die Utopie ‚Republik Schwarzenberg' exponiert, in einem anderen relativiert.

Grundlegend für den Roman *Schwarzenberg* ist die zweifache Erzählsituation, die Aufteilung in einen Ich-Erzähler und einen auktorialen Erzähler. Die Partien des Ich-Erzählers sind auf Tonband gesprochene Erinnerungen des Mitglieds des Schwarzenberger Aktionsausschusses Ernst Kadletz. Aufschlussreich sind sie nicht nur für die historische Rekonstruktion dessen, was die Aktivisten als ‚Republik Schwarzenberg' bezeichneten, sondern eben auch für die retrospektive Einordnung der historischen Episode aus der Perspektive der DDR-Gegenwart.[23] Kadletz spricht als kritisch-loyaler DDR-Staatsbürger, der die Entwicklung des sozialistischen Staates auf deutschem Boden genau verfolgte, und betreibt auf dieser Grundlage zugleich eine Historisierung der Episode ‚Republik Schwarzenberg'. Es ist genau diese Position der erinnernden Wiederaneignung und historisierenden Einordnung einer kurzen Episode direkter Nachkriegsvergangenheit aus einer dezidiert gegenwärtigen Perspektive, die Kadletz zu folgender Einschätzung bewegt:

> Aber es war nicht unedel gedacht, und wenn ich, rückblickend, das Schwarzenberg mir vorzustellen suche, das uns damals vorschwebte, so beschleicht mich eine leise Trauer darüber, daß es uns nicht vergönnt war, das Experiment, ein Weilchen noch wenigstens, weiterzuführen.[24]

---

22 Vgl. Doris Lindner: „Schreiben für ein besseres Deutschland". Nationenkonzepte in der deutschen Geschichte und ihre literarische Gestaltung in den Werken Stefan Heyms. (Epistemata 398) Würzburg 2002, S. 158: „Obwohl sich der Autor im Handlungsablauf seines Werkes eng an diese wenigen historischen Quellen anlehnt, ist Schwarzenberg dennoch kein historischer Roman. Denn Heym erzählt die Geschichte der ‚Republik Schwarzenberg' [...] nicht wie sie war, sondern wie sie hätte sein können." – Vgl. zum historischen Roman als Vermittlungsform außertextueller Wirklichkeit: Ansgar Nünning: Von historischer Fiktion zu historiographischer Metafiktion. Bd. 1: Theorie, Typologie und Poetik des historischen Romans. (LIR. Literatur – Imagination – Realität. Anglistische, germanistische, romanistische Schriften 11) Trier 1995. Hans Vilmar Geppert: Der Historische Roman. Geschichte umerzählt – von Walter Scott bis zur Gegenwart. Tübingen 2009.
23 Die sich freilich nicht genau zeitlich situieren lässt; das „Nachspiel", also der Schluss des Romans, legt eine zeitliche Fixierung um etwa 1970 nahe.
24 Heym: Schwarzenberg, S. 199.

Die „leise Trauer", die Kadletz überkommt, resultiert aus dem Vergleich zweier unterschiedlicher politischer Regime, aus der Spannung zwischen dem historischen Erwartungshorizont der ‚Republik Schwarzenberg' und dem realsozialistischen Erfahrungsraum der DDR-Wirklichkeit.[25] Der Roman *Schwarzenberg* bezieht sein politisch-utopisches Potential aus der Konfrontation dieser beiden Gesellschaftsordnungen, aus der Konfrontation einer kurzen Vergangenheit basisdemokratischer Selbstbestimmung und einer Gegenwart „heute", wie Kadletz kurz der vor ernüchterten Bekundung seiner „leisen Trauer" wissen lässt, „heute, wo alles seinen sozialistischen Gang geht".[26] Welche Ursachen lassen sich nun für diese Trauer namhaft machen? Und: Besitzt die Trauer auch produktive Potentiale? Enthält sie womöglich Impulse für eine demokratische Erneuerung der DDR?

Die individual- bzw. sozialpsychologischen Mechanismen weisen markante strukturelle Parallelen zu den Thesen auf, die Alexander und Margarete Mitscherlich in ihrem Klassiker *Die Unfähigkeit zu trauern* darlegten. Die Vorgeschichte der ‚Republik Schwarzenberg', wie sie Heym erzählt, ist eine Geschichte von individuellen Schulderfahrungen, die Nachgeschichte eine von kollektiver Verdrängung und punktuellem Trauerempfinden. Das Relais zwischen einer produktiven Verbindung von Vor- und Nachgeschichte der ‚Republik Schwarzenberg' bildet die von den Mitscherlichs unablässig wiederholte sozialpsychologische Einsicht, dass erst eine aufgeklärte Aneignung von Geschichte die Basis für eine selbstbestimmte politische Zukunftsgestaltung bietet. Anders, mit Blick auf die DDR-Realität in Heyms Roman akzentuiert: Die verdrängte Geschichte der ‚Republik Schwarzenberg' birgt eine verschüttete Alternative zum Realsozialismus, enthält einen historischen Präzedenzfall für das Aufscheinen einer auch für spätere Zeiten noch relevanten utopischen Entwicklungsmöglichkeit.

Entfaltet wird dieses utopische Potential durch eine Erzählkonstruktion, die in eine Art therapeutische Konstellation mit Kadletz als Patienten und dem auktorialen Erzähler als Therapeuten mündet: Trauerarbeit in Form einer Gesprächstherapie. Kadletz betreibt im Rahmen seines lebensgeschichtlichen Rekonstruktionsprozesses Schuldbearbeitung durch Erzählen. Das Verdrängte wird durchgearbeitet, indem durch die mit der Erinnerungsarbeit verbundenen Schmerzen in die Realität des Verlustes eingewilligt und dieser selbst vollzogen

---

25 Vgl. zu Parallelen zwischen der Romanhandlung und der DDR-Geschichte Walter von Reinhart: Utopie und Utopiekritik in Stefan Heyms Roman *Schwarzenberg*. In: Rolf Jucker (Hg.): Zeitgenössische Utopieentwürfe in Literatur und Gesellschaft. Zur Kontroverse seit den achtziger Jahren. (Amsterdamer Beiträge zur neueren Germanistik 41) Amsterdam/Atlanta 1997, S. 359–377, hier S. 371–376.
26 Heym: Schwarzenberg, S. 197.

wird. Erinnerung und Trauer gehen dabei Hand in Hand – wie auch bei den Mitscherlichs Erinnerungs- und Trauerarbeit in hohem Maße zusammenfallen.

In Heyms *Schwarzenberg* verbindet sich – ganz im Geist der Mitscherlichs – mit der auf Erinnerung und Trauer basierenden opferzentrierten Rückschau der sozialtherapeutische Aspekt, sich dem aktiven Gestalten der Gegenwartspolitik zu widmen. Heyms *Schwarzenberg* lässt sich als utopischer Roman in einem zweifachen Sinne lesen: „zum einen als traditionelle utopische Erzählung, als fiktive Chronik eines Versuchs, die Verbindung von Sozialismus und Demokratie als konkrete Utopie zu realisieren; zum anderen aber auch als meta-utopischer Diskurs, der die Möglichkeiten utopischen Denkens und Handelns thematisiert".[27] Mit der Historisierung des Projekts ‚Republik Schwarzenberg', die nicht zuletzt die von der DDR-Gegenwart erzählenden Passagen des Romans vornehmen, wird einerseits an die kurze Epoche der politischen Selbständigkeit erinnert (und damit eben auch die mangelnde Lebensfähigkeit markiert), andererseits das in der Geschichte lagernde utopische Potential belebt. Anders und zusammenfassend gesagt: Ein Wiedergewinnen von Erinnerung eröffnet die Hoffnung, „aus dem Geschehen zu lernen",[28] echte Vergangenheitsbewältigung in Bezug auf die ‚Republik Schwarzenberg' ist von der Frage nach einer selbstbestimmten politischen Ordnung nicht zu lösen.

Heym deckt am Beispiel der direkten Vorgeschichte der DDR die Kluft zwischen utopischem Anspruch und realsozialistischem Status quo auf. Anders gesagt: Die Kritik des realsozialistischen Sozialismus (durch die historische Kontrafaktur zur politischen Stagnation in der Gegenwart) und die Exponierung der Idee eines demokratischen Sozialismus gehen Hand in Hand. Heym plädiert mit *Schwarzenberg* für eine politische Denkpause, um folgendes Dilemma zu reflektieren: Inwiefern ist der Grund für die Notwendigkeit einer Reflexion auf die gesellschaftlichen Grundlagen des sozialistischen Systems identisch mit den Symptomen für einen konsolidierten Realsozialismus, der seinerseits derlei grundsätzliche Infragestellung für blanken Utopismus und Wirklichkeitsferne erachtet?

Mit Blick auf die politische Konstellation in der DDR der 1980er Jahre sowie auf die Verzeitlichung des Raums kann man diesen Zusammenhang aus politischer (Fehl-)Entwicklung und Grundlagenreflexion noch etwas eindringlicher erläutern – und zwar ausgehend von einer Unterredung zwischen Max Wolfram und dem amerikanischen Lieutenant Lambert:

---

27 Reinhart: Utopie und Utopiekritik, S. 370.
28 Alexander und Margarete Mitscherlich: Die Unfähigkeit zu trauern. Grundlagen kollektiven Verhaltens. 20. Aufl. München 2007 [1967], S. 84.

"Schwarzenberg als Labor." Wolfram sog den Duft des Kaffees ein und trank in kleinen Schlucken. „Als Labor zur Entwicklung einer echten Demokratie."
„Bei diesen Deutschen?"
„Diese Deutschen werden sich im Verlauf des Prozesses selber umformen."[29]

Diese Prophezeiung aus der Vergangenheit einer verblichenen Zukunft lässt sich an Formen des Dritten Wegs anschließen, denen 1984, als der Roman *Schwarzenberg* erschien, politische Aktualität eignete. Oppositionelle in der DDR zielten besonders in der zweiten Hälfte der 1980er Jahre auf eine Sozialismusrevision, die sich gleichermaßen von der westlichen Demokratie und dem orthodoxen Kommunismus abhob. „Sie wollten einen ‚modernen', ‚humanen', ‚freien', ‚demokratischen' Sozialismus schaffen. Von dieser Warte aus kritisierten sie den stalinistisch-bürokratisch deformierten Sozialismus wie den egoistischen Kapitalismus."[30] Aus der Überzeugung, dass Anspruch und Realität in den kommunistisch regierten Staaten vehement auseinanderklafften, resultierte die Vorstellung einer reformsozialistisch transformierten DDR.

Das Dritter-Weg-Konzept zwischen dem Sozialismus sowjetischer Spielart und der westlichen Demokratie, von der *Schwarzenberg* sein Dringlichkeitspotential bezieht,[31] profilierte Stefan Heym dann explizit in seiner Rede auf der Alexanderplatz-Demonstration vom 4. November 1989:

> Welche Wandlung: Vor noch nicht vier Wochen [zum 40. Jahrestag der DDR-Gründung; M. O.] die schöngezimmerte Tribüne hier um die Ecke mit dem Vorbeimarsch, dem bestellten, vor den Erhabenen – und heute Ihr, die Ihr Euch aus eigenem freien Willen versammelt habt für Freiheit und Demokratie und für einen Sozialismus, der des Namens wert ist. [...] Der Sozialismus, nicht der Stalinsche, der richtige, den wir endlich erbauen wollen zu unserem Nutzen und zum Nutzen ganz Deutschlands, ist nicht denkbar ohne Demokratie.[32]

In der DDR der 1980er Jahre hingegen betrieb Heym mit seiner Erinnerung an eine im Nachkriegsdeutschland zu entwickelnde eigenständige Gesellschaftsform, an ein, wie es in *Schwarzenberg* heißt, „drittes Modell" neben „den

---

29 Heym: Schwarzenberg, S. 276.
30 Alexander Gallus und Eckhard Jesse: Was sind dritte Wege? Eine vergleichende Bestandsaufnahme. In: Aus Politik und Zeitgeschichte 16–17 (2001), S. 6–15, hier S. 11.
31 Vgl. Jay Rosellini: Der Weg zum ‚dritten Weg': Stefan Heym und sein Roman *Schwarzenberg*. In: Carleton Germanic Papers 14 (1986), S. 55–67, hier S. 63: „Nach dem Erscheinen von Stefan Heyms Roman *Schwarzenberg* muß der Autor als einer der führenden Verfechter eines ‚dritten Weges' zwischen der amerikanisierten BRD und der sowjetisierten DDR betrachtet werden."
32 Stefan Heym: Wege und Umwege. Einmischung. München 1998, S. 814–815.

beiden sozialen Systemen auf der Welt",[33] ein literarisches Gedenken in utopischer Absicht. Dabei liegt die Dringlichkeit von Heyms Unterfangen zu einem Gutteil in der Spezifität des Handlungsraums Schwarzenberg begründet. Wird doch damit ein Teil des – späteren – Georaums der DDR (d. h. ein Teil der Vorgeschichte der DDR, die im Sinne eines Vorlaufs integral zu diesem Staat dazugehört) zum historischen Ausgangspunkt für ein auf die gesamte DDR ausgeweitetes utopisches Zukunftsszenario.[34] In dem Roman überlagern sich drei „Zeitschichten"[35] mit je unterschiedlichen Zeitstrukturen: eine von Ereignisrasanz geprägte Geschichtsphase namens ‚Republik Schwarzenberg', ein Realsozialismus, der sich durch zunehmende Stagnation auszeichnet, und eine Zukunftsutopie, die auf die fundamentale gesellschaftliche Selbstveränderung verweist. Mit dieser temporalen Komplexität wird das ‚Niemandsland' im Landkreis Schwarzenberg 1945 zur abstrakten Konstruktion einer historischen Latenzstruktur mit Utopiefonds verallgemeinert. Entfaltet wird diese Latenz[36] durch die Verknüpfung von Zeitebenen und -räumen in Gestalt von Repetition (Schwarzenberg-Geschehen) und Transformation (Bezug des Schwarzenberg-Geschehens auf die DDR-Gegenwart), um für ein defizitär empfundenes Hier und Jetzt einen utopischen Zukunftshorizont zu imaginieren.

2.2 Volker Braun: *Das unbesetzte Gebiet* (2004)

Volker Braun schreibt mit seinen 2004 erschienenen Schwarzenberg-Notaten Stefan Heyms *Schwarzenberg* in vielerlei Hinsicht fort. Einerseits teilt er die in

---

33 Heym: Schwarzenberg, S. 108.
34 Im Geleitwort für das *Schwarzenberg-Lesebuch* wird Stefan Heym später die repräsentative Bedeutung der Schwarzenberg-Ereignisse noch weiter steigern und schreiben: „Ich halte die Berichte und Überlegungen in diesem Buch, auch und gerade durch ihre Vielfalt, für einen höchst wertvollen Beitrag zum Verständnis der Geschichte nicht nur eines kleinen Teils von Deutschland, sondern, indirekt, des ganzen Landes." (Jochen Czerny (Hg.): Republik im Niemandsland. Ein Schwarzenberg-Lesebuch. Schkeuditz 1997, S. 9 – datiert ist das Geleitwort auf den 19. Februar 1997).
35 Vgl. Reinhart Koselleck: Zeitschichten. Studien zur Historik. Frankfurt am Main 2000.
36 Der Begriff der Latenz, vom lateinischen *latere* stammend, das ‚verborgen, versteckt sein', ‚geborgen sein' oder ‚unbekannt sein' bzw. ‚unbekannt bleiben' bedeutet, bezeichnet einen spezifischen „Modus des Verborgenseins und der Wirksamkeit aus dem Verborgenen" (Thomas Khurana und Stefanie Diekmann: Latenz. Eine Einleitung. In: Dies. (Hg.): 40 Annäherungen an einen Begriff, Berlin 2007, S. 9). Latenz wird für so unterschiedliche Kontexte verwendet wie für in der Natur sich vollziehende Wirkprozesse, für politische, ökonomische und psychodynamische Konstellationen sowie für Techniken der Repräsentation und Artikulation.

Heyms Roman profilierte Verdrängungsthese,[37] andererseits ist der politisch-historische Gestus des Textes ein ganz und gar anderer:

> Heyms Fiktion der freien Republik Schwarzenberg, die eine demokratische Verfassung anmahnte, war eine schlichte, wahrhafte Utopie; meine Fiktion des Wechsels der Zeiten ist eine unglaublich komplizierte. Und sie ist doch die *Hoffnung des Volkes!* Die bewegliche Gesellschaft, die fähig wäre, sich zu besinnen und sich aus sich selbst zu reißen, in einem Zyklus von Siebenjahrplänen aus Handel und Wandel, Revolutionen und Konterrevolutionen, Aufsichtsräten und Räterepubliken. Das wäre der Stoff eines grandiosen Zukunftsromans, des wirklichen west-östlichen Divans. Ich kann ihn nicht schreiben.[38]

Was Braun mit seinem Text *Das unbesetzte Gebiet* vorlegt, ist geprägt von der Gemütsverfassung einer historisch-utopischen Melancholie, die viel mit dem gemein hat, was Wolfgang Emmerich den *Furor melancholicus* nannte. Nach der Wende konstatiert Emmerich in Bezug auf verschiedene DDR-Autoren, insbesondere mit Bezug auf Volker Braun: „Das Objekt der Begierde [also die Utopie; M. O.] ist noch virulent, aber es ist nach dem Untergang der DDR radikal zeit- und ortlos geworden."[39] Kurz zum Begrifflichen: Melancholie versteht Freud in Abgrenzung zur Trauer. Die Trauerarbeit zeichnet sich nach Freud dadurch aus, dass aufgrund des Verlustes eines Beziehungsobjekts die ganze Energie des Subjekts durch seinen Schmerz und seine Erinnerungen absorbiert wird. Dies dauert, bis sich die Bindung des Subjekts an das vernichtete Objekt sukzessive löst und somit neue Besetzungen ermöglicht. Die Melancholie hingegen basiert auf der Identifikation mit dem verlorenen Objekt, von dem das Subjekt nicht loskommt.[40] Sprich: Dem Trauernden gelingt, was dem Melancholiker versagt bleibt; ihm gelingt es, das Objekt des Verlusts zu verabschieden.

Der Melancholiker möchte also den Verlust des Liebesobjekts, hier der Utopie in Form eines demokratischen Sozialismus, nicht wahrhaben. Brauns *Das unbesetzte Gebiet* markiert in diesem Zusammenhang eine Umorientierung: Er schreibt aus der Position der Nachgeschichte der Utopie, in der es keine Grundlage mehr für eine Utopie gibt. Auch liefert er keinen utopischen Entwurf mehr. Die Kluft zwischen der gewünschten Wirklichkeit und den realen Verhältnissen

---

37 Vgl. Volker Braun: Das unbesetzte Gebiet. Im schwarzen Berg. Frankfurt am Main 2004, S. 9 und S. 63.
38 Braun: Das unbesetzte Gebiet S. 118.
39 Wolfgang Emmerich: Kleine Literaturgeschichte der DDR. Erweiterte Neuausgabe. Leipzig 1996, S. 460.
40 Vgl. Sigmund Freud: Trauer und Melancholie [1917]. In: Ders.: Studienausgabe. Hg. von Alexander Mitscherlich [u. a.]. Bd. 3: Psychologie des Unbewußten. Frankfurt am Main 1975, S. 193–212; J. Laplanche und J.-B. Pontalis: Das Vokabular der Psychoanalyse. Frankfurt am Main 1973, S. 512–513.

nach Kriegsende versucht er gar nicht erst durch die schriftstellerische Phantasie zu überbrücken. Vielmehr versucht er zum einen – historisch gebrochen – zu dokumentieren, zum andern in dem narrativen Wiederaufleben eines historischen Geschehens mit utopischem Potential die Hoffnungen und Ideale, die mit Letzterem verbunden wurden, für eine mögliche Zukunft zu sichern. Nicht die Nichtakzeptanz des Utopieverlusts steht im Zentrum, sondern das Sichklammern an das historisch verbriefte Utopiepotential. Anders gesagt: Das Erzähler-Ich in Brauns Text erzählt Bruchstücke aus der Vorgeschichte der DDR (allesamt aus der Zeit des unbesetzten Landkreises Schwarzenberg), um zu erkennen, dass es einen Ansatz zu einem wahren Sozialismus bereits gab, dass man sich nur daran zu erinnern braucht. Abstrakt formuliert: Wenn die Opposition zum Gegenwärtigen schon nicht in die Zukunft projizierbar ist, so ist sie zumindest in der Vergangenheit verankerbar.

Ich möchte hinfort drei der 46 kurzen Passagen,[41] jeweils mit einem kurzen Kommentar versehen, vorstellen: die erste, eine aus der Mitte, und die letzte des Texts. Die erste Passage:

> Wenn ich eine Geschichte erleben wollte, und sie machen wollte, weil sie sich im *eigenen Gebiet* ereignet, in einem Land, wo keine fremde Macht herrscht – und niemand bestimmt darin, als die sich um sich selber kümmern –, dann ist es die des *Niemandslands* am Ende des 2. Weltkriegs; aber diese Geschichte ist gelaufen und vorbei; und es bleibt, um dabei zu sein, davon zu erzählen.[42]

Braun hebt darauf ab, dass das Erzählen kein bloßes Rekapitulieren des Geschehenen, nicht bloß eine reproduktive, den erzählten Inhalten gegenüber nachgeordnete Tätigkeit ist: „Das Bezeichnen *interveniert* in die Welt, die es scheinbar nur widerspiegelt, und lässt sie in einem kreativen Aneignungsprozess in gewisser Weise überhaupt erst entstehen."[43] Was wird in Brauns Text verhandelt? Der Gegenstand, das Referenzobjekt der Utopie. Im Gegensatz zu dem Schluss von Heyms Roman ist das nicht mehr der Staat DDR, sondern die Erzählung von einer realhistorischen Episode. Entscheidend ist: Im Erzählen und vor allem in der Rahmung des Erzählten durch den Ich-Erzähler finden eine Enthistorisierung und damit zugleich eine utopische Ladung des referierten Geschehens statt.

---

41 Insgesamt auf 55 Druckseiten verteilt.
42 Braun: Das unbesetzte Gebiet S. 9.
43 Albrecht Koschorke: Wahrheit und Erfindung. Grundzüge einer Allgemeinen Erzähltheorie. Frankfurt am Main 2012, S. 22; vgl. auch S. 350: „Erzählen ist [...] eine sprachlich elaborierte Form sozialen Verhandelns."

In der Mitte des Textes heißt es dann:

> Jetzt bin ich in der Geschichte, und eine andere Frage stellt sie nicht, auch wenn sie vorbei ist; vorbei und verloren ist, und man sieht nun, was wahr war und was nicht war. Denn es ist jetzt mein eignes Gebiet, das unbesetzt ist, von den Truppen der Doktrin und des Glaubens, und nur Hoffnung vielleicht siedelt, die uns betrügt und weiterträgt.[44]

Durch die Versenkung in die Geschichte erklärt der Ich-Erzähler das unbesetzte zum eigenen Gebiet, zu einem Areal, auf dem Hoffnung siedeln könnte. Das unbesetzte Gebiet wird hier zur utopischen Leerstelle, zum „Leersignifikanten" (Ernesto Laclau) für Utopie und gesellschaftliche Hoffnung, zum „Platzhalter einer Universalität, die sich nicht, jedenfalls nicht in modernen Gesellschaften, durch einen definiten Inhalt ausfüllen lässt, andererseits aber als regulative Idee unentbehrlich ist".[45] Man denke in dem Zusammenhang nur an die Rolle des Freiheitsbegriffs im Diskurs der Politik. Schließlich heißt es ganz zum Schluss: „Ende der Geschichte. – Geschrieben nach der Rückkehr in die Vorzeit. Keine Gestalt und Begebenheit ist erfunden; Abweichungen von real existierenden Personen sind Zufall."[46]

Über die mosaikartige Geschichtserzählung des unbesetzten Landkreises Schwarzenberg im Jahr 1945 hinaus formuliert der Text eine Begründung für diesen Gang in die Vorgeschichte der DDR: Er abstrahiert vom herrschenden Gesellschaftssystem und imaginiert über die Versenkung in die Geschichte der ‚Republik Schwarzenberg' das Innere des Ichs als ein unbesetztes, als ein von allen Gesellschaftsordnungen ‚unbesetztes Gebiet'. Das ‚unbesetzte Gebiet' fungiert mithin als Generalmetapher für die Entlastung von allen Zumutungen der Gegenwart.[47] Sie liefert die Grundlage für die Vorstellung, man könne der unheimlichen Matrix des Kapitalismus mit einem individuellen Schritt entrinnen. Das erzählende Ich wendet sich von den Illusionen der gegenwärtigen Krisengesellschaft ab, verschiebt das Objekt der Begierde in die Vergangenheit und genießt nach der Rückkehr in das ‚unbesetzte Gebiet' die dortige Freiheit. Brauns Text lebt von der Spannung, die entsteht, wenn einerseits keine

---

44 Braun: Das unbesetzte Gebiet S. 49.
45 Koschorke: Wahrheit und Erfindung, S. 173.
46 Braun: Das unbesetzte Gebiet, S. 64.
47 Ausgangspunkt ist ihm dabei die Gegenwart in ihrer Einschätzung als „Vorzeit", also marxistisch gesprochen, als „Vorgeschichte". Vgl. Karl Marx: Zur Kritik der politischen Ökonomie. Vorwort. In: Karl Marx, Friedrich Engels: Werke Bd. 13. Hg. vom Institut für Marxismus-Leninismus beim Zentralkomitee der SED. Berlin (Ost) 1961, S. 7–11, hier S. 9: „Die bürgerlichen Produktionsverhältnisse sind die letzte Form des gesellschaftlichen Produktionsprozesses. [...] Mit dieser Gesellschaftsform schließt daher die Vorgeschichte der menschlichen Gesellschaft ab."

realhistorische Grundlage mehr für Utopie gegeben scheint, andererseits das historische Ereignis ein narratives Wiederaufleben ermöglicht. Indem man dies erzählt, kann man sich der Möglichkeit versichern, dass es so etwas wie Utopie und entsprechende Ideale gibt. Konkret gesagt: Nachdem mit der Auflösung der DDR die empirische Basis für eine Staatsutopie abhanden kam, kann utopisches Potential allein noch im Erzählen aufscheinen. Es geht nicht mehr darum, sich hier etwas Konkretes anzueignen, sondern nur noch darum, sich erzählend zu erinnern.

Literatur liefert keine Lösungen und Antworten, sie sucht nach überzeugenden Wechselverhältnissen von Stoff und Form. Die These von Brauns Ich-Erzähler lautet: Es gibt sie noch, die ‚unbesetzten Gebiete', in der Geschichte und in uns. Wir müssen, um sie zum Leben zu erwecken, nur davon erzählen. Hierin besteht gleichsam Brauns engagiertes Credo: Sich hineinversenken in die geschichtlichen Stoffe von Selbstbestimmung und davon erzählen, das ist die intervenierende Pointe seines Unterfangens. Und womöglich lassen sich diese ‚unbesetzten Gebiete' bewirtschaften, so dass, um noch einmal den Text zu zitieren, „Hoffnung vielleicht siedelt".[48]

Ebenso wie ein mit utopischen Erwartungen verknüpfter Vergangenheitszeitraum erst dann obsolet wird, wenn die gesellschaftliche Gegenwartswirklichkeit für die Utopie keine ernstzunehmenden Ansatzpunkte mehr bereithält, ist ein historisches Geschehen erst dann als wirklich abgeschlossen zu betrachten, wenn es für die Nachwelt keinerlei Bedeutung mehr bereithält. Auf die gesellschaftliche Obsoleszenz der Utopie reagiert Brauns Textcollage mit der Introjektion des im Verlorengehen begriffenen utopischen Narrativs in das subjektive Bewusstsein – mit der Absicht, die an die historischen Ereignisse um das unbesetzte Gebiet im Erzgebirge des Jahres 1945 angelagerten Vorstellungen von der utopischen „Republik Schwarzenberg" in der mentalen Ebene der Subjekte als Garant für das Überleben von Zukunftsverheißungen zu verankern.

3 Julia Schoch: *Mit der Geschwindigkeit des Sommers* (2009)

In Julia Schochs Roman *Mit der Geschwindigkeit des Sommers* vergegenwärtigt die namenlos bleibende Ich-Erzählerin die Lebensgeschichte ihrer älteren Schwester, die ihrem Leben in New York ein freiwilliges Ende setzte.

---

48 Braun: Das unbesetzte Gebiet, S. 49.

Aufgewachsen als Töchter eines NVA-Offiziers in einer öden Garnisonsstadt am Stettiner Haff, entwickeln sie sich nach dem Ende der DDR in zwei verschiedene Richtungen: Während die Ich-Erzählerin andauernd beruflich unterwegs ist, verharrt die Schwester in der mecklenburgischen Provinz. Sie macht eine Ausbildung als Schaufenstergestalterin, wird schwanger, heiratet im Jahr des Mauerfalls, bekommt später ein zweites Kind und zieht in ein Haus an den Stadtrand. Im letzten Telefonat der beiden, fast zwanzig Jahre nach dem Mauerfall, erzählt sie ihrer jüngeren Schwester davon, dass sie nunmehr zum letzten Mal „den Soldaten"[49] getroffen habe. Die Ich-Erzählerin, gerade mit letzten Vorbereitungen für eine Reise nach Asien beschäftigt, misst dem keine größere Bedeutung bei. Es sollte ihr letztes Gespräch werden.

Als jahrelanger Liebhaber der Schwester steht der Soldat für das Hineinragen einer anderen Zeit in die Gegenwart:

> Er war immer *der Soldat*. [...] Er war nicht mehr beim Militär. Trotzdem nannte sie ihn so, noch immer. Es war leichter für sie, den Ehemann mit einem Menschen zu betrügen, dessen Bezeichnung aus einer anderen Wirklichkeit stammte. Die heimlichen Ausflüge mit ihm waren dann weniger verräterisch. Sie passierten mit jemandem aus einer Zeit, die es längst nicht mehr gab, einer Zeit, die vor der Heirat lag, vor den Kindern. Wenn sie *Soldat* sagte, war sie sicher. Ihr Liebhaber gehörte in eine gänzlich andere Geschichte, ein anderes Jahrhundert sogar.[50]

Damit ist das zentrale Thema des Romans angesprochen, die Überlappung verschiedener Zeiten. Bereits der Eröffnungssatz lautet: „Was weiß diese Zeit von einer anderen."[51] Das fehlende Fragezeichen verweist auf das Rhetorische der Frage und impliziert sogleich die Antwort: „Wenig oder nichts." Gegen dieses Unwissen, von dem freilich diejenigen auszunehmen sind, die beide in Frage kommenden Zeiten durch ihr eigenes Erleben miteinander in Bezug zu setzen imstande sind, schreibt die Ich-Erzählerin an.

Der Roman agiert ein Problem aus, das Julia Schoch in einem Beitrag für die Zeitschrift *Sinn und Form* mit dem Titel *Mythomanien oder Wie sich die Wirklichkeit in Literatur verwandelt* als Diskrepanz zwischen dem Verschwinden von Erinnerungsmedien und dem Erinnern von vergangenen Zeiterfahrungen formuliert. Einerseits konstatiert sie:

> Fest steht, die Stadt, in der ich aufgewachsen bin, gibt es nicht mehr. Inzwischen ist all das, was einmal modern war, sind die Gebäude der Zukunft verschwunden. Nach der Revolution 1989 wurde die Stadt als militärischer Stützpunkt unbrauchbar. Die meisten

---
49 Julia Schoch: Mit der Geschwindigkeit des Sommers. München 2009, S. 11.
50 Schoch: Geschwindigkeit, S. 23–24.
51 Schoch: Geschwindigkeit, S. 9.

Bewohner zogen fort. Der Ort leerte sich und schrumpfte wieder auf seine frühere Größe zurück. Die Gebäude wurden aufgegeben, abgerissen.[52]

Andererseits erinnert sich die Autorin, dass ihr zur Zeit ihres Aufwachsens

ausschließlich die sogenannten *kommenden Zeiten* vor Augen standen. Die Gesellschaft im östlichen Teil Deutschlands empfand sich damals als Einbahnstraße, und zwar im positiven Sinne. Es ging nur vorwärts, in eine glorreiche und wünschenswerte Epoche hinein, die Kommunismus hieß. Im öffentlichen Leben war unablässig die Rede von dem, was gerade anbrach, von einer neuen Zeit, die die alte überwunden hatte. Man hatte sich von der Vergangenheit abgetrennt.[53]

Was also passiert, wenn ein System, das von einer teleologischen Zukunftsbegeisterung dominiert wird, sich seinerseits auflöst, sodass sich die gewandelte Gegenwart von diesem nunmehr obsoleten System kategorisch abtrennt und sich obendrein dessen materielle Spuren zunehmend verflüchtigen? *Mit der Geschwindigkeit des Sommers* verhandelt diese Frage in Form von miteinander konfligierenden Zeiterfahrungen mit der Schwester der Ich-Erzählerin als Symptomkörper und dem Soldaten als katalysatorhafter Brückenfigur zwischen den Zeiten.

Das Leben ihrer Schwester rekonstruiert die Ich-Erzählerin als veränderungsfreies Alltagsdasein, das keinerlei Entwicklung kennt. Die einzigen Abwechslungen, denen sich die Schwester hingegeben habe, seien „Ausflüge in die Vergangenheit",[54] bei denen sie sich fasziniert von den materiellen Überresten des überkommen Systems gezeigt habe:

Dadurch, daß die Geschichte dieses Staates nicht zu Ende gegangen, sondern abgebrochen worden war wie eine festgefahrene, unerträgliche Schulstunde, war es möglich, sich eine andere Vergangenheit auszumalen, die stattgefunden hätte, wenn diese Schulstunde, das *Experiment* weitergelaufen wäre. Seitdem sie den Soldaten wiedergetroffen hatte, bekam alles, was aus dieser Zeit übriggeblieben war, eine Bedeutung: wegbröckelnde Ladenaufschriften, überwuchernde Denkmäler oder rostige Springbrunnen. [...] Plötzlich sah sie in alldem sich selbst. Die verlockende Vorstellung, daß in diesem anderen Staat ein anderer Lebenslauf für sie bereitgestanden hatte, verdrängte den nachträglichen Schrecken über die Begrenztheit in dem Land, das in immer weitere Ferne rückte. Meine Schwester fühlte sich aufgehoben in der nicht probierten Version. Fast enttäuschend war es, daß einem der Lebensplan, der schon geschrieben gestanden hatte, nun zum Eigengebrauch zurückgegeben war. In ihren Sätzen kam immer öfter die Grammatik

---

52 Julia Schoch: Meine Mythomanien oder Wie sich Wirklichkeit in Literatur verwandelt, in: Sinn und Form 68 (2016), S. 708–710, hier S. 709.
53 Schoch: Mythomanien, S. 708.
54 Schoch: Geschwindigkeit, S. 61.

der Möglichkeiten vor. Halb schwärmerisch sagte sie: Was einem alles bestimmt gewesen wäre! In diesem anderen Land hätte man ganz sicher ... Wenigstens wäre man gezwungen gewesen zu ... oder: Dann hätten wir immerhin [...]

Dadurch, daß der Soldat wieder aufgetaucht war, spürte sie diesem ungelebten Plan nach. [...] Wenn sie neben ihm herlief, ging sie neben einer Variante ihres Lebens her. Wenn sie ihn umarmte, umarmte sie das Phantom eines anderen Lebens. Und wenn sie sich gierig küßten, erinnerte sie das an eine Zukunft, die sie niemals kennenlernen würde.[55]

Bei ihren Nachforschungen zu den Suizidursachen legt die Ich-Erzählerin Folgendes frei: Ihre Schwester wurde auch dann noch von dem Zeitregime der DDR beherrscht, als der Staat sich längst aufgelöst hatte. Sie kam nicht über die Bewegungsform ihrer Sozialisation hinweg, hing einem inzwischen obsoleten Lebensrhythmus nach, der die passive Haltung des Abwartens mit der Sicherheit des zukünftigen Einbruchs des Anderen in Form der existentiellen Fremdbestimmung durch das System paarte. Ihre Wünsche waren in der sozialistischen Lebenswelt derart geschrumpft, dass ihr erschöpfter Wunschvorrat zur Ratlosigkeit führte, welche Träume in der gewendeten Gesellschaft sich überhaupt noch zu entwickeln lohnen. Sie vermied den inneren Kampf zwischen Duldsamkeit und Wagemut und verblieb, trotz der seit der politischen Wende freigespielten Möglichkeiten zur Selbstbestimmung des Daseins, beim fatalistischen Hinnehmen des Gegebenen. In diesem Zusammenhang gehorchten die Treffen mit dem Soldaten einer sich leiblich manifestierenden Stimmung.[56] Sie bildeten die wiederholt wiederkehrenden Erinnerungen an ein Jenseits des Alltagseinerleis aus Hausfrau- und Mutterpflichten. Die Schwester unterlag einem fatalen Wiederholungsmuster, das sich als temporaler Teufelskreislauf beschreiben lässt. Die langfristige Affäre mit dem Soldaten war nichts anderes als das körperliche Gegenstück zum imaginativen Schwelgen im Irrealis der Vergangenheit. Anstatt die Offenheit der Zukunft nach dem Ende der DDR als persönliche Chance wahrzunehmen, wurden alternative Geschichtsphantasien ventiliert, welch anderer Lebenslauf bei einem Weiterbestehen der DDR für einen bereitgestanden hätte. Anders gesagt: Jedes Treffen der Schwester

---

55 Schoch: Geschwindigkeit, S. 62–63.
56 Vgl. Anne Fuchs: Poetiken der Entschleunigung in Prosatexten Wilhelm Genazinos, Julia Schochs und Judith Zanders. In: Silke Horstkotte und Leonhard Herrmann (Hg.): Poetiken der Gegenwart. Deutschsprachige Romane nach 2000. (spectrum Literaturwissenschaft/spectrum Literature 37) Berlin/Boston 2013, S. 213–227, hier S. 224: „Die mit dem Fall der Mauer einsetzende ‚andere Geschwindigkeit der Zeit' gerinnt im Leben der Schwester zum ‚Galopp auf der Stelle', der von dem Entsetzen begleitet wird, dass letztlich nur der eigene Körper ein objektives Meßgerät für das Vergehen von Zeit darstellt."

mit dem Soldaten erneuerte die Herrschaft der Vergangenheit über die überwältigte Gegenwart und Zukunft, bis die Freiheit, zu einer selbständigen Lebensgestaltung zu gelangen bzw. die Kraft zu ertragen, versiegte. Dieses Gefangensein in einer Subsumtion der Gegenwart und Zukunft unter die Vergangenheit erkannt zu haben, so legt es der Text nahe, stellt die fatale Konstellation dar, auf die der finale Ausbruch aus der ostdeutschen Provinz mit dem Selbstmord in New York folgte.

4 Ingo Schulze: *Neue Leben* (2005)

Der von Ingo Schulze 2005 veröffentlichte Brief-Roman *Neue Leben* handelt von dem vom Mauerfall ausgelösten sozialen, ökonomischen, kulturellen und mentalen Wandel. Der Roman endet in der Mitte des Jahres 1990. Das räumliche Handlungszentrum ist die thüringische Kleinstadt Altenburg. *Neue Leben* erzählt die Geschichte von Enrico Türmer, der in der DDR Schriftsteller werden möchte, dann aber aufgrund der Epochenzäsur 1989/1990 sein Thema verliert und sich wegen der vom politischen und ökonomischen Paradigmenwechsel bewirkten günstigen Marktsituation zum Zeitungsgründer wandelt. 1961 in Dresden geboren, wo er seine Kindheit und Jugendjahre verbringt, träumt er, der gegen das politische System der DDR nur in der Stille opponiert, davon, in der Bundesrepublik als dissidentischer Schriftsteller gefeiert zu werden. Er dient als Soldat in der Volksarmee, studiert Klassische Philologie in Jena und wird dann als Dramaturg am Altenburger Theater angestellt. Der Mauerfall bringt sein künstlerisches Selbstverständnis ins Wanken, er gibt das literarische Schreiben auf und widmet sich hinfort einer anderen Form des Schreibens, der journalistischen. Er avanciert zum Mitbegründer einer anfänglich politisch ambitionierten Zeitung, die den Umbruch und demokratischen Aufbruch von 1990 kritisch zu begleiten versucht, mit der Zeit aber immer mehr zu einem bloß noch kommerziellen Anzeigenblatt gerät.

Wie es zu dieser Kehrtwende kam, fragt Enrico Türmer selbst einmal explizit in einem der ersten Briefe: „Seit ein paar Wochen trage ich eine Frage mit mir herum. Anfangs nahm ich sie nicht ernst; sie war mir zu profan. Aber mittlerweile glaube ich an ihre Berechtigung. Sie lautet: Auf welche Art und Weise kam der Westen in meinen Kopf? Und was hat er da angerichtet?"[57]

---

57 Ingo Schulze: Neue Leben. Die Jugend Enrico Türmers in Briefen und Prosa. Herausgegeben, kommentiert und mit einem Vorwort versehen von Ingo Schulze. Berlin 2005, S. 131.

Um sich dieser Frage zu stellen, ist es notwendig, *Neue Leben* nicht nur als Künstlerroman, sondern auch als Zeitroman in den Blick zu nehmen. Dabei meint ‚Zeitroman' nicht nur den sich im 19. Jahrhundert entwickelnden Romantypus, in dessen Mittelpunkt das panoramaartig dargestellte Gegenwarts- oder ‚Zeitgeschehen' steht,[58] sondern auch den Zeit-Sinn des Romans, wonach der Roman die Zeit als Gegenstand der Erzählung exponiert. Beide Bedeutungen ergänzen einander im Fall von *Neue Leben* wechselseitig. Die Krisenzeit von 1989/1990 hätte für Türmers Selbstverständnis kaum umstürzender sein können. Die von den Wendeereignissen eingeleitete Verwestlichung des Ostens macht diesen Westen als ersehnte Transzendenz der DDR obsolet und kassiert eben damit auch den Plan von der eigenen Schriftstellerexistenz – der ja die BRD als das gesellschaftlich Andere zur DDR zur Voraussetzung hatte.[59]

„Es ist ungewohnt", heißt es im Brief vom 28. Februar 1990, „ohne Zukunft zu leben, jetzt, da alles nur noch eins zu eins zu haben ist, ohne Aussicht auf Erlösung. Aber diesen Zustand ziehe ich dem der Vergangenheit bei weitem vor. Heute erscheint mir die schönste Erinnerung nachgerade obszön."[60] Türmer kombiniert hier zwei Perspektiven subjektiver Zeiterfahrung miteinander, die des zurückblickenden mit der des ganz in der Gegenwart aufgehenden Betrachters. Er historisiert die Zukunftsvorstellungen der DDR-Bürger in der Formel von der „Aussicht auf Erlösung". Während die ‚Erlösung' in der offiziellen Version eine Ankunft im Kommunismus versprochen habe, verhieß sie in der kritisch-dissidentischen Version eine Ankunft im Westen (wovon Türmers subjektive Wunschvorstellung, als Schriftsteller in der BRD zu reüssieren, eine Spielart darstellt). Was der Vor-Mauerfall-DDR-Bürger noch als Zukunft vor sich hatte, erscheint dem Nach-Mauerfall-noch-DDR-Bürger bereits als schal gewordene ‚vergangene Zukunft',[61] deren Denk- und Wahrnehmungsformen nicht

---

58 Vgl. zur Geschichte des Zeitromans Dirk Göttsche: Zeit im Roman. Literarische Zeitreflexion und die Geschichte des Zeitromans im späten 18. und im 19. Jahrhundert. (Corvey-Studien zur Literatur- und Kulturgeschichte des 19. Jahrhunderts 7) München 2001.
59 Vgl. Katharina Grabbe: Deutschland – Image und Imaginäres. Zur Dynamik der nationalen Identifizierung nach 1990. (Studien zur deutschen Literatur 205) Berlin/Boston 2014, S. 109: „Da Türmer seine Autorschaft in der Auseinandersetzung mit dem Westen bildet, bedeutet das Fehlen des Westens als Gegenüber dieser Subjektivierung zugleich den ‚Tod des Autors' [...]: Die Briefe – und damit der Romantext – werden zum notwendigen Ersatz für das verlorene Gegenüber der Subjektkonstitution und übernehmen damit wiederum eine Spiegelfunktion."
60 Schulze: Neue Leben, S. 107.
61 Vgl. zum Begriff ‚vergangene Zukunft' und zur von Reinhart Koselleck begründeten Forschungsrichtung ‚historische Zukunftsforschung' Lucian Hölscher: Von leeren und gefüllten Zeiten. Zum Wandel historischer Zeitkonzepte seit dem 18. Jahrhundert. In: Alexander C. T. Geppert und Till Kössler (Hg.): Obsession der Gegenwart. Zeit im 20. Jahrhundert.

mehr mit der gegenwärtigen Vergangenheit zusammenfallen, obsolet sind und in der Rückschau bestenfalls ‚obszön' erscheinen.

Die von der friedlichen Revolution ausgelöste Gesellschaftstransformation beschreibt Türmer im Brief vom 28. Juni 1990 als Befreiung von der persönlichen Vergangenheit für eine offenstehende Gegenwart, die nicht mehr länger im Dienst einer ideologisch dominierten Zukunftsvorstellung steht:

> Alles [...], was mich interessiert, was mich wach und am Leben gehalten hatte, war in den letzten Wochen und Monaten gegenstandslos geworden. Die unermeßliche Leere, die an meiner Statt existierte, entsprach ganz der endlosen, gewaltigen Zeit, in der sie schwebte. Ich staunte, welche Unendlichkeit ein Tag in sich barg. [...] Als ich mich endlich entschlossen hatte, meine Armbanduhr vom Schreibtisch zu holen, war sie auf halb zehn stehengeblieben. Durch meine Berührung kam sie wieder in Gang. Später, draußen war es immer noch hell, schaffte ich es wieder in die Küche. Die Uhr über der Tür zeigte zwanzig vor elf, genau wie meine Armbanduhr! Ich lag im Bett und staunte, was aus Minute und Stunde geworden war, zu welchen Monstern sie sich entwickelt hatten. Mit Hohn dachte ich daran, was ich nun alles an einem Vormittag hätte bewältigen können. Mühelos hätte ich eine Geschichte pro Tag geschrieben, nebenbei den Haushalt erledigt, ferngesehen, gelesen. Nun, da mich all das nichts mehr anging, konnte ich gottgleich über die Zeit verfügen.[62]

Türmer, der hier auf seine einwöchige Krankheitsphase Anfang Dezember 1989 aus dem Abstand eines halben Jahres in einer „Logik des Traums"[63] zurückblickt, schildert den Einbruch der bürgerlichen Gesellschaft in Ostdeutschland als Verschiebung der temporalen Tektonik. Die durch den Mauerfall ausgelösten umstürzenden Veränderungen im Denk- und Erfahrungshaushalt, die Krisenzeit, reflektiert Türmer als Zeitkrise. Als Krise, die zum einen geschichtlichen Wandel der Zeiten (‚Zäsur im Zeitfluss') betrifft und sich zum anderen in einer für Umbruchzeiten spezifischen Zeit-Symptomatik (Wandel subjektiver Zeitverhältnisse) artikuliert. Die subjektiv gefühlte Zeit hat sich im Vergleich zur gemessenen Standardzeit (die von der mit der Wanduhr übereinstimmenden Armbanduhr angezeigt wird) erheblich verlangsamt (was sich aus der Spannung ergibt, dass sich Türmer einerseits darüber wundert, dass es draußen „immer noch hell" ist, die Uhren andererseits „zwanzig vor elf" am „Vormittag" anzeigen). Man könnte hier von einer Wiedergewinnung von verlorener Eigenzeit sprechen,[64] von einer

---

(Geschichte und Gesellschaft. Zeitschrift für Historische Sozialwissenschaft. Sonderheft 25) Göttingen 2015, S. 37–70, hier S. 64–66.
62 Schulze: Neue Leben, S. 587.
63 Schulze: Neue Leben, S. 586.
64 Vgl. zum Konzept der Eigenzeit Helga Nowotny: Eigenzeit. Entstehung und Strukturierung eines Zeitgefühls, Frankfurt am Main 1993, zum Konzept von ästhetischen Eigenzeiten Michael

Emanzipation der subjektiven Eigenzeit aus der Überwindung einer vom DDR-Zeitregime politisch verfügten größtmöglichen Synchronisation von individueller und kollektiver Zeit.

Die zeittheoretische Frage, die *Neue Leben* stellt, lautet: Wie lässt sich die Wechselwirkung aus politischen, sozio-ökonomischen und kulturellen Wandlungsprozessen exemplarisch an literarischen Figuren als Transformation des Zeitbewusstseins ausagieren? Ingo Schulze appelliert an die temporale Imagination der Leser, indem er in *Neue Leben* eine Wende der Zeit in einem doppelten Sinne skizziert: als geschichtlichen Wandel der Zeiten *und* als Paradigmenwechsel im Zeitverständnis. Er zeigt einerseits den historischen Umbruch samt der damit verbundenen Gesellschaftstransformation,[65] andererseits markiert er die von dieser Übergangsphase mobilisierte, sich subjektiv vollziehende Transzendenz der Temporalstruktur.

5 Fazit

Mit dem Fall der Mauer endete einerseits ein spezifisch ostdeutsches Zeitleiden: Die Mauer verflüchtigte sich als Zeitgrenze, die die ihr unterworfenen Subjekte nötigte, mit dieser ganz besonderen Raum-Zeit-Korrelativität fertig zu werden (Wolfgang Hilbig spürte in seinen Texten den temporalen Bewusstseinskorrelaten des territorial abgeriegelten Staats erzählästhetisch sehr intensiv nach). Andererseits verlangte die Überwältigung durch eine sozial tiefgreifend divergent verfasste Zeitstruktur den Ostdeutschen nicht unerhebliche Anpassungsleistungen ab. Volker Brauns *Das unbesetzte Gebiet*, Julia Schochs *Mit der Geschwindigkeit des Sommers* und Ingo Schulzes *Neue Leben* warten mit drei verschiedenen Formen auf, mit der im Prozess der deutsch-deutschen Wende sich vollziehenden Transformation der zeitlichen Verfassung der weltlichen Realität umzugehen.

Während die lineare, auf das Frühere und Spätere orientierte Zeitordnung mit der Wendezeit als dem geschichtlichen Wandel der Zeiten gleichsam die Außenansicht der Zeitherrschaft offenlegt, akzentuiert die dimensionale deren

---

Gamper und Helmut Hühn: Was sind Ästhetische Eigenzeiten? (Ästhetische Eigenzeiten. Kleine Reihe 1) Hannover 2014.
65 Vgl. in dem Zusammenhang zur Rolle des Schnees als dem maßgeblichen Transformationssymbol für die unterschiedlichsten Formen wendebedingter Veränderungsprozesse Michael Ostheimer: Thüringisches Wende-Mosaik: Ingo Schulzes Mikrokosmos Altenburg. In: Friederike Günther und Markus Hien (Hg.): Geschichte in Geschichten. (Würzburger Ringvorlesungen 14) Würzburg 2016, S. 231–257.

Innenansicht.[66] Folgt man, was ich hier tue, Michael Theunissens Ansicht, dass die Zeitherrschaft jedem Subjekt die Synthese der Zeitmodi Gegenwart, Zukunft und Vergangenheit abverlangt,[67] so lassen sich abschließend auf dieser Folie die drei Texte noch einmal zeittheoretisch pointieren.

Das unbesetzte Gebiet unternimmt eine Rettung des Gedankens der Zukunftsverheißung, verschiebt mithin, nachdem mit der DDR das Objekt der Utopie entschwand, das utopische Potential von der kollektiven auf die individuelle Ebene. *Mit der Geschwindigkeit des Sommers* vergegenwärtigt die Herrschaft der Vergangenheit über Gegenwart und Zukunft, und zwar in Gestalt eines Leidens an der Übermacht des Zeitregimes der ehemaligen DDR. *Neue Leben* schließlich bezeugt, wie sich eine repressive Zeitordnung im Hinblick auf eine gestaltungsoffene Gegenwärtigkeit überwinden lässt, in der das Ganze der Zeit versammelt ist. Volker Braun verbleibt, indem er eine utopische Hoffnungserzählung im Subjekt anzusiedeln versucht, im Fahrwasser der Geschichtsphilosophie,[68] während Julia Schoch und Ingo Schulze die (Nach-)Wendezeit als Wende der Zeit am Beispiel von subjektiven Zeiterfahrungen erzählerisch greifbar machen.

Bibliographie

Ambrosius, Gerold: „Sozialistische Planwirtschaft" als Alternative und Variante in der Industriegesellschaft – die Wirtschaftsordnung. In: André Steiner (Hg.): Überholen ohne einzuholen. Die DDR-Wirtschaft als Fußnote der deutschen Geschichte. Berlin 2006, S. 11–31.
Assmann, Aleida: Ist die Zeit aus den Fugen? Aufstieg und Fall des Zeitregimes der Moderne. München 2013.
Baier, Lothar: Volk ohne Zeit. Essay über das eilige Vaterland. Berlin 1990.
Braun, Volker: Das unbesetzte Gebiet. Im schwarzen Berg. Frankfurt am Main 2004,
Brüns, Elke: Nach dem Mauerfall. Eine Literaturgeschichte der Entgrenzung. München 2006.
Czerny, Jochen (Hg.): Republik im Niemandsland. Ein Schwarzenberg-Lesebuch. Schkeuditz 1997.
Emmerich, Wolfgang: Kleine Literaturgeschichte der DDR. Erweiterte Neuausgabe. Leipzig 1996.

---

66 Vgl. Theunissen: Negative Theologie, S. 42–43.
67 Vgl. Theunissen: Negative Theologie, passim.
68 Vgl. Tamás Miklós: Der kalte Dämon. Versuche zur Domestizierung des Wissens. München 2016, S. 7: „Geschichtsphilosophie handelt nicht von den Geschehnissen, sondern von den Chancen und Möglichkeiten ihrer Deutung, insofern wir die Geschehnisse durch Erzählen zu unserer eigenen Geschichte machen".

Freud, Sigmund: Trauer und Melancholie [1917]. In: Ders.: Studienausgabe. Hg. vonAlexander Mitscherlich [u. a.]. Bd. 3: Psychologie des Unbewußten. Frankfurt am Main 1975, S. 193–212.

Fuchs, Anne: Poetiken der Entschleunigung in Prosatexten Wilhelm Genazinos, Julia Schochs und Judith Zanders. In: Silke Horstkotte und Leonhard Herrmann (Hg.): Poetiken der Gegenwart. Deutschsprachige Romane nach 2000. (spectrum Literaturwissenschaft/ spectrum Literature 37) Berlin/Boston 2013, S. 213–227.

Gallus, Alexander, und Eckhard Jesse: Was sind dritte Wege? Eine vergleichende Bestandsaufnahme. In: Aus Politik und Zeitgeschichte 16–17 (2001), S. 6–15.

Gamper, Michael und Helmut Hühn: Was sind Ästhetische Eigenzeiten? (Ästhetische Eigenzeiten. Kleine Reihe 1) Hannover 2014.

Geppert, Hans Vilmar: Der Historische Roman. Geschichte umerzählt – von Walter Scott bis zur Gegenwart. Tübingen 2009.

Göttsche, Dirk: Zeit im Roman. Literarische Zeitreflexion und die Geschichte des Zeitromans im späten 18. und im 19. Jahrhundert. (Corvey-Studien zur Literatur- und Kulturgeschichte des 19. Jahrhunderts 7) München 2001.

Grabbe, Katharina: Deutschland – Image und Imaginäres. Zur Dynamik der nationalen Identifizierung nach 1990. (Studien zur deutschen Literatur 205) Berlin/Boston 2014

Grub, Frank Thomas: ,Wende' und ,Einheit' im Spiegel der deutschsprachigen Literatur. Ein Handbuch. Bd. 1: Untersuchungen. Berlin/New York 2003, S. 69–90.

Heym, Stefan: Schwarzenberg. München 1984.

Heym, Stefan: Wege und Umwege. Einmischung. München 1998.

Hölscher, Lucian: Von leeren und gefüllten Zeiten. Zum Wandel historischer Zeitkonzepte seit dem 18. Jahrhundert. In: Alexander C. T. Geppert und Till Kössler (Hg.): Obsession der Gegenwart. Zeit im 20. Jahrhundert. (Geschichte und Gesellschaft. Zeitschrift für Historische Sozialwissenschaft. Sonderheft 25) Göttingen 2015, S. 37–70

Khurana, Thomas und Stefanie Diekmann: Latenz. Eine Einleitung. In: Dies. (Hg.): 40 Annäherungen an einen Begriff. Berlin 2007.

Koschorke, Albrecht: Wahrheit und Erfindung. Grundzüge einer Allgemeinen Erzähltheorie. Frankfurt am Main 2012.

Koselleck, Reinhart: Vergangene Zukunft. Zur Semantik geschichtlicher Zeiten. Frankfurt am Main 1989.

Koselleck, Reinhart: Zeitschichten. Studien zur Historik. Frankfurt am Main 2000.

Laplanche, J. und J.-B. Pontalis: Das Vokabular der Psychoanalyse. Frankfurt am Main 1973, S. 512–513.

Lindner, Doris: „Schreiben für ein besseres Deutschland". Nationenkonzepte in der deutschen Geschichte und ihre literarische Gestaltung in den Werken Stefan Heyms. (Epistemata 398) Würzburg 2002.

Lobeck, Lenore: Die Schwarzenberg-Utopie. Geschichte und Legende im „Niemandsland". Leipzig 2004.

Marx, Karl: Zur Kritik der politischen Ökonomie. Vorwort. In: Karl Marx, Friedrich Engels: Werke Bd. 13. Hg. vom Institut für Marxismus-Leninismus beim Zentralkomitee der SED. Berlin (Ost) 1961, S. 7–11.

Miklós, Tamás: Der kalte Dämon. Versuche zur Domestizierung des Wissens. München 2016.

Mitscherlich, Alexander und Margarete: Die Unfähigkeit zu trauern. Grundlagen kollektiven Verhaltens. 20. Aufl. München 2007 [1967].

Nowotny, Helga: Eigenzeit. Entstehung und Strukturierung eines Zeitgefühls, Frankfurt am Main 1993.
Nünning, Ansgar: Von historischer Fiktion zu historiographischer Metafiktion. Bd. 1: Theorie, Typologie und Poetik des historischen Romans. (LIR. Literatur – Imagination – Realität. Anglistische, germanistische, romanistische Schriften 11) Trier 1995.
Ostheimer, Michael: Zwischen sozialistischer Verlangsamung und kapitalistischer Beschleunigung. Heiner Müller als Zeitdenker und Mythopoet. In: Berliner Debatte Initial 26 (2015) H. 3, S. 16–26.
Ostheimer, Michael: „Niemandsland". Der utopische Chronotopos „Schwarzenberg" bei Stefan Heym und Volker Braun. In: Bernadette Malinowski und Ulrike Uhlig (Hg.): Der Jahrhundertzeuge. Geschichtsschreibung und Geschichtsentwürfe im Werk von Stefan Heym. (Euros. Chemnitzer Arbeiten zur Literaturwissenschaft 9) Würzburg 2016, S. 142–160.
Ostheimer, Michael: Thüringisches Wende-Mosaik: Ingo Schulzes Mikrokosmos Altenburg. In: Friederike Günther und Markus Hien (Hg.): Geschichte in Geschichten. (Würzburger Ringvorlesungen 14) Würzburg 2016, S. 231–257.
Reinhart, Walter von: Utopie und Utopiekritik in Stefan Heyms Roman *Schwarzenberg*. In: Rolf Jucker (Hg.): Zeitgenössische Utopieentwürfe in Literatur und Gesellschaft. Zur Kontroverse seit den achtziger Jahren. (Amsterdamer Beiträge zur neueren Germanistik 41) Amsterdam/Atlanta 1997, S. 359–377.
Riese, Hajo: Grenzen und Schwächen der Erkenntnis – die Wirtschaftstheorie. In: André Steiner (Hg.): Überholen ohne einzuholen. Die DDR-Wirtschaft als Fußnote der deutschen Geschichte. Berlin 2006, S. 33–44.
Rosa, Hartmut: Beschleunigung. Die Veränderung der Zeitstrukturen in der Moderne. Frankfurt am Main 2005.
Rosellini, Jay: Der Weg zum ‚dritten Weg': Stefan Heym und sein Roman *Schwarzenberg*. In: Carleton Germanic Papers 14 (1986), S. 55–67.
Sabrow, Martin: Die „Zeit" der Diktaturen. In: Merkur. Deutsche Zeitschrift für europäisches Denken 68 (2014), S. 400–411.
Schoch, Julia: Mit der Geschwindigkeit des Sommers. München 2009.
Schoch, Julia: Meine Mythomanien oder Wie sich Wirklichkeit in Literatur verwandelt, in: Sinn und Form 68 (2016), S. 708–710.
Schulze, Ingo: Neue Leben. Die Jugend Enrico Türmers in Briefen und Prosa. Herausgegeben, kommentiert und mit einem Vorwort versehen von Ingo Schulze. Berlin, 2005.
Steiner, André: From the Soviet Occupation Zone to the „New Eastern States". A Survey. In: Hartmut Berghoff (Hg.): The East German Economy, 1945–2010. Falling Behind or Catching up? Washington, D.C. 2013, S. 17–49.
Theunissen, Michael: Pindar. Menschenlos und Wende der Zeit. München 2000.
Theunissen, Michael: Negative Theologie der Zeit. Frankfurt am Main 1991.

III Alternative und hybride Romangattungen

Lynn L. Wolff
Literatur als Historiographie nach W. G. Sebald

Geschichtsschreibung und Literatur stehen seit der Antike in einer lebhaften Wechselbeziehung, die von Spannungen, Parallelen und Überschneidungen geprägt ist. Ein wichtiger Verbindungspunkt ist in diesem Zusammenhang der Versuch, die Vergangenheit zu erfassen und Darstellungsformen dafür zu entwickeln. Unterschiedliche Methoden der Geschichtsschreibung – etwa Alltagsgeschichte und Oral History[1] – finden ihren Widerhall in der Literatur; umgekehrt gilt aber auch, dass die Literatur ausschlaggebend für neue Tendenzen in der Historiographie sein kann. Der ‚Linguistic Turn' war dabei, wie unter anderen Elizabeth Deeds Ermarth feststellt, von entscheidender Bedeutung. Ermarth problematisiert Geschichte als etwas Gegebenes, d.h. als etwas Objektives oder ‚Natürliches', und vertritt sogar die Position: „History *is* literature."[2] Ihre programmatischen Thesen unterstreichen die besondere Rolle der Literatur:

> We need a history that can do what literature can do, once it is freed from historical imperatives: recognize and give priority to the multiplicity of systems and to the volatility of meaning. We need a history that recognizes the power of associative relationships and that does not dismiss such relationships as ‚irrational.' We need a history that recognizes there is more to reason than rationality, and that psychic and emotional reason operate differently from the rational, linear and productive mechanisms of history.[3]

Die im Folgenden untersuchten literarischen Texte von W. G. Sebald, Katja Petrowskaja und Per Leo lassen sich im Rahmen von Ermarths erweitertem Vernunftbegriff als eine Form von Literatur begreifen, die nicht bloß thematisch Elemente der Geschichte in den literarischen Diskurs aufnimmt oder Geschichte literarisch ‚illustriert'. Der springende Punkt ist vielmehr, dass diese Texte *als* literarische Texte Geschichte aus neuer Perspektive schreiben und damit Literatur als legitimer Teil von Historiographie auftritt.

---

[1] Obwohl moderne Formen der ‚Oral History', insbesondere auf Zeugenschaft bezogen, ein neuer Trend in der Geschichtsschreibung sind, führen mündliche Traditionen auf Herodot und Thukydides zurück.
[2] Elizabeth Deeds Ermarth: The Trouble with History. In: Stefan Deines, Stephan Jaeger und Ansgar Nünning (Hg.): Historisierte Subjekte – Subjektivierte Historie. Zur Verfügbarkeit und Unverfügbarkeit von Geschichte. Berlin 2003, S. 105–120, hier S. 114.
[3] Ermarth: The Trouble with History, S. 115.

Unter den vielfältigen Formen, Perspektiven und Funktionen literarischen Erzählens von Geschichte hat sich ein Fokus auf Historiographie herausgebildet, der insbesondere von W. G. Sebald geprägt wurde. Das Potential von Sebalds literarischen Schöpfungen und deren poetologischer Eigenart lässt sich paradigmatisch untersuchen, um auch Texte anderer Autoren besser zu verstehen. Dieser Beitrag stellt Sebalds literarisches und essayistisches Werk als eine Form von Geschichtsliteratur vor, die sich sowohl von dokumentarischer Literatur als auch vom historischen Roman unterscheidet, und untersucht, inwiefern Sebalds spezifische Erzählverfahren und Darstellungstechniken als Genrevorbild für historiographische Forschung im literarischen Diskurs dienen. Nach einem Umriss von Sebalds spezifisch hybrider Form der Geschichtsschreibung im literarischen Modus wird das Weiterwirken seiner Methode in Petrowskajas *Vielleicht Esther. Geschichten* und Leos *Flut und Boden. Ein Familienroman*, zwei Texten von 2014, verfolgt. Anders als historische Romane im traditionellen Sinne, d.h. als literarische Texte, die historische Themen oder Ereignisse narrativ entfalten, thematisieren diese Texte Geschichte und Geschichtsschreibung selbst. Die simultane Auseinandersetzung sowohl mit der Vergangenheit als auch mit den Darstellungsmodi führen sie im literarischen Diskurs. Zunächst wird ein Blick auf die Kontexte geworfen, in denen das romanhafte Erzählen von Geschichte heutzutage steht: die thematischen Interessen und gesellschaftlichen Bedürfnisse, der Einfluss des Mediensystems auf Hybridisierung und schließlich die Infragestellung der Grenze zwischen Fakten und Fiktionen.

Die Konjunktur historischen Erzählens in der deutschsprachigen Literatur macht deutlich, dass der Nationalsozialismus und der Holocaust sowie deren Nachwirkungen in der Nachkriegszeit bis in die Gegenwart eine bedeutende Rolle spielen. Die Fragen nach der nationalsozialistischen Vergangenheit werden besonders in der spezifischen Gattung des Familienromans, die seit 2000 wieder hervorgetreten ist, thematisiert.[4] In seiner Analyse von Uwe Timms *Am Beispiel meines Bruders* (2003) betont Martin Hielscher zunächst, dass nicht nur Romane, sondern auch „autobiographische Bücher, Erinnerungstexte und Sachbücher erscheinen, in denen die NS-Zeit als Familiengeschichte, als Familienroman, behandelt wird".[5]

---

4 In einem aufschlussreichen Überblick zur Gattung problematisieren Matteo Galli und Simone Costagli „den Terminus" Familienroman, denn er ist „kein in der Literaturwissenschaft allzu festgelegter Begriff." Siehe Matteo Galli und Simone Costagli: Chronotopoi. Vom Familienroman zum Generationenroman. In: Matteo Galli und Simone Costagli (Hg.): Deutsche Familienromane. Literarische Genealogien und internationaler Kontext. München 2010, S. 7–20, hier S. 7.
5 Martin Hielscher: NS-Geschichte als Familiengeschichte. *Am Beispiel meines Bruders* von Uwe Timm. In: Friedhelm Marx (Hg.), unter Mitarbeit von Stephanie Catani und Julia Schöll:

Dann erklärt Hielscher den Grund des Familienromans als passende Gattung für Problemfelder wie Erinnerung, Schuld und Täterschaft, denn diese Gattung ist „eine Form des Erzählens [...], die zwischen großer und kleiner Geschichte, den Diskursen der Familie und des einzelnen und denen der Geschichtsschreibung und ihrer Einsichten vermitteln kann: *Das kann allein die Literatur*".[6] Die Besonderheit der Literatur im Vergleich mit der wissenschaftlichen Geschichtsschreibung und offiziellen Formen des Gedenkens wird im Folgenden weiter erläutert. Darüber hinaus ist die Gattung des Familienromans – etwas breiter gefasst als Familien- oder Generationenerzählungen, die oft autobiographisch fundiert sind – ein wichtiger Kontext für die Einschätzung literarischer Geschichtsschreibung.[7]

Neben der Gattungsfrage ist das heutige Mediensystem ein wichtiger Kontextfaktor des literarischen Geschichtserzählens im 21. Jahrhundert, denn es bedingt nicht nur, wie Geschichte erzählt, sondern auch, wie sie medial präsentiert und rezipiert wird, und wie überhaupt die Vergangenheit erfahren, empfunden und verstanden wird. Zum Teil führen neue mediale Möglichkeiten im 21. Jahrhundert zu Hybridbildungen von literarischen Gattungen und insbesondere zu einer starken Intermedialität von Texten.[8] Nach Ansgar Nünning ist die Kategorie des historischen Romans an sich ein hybrides Genre, „das nicht nur Merkmale unterschiedlicher Gattungen vereinigen kann, sondern auch die Grenzen der etablierten Trennung zwischen Fiktion und Nicht-Fiktion in Frage stellt, weil es Themen der Geschichte mit Mitteln der Fiktion darstellt."[9] Wie unten gezeigt wird, geht diese Hybridisierung aber noch weiter, da literarische Autoren nicht nur geschichtliche Themen mit fiktionalen Mitteln darstellen, sondern auch Prinzipien der Geschichtsschreibung reflektieren.[10] Diese Hybridisierungen stellen

---

Erinnern, Vergessen, Erzählen. Beiträge zum Werk Uwe Timms. Göttingen 2007, S. 91–102, hier S. 95.
6 Hielscher: NS-Geschichte als Familiengeschichte, S. 95 (meine Hervorhebung, LLW).
7 In solchen Geschichten lässt sich beobachten, dass die Instanzen von Autor und Erzähler oft zusammenfallen und dass fiktive Figuren nicht unbedingt vorkommen müssen.
8 Die wachsende Zahl von Comics und Graphic Novels, die sich mit historischen Themen und Stoffen befassen bzw. die Adaptationen von romanhaften Geschichtserzählungen sind, ist auch ein Beleg für neue medienbedingte Möglichkeiten. Die Transformation von Marcel Beyers *Flughunde* in die Form einer Graphic Novel von Ulli Lust ist hierfür ein gutes Beispiel. Ulli Lust und Marcel Beyer: Flughunde. Berlin 2013.
9 Ansgar Nünning: Von historischer Fiktion zu historiographischer Metafiktion. Band 1: Theorie, Typologie und Poetik des historischen Romans. (LIR. Literatur – Imagination – Realität. Anglistische, germanistische, romanistische Schriften 11) Trier 1995, S. 92.
10 Aus diesen Gründen ist die Bezeichnung ‚historischer Roman' für das neue diskursive Projekt ‚Literatur als Historiographie' nicht geeignet. Ausführlicher zur zentralen Rolle der Hybridität für Sebalds Form von ‚Literatur als Geschichtsschreibung', siehe: Lynn L. Wolff:

die Grenze zwischen Fakten und Fiktionen erneut und dringender in Frage, aber es ginge zu weit, eine Krise des modernen Geschichtsverständnisses (d.h. entweder eine absolute Trennung oder eine völlige Verschmelzung von Vergangenheit und Gegenwart) zu behaupten. Die Gattungsfrage wird dadurch entscheidend für die Bereitstellung von Möglichkeiten kritischer Reflexion über Fiktionalität und Faktualität und deren gemeinsame Grenze.[11]

Das Problem des Verhältnisses von Literatur und Geschichte reicht, wie erwähnt, zurück bis in die Antike und ist bis heute „a strange, complex one that requires constant attention".[12] Jerome De Groot hebt hervor: „In its reminder of the individual as part of something that might be called history/past/timeliness/historicity, and in its creation of a dynamic timeline and imaginative space of potentiality within the representation of history, the historical novel fragments and fractures the reader's relationship with that history."[13] Im Folgenden wird gezeigt, wie literarisches Geschichtserzählen das kritische Bewusstsein des Lesers sowohl für vergangene Ereignisse als auch für die Darstellung dieser vergangenen Ereignisse erweckt und ermöglicht. De Groots These, dass das Verhältnis des Lesers zur Geschichte durch historische Fiktionen ‚fragmentiert' werde, bestätigt sich dabei nicht zwingend. Das Potential solcher literarischen Texte scheint vielmehr darin zu bestehen, dass sie sowohl bedeutungsvolle Verbindungen zur Vergangenheit herstellen als auch ein ethisches Engagement für die Geschichte bewirken können.

1 W. G. Sebalds Literatur als Geschichtsschreibung: Hybridität, Medialität und Engagement

Einer der repräsentativen Autoren der Hochkonjunktur literarischen Geschichtserzählens in der Gegenwartsliteratur ist W. G. Sebald (1944–2001). Im Zentrum

---

W. G. Sebald's Hybrid Poetics. Literature as Historiography. (Interdisciplinary German Cultural Studies 14) Berlin/Boston 2014.
11 Vgl. dazu Gunhild Berg (Hg.): Wissenstexturen. Literarische Gattungen als Organisationsformen von Wissen. Frankfurt am Main 2014.
12 Jerome de Groot: Remaking History. The Past in Contemporary Historical Fictions. London/New York 2016, S. 1.
13 De Groot: Remaking History, S. 15. Hier verwendet De Groot die engere Kategorie des historischen Romans, dennoch gilt sein Argument für historische Fiktionen im Allgemeinen. Vgl. auch Jerome de Groot: The Historical Novel. London/New York 2010.

seines Œuvres steht die Geschichte, und zwar im umfassendsten Sinne, verstanden nicht nur als eine Reihe spezifischer Ereignisse der Vergangenheit, sondern auch als deren Nachwirkungen und deren Darstellung in unterschiedlichen Formen. Durchgehend präsent in Sebalds Werken ist die Darstellungsproblematik in ihrem umfassenden Verständnis als Übertragung von Erfahrungen in eine semiotische, letztlich literarische Form. Die Geschichtsdarstellung ist ein wichtiger Bestandteil dieser Darstellungsproblematik und bei Sebald keineswegs auf die Repräsentation des Holocaust begrenzt, wenngleich dies ein deutlicher Schwerpunkt der angloamerikanischen Sebald-Forschung ist.[14] Seine Werke zielen nicht in erster Linie darauf, die Vergangenheit zu vergegenwärtigen, sondern sie sollen dem Leser die Möglichkeit eröffnen, sowohl Geschichte als auch Geschichtsschreibung neu und anders zu bedenken, indem sie die klare Trennung zwischen Literatur und Geschichtsschreibung in Frage stellen, ohne den diskursiven Unterschied aufzulösen. Sebalds Werke versuchen auch zu ergründen, wie die literarische Darstellung als eine Form der Übersetzung verstanden werden kann, d.h. als eine Übertragung von historischen Ereignissen und persönlichen Erfahrungen in eine literarische Form. Das Besondere an seinen Werken liegt darin, wie sie solche meta-literarischen Fragen im literarischen Diskurs selbst (dar)stellen.

Sebald hat sich, persönlich wie professionell, sein Leben lang mit Problemen der deutschen Vergangenheit beschäftigt. Dieses Interesse hat drei Dimensionen – eine epistemologische, eine ästhetische und eine ethische – und kann mit folgenden Fragen umrissen werden: Wie ist Wissen von der Vergangenheit im Allgemeinen und vom Holocaust im Besonderen möglich? Wie können diese Vergangenheit und deren spezifische Ereignisse dargestellt werden? Wie kann Sebald, als zur ‚nachgeborenen' Generation gehörig und ohne jüdische Herkunft, sich dieser Vergangenheit, vor allem der Verfolgung und Vernichtung der europäischen Juden, nähern? Die damit verbundenen Probleme der Legitimität der Literatur und ihrer Möglichkeiten sind zentrale Themen für Sebald, wie er es im Jahr 2001 in seiner Rede zur Eröffnung des Stuttgarter Literaturhauses mit der Frage: „A quoi bon la littérature? [...] Wozu also Literatur?"[15] auf den Punkt brachte. Derlei Fragen, besonders solche nach den ethischen und ästhetischen Leistungen der Literatur, werden sowohl in seinen literarischen als auch in seinen essayistischen Texten ständig thematisiert. Weiter zu bemerken ist, wie

---

14 Vgl. insbesondere die beiden Sammelbände Scott Denham und Mark McCulloh (Hg.): W. G. Sebald. History – Memory – Trauma. (Interdisciplinary German Cultural Studies 1) Berlin/New York 2006 und Jeannette Baxter, Valerie Henitiuk und Ben Hutchinson (Hg.): A Literature of Restitution: Critical Essays on W. G. Sebald. Manchester 2013.
15 W. G. Sebald: Ein Versuch der Restitution. In: Ders.: Campo Santo, Hg. von Sven Meyer. München 2003, S. 240–248, hier S. 247.

Sebalds Arbeit am und im literarischen Diskurs auf zweierlei Weise geprägt ist: einerseits von seiner Tätigkeit als Germanist und Professor für moderne europäische Literatur an der University of East Anglia in Norwich, England, und andererseits von Sebald als Schriftsteller. Diese Doppelperspektive als Beobachter (Wissenschaftler) auf der einen und Teilnehmer (Schriftsteller) auf der anderen Seite treibt eine konstitutive Spannung in Sebalds Werken hervor, eine Spannung zwischen Geschichte und Literatur, Dokumentation und Kreation, Wahrnehmung und Darstellung, Erinnerung und Imagination.

Der Frage, wie Geschichte geschrieben und welche Art von Geschichten überhaupt aufgeschrieben wird, gilt ein Hauptinteresse Sebalds. Wichtiger als fach- oder populärwissenschaftliche Geschichtsdarstellungen ist es ihm, „Geschichte empathetisch zugänglich" zu machen, wie er es 1993 in einem Interview mit Sigrid Löffler formulierte.[16] Seine Texte wehren sich freilich vehement gegen eine unreflektierte Einfühlung oder Identifikation, um eine klare Distanz aufrechtzuerhalten. Sie stellen wiederholt die Frage, wie sowohl Menschen als auch Tiere und andere Lebewesen die Destruktion und den Schmerz von Kriegen und anderen Katastrophen erfahren und empfinden. Die Darstellung solcher Erfahrungen ist ein zentrales Thema, und das Problem der semiotischen Transformation – wie diese sinnlichen Wahrnehmungen in Worte oder Bilder zu fassen sind – wird nicht durch eine vorgeblich ‚direkte' Darstellung historischer Fakten gelöst. Sogar das Gegenteil lässt sich feststellen, denn es sind die historischen Tatsachen selbst, sowie die „immer schon vorgefertigten, in das Innere unserer Köpfe gravierten Bilder",[17] die diese Transformationsversuche erschweren.

Die diskursive Trennung der Dichtung von der Geschichtsschreibung, die erstmals im neunten Kapitel der *Poetik* des Aristoteles zu finden ist, wird von Sebald thematisiert und problematisiert. Im Unterschied zur Wiedergabe eines vergangenen Ereignisses – wie es in der Geschichte vorkommt – ist die Dichtung umfassender, und noch wesentlicher ist es, dass sie das Element des Möglichen enthält. Das Mögliche ist extensiver als die existierende Realität. Daher muss die Darstellung dessen, was möglich ist, umfangreicher und universaler sein als die Darstellung dessen, was schon in die Realität eingetreten ist. Ausschlaggebend für die Dichtung ist, dass sie diesen Energie-Spielraum des nicht ausgeloteten Potentiellen enthält. Aristoteles nennt Dichtung deshalb „etwas Philosophischeres und

---

16 W. G. Sebald: Wildes Denken. Gespräch mit Sigrid Löffler (1993). In: Ders.: „Auf ungeheuer dünnem Eis." Gespräche 1971 bis 2001. Hg. von Torsten Hoffmann. Frankfurt am Main 2011, S. 82–86, hier S. 85.
17 W. G. Sebald: Austerlitz. München 2001, S. 105.

Ernsthafteres" als die Geschichtsschreibung.[18] Damit ist ein entscheidender Schritt in Richtung einer Legitimation der Unverzichtbarkeit der Literatur getan. Sebald adoptiert diese Legitimationsstrategie als konstante Leitlinie für seine Literaturtheorie ebenso wie für seine Literaturpraxis. Seine Werke streben nicht nur, wie bereits erwähnt, danach, die Vergangenheit ‚empathetisch zugänglich' zu machen, sondern auch danach, eine engagierte Lesehaltung zu provozieren. Die Fragen, die sich beim Lesen von Sebalds Texten stellen – z.B.: Wer spricht und zu welchem Zeitpunkt, oder wie verhalten sich die eingefügten Bilder zum Text? – entstehen parallel zu den Schwierigkeiten, die sich bei dem Versuch ergeben, die Werke zu kategorisieren.[19] Beides verweist auf etwas Grundlegendes von Sebalds Prosa: Er verwischt absichtlich Grenzen – sowohl kategoriale Grenzen der Gattungen als auch nationale und sprachliche Grenzen, zeitliche Grenzen zwischen Vergangenheit und Gegenwart, mediale Grenzen zwischen Text und Bild, und vor allem eben disziplinäre und diskursive Grenzen zwischen Literatur und Geschichte.

Um die Rolle von Sebalds Werken als Gattungsvorbilder eines literarischen Geschichtserzählens zu veranschaulichen, seien zunächst einige Aspekte seines Erzählverfahrens sowie seiner Darstellungstechniken kurz vorgestellt. Zentral sind die Verbindung von Individuum und Geschichte; der Nexus von Forschung und Rekonstruktion der Vergangenheit; die nichtlineare Struktur und verschachtelte Erzählweise; Intertextualität, Intermedialität und metaliterarische Reflexionen. Diese Aspekte sind keine bloßen Vergegenwärtigungstechniken, sondern sie dienen einem Erzählen, das die Konstruktion und das Umstrittene der dargestellten Geschichte in den Vordergrund stellt. Exemplarisch für Sebalds literarische Texte soll hier sein letztveröffentlichtes Werk *Austerlitz* (2001) stehen.[20] *Austerlitz* erzählt eine individuelle Lebensgeschichte (*story*) und verschränkt damit simultan ein Stück umfassende, politische Geschichte (*history*), nämlich die Geschichte der Judenvertreibung und -vernichtung durch die Nationalsozialisten. Jonathan Long sieht *Austerlitz* als „conventionally novelistic", denn der „biological trajectory provides the book with a plot,"[21] aber es ist vielleicht passender, von einer „Geschichtserfahrung" statt von einem „plot" zu sprechen.[22]

---

18 Aristoteles: Poetik. Übersetzt und herausgegeben von Manfred Fuhrmann. Stuttgart 1994, S. 29.
19 Sebald lehnte marktgängige Gattungsbezeichnungen ab, und vor allem insistierte er darauf, *Prosa* statt Romane geschrieben zu haben. Vgl. Sebald im Gespräch mit Löffler, S. 85.
20 Vgl. Lynn L. Wolff: Austerlitz. In: Claudia Öhlschläger und Michael Niehaus (Hg.): W. G. Sebald Handbuch. Leben – Werk – Wirkung. Stuttgart 2017, S 48–58.
21 Jonathan Long: W. G. Sebald: Image, Archive, Modernity. Edinburgh 2007, S. 150.
22 Amir Eshel zeigt auf, wie Sebalds Auffassung der Geschichte direkt mit der Darstellung der Zeit zusammenhängt. Er charakterisiert Sebalds Schreibweise als eine Poetik des ‚Aufschubs'. Diese Schreibweise, so Eshel, „suspends notions of chronology, succession, comprehension,

Durch die persönliche, individuelle Geschichte – Austerlitz' Suche nach seiner Identität – gelingt es Sebald, die politische Geschichte und eine kollektive Erfahrung ‚empathetisch zugänglich' zu machen. Dadurch wird es dem Leser möglich, sich der komplexen Geschichte des Holocaust von verschiedenen Seiten zu nähern. Die Suche nach der Identität verdoppelt und verdreifacht sich, denn es handelt sich um eine parallele Suche von Teilnehmern und Beobachtern: von Figur, Erzähler und Leser. Während Austerlitz versucht, seine Vergangenheit wiederherzustellen, versucht der Erzähler, diese Suche zu rekonstruieren. In ähnlicher Weise ist der Leser auch damit beschäftigt, diesem Verfahren, trotz narrativer Komplexität und Herausforderungen wie der nicht-chronologischen und verschachtelten Erzählweise, zu folgen.

Die Rekonstruktion der Geschichte ist nicht nur in *Austerlitz* thematisch relevant, für einige Forscher ist sie sogar die „raison d'être" von Sebalds Prosawerken überhaupt.[23] Andere wiederum sehen in Sebalds Texten mehr als den Versuch der Rekonstruktion, und zwar einen „Versuch der Restitution", wie Sebald es selber formulierte.[24] Sebald versucht, die Vergangenheit nicht anhand von Fakten zu belegen, sondern geschichtsübergreifende Verbindungen zu ziehen und Netzwerke aufzuweisen.[25] In diesem Sinne finden viele Sebald-Forscher eine Art Metaphysik der Geschichte in seinen Werken.[26] Robin Hauenstein etwa betont: „Sebalds Vernetzungsstrategie nach irrationalen Impulsen, ‚eine Art Metaphysik der Geschichte', ist einerseits als Versuch zu lesen, die Historiographie kritisch zu reflektieren, und andererseits dem historiographischen Diskurs einen alternativen Text gegenüberzustellen, der die Geschichtsdarstellung und -erfahrung auf anderen Wegen sucht."[27] Auf alle diese unterschiedlichen Weisen tragen seine Werke

---

and closure – a poetics that, rather than depicting and commenting on the historical event in time, constitutes an event, becomes the writing of a different, a literary time". Amir Eshel: Against the Power of Time: The Poetics of Suspension in W. G. Sebald's *Austerlitz*. In: New German Critique 88 (2003) H. 4, S. 71–96, hier S. 74. Dieses Verfahren findet sich ebenso bei Petrowskaja und Leo.

23 Mark R. McCulloh: Understanding W. G. Sebald. Columbia, SC 2003, S. 109.

24 Vgl. Jeannette Baxter, Valerie Henitiuk und Ben Hutchinson (Hg.): A Literature of Restitution: Critical Essays on W. G. Sebald. Manchester 2013; Ignasi Ribó: The One-Winged Angel. History and Memory in the Literary Discourse of W. G. Sebald. In: Orbis Litterarum 64 (2009) H. 3, S. 222–262, hier S. 239.

25 Zur zentralen Rolle der Netzwerke für Sebalds Geschichtsauffassung siehe Anne Fuchs: „Die Schmerzensspuren der Geschichte". Zur Poetik der Erinnerung in W. G. Sebalds Prosa. Köln 2004.

26 Vgl. vor allem die Beiträge in Anne Fuchs und Jonathan Long (Hg.): W. G. Sebald and the Writing of History. Würzburg 2007.

27 Robin Hauenstein: Historiographische Metafiktionen. Ransmayr, Sebald, Kracht, Beyer. (Epistemata 820) Würzburg 2014, S. 101.

zu einer „Geschichte von unten" bei, und sie demonstrieren dazu eine Geschichte gegen den Strich, wie es Walter Benjamin in seinen *Thesen zur Geschichte* formulierte.[28] Schließlich kultiviert Sebald durch seine verschachtelte Erzählweise eine Art ‚Oral History', die in den 1970er und 80er Jahren als eine alternative Methode der Geschichtsschreibung praktiziert wurde.

Passagen in Sebalds Werken, die von Intermedialität, Intertextualität und metaliterarischen Reflexionen geprägt sind, zeigen, wie sie sich, trotz ihres geschichtlichen Substrats, von historischen Romanen im traditionellen Sinne unterscheiden. Sebald folgt keiner einheitlichen Strategie, um Bilder in seine Texte einzubeziehen, dementsprechend muss der Leser die Text-Bild-Beziehung immer wieder neu bedenken.[29] Durch die wechselhafte und mehrdeutige Verbindung zwischen Verbalem und Visuellem thematisiert er sowohl die verschiedenen Realitäts- und Referenzebenen als auch die visuelle Wahrnehmung und den Akt des Sehens selbst. Darüber hinaus verweisen die vielfältigen Text-Bild-Beziehungen auf Fragen der Authentizität, Fiktionalität und Referenz – Fragen, die sowohl für Geschichtsschreibung als auch für Literatur zentral sind. Der Leser wird durch diese Textkonstitution aufgefordert, sich mit der Bild-Text-Beziehung auseinanderzusetzen und allgemeiner mit dem Verhältnis zwischen Text und ‚Realität'. Die metafiktionalen Reflexionen in Sebalds Werken unterminieren weder die textuelle Konstitution der Ereignisse[30] noch das Gefühl der Authentizität seines Erzählens. Ihre Funktion ist es vielmehr, den Leser daran zu erinnern, dass der vorliegende Text ein literarisches Konstrukt, nicht aber eine Abbildung ist. Jene Techniken leiten zur kritischen Reflexion über Historiographie an.

2 Romanhaftes Geschichtserzählen im 21. Jahrhundert

Die narrative Dichte und thematische Vielfalt sowie die Intertextualität und Intermedialität von Sebalds Werken sorgten für ein reges Nachleben seines Werkes in anderen Formen und Medien, einschließlich Blogs, Theaterstücken, Filmen,

---

28 Vgl. Walter Benjamin: Über den Begriff der Geschichte. In: Ders.: Gesammelte Schriften. Bd. I.2. Hg. von Rolf Tiedemann und Hermann Schweppenhäuser. Frankfurt am Main 1991, S. 691–703.
29 Zur Rolle der Photographien in der „metahistorischen Gedächtnisliteratur" und im besonderen Hinblick auf Sebald, vgl. Silke Horstkotte: Nachbilder. Fotografie und Gedächtnis in der deutschen Gegenwartsliteratur. Köln [u. a.] 2009, S. 13.
30 Vgl. Eshel: Against the Power of Time, S. 74.

Hörspielen und natürlich auch Literatur.[31] Im Folgenden wird erläutert, in welcher Form Kernideen von Sebalds Geschichtsauffassung bei anderen Autoren der Gegenwartsliteratur zu finden sind und inwiefern ihre Werke die Hybridisierung von Literatur und Geschichtsschreibung demonstrieren. Bei zwei Texten der deutschsprachigen Gegenwartsliteratur ist die Verbindung zu Sebald besonders offensichtlich, denn neben dem thematischen Aspekt der Verschränkung von Individuum und Geschichte sind in diesen Werken einige für Sebalds Prosaform charakteristische Darstellungsverfahren deutlich erkennbar. Vor allem durch die Verbindung von Forschung und Rekonstruktion der Vergangenheit, Intermedialität und nicht-lineare Struktur werden Katja Petrowskajas *Vielleicht Esther* und Per Leos *Flut und Boden* zu Formen reflektierter Geschichtsschreibung im literarischen Modus. Beide Texte sind 2014 erschienen und beide standen auf der Shortlist für den Preis der Leipziger Buchmesse. Die Autoren, eine promovierte Literaturwissenschaftlerin und ein promovierter Historiker, sind fast gleichaltrig (Jahrgang 1970 bzw. 1972). Weitere Verbindungspunkte gibt es zwischen ihnen und ihren Werken, was eine Veranstaltung am Literarischen Colloquium in Berlin veranschaulicht. Dort setzten sich die Autoren ausführlich mit dem Thema der deutschen Vergangenheit auseinander: Auf der einen Seite wurde Leo während der 1980er Jahre auf den Holocaust aufmerksam, auf der anderen Seite stammt Petrowskaja aus einer sowjetischen Dissidentenfamilie, deren jüdische Herkunft ihr verschwiegen wurde. Gerade die Aufarbeitung der Geschichte in Deutschland habe sie an dem Land besonders interessiert.[32] Wie bei Sebald lösen die spezifischen Erzählverfahren der Werke von Petrowskaja und Leo eine Art engagierten Lesens aus, wodurch der Leser der Vergangenheit empathisch näherkommt. Auf der thematischen Ebene – der autobiographischen Dimension ihrer Texte – unterscheiden sich die Texte Petrowskajas und Leos von Sebalds *Austerlitz*. Beide Werke stellen Familiengeschichten so dar, dass der Leser herausgefordert wird, die Stammbäume der Familien aufzuzeichnen und während des Lesens zu ergänzen. Vor diesem Hintergrund ist die Frage angebracht, ob Leos und Petrowskajas Texte dem Genre Familienroman zugerechnet werden können.

---

31 Zu drei Sebald gewidmeten Webseiten bzw. Blogs, siehe Michael Niehaus: W. G. Sebald im Internet. In: Öhlschläger und Niehaus (Hg.): W. G. Sebald Handbuch, S. 318–321.
32 Vgl. Per Leo und Katja Petrowskaja im Gespräch im Literarischen Colloquium Berlin am 23.06.2014, Unterhaltungen deutscher Eingewanderten, Portal und Hörraum: Die Sprache des Archivs, kuratiert von Deniz Utlu, URL: http://www.dichterlesen.net/unterhaltungen-deutscher-eingewanderten, zuletzt besucht am 10.10.2018.

2.1 Katja Petrowskajas *Vielleicht Esther*

Katja Petrowskajas *Vielleicht Esther* ist eine Spurensuche nach Familiengeschichten und gleichzeitig ein Versuch, den Erfahrungen der Familienmitglieder näherzukommen. Erzählt wird von einer autobiographischen Ich-Erzählerin mit dem Namen der Autorin, die immer wieder betont, dass ihre Re-Konstruktionsarbeit gleichzeitig und zwangsläufig eine Konstruktionsarbeit ist. In Petrowskajas Text wird oft eine Hauptaussage gefunden: Barbara Breysach etwa sieht ihn als die „Re-Konstruktion einer jüdischen Familiengeschichte und [die] Restitution eines verschütteten Gedächtnisses", und Hanna Tschentke schreibt: „Ihr Ziel ist es, die Ergebnisse der Recherche in einem Familienstammbaum abzubilden, um so ihren Stammbaum zu vervollständigen – auch, um ihre Familiengeschichte in der kollektiven Geschichte zu verorten."[33] Der historiographische Kern dieses Werkes – es handelt davon, was Geschichte überhaupt ist und wie sie geschrieben wird – wird gleich im Eingangskapitel vorgestellt: „Geschichte ist, wenn es plötzlich keine Menschen mehr gibt, die man fragen kann, sondern nur noch Quellen."[34] Wie bei Sebald ist „Geschichte" hier im umfassendsten Sinne zu verstehen, und darüber hinaus steht die Geschichte bzw. die Familiengeschichte nicht isoliert als einzelner Schwerpunkt da, sondern in einer Verflechtung aus Zufällen, Erinnerungen, Legenden, Mythen und Träumen. Solche Aspekte, die nicht notwendigerweise zu historischer Wahrheit führen, erzeugen in diesem Werk eine literarische Wahrheit. Veranschaulicht wird dies in der Schlüsselszene des Werkes, wo erzählt wird, wie der Vater der Erzählerin dem Schicksal der Kiewer Juden entkommt (vgl. VE 216–220). Platz wird für ihn auf einem Ladewagen gemacht, indem ein „Fikus" [sic] heruntergenommen wird, aber es bleibt unklar, ob es den Baum in Wirklichkeit gab: „Gab es den Fikus, oder ist er eine Fiktion?" fragt sich die Erzäh-

---

33 Vgl. Barbara Breysach: Schatten-Gespräche. Gedächtnispoetik in Józef Wittlins Stadtporträt *Mój Lwów* und Katja Petrowskajas Familiengeschichte *Vielleicht Esther*. In: Małgorzata Dubrowska und Anna Rutka (Hg.): „Reise in die Tiefe der Zeit und des Traums": (Re)Lektüren des ostmitteleuropäischen Raumes aus österreichischer, deutscher, polnischer und ukrainischer Sicht. Lublin 2015, S. 147–163, hier S. 147. Siehe auch Hanna Tschentke: Motive der Verschränkung der Gegenwart und Vergangenheit in Katja Petrowskajas *Vielleicht Esther*. In: Sanna Schulte (Hg.): Erschriebene Erinnerung. Die Mehrdimensionalität literarischer Inszenierung. Köln 2015, S. 270–286, hier S. 271. Auch Dora Osborne betont die Rolle des Recherchierens, und zwar über die Rolle der Erinnerung. Siehe Dora Osborne: Encountering the Archive in Katja Petrowskaja's *Vielleicht Esther*. In: Seminar. A Journal of Germanic Studies 52 (2016) H. 3, S. 255–272, hier S. 256.
34 Katja Petrowskaja: Vielleicht Esther. Geschichten. Berlin 2015. Im Folgenden im Fließtext als VE zitiert.

lerin, bevor sie schließlich feststellt: „Manchmal ist es gerade die Prise Dichtung, welche die Erinnerung wahrheitstreu macht" (VE 219).[35]

Bei Petrowskaja ist es insbesondere das Fragmentarische, das den Leser aktiviert. Man folgt den Hinweisen der Erzählerin, um die vielen Familiengeschichten aus unterschiedlichen schriftlichen und mündlichen, offiziellen und inoffiziellen Quellen in einen Zusammenhang zu bringen. Titel und Untertitel signalisieren indes, dass der Text wesentlich von Vermutungen und Möglichkeiten getragen ist. Von Anfang an weiß der Leser, dass keine Sicherheiten und endgültigen Antworten geboten werden. Das Ganze bleibt ein Fragment, oder genauer gesagt: Der Text ist ein Ganzes, das aus Fragmenten besteht. Darüber hinaus erscheint das Fragmentarische in dieser autobiographischen Erzählung als poetologisches Prinzip und wird im Erzählfluss widergespiegelt. Erinnerungsfetzen kommen stoßweise, unvermittelt und wiederholend hervor, und insofern evozieren sie die erlebte Erinnerung, d.h. die prozesshafte Natur der Erinnerung.[36] Nicht nur Erinnerungsfetzen kommen wiederholt vor, sondern auch die Namen und die Verwandtschaftsbeziehungen werden immer wieder eingeführt. Die häufige Wiederholung von Informationen unterstreicht das Fragmentarische und spiegelt den Versuch der Erzählerin, ihr Wissen – wie fragmentarisch es auch sein mag – festzuhalten, als ob sie den Stammbaum immer wieder aufzeichnen müsste, damit die Familiengeschichten nicht vergessen werden. Das Inhaltsverzeichnis am Ende des Textes unterstreicht das Konzept des Fragmentarischen. Zwar bieten die Kapitelüberschriften einen Überblick über die wichtigsten Themen, Personen und Stationen der Familiengeschichte, dennoch wird der fragmentarische Charakter des Werkes dadurch unterstrichen, dass diese längeren Sektionen aus 66 kürzeren Kapiteln zusammengesetzt werden.[37]

Abbildungen spielen eine strukturelle und ästhetische Rolle in *Vielleicht Esther* und tragen wesentlich zum Engagement des Lesers bei. Insgesamt vierzehn

---

[35] Bei der Jurydiskussion im Bachmann-Wettbewerb meinte Daniele Stirgl über diese Szene: „Es ist ja alles logisch falsch [...], aber poetisch stimmt's." Daniele Stirgl: Aus der Diskussion der Jury. In: Hubert Winkels (Hg.): Klagenfurter Texte. Die Besten 2013. Die 37 Tage der deutschsprachigen Literatur in Klagenfurt. München/Zürich 2013, S. 35–46, hier S. 38.
[36] Ebenfalls in der oben erwähnten Diskussion im Literarischen Colloquium Berlin machte Petrowskaja eine für diesen Aufsatz wichtige Unterscheidung zwischen Vergangenheit und Wahrnehmung der Vergangenheit: Sie erläutert weiter die zeitliche Dimension der Erinnerung, d.h. wie die Erinnerung im Moment geformt wird.
[37] Kapitel 1: Eine exemplarische Geschichte; Kapitel 2: Rosa und die Stummen; Kapitel 3: Mein schönes Polen; Kapitel 4: In der Welt der unorganisierten Materie; Kapitel 5: Babij Jar; Kapitel 6: Deduschka. Die Kapitel werden von zwei kurzen Sektionen „Google sei Dank" und „Kreuzung" gerahmt. Die 66 kürzeren Kapitel sind auch einzeln im Inhaltsverzeichnis aufgelistet.

Bilder sind in den Text integriert, hauptsächlich Photographien, aber auch eine Zeichnung und ein Zeitungsausschnitt. Von den zwölf Photographien sind vier ‚Exzerpte' aus einer anderen Photographie, die den Blick des Lesers auf gewisse Personen bzw. auf gewisse Aspekte ihrer Persönlichkeit lenken sollen.[38] Anders als bei Sebald, bei dem die Bilder mehr Fragen aufwerfen als Antworten liefern und es in keinem seiner Werke Information zu den Bildern bzw. Bildquellen gibt, findet man am Ende von Petrowskajas Text einen „Bildnachweis" (VE 285). Aber auch ohne den Nachweis kann man die Bilder dem Text zuordnen, was freilich nicht heißt, dass es eine simple Text-Bild-Beziehung im Sinne einer Illustration gäbe. Die Bildposition im Text spiegelt oft die Darstellungsproblematik wider, wie das letzte Bild im Text veranschaulicht. Dieses Bild – die Reproduktion einer handgefertigten schematischen Zeichnung mit Notizen vom Konzentrationslager in Gunskirchen – fand die Erzählerin im Archiv, als sie zu ihrem Großvater forschte, der als Kriegsgefangener in Mauthausen und Gunskirchen war. Als sie erkannte, dass er zu eben der Zeit in Gunskirchen war, als eine Gruppe ungarischer Juden auf einem Todesmarsch das Lager erreichte, wurde sie von der Verschränkung beider Schicksale überwältigt. Das Bild befindet sich mitten im Satz und unterbricht den Erzählfluss (siehe Abb. 1):

> Ich versuchte mir vorzustellen, wie er die Ankommenden wahrnahm und was danach passierte, aber es gelang mir nicht, und ich las dann noch die Übersetzungen aus dem Ungarischen [...] bis ich irgendwann auch das nicht mehr konnte, mein seelischer Speicher war voll mit den Toten im Wald, und ich fing an, die losen Blätter zu kopieren, denn Geräte sind bekanntlich dazu da, unsere Unfähigkeiten zu eliminieren, oder eher, unsere Fähigkeiten zu erweitern, und ich kopierte, als hätte ich durch das Kopieren irgend jemandes Leben verlängern oder gar vervielfältigen können, ich schaute nicht einmal auf die Blätter, dort waren Bilder, die nicht für mich bestimmt waren, ich schaute nur kurz hin und war sicher, dass ich sie nie wieder anschauen würde, aber ich brauche sie!, und drückte auf den Knopf, so erzeugte ich weitere Kilos von Grausamkeiten, doch durch diese Vervielfältigung passierte etwas, wozu wir Geräte brauchen, und ich drückte auf den Knopf, als hätte dieses Gerät etwas retten können, ich kopierte alles und spürte, wie meine eigene Zukunft immer größer, immer ausgedehnter wurde, je mehr ich Gunskirchen kopierte, angesichts dieser immer weiter aufgeschobenen Betrachtung, die mir vielleicht gar nicht gestattet ist, und ich kopierte, bis ich zu ahnen begann, dass ich wieder einmal *e* von *ä* nicht unterschied, gerettet, Geräte, und in diesem Gerät Rettung suchte, unbedacht. (VE 272–74)

---

[38] Vgl. die Photos von ihrem Urgroßvater Ozjel Krzewin und dem taubstummen Lehrer Abram Silberstein (VE 95, 98), sowie die Photos von ihrem Großonkel Judas Stern (VE 158, 162, 170). Diese Fokussierungstechnik erinnert an die Photographien und deren ‚Auszüge', die Monika Maron in ihrem Werk *Pawels Briefe. Eine Familiengeschichte* (Frankfurt am Main 1999) verwendet (z.B. S. 96–97, 164 und 167).

danach passierte, aber es gelang mir nicht, und ich las dann noch die Übersetzungen aus dem Ungarischen, *Wir haben aber trotzdem einen guten Platz bekommen, Onkel Geza hat ihn erkämpft*, bis ich irgendwann auch das nicht mehr konnte, mein seelischer Speicher war voll mit den Toten im Wald, und ich fing an, die losen Blätter zu kopieren, denn Geräte sind bekanntlich dazu da, unsere Unfähigkeiten zu eliminieren, oder eher, unsere Fähigkeiten zu erweitern, und ich kopierte, als hätte ich durch das Kopieren irgend jemandes Leben verlängern oder gar vervielfältigen

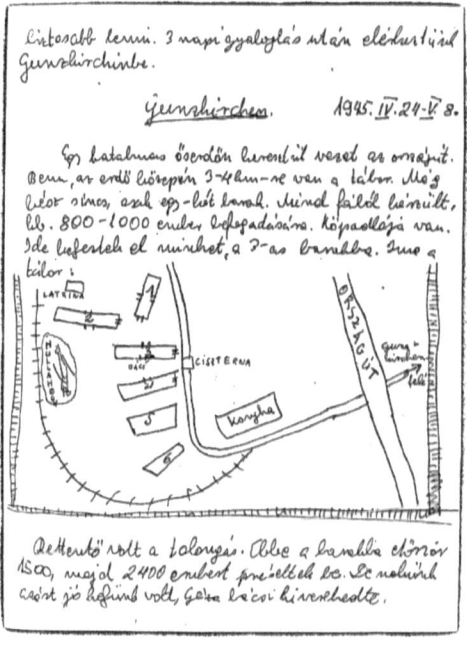

können, ich schaute nicht einmal auf die Blätter, dort waren Bilder, die nicht für mich bestimmt waren, ich schaute nur kurz hin und war sicher, dass ich sie nie wieder anschauen würde, aber ich brauche sie!, und drückte auf den Knopf, so erzeugte ich weitere Kilos von Grausamkeiten,

Abb. 1: Katja Petrowskaja: Vielleicht Esther. Geschichte. Berlin 2015, S. 273, mit freundlicher Genehmigung des Suhrkamp-Verlags.

Diese Passage, geprägt vom Gedanken über die Grenzen des Vorstellungsvermögens, demonstriert eine Parallele zwischen dem Inhalt des Textes und der Wahrnehmung der Bilder im Text. Auch Reflexionen zum epistemologischen Status des Bildes und zur ethisch-ästhetischen Dimension des Bildbetrachtens findet man bei Petrowskaja. Das heißt, physische Bilder und Dokumente (hier von der Erzählerin ‚kiloweise' kopiert) machen es paradoxerweise möglich, die Grausamkeiten der Vergangenheit nicht anschauen und die Geschichte nicht verstehen zu müssen. Bilder und Dokumente dienen schließlich einer Art Verdrängung dessen, was sie darstellen. Was diese Passage auch leistet, ist eine kritische Reflexion zum Nexus der epistemologischen, ästhetischen und ethischen Dimensionen des Forschens und Schreibens. Nach dieser Passage folgt eine Auflistung von unvollständigen Sätzen und Satzfetzen, die mal kürzer, mal länger sind und mit der endlichen Rückkehr des Großvaters zu seiner Frau Rosa abschließen (vgl. VE 274–276). Diese Reihe von fragmentarischen Gedanken erinnert strukturell an die Auflistung am Anfang des Textes, als die Erzählerin zum ersten Mal versucht, ihren Familienbaum zu skizzieren (vgl. VE 18–20). Am Ende ist die Erzählerin nicht näher an einer vollständigen Geschichte, aber dies kann, wie schon im Titel und Untertitel angedeutet wird, auch gar nicht das Ziel dieses Buches sein.[39] Die Schlussszene mit einer geheimnisvollen Begegnung zwischen der Erzählerin und einer Dame in Weiß unterstreicht das Besondere an Petrowskajas Familiengeschichtsschreibung mit fiktionalen Mitteln; die Szene mahnt metaphorisch, dass man der eigenen Geschichte bzw. Vergangenheit nicht leicht entkommen kann.

2.2 Per Leos *Flut und Boden*

Die Beschäftigung mit den historischen Bedingungen der eigenen Herkunft treibt auch Per Leo in seinen wissenschaftlichen und literarischen Werken um. *Flut und Boden* erzählt die Geschichte einer Familie über fünf Generationen aus der Perspektive eines autobiographischen Ich-Erzählers, der den Namen mit dem Autor teilt. Beim Sortieren der Bücher des Großvaters reflektiert der Erzähler über sein verdrängtes Wissen:

---

[39] Hinsichtlich der Gattungsfrage charakterisiert Petrowskaja ihren Text folgendermaßen: „Das wird eine Familiengeschichte aus Familienerzählungen. Etwas ohne Gattung eigentlich, eine Mischung aus Reportagen von Recherchereisen, journalistischen Versuchen und so etwas Ähnlichem wie Fiktion." Zitiert in Elmar Krekeler: Katja Petrowskaja im Porträt. In: Winkels (Hg.): Klagenfurter Texte, S. 47–56, hier S. 50.

> Natürlich wusste ich, dass Großvater ein Nazi gewesen war. Und ich wusste es nicht. Warum hatte mich das nie interessiert? Ich studierte Geschichte, ich hielt mich für links. Warum hatte ich meinem Vater, mit dem ich über fast alles stritt, nicht die Daumenschrauben angelegt? Warum hatte ich ihm nicht zugesetzt damit, dass er mit seinem Vater nie ins Gericht gegangen war? Warum hatte ich nie den Vorhang angehoben, der die beiden Fächer des Bücherregals verdeckte?[40]

Leos Roman ist ein Versuch, Antworten auf diese Fragen zu finden und wird von den eigenen Erinnerungen des Erzählers an seine Verwandten geprägt. Der Roman ist nicht bloß ein weiteres Beispiel für Texte der sogenannten dritten Generation und deren Vorwürfe gegen das Verschweigen der Verstrickungen der eigenen Familien während der Zeit des Nationalsozialismus.[41] Im Kern ist der Roman ein Doppelporträt zweier Familienmitglieder väterlicherseits. Neben dem Großvater Friedrich ist der Großonkel Martin „die andere Hauptfigur dieses Buches" (FB 47), wie der Erzähler eingangs ankündigt (nebenbei: man erkennt hier, wie Leo seine Geschichte zugleich erzählt und kommentiert). Die beiden männlichen Verwandten sind für ihn „wie zwei Hälften eines zerrissenen Bildes. [...] in meinem Kopf ein unzertrennliches Paar" (FB 47). Die divergenten Schicksale dieser beiden Männer – die körperliche Behinderung auf der einen Seite und die nationalsozialistische Überzeugung auf der anderen – werden am Anfang des sechsten Kapitels explizit auf den Punkt gebracht: „Im Frühjahr 1938 ordnen die Nazis an, dass Dr. Martin Leo, wohnhaft Dessau, Schlageterallee 58, zu sterilisieren sei. [...] In Berlin wird zur gleichen Zeit der Papierkram für Friedrich Leos Aufnahme ins Rasse- und Siedlungshauptamt erledigt" (FB 121). Wie einzigartig diese Familiengeschichte auch sein mag, sie steht zugleich für die deutsche Geschichte während der Zeit des Nationalsozialismus. Darüber hinaus ist der Roman mehr als eine Familiengeschichte, indem er die Geschichte der Erforschung der Familiengeschichte schildert. Diese reflektierte Form einer (Familien-)Geschichtsschreibung im literarischen Diskurs greift wesentliche Aspekte von Sebalds hybrider Prosaform auf und führt sie weiter.

Zunächst ist es der Untertitel – *Roman einer Familie* –, der die Aufmerksamkeit auf sich zieht. Diese Formulierung wirft mehrere gattungstheoretische Fragen auf, vor allem: Wie unterscheidet sich der Text von Familienromanen bzw.

---

[40] Per Leo: Flut und Boden. Roman einer Familie. Stuttgart 2014, S. 23. Im Folgenden als FB zitiert. Solche Reihen von Fragen sind Element einer Erzähltechnik, die mehrmals im Text zum Zuge kommt (vgl. u. a. FB 131–132, 146, 149, 153, 156 und 281).
[41] Zu deutschsprachigen Generationen- und Enkelromanen siehe Robert Forkels Beitrag in diesem Band.

Generationenromanen im Besonderen oder Romanen im Allgemeinen?[42] Ferner ist der Untertitel im Zusammenhang mit der starken autobiographischen Dimension des Textes ein Zeichen dafür, dass es sich weder um einen traditionellen historischen Roman noch um Memoiren handelt. Darüber hinaus erhält die Frage nach dem Bezug des Textes zur Realität erneut Bedeutung, insbesondere durch die Konstruktion des Textes und vor allem durch die unterschiedlichen Quellen, die herangezogen werden. Hauptsächlich sind dies der Nachlass des Großvaters, die Lebenserinnerungen des Großonkels Martin, das Interview des Erzählers mit dem ältesten Bruder des Vaters und seine eigenen Gespräche mit dem Vater. Im Vergleich mit den assoziativen und unvermittelten Erinnerungen bei Petrowskaja erscheinen die aufgezeichneten Erinnerungen und Geschichten in Leos Roman viel ‚fertiger' und konstruierter, etwa durch die Nummerierung der Kinder des Großvaters (M44, M42, M41, W38, W37, W36). Dieses Erzählkonstrukt wirkt als Distanzierungsverfahren auf der einen Seite und auf der anderen Seite fordert es den Leser auf, selbst aktiv zu werden, denn die Nummerierung muss dechiffriert werden.[43]

Die oben erwähnten Gattungsfragen, besonders im Hinblick auf den Werdegang des Autors, führen zu weiteren sowohl disziplinären als auch diskursiven Fragen. Es sei außerdem erwähnt, dass der Roman den gleichen Ausgangspunkt wie Leos Doktorarbeit hat. Die publizierte Dissertation fängt sogar mit der gleichen Szene an, nämlich der Durchsicht und dem Sortieren der Bücher des Großvaters. Soweit sich diese Bücher leicht in zwei Kategorien aufteilen lassen, veranschaulichen sie den Widerstreit zwischen ‚Kultur' und ‚Barbarei'. Ein Buch jedoch fügt sich diesem Schema nicht, und dieses Buch motivierte Leo zu seiner Dissertation, wie er einleitend beschreibt:

> Als ich Anfang 1995 half, die von meinem Großvater bewohnten Räume von den Dingen zu trennen, die er benutzt hatte, fielen mir wie von selbst lauter Bücher in die Hand. [...] Neben sogenannter Kultur stand bald eben so viel sogenannte Barbarei. Das allein wäre kaum der Rede wert. Faszinierend machte dieses Nebeneinander erst ein Band, der derart ‚zwischen' den anderen stand, dass ich nicht recht wusste, auf welchen der beiden Stapel

---

42 Im oben zitierten Gespräch mit Petrowskaja im Literarischen Colloquium Berlin erzählt Leo davon, wie er die Bezeichnung „Familienroman" ablehnte, und wie ihm „Roman" trotzdem vom Verlag aufgezwungen wurde.
43 Diese Distanzierungstechnik hat einen Kritiker besonders empört: „Verschrobenheiten wie der formale Einfall, einige Figuren nur mit Buchstabe und Zahl auftreten zu lassen (etwa M42 oder W37, soll heißen: männlich, Jahrgang 1942, oder: weiblich, Jahrgang 1937) verderben den Roman endgültig." Vgl. Anonym: Überflutung. In: Der Spiegel 9 (2014), S. 99.

er zu legen sei: Ludwig Klages' *Handschrift und Charakter*, ein 1917 erschienenes Standardwerk der Graphologie.[44]

Nach der kurzen Erwähnung der Bücher am Anfang von Leos Roman kommt der Erzähler erst in der zweiten Hälfte des Romans wieder auf sie zurück: „Von den Büchern soll noch die Rede sein" (FB 163). Die genauere Ausführung folgt im neunten Kapitel: „Ich hatte angekündigt, von den Büchern meines Großvaters zu erzählen" (FB 185). Die autobiographische Dimension des Romans wird hier wieder eindeutig, indem der Erzähler seine besondere Beschäftigung mit einem der Bücher beschreibt: „Doch auch dieser Prozess verlangte mir etwas ab, eine Doktorarbeit und sechs Jahre Lebenszeit" (FB 185). Gemeint ist Leos Beschäftigung mit Klages' Werk, das sowohl der Großvater als auch der Großonkel Martin besaßen, was für das Doppelporträt dieser zwei Männer im Roman von besonderer Bedeutung ist.[45]

Wie bei Petrowskaja ist auch Leos Roman in thematischen Kapiteln organisiert, und ähnlich ist auch die bausteinartige Erzählform. So heißt es am Ende des ersten Kapitels:

---

44 Per Leo: Der Wille zum Wesen. Weltanschauungskultur, charakterologisches Denken und Judenfeindschaft in Deutschland 1890–1940. Berlin 2013, S. 13. Leos Doktorarbeit wurde mit dem Sonderpreis „Judentum und Antisemitismus" an der Humboldt-Universität zu Berlin ausgezeichnet.

45 Es würde hier zu weit führen, Leos Doktorarbeit und Roman näher zu vergleichen, obwohl eine Analyse des Historischen im Vergleich zum Literarischen sehr aufschlussreich sein könnte, insbesondere im Hinblick auf die mit Sebald vergleichbare Doppelperspektive des Wissenschaftlers und Schriftstellers. Bei einer Lesung des Romans im Stuttgarter Literaturhaus am 09.06.2014 äußerte sich Leo über die Einschränkungen des historiographischen Diskurses. Er beschrieb den Zwang, sein Thema in literarischer Form weiter zu ergründen. Einige Rezensenten weisen auf die Verbindung von Doktorarbeit und Roman hin. Thomas Meyer etwa behauptet, dass Leo mit seinen zwei Werken „die wohl umfassendste Deutung und Herausforderung der etablierten Darstellungsformen, Narrative und Thesen zur Vorgeschichte, Geschichte und dem Nachleben des Nationalsozialismus vorgelegt [hat]". Thomas Meyer: Antisemitismus als körperliches Geschehen. In: Literaturkritik.de, Nr. 11, November 2014, URL: https://literaturkritik.de/id/19908, zuletzt besucht am 10.10.2018. In seiner Rezension von Leos Doktorarbeit streicht Nicolas Berg das Literarische dieser historischen Studie heraus: „Teil des argumentativen und literarischen Verfahrens von Per Leo ist es dabei, nicht die üblichen Lehrsätze der NS-Ideologie aufzufächern, sondern geistesgeschichtlich prägende Momente und Motive zu erkunden, in denen Ideologie im Denken und Handeln der Akteure stattfindet. Deshalb wird das Werk von Ludwig Klages und dessen Graphologie hier nicht monographisch behandelt, sondern zum ‚Leitmotiv' (S. 15) der Darstellung." Nicolas Berg: Rezension zu: Per Leo: Der Wille zum Wesen. Weltanschauungskultur, charakterologisches Denken und Judenfeindschaft in Deutschland 1890–1940. Berlin 2013. In: H-Soz-Kult 20.02.2015, URL: http://www.hsozkult.de/publicationreview/id/rezbuecher-21961 zuletzt besucht am 10.10.2018.

> Noch immer sind in meinem Kopf nur Wörter. Aber sie tönen nicht mehr so schrill. Sie stehen herum wie Bruchstücke eines Textes, die nur ein langer Kommentar wieder verbinden könnte. Familienwappen, Humanismus, Schiffbau, Villa, Heide, Scholle, Bücher, Blitzkrieg, Sturmbannführer. Da komme ich also her. (FB 28)

Im darauffolgenden Kapitel erklärt der Erzähler ausführlicher, wie er zum „Nazienkel" geworden ist (vgl. FB 29–46), aber dann tritt er bzw. seine persönliche Geschichte in den Hintergrund. Der Erzähler lässt die anderen Stimmen der Familie durch unterschiedliche Quellen zum Sprechen kommen. Wieder an Sebald erinnernd, werden diese Quellen nicht nur explizit eingeführt, sondern auch auf einer Metaebene kommentiert: „Hätte ich dieses Gespräch nicht auf Kassetten aufgenommen, es wäre unwiederbringlich verloren gewesen" (FB 302). Überdies wird der Inhalt der Quellen auf den Informations- und Wahrheitsgehalt hin überprüft (vgl. FB 304), und die Sprache bzw. Wortwahl des Sprechers wird analysiert: „,Es könnte sein', so beginnt sie meistens, das Wort *könnte* laut und anziehend betont, und zur Verstärkung gleich noch einmal: ‚Es könnte sein, dass…'" (FB 306, Hervorhebung im Original). Der Erzähler vergleicht nicht nur die unterschiedlichen Perspektiven der drei Söhne des Großvaters, sondern auch den Inhalt ihrer Erzählungen sowie die unterschiedlichen Erzählweisen (vgl. FB 316–320). Dieser Stil hat manchmal die Wirkung, dass die Darstellung vielmehr an einen Bericht als an einen Roman erinnert, wie Sebastian Hammelehle in seiner Rezension hervorhebt. Er schreibt, „Leo referiert seine Geschichte eher, als dass er sie konventionell erzählt".[46] Insbesondere durch die metaliterarischen Kommentare zur Kunst des Erzählens (etwa FB 298) wird der Text zu einer reflektierten Form der Geschichtsschreibung im literarischen Diskurs.

Während die eingebetteten Bilder bei Sebald und Petrowskaja eine wesentliche Rolle spielen – sowohl in der Konstruktion des Textes als auch für ein engagiertes Lesen –, findet man in Leos Roman nur ein einziges Bild, einen Kupferstich, auf dem Vorsatz und Nachsatz des Buches. Photographien, Gemälde und Zeichnungen werden zwar beschrieben, jedoch nicht abgebildet. Bilder im metaphorischen Sinne, etwa als bildhafte Beschreibungen oder in ekphrastischer Form, kommen aber oft vor. Wichtiger als Bilder ist die Musik, die sowohl eine thematische als auch eine strukturelle Rolle im Roman spielt. Es gibt zwölf Lieder bzw. Gedichte unterschiedlicher Genres von Pop und Rock bis Metal, die in den Text eingebaut und am Ende des Werkes zitiert

---

[46] Sebastian Hammelehle: Der nationalsozialistische Butterkuchen. In: Der Spiegel Online, 2014, URL: http://www.spiegel.de/kultur/literatur/per-leos-familiengeschichte-flut-und-boden-a-954101.html, zuletzt besucht am 10.10.2018.

werden.[47] Das Verhältnis zwischen Text und Lied bzw. Gedicht ist der Text-Bild-Beziehung bei Sebald ähnlich: Manchmal wird ein klarer Bezug zur Musik hergestellt – etwa in der Diskussion der Weihnachtslieder, die während der Nazizeit umgeschrieben wurden (vgl. FB 178–179) –, manchmal kommt ein Lied ohne expliziten Bezug im Text vor, aber dennoch mit ‚illustrativer' Funktion – etwa die ersten sechs Zeilen aus Wilhelm Müllers *Nebensonnen* (vgl. FB 54). Parallel zu den metaliterarischen Kommentaren zur Geschichtsschreibung gibt es im Roman auch Kommentare über Lieder, die dem Leser signalisieren, wie sie zu verstehen seien.[48]

Das letzte Kapitel, *Die Neigung* (FB 326–347), beginnt mit einer mitreißenden Ekphrasis des obenerwähnten Kupferstichs, der eine „amphibische Landschaft" (FB 327) darstellt. Erzählt wird dann die Entstehungsgeschichte von Anton Radls Stich, der aus dem Jahre 1821 stammt und der als Zeichnung beginnt, bevor die Szene gemalt und schließlich gestochen wurde (vgl. FB 327). Zentral für den Erzähler ist das Sujet, das Dampfschiff *Weser*, das fast im Mittelpunkt des Bildes steht: „Kaum vier Jahre alt, ist die *Weser* da schon ein Sinnbild. Sie steht für einen großen Aufbruch" (FB 329). Anschließend an diese Beschreibung werden sowohl Aspekte der Geschichte Bremens als auch die Rolle der technischen Entwicklung der Dampfkraft geschildert, und durch diese Geschichten führt der Erzähler Verbindungen zu seiner Familiengeschichte ein.[49] Parallel zur Ekphrasis des Kupferstichs wird eine Darstellung von zwei Dampfschiffen, die eine junge Verwandte des Erzählers gezeichnet hatte, auch im Detail geschildert, denn sie zeigt für den Erzähler „das Leitmotiv unseres Familienmythos" (FB 345). Nicht beim ersten Blick auf die Zeichnung, sondern erst im Nachhinein kommt der Erzähler zu dieser Erkenntnis, als er sich das Photo von der Zeichnung, das er auf dem Mobiltelefon hat, wieder anschaut. Dadurch betont er, wie der Zugang zur Vergangenheit medial vermittelt wird. Dieses letzte Kapitel nimmt das Thema Herkunft wieder auf, das in fragmentarischer Weise im ersten Kapitel eingeführt wurde (vgl. FB 28), und schließt mit dem Gedicht *In der Heimat* von dem Heimatdichter

---

[47] Vgl. „Die zitierten Lieder und Gedichte" (FB 348–349). Weitere Volkslieder und Songs, die gewöhnlich keinem Autor zugeschrieben werden, werden im Anhang nicht zitiert; sie sind: *Kein schöner Land in dieser Zeit* (FB 16), *Dat du min Leevsten büst* (FB 155), der Stadiongesang *Werder Brem'*, *Es ist für uns eine Zeit angekommen* (FB 178–179) und *Bald nun ist Weihnachtszeit, fröhliche Zeit* (FB 184).

[48] Von deutschen Kinderliedern etwa meint der Erzähler lakonisch: „[D]iese Lieder [sind] nur Kurzformen des deutschen Bildungsromans" (FB 105).

[49] Der Einschub des Gedichts *Siegfrieds Schwert* von Ludwig Uhland unterstreicht diese Bezüge (vgl. FB 340).

Georg von der Vring. Durch solche intermedialen Elemente – Bildbeschreibungen, Gedichte, Lieder und Songs – schlägt der Erzähler einen Bogen von regionaler, nationaler und politischer Geschichte zu seinen persönlichen Erinnerungen, nicht um Letztere zu erklären, sondern um die Familiengeschichtsschreibung metaphorisch darzustellen.

3 Fazit

Der vorliegende Band zum romanhaften Geschichtserzählen im 21. Jahrhundert befasst sich mit der erneuten Hochkonjunktur von Erzähltexten mit historischen Themen oder Ereignissen. Eine wichtige Dimension der Darstellung von Geschichte in Literatur sind Aspekte wie figürliche und szenische Anschaulichkeit oder Vergegenwärtigungsverfahren. Dieser Beitrag fokussiert auf eine Autorin und einen Autor, deren literarische Texte Dimensionen der Geschichte freilegen, die eine vermeintlich faktenorientierte Historiographie nicht zu erfassen vermag. Die Werke von W. G. Sebald dienten als Vorbild für diese Diskussion, denn sie zeigen, wie Verfahren der Geschichtsschreibung im literarischen Diskurs eine eigene Kontur gewinnen können. Dazu wurde untersucht, inwiefern Sebalds Erzähltechniken bei der Hybridisierung von Literatur und Geschichtsschreibung von Katja Petrowskaja und Per Leo aufgenommen und produktiv gemacht wurden. Ähnlich wie Sebald gelingt es Petrowskaja und Leo, durch persönliche, individuelle Geschichten eine kollektive Erfahrung der Vergangenheit „empathetisch zugänglich" zu machen. Wie Sebald befassen sie sich mit der Rekonstruktion der Vergangenheit, nicht in erster Linie, um diese vergangene Zeit zu vergegenwärtigen, sondern um die Konstruktivität der Geschichte durch kritische Überlegungen zu betonen. Während die Methode der Recherche bei Sebald im Vordergrund steht, hauptsächlich weil seine Figuren erfunden und fiktionalisiert sind, steht bei Petrowskaja und Leo die Rekonstruktionsarbeit an der Familiengeschichte im Zentrum. Diese Rekonstruktion wird in ihren Werken nicht nur geschildert, sondern sie wird zur Voraussetzung einer bedeutungsvollen Verbindung zur Vergangenheit.

Alle drei Autoren teilen eine Ethik des Schreibens, die durch Reflexionen über die eigene Subjektivität in ihren Werken signalisiert wird. Die Position des Autors vis-à-vis der persönlichen und politischen oder nationalen Geschichte beeinflusst ihr Verständnis von und ihre Beziehung zur Vergangenheit. Diese Ethik wird in Erzählstrategien eingeschrieben, die die Leser auffordern, sich mit dem Text im Spezifischen und mit der Geschichte im Allgemeinen auseinanderzusetzen. Die Verschränkung von Individuum und Geschichte, Forschung und Rekonstruktion sowie intermediale Darstellungstechniken fordern die Leser auf, sich mit beiden Seiten der Wechselbeziehung zwischen Literatur und Geschichtsschreibung zu beschäftigen. Dieses engagierte Lesen scheint eine genuin literarische Leistung und eine Besonderheit des literarischen Geschichtserzählens im 21. Jahrhundert zu sein. Die Leistung literarischer Texte wie Sebalds, Petrowskajas und Leos ist es, Geschichte zu thematisieren und zu problematisieren, um einen reflektierten und individuellen Zugang zu ihr zu öffnen und so ein kritisches Bewusstsein für Geschichte und Geschichtsdarstellung zu erzeugen. Denn, um Sebald das letzte Wort zu geben, „[e]s gibt viele Formen des Schreibens; einzig aber in der literarischen geht es, über die Registrierung der Tatsachen und über die Wissenschaft hinaus, um einen Versuch der Restitution."[50]

Bibliographie

Anonym: Überflutung. In: Der Spiegel 9 (2014), S. 99.
Aristoteles: Poetik. Übersetzt und hg. von Manfred Fuhrmann. Stuttgart 1994.
Baxter, Jeannette, Valerie Henitiuk und Ben Hutchinson (Hg.): A Literature of Restitution. Critical Essays on W.G. Sebald. Manchester 2013.
Benjamin, Walter: Über den Begriff der Geschichte. In: Ders.: Gesammelte Schriften. Hg. von Rolf Tiedemann und Hermann Schweppenhäuser. Frankfurt am Main 1991, S. 691–703.
Berg, Gunhild (Hg.): Wissenstexturen. Literarische Gattungen als Organisationsformen von Wissen. Frankfurt am Main 2014.
Berg, Nicolas: Rezension zu: Per Leo: Der Wille zum Wesen. Weltanschauungskultur, charakterologisches Denken und Judenfeindschaft in Deutschland 1890–1940. Berlin 2013. In: H-Soz-Kult 20.02.2015, URL: http://www.hsozkult.de/publicationreview/id/rezbuecher-21961, zuletzt besucht am 10.10.2018.
Breysach, Barbara: Schatten-Gespräche. Gedächtnispoetik in Józef Wittlins Stadtporträt *Mój Lwów* und Katja Petrowskajas Familiengeschichte *Vielleicht Esther*. In: Małgorzata Dubrowska und Anna Rutka (Hg.): „Reise in die Tiefe der Zeit und des Traums". (Re)Lektüren des ostmitteleuropäischen Raumes aus österreichischer, deutscher, polnischer und ukrainischer Sicht. Lublin 2015, S. 147–163.
De Groot, Jerome: The Historical Novel. London/New York 2010.
De Groot, Jerome: Remaking History. The Past in Contemporary Historical Fictions. London/New York 2016.
Denham, Scott, und Mark McCulloh (Hg.): W. G. Sebald. History – Memory – Trauma. (Interdisciplinary German Cultural Studies 1) Berlin/New York 2006.
Ermarth, Elizabeth Deeds: The Trouble with History. In: Stefan Deines, Stephan Jaeger und Ansgar Nünning (Hg.): Historisierte Subjekte – Subjektivierte Historie. Zur Verfügbarkeit und Unverfügbarkeit von Geschichte. Berlin 2003, S. 105–120.
Eshel, Amir: Against the Power of Time: The Poetics of Suspension in W.G. Sebald's *Austerlitz*. In: New German Critique 88 (2003) H. 4, S. 71–96.

---

[50] W. G. Sebald: Ein Versuch der Restitution In: Ders.: Campo Santo, S. 240–248, hier S. 248.

Fuchs, Anne: „Die Schmerzensspuren der Geschichte". Zur Poetik der Erinnerung in W.G. Sebalds Prosa. Köln 2004.
Fuchs, Anne, und J. J. Long (Hg.): W. G. Sebald and the Writing of History. Würzburg 2007.
Galli, Matteo, und Simone Costagli: Chronotopoi. Vom Familienroman zum Generationenroman. In: Matteo Galli und Simone Costagli (Hg.): Deutsche Familienromane. Literarische Genealogien und internationaler Kontext. München 2010, S. 7–20.
Hammelehle, Sebastian: Der nationalsozialistische Butterkuchen. In: Der Spiegel Online, 2014, URL: http://www.spiegel.de/kultur/literatur/per-leos-familiengeschichte-flut-und-boden-a-954101.html, zuletzt besucht am 10.10.2018.
Hauenstein, Robin: Historiographische Metafiktionen. Ransmayr, Sebald, Kracht, Beyer. (Epistemata 820) Würzburg 2014.
Hielscher, Martin: NS-Geschichte als Familiengeschichte. *Am Beispiel meines Bruders* von Uwe Timm. In: Friedhelm Marx (Hg.), unter Mitarbeit von Stephanie Catani und Julia Schöll: Erinnern, Vergessen, Erzählen. Beiträge zum Werk Uwe Timms. Göttingen 2007, S. 91–102.
Horstkotte, Silke: Nachbilder. Fotografie und Gedächtnis in der deutschen Gegenwartsliteratur. Köln [u.a.] 2009.
Krekeler, Elmar: Katja Petrowskaja im Porträt. In: Hubert Winkels (Hg.): Klagenfurter Texte. Die Besten 2013. Die 37. Tage der deutschsprachigen Literatur in Klagenfurt. München/Zürich 2013, S. 47–56.
Leo, Per: Flut und Boden. Roman einer Familie. Stuttgart 2014.
Leo, Per: Der Wille zum Wesen. Weltanschauungskultur, charakterologisches Denken und Judenfeindschaft in Deutschland 1890–1940. Berlin 2013.
Leo, Per, und Katja Petrowskaja im Gespräch im Literarischen Colloquium Berlin am 23.06.2014, Unterhaltungen deutscher Eingewanderten, Portal und Hörraum: Die Sprache des Archivs, kuratiert von Deniz Utlu, URL: http://www.dichterlesen.net/unterhaltungen-deutscher-eingewanderten, zuletzt besucht am 10.10.2018.
Long, Jonathan: W. G. Sebald: Image, Archive, Modernity. Edinburgh 2007.
Lust, Ulli, und Marcel Beyer: Flughunde. Berlin 2013.
Maron, Monika: Pawels Briefe. Eine Familiengeschichte. Frankfurt am Main 1999.
McCulloh, Mark R.: Understanding W. G. Sebald. Columbia, SC 2003.
Meyer, Thomas: Antisemitismus als körperliches Geschehen. In: Literaturkritik.de, Nr. 11, November 2014, URL: https://literaturkritik.de/id/19908.
Niehaus, Michael: W. G. Sebald im Internet. In: Claudia Öhlschläger und Michael Niehaus (Hg.): W. G. Sebald Handbuch. Leben – Werk – Wirkung. Stuttgart 2017, S. 318–321.
Nünning, Ansgar: Von historischer Fiktion zu historiographischer Metafiktion. Band 1. Theorie, Typologie und Poetik des historischen Romans. (LIR. Literatur – Imagination – Realität. Anglistische, germanistische, romanistische Schriften 11) Trier 1995.
Osborne, Dora: Encountering the Archive in Katja Petrowskaja's *Vielleicht Esther*. In: Seminar. A Journal of Germanic Studies 52 (2016) H. 3, S. 255–272.
Petrowskaja, Katja: Vielleicht Esther. Geschichten. Berlin 2015 [2014].
Ribó, Ignasi: The One-Winged Angel. History and Memory in the Literary Discourse of W. G. Sebald. In: Orbis Litterarum 64 (2009) H. 3, S. 222–262.
Sebald, W. G.: Austerlitz. München 2001.
Sebald, W. G.: Ein Versuch der Restitution. In: Ders.: Campo Santo. Hg. von Sven Meyer. München 2003, S. 240–248.

Sebald, W. G.: Wildes Denken. Gespräch mit Sigrid Löffler (1993). In: Torsten Hoffmann (Hg.): „Auf ungeheuer dünnem Eis." Gespräche 1971 bis 2001. Frankfurt am Main 2011, S. 82–86.
Stirgl, Daniele: Aus der Diskussion der Jury. In: Hubert Winkels (Hg.): Klagenfurter Texte. Die Besten 2013. Die 37. Tage der deutschsprachigen Literatur in Klagenfurt. München/Zürich 2013, S. 35–46.
Tzschentke, Hanna: Motive der Verschränkung der Gegenwart und Vergangenheit in Katja Petrowskajas *Vielleicht Esther*. In: Sanna Schulte (Hg.): Erschriebene Erinnerung. Die Mehrdimensionalität literarischer Inszenierung. Köln 2015, S. 270–286.
Wolff, Lynn L.: Austerlitz. In: Claudia Öhlschläger und Michael Niehaus (Hg.): W. G. Sebald Handbuch. Leben – Werk – Wirkung. Stuttgart 2017, S. 48–58.
Wolff, Lynn L.: W. G. Sebald's Hybrid Poetics. Literature as Historiography. (Interdisciplinary German Cultural Studies 14) Berlin/Boston 2014.

Herbert Uerlings
Der neuere postkoloniale historische Roman

Probleme und Perspektiven

Am Boom des historischen Romans in den letzten Jahrzehnten hat interkulturelles Erzählen einen maßgeblichen Anteil. Das gilt auch für den postkolonialen Roman: Die neue Aufmerksamkeit für Erinnerungs- und Gedächtniskulturen, die weltweite Auseinandersetzung mit Fragen der ‚geteilten Geschichte' und des Postkolonialismus sowie der in Politik und Medien stark beachtete hundertste Jahrestag des deutschen Völkermords an den Herero im Jahr 2004 haben auch die deutsche Kolonialzeit in den Mittelpunkt des Interesses gerückt. Das gilt, wie Dirk Göttsche gezeigt hat, auf dem Feld des historischen Romans für das Genre des Familienromans, d.h. hier Romane, die sich ganz explizit auf die historische Spurensuche zur deutschen Kolonialgeschichte begeben, für historische Biographien zur afrikanischen Diaspora, aber auch für den postmodernen Roman mit ‚postkolonialem Blick' (Lützeler).[1] Postkolonialismus in der deutschsprachigen Literatur lässt sich aufgrund der Besonderheiten der deutschen Kolonialgeschichte nicht sinnvoll als ‚writing back' durch Autoren und Autorinnen aus ehemals kolonisierten Ländern definieren, sondern nur unabhängig von der Herkunftsfrage: Der postkoloniale historische Roman wendet sich nach dem Kolonialismus auf diesen zurück und thematisiert Geschichte und Gegenwart kolonialer Ereignisse, Mentalitäten, Diskursmuster und Narrative, reflektiert die Problematiken der Repräsentation (der literarischen ebenso wie der historiographischen u.a.) und begreift sich selbst als Teil und Kommentar zu einer ‚geteilten Geschichte'. Daraus ergeben sich einige Probleme und Perspektiven:

- Wie geht der postkoloniale historische Roman mit der Spannung zwischen imaginärer Zeitreise, dem Anspruch, Vergessenes ‚erinnernd' darzustellen – nicht zuletzt, weil es fortwirkt – und dem Wissen um die Unmöglichkeit einer objektiven Repräsentation der Vergangenheit um?
- Welche Rolle spielt der Bezug auf aktuelle Formen und Praktiken der Memoria (des Kolonialismus, aber auch damit interferierender Zeiten wie der NS-Zeit)?

---

[1] Vgl. Dirk Göttsche: Remembering Africa. The Rediscovery of Colonialism in Contemporary German Literature. Rochester/New York 2013.

- Wie entgeht man, wenn man sich auf die Dialektik historischen Erzählens einlässt, d.h. auf das Wechselverhältnis von historischer Vergangenheit und perspektivierender Gegenwart, der Gefahr der Wiederholung kolonialer Narrative unter anderen (‚kritischen') Vorzeichen? Solche Formen der Wiederholung erschöpfen sich nicht in Phänomenen wie einem ‚stofflichen' Exotismus etc., sondern sie können sich auch auf Tiefenstrukturen (rhetorische Strategien, Gattungskonventionen etc.) beziehen: die Fortschreibung kolonialer Dichotomien, die Wiederholung eines kolonialen Gestus wie der Faszination des ‚Entdeckens', der ‚Landnahme' oder des *imperial eye* (Pratt) u.a.m.
- Welche Rolle kann, muss, soll bei der Bearbeitung dieser Probleme Metafiktionalität spielen (im engeren Sinne einer z.B. in Form eines *rewritings* mit anderen Texten verfahrenden, sich ästhetisch an kolonialen Quellen abarbeitenden Hervorhebung des Gemachtseins, der Fiktionalität der kolonialen Repräsentation, aber auch im Sinne einer weiter gefassten Reflexion auf das Verhältnis von Fakten und Fiktionen in Geschichtsschreibung und anderen Formen der Memoria)?
- Wie soll mit dem Problem nicht nur unterschiedlicher Zeithorizonte, sondern auch kulturell differenter Sichtweisen umgegangen werden? Bei interkulturellen Konstellationen stellt die Perspektive der ‚anderen' eine besondere Herausforderung dar. Die Darstellung der Perspektiven von Kolonisierten birgt, zumal wenn sie nur lückenhaft oder gar nicht überliefert sind, die Gefahr der Usurpation, Funktionalisierung, Verzerrung oder Projektion. Die Ausblendung solcher Perspektiven impliziert die Gefahr der Wiederholung der kolonialen Inferiorisierung, Marginalisierung und Auslöschung. Kann eine programmatische Selbstbeschränkung auf eine Kritik der Sicht der Kolonisatoren eine Lösung sein? Falls ja, unter welchen Voraussetzungen? Oder kann, darf, muss man im Rahmen einer fiktionalisierten *entangled history*, die die Wechselseitigkeit der Transferprozesse zwischen kolonisierenden und kolonisierten Ländern in den Mittelpunkt stellt, das Problem durch Fokalisierungen auch kulturell ‚fremder' Perspektiven ästhetisch reflektieren? Bietet sich nicht gerade dafür die fiktionale Darstellungsweise an, weil sie mit Wahrheitsansprüchen einen anderen Umgang pflegt als faktuale Texte?

Die Fragen lassen sich zu einer einzigen zusammenfassen: Wie kann sich das postkoloniale Potential der Literatur – hier des historischen Romans – als poetisches entfalten?

1 Metafiktionalität, *reenactment* und Grenzen interkulturellen Erzählens – Christof Hamanns *Usambara*

1.1 Erfundene Geschichte(n)

Eine ganze Reihe jüngerer Autoren reagiert auf die Herausforderungen postkolonialen historischen Erzählens mit Romankonzepten, die sich durch eine Verbindung von kritischen Selbstreflexionen kolonialer Subjektpositionen mit metafiktionalen Brechungen auszeichnen. Zu den besonders virtuos erzählten, in ihrem Reflexionsniveau ansprechenden und zugleich unterhaltsamen Romanen dieser Art gehört Christof Hamanns *Usambara* (2007).[2] Der Roman handelt auf der Ebene der Vergangenheit von der Erstbesteigung des Kilimandscharo durch den Deutschen Hermann Meyer, den Österreicher Ludwig Purtscheller und – in der Fiktion – den Erfurter Gärtner Leonhard Hagebucher im Jahr 1889 sowie dem vorangegangenen vergeblichen Versuch einer Besteigung im Jahr 1888, an dem anstelle Purtschellers der österreichische Afrikaforscher Oscar Baumann teilnahm. Bei dem Erzähler des Romans handelt es sich um den Urenkel Leonhard Hagebuchers, Fritz Binder, der in der Erzählgegenwart ebenfalls zum Kilimandscharo aufbricht: Er nimmt an einem (fiktiven) „Kilimandscharo Benefit Run" (U 13) – kurz „KBR" (U 124 u.a.) – teil, mit dessen Erlös das weitere Abschmelzen der Gletscher des Berges verhindert werden soll.

Diese Grundkonstellation bietet Raum für ein ironisch-parodistisches *rewriting* (neo)kolonialer Geschichte(n) und die Frage nach dem Stellenwert einer kolonialen Schuld im kollektiven Gedächtnis der Deutschen. Dabei spielen unterschiedliche Formen und Medien der Repräsentation eine Rolle: kommunikatives und kollektives Gedächtnis, Mündlichkeit und Schriftlichkeit, quellengestützte Rekonstruktion und freie Erfindung, Reisebericht und Abenteuerliteratur, Wissenschaft und ‚Familienroman' (Letzterer im Sinne nicht nur des literarischen Genres, sondern auch Sigmund Freuds und Harald Welzers). Das übergreifende Thema dabei ist, dass diese Formen, Medien und Genres sich nicht auseinanderhalten lassen, sondern jede Konstruktion von Geschichte aus einer Mischung von Fakten und Fiktionen besteht. Diese Problematisierung von Geschichtsschreibung und darüber hinaus jeder Form von

---

[2] Christof Hamann: Usambara. Göttingen 2007; Zitatnachweise im Haupttext unter der Sigle „U".

‚Authentizität' im Sinne einer durch Ermittlung eines außerfiktionalen Ursprungs autoritativ beglaubigten Wahrheit bildet für Hamann den entscheidenden Unterschied zwischen *Usambara* und dem traditionellen historischen Roman:

> Nicht die Prätexte sorgen für Authentizität, sondern das Erzählen. Traditionell historische Romane bemühen sich darum, dieses Gemachte zu verbergen, etwa durch direkte Rede oder mit Hilfe einer autoritären, allmächtigen Erzählerstimme. Mir ging es in *Usambara* eher darum, dieses Gemachtsein von Authentizität herauszustellen. Ich wollte zeigen, dass das Echte erfunden werden kann, deswegen aber nicht machtlos ist. Im Gegenteil: Gerade dass in meinem Roman von der Vergangenheit in einer bestimmten Weise erzählt wird, schafft eine Wirklichkeit, der sich die Figuren nicht entziehen können und die sie erst zu Subjekten macht.[3]

Das ‚Gemachtsein von Authentizität' führt Hamann auf der historischen Ebene vor, indem er die Reise- und Entdeckungsberichte Meyers zitiert und dabei mittels Parodie, Satire und Groteske so umschreibt, dass das ‚Gemachte' deutlich hervortritt. Hamann pointiert, was der Expeditionsbericht marginalisiert oder verschweigt, weil er es nicht als Teil einer heroischen Bewährung integrieren kann, und zeigt dadurch dessen Genre-Konventionen. Vor allem aber wird der ‚Kilimandscharo-Komplex', d.h. die mit der Erstbesteigung begonnene Stilisierung dieses Berges zum Kollektivsymbol für die Macht und Größe des kolonialen Deutschland, gründlich destruiert.[4]

Der Destabilisierung der Authentizitätseffekte des Expeditionsberichts und des traditionellen historischen Erzählens dient natürlich bereits die Mischung realhistorischer Entdecker mit einer ostentativ erfundenen Figur.[5] Außerdem steht

---

3 Christof Hamann: Ruinen, Verketten, Verformen. Zum Umgang mit Materialien beim Schreiben. In: Christof Hamann und Alexander Honold (Hg.): Ins Fremde schreiben. Gegenwartsliteratur auf den Spuren historischer und fantastischer Entdeckungsreisen. Göttingen 2009, S. 313–322, hier S. 321–322.
4 Vgl. dazu auch Christof Hamann und Alexander Honold: Kilimandscharo. Die deutsche Geschichte eines afrikanischen Berges. Berlin 2011.
5 Vgl. Hagebucher: „Ich bin eben ein Abenteurer, wie er im Buche steht." (U 25, vgl. 200) Das ist zugleich als Hinweis auf Raabes Roman *Abu Telfan oder Die Heimkehr vom Mondgebirge* (1867) zu verstehen, in dem, wie es in Hamanns Nachbemerkung heißt, sich der „Name Leonhard Hagebucher" (U 260) erstmals findet, aber auch auf Raabes *Stopfkuchen* (1891), in dem das Schiff, das Eduard zurück in seine Wahlheimat Südafrika bringt, und damit auch der Schreibort des Romans, den Namen „Leonhard Hagebucher" trägt. Zu den intertextuellen Verweisen Hamanns vgl. insbesondere Laura Beck: Kolonialgeschichte(n) neu schreiben. Postkoloniales Rewriting in Christof Hamanns *Usambara*. (Literatur – Kultur – Text 9) Marburg 2011, S. 49–84, sowie Axel Dunker: „Es ist eine Frage des Gedächtnisses". Relektüren historischer und literarischer Texte in Christof Hamanns Roman *Usambara*. In: Hansjörg Bay und Wolfgang

Hagebucher in der Hierarchie der Europäer ganz unten und erzählt deshalb häufig aus einer Froschperspektive oder der eines Schelmen – eine ideale Voraussetzung für das ironisch-kritische *rewriting* der kolonialen Geschichte(n). Der Gesamterzähler ist jedoch Fritz Binder, und für diesen hat die Entheroisierung Meyers, Baumanns und Purtschellers vor allem die Funktion, die Nicht-Erwähnung des Urgroßvaters in den Expeditionsberichten zu erklären und Hagebucher posthum die verdiente Anerkennung zukommen zu lassen. Diese Erzählung Binders ist ein traditioneller historischer Roman, und zwar einer, der technisch gut gemacht ist, vor allem wenn es um die Erzeugung von Spannung und Authentizitätseffekten geht, sei es bei der Entdeckung des Usambaraveilchens, in der Gefangenschaft des Araberführers Buschiri oder beim letzten Ansturm auf den Gipfel. Das wird ironisch gebrochen, indem Hamann auch hier das ‚Gemachtsein der Authentizität' ausstellt: Einschlägige Gattungskonventionen (romantischer Literatur, des Reiseberichts, des Abenteuer- und Bergsteigerromans) werden – z.B. durch ihre Übererfüllung – deutlich als solche markiert, Binder selbst bekennt sich zu seinem höchst willkürlichen Umgang mit Meyers und Baumanns Quellentexten,[6] und es wird in einer Binnenepisode, als es darum geht, Hagebucher „in die Geschichte des Boxsports zu verwickeln" (U 28), die Erfindung von Geschichte vorgeführt.

Binder erfindet sich einen Urgroßvater auf der Grundlage einer Familienüberlieferung, deren Wahrheitsgehalt unklar bleibt und die mindestens so sehr als Verstrickung und Druck wie als Lösung für die eigenen Identitäts- und Anerkennungsprobleme erlebt wird. Um vor sich, seiner Freundin Camilla, seiner Mutter und der übrigen Welt nicht als Versager und „Klotz am Bein" (U 41, 200) dazustehen – eine seelische Realität, die durch die Familienerzählung erzeugt wird –, versucht Binder die Erzählung vom Urgroßvater bis zur leibhaftigen Verkörperung zu nutzen, verstrickt sich aber dadurch nur noch tiefer in sie. Hamann setzt dem Ganzen die Krone auf, indem er den Verdacht stärkt, dass es sich bei Binders Ausgangspunkt, den Afrika-Expeditionen Hagebuchers, um erfundene Geschichten handelt. Geschichte wird in dieser Sicht immer von den Interessen der Gegenwart her konstruiert, die ihrerseits wiederum auf Erzählungen zurückgehen, ohne dass sich deutlich zwischen privaten und öffentlichen, individuellen und kollektiven, historiographischen und frei erfundenen Narrationen unterscheiden ließe.

Struck (Hg.): Literarische Entdeckungsreisen. Vorfahren – Nachfahren – Revisionen. Köln [u. a.] 2012, S. 157–171.
6 Vgl. U 83, 165. Bei den Quellentexten, die in der Nachbemerkung des Romans auch genannt werden, handelt es sich um Oscar Baumanns *In Deutsch-Ostafrika während des Aufstandes* (1890) und Hans Meyers *Ostafrikanische Gletscherfahrten* (1890).

1.2 Schuld, Memoria und *reenactment*

Ein Thema, das in *Usambara* private und öffentliche, historische und gegenwärtige Diskurse durchdringt, ist das der Schuld. Der Roman lässt keinen Zweifel daran, dass Kolonialismus und Nationalsozialismus mit Schuld verbunden waren, und der Urgroßvater war zumindest ein ‚Mitläufer' des Kolonialismus. Denn auch wenn er, wie man vermuten darf, nie in Afrika gewesen ist, hat er durch seinen Handel mit dem Usambaraveilchen davon finanziell profitiert („er züchtete, das Geschäft blühte", U 215), außerdem hat er sich durch seine afrikanische Erzählung innerhalb der Familie immenses symbolisches Kapital verschafft. Erkauft wurde diese (Selbst-)Stilisierung durch ein Schweigen über die schuldhaften Seiten des Kolonialismus und möglicherweise auch über eine Mitschuld am Tod seines ungeliebten Schwiegersohnes August Ködling.

Durch ihn, den Großvater Fritz Binders, der schon 1932 „Naziuniform" (U 148) trug, ist die Familie mit dem Nationalsozialismus verbunden. Vor allem die Mutter ist bemüht, ihren Vater als schwarzes Schaf zu marginalisieren. Man darf vermuten, dass sie ihren Großvater Leonhard Hagebucher idealisiert, um von ihrem Vater abzulenken, und womöglich gehört sogar die spätere Koketterie mit einer angeblichen Ermordung durch Hagebucher dazu, denn sie suggeriert ja, dass dieser die Ehre von Familie und Nation gerettet habe. Die Mutter hat jedenfalls ureigene Interessen, die Familienlegende aufzugreifen und fortzuspinnen. Binder setzt das fort, und beide verfahren nach dem Muster, das Harald Welzer u.a. unter dem sprechenden Titel *Opa war kein Nazi* als signifikante deutsche Geschichtserzählung erläutert haben.[7] Die eigene Familie oder doch der Teil, in dessen Tradition man sich sieht, wird aus Verbrechen und Schuld herausgehalten.

Fritz Binder wiederum setzt aber durch seine Idealisierung Hagebuchers, seine Teilnahme am KBR und sein gegenüber den Einheimischen ignorantes Auftreten in Tansania die Ausblendung der Kolonialschuld und diese selbst fort und hofft, wie sein Urgroßvater davon (allerdings nur noch auf der symbolischen Ebene) zu profitieren. Außerdem beteiligt er sich damit an der Marginalisierung der NS-Schuld: „Mein Kilimandscharo. Mein Kampf." (U 213) Insofern lässt sich der Roman zweifelsohne als Einladung zur Auseinandersetzung mit der Verstrickung in koloniale, nationalsozialistische und neokoloniale Schuld lesen.[8] Gleichwohl sind die erinnerungspolitische Akzentuierung und ihre Ausformung bemerkenswert. Bei Hamann geht es nicht um eine Illustration der breit

---

[7] Vgl. Harald Welzer, Sabine Moller und Karoline Tschuggnall: „Opa war kein Nazi". Nationalsozialismus und Holocaust im Familiengedächtnis. Frankfurt am Main 2002.
[8] Das haben vor allem Beck und Dunker gezeigt.

diskutierten These einer Kontinuität zwischen Kolonialismus und Nationalsozialismus, wie etwa in den postkolonialen Romanen von Thomas von Steinaecker (*Schutzgebiet*, 2009) und Christian Kracht (*Imperium*, 2012). Im Gegenteil: Die Schrecken der damit verbundenen Barbarei werden in *Usambara* nicht spürbar.[9] Und während in der Memoria-Diskussion das lange Schweigen über die deutsche Kolonialgeschichte u.a. damit erklärt wird, dass sie durch die Auseinandersetzung mit der NS-Geschichte überlagert worden sei, ist die Konstellation in Hamanns Roman genau umgekehrt: Über den Nationalsozialismus wird geschwiegen, während die Kolonialgeschichte sehr präsent ist, genauer gesagt: Die Auseinandersetzung mit der kolonialen wie mit der nationalsozialistischen Schuld wird durch die Binder-Familie verweigert, indem über Kolonialgeschichte in verklärender Weise als Abenteuer- und Entdeckungsgeschichte gesprochen wird. Wie lässt sich das auf aktuelle Tendenzen der Memoria des Kolonialismus beziehen? Fritz Binders ‚traditioneller' historischer Roman über Hagebuchers Expedition führt vor allem *eines* vor, das für die gegenwärtige populäre Vergegenwärtigung der Kolonialgeschichte bezeichnend ist: das *reenactment* der kolonialen Vergangenheit.[10]

In den einschlägigen Produktionen ist eine Kritik des Kolonialismus zwar mehr oder weniger obligatorisch, sie bleibt aber partiell und vordergründig, denn letztlich dient sie vor allem als Lizenz zum Konsum bzw. zum ‚Eintauchen' in die reanimierte ‚Vergangenheit'. Das ist in literarischen Reinszenierungen von Entdeckungsreisen nicht anders als beim *reenactment* deutscher Kolonialgeschichte in aktuellen Fernsehproduktionen wie Guido Knopps für das ZDF co-produziertem Histotainment-Dreiteiler *Das Weltreich der Deutschen* (2010) oder in TV-Produktionen wie *Die Wüstenrose* (1999), *Afrika, mon amour* (2007) und *Momella – Eine Farm in Afrika* (2007).[11]

Fritz Binder übt prononciert *keine* Kritik am Kolonialismus, sondern geht gleich zum *reenactment* über, mithin zu dem, worum es beim gegenwärtigen Boom eigentlich geht. Voraussetzung dafür ist eine selektiv und ahistorisch

---

9 So heißt es über August Ködling, den Nationalsozialisten in der Familie, dass er 1932 nur noch „kurze Zeit zu leben hat" (U 148).
10 Zum *reenactment* deutscher Kolonialgeschichte vgl. Wolfgang Struck: Reenacting Colonialism. Germany and its Former Colonies in Recent TV Productions. In: Volker M. Langbehn (Hg.): German Colonialism, Visual Culture, and Modern Memory. New York 2010, S. 260–277; Hansjörg Bay und Wolfgang Struck: Postkoloniales Begehren. In: Gabriele Dürbeck und Axel Dunker (Hg.): Postkoloniale Germanistik. Bestandsaufnahme, theoretische Perspektiven, Lektüren. Bielefeld 2014, S. 457–578.
11 Der erste Teil von Knopps Doku-Reihe (*Kopfjagd in Ostafrika*) spannt im Übrigen den Bogen von der Besteigung des Kilimandscharos durch Hans Meyer am 6. Oktober 1889 bis zu einer Gedenkfeier zur Erstbesteigung in der Zeit nach Tansanias Unabhängigkeit.

verfahrende Ausstattung der Protagonisten mit einer heutigen Mentalität, damit der Rezipient sich problemlos einfühlen kann. Das ist bei Binders Hagebucher, der ganz auf unschuldige Sammeltätigkeit, Fernweh und Bergsteigen getrimmt ist, der Fall. Binders Autor Hamann aber stellt wie gezeigt nicht weniger deutlich die Unmöglichkeit einer solchen historischen Zeitreise aus.[12]

Im zeitgenössischen kolonialhistorischen Melodram werden zudem die Widerstände, die dem Begehren seiner Protagonisten entgegenstehen, dem politischen *common sense* folgend, nicht mehr einfach ‚Afrika' angelastet – landen dann aber auf Umwegen doch wieder bei Afrika als dem topischen Ort unerklärlicher Gewaltausbrüche, nicht domestizierter Natur und intensivierter Erfahrung von Körperlichkeit und damit insgesamt erhöhter ‚Authentizität'.[13] In der Erzeugung solcher körperbasierten Authentizitätseffekte besteht auch – ‚gipfelnd' im Gleichklang von Hechelatmung und Parataxe am Romanende – die hohe Kunst von Fritz Binders Erzählen. Nur in Hamanns Perspektive deliriert Binder im Höhenkoller.

Den historischen Roman, den Fritz Binder über Leonhard Hagebucher erzählt, kann man also als Kritik eines weit verbreiteten aktuellen Umgangs mit der Kolonialgeschichte lesen, eines *reenactments*, das vor allem die Möglichkeit der Identifikation mit ‚unschuldigen' Figuren und ihren Lebensformen, Mentalitäten und Wünschen in einem kolonialen Setting anbietet. Der Roman legt die Deutung nahe, dass gerade diese Form des Kolonial- und Afrikabooms eine Reaktion auf die als schuldhaft erlebte NS-Zeit ist. Das *reenactment* fungiert als (vermeintliche) ‚Gegenphantasie', in der das Thema ‚Deutschland und die Welt' in einem anderen Licht erscheint: Deutschland als Land der Forscher, Entdecker, Abenteurer und der besseren Kolonisatoren, vor allem aber ein Traum von nationaler Unschuld und Größe.

1.3 Fremde Stimmen – Grenzen postkolonialen Erzählens

Aus der von Hamann gewählten Erzählperspektive und dem *rewriting* eines Expeditionsberichts ergibt sich die Gefahr einer überbordenden Reproduktion kolonialer Repräsentationsformen. Der Autor begegnet dem mit den Mitteln der ironischen Zuspitzung und komischen Übertreibung, der Satire und Groteske

---

12 Zur Rolle der Zeitreise im historischen Roman und ihrer Verbindung zum *reenactment* vgl. Daniel Fulda: Zeitreisen. Verbreiterungen der Gegenwart im populären Geschichtsroman. In: Silke Horstkotte und Leonhard Herrmann (Hg.): Poetiken der Gegenwart. Deutschsprachige Romane nach 2000. (spectrum Literaturwissenschaft/spectrum Literature 37) Berlin/Boston 2013, S. 189–211, hier insbesonders S. 203–209.
13 Vgl. Bay und Struck: Postkoloniales Begehren, S. 503.

sowie durch skeptische Äußerungen der Zuhörer und den Widerspruch der „Korrektivfigur"[14] Camilla. Es ist jedoch fraglich, ob diese Brechungen ausreichen.

Zu den Grundregeln kolonialer und neokolonialer Repräsentation gehört insbesondere die Marginalisierung und Ausblendung der Stimmen der Kolonisierten. Hamann hat nun seine Figuren Hagebucher und Binder mit einer (man darf vermuten: seiner) Lust an Wortwitz, Sprachmusik und Lautmalerei ausgestattet, die sie in eine besondere Nähe zu den Kolonisierten zu bringen scheint (vgl. U 22–23). Mit einem Interesse des Autors an den Kolonisierten hat das allerdings nichts zu tun, allenfalls mit jener primitivistischen Neugier, die die Ausdrucksformen anderer funktionalisiert. Denn am Ende des Romans taucht „das wunderbare Usambaaaaaaaaraaaaaaaa" (U 258) Hagebuchers in Phantasie und Rede Fritz Binders in einer Wunscherfüllungsphantasie wieder auf, die den Sieg des Wunderbaren, des Tanzes, des Rausches und der Liebe über die Erblast der Toten und über die Folienverpackung für den einst vielstimmigen, jetzt verstummten Kibo beschwört: „[I]ch schnappe nach Luft, nach Silben und Lauten, nach dem erlösenden aaaaaaaaaaaaaaaaaaaaaaaaaaaaaaaaaaaaaaaaaaaaaaaaaaaaaa" (U 259).

Natürlich bewegt sich diese Passage ganz im Imaginären. Sie ist als Delirium im Höhenkoller gekennzeichnet, in dem der (überhöhte, in Wahrheit aber wahrscheinlich gescheiterte) Urgroßvater das Versagen des Sohnes kompensieren soll. Darin liegt eine Ironie, die die Vergeblichkeit (und das ‚Mitläufertum') der Phantasie sowie die Kontinuität von Kompensationsgeschichten betont und vielleicht auch eine Überbetonung der Kolonialgeschichte im zeitgenössischen Erinnerungs- und Gedächtnisdiskurs[15] hervorhebt. Womöglich scheint hier auch ein Wissen Hamanns darum auf, dass er als Autor in der Nachfolge seiner Figuren ebenfalls ein Interesse an der Kolonialgeschichte ausbeutet, zumal den Roman eine wechselseitige Metaphorisierung von Schreiben und Bergsteigen durchzieht. Unbeschadet aller Ironie aber gilt: Im Imaginären, im Erzählen erreichen alle Beteiligten ihr Ziel und damit fallen die Zielpunkte von Hagebuchers kolonialer Entdeckungsreise, Binders KBR und Hamanns Erzählen zusammen.[16] In einem Roman, dessen Poetik auf dem ‚Zerschreiben' der Narrative der Entdeckungsreise beruht, ist das nicht unproblematisch.

---

14 Stephani Catani: Metafiktionale Geschichte(n). Zum unzuverlässigen Erzählen historischer Stoffe in der Gegenwartsliteratur. In: Christof Hamann und Alexander Honold (Hg.): Ins Fremde schreiben. Gegenwartsliteratur auf den Spuren historischer und fantastischer Entdeckungsreisen. Göttingen 2009, S. 143– 168, hier S. 163.
15 So die Vermutung von Göttsche: Remembering Africa, S. 407.
16 Vgl. Hansjörg Bay: Literarische Landnahme? Um-Schreibung, Partizipation und Wiederholung in aktuellen Relektüren historischer ‚Entdeckungsreisen'. In: Hansjörg Bay und Wolfgang Struck (Hg.): Literarische Entdeckungsreisen, S. 107–131, hier S. 131.

Das *rewriting* kolonial imprägnierter Genres stößt jedoch nicht nur dort an seine Grenzen, wo eine ‚primitivistische' Rezeption indigener Stimmen sich mit Konventionen kolonial imprägnierter Genres und Erzählabsichten des Autors überlagert, sondern auch bei der Gestaltung afrikanischer Figuren und Perspektiven. Auch hier gibt es zunächst eine Ebene, auf der die Kontinuitäten zwischen kolonialer und neokolonialer Politik kritisch vorgeführt werden: Der Marginalisierung der Afrikaner in den Berichten und Erzählungen von der Entdeckungsreise entspricht ihre Rolle beim KBR: Afrikaner tauchen auch hier nur als Dienstpersonal auf, als Träger, Köche, Müllsammler und Sanitäter, die eigene Toiletten benutzen müssen (vgl. U 12), und unter den Läufern gibt es lediglich „Alibischwarze" (U 236) und „Quotenneger" (U 158). Gelegentlich gibt es darüber hinaus Indizien für eine andere, afrikanische Sicht der Dinge, etwa wenn Meyers Beobachtung kolportiert wird, „die kurzzeitigen Erfolge der Araber und der mit ihnen verbündeten Schwarzen" hätten „eine provozierende Widerspenstigkeit aufleben lassen" (U 107), oder wenn die tansanischen Helfer Fritz Binders Versuche, mit ihnen ins Gespräch zu kommen, mit ostentativem Schweigen beantworten (vgl. U 189, 191, 223). Aber es bleibt bei solchen randständigen Hinweisen: Auf der Seite der Kolonisierten gibt es keine ‚Korrektivfigur'. Die einzige Ausnahme bilde, so hat u.a. Laura Beck argumentiert, der Tansanier Ephraim, ein Sitznachbar Fritz Binders auf dem Flug zum Kilimandscharo und diesem durch seine Gewandtheit, akademische Ausbildung und Englischkenntnisse deutlich überlegen.[17] Binder kann aufgrund seines Sprachdefizits nur radebrechend sagen, was ihn zur Teilnahme am KBR bewogen hat. Ephraim resümiert, es handle sich um „ancestor worship" (U 161). Das ist unironisch gemeint, wohl auch sympathisierend,[18] soll aber vom Leser natürlich als ironische Spitze gegen Binder gelesen werden, der in fetischistischer Manier in seiner Fleece-Jacke Blätter und Blüten des Usambaraveilchens aus seiner Wohnung mit sich führt (vgl. U 161). Die ironische Herabsetzung trifft aber nolens volens auch die afrikanische Figur: Zum einen versteht Ephraim die eigentliche, ironisch-kritische Bedeutung seiner eigenen Aussage nicht. Zum anderen gilt ‚ancestor worship' hier als der gemeinsam geteilte Aberglaube, von dem auch der katholisch getaufte afrikanische Chemiker Ephraim nicht ganz frei ist: „Er sagt, er trage einen kleinen Gegenstand seines Großvaters bei sich, der ihm helfe, eine Verbindung zu ihm zu halten" (U 161).

Der Befund ist bemerkenswert: In Hamanns postkolonialem historischen Roman geht es auf der Ebene des metafiktionalen historischen Romans um

---
17 Vgl. Beck: Kolonialgeschichte(n) neu schreiben, S. 113–114.
18 Vgl. Göttsche: Remembering Africa, S. 403.

nichts so sehr wie den Nachweis, dass Grenzen nicht gezogen werden können: zwischen Vergangenheit und Gegenwart, kommunikativem und kollektivem Gedächtnis, Fakten und Fiktionen etc. Demgegenüber werden auf der Ebene des postkolonialen Romans scharfe Grenzen zwischen ethnisch markierten Gruppen gezogen, die zudem denen der kolonialen Repräsentation entsprechen und zur Marginalisierung und – siehe Ephraim – zur Abwertung afrikanischer Perspektiven und Figuren führen. Das gilt unbeschadet der Tatsache, dass die Gründe des Autors für diese Grenzziehung natürlich keine kolonialen mehr sind. Dieser Befund gilt für die Mehrzahl der in den letzten zwei Jahrzehnten erschienenen postkolonialen historischen Romane: Die Kolonisierten und/oder deren Nachfahren und deren Perspektiven spielen kaum eine Rolle. Ob Hamanns *Fester* (2003), Stephan Wackwitz' *Ein unsichtbares Land* (2003), Thomas Stangls *Der einzige Ort* (2004), Alex Capus' *Eine Frage der Zeit* (2007), Steinaeckers *Schutzgebiet* oder Krachts *Imperium* – überall kommt der postkoloniale Roman ohne nennenswert konturierte indigene Figuren und Perspektiven, mithin ohne Kolonisierte aus.

Die Entsprechung dazu in der Theorie ist die seit Langem geführte Debatte um die Problematik fremdkultureller Repräsentation. Häufig wird die Ausblendung der Perspektiven ‚anderer' gerechtfertigt mit Hinweisen auf Gayatri Spivaks Theorem von der Nichtrepräsentierbarkeit ‚Subalterner' oder Uwe Timms Verdikt, „Einfühlung" sei „ein kolonialer Akt".[19] Für diese Skepsis gegenüber den Möglichkeiten der Repräsentation gibt es gute Gründe. Postkoloniales Erzählen ohne Brechung durch Perspektiven (ehemals) Kolonisierter ist aber ein problematisches Unterfangen, weil es mit seinem Gegenstück, dem kolonialen Erzählen, die Beschränkung auf die eigene, die westliche und damit nicht selten auch kolonial imprägnierte Perspektive teilt. In extremis hat dies, unfreiwillig, Gerhard Seyfrieds *Herero*-Roman (2003) vorgeführt: Die konsequente Beschränkung auf die Mimesis der kolonialen Perspektive macht die

---

[19] Christof Hamann und Uwe Timm: „Einfühlungsästhetik wäre ein kolonialer Akt". Ein Gespräch. In: Sprache im technischen Zeitalter 41/168 (2003), S. 450–462, hier S. 452. Hamann hat, konfrontiert mit Vorbehalten wegen der Konturlosigkeit seiner afrikanischen Figuren und Perspektiven, erklärt: „Diese Kritik nehme ich in Kauf." (Christof Hamann: Der Erzähler und sein Autor. Nachträgliche Gedanken zu meinem Roman *Usambara*. In: Literatur für Leser 33 (2011) H. 4, S. 205–210, hier S. 206) Hamann bezieht sich hier insbesondere auf Becks These, die Konturlosigkeit sei das Ergebnis eines unbewussten *rewritings* von Camus' *L'Étranger*, vgl. Beck: Kolonialgeschichte(n) neu schreiben, S. 105–132. Er hat aber dennoch das Konzept seines Romans verteidigt und zwei Gründe für die weitgehende Unhörbarkeit fremder Stimmen genannt. Der eine sei die Wahl der Erzählperspektive, die nun einmal die beschränkte der Figur Fritz Binder sei. Der zweite Grund sei die Ablehnung jedes Versuchs einer ‚Einfühlungsästhetik' in der literarischen Auseinandersetzung mit zeitlich Fernen und kulturell Fremden.

afrikanischen Figuren ausnahmslos zu kolonialen Zerrbildern und insinuiert darüber hinaus eine opake, mit dem ‚Verrat eigener Traditionen' begründete Mitschuld der Herero an ihrem ‚Schicksal'.[20]

Ob es sich dabei um eine nicht auflösbare Aporie handelt oder ob nicht doch Erzählverfahren denkbar sind, die das Problem zwar nicht lösen, aber den Widerspruch vielleicht so weit mildern helfen können, dass nicht koloniale Muster wiederholt werden, soll im Folgenden an einem Roman untersucht werden, dem eine mit *Usambara* vergleichbare Konstellation zugrunde liegt, insofern auch hier eine europäische Perspektivfigur als Erzähler eines Romans über ‚Afrika' fungiert, der aber dennoch etwas andere Wege geht.

2 Erinnerung an einen Genozid – Lukas Bärfuss' *Hundert Tage*

Im Mittelpunkt von Lukas Bärfuss' Roman *Hundert Tage* (2008) steht ein zeithistorisches Ereignis. Sein zentrales Thema ist die rationale Kalkulation des Genozids der ‚Hutu' an den ‚Tutsi' in Ruanda als Mittel politischen Handelns und die Verstrickung des Westens, insbesondere der Schweiz, in diese Politik.[21] Die sogenannte ‚Entwicklungshilfe', eng verflochten mit der Politik des Kalten Krieges, stützt ein diktatorisches Regime und verschließt die Augen davor, dass militante Kräfte in der Regierung Ruandas, als diese unter Druck gerät, den Genozid vorbereiten und schließlich ausführen. Bärfuss' Roman nimmt auch im Detail auf viele sogenannte Realia Bezug: den seit der Kolonialzeit virulenten innerruandischen Rassismus, den Zusammenbruch der nationalökonomisch zentralen Kaffeeplantagenwirtschaft nach dem Ende des Kalten Krieges, die grassierende Korruption, den Bevölkerungsdruck, die Aufrüstung des Rundfunks (ohne dessen Hasspropaganda der Genozid nicht möglich gewesen wäre), den Schweizer Berater des Präsidenten u.a.m. Insgesamt entspricht dieses Ursachengeflecht in etwa dem, das auch die geschichtswissenschaftliche

---

[20] Vgl. Stefan Hermes: ‚Fahrten nach Südwest'. Die Kolonialkriege gegen die Herero und Nama in der deutschen Literatur (1904–2004). (Interkulturelle Moderne 3) Würzburg 2009, S. 237–240.

[21] Es gehört zur postgenozidalen Versöhnungspolitik des Staates Ruanda, dass die rassistischen Bezeichnungen für Gruppenzugehörigkeiten nicht mehr verwendet werden sollen. Bärfuss entspricht dem, indem er die zentrale Differenz durch die zwischen ‚Langen' und ‚Kurzen' ersetzt und diese dann kollabieren lässt. Vollständig vermeiden lassen sich die objektsprachlichen Bezeichnungen in der Rede über den Genozid und den Roman jedoch nicht. Das gilt auch für den vorliegenden Beitrag.

Forschung gezeichnet hat.[22] Der Roman führt aber deutlich darüber hinaus. Indem er seine zentralen Figuren, den Schweizer Entwicklungshelfer David Hohl und seine ruandische Freundin Agathe, selbst als Akteure in dieser Interaktionsgeschichte, einer ‚geteilten Geschichte' mit blinden Flecken, handeln lässt, wird der Roman zur Auseinandersetzung mit der Frage: Wie wird man ein Täter im Völkermord?

Der Genozid selbst wird gar nicht beschrieben, jedenfalls werden keine Massaker dargestellt. Das dient der Absicht des Autors, in die geläufige Rezeption zu intervenieren, die den Völkermord in Ruanda ganz und gar und in jeder Hinsicht den ‚anderen' (als dem ‚heart of darkness') zurechnet, wie es die Weltgemeinschaft getan hat. Dagegen opponiert der Roman zum einen dadurch, dass der Protagonist Erfahrungen macht, die ihm das erschreckende Ausmaß seiner eigenen Gewaltbereitschaft vor Augen führen, und zum anderen durch die Einführung einer ruandischen Perspektivfigur.

Der Blick Hohls und damit auch des Romans auf Agathe ist durch die Erzählperspektive geprägt: Der intradiegetische Ich-Erzähler David Hohl erzählt im Abstand von mehreren Jahren einem extradiegetischen Ich-Erzähler seine Geschichte. Diese Ausgangslage reflektiert das Problem der Repräsentation, das sich im Falle des Völkermords in Ruanda dadurch verschärft, dass es keine nicht-ruandischen Augenzeugen des Genozids gab sowie keine, die unbeteiligt, also nicht selbst entweder Täter oder Opfer waren. Die Erzählperspektive betont also die Subjektivität und Selektivität der Erinnerung, und das scheint keine gute Konstellation für ein Erzählen über Afrika und eine Ruanderin zu sein.

In der Tat hat die Forschung die Darstellung Agathes vor allem als eine Selbstdarstellung Hohls, d.h. seines patriarchalen und protokolonialen Blicks auf sie, gelesen, was sie zweifelsohne *auch* ist. Im Fahrwasser dieser Deutung geriet auch der Autor Bärfuss in den Verdacht, rassistische Geschlechterstereotype zu bedienen und entsprechenden Narrativen unkritisch zu folgen, insbesondere dem der Kolonialliebe, der Geschichte vom weißen Mann und der indigenen Frau, ein Narrativ der Erweckung, Rettung, Dankbarkeit und gegenseitigen Liebe (aber auch des Liebesverrats), das es – seit Hernan Cortez/Malinche, John Smith/Pocahontas, Inkle/Yarico und notabene auch Crusoe/Freitag – ermöglicht, Globalisierung und Kolonisierung in eine Semantik zwischenmenschlicher Intim- und Ungleichheitsbeziehungen zu übersetzen.

---

22 Die folgenden Ausführungen greifen Überlegungen aus meinem Beitrag Postkolonialismus ohne Kolonisierte? Lukas Bärfuss' *Hundert Tage* und die Täterschaft im Genozid (in: Acta Germania 43 (2015), S. 53–66) in verkürzter Form auf und erweitern sie um die Aspekte ‚Rasse, Geschlecht und Genozid' sowie ‚Kolonialismus und kollektives Gedächtnis'.

Bärfuss liefert mit seinem Roman jedoch ein kritisches *rewriting* dieses Musters: Agathe wird nie von Hohl emotional abhängig, und das ist ein entscheidender Unterschied gegenüber der überwältigenden Mehrzahl der Inszenierungen des Narrativs, in denen die Liebe der indigenen Figur zur europäischen in den Mittelpunkt gestellt wird.[23] Agathe bindet Hohl später vorübergehend aus anderen Gründen an sich. Aber sie durchschaut ihn vom ersten Moment als usurpatorischen Idealisten, was er nicht erkennt, jedoch spürt und nicht wahrhaben will. Als Romanfigur ist Agathe nicht nur Projektionsfläche, sondern Verkörperung einer Realität, die Hohl bis zum Ende nicht begreifen wird, über die er aber immer wieder stolpert und die ihn zur Selbstreflexion zwingt. Der Roman enthält genügend Indizien, die es dem aufmerksamen Leser erlauben, jenseits der stereotypen Wahrnehmung Hohls eine andere Geschichte Agathes zu erkennen. Darin (und nicht etwa in der Wahl eines zeithistorischen Stoffes) besteht der entscheidende Unterschied zwischen der Konzeption dieses Romans und derjenigen von Hamanns *Usambara*.

2.1 Rasse, Geschlecht und Genozid

Agathe, eine auf ihre Unabhängigkeit bedachte junge Frau, die aus der korrupten, gewalttätigen und patriarchalischen Welt Ruandas nach Brüssel ins Studium geflohen war, kann – durch Hohls Verschulden – ihr Land vor dem Bürgerkrieg nicht mehr rechtzeitig verlassen und gerät zunehmend zwischen die Mühlsteine von Politik und Familie, Propaganda und Krieg sowie am Ende auch des Genozids. Bärfuss erzählt davon im Spiegel einer Liebesgeschichte, genauer gesagt der Geschichte eines sich zunehmend radikalisierenden sexuellen Begehrens. Er greift dabei auch auf ruandische Narrative zurück, die in der Kolonialzeit etabliert wurden und soziale Konflikte ebenso wie kollektive Strukturen des Begehrens bis in die Gegenwart geprägt haben.

So äußert Agathe einmal einen ausgeprägten Hass auf die UN-Soldaten, die ausgerechnet aus Belgien stammen, sich damit brüsten, dass sie „Tutsifrauen [...] flachlegten" und in Sambia „ein paar hundert Zivilisten umgebracht" haben, und betonen, „sie wüssten, wie man diesen Negern den Hintern versohlt".[24] Für Agathe sind diese belgischen Soldaten „Teil der Verschwörung

---

[23] Im Unterschied zur Figur der Toni in Kleists *Die Verlobung in St. Domingo* (1811) z.B. ist Agathe vom Europäer Hohl unabhängig, sie liebt ihn nicht einmal, und ihre spätere Radikalisierung sowie ihr Tod sind mit ihm nicht kausal verbunden. Gerade die letzte Begegnung Hohls mit der sterbenden Agathe hat vor allem die Funktion, ihre emotionale Unabhängigkeit von ihm und das Ausmaß seiner Ignoranz und Projektion vor Augen zu führen.
[24] Lukas Bärfuss: Hundert Tage. Roman. München 2010, S. 144; Zitatnachweise im Haupttext unter der Sigle HT.

gegen ihr Volk" (HT 144), die ‚Hutu'. Kurz zuvor hatte sie jedoch Erneste, Hohls ‚Tutsi'-Haushälterin, tief gedemütigt. Agathes Äußerungen zeigen daher, dass ihr Anti-Kolonialismus bereits von Dritten funktionalisiert wird. Die ‚Hutu'-Propaganda besagte u.a., dass die ausländischen Hilfstruppen der (angeblichen) besonderen Schönheit der ‚Tutsi'-Frauen verfallen seien und deshalb auf Seiten der Rebellen stünden.[25]

Abb. 1: *General Dallaire*: In: Kangura 56 (1994), S. 15. Ed. Jake Freyer. *Rwandafile*. URL: http://www.rwandafile.com/Kangura/pdf/k55,56.pdf (zuletzt besucht am 08.01.17) (public domain/gemeinfrei).

Dies illustriert eine Karikatur aus dem ‚Hutu'-Hetzblatt *Kangura* von Anfang 1994 (s. Abb. 1). Sie zeigt den Kommandeur der UN-Truppen, Roméo Dallaire,

---

25 In den 1980er und 1990er Jahren hatten in Ruanda bemerkenswert viele Frauen prominente Rollen im wirtschaftlichen und politischen Leben inne. Das führte – erstmals schon 1983 – zu Kampagnen gegen das Feindbild der gebildeten und/oder ökonomisch erfolgreichen unverheirateten urbanen Frau, „who either dressed too stylishly or had European boyfriends" (Christopher Taylor: Sacrifice as Terror. The Rwandan Genocide of 1994. Oxford 1999, S. 161). Auf die Agathe des Romans trifft beides zu, mehr noch: Wie es das Klischee will, trägt sie Sandalen und hat polierte Zehennägel (vgl. Taylor: Sacrifice as Terror, S. 162, dazu HT 15). David Hohls ambivalentes Frauenbild weist demnach von Anfang an einige grundlegende Gemeinsamkeiten mit dem der ‚Hutu'-Extremisten auf.

in den Fängen von Frauen, die durch das Kürzel der Rebellenarmee FPR sowie ihre Frisur und Aufmachung als ‚Tutsi'-Frauen markiert sind. Der Text formuliert die ohnehin unmissverständliche Botschaft des Bildes noch einmal: „General Dallaire und seine Armee sind den Femmes fatales in die Falle gegangen!"

Die Beziehung zwischen Hohl und Agathe korrespondiert mit dieser realen Sexualisierung des Konflikts und dann auch des Genozids in Ruanda, d.h. einer extrem stark ausgeprägten Überlagerung von Ethnizität/‚Rasse' und Geschlecht. Eine Folge davon war ein hoher Anteil von Frauen unter den Opfern wie unter den Tätern, ein Phänomen, das die internationale Rechtsprechung nachhaltig beeinflusst hat.[26] Jene Propaganda nutzt ihrerseits den sexualisierten kolonialen Rassismus, der sich mit der Hamiten-Hypothese verband, einer Erfindung englischer Afrikaforscher des 19. Jahrhunderts, die die Überlegenheit einer auf den biblischen Ham zurückgeführten ‚hamitischen Rasse' über die negroide Bevölkerung Afrikas postulierte. John Hanning Speke, der Begründer dieser Theorie, formulierte sie in seinem Reisebericht *Die Entdeckung der Nilquellen* (1863), weil er sonst die Fähigkeit schwarzafrikanischer Völker zur Bildung hierarchisch organisierter Staaten hätte anerkennen müssen. Mit dieser Theorie wurden aus einigermaßen durchlässigen sozialen Schichten ‚Rassen'. Damit war die Grundlage dafür gelegt, dass – sowohl durch die wechselnden Kolonisatoren wie, auch nach der Unabhängigkeit (1962), durch afrikanische Akteure – politisch-soziale Auseinandersetzungen als ‚Rassenkonflikte' gedeutet und ausgetragen werden konnten. Dafür war das – von der Kolonialmacht Belgien eingeführte – Passwesen, das die Zugehörigkeit zu einer ‚Rasse' festschrieb, unerlässlich. Ein wesentlicher Teil dieser Rassentheorie war es, dass sie die ‚Hamiten', d.h. die ‚Tutsi', als ‚hellhäutigere', ‚schönere' Menschen mit ‚feineren' Gesichtszügen auswies – eine Setzung, die auch für ‚Hutu'-Männer Gültigkeit besaß und immer wieder jene zwischen Begehren und Verachtung, Liebeswunsch und Verratsvorwurf, Bewunderung und Neid schillernde Ambivalenz erzeugte, die in der Karikatur zum Ausdruck kommt.

Ein Reflex dieses Exotismus im Roman ist Hohls Begehren nach Agathe, „der schönen Afrikanerin, um die Nase von Sommersprossen gesprenkelt, hellgraue Augen, darüber Brauen, die geschwungen waren wie zwei Bassschlüssel" (HT 17). Das wird in der oben angeführten Szene von Agathe gegen die ‚Tutsi', die UN-Truppen, die ausländischen Kritiker und auch gegen Hohl gewendet. Dessen Begehren richtete sich jedoch mit Agathe auf eine ‚Hutu'-Frau. Die

---

26 1998 wurde, in Urteilen des UN-Ruanda-Tribunals ICTR, erstmals entschieden, dass sexuelle Gewalt eine Form des Genozids sein kann, nämlich dann, wenn sie, wie in Ruanda, Teil der Vernichtung eines Volkes bzw. einer Gruppe im Sinne der UN-Völkermord-Definition ist.

Szene zeigt also das Fortwirken und Umschlagen eines ursprünglich kolonialen Rassismus und seiner willkürlichen, rein machtpolitischen Unterscheidung zwischen verschiedenen ‚Rassen' innerhalb Ruandas. Sie erinnert wie die spätere Ermordung des Gärtners Théoneste, eines ‚Hutu' (!), dessen Pass Hohl bewusst verbirgt, daran, wie die Kombination aus rassistischer Ideologie und Pass-Bürokratie eine soziale Wirklichkeit geschaffen hat, in der es nur einer kleinen Verschiebung bedarf, damit eine kritische Haltung zum Kolonialismus in Rassismus umschlägt.

Die Beziehung zwischen Hohl und Agathe wird zur „Raserei" (HT 134) und damit zum Spiegel der sich zunehmend brutalisierenden Umgebung. Letztlich ist es ein „Kampf um Unterwerfung" (HT 134–135). Es geht um die gegenseitige Demütigung und die Ausrottung der Scham vor der Demütigung des anderen. Eben das wird zum Reiz. Hohl macht die Erfahrung, dass er in Agathe die „sadistische Rassistin" (HT 136) und „diese Kälte, diese Tüchtigkeit, die frei von Anteilnahme war und nur das Ergebnis kannte" (HT 141), begehrt, mithin „die potentielle Täterin"[27] im Genozid. Damit wird er selbst zum sadistischen, eliminatorischen Rassisten, der Agathe so zu demütigen versucht wie diese zuvor Erneste. Im symbolischen Raum des sexuellen Rollenspiels wird Agathe damit in die Rolle einer ‚Tutsi' verschoben – ein erneutes Beispiel dafür, dass der ruandische Rassismus sich rein machtinteressierten Unterscheidungen verdankt.

Außerhalb des Rollenspiels wird Hohls Gewalttätigkeit zunächst an seinem Bussard-Experiment verdeutlicht, d.h. dem Versuch, einen kranken Raubvogel gesundzupflegen und ihm zugleich beizubringen, nur noch Fleisch von toten Tieren zu fressen, und durch dieses pädagogische Lehrstück zugleich einige Ruander mitzuerziehen. Als der genesene Bussard sich dann aber auch von Leichenteilen ernährt, schlägt der enttäuschte Idealist ihm mit einer Machete den Kopf ab – ein Hieb, der Hohl „erfrischt" (HT 188), weil er Gerechtigkeit und Ordnung in seine Welt bringt. Zugleich wiederholt dieser Hieb in metonymischer Verschiebung die Machetenhiebe, mit denen zur selben Zeit der Genozid ausgeführt wird. Das wiederholt sich in gesteigerter Form mit der Auslieferung des Gärtners Théoneste an seine Mörder zum Zwecke seiner ‚gerechten Bestrafung' für seine Ermordung Ernestes. Die Barbarei der Zivilisierungsmission steht derjenigen der ‚Wilden' kaum nach und beide sind ineinander verstrickt.

Hohl (und mit ihm der Leser) verliert Agathe nach dieser Episode aus den Augen. Was noch geschehen muss, damit sie zur Anführerin einer genozidalen Miliz wird, wird daher nicht erzählt und bleibt offen. Bärfuss nähert sich dieser

---

27 Robert Stockhammer: ‚Literatur' nach einem Genozid. Äußerungsakte, Äußerungsformen, Äußerungsdelikte. Aachen 2010, S. 38.

Frage auf Umwegen. Als entscheidende Ursache dafür, dass die politische Situation in Ruanda kippte, wird „die nackte Angst, die jeden befiel" (HT 130) genannt, eine Angst, wie sie diejenigen, „die Krieg nie am eigenen Leib erfahren hatten" (HT 130), nicht kennten. Die Propaganda erzeuge „Hass", „Grauen" und „Hetze", einzig zu dem Zweck, Schrecken zu erzeugen, „ein[en] Schrecken, der sich von Tag zu Tag tiefer in die Gesichter der Menschen eingrub" (HT 130).

> Auch in Agathes Gesicht hatte sich dieser Schrecken gegraben, in ihre Augen, die kaum mehr zur Ruhe fanden, hin und her geisterten, als erwarteten sie von überall einen Hieb, einen Streich, als lauere hinter jeder Hausecke eine Falle. […] Sie wusste nicht, was vor sich ging, sie wusste nur, ihre Auslöschung war eine beschlossene Sache, die Auslöschung der Republik, der Demokratie, die Auslöschung ihrer Familie, die Vernichtung von allem, wofür ihre Väter gekämpft hatten. (HT 130–131)

Was hier noch als Effekt der Propaganda beschrieben wird, wird zunehmend auch zur Realerfahrung Agathes und dabei kommt etwas hinzu, was Hohl, der seinerseits, einsam und auf sich gestellt, verzweifelnd an der Diskrepanz zwischen seinem Idealismus und der Wirklichkeit, immerhin mittelbar zum Mörder wird, nicht erfährt.

Bei Agathe weitet sich die Erfahrung der Demütigung und des Verrats auf ein ganzes Kollektiv aus, mit dem sie sich identifiziert und dessen Teil sie um den Preis innerer Selbstdistanz wird, und auch bei ihr geht es bald um Leben oder Tod. Sie ist dem Krieg, den Massakern, den Leichenbergen jedoch in ganz anderer Weise ausgesetzt als Hohl in seiner Enklave Haus Amsar (und mit ihm der Leser). Diese Welt des Krieges wird nicht beschrieben. Weder von außen noch in einer Innenperspektive eines unmittelbar Beteiligten. Hier ist eine Grenze des Erzählens erreicht. Man kann und darf jedoch vermuten, dass Agathe in dieser Situation eine Auflösung der Person und deren ‚Umbau' erfährt, ähnlich wie Hohl, aber noch extremer, weil es für sie keinen Raum jenseits des Genozids mehr gibt.

Jahre später erst versteht der in die Schweiz zurückgekehrte Hohl seine eigene Verstrickung und kann ihre Dynamik auf den Begriff bringen: „Weil ich gerecht sein wollte, wurde ich schuldig, und als ich mich schuldig machte, fühlte ich mich gerecht" (HT 195). Dieser Satz, so kann man als Leser interpolieren, gilt auch für Agathe, sodass noch einmal Gemeinsames im Unvergleichbaren hervorgehoben wird. Gleichwohl wird eine bestimmte Grenze der Darstellung fremdkultureller Perspektiven nicht überschritten: Es gibt keine Innensicht und keine ‚Einfühlung' in Agathe, und bei aller Gemeinsamkeit ist ihre Erfahrungswelt von der des Europäers Hohl dadurch grundlegend unterschieden, dass sie eine Ruanderin ist und nur sie am Ende, bevor sie zur Völkermörderin wird, in einer Welt lebt, in der allein die Machete regiert.

2.2 Grenzen der Darstellbarkeit – indirekte Darstellung

Bärfuss' Darstellung der Veränderung einer selbstbewussten, gebildeten und lebenszugewandten jungen Frau in die Anführerin einer genozidalen Miliz rückt in den Mittelpunkt des Ursachengeflechts ein Konglomerat aus Demütigungen, existenzbedrohender und als traumatisch erlebter psychischer und physischer Krisen, die (erzwungene) Identifikation mit einem rassistisch strukturierten Kollektiv und die Erfahrung allgegenwärtiger Gewalt in Form von Terror, Massakern und Krieg. Das geht über die Erfahrungen der Figur David Hohl hinaus, aber dessen Veränderung gibt Hinweise auf etwas, das nicht darstellbar ist. Jedenfalls nicht durch Bärfuss. Es ist nicht darstellbar, weil die Erfahrungsgrundlage fehlt. Das bedeutet nicht, dass es grundsätzlich nicht darstellbar ist. Es geht dabei nicht primär um das Problem der Darstellung von Gewalt, das ist nur ein Teilproblem, sondern es geht um die Frage, was geschehen muss, damit aus Menschen – aus Menschen wie Agathe – Täter im Genozid werden.[28]

Im Unterschied zu der ,wilden' Afrikanerin in Conrads *Heart of Darkness* (1899), einer ihrer intertextuellen Gefährtinnen, hat Agathe eine Geschichte, und die besagt, dass das Grauen, von dem erzählt wird, seinen Ursprung in Afrika bzw. Ruanda hat, aber nicht in einer archaischen Natur, sondern in einem Kalkül zeitgenössischer Politik.[29] Damit interveniert Bärfuss in einen komplexen und mehrfach umgebauten Zusammenhang von Kolonialismus und kollektivem Gedächtnis. Die wesentlichen Erscheinungsformen sind:
- der prägenozidale, bis in die Kolonialzeit zurückreichende Zusammenhang von Ressentiment, Rassismus und Sexismus, dessen radikalste Steigerung

---

[28] In einem Gespräch mit Uwe Wittstock hat Bärfuss ausgeführt, dass er aus unterschiedlichen Gründen auf die Darstellung mörderischer Gewalt verzichtet habe. Primär seien das „Gefühl der Scham und der Respekt gegenüber den Opfern" gewesen, dann aber auch das Fehlen einer Sprache, die solche Szenen nicht in Kitsch oder Gewaltpornographie hätte abgleiten lassen, und schließlich die Befürchtung, durch Gewaltdarstellungen dem Leser eine Distanzierung zu ermöglichen, die er habe vermeiden wollen (Uwe Wittstock: Gespräch mit Lukas Bärfuss. In: Die Welt, 08.01.2009, URL: http://buechertagebuch.uwe-wittstock.de/?p=296, zuletzt besucht am 10.10.2018).
[29] Conrads Roman wird als Intertext explizit genannt: „Wir alle hatten Conrads *Heart of Darkness* gelesen, aber die Welt, die dort beschrieben war, hatte nichts mit dieser hier zu tun. Wir identifizierten uns nicht mit Kurtz und auch nicht mit Marlowe" (HT 52). Die Helfer sind in Ruanda, weil „es hier keine Neger gab" (HT 53), sondern eine kleine Schweiz als pädagogische Provinz. Eben darin besteht der Irrtum, auch über die eigene Verwandtschaft und die der Schweiz sowohl mit Kurtz wie mit Marlowe. Dass Ruanda ihnen später wie ein ,heart of darkness' vorkommt, setzt die Verkennung unter umgekehrten Vorzeichen fort.

bei den Tätern, einer Mischung aus Vernichtungswut und nüchternem politischen Kalkül im Genozid, und damit zugleich
- ein Zusammenhang, der von der Weltgemeinschaft als ‚fremder' Teil aus der eigentlich ‚geteilten' Geschichte und aus der eigenen Memoria ausgegrenzt wird, und schließlich
- die durch Kolonisatoren wie afrikanische Akteure betriebene Ausgrenzung von Frauen aus der politischen Öffentlichkeit. Dieser Teil der Tragödie besteht darin, dass in dem Moment, in dem erstmals Frauen als politische Akteure sichtbar wurden und damit eine neue, andere Praxis und Memoria des *empowerments* begründeten, die auch an präkoloniale Herrscherinnen erinnerte, auch Frauen eben dies im Rahmen eines patriarchalischen und rassistischen *backlash* zunichtemachten.[30]

Bei seiner Darstellung dieser Zusammenhänge stößt Bärfuss auf Grenzen und entwickelt dafür eine eigene Poetik. Mit den grundsätzlichen Erzählproblemen eines postkolonialen Erzählens von einem fernen Genozid geht er so um, dass er auf ‚Einfühlung' weitgehend verzichtet und die afrikanischen Figuren (neben Agathe auch Théoneste) sogar umso mehr aus dem Blick geraten lässt, je mehr sie zu Tätern werden. Statt eines Postkolonialismus ohne Kolonisierte entwickelt Bärfuss, ähnlich wie Uwe Timm in *Morenga* (1978), eine Poetik des leeren Zentrums, in der fremdkulturelle Perspektiven ohne ‚Einfühlung' gestaltet werden.[31] An die Stelle direkter Beschreibung und Darstellung treten Formen indirekten Erzählens (Parallelen, Spiegelungen, Synekdochen, Komplementaritäten, Korrespondenzen), die auf etwas verweisen, was selbst nicht zu sehen ist. – Das ist eine Möglichkeit, die Literatur bietet: eine Annäherung an eine in mehrfacher Hinsicht fremde Täterin so weit wie möglich, d.h. ohne sie fremder zu machen als nötig und ohne sie vertrauter zu machen als möglich.

---

30 Vgl. dazu u.a. Véronique Tadjo: Der Schatten Gottes. Wuppertal 2001, S. 114–115. Das Buch entstand als Teil des Ruanda-Mémoire-Projekts afrikanischer Schriftstellerinnen und Schriftsteller. Taylor hat in diesem Zusammenhang darauf hingewiesen, dass es auch in der Geschichte Ruandas starke Königs-Mütter gab, die de facto die Macht anstelle eines jugendlichen Königs ausübten (vgl. Taylor: Sacrifice as Terror, S. 179).

31 Zur Entwicklung des (interkulturellen) historischen Romans bis *Morenga* vgl. Herbert Uerlings: Die Erneuerung des historischen Romans durch interkulturelles Erzählen. Zur Entwicklung der Gattung bei Alfred Döblin, Uwe Timm, Hans Christoph Buch und anderen. In: Osman Durrani und Julian Preece (Hg.): Travellers in Time and Space. The German Historical Novel/ Reisende durch Zeit und Raum. Der deutschsprachige historische Roman. (Amsterdamer Beiträge zur neueren Germanistik 51) Amsterdam/New York 2001, S. 129–154.

3 Fazit: Zeitreisen, Kulturreisen und Grenzen des Erzählens

Der postkoloniale historische Roman bewegt sich im Grenzbereich zu zeitlichen, räumlichen und kulturellen Alteritäten. Eine populäre (,exotistische', quasi-koloniale) Form des Umgangs damit demonstriert Fritz Binders Binnenerzählung in *Usambara*: eine interkulturelle Zeit- und Kulturreise par excellence, die an Plastizität und Anschaulichkeit kaum zu überbieten ist. Geschichte wird verständlich und anschaulich gemacht, sie kann vom Leser, der hier nur dem Beispiel des Erzählers folgen muss, identifikatorisch und emotional nacherlebt werden, darüber hinaus liefert Fritz Binder ein Beispiel dafür, wie man auf witzige und unterhaltsame Weise dem aktuellen Subjekt-Imperativ ,Erfinde Dich selbst!' Folge leisten kann. Dieses Modell einer Geschichtserzählung in romanhafter Form wird in den Gesamtroman jedoch so eingebettet, dass es gerade nicht den Fluchtpunkt von Hamanns Erzählen bildet, sondern als Variante zeitgenössischer Formen des *reenactments* kolonialer Erzählungen und kolonialen Begehrens dient, zu deren problematischen Kehrseiten die Verdrängung von Schuld gehört.

Das ,Erfinde dich selbst!' stößt durchaus auf harte Grenzen, das verbindet Hamanns Roman mit Bärfuss' *Hundert Tagen*: In beiden Romanen geht es nicht um einen Panfiktionalismus. Obwohl beide – in ganz unterschiedlicher Weise – die Verflechtung von Fakten und Fiktion zum Thema machen, bleibt die Unterscheidung zwischen beiden und die zwischen Existenz und Imagination, von Historisierung und Vergegenwärtigung und zwischen eigenem und fremdem Kulturraum, Außen- und Binnen-Perspektiven intakt.[32] Romanhaftes Erzählen von Geschichte zielt bei Bärfuss darauf ab, herauszuarbeiten, wie sich in der Schweizer Politik Ruanda zur Fiktion einer ,Schweiz Afrikas' auswuchs, die den Völkermord begünstigte, der die Illusion jäh zerstörte. Der Genozid wird zum Beispiel einer ,entangled history' mit ,blinden Flecken'. In dieser Hinsicht will *Hundert Tage* durchaus als Geschichtsdeutung in romanhafter Form, nämlich als ein literarischer Beitrag zur aktuellen Diskussion um die Verstrickung der

---

[32] Dieser Befund passt zur Skepsis Daniel Fuldas gegenüber Gumbrechts Annahme einer Verbreiterung der Gegenwart. Der postkoloniale historische Roman, soweit er nicht wie seine populäre Form Zeitreisen inszeniert, sondern Literatur als Kunst sein will, bestätigt, zumindest was die Bücher Hamanns und Bärfuss' betrifft, nicht die „These eines epochalen Umbruchs, d. h. eines derzeit sich vollziehenden Abschieds von dynamischer Geschichtlichkeit" (Fulda: Zeitreisen, S. 211).

Schweiz in den Kolonialismus verstanden werden.³³ Bärfuss macht jedoch die Grenzen seiner literarischen Geschichtsdeutung deutlich. Sie müsste auf doppelte Weise in eine nicht ganz aufzulösende Fremde führen: in eine ruandische Geschichte, die von der Schweiz aus nicht zureichend erzählt werden kann, und in das – Außenstehenden nicht wirklich zugängliche – Innere einer Figur, die zu einer Täterin im Genozid wird.

Dabei handelt es sich um den brisantesten Punkt postkolonialen romanhaften Geschichtserzählens, wenn ‚postkolonial' wie bei Hamann und Bärfuss nicht nur ein zeitliches ‚nach', sondern auch eine kritische Reflexion auf das Koloniale und sein Fortwirken in der Gegenwart bezeichnen soll. Zum gegenwärtigen Standard solchen Erzählens gehört die Wahl eines ‚mittleren Helden', ein Modell, das Differenzierungen erlaubt, darunter auch das literarische Durchspielen unterschiedlicher Werthaltungen, Erfahrungs- und Verhaltensmodelle gegenüber den Kolonisierten und der ‚Fremde'. Auf den Versuch einer Darstellung von Kolonisierten und/oder ihren Nachfahren sowie ihrer Perspektiven wird im postkolonialen Roman der Gegenwart jedoch meist verzichtet. Dafür gibt es nachvollziehbare Gründe. Wer jedoch der Repräsentationsproblematik mit einem grundsätzlichen Fokalisierungstabu begegnet, läuft Gefahr, die koloniale Dramatisierung kultureller Differenzen zu wiederholen. Dagegen helfen Fokalisierungen, die individualisieren und so auch die stereotype Behandlung als Kollektiv (‚Afrikaner', ‚Indigene' o. ä.) aufbrechen. Dem naheliegenden Verdacht der Vereinnahmung, Authentifizierung und Ontologisierung ließe sich mit der ganzen Breite möglicher Mischungen aus faktualem und fiktionalem Erzählen, der Metafiktionalität und sonstiger perspektivischer Brechungen begegnen.

Ein riskantes Unternehmen bleibt es dennoch, wie der Blick auf einige aktuelle Versuche zeigt. In Ilija Trojanows *Der Weltensammler* (2006),³⁴ dem Bestseller unter den neueren postkolonialen historischen Romanen, bleiben die vergleichsweise breit und opulent ausfabulierten indigenen Figuren, namentlich Kundalini und Sidi Mubarak Bombay, durch die Anpassung an einen exotistischen Erwartungshorizont limitiert. In Capus' *Eine Frage der Zeit* sind sie durch ihre Funktion, die schon im Titel angezeigte Relativierung der Mitschuld der mittleren Helden zu unterstreichen, begrenzt. Und in Hans Christoph Buchs

---

33 Vgl. Patricia Purtschert, Barbara Lüthi und Francesca Falk (Hg.): Postkoloniale Schweiz. Formen und Folgen eines Kolonialismus ohne Kolonien. Bielefeld 2012. Zur Rolle der Schweiz in Ruanda vgl. auch: Lukas Zürcher: Die Schweiz in Ruanda. Mission, Entwicklungshilfe und nationale Selbstbestätigung (1900–1975). Zürich 2014.
34 Ilija Trojanow: Der Weltensammler. München 2006.

Sansibar Blues (2008),[35] einer für den Autor charakteristischen Mischung aus Fakten und Fiktion und einem generischen Hybrid aus Kolonialroman, Reiseerzählung, Emanzipationsroman und Gegenwartsroman, werden die Lebenserinnerungen der Emily Ruete, geboren als Prinzessin von Oman und Sansibar, sowie eine Biographie Tippu Tips, d.h. des ostafrikanischer Sklaven- und Elfenbeinhändler Hamed bin Juma bin Rajab bin Mohammed bin Said el-Murjebi, ausgiebig für eine postmoderne Metafiktion genutzt, die freilich voll von kolonialen und exotistischen Klischees ist. Das ist der Preis, der hier für eine unbeirrbare, ja hemmungslose Zeit- und Kulturreise entrichtet werden muss: Statt das Potential der in diesem Fall vorhandenen (Selbst-)Darstellungen transkultureller Lebensläufe produktiv zu entfalten, schrumpfen sie zum Material für einen Witzereißer, der sich für keinen kolonialen Kalauer zu schade ist.

Während Hamann angesichts der Schwierigkeiten auf die Darstellung indigener Perspektiven verzichtet, versucht Bärfuss den Problemen zu begegnen, indem er die ruandische Protagonistin seines Romans nur begrenzt fokalisiert und deutlich, nämlich sowohl durch die subjektive Sicht des Erzählers als auch durch intertextuelle und interdiskursive Bezugnahmen auf das Narrativ der ‚Kolonialliebe', perspektiviert und ihr eine nur partiell bekannte Geschichte und Biographie zuschreibt, die die Völkermörderin für den Protagonisten und den Leser zu einer beunruhigenden ‚nahen Fremden' macht. Sowohl Hamann als auch Bärfuss führen jedoch am Beispiel ihrer Protagonisten vor, wie naive Zeit- und Kulturreisen Teil einer Fortsetzung des Kolonialismus sind; sie intervenieren mit ihren Romanen in eine Memoria (und damit auch in aktuelle Praxen romanhafter Vergegenwärtigung von Geschichte), die eine ‚geteilte Geschichte mit blinden Flecken' fortsetzt.

Bibliographie

Bärfuss, Lukas: Hundert Tage. Roman. München 2010.
Bay, Hansjörg: Literarische Landnahme? Um-Schreibung, Partizipation und Wiederholung in aktuellen Relektüren historischer ‚Entdeckungsreisen'. In: Hansjörg Bay und Wolfgang Struck (Hg.): Literarische Entdeckungsreisen. Vorfahren – Nachfahrten – Revisionen. Köln [u.a.] 2012, S. 107–131.
Bay, Hansjörg, und Wolfgang Struck: Postkoloniales Begehren. In: Gabriele Dürbeck und Axel Dunker (Hg.): Postkoloniale Germanistik. Bestandsaufnahme, theoretische Perspektiven, Lektüren. Bielefeld 2014, S. 457–578.

---

35 Hans Christoph Buch: Sansibar-Blues oder wie ich Livingstone fand. Roman. Frankfurt am Main 2008.

Beck, Laura: Kolonialgeschichte(n) neu schreiben. Postkoloniales Rewriting in Christof Hamanns *Usambara*. (Literatur – Kultur – Text 9) Marburg 2011.

Buch, Hans Christoph : Sansibar-Blues oder wie ich Livingstone fand. Roman. Frankfurt am Main 2008.

Catani, Stephani: Metafiktionale Geschichte(n). Zum unzuverlässigen Erzählen historischer Stoffe in der Gegenwartsliteratur. In: Christof Hamann und Alexander Honold (Hg.): Ins Fremde schreiben. Gegenwartsliteratur auf den Spuren historischer und fantastischer Entdeckungsreisen. Göttingen 2009, S. 143–168.

Dunker, Axel: „Es ist eine Frage des Gedächtnisses". Relektüren historischer und literarischer Texte in Christof Hamanns Roman *Usambara*. In: Hansjörg Bay und Wolfgang Struck (Hg.): Literarische Entdeckungsreisen. Vorfahren – Nachfahren – Revisionen. Köln [u.a.] 2012, S. 157–171.

Fulda, Daniel: Zeitreisen. Verbreiterungen der Gegenwart im populären Geschichtsroman. In: Silke Horstkotte und Leonhard Herrmann (Hg.): Poetiken der Gegenwart. Deutschsprachige Romane nach 2000. (spectrum Literaturwissenschaft/spectrum Literature 37) Berlin/Boston 2013, S. 189–211.

Göttsche, Dirk: Remembering Africa. The Rediscovery of Colonialism in Contemporary German Literature. Rochester/New York 2013.

Hamann, Christof: Usambara. Göttingen 2007.

Hamann, Christof: Ruinen, Verketten, Verformen. Zum Umgang mit Materialien beim Schreiben. In: Christof Hamann und Alexander Honold (Hg.): Ins Fremde schreiben. Gegenwartsliteratur auf den Spuren historischer und fantastischer Entdeckungsreisen. Göttingen 2009, S. 313–322.

Hamann, Christof: Der Erzähler und sein Autor. Nachträgliche Gedanken zu meinem Roman *Usambara*. In: Literatur für Leser 33 (2011) H. 4, S. 205–210.

Hamann, Christof, und Alexander Honold: Kilimandscharo. Die deutsche Geschichte eines afrikanischen Berges. Berlin 2011.

Hamann, Christof, und Uwe Timm: „Einfühlungsästhetik wäre ein kolonialer Akt". Ein Gespräch. In: Sprache im technischen Zeitalter 41 (2003) H. 168, S. 450–462.

Hermes, Stefan: ‚Fahrten nach Südwest'. Die Kolonialkriege gegen die Herero und Nama in der deutschen Literatur (1904–2004). (Interkulturelle Moderne 3) Würzburg 2009.

Purtschert, Patricia, Barbara Lüthi und Francesca Falk (Hg.): Postkoloniale Schweiz. Formen und Folgen eines Kolonialismus ohne Kolonien. Bielefeld 2012.

Stockhammer, Robert: ‚Literatur' nach einem Genozid. Äußerungsakte, Äußerungsformen, Äußerungsdelikte. Aachen 2010.

Struck, Wolfgang: Reenacting Colonialism. Germany and its Former Colonies in Recent TV Productions. In: Volker M. Langbehn (Hg.): German Colonialism, Visual Culture, and Modern Memory. New York 2010, S. 260–277.

Tadjo, Véronique: Der Schatten Gottes. Wuppertal 2001.

Taylor, Christopher: Sacrifice as Terror. The Rwandan Genocide of 1994. Oxford 1999.

Trojanow, Ilija: Der Weltensammler. München 2006.

Uerlings, Herbert: Die Erneuerung des historischen Romans durch interkulturelles Erzählen. Zur Entwicklung der Gattung bei Alfred Döblin, Uwe Timm, Hans Christoph Buch und anderen. In: Osman Durrani und Julian Preece (Hg.): Travellers in Time and Space. The German Historical Novel/Reisende durch Zeit und Raum. Der deutschsprachige historische Roman. (Amsterdamer Beiträge zur neueren Germanistik 51) Amsterdam/New York 2001, S. 129–154.

Uerlings, Herbert: Postkolonialismus ohne Kolonisierte? Lukas Bärfuss' *Hundert Tage* und die Täterschaft im Genozid. In: Acta Germania 43 (2015), S. 53–66.
Welzer, Harald, Sabine Moller und Karoline Tschuggnall: „Opa war kein Nazi". Nationalsozialismus und Holocaust im Familiengedächtnis. Frankfurt am Main 2002.
Wittstock, Uwe: Gespräch mit Lukas Bärfuss. In: Die Welt, 08.01.2009. URL: http://buecher-tagebuch.uwe-wittstock.de/?p=296, zuletzt besucht am 10.10.2018).
Zürcher, Lukas: Die Schweiz in Ruanda. Mission, Entwicklungshilfe und nationale Selbstbestätigung (1900–1975). Zürich 2014.

Elena Agazzi
Große Erwartungen und zerbrochene Träume

Deutschlands tropisches Kolonialland zwischen Utopie und Geschichte in Marc Buhls *Das Paradies des August Engelhardt* (2011) und in Christian Krachts *Imperium* (2012)

Die Debatte um die Beziehung zwischen Literatur und Geschichte rückt zwei Romane ins Licht, die im Verlauf des letzten Jahrzehnts veröffentlicht wurden und allgemein der ‚postkolonialen Ästhetik‘[1] zugeordnet werden können: *Das Paradies des August Engelhardt* von Marc Buhl und *Imperium* von Christian Kracht. In diesem Zusammenhang konzentriert sich die Reflexion auf die Möglichkeit einer überzeugenden Erzählform, die den Anforderungen der ‚zweiten Phase der Postmoderne‘ entspricht, einer Phase, die komplex und offen gegenüber sehr verschiedenen Formen des Experimentierens ist. Die Untersuchung wird dabei durch den Vergleich zwischen zwei Werken begünstigt, die sich auf denselben Gegenstand und dieselbe historische Periode beziehen, aber mit sehr unterschiedlichem Erfolg von den Lesern und Literaturkritikern aufgenommen wurden.

Bezüglich des *Was* der historischen Erzählung ist es sicherlich in diesem Rahmen richtig zu sagen: „die Topographien des deutschen Kolonialismus [sind immer mehr] zum Schauplatz von Literatur geworden und haben zu dem beigetragen, was [man] als ‚literarische[] Neuvermessung' des Kolonialismus [...] bezeichnet hat".[2] Ebenso ist es in Bezug auf das *Wie* dieser Narration angebracht festzuhalten, dass manche Erzählungen von historischen Ereignissen eine „extradiegetische Ebene primär zur Vermittlung dieses Geschehens, ohne Aufmerksamkeit auf die Erzählinstanz oder die Prozesse der narrativen Strukturierung und Sinnbildung zu lenken", installieren (das scheint uns bei Marc Buhl der Fall zu sein). Andere zeigen „postmoderne Ausprägungen des historischen Romans bzw. fiktionaler Geschichtsdarstellung [...], deren autoreferentielle Selektionsstruktur eine ausgeprägte Dominanz der fiktionalen und

---

[1] Vgl. Julian Osthues: Literatur als Palimpsest. Postkoloniale Ästhetik im deutschsprachigen Roman der Gegenwart. Bielefeld 2017, S. 9–11.
[2] Osthues: Literatur als Palimpsest, S. 9.

metafiktionalen Elemente gegenüber Elementen der außertextuellen Realität aufweist" (was auf Christian Kracht zutrifft).³

Wir können wohl vorausschicken, dass das äußerst herausfordernde intertextuelle Vexierspiel in Krachts Roman, durch das ein ständiges Changieren zwischen historischen und literarischen Quellen entsteht, und bei der Kracht das ‚Wissen der Historiographie' gegenüber der ‚dargestellten Geschichte' hervorgehoben hat, die Tatsache überschattet hat, dass das Werk von Buhl schon ein Jahr früher erschienen ist. Buhl behandelt darin mit dem Leben des Kokovoren August Engelhardt ein ebenso originelles wie faszinierendes Thema. Ob es nun das ungleiche Talent der beiden Schriftsteller ist, das die unterschiedliche Resonanz erklärt, oder der Sensationalismus von Kracht, der ihm ermöglicht, in der Jahrhundertwende vom 19. zum 20. Jahrhundert den Nationalsozialsozialismus parabelhaft ‚zeitgeschichtlich' zu antizipieren, bleibt eine beachtenswerte Fragestellung. Wir werden versuchen, darauf eine Antwort zu geben.

1 Zur Definition des historischen Gegenwartsromans

Wir verfügen heute über umfangreiche Forschungsliteratur zum historischen Gegenwartsroman, der den Zeitraum von den 90er Jahren bis heute umspannt. Sie ist hilfreich für die Bestimmung der methodologischen Kriterien, die – mit unterschiedlichen Varianten – auf die Definition dieser Gattung angewandt werden, gibt aber keine eindeutige Orientierung bei der Frage, in welche Kategorie ein Werk, das zum Gegenstand einer detaillierteren Textanalyse wird, eingeordnet werden soll. Der Leser oder Interpret kann dabei relativ frei entscheiden, ob ein historischer Roman bei hybriden Erzählperspektiven eher zum Genre des Abenteuerromans, des Entwicklungsromans, des „mythopoetischen Romans" (um eine Bezeichnung von Oliver Jahraus zu verwenden)⁴ oder,

---

3 Ansgar Nünning: Von der fiktionalisierten Historie zur metahistoriographischen Fiktion: Bausteine für eine narratologische und funktionsgeschichtliche Theorie, Typologie und Geschichte des postmodernen historischen Romans. In: Daniel Fulda und Silvia Serena Tschopp (Hg.): Literatur und Geschichte. Ein Kompendium zu ihrem Verhältnis von der Aufklärung bis zur Gegenwart. Berlin/New York 2002, S. 550.
4 Oliver Jahraus: Ästhetischer Fundamentalismus. In: Johannes Birgfeld und Claude D. Conter (Hg.): Christian Kracht. Zu Leben und Werk. Köln 2009, S. 13–23. Gabriele Dürbeck diagnostiziert ihrerseits, dass „[g]enremäßig [...] es sich bei Buhl um einen biographisch-historischen Roman mit Zügen eines Krimis [handelt], während Krachts ‚Tragikomödie' das Genre des historischen Reise- und Abenteuerromans unterläuft, indem

wie in unserem hier besprochenen Fall, des Kolonialromans tendiert, vor allem, wenn sich typologische Merkmale in ihm überlagern. Stefan Neuhaus hat treffend unterstrichen:

> es liegt in der Natur des vieldeutigen und vielschichtigen Gegenstands ‚Literatur', daß eine Aussage über diesen Gegenstand stets den Charakter des Vorläufigen oder Nur-Partiellen hat. So ist es auch mit dem seit langem eingeführten und allgemein akzeptierten Terminus ‚Historischer Roman'.[5]

Gewiss bleiben noch viele andere Fragen ungeklärt, wenn es darum geht, ein Werk einem Genre zuzuschreiben, das es am angemessensten charakterisiert. Das gilt besonders seit Beginn der 1980er Jahre, als sich das klassische Verhältnis auflöste, auf dessen Basis der Fiktionalität bestimmte Textelemente zugeordnet worden waren (z.b. die Präsenz einer bestimmten Zahl an erfundenen Figuren, die mit realen Personen eines klar umrissenen historischen Hintergrunds vermischt werden). Außerdem entfiel seitdem die fast obligatorische Erwähnung von großen vergangenen Ereignissen im Plot, die dem Leser dabei half, sich zwischen dem *petit récit*, der mit Phantasiegestalten besetzt war, und dem *grand récit* der historischen Vergangenheit zu orientieren. Man würdigt beispielsweise bei *Il Nome della Rosa* von Umberto Eco (1980) sowohl die Tatsache, dass Eco nach einer langen Krisenzeit (die mit dem „Nonkonformismus und Experiment" der Romane der 1950er Jahre begann und mit den postmodernen Romanen der 1970er endete)[6] die Erzählfunktion der historischen Grundlage der Gattung ‚Historischer Roman' wirkungsvoll rehabilitierte, als auch,

---

sie die Lebensgeschichte Engelhardts kontrafaktisch erzählt"; vgl. Gabriele Dürbeck: Ozeanismus im postkolonialem Roman: Christian Krachts *Imperium*. In: Saeculum 64 – 1. Halbband (2014), S. 110.

5 Stefan Neuhaus: Zeitkritik im historischen Gewand? Fünf Thesen zum Gattungsbegriff des Historischen Romans am Beispiel von Theodor Fontanes *Vor dem Sturm*. In: Osman Durrani und Julian Preece (Hg.): Travellers in Time and Space. Reisende durch Zeit und Raum. The German Historical Novel. Der deutschsprachige historische Roman. (Amsterdamer Beiträge zur neueren Germanistik 51) Amsterdam/New York 2001, S. 209–225, hier S. 209.

6 Vgl. zum Thema ‚Nonkonformismus und Experiment' in der deutschen Nachkriegszeit den gleichnamigen Beitrag von Eva Banchelli. In: Elena Agazzi und Erhard Schütz (Hg.): Handbuch Nachkriegskultur. Literatur, Sachbuch und Film in Deutschland (1945–1962). 2. Aufl. Berlin/Boston 2016 [2013], S. 553–561. Irina O. Rajewsky registriert das Phänomen der neuen Subjektivität, das sich dann in der Literatur der 80er Jahre in Europa und in den USA zeigt nicht als „Zerstörung vorgängiger Kunst- und Literaturformen", sondern als Wiederentdeckung der „konventionellen Formen", welche einen „unerschöpflichen Fundus aller zukünftigen Visionen" bieten können; Irina O. Rajewsky: Intermediales Erzählen in der italienischen Literatur der Postmoderne. Von den *giovani scrittori* der 80er Jahre zum *pulp* der 90er Jahre. Tübingen 2003, S. 88.

dass er mit anderen Texten derselben Zeit die traditionellen Maßstäbe des Verhältnisses von historischen Ereignissen und Erfindung umgewälzt hat:

> Unter den erfolgreichsten Protagonisten der Wiederkehr des Erzählens finden sich mit Patrick Süskinds *Das Parfum* (1985), Christoph Ransmayrs *Die letzte Welt* (1988), Robert Schneiders *Schlafes Bruder* (1992) und anderen erstaunlich viele historische Romane. Im Rückblick war der Erfolg von Umberto Ecos *Il nome della rosa* (1980) [...] sowohl bei der Kritik wie beim Publikum ein Initialsignal für den historischen Roman [...]. Ecos Roman war ungewöhnlich, weil er ausschließlich erfundene Figuren in einer erfundenen Handlung agieren ließ, hingegen Details der theologischen Kontroversen, des Klosterlebens, der Ideen- und Kirchengeschichte historisch getreu gestaltete.[7]

Die Postmoderne endet aber nicht mit der erzählenden Literatur der 1980er Jahre, sondern entwickelt sich auch in der darauffolgenden Periode weiter, und gerade der postkoloniale Roman erscheint Paul Michael Lützeler als besonders geeignet für die „Entfaltung des geschichtlichen bzw. des metahistorischen Erzählens" gegen Ende des letzten Jahrhunderts.[8] Eine der Charakteristiken des postmodernen Schreibens ist der Pluralismus der Perspektiven, aus denen man die Vergangenheit analysiert, sich dabei der Gegenwart bewusst ist, aber zugleich auch in die nächste Zukunft projiziert. Daher sind die Betrachtungen und Reflexionen unweigerlich an das Unbehagen und die Desorientierung gebunden, die das Subjekt bei seiner Transformation in einer sich ständig wandelnden globalen Gesellschaft erfährt.

Die historische Parabel des Menschen von seinem Ursprung bis zum heutigen Moment drückt sich in einer Form der Nostalgie gegenüber dem verlorenen Zustand seiner ursprünglichen Authentizität und zugleich in der Suche nach einem Fluchtpunkt, nach einem ‚anderen' Ort, aus.[9] Julian Osthues hat in der Figur des ‚Aussteigers', d.h. August Engelhardt, das Subjekt ausgemacht, mit dem man die narzisstische Wechselbeziehung zwischen Eskapismus und Suche nach dem Exotischen in der deutschen postkolonialen Gegenwartsliteratur zelebriert.[10]

Etwas mehr als dreißig Jahre nach Ecos *Il Nome della Rosa* entdecken nun zwei deutsche Autoren, Marc Buhl und Christian Kracht, fast gleichzeitig als Hintergrund für ihre Werke einen bestimmten historisch-geographischen

---

[7] Hans-Edwin Friedrich: Die Wiederkehr des historischen Romans seit den 1980er Jahren. In: Ders. (Hg.): Der historische Roman. Erkundung einer populären Gattung. (Beiträge zur Literatur und Literaturwissenschaft des 20. und 21. Jahrhunderts 23) Frankfurt am Main [u.a.] 2013, S. 7–8.
[8] Paul Michael Lützeler: Postmoderne und postkoloniale deutschsprachige Literatur. Bielefeld 2005, S. 11.
[9] Vgl. Osthues: Literatur als Palimpsest, S. 130–143.
[10] Vgl. Osthues: Literatur als Palimpsest, S. 130–137.

Kontext und dieselbe historische Figur für den gewählten Protagonisten. Der historische Hintergrund der Handlung ist noch exzentrischer als der wilhelminische afrikanische Exotismus, der bahnbrechend in *Morenga* von Uwe Timm (1978) dargestellt wurde, und später dann in *Kain und Abel in Afrika* von Hans Christoph Buch (2001), in *Herero* von Gerhard Seyfried (2003), und in *Usambara* von Christof Hamann (2007).[11] Buhl mit *Das Paradies des August Engelhardt*[12] und Kracht mit *Imperium*[13] lassen ihre Romane in den deutschen Kolonialgebieten von Neuguinea (1884–1914) und dem angrenzenden Bismarck-Archipel spielen. Sie wählen eine Hauptfigur, die einen unermüdlichen Kampf für die Rückkehr zur Natur und gegen die Dekadenz des Bürgertums der *Jahrhundertwende* führt. Diese Forderungen des Protagonisten verknüpfen sich auch mit der gegenwärtig weit verbreiteten Tendenz von Teilen der Gesellschaft zum Vegetarismus und Veganismus, sodass sie sich als ‚zeitgeschichtliche' Texte mit klarem Bezug zur Gegenwart einordnen lassen. In den Romanen steht ein diätetisches Verhaltensmodell im Mittelpunkt, zweifellos eine Anspielung auf den Gesundheitswahn, der sich heute in Teilen einer ganz dem Wellness-Kult zugewandten Mittelschicht immer weiter verbreitet. Die Wahl einer anderen Ernährungsweise (vom Fleischesser zum Kokovoren) ist keine Extravaganz mehr, sondern wird zur ideologischen Überzeugung, wenn sie eine der Grundvoraussetzungen dafür ist, Führer einer Sekte zu werden. Der von Engelhardt praktizierte ‚Kokovorismus' zeigt sich aber auch als ‚Wirtschaftsunternehmen' dank dem Handel mit der Kopra, die aus den Kokosnüssen gewonnen wird, und der Nutzung von anderen Fruchtteilen zur Herstellung von Kosmetika. In beiden Romanen findet man Kritik am Kapitalismus: Er wird bei Kracht ironisiert, wenn er am Ende des Romans Engelhardt zum ‚Gewinnobjekt' der amerikanischen Filmindustrie macht, indem er Schauspieler in einem Film wird, der dokumentarisch seine eigene Biographie darstellt. Bei Buhl hingegen wird er dramatisiert, als fatale Kehrseite eines Unternehmens, das ursprünglich pazifistisch war, sich aber in eine destruktive Gefahr verwandeln kann: Aus der Kopra wird nicht nur Seife, sondern auch Nitroglyzerin gewonnen, das zur Herstellung von Bomben und Granaten dienen kann (vgl. Paradies 228).

---

11 Vgl. zu einer differenzierten Analyse des postkolonialen deutschsprachigen Romans in Bezug auf Afrika den Beitrag von Herbert Uerlings in diesem Band.
12 Marc Buhl: Das Paradies des August Engelhardt. Roman. Frankfurt am Main 2011. Zitatnachweise im Haupttext unter der Sigle „Paradies".
13 Christian Kracht: Imperium. Roman. 4. Aufl. Frankfurt am Main 2014 [2012]. Zitatnachweise im Haupttext unter der Sigle „Imperium". Zu Krachts Werk siehe Matthias N. Lorenz (Hg.): Christian Kracht. Werkverzeichnis und kommentierte Bibliographie der Forschung. (Bibliographien zur deutschen Literaturgeschichte 21) Bielefeld 2014.

Beide Romane warnen durch die reale Geschichte Engelhardts, auf der ihre Handlungsverläufe aufgebaut sind, vor den Risiken jeglicher Formen von Fanatismus, sei es ein Fanatismus der Enthaltsamkeit, d.h. eine Art reduktionistischer anthropologisch-kultureller Fanatismus (sich mit dem Wesentlichen begnügen bis hin zum Verzicht auf jegliche materielle Habe und fast alle Quellen des Lebensunterhalts) oder einer, der keine ideologischen Expansionsbestrebungen aufweist und sich trotzdem sicher als nicht pazifistisch zeigt. Gewarnt wird davor, einem absoluten Ideal zu folgen, ohne dabei die Folgen zu bedenken, sodass ein unermesslicher Schaden für sich und andere verursacht werden kann.

Das Leben Engelhardts gründet sich auf einem Paradox. Er ist eigentlich ein ‚Zivilisierter', der seine eigene Identität in ein Leben in der Wildnis zwingt, ohne – im Gegensatz zum ‚echten Wilden' Rousseaus (im zweiten *Discours sur l'inegalité*) – mit dem Instinkt, sich vor Gefahren zu schützen, ausgestattet zu sein.[14] Gerade weil ihm jegliche Form der Hybris fremd ist, setzt sich der ‚echte Wilde' nicht unnützen Risiken aus, da er die ihn umgebenden Gefahren und die Grenzen seiner körperlichen Kräfte kennt. Seine Existenz ist zudem frei von dem Egoismus, der den zivilisierten Menschen kennzeichnet, dessen Gier nach Besitztümern ihn zu Konkurrenz und Konflikten mit anderen treibt.[15] Engelhardt ist auf der einen Seite davon besessen, seine Bedürfnisse auf das Notwendigste zu reduzieren. Seine Suche nach Befreiung von den Abhängigkeiten der Welt führt ihn andererseits zwangsläufig zum Erwerb einer Kokosnussplantage (das gilt für die literarische Figur wie für die historische Person), auf deren Boden er dann sein ganz eigenes persönliches Reich errichten kann. Daher ließen sich die beiden Romane von Buhl und Kracht als „biografische [...] Romane [...] auf historischem Hintergrund"[16] gattungstypologisch fassen. Betrachtet man die Bezeichnungen, die Kritiker der beiden Werke wählten, findet man aber doch sehr unterschiedliche Vorschläge: für Buhl ‚Südsee-Roman', ‚Pop-Roman' bei Kracht, aber auch

---

[14] Dürbeck kommentiert zu diesem Punkt: „Seit dem späten 18. Jahrhundert bestehen neben positiv konnotierten Südsee-Stereotypen vom edlen Wilden, dem irdischen Paradies und sexuell-freizügigen Inselschönheiten immer auch perhorreszierende Vorstellungen vom ‚unedlen Wilden', die eine kriegerische Natur, Feindseligkeit, Kannibalismus, Kopfjägerei und Menschenopfer betonen"; Dürbeck: Ozeanismus im postkolonialem Roman, S. 112.

[15] Vgl. Peter-André Alt: Akkulturation des Wilden bei Schiller. In: Friederike Felicitas Günther und Jörg Robert (Hg.): Poetik des Wilden. Festschrift für Wolfgang Riedel. Würzburg 2012, S. 263–286, hier S. 266–267.

[16] Thomas Schwarz: Eine Tragikomödie der Südsee. Marc Buhls und Christian Krachts historische Romane über das imperiale Projekt des August Engelhardt, URL: http://www.germanistik.ch/publikation.php?id=Eine_Tragikomoedie_der_Suedsee, zuletzt besucht am 10.10.2018.

‚Abenteuerroman' und ‚postkolonialer Roman' für beide.[17] Eine Nivellierung beider Romane auf einen gemeinsamen Nenner erweist sich sicherlich als problematisch, wenn nicht sogar als banalisierend, da sich Kracht seine Inspirationsquellen besonders aus vorbildhaften Texten der modernen Literatur holt und trotzdem die erzählte Geschichte von Engelhardts Leben (in dessen Darstellung Fakten und Fiktion eng verknüpft sind) kulturanthropologisch in die fatale Dimension der menschlichen Neigung zur Selbstzerstörung führt. Buhl zieht im Gegenteil eine Art von pädagogischer Lehre aus Mustern der Kolonialliteratur des späten 18. Jahrhunderts und lässt den Schluss seines Romans in eine Moral münden, die wie eine Warnung vor der Bestialität der Menschheit in der Zukunft wirken soll.

Buhl ist einer ‚Art der Erzählstruktur' des *Romance*-Typs gefolgt, weil er die utopische und delirierende Dimension von Engelhardts Projekt herausstellt. Engelhardt wollte eine Sekte von Anhängern des Sonnen- und Kokosnuss-Kultes in einem Paradies gründen, das an einem Ort im entfernten Pazifik vermutet wurde. Buhl hat auf eine deskriptive Weise die Schritte rekonstruiert, mit denen sich der Europäer in die seiner eigenen Kultur weit entfernten Lebensverhältnisse in der *Fremde* eingewöhnt. Dabei benutzt er vor allem das Präteritum und unterstreicht so die zeitliche Distanz zwischen dem Moment des Erzählens und dem der erzählten Geschehnisse. Als Grundlage für seine Erzählung führt Buhl die Leitlinien des historischen Manifests des Kokovorismus an. Es wurde 1898 von dem Naturalisten Bethmann, einem Kameraden Engelhardts, veröffentlicht und trägt den Titel: *Eine sorgenfreie Zukunft. Praktisch erprobte Ratschläge eines modernen Naturmenschen. Ein Beitrag zur Lösung der heiklen Magenfrage*. Unter direkter Beteiligung Engelhardts wurde das Manifest dann in ein ‚neues Evangelium' für die Gesundheit des Körpers und des Geistes umgewandelt.[18] An einer anderen Stelle des Romans fügt Buhl einen Verweis auf den Trend zur Naturheilkunde der Jahrhundertwende ein und bezieht sich auf die Schrift von Adolf Just (1859–1836), *Kehrt zur Natur zurück!* aus dem Jahr 1896, in der der Gründer des Jungborn dazu auffordert, den direkten Kontakt mit den vier Elementen wiederzuentdecken, als Form eines militanten Christentums, das sich der Schöpfung durch ein einfaches Leben in Brüderlichkeit anvertraut (vgl. Paradies 43).

Wie der Autor einer neueren Monographie zur Beziehung zwischen Geschichte und Literatur in den Werken von Uwe Timm, Daniel Kehlmann und

---

17 Vgl. Dürbeck: Ozeanismus im postkolonialen Roman.
18 August Bethmann und August Engelhardt: Eine sorgenfreie Zukunft. Das neue Evangelium. Tief- und Weitblicke für die Auslese der Menschheit, zur Beherzigung für alle, zur Überlegung und Anregung. 5. völlig umgearb. und erw. Auflage. Kabakon bei Herbertshöhe 1906.

Christian Kracht zurecht beobachtet, kann man beim Hinterfragen von Krachts Quellen folgendes festhalten:

> Welche Ausgangsbasis *Imperium* zugrunde liegt, ist aus dem Text heraus nicht ersichtlich. Das Dankeswort hebt lediglich die besondere Bedeutung von fünf Personen für das Entstehen des Werkes hervor. Relevant sind unter anderen Genannten Hermann Hiery, dessen Sammelband *Die deutsche Südsee* [...] die bislang einzige umfassende Auseinandersetzung mit dem deutschen Kolonialreich im Pazifik ist, sowie Sven Mönter, der sich in einer ersten und bislang einzigen umfangreichen Forschungsarbeit mit August Engelhardt und seinem Sonnenorden auseinandergesetzt hat [...].[19]

Kracht verfügt im Vergleich zu Buhl zweifelsohne über eine größere Stilsicherheit. Er hat eine Art der Erzählstruktur gewählt, die zugleich *komisch-satirisch* und *tragikomisch* ist, und thematisiert auf diese Weise mit einem Tabu belegte historische Ereignisse – wie das Aufkommen des Nationalsozialismus –, wobei er die Erlebnisse des Protagonisten in den Rahmen der herannahenden Katastrophen der deutschen Geschichte stellt. In diesem Fall verursacht also ein Erzähler, der auf die gefährlichen Resultate der Entscheidungen hinweist, die von der Hauptfigur getroffen werden, die metafiktionale Subversion, in deren Zeichen sich die Erzählung entwickelt.[20]

Buhl und Kracht erlauben sich jeweils große Freiheiten, wenn sie aus Engelhardts Biographie schöpfen. Während Buhl sich dabei enger an die historischen Tatsachen hält, erstellt Kracht – wie auch Frank Finlay bemerkt – einen *Pastiche,* in dem „die diachronische Dimension, d.h. der dem Text zugeschriebene tiefere historische Sinn, gänzlich hinter dem Vergnügen des Autors, sich auf einer oberflächlichen Ebene zu bewegen, verschwindet".[21] Die beiden

---

19 Max Doll: Der Umgang mit Geschichte im historischen Roman der Gegenwart. Am Beispiel von Uwe Timms *Halbschatten*, Daniel Kehlmanns *Vermessung der Welt* und Christian Krachts *Imperium*. Frankfurt am Main 2017, S. 445. Was die Biographie von August Engelhardt in dem Werk von Hiery anbelangt, vgl. Dieter Klein: Neuguinea als deutsches Utopia. August Engelhardt und sein Sonnenorden. In: Hermann Joseph Hiery (Hg.): Die deutsche Südsee. Ein Handbuch. Paderborn 2001, S. 450–458.
20 Vgl. Robin Hauenstein: Historiographische Metafiktionen. Ransmayr, Sebald, Kracht, Beyer. (Epistemata 820) Würzburg 2014, S. 132: „Diese illusionsstörenden metanarrativen Effekte, die Kracht in die Narration einbaut, sind neben dem Einsatz des ironischen Pastiches des klassischen Realismus und den ebenfalls unter die metafiktionalen Effekte zu zählenden theoretisierenden Verhandlungen und Verfahren kinematographischer Art auf diskursiv-narratologischer Ebene die postmodernen Kennzeichen des Romans."
21 Diese Anmerkung hat keinesfalls eine negative Konnotation, denn Finlay erläutert sehr genau, inwiefern die Vorliebe des Schweizer Schriftstellers für Kitsch in der Tradition seines literarischen Schaffens als Emblem der *Neuen deutschen Popliteratur* verankert ist, wie beispielsweise *Tristesse Royale* (1999), wo eine Konversation in blasierter Tonlage zwischen

Werke unterscheiden sich auch in Ton und Manier. Buhls Stil ist weitaus deskriptiver und dokumentarischer und nimmt – wie schon angedeutet – erst im Verlauf der Geschichte, vor allem im Epilog, vorwiegend dramatische Züge an, um eine Vorstellung vom Delirium der Hauptfigur zu vermitteln.

2 Zeitchronik und Präsenz des ‚historischen' Faktors bei Buhl und Kracht

Es scheint durchaus legitim zu sein, davon auszugehen, dass ein guter historischer Roman die Atmosphäre der Epoche, in der eine Handlung spielt, besser als ein Geschichtsbuch wiedergeben kann. Der Grund dafür ist die große Menge an Fiktionen, imaginierten Details, die der Erzählung von historischen Ereignissen beigegeben werden können. Der Vergleich zweier Romane, die sich mit demselben Thema befassen, macht die Quantität und die Qualität der Quellen, die die beiden Autoren zu ihrer historischen Dokumentation benutzt haben, ebenso deutlich wie die imaginierten Möglichkeiten der historischen Fiktion. Die Unterschiede bei den informativen Inhalten unterstreichen die verschiedenen Formen fiktiver Überarbeitungen des historischen Stoffs.

Der Beginn von Buhls Werk handelt von dem missmutigen Abschied des Protagonisten vom wilhelminischen Militarismus, über dem der Schatten des preußischen Siegs von Sedan von 1870 liegt und der von einem absurden Ehrgefühl geprägt ist, das jedem anderen menschlichen Wert vorangestellt wird (vgl. Paradies 25–27). Kurz angedeutet wird auch die Zeit des Arrestes von Engelhardt, weil er den verbotenen *Vorwärts* gelesen hatte (vgl. Paradies 26). Die Gedanken des jungen Mannes in dieser Periode werden in indirekter Form wiedergegeben. Aus ihnen wird ersichtlich, dass er darüber nachdenkt, die Heimat zu verlassen, um sich weiteren Formen der Instrumentalisierung seines Körpers und Geistes zu entziehen. Der Erzähler gibt dann dem Leser die wesentlichen historischen und geographischen Koordinaten, um sich im neuen Habitat von Engelhardt zu orientieren: Herbertshöhe (Kokopo), das er per Dampfschiff erreicht hatte, war der Sitz der Zentralverwaltung und des Gouverneurs des deutschen Kolonialgebiets Neuguinea.

Da die Quellen zur Rekonstruktion des historischen Hintergrunds von beiden Autoren nur spärlich angegeben werden, kommt uns die Lektüre von dem

---

Kracht und weiteren zwei Kollegen wiedergegeben wird – angesiedelt im Berliner Hotel Adlon und inhaltlich kaum ‚politically correct'; Frank Finlay: „Surface is an Illusion but so is Depth": The Novels of Christian Kracht. In: German Life and Letters 66 (2013), S. 220.

bereits genannten Sammelband von Hiery zur Hilfe, *Die Deutsche Südsee 1884–1914*, der 2001 erschienen ist.[22] Ergänzung dazu ist *Die Geschichte der deutschen Kolonien* von Horst Gründer, die 2012 der sechsten Auflage beigefügt wurde, sodass Kracht das Werk höchstwahrscheinlich auch gelesen hat. Dadurch können wir erfahren, dass vierhundert Deutsche in Kokopo lebten, umgeben von einer multiethnischen Gruppe von Menschen, die alle dem Willen eines einzigen Mannes unterworfen waren, Albert Hahl. Hahl, eine historische Person, wandte bei Gewalttaten unter der lokalen Bevölkerung seinerseits Gewalt an, auch wenn er es sich zur Aufgabe gemacht hatte, die Konflikte unter den Ureinwohnern zu entschärfen und denen ein Stück wirtschaftlicher Autonomie zuzugestehen, die die Kolonialgesetze anerkannten und dabei halfen, sie anzuwenden.[23] Die Präsenz Engelhardts mit seinem anarchistischen Verhalten konnte in der Tat die Autorität der Europäer in den Kolonien in Frage stellen und zum Ungehorsam ihnen gegenüber anreizen (vgl. Paradies 37).

Buhl stellt auf den folgenden Seiten die verschiedenen Gurus der Lebensreform vor, von dem Maler Diefenbach (1851–1913) (vgl. Paradies 52–54), der eine Landkommune in Wien gegründet hatte, bis zu dem schon genannten Adolf Just (1859–1936) (vgl. Paradies 43), einem Buchhändler, der im Harz den Jungborn ins Leben gerufen hatte, um Therapietechniken an der frischen Luft und gesundheitliche Verhaltensmodelle verschiedener Art zu verbreiten. Buhls Erzähler erwähnt auch die *Vegetarische Warte* (vgl. Paradies 63), eine Zeitschrift, die das Organ des *Deutschen Vereins für natürliche Lebensweise* geworden war, unter diesem Namen ab 1904.[24] Der Briefwechsel, den Engelhardt von Kabakon aus mit einigen Freunden in der Heimat führt, zeigt sich als ein raffiniertes Mittel, um die wichtigsten Informationen über den Epochenkontext einzufügen (vgl. Paradies 89–90, 120). Ab dem Brief an den Freund Walter in Deutschland (vgl. Paradies 101–107) wird dann der Umschlag von einem segensreichen in einen obsessiven Zustand ersichtlich, in dem Engelhardt beginnt, an

---

22 Kracht bedankt sich bei fünf Personen, nämlich Rafael Horzon, Tulku Ngawang, Gyatso Rinpoche, Dr. Sven Mönter und Prof. Dr. Hermann Joseph Hiery und stimuliert damit die Neugierde des Lesers, sich auf die Spur solcher zu machen, aber wie Max Doll geschrieben hat: „relevant sind unter den Genannten Hermann Hiery, dessen Sammelband *Die deutsche Südsee* [...] die bislang einzige umfassende Auseinandersetzung mit dem deutschen Kolonialreich im Pazifik ist, sowie Sven Mönter, der sich in einer ersten und bislang einzigen umfangreichen Forschungsarbeit mit August Engelhardt und seinem Sonnenorden befasst hat"; Doll: Der Umgang mit Geschichte im historischen Roman der Gegenwart, S. 445–446.
23 Horst Gründer: Geschichte der deutschen Kolonien. 6. Aufl. Paderborn 2012 [1985], S. 195.
24 Vgl. unter anderen Werken zu diesem Thema Florentine Fritzen: Gesünder leben. Die Lebensreformbewegung im 20. Jahrhundert. Stuttgart 2006, S. 37–43.

Verfolgungswahn zu leiden und um sein Leben zu fürchten. In diesem Brief berichtet er dem Freund von einem Unbehagen, das ihn zerstört.

Buhls historisch-literarischem Projekt kommt zwar das Verdienst zu, als erstes eine besonders perverse Episode der Gesundheitsdoktrin, deren Pionier im modernen Europa Deutschland war, beleuchtet zu haben, doch bewegt sich sein Werk in einem Kontext typisch ‚deutscher' kultureller Interessen. Es betrifft in der Tat vor allem diejenigen, die an der Entdeckung einer eher nebensächlichen, wenn auch kuriosen Episode in der deutschen Kolonialgeschichte interessiert sind, die seinerzeit für ein gewisses Aufsehen gesorgt hatte. Eine Mikrogeschichte wird unter einem Vergrößerungsglas betrachtet und auf 237 Erzählseiten ausgedehnt.[25] Die Geschichte Engelhardts beginnt in Deutschland und endet in Neuguinea und ist in diesem Sinne kurzatmig gegenüber den abenteuerlichen Geschichten und Emotionen, die der Protagonist in Krachts Text erlebt, als er sich dem ersehnten Ziel nähert, das ihn als typischen Vertreter der Europamüdigkeit[26] weit weg von dem Lärmen seines Kontinents bringen soll.

Kracht baut dagegen seine Erzählung auf historischen Mikro-Episoden auf, die er geschickt mit frei erfundenen mischt. Anstatt *in medias res* zu gehen, breitet er im ersten Teil des Romans Erkennungszeichen aus, die auf die Zeit der Handlung anspielen.

Die ersten Seiten werden von der *Prinz Waldemar* dominiert, einem vom *Norddeutschen Lloyd* gebauten Dampfschiff, das in der Tat zum Posttransport bestimmt war und auf der Überfahrt von Sidney nach Singapur an Neuguinea vorbeifuhr. Die Beschreibung der Passagiere, unter ihnen Engelhardt, ermöglicht ein Geflecht von Verweisen auf Handelsaktivitäten, aber auch die abwechslungsreichen und exotischen Landschaften, die an den Anlegestellen zu sehen sind, werden beobachtet und beschrieben (vgl. Imperium 11–31). Die Passagiere sind ausschließlich Männer, und ihre Lektüren sind Zeitschriften zur Bodennutzung

---

[25] Diese Tendenz Buhls wird von Martin Halter bestätigt, obwohl er zu einer positiven Bewertung dieser neuen Begegnung mit der Mikrogeschichte zu neigen scheint: „Marc Buhl ist ein Spezialist für Sonderlinge am Rande der bekannten Geschichte. In seinen historischen Romanen hat er schon dem armen Lenz (*Der rote Domino*) und dem norwegischen Wunderläufer Mensen, der im neunzehnten Jahrhundert bis zu dem Quellen des Nils rannte (*Rashida*) Denkmäler gesetzt; leider waren sie oft aus Papier, überfrachtet mit kultur- und literaturhistorischen Exkursen. Nicht so *Das Paradies des August Engelhardt*: Lakonisch, poetisch und erzählerisch souverän entwirft Buhl das Bildnis eines tragisch gescheiterten Aussteigers."; Martin Halter: Der Ritter der Kokosnuss bestätigt. In: Frankfurter Allgemeine Zeitung, 17.06.2011, S. 3, URL: http://www.faz.net/aktuell/feuilleton/buecher/rezensionen/belletristik/marc-buhl-das-paradies-des-august-engelhardt-der-ritter-der-kokosnuss-1657360.html, zuletzt besucht am 10.10.2018.
[26] Vgl. http://www.textlog.de/schlagworte-europamuede.html

in tropischen Ländern und die den Ereignissen in den Kolonien gewidmete *Deutsche Kolonialzeitung* (vgl. Imperium 13). Krachts Text gibt nur schrittweise ein genaueres Bild von der Persönlichkeit Engelhardts, und anfänglich belässt er ihn in der Rolle des Beobachters der anderen Passagiere. Diese zeitliche Ausdehnung lässt den Protagonisten erst im dritten Kapitel endlich in Neuguinea erscheinen. Kracht bezeichnet die Handlung des zweiten Kapitels, in dem Engelhardt einige Wochen vorher in die Falle eines betrügerischen Tamilen geht, der ihn ausraubt, als den zunächst ‚falschen Film'. Im dritten Kapitel beginnt also der ‚richtige Film', und die Geschichte kann sich nun wie ein Dokumentarfilm über das Kolonialleben in Neuguinea entwickeln und wie eine Reportage über das Leben auf den Pazifischen Inseln erscheinen. Der extradiegetische Erzähler fügt dabei Details und persönliche Kommentare über die Lebensführung seines Antihelden hinzu; dadurch kann er auch die Grenzen zwischen den Geschehnissen, die sich wirklich zugetragen haben, und denen, die erfunden worden sind, verwischen. Krachts Roman macht aber noch viel mehr: Er vertieft durch den Gebrauch von historischen Dokumenten einige Details, die die dargestellten Episoden wie Photogramme bewegen.

Der Vegetarismus von Engelhardt und sein Sonnen- und Kokosnusskult verweisen auch auf die moderne europäische Kultur (vgl. Imperium 67), auf die Beziehungen zwischen den Kolonien und dem Heimatland, auf die postalische Kommunikation (vgl. Imperium 56) und das Gesetz der Bewegungsgleichung (vgl. Imperium 93–94). Kracht verwendet geschickt Rückblenden und Vorausblicke und verleiht dadurch seiner Erzählung Tiefe, dass er sich nicht nur auf die Erlebnisse des Protagonisten in seinen begrenzten Bewegungen auf Kabakon beschränkt, sondern dessen Leben im größerem Kontext des wilhelminischen Imperialismus und der internationalen Ereignisse darstellt. So wird das Mikro-Unternehmen von dem Sektenführer des Kokosnuss-Kultes in einen Zusammenhang mit anderen Versuchen der Ernährungsumstellung gestellt. Auf internationaler Ebene verbreitete sich gerade das Projekt der amerikanischen Kellog-Brüder, die den Vegetarismus durch den Konsum von Maisflocken propagierten (vgl. Imperium 105–108). Der ganze zweite Teil des Romans beschäftigt sich dann mit den Folgen der Freundschaft zwischen dem Musiker Max Lützow und Engelhardt, die später in Hass umschlägt.

Die Maler Nolde und Pechstein, die tatsächlich kurz vor Ausbruch des Ersten Weltkriegs Neuguinea besuchten, beleben einen Teil des Romans. Durch Nolde wird eine Brücke zwischen Vergangenheit und Zukunft geschlagen, zwischen der Geschichte des skurrilen Kokovoren und seiner Nachwelt, die für lange Zeit seine Existenz vergessen wird. Das Bild, das Nolde in Krachts Roman von Engelhardt anfertigt, geht zwar in den Wirren des Ersten Weltkriegs verloren, aber Nolde malt es später aus dem Gedächtnis nach und übergibt es einer

Geschichte, welche zur Zeit des Nationalsozialismus bestimmen wird, wer in der Galerie der ‚personae gratae' erscheinen darf und wer hingegen sich verstecken muss, um der nazistischen Furie zu entgehen. Der große Schatten des Nationalsozialismus, nach dessen schwarzen Zügen Kracht die eine oder andere Figur gedanklich ausmalt, reißt am Ende auch Nolde mit sich fort, der trotz allem in die Rubrik ‚entartete Künstler' (vgl. Imperium 232) eingereiht wird. Der Schritt vom Ersten zum Zweiten Weltkrieg ist nunmehr kurz. Die Australier, die 1914 in Rabaul landen, verdrängen die Deutschen und machen später den Amerikanern Platz. Kurz nach Beendigung des Zweiten Weltkrieges entdecken diese Engelhardt auf einer der Salomoninseln und betrachten ihn als interessanten Gegenstand für eine Filmgeschichte. Die Erlebnisse des Protagonisten scheinen den späteren US-amerikanischen Besuchern auf der Insel noch phantasievoller, als jegliche erfundene Geschichte eines an den Grenzen der zivilisierten Welt lebenden Individuums es sein könnte.

3 Buhls Roman in der Tradition des Kolonialromans des 18. Jahrhunderts

„Die Konstruktion des Romans wäre musterhaft langweilig, wenn Buhls Sprache nicht so lebendig wäre".[27] Wie auch immer Buhl – ohne je rechtliche Maßnahmen gegen Kracht zu ergreifen – darüber polemisiert haben mag, dass viele Passagen von *Imperium* Ähnlichkeiten mit seinem Roman aufweisen, so sind die Struktur wie auch der Ablauf seiner Geschichte linear und im Vergleich zu Kracht in der Tat konventioneller und in diesem Sinn langweiliger.

Buhl beginnt mit einer Art photographischer Blitzbildaufnahme von dem, was auf der Insel Kabakon vor sich geht, noch vor der unerwarteten Ankunft eines Weißen mit atypischem Verhalten. Es sei lediglich darauf verwiesen, dass es sich um ein Stammesbankett handelt, das mit dem Ausspruch endet: „Die Weißen schmecken auch so schon zu salzig" (Paradies 7). Damit befindet man sich mitten in den unterschiedlichen Verhaltensweisen zwischen Wilden und Zivilisierten, begegnet aber auch einer allgemeinen Kritik am Fleischesser. Dieser greift nicht nur das tierische Leben zwecks Nahrungsaufnahme an, sondern kann sogar das der eigenen Artgenossen bedrohen, falls man das Pech hat,

---

[27] Aus dem Artikel von Sabine Peters: Von Kokovorismus, Kolonie und Zivilisation. Deutschlandfunk, URL: http://www.deutschlandfunk.de/von-kokoverismus-kolonie-und-zivilisation.700.de.html?dram:article_id=85050, zuletzt besucht am 10.10.2018.

zufällig inmitten von dem Kannibalismus zugeneigten Bevölkerungen, wie einst einige Stämme in Melanesien, zu landen.

Buhls Engelhardt landet auf der Insel wie ein neuer Robinson Crusoe. Vor allem ist er von dem Wunsch beflügelt, sich der Herrschaft einer von Fortschrittsglauben und Geldgier befallenen Gesellschaft zu entziehen. Er möchte lediglich den Kontakt mit der Natur genießen und die Erfahrung einer aus Kokosnüssen bestehenden Ernährung und des Sonnenkultes teilen. Buhls Figuren sind die literarische Transposition von August Bethmann und seiner Gefährtin Anna Schwab, den treuesten Anhängern des Sonnenkultes, neben ein paar anderen Gutbürgerlichen, die ihres goldenen Käfigs in Europa überdrüssig waren. Buhl hält sich also an diese biographische Gegebenheit, wobei er aus dem von Engelhardt und Bethmann publizierten Manifest des Kokovorismus[28] einige Denkanstöße auswählt, die Engelhardts regressive Haltung, einer Art Paranoia folgend, belegen. Das Vademecum eines perfekten Kokovoren sieht die Beschränkung auf das Wesentliche zum Leben vor, wobei man die Schäden der kapitalistischen Gesellschaft, ausgedrückt durch das allumfassende Substantiv ‚die Sorge', einfach hinter sich lässt. Buhl bezieht also die Theorie der Kokovoren in seinen Roman mit ein, indem er einige wirklich eigenartige Thesen durchscheinen lässt.[29]

Man erkennt in Buhls Roman die typischen Merkmale, die das „Diskursfeld des Ozeanismus ausmachen, insbesondere den „Missionierungs-Diskurs" zusammen mit seinem Gegenteil, den „Antimissionierungsdiskurs", aber auch den „ethnografischen", den „geografischen" und den „wirtschaftlich-Kolonialen".[30] Die unzähligen Dialoge, die sich im Roman zwischen den verschiedenen Figuren entwickeln, lassen die exotische Kulisse ziemlich verschwinden, zugunsten des Versuchs, eine bunte Gesellschaft aus Missionaren, Händlern und Verwaltungsbeamten zu Wort kommen zu lassen. Die Bilanz aus den Gesprächen, die der Leser wie ein Motto ziehen kann, ist, dass – wie ein Engelhardt behandelnder Arzt sagt – die Menschheit keine Naturheilkunde braucht, sondern Kulturheilkunde (vgl. Paradies 113).

---

[28] August Engelhardt und August Bethmann: Hoch der Äquator! Nieder mit den Polen! Eine sorgenfreie Zukunft im Imperium der Kokosnuss. Ungekürzte Orig.-Fassung [der Ausg.] 5., völlig umgearb. und erw. Aufl., Insel Kabakon bei Herbertshöhe 1906. Norderstedt 2012.

[29] Hierzu gehört zum Beispiel die Vorstellung, dass die Kokosnuss als das dem Menschen in der Natur am nächsten kommende Element aufzufassen sei, aufgrund ihrer ovalen Form, der Festigkeit ihrer Schale und der Tatsache, dass sie nahe an den erquickenden Sonnenstrahlen auf der Spitze der Pflanze wächst (vgl. Paradies 203).

[30] Vgl. Dürbeck: Ozeanismus im postkolonialem Roman, S. 113.

Die im Hintergrund der Erzählung befindlichen und von Engelhardt aus Europa mitgebrachten kostbaren Bücher behindern aufgrund ihrer notorischen Erwähnung Buhls Erzählfluss, was den Leser dazu bringt, sich periodisch an Engelhardts lehrhafte Bezugnahmen zu halten, die der Kokovore seinen literarischen Quellen entnimmt.[31] Bei der post-revolutionären Kolonialliteratur des 18. Jahrhunderts, zum Beispiel in den *Erscheinungen am See Oneida* (1798) von Sophie von La Roche, trifft man auf das gleiche Szenario. Auch hier nimmt das aristokratische Paar de Wattines, das nach Übersee fliehen muss, um dem Zorn der französischen Aufständischen zu entgehen, 300 Bände mit sich. Dabei lässt La Roche keine Gelegenheit aus, die Vorzüge kundzutun, die das mit diesem wertvollen Bollwerk gegen die *Wildnis* ausgestattete Paar aus der individuellen oder gemeinsamen Lektüre der abendländischen Literatur gezogen habe. Es handelt sich hierbei aber vor allem um eine intertextuelle Übung, die es erlaubt, eine Verbindung zu den Klassikern der europäischen Aufklärung herzustellen. Victor Lange und auch späteren Literaturwissenschaftlern verdanken wir das Verständnis dafür, dass *Erscheinungen am See Oneida* als eine Art Motor bei der Mythenforschung um das Schicksal der de Wattines gedient hat und die Einsicht in die wirkliche Geschichte dieser freiwilligen Migranten.[32]

In Buhls Roman scheitert der Alphabetisierungsprozess der Ureinwohner, aber das gedruckte Buch wird auch zum Emblem für die Gleichgültigkeit gegenüber der Kultur seitens der Europäer, die sich nun vielmehr dem praktischen Leben widmen, wie die Händler, die nicht mehr lesen müssen, um sich zu verwirklichen, oder die Künstler wie Diefenbach, die glauben, dass die einzige Quelle des Lernens das ‚Buch der Natur' sei.

---

[31] Catherine Repussard hat genau beobachtet, dass die von Buhl in Engelhardts Bibliothek angeführten Bücher Klassiker der deutschsprachigen Literatur sind (Goethe, George, Hauptmann und Rilke, aber auch Ibsen), während Engelhardts Bibliothek bei Kracht Werke von Thoreau, Tolstoi, Stirner, Lamarck, Hobbes, Swedenborg, von Blavatsky und den Theosophen umfasst; vgl. Catherine Repussard: „Ein bisschen Südsee und ein gutes Maß Lebensreform": Das Rezept für das beginnende 21. Jahrhundert? Marc Buh *Paradies des August Engelhardt* (2011) und Christian Krachts *Imperium* (2012): In: Recherches Germaniques 42 (2012), S. 77–98, hier S. 91.

[32] Vgl. Victor Lange: Empfindsame Abenteuer. Materialen zu Sophie La Roches Roman ‚Erscheinungen am See Oneida'. In: Eckhardt Heftrich und Jean-Marie Valentin (Hg.): Gallo-Germanica. Wechselwirkungen und Parallelen deutscher und französischer Literatur (18.–20. Jahrhundert). Nancy 1986, S. 47–70. Zu den Übersee-Utopien von Sophie La Roche und Henriette Frölich verweise ich auf Elena Agazzi: Übersee-Utopien. Die Amerika-Romane von Sophie La Roche und Henriette Frölich *Erscheinungen am See Oneida* (1798) und *Virginia oder die Kolonie in Kentucky*. In: Alessandro Fambrini, Fulvio Ferrari und Michele Sisto (Hg.): Sull'utopia. Scritti in onore di Fabrizio Cambi (Labirinti 167), Trient 2017, S. 91–110.

Ein Alarmzeichen, das Buhl ebenso an die Gegenwart richtet, ist die Tatsache, dass die Kulturverachtung auch ein Element der Brüchigkeit des sozialen Systems war, was sich in der Rückkehr der Gewalt zeigte. Die von den Nationalsozialisten am 10. Mai 1933 in Berlin veranstaltete Bücherverbrennung ist ein exemplarisches Beispiel dieser Gewalt. Das Projekt von der ‚Übermittlung des abendländischen Wissens' geht zusammen mit der Hütte des Kokovoren in Flammen auf, während dieser schon seine Prinzipien aufgegeben hat und ungerührt fleischessend der Verbrennung seiner wertvollsten Güter beiwohnt. Mithin ist auch bei Buhl die Vorwegnahme der zukünftigen Katastrophe nicht abwesend, wie die Warnung von Walter an August deutlich macht, als er zu ihm sagt: „Bomben und Granaten züchtest du hier auf deiner Insel. Der nächste Krieg wächst auf deinen Bäumen. Tote Soldaten baust du hier an. Von wegen Seife und Licht. Du nährst dich von den Gefallenen von morgen" (vgl. Paradies 228). Die zeitgeschichtliche Dimension wird jedoch nur angedeutet und nicht extradiegetisch von dem Erzähler der Geschichte ausgearbeitet, welcher bei Kracht hingegen eine wachsame Aufmerksamkeit gegenüber der Entwicklung der Ereignisse beibehält. Thomas Schwarz hat beide Werke als „Tragikomödie in der Südsee" bezeichnet. Buhls Roman nannte er zudem „einen Krimi mit postkolonialen Perspektiven".[33] Wir bezeichnen dieses Werk von Buhl lieber als eine Geschichte, in der *alles so ist, wie es scheint*, außer Engelhardts Pazifismus.

4 Die „Methode" Kracht

In Krachts Roman ist wiederum *nichts wie es scheint*, genauso wie es die Technik des *Pastiche* verlangt, von der Birgfeld zwei performatorische Strategien wie folgt resümiert:

> dass alle Wahrheit beim besten Willen immer nur eine Erzählung mit einem unsicheren Erzähler und also unergründlich ist und [...] dass der ganze Roman nur dazu dient, den Leser anregend, mit einem komplexen Rätsel, das bei jedem Blick eine neue Antwort zu geben scheint, gut zu unterhalten.[34]

Krachts Romanfiguren unterteilen sich in zwei Kategorien: in Spießbürger und in Sentimentale. Der Gouverneur Hahl gehört zu den Ersteren, der Kommandant

---

[33] So der Titel des dritten Abschnittes des Artikels von Schwarz: Eine Tragikomödie der Südsee.
[34] Johannes Birgfeld: Südseephantasien. Christian Krachts *Imperium* und sein Beitrag zur Poetik des deutschsprachigen Romans der Gegenwart. In: Wirkendes Wort 3 (2012), S. 457–477.

Slütter zu den Letzteren. Hingegen wird der scheinbar so naive Engelhardt gar von den heutigen Historikern der Kolonialzeit des Mordes an einigen Individuen verdächtigt, die zur Rückkehr in die Heimat bereit waren, das heißt, ihn zu ‚verraten', nachdem sie die mit dem Kokovorenexperiment verbundenen Mühen und Entbehrungen erfahren hatten. Slütter wird von Hahl erpresst, der davon weiß, dass der Kommandant auf seinem Dampfer die junge Pandora, ein auf Abwege geratenes Mädchen edler Herkunft, versteckt hält und sich in sie verliebt hat. Als er aber kurz davor ist, Engelhardt im Auftrag von Hahl umzubringen, sieht er davon ab. Von diesem Moment an wird – so Kracht – der Kokovore zum Antisemiten, denn Hahl ist ein Jude, der Engelhardt lieber tot sehen will. Diese Begebenheit stimmt jedoch nicht mit der historischen Realität überein, denn Hahl war der Sohn eines evangelischen Pastors. Indessen mischt der Schriftsteller die historischen und biographischen Karten neu und spielt mit den Fakten, wie es ihm beliebt. Dabei profitiert er insbesondere von den Schattenzonen, die in den über diesen Zeitraum überlieferten historischen Dokumenten fortbestehen.[35]

Es lohnt also zum Thema Antisemitismus daran zu erinnern, dass der Kritiker Georg Diez am 13.02.2012, kurz vor dem Erscheinen von *Imperium* in den deutschen Buchläden, eine wilde Attacke gegen Kracht im *Spiegel* lanciert hatte. Darin bezeichnete er den Autor als einen von totalitären Systemen faszinierten Nihilisten und dessen Roman als eine Gelegenheit, einen antimodernen Ästhetizismus zu zelebrieren, „der ins Okkulte drehen könnte wie bei Joris-Karl Huysmans oder in den Antisemitismus abrutschen könnte wie bei Ezra Pound". „Wenn man so will" – schließt der Kritiker –, „ist Christian Kracht der Céline seiner Generation".[36] Engelhardt wird in *Imperium* aufgrund seiner Vorlieben und seiner Tendenz zur Eliminierung alles Überflüssigen wirklich mit einem Vegetarier in Verbindung gebracht, der zu jener Zeit noch ein (pickliger) Junge war, der aber dann in Zukunft Europa zum Erbeben bringen sollte. Hitler derart zuzuzwinkern heißt dennoch nicht, sich für dessen Ideologie zu begeistern. Vielmehr bietet sich so die Gelegenheit, darüber nachzudenken, inwieweit das Böse in einer wahnsinnig gewordenen sozialen

---

[35] Michael Braun: Das *Imperium* schlägt zurück. Der Streit um Christian Krachts Roman ist auch ein Streit um die aktuelle Rolle der Literaturkritik. In: Konrad Adenauer Stiftung 512–513 (2012), S. 113–117, hier S. 115. Zur ideologisch-politischen Perspektive Krachts vgl. auch Hannah Gerlach: Relativitätstheorien. Zum Status von ‚Wissen' in Christian Krachts *Imperium*. In: Acta Germanica 41 (2013), S. 195–210; vgl. auch Julian Schröter: Interpretative Problems with Author, Self-Fashioning, and Narrator: The Controversy over Christian Kracht's Novel *Imperium*. In: Dorothee Birke und Tilmann Köppe (Hg.): Author and Narrator. Transdisciplinary Contributions to a Narratological Debate (linguae & litterae 48) Berlin [u.a.] 2016, S. 113–137.
[36] Georg Diez: Die Methode Kracht. In: Der Spiegel 7 (2012), URL: www.spiegel.de/spiegel/print/d-83977254.html, zuletzt besucht am 10.10.2018.

Zelle Wurzeln schlagen kann und wie es zumindest in der Fiktion möglich ist, dessen verhängnisvolle Auswirkungen zu exorzieren, indem man zugleich auf sein groteskes wie auch monströses Gesicht zeigt. Dieses Werk möchte gerade die Darstellung eines ‚Reichs der reinen Rasse' in einer ‚verkehrten Welt' auf den Kopf stellen, wo eben jegliche Form von Tatendrang ins genaue Gegenteil umschlägt. Krachts *political incorrectness* ist trotzdem, genauer besehen, nur in dem Maße erträglich, wie seine Bagatellisierung des Bösen sensible Themen wie die Shoah nicht berührt.

Die kritisch-distanzierte Haltung des Erzählers betont den Unterschied zwischen dem Autor und dem extradiegetischen Kommentator, obwohl Kracht, trotz des vorsichtigen Umgehens mit dem Thema des Antisemitismus – das Buhl in einen milderen Diskurs des Werteverlusts durch die Bücherverbrennung übersetzt – teilweise die Figur Engelhardts mit der eines wahnwitzigen, aber auch gefährlichen Diktators zu einer Überlappung bringt. Obwohl Kracht epochale Parabeln entwirft, die jene mittelfristige Zukunft berühren, die wir alle als Katastrophe einstufen – den Zweiten Weltkrieg –, so kann man denken, dass es seine Absicht ist, jegliche Art von Fanatismus voll und ganz zu verurteilen, so wie Joseph Conrad dies äußerst feinsinnig in *Heart of Darkness* tut. Sein kosmopolitischer Blick auf die Literatur einerseits, seine Experimentierfreudigkeit mit immer komplexeren Ausdrucksformen à la Pynchon[37] andererseits, sowie die „sichtbar gehaltene Imitation verschiedener Stile und Genres"[38] haben zum Erfolg des Romans *Imperium* geführt. In Buhls Fall liegt ein durchaus wertvolles Werk vor, unter anderem mit dem Verdienst, einen Außenseiter von großem Interesse für die Belletristik wie August Engelhardt entdeckt zu haben. Die ‚Küche' allerdings, in der Buhls deutsch-koloniales Produkt zubereitet wird, ist die gute deutsche Stube, also der traditionelle historische Roman.

5 Fazit

Zweifelsohne sind beide Autoren große Kenner der Geschichte der Jahrhundertwende mit ihren großen und kleinen Ereignissen, aber sicherlich auch auf verschiedene Art und Weise. Buhl bleibt in der Erzählhaltung des Romans dem 18. und 19. Jahrhundert verpflichtet. Er besteht einerseits auf der Poetik der Gefühle, andererseits auf der Dialektik zwischen Wilden und Zivilisierten, und lässt den Leser an jeder Stelle die Dekadenz-Atmosphäre des Jahrhundertendes

---

37 Birgfeld: Südseephantasien, S. 474.
38 Birgfeld: Südseephantasien, S. 474.

spüren. Die großen historischen Ereignisse bleiben hinter den Protagonisten zurück und werden mit dem Modus eines periskopischen und simultanen Blicks behandelt, den auch W. G. Sebald anwendet, wenn er die historistische Technik der Kalendergeschichten von Johann Peter Hebel (vgl. Paradies 120) in Passagen seiner Werke einfügt. Kracht nähert sich hingegen eher dem ‚zivilisationskritischen' Ansatz von Daniel Kehlmann (*Die Vermessung der Welt*, 2005) und bezieht eine politische Position, die weit über die Entwicklung der spezifischen Geschichte hinausgeht. In seinem Roman verwandelt das Delirium der Hauptfigur dieselbe in einen Prototypen des Dämons der Geschichte. Das erinnert daran, dass die vergangene Geschichte voll von derartigen Dämonen ist, wie es auch die zukünftige Geschichte werden könnte. Kracht nimmt also den anthropologisch-kulturellen Faktor unter die Lupe, was aus Engelhardt eine unglückliche Prolepse des Autoritarismus des Zweiten Weltkriegs macht. Vielleicht ist es aber angebrachter zu sagen, dass die Schuldfrage hier ihren vielgestaltigen Aspekt zeigt, auch ohne direkt genannt zu werden. Das hat den Unterschied im Format des Werkes ausgemacht und den Horizont der Erzählung vom einzelnen Menschen auf die gesamte Menschheit erweitert.

Bibliographie

Agazzi, Elena: Übersee-Utopien. Die Amerika-Romane von Sophie La Roche und Henriette Frölich *Erscheinungen am See Oneida* (1798) und *Virginia oder die Kolonie in Kentucky*. In: Alessandro Fambrini, Fulvio Ferrari und Michele Sisto (Hg.): Sull'utopia. Scritti in onore di Fabrizio Cambi. (Labirinti 167) Trient 2017, S. 91–110.

Alt, Peter-André: Akkulturation des Wilden bei Schiller. In: Friederike Felicitas Günther und Jörg Robert (Hg.): Poetik des Wilden. Festschrift für Wolfgang Riedel. Würzburg 2012, S. 263–286.

Banchelli, Eva: Nonkonformismus und Experiment. In: Elena Agazzi und Erhard Schütz (Hg.): Handbuch Nachkriegskultur. Literatur, Sachbuch und Film in Deutschland (1945–1962). 2. Aufl. Berlin/Boston 2016 [2013], S. 553–561.

Bethmann, August, und August Engelhardt: Eine sorgenfreie Zukunft. Das neue Evangelium; Tief u. Weitblicke f.d. Auslese der Menschheit... 5 völlig umgearbeitete und erweiterte Auflage. Kabakon bei Herbertshöhe 1906.

Birgfeld, Johannes: Südseephantasien. Christian Krachts *Imperium* und sein Beitrag zur Poetik des deutschsprachigen Romans der Gegenwart. In: Wirkendes Wort 3 (2012), S. 457–477.

Braun, Michael: Das *Imperium* schlägt zurück. Der Streit um Christian Krachts Roman ist auch ein Streit um die aktuelle Rolle der Literaturkritik. In: Konrad Adenauer Stiftung 512–513 (2012), S. 113–117.

Buhl, Marc: Das Paradies des August Engelhardt. Roman. Frankfurt am Main 2011.

Diez, Georg: Die Methode Kracht. In: Der Spiegel 7 (2012), URL: www.spiegel.de/spiegel/print/d-83977254.html, zuletzt besucht am 10.10.2018.

Doll, Max: Der Umgang mit Geschichte im historischen Roman der Gegenwart. Am Beispiel von Uwe Timms *Halbschatten*, Daniel Kehlmanns *Vermessung der Welt* und Christian Krachts *Imperium*. Frankfurt am Main 2017.

Dürbeck, Gabriele: Ozeanismus im postkolonialen Roman. Christian Krachts *Imperium*. In: Saeculum 64 –1. Halbband (2014),S. 109–123.

Engelhardt, August, und August Bethmann: Hoch der Äquator! Nieder mit den Polen! Eine sorgenfreie Zukunft im Imperium der Kokosnuss – Ungekürzte Orig.-Fassung [der Ausg.] 5., völlig umgearb. und erw. Aufl., Insel Kabakon bei Herbertshöhe 1906. Norderstedt 2012.

Finlay, Frank: „Surface is an Illusion but so is Depth": The Novels of Christian Kracht. In: German Life and Letters 66 (2013), S. 213–231.

Friedrich, Hans-Edwin: Die Wiederkehr des historischen Romans seit den 1980er Jahren. In: Ders. (Hg.): Der historische Roman. Erkundung einer populären Gattung. (Beiträge zur Literatur und Literaturwissenschaft des 20. und 21. Jahrhunderts 23) Frankfurt am Main [u.a.] 2013. S. 1–13.

Fritzen, Florentine: Gesünder leben: die Lebensreformbewegung im 20. Jahrhundert. Stuttgart 2006.

Gerlach, Hannah: Relativitätstheorien. Zum Status von ‚Wissen' in Christian Krachts *Imperium*. In: Acta Germanica 41 (2013), S. 195–210.

Gründer, Horst: Geschichte der deutschen Kolonien. 6 Aufl. Paderborn 2012 [1985].

Halter, Martin: Der Ritter der Kokosnuss bestätigt. In: Frankfurter Allgemeine Zeitung, 17.06.2011,S. 3, URL: http://www.faz.net/aktuell/feuilleton/buecher/rezensionen/belletristik/marc-buhl-das-paradies-des-august-engelhardt-der-ritter-der-kokosnuss-1657360.html, zuletzt besucht am 10.10.2018.

Hauenstein, Robin: Historiographische Metafiktionen. Ransmayr, Sebald, Kracht, Beyer. (Epistemata 820) Würzburg 2014.

Jahraus, Oliver: Ästhetischer Fundamentalismus. In: Johannes Birgfeld und Claude D. Conter (Hg.): Christian Kracht. Zu Leben und Werk. Köln 2009, S. 13–23.

Kracht, Christian: Imperium. Roman. 4. Aufl. Frankfurt am Main 2014 [2012].

Lange, Victor: Empfindsame Abenteuer. Materialen zu Sophie La Roches Roman *Erscheinungen am See Oneida*. In: Eckhardt Heftrich und Jean-Marie Valentin (Hg.): Gallo-Germanica. Wechselwirkungen und Parallelen deutscher und französischer Literatur (18.–20. Jahrhundert). Nancy 1986, S. 47–70.

Lorenz, Matthias N. (Hg.): Christian Kracht. Werkverzeichnis und kommentierte Bibliographie der Forschung. (Bibliographien zur deutschen Literaturgeschichte 21) Bielefeld 2014.

Lützeler, Paul Michael: Postmoderne und postkoloniale deutschsprachige Literatur. Bielefeld 2005.

Neuhaus, Stefan: Zeitkritik im historischen Gewand? Fünf Thesen zum Gattungsbegriff des Historischen Romans am Beispiel von Theodor Fontanes *Vor dem Sturm*. In: Osman Durrani und Julian Preece (Hg.): Travellers in Time and Space. Reisende durch Zeit und Raum. The German Historical Novel. Der deutschsprachige historische Roman. (Amsterdamer Beiträge zur neueren Germanistik 51) Amsterdam/New York 2001. S. 209–225.

Nünning, Ansgar: Von der fiktionalisierten Historie zur metahistoriographischen Fiktion: Bausteine für eine narratologische und funktionsgeschichtliche Theorie, Typologie und Geschichte des postmodernen historischen Romans. In: Daniel Fulda und Silvia Serena Tschopp (Hg.): Literatur und Geschichte. Ein Kompendium zu ihrem Verhältnis von der Aufklärung bis zur Gegenwart. Berlin/New York 2002, S. 541–569.

Osthues, Julian: Literatur als Palimpsest. Postkoloniale Ästhetik im deutschsprachigen Roman der Gegenwart. Bielefeld 2017.
Peters, Sabine: Von Kokovorismus, Kolonie und Zivilisation in Deutschlandfunk, URL: http://www.deutschlandfunk.de/von-kokoverismus-kolonie-und-zivilisation.700.de.html?dram:article_id=85050, zuletzt besucht am 10.10.2018.
Preusser, Heinz-Peter: Zur Typologie der Zivilisationskritik. Was aus Daniel Kehlmanns Roman ‚Die Vermessung der Welt' einen Bestseller werden ließ. In: Text + Kritik [*Daniel Kehlmann*] 177 (2008), S. 73–85.
Rajewsky, Irina: Intermediales Erzählen in der italienischen Literatur der Postmoderne. Von den *giovani scrittori* der 80er Jahre zum *pulp* der 90er Jahre. Tübingen 2003.
Repussard, Catherine: „Ein bisschen Südsee und ein gutes Maß Lebensreform": Das Rezept für das beginnende 21. Jahrhundert? Marc Buhl *Paradies des August Engelhardt* (2011) und Christian Krachts *Imperium* (2012). In: Recherches Germaniques 42 (2012), S. 77–98.
Schröter, Julian: Interpretative Problems with Author, Self-Fashioning, and Narrator: The Controversy over Christian Kracht's Novel *Imperium*. In: Dorothee Birke und Tilmann Köppe (Hg.): Author and Narrator. Transdisciplinary Contributions to a Narratological Debate (linguae & litterae 48) Berlin [u.a.] 2016, S. 113–137.
Schwarz, Thomas: Eine Tragikomödie der Südsee. Marc Buhls und Christian Krachts historische Romane über das imperiale Projekt des August Engelhardt, URL: http://www.germanistik.ch/publikation.php?id=Eine_Tragikomoedie_der_Suedsee, zuletzt besucht am 10.10.2018.

Daniele Vecchiato
Gärten der Utopie

Entwicklungen des parahistorischen Romans am Beispiel von Michael Kleebergs *Ein Garten im Norden* (1998) und Christian Krachts *Ich werde hier sein im Sonnenschein und im Schatten* (2008)

Es ist keine seltene Übung der Phantasie, zu imaginieren, was denn passiert wäre, wenn sich ein entscheidender Wendepunkt in der Geschichte der Menschheit nicht ereignet hätte, wenn eine historische Persönlichkeit einfach nicht geboren wäre oder wenn inmitten gewichtiger politischer oder militärischer Konflikte eine Bagatelle den Gang der Geschehnisse gestört oder radikal verändert hätte. Die sogenannten *What-if*-Fragen der Geschichte sind potentiell unendlich: Was wäre gewesen, wenn Jesus etwa nicht gekreuzigt worden wäre, oder wenn Christoph Kolumbus Amerika nicht entdeckt hätte? Welches Gesicht hätte Europa heutzutage, wenn Martin Luther Papst geworden wäre, wie Kingsley Amis in seinem Roman *The Alteration* (1976) phantasiert, oder wenn das faschistische Italien im Zweiten Weltkrieg neutral geblieben wäre, wie es in Giampietro Stoccos *Nero Italiano* (2003) geschildert wird? Als eines der traumatischsten und erinnerungskulturell aufgeladensten Ereignisse der neueren Geschichte bieten sich der Zweite Weltkrieg und vor allem die NS-Diktatur für historische Gedankenspiele an.[1] So fragt sich Éric-Emmanuel Schmitt im Roman *La part de l'autre* (2001), welchen Verlauf die Geschichte genommen hätte, wenn Adolf Hitler 1908 an der Wiener Kunstakademie aufgenommen worden wäre, während Philip K. Dick in *The Man in the High Castle* (1962) und Robert Harris in *Fatherland* (1992) mit der Idee einer völlig anderen politischen Weltordnung nach dem hypothetischen Sieg des nationalsozialistischen Deutschlands spielen. Ein letztes repräsentatives Beispiel in dieser Traditionslinie bildet Timur Vermes' Bestseller *Er ist wieder da* (2012), der sich mit der Frage beschäftigt, was im heutigen Deutschland geschähe, wenn der Führer noch leben und sich im Zeitalter der Post-Wahrheit der manipulationsanfälligen sozialen Medien bedienen würde, um wieder an die Macht zu kommen.

---

[1] Vgl. Gavriel D. Rosenfeld: The World Hitler Never Made. Alternate History and the Memory of Nazism. Cambridge 2005.

https://doi.org/10.1515/9783110541687-014

Solche Fragen eröffnen eine Vielfalt an historisch nie realisierten Optionen, die durch spannende Mutmaßungen narrativ ausgeführt werden können. Von der Auseinandersetzung mit geschichtlichen Alternativen leitet sich in der Literatur eine Sonderform historischen Erzählens her, deren *stories* nicht durch mimetische Abbildung der Geschichte, sondern durch die kreative Abänderung historischer Ereignisse geprägt sind. In der Forschung werden diese Erzählformen abwechselnd als ‚Uchronien'[2], ‚kontrafaktische Geschichtsdarstellungen'[3] oder ‚alternativ-‘ bzw. ‚parahistorische Romane'[4] bezeichnet. Es handelt sich um radikale Varianten des historischen Romans, in denen die genretypische Lizenz zum Erfinden bis zur Kontrafaktur ausgeweitet wird, um über die Möglichkeit alternativer Geschichtsverläufe zu reflektieren und zugleich das Verhältnis zwischen Historie und Fiktion zu hinterfragen.

Bereits im 19. Jahrhundert finden sich pionierhafte Versuche alternativgeschichtlicher Romane, doch erst in der Nachkriegszeit wuchs das Genre in beachtlicher Weise, um ab den 1970er und 1980er Jahren einen weltweiten Aufschwung zu erfahren. Und zwar nicht nur in eminent unterhaltungsliterarischen Kontexten,[5] sondern zunehmend auch in ästhetisch und gedanklich anspruchsvolleren Werken. Zu den naheliegenden Gründen des zeitgenössischen Erfolgs

---

2 Vgl. u.a. Hinrich Hudde und Peter Kuon (Hg.): De l'utopie à l'uchronie. Formes, significations, fonctions. Tübingen 1988; Johannes Dillinger: Uchronie. Ungeschehene Geschichte von der Antike bis zum Steampunk. Paderborn 2015; Bertrand Campeis und Karine Gobled (Hg.): La guide de l'uchronie. Chambéry 2015.
3 Vgl. Christoph Rodiek: Erfundene Vergangenheit. Kontrafaktische Geschichtsdarstellung (Uchronie) in der Literatur. (Analecta Romanica 57) Frankfurt am Main 1997; Andreas Widmann: Kontrafaktische Geschichtsdarstellung. Untersuchungen an Romanen von Günter Grass, Thomas Pynchon, Thomas Brussig, Michael Kleeberg, Philip Roth und Christoph Ransmayr. (Studien zur historischen Poetik 4) Heidelberg 2009.
4 Vgl. u.a. Jörg Helbig: Der parahistorische Roman. Ein literarhistorischer und gattungstypologischer Beitrag zur Allotopieforschung. Frankfurt am Main 1988; Edgar V. McKnight: Alternative History. The Development of a Literary Genre. Petaluma 1994; Karen Hellekson: The Alternate History. Refiguring Historical Time. Kent, Ohio [u.a.] 2001.
5 Die Renaissance der Geschichte in der neueren Literatur sowie im öffentlichen Diskurs ist in hohem Maße der Populärkultur und den neuen Medien zu verdanken. Vgl. hierzu Barbara Korte und Sylvia Paletschek: Geschichte in populären Medien und Genres. Vom Historischen Roman zum Computerspiel. In: Dies. (Hg.): History Goes Pop. Zur Repräsentation von Geschichte in populären Medien und Genres. (Historische Lebenswelten in populären Wissenskulturen 1) Bielefeld 2009, S. 9–60. Zur Popularität des historischen Romans um und nach 2000 vgl. vor allem Martin Neubauer: Frühere Verhältnisse. Geschichte und Geschichtsbewusstsein im Roman der Jahrhundertwende. Wien 2007, S. 8–38; Daniel Fulda: Zeitreisen. Verbreiterungen der Gegenwart im populären Geschichtsroman. In: Silke Horstkotte und Leonhard Herrmann (Hg.): Poetiken der Gegenwart. Deutschsprachige Romane nach 2000. (spectrum Literaturwissenschaft/spectrum Literature 37) Berlin 2013, S. 189–211.

parahistorischer Erzählwerke zählt zum einen die geschichtstheoretische Akzentuierung der Konstruiertheit und Narrativität der Historie, die zu einer produktiven, wenn auch nicht immer unproblematischen Einebnung der Differenz zwischen Faktizität und Fiktionalität geführt hat.[6] Zum anderen lässt sich die Verschiebung der Aufmerksamkeit hin zu exzentrischen Perspektiven auf die Geschichte mit dem postmodernen Paradigma erklären, das durch das ironische Spiel mit etablierten Darstellungsmustern, Zeitformen und Gattungstraditionen zur Dynamisierung des Geschichtsbewusstseins und zu einer Neudefinition der Konturen historischen Erzählens entscheidend beigetragen hat.[7]

Im Folgenden werden diese beiden Aspekte näher beleuchtet und durch eine gattungstypologische Bestimmung des parahistorischen Romans ergänzt. Um eine stichprobenartige Einsicht in die Entwicklung des Genres in der deutschsprachigen Gegenwartsliteratur zu ermöglichen, werden anschließend zwei bedeutende Fallbeispiele untersucht: Michael Kleebergs *Ein Garten im Norden* (1998) und Christian Krachts *Ich werde hier sein im Sonnenschein und im Schatten* (2008). Beide Romane werden im Hinblick auf ihre eigenartige „Poetik des Kontrafaktischen"[8] vorgestellt – eine Poetik, die in beiden Fällen, auf je eigene Weise, über das utopisch gefärbte Moment der Erfindung alternativer Geschichtsverläufe hinausgeht, um ebendiese Möglichkeit eines fiktionalen Umschreibens der Vergangenheit zu problematisieren.

1 Die Konjunktur der Kontrafaktur: Literatur, Historiographie, Postmoderne

In den letzten Jahrzehnten ist die Dialektik zwischen Literatur und Geschichtsschreibung lebendiger denn je. Da sich die historische Belletristik ihrem Wesen nach „nicht nur den Gegenstandsbereich der Geschichte [...], sondern auch die

---

[6] Vgl. insbesondere Arthur C. Danto: Analytical Philosophy of History. Cambridge 1965; Hayden White: Metahistory. The Historical Imagination in Nineteenth-Century Europe. Baltimore/London 1973; Hayden White: The Historical Text as Literary Artifact. In: Ders.: Tropics of Discourse. Essays in Cultural Criticism. Baltimore/London 1978, S. 81–100.
[7] Vgl. Elisabeth Wesseling: Historical Fiction. Utopia in History. In: Hans Bertens und Douwe Fokkema (Hg.): International Postmodernism. Theory and Literary Practice. Amsterdam 1997, S. 203–211; Gavriel D. Rosenfeld: Why do we ask „What If?" Reflections on the Function of Alternate History. In: History and Theory 41.1 (2002), S. 90–103; Erik Schilling: Der historische Roman seit der Postmoderne. Umberto Eco und die deutsche Literatur. (Germanisch-romanische Monatsschrift. Beiheft 49) Heidelberg 2012, insbesondere S. 38–58.
[8] Widmann: Kontrafaktische Geschichtsdarstellung, S. 22.

Spezialdiskurse der Historiographie und Geschichtstheorie [aneignet]",[9] speist sich der historische Roman der Gegenwart reichlich aus den zeitgenössischen Debatten der Historikerzunft und reflektiert diese ästhetisch. So sind spätestens seit den 1980er Jahren neben traditionellen historischen Romanen, die mit dokumentarischen und quellenkritischen Verfahren operieren, auch Werke entstanden, die ausgehend von der geschichtstheoretischen Neumodellierung des Verhältnisses von *factum* und *fictum*, die auf der Bewusstwerdung über die Subjektivität und Parteilichkeit jeder sprachlichen Repräsentation (und somit auch des historiographischen Textes) beruht, eine „Erweiterung der fiktionalen Lizenzen bis hin zu intentionalen Anachronismen und kontrafaktischen Abweichungen"[10] betreiben. Im Übrigen sind kontrafaktische Überlegungen auch in der Geschichtsschreibung keine seltene Praxis.[11] Das Nachdenken über geschichtliche Zusammenhänge impliziert nämlich eine Abwägung des Geschehenen gegen das Nicht-Geschehene, wobei die Kontrafaktur als eine Kontrastfolie für die historischen Fakten verwendet wird.[12] Bei der spekulativen Suche und Begründung uchronischer Eventualitäten treten sonst oft übersehene Fragen zutage, die bei der konkreten Deutung des faktischen Geschichtsverlaufs, bei der Erprobung der Schlüssigkeit von Materialordnungen und Narrationen oder generell bei der reflexiven Ergänzung des historischen Wissens behilflich sein

---

[9] Ansgar Nünning: Von der fiktionalisierten Historie zur metahistoriographischen Fiktion. Bausteine für eine narratologische und funktionsgeschichtliche Theorie, Typologie und Geschichte des postmodernen historischen Romans. In: Daniel Fulda und Silvia Serena Tschopp (Hg.): Literatur und Geschichte. Ein Kompendium zu ihrem Verständnis von der Aufklärung bis zur Gegenwart. Berlin/New York 2002, S. 541–569, hier S. 545.
[10] Hans-Edwin Friedrich: Die Wiederkehr des historischen Romans seit den 1980er Jahren. In: Hans-Edwin Friedrich (Hg.): Der historische Roman. Erkundung einer populären Gattung. (Beiträge zur Literatur und Literaturwissenschaft des 20. und 21. Jahrhunderts 23) Frankfurt am Main [u.a.] 2013, S. 1–13, hier S. 9.
[11] Vgl. etwa im angelsächsischen Raum Niall Ferguson (Hg.): Virtual History. Alternatives and Counterfactuals. 3. Aufl. London 2003 [1997]; Jeremy Black: What If? Counterfactualism and the Problem of History. London 2008; Richard J. Evans: Altered Pasts. Counterfactuals in History. London 2014.
[12] „Die Annahme unverwirklichter Alternativen zum Geschehenen ist für den Historiker neben seiner Aufgabe, Handlungen nachzuvollziehen, [...] deswegen unabdingbar, weil er anderenfalls keine historische Erklärung abgeben, keine zeitübergreifenden Zusammenhänge aufzeigen, keine Aussagen über die Bedeutung vergangener Ereignisse machen kann. Denn alle diese Feststellungen setzen Kausalität voraus, und eine solche ist nur feststellbar, wo in einer Ereignisfolge behauptet werden kann, daß ein als Ursache bestimmtes Ereignis, wegoder umgedacht, ein als deren Wirkung verstandenes Ereignis so oder überhaupt nicht zur Folge gehabt hätte" (Alexander Demandt: Es hätte auch anders kommen können. Wendepunkte deutscher Geschichte. 5. Aufl. Berlin 2015 [2010], S. 23–24).

können.¹³ Diese Form der „rückwirkenden Strukturierung der Vergangenheit", wie sie Reinhard Koselleck nennt,¹⁴ gibt es seit den Anfängen der Geschichtsschreibung.¹⁵ Seit kürzerer Zeit ist jedoch in der Historiographie auch eine radikalere Form des konjekturalen Denkens zu beobachten, die nicht einfach mögliche Alternativen für einzelne Ereignisse abwägt, sondern auf die Umschreibung des gesamten Geschichtsverlaufs ab einem entscheidenden Wendepunkt abzielt. In Deutschland hat sich vor allem der Historiker Alexander Demandt für die Fruchtbarmachung dieses heuristischen Gedankenspiels eingesetzt, geleitet von der Überzeugung, dass die kontrafaktische Sicht auf die Geschichte nicht nur für historische Modellentwürfe und Theoriekonstruktionen erkenntnisbringend sein kann, sondern zugleich jenes „Potential an Zukunft" hervorhebt, das in jeder kleinen Einzelheit des historischen Prozesses steckt.¹⁶

Die Idee, dass man Geschichte im Konjunktiv schreiben darf, weil zu (fast) jedem Ereignis eine Alternative denkbar ist, weist eine offensichtliche Nähe zum Zeitverständnis der Postmoderne auf, in dem jede Teleologie sowie jede feste Grenze zwischen Historie und Fiktion bezweifelt werden kann.¹⁷ Die im herkömmlichen Geschichtsdenken verwurzelte Idee der Unvermeidbarkeit historischer Prozesse wird zugunsten einer Pluralität von Alternativen und Standpunkten gesprengt, sodass die allgemeine postmoderne Formel des *anything goes* – auf das historische Feld übertragen – ein *anything might have happened* ergibt. Aufgrund ihrer spielerischen Offenheit und der Hinterfragung stabiler Sichtweisen sind kontrafaktische Geschichtsdarstellungen also postmodernen Temporalitätstheorien affin.¹⁸ Darüber hinaus sind Uchronien durch zwei weitere Signa postmoderner Ästhetik gekennzeichnet, nämlich Selbstreflexivität und

---

13 Vgl. Gerd Tellenbach: „Ungeschehene Geschichte" und ihre heuristische Funktion. In: Historische Zeitschrift 258 (1994) H. 2, S. 297–316.
14 Reinhard Koselleck: Vergangene Zeiten. Zur Semantik geschichtlicher Zeiten. 2. Aufl. Frankfurt am Main 1993 [1979], S. 193.
15 Bereits die Väter der Geschichtsschreibung Herodot, Thukydides und Livius bedienten sich konjekturalhistorischer Entwürfe. Vgl. hierzu Kai Brodersen (Hg.): Virtuelle Antike. Wendepunkte der Alten Geschichte. Darmstadt 2000.
16 Alexander Demandt: Ungeschehene Geschichte. Ein Traktat über die Frage: Was wäre geschehen, wenn...? 3. Aufl. Göttingen 2001 [1986], S. 17. Vgl. auch Karlheinz Steinmüller: Zukünfte, die nicht Geschichte wurden. Zum Gedankenexperiment in Zukunftsforschung und Geschichtswissenschaft. In: Michael Salewski (Hg.): Was Wäre Wenn. Alternativ- und Parallelgeschichte – Brücken zwischen Phantasie und Wirklichkeit. Stuttgart 1999, S. 43–53.
17 Zum Zeitverständnis der Postmoderne vgl. die Ausführungen von Ursula Heise: Chronoschisms. Time, Narrative, and Postmodernism. Cambridge 1997, S. 11–74.
18 Zur Behandlung historischer Stoffe in der Literatur der Postmoderne vgl. u.a. Brian McHale: Postmodernist Fiction. New York/London 1987, vor allem S. 90–93.

Intertextualität. Denn einerseits impliziert die kreative Umschreibung der Historie eine reflektierte Auseinandersetzung mit der Geschichte und deren Schreiben; andererseits appelliert sie an die textuell erworbene Kenntnis der Leser über die tatsächlich geschehene Geschichte und bietet eine neue textuelle Ebene, auf der die Vorlage mehr oder weniger explizit aufgegriffen und bearbeitet wird.[19]

2 Kontrafaktur als Mittel zur Reflexion: Spezifika des parahistorischen Romans

Über die Schärfe der gattungstypologischen Trennlinie zwischen historischem Roman und Uchronie herrscht in der Literaturwissenschaft noch immer Uneinigkeit. Während einige Forscher für eine klare theoretische Unterscheidung zwischen dem parahistorischen Roman und dem eigentlich historischen Roman plädieren,[20] weil ersterer nicht die Geschichte als Gerüst für die Fiktion verwendet, sondern das Gerüst selbst zur Fiktion werden lässt, betrachten andere die alternativgeschichtliche Dichtung als eine Unterkategorie der historischen.[21] Wie der traditionelle historische Roman basiert der parahistorische nämlich auf einer (wenn auch radikalen) Ästhetisierung des Realitätsbezugs, und in gleicher Weise fordert er den Leser zu einer aktiven Auseinandersetzung mit der historischen Wirklichkeit auf. Denn selbst wenn sich parahistorische Romane mit der Frage „Was wäre gewesen, wenn...?" beschäftigen und so absichtlich aus dem Rahmen der Faktengeschichte treten, setzen sie zugleich eine genaue Kenntnis der Historie, wie sie wirklich war, voraus. Während Kontrafakturen und Anachronismen in der konventionellen Poetik des historischen Romans als Illusionsstörungen oder schlicht als Sachfehler gelten, werden sie in der parahistorischen Variante zur strukturierenden *pars constituens* des Genres: Durch das imaginative Umschreiben, ja die bewusste Fiktionalisierung der

---

19 Vgl. Widmann: Kontrafaktische Geschichtsdarstellung, S. 95–101.
20 Vgl. beispielsweise Hermann Ritter: Kontrafaktische Geschichte. Unterhaltung versus Erkenntnis. In: Salewski (Hg.): Was Wäre Wenn, S. 13–42, hier S. 20–23. Ritter erkennt Parallelen mit der Science-Fiction und der phantastischen Literatur. Zur Abgrenzung der Uchronie von diesen und anderen benachbarten Gattungen vgl. Widmann: Kontrafaktische Geschichtsdarstellung, S. 55–61.
21 Vgl. die grundlegenden Bemerkungen zur Dynamik von Referenz und Inferenz in faktualen und fiktionalen Erzählungen in Beatrix van Dam: Geschichte erzählen. Repräsentation von Vergangenheit in deutschen und niederländischen Texten der Gegenwart. (Studien zur deutschen Literatur 211) Berlin/Boston 2016, S. 55–61; zum kontrafaktischen Erzählen S. 104–106.

Vergangenheit beschwören Uchronien die Frage nach der Funktion ihrer Abweichung von der Realhistorie herauf und befördern damit – genauso wie der ‚normale' historische Roman – eine reflektierte Rezeption.

Wenn man den parahistorischen Roman also durchaus als eine Variante des historischen begreifen kann, so lassen sich mindestens drei distinktive Eigenschaften herausarbeiten, die als charakteristisch für dieses Subgenre erscheinen:[22] Die *erste* ist das uchronische Darstellungsmuster, die Verortung der Vergangenheit in einer konjekturalen Nicht-Zeit. Dabei gibt es verschiedene Optionen, angefangen bei der Negation oder Substitution eines faktualen Ereignisses über die Einbettung des überlieferten Geschehens in einen veränderten soziokulturellen oder technologischen Kontext bis hin zur Umschreibung der Biographie einer historischen Person. Der Grad an Plausibilität dieser Alternativen kann variieren, doch anders als in der Historiographie, in der uchronische Hypothesen wissenschaftlich legitimiert werden müssen, stehen dem Roman potentiell unbegrenzte Möglichkeiten für die Erschaffung paralleler Realitäten zur Verfügung.[23] In jedem Fall muss die Abweichung der Erzählung von der dokumentierten Geschichte vom Leser anerkannt werden. Das *zweite* Merkmal parahistorischer Romane ist also die Vertrautheit des Rezipienten mit der Realhistorie als notwendige Bedingung für das wirkungsästhetische Gelingen parahistorischer Texte. Weil diese durch eine spezielle Form der Referentialität (d.h. des Bezugs auf außerliterarisches Wissen) gekennzeichnet sind, muss der Leser in der Lage sein, die Ersetzung der faktischen Vorlagen durch abweichende Versionen als verfremdenden Faktor zu empfinden, als Stolperstein in der Rezeption. Die Anerkennung der Abweichung regt eine deutende Reflexion an, die das *dritte* Kennzeichen uchronischer Werke bildet. Durch die aktive Reflexion werden jene Automatismen aufgebrochen, die die Lektüre oft in einen rein kulinarischen Genuss verwandeln, und dies führt im Idealfall zu einer engagierten Auseinandersetzung mit der dargestellten sowie der realen Historie. So wird der ideale Leser der Frage nachgehen, mit welchem existierenden

---

22 Ausführlicheres hierzu bei Helbig: Der parahistorische Roman, S. 13–23; Rodiek: Erfundene Vergangenheit, S. 25–39; Widmann: Kontrafaktische Geschichtsdarstellung, S. 31–39 und S. 82–95.
23 Nach Helbig und Rodiek ist die Freiheit der Dichter, Geschichte umzuschreiben, nicht grenzenlos, sondern durch das Gesetz der Wahrscheinlichkeit reguliert, laut dem die uchronische Spekulation nicht beweisbar, aber zumindest stimmig sein sollte. Dieser Versuch einer präskriptiven Poetik des Parahistorischen ist allerdings nicht zu halten, denn es wäre problematisch festzusetzen, welcher Grad an Plausibilität in den kontrafaktischen Erwägungen zu tolerieren ist. Vgl. hierzu Uwe Durst: Zur Poetik der parahistorischen Literatur. In: Neohelicon 31 (2004) H. 2, S. 201–220, insbesondere S. 206–211.

Geschichtsbild sich der Autor beschäftigt bzw. welchen uchronischen Gegenentwurf er dazu anbietet: Wird etwa eine utopische Korrektur der Geschichte befürwortet oder vielmehr der tatsächliche Verlauf der Historie durch dystopische Alternativszenarien bestätigt?[24]

Auf den kommenden Seiten werden die parahistorischen Romane von Kleeberg und Kracht nicht nur mit Blick auf die unterschiedlichen Darstellungsstrategien analysiert, die jeweils zur kontrafaktischen Umgestaltung der Historie verwendet werden, sondern es wird vor allem danach gefragt, im Dienste welcher Textintentionen diese ästhetischen Verfahren stehen, zur Propagierung welches Geschichtsbildes sie eingesetzt werden und welche Reflexionen – etwa zur Unvermeidbarkeit des Geschichtsverlaufs oder zum Schreiben von bzw. über Geschichte – sie anregen.

3 Eine bessere Erinnerung: Die Korrektur der Vergangenheit in Michael Kleebergs *Ein Garten im Norden*

Ein Garten im Norden, das ursprünglich den Untertitel „Märchen" tragen sollte,[25] erhielt auf Wunsch des Ullstein-Verlags die Gattungsbezeichnung „Roman", die auch in der dtv-Taschenbuchausgabe erhalten blieb.[26] Diese Veränderung *in progress* spiegelt mehr oder weniger freiwillig „das ästhetische Prinzip des Romans wider: nämlich das des Sistierens",[27] des Unterbrechens, Eingreifens und Wiederholbar-Machens. Protagonist der Handlung ist der Schriftsteller und Werbeagent Albert Klein, der nach einem zwölfjährigen Auslandsaufenthalt nach Deutschland zurückkehrt. Er findet ein „hässliches Land" wieder (GN 13), „ein Land [...], in dem nur die Gegenwart existiert[]" (GN 31), in dem man nach dem Fall der Berliner Mauer die Bürden der Vergangenheit schnell abgewälzt hat, um sich – einseitig zukunftsorientiert – dem ökonomischen Wachstum zu widmen. Aus beruflichen Gründen begibt sich Klein nach

---

24 Vgl. Michael Butter: Zwischen Affirmation und Revision populärer Geschichtsbilder. Das Genre der *alternate history*. In: Korte und Paletschek (Hg.): History Goes Pop, S. 65–81.
25 Vgl. Erhard Schütz: Der kontaminierte Tagtraum. Alternativgeschichte und Geschichtsalternative. In: Ders. und Wolfgang Hardtwig: Keiner kommt davon. Zeitgeschichte in der Literatur nach 1945. Göttingen 2008, S. 47–73, hier S. 73.
26 Michael Kleeberg: Ein Garten im Norden. Roman. München 2001. Im Folgenden wird im Fließtext aus dieser Ausgabe mit der Sigle GN zitiert.
27 Neubauer: Frühere Verhältnisse, S. 177.

Prag, wo ihm ein geheimnisvoller Antiquar ein Buch mit leeren Seiten schenkt, die er selbst füllen soll: „[W]as immer Sie schreiben", so das Versprechen des Mannes, „wird in dem Moment, da Sie das Buch beendet haben, Wirklichkeit geworden sein. [...] Das heißt, Sie werden es in den Geschichtsbüchern nachlesen können, vorausgesetzt, es gehört in die Geschichtsbücher" (GN 46). Das märchenhafte, ja übernatürliche Element, auf das der ursprüngliche Untertitel des Romans anspielte, ist hier evident: Dem Erzähler wird die Gelegenheit geboten, ganz nach seinem Willen die Geschichte aufzuheben, rückgängig zu machen, neu zu schreiben. Ab diesem Moment eröffnen sich zwei Handlungsebenen im Roman: die in der Gegenwart spielende Ich-Erzählung, deren narrative Achsen die bewegte Liebesgeschichte des Protagonisten mit Bea sowie die dubiosen Grundstücksspekulationen seiner Berliner Verwandten darstellen, und die von Klein erfundene ‚Erzählung in der Erzählung'. In letzterer imaginiert Klein einen alternativen Geschichtsverlauf für das Deutschland des 20. Jahrhunderts, eine rückwärts projizierte Utopie, die dem Erzähler „eine andere Erinnerung" (GN 182) und seiner Heimat „eine andere Geschichte [...], eine bessere, eine schönere" geben soll (GN 491).

Klein entwirft die Geschichte eines gleichnamigen Bankiers, der im Berlin der Weimarer Republik einen raschen Karriereaufstieg erlebt. Er investiert sein Geld in einen Garten im Herzen der Hauptstadt, den er als einen Ort der Demokratie, des Meinungsaustauschs und der Toleranz konzipiert. Dieser Park, in dem bezeichnenderweise die verschiedensten Beispiele gärtnerischer Kunst vertreten sind, wird zum Treffpunkt bedeutender Politiker, Intellektueller und Künstler der Zeit – darunter auch Richard Wagner und Martin Heidegger, deren Lebensläufe und Werke jedoch radikal umgeschrieben werden.[28] Im Garten befinden sich ebenfalls Archive, in denen Bilder und anthropologische Dokumentarfilme aufbewahrt sind, die vom Bankier geförderte Stipendiaten während ihrer Reisen durch die Welt aufgenommen haben.[29] Im Kontext der späten 1920er Jahre konstruiert Klein also eine Oase der Weltoffenheit, in der die Förderung der Vielfalt und Schönheit als Gegenkraft zum herrschenden Zeitgeist,

---

[28] Vgl. Widmann: Kontrafaktische Geschichtsdarstellung, S. 255–259.
[29] Kleeberg hat sich bei der Inszenierung der gärtnerischen Utopie seines Albert Klein an der Biographie des Bankiers Albert Kahn orientiert, der in Boulogne-Billancourt bei Paris einen Park anlegte, in dem er – wie der fiktive Klein – die sogenannten Planetarischen Archive einrichtete, Gelehrte empfing und Stipendien an junge Talente vergab. Vgl. Michael Kleeberg und Johannes Birgfeld: Michael Kleeberg im Gespräch. Hannover 2013, S. 66–67. Zu Kahn vgl. Odile Lisbonis: Albert Kahn (1860–1940). Réalités d'une utopie. Boulogne 1995; Pascal de Blignières: L'utopie d'un exote. Albert Kahn, les jardins d'une idée. In: Gilles Clément und Claude Eveno (Hg.): Le jardin planétaire. Châteauvallon 1997, S. 35–45.

zur „verquere[n] Lust" seiner Mitbürger „an der Häßlichkeit" (G 28), der Mutter aller Fanatismen, eingesetzt wird.[30] Es handelt sich um ein ästhetisches und humanitätsförderndes Kontrastprogramm zur Barbarei,[31] den titanischen Versuch eines einzelnen Individuums, mit Hilfe einer mühsamen Erziehung zur Schönheit und zum Kosmopolitismus die soziokulturellen Verhältnisse zu verändern, die den Aufstieg des Nationalsozialismus in Deutschland ermöglichten.

In Kleins Garten findet eine Verschränkung von Uchronie und Utopie statt: Die kontrafaktische Modulation der Geschichte koinzidiert mit dem Projekt einer idealen Welt, das möglicherweise einen Einfluss auf die politischen Ereignisse ausüben und den Gang der Geschichte verändern kann. Die Erzähltechnik des ‚Romans innerhalb des Romans' erlaubt es Kleeberg, die nicht realisierten Potentiale der Weimarer Republik vor Augen zu führen, ohne jedoch die historischen Abläufe vollständig auszublenden: Zusammen mit Albert Klein hofft der Leser bis zum Schluss, dass die Geschichte tatsächlich einen anderen Gang gehen kann, dass Hitlers Name aus den Geschichtsbüchern getilgt wird und sich stattdessen Kleins „Idealbild" (GN 490) eines humaneren Deutschlands durchsetzt.[32] Allerdings läuft die dokumentierte Geschichte parallel zur alternativ-utopischen weiter und entzieht sich zuletzt der Kontrolle des Erzählers. Das totalitäre Abdriften der Politik in der Zwischenkriegszeit ist ab 1933 nicht mehr zu stoppen: Der Garten wird vernichtet und das Schicksal des Bankiers Klein, der – wie sich im Laufe des Romans herausstellt – Jude ist, kann nur einen tragischen Ausgang nehmen. Obwohl sich der Erzähler Klein weigert, die Geschichte seines fiktiven Alter Egos zu Ende zu schreiben, besteht nicht der leiseste Zweifel daran, dass das Happy End des utopischen Märchens nicht gegeben ist. Gerade die Renitenz des Erzählers angesichts einer Geschichte, die notwendigerweise in die Katastrophe führt, hebt die Grenze zwischen Geschichtsbuch und Roman, zwischen der Unvermeidbarkeit der Historie und der Möglichkeit uchronischen Erfindens hervor: „Meine Geschichte hört an diesem Tag auf", sagt er dem Antiquar. „Sie

---

30 Zum Verhältnis zwischen Kleins uchronischem Entwurf und der Musealisierung kultureller Diversität im Garten vgl. Andreas Böhn: Memory, Musealization and Alternative History in Michael Kleeberg's Novel *Ein Garten im Norden* und Wolfgang Becker's Film *Good Bye, Lenin!* In: Silke Arnold-de Simine (Hg.): Memory Traces. 1989 and the Question of German Cultural Identity. Bern 2005, S. 245–260, hier S. 250.
31 Widmann erkennt darin Ähnlichkeiten mit Schillers Briefen *Über die ästhetische Erziehung des Menschen* (1795). Vgl. Andreas Widmann: Garten Eden in einem anderen Deutschland. Kontrafaktische Geschichte als Utopie in Michael Kleebergs *Ein Garten im Norden*. In: Focus on German Studies 14 (2007), S. 3–18, hier S. 12–13.
32 Vgl. hierzu Carol Anne Costabile-Heming: Tracing History Through Berlin's Topography. Historical Memories and Post-1989 Berlin Narratives. In: German Life and Letters 58 (2005) H. 3, S. 344–356, vor allem S. 354–356.

können nicht verlangen, daß ich munter weitererzähle, was danach passiert ist. Das steht im Geschichtsbuch" (GN 516). Kleins Aufgabe als Schreiber einer alternativen Geschichte für Deutschland ist gescheitert, weil er von der „Geschichte mit großem ‚G' [...] eingeholt, überrollt" wurde (GN 514).

Der Antiquar, der sich im Laufe des Romans wiederholt in den Schreibprozess einmischt und ihn steuert, tadelt Klein am Ende für seine Hybris: „In einem einzigen Buch, in einer einzigen Geschichte, schreibt man die Geschichte nicht um" (GN 515). Das Gedankenexperiment des Erzählers, sein Versuch, retrospektiv eine bessere Erinnerung zu schaffen, scheitert, weil er die kollektive Dimension der Geschichte zugunsten der individuellen vernachlässigt hat. Er hat die Geschichte nicht als komplexes System verschiedener Kräfte, „Bewegungen, Gesetze, kollektive[r] Zwänge, Klassenkämpfe" (GN 130), sondern ausschließlich als das Produkt menschlicher Handlungen und Entscheidungen gefasst. Die Utopie eines einzelnen Weltverbesserers erweist sich dabei als ungenügende Reaktion auf die Bedrohungen des Nazismus.

Die Einmündung der kontrafaktischen Geschichte in die tatsächliche stellt eine Herausforderung für die konventionelle Poetik des Kontrafaktischen dar. Kleeberg arbeitet nicht daran, sein uchronisches Bild mit realistischen Zügen zu versehen, um beim Leser die Illusion einer möglichen Parallelwelt zu wecken, sondern er betont von Anfang an das Utopische an Kleins Projekt und markiert kontinuierlich die Grenzen der Binnenerzählung, indem er sie durch die Rahmenerzählung sowie durch metafiktionale Eingriffe und poetologische Reflexionen unterbricht. Auf diese Weise wird die Unveränderbarkeit der realen Geschichte betont und jeder Versuch, diese umzuschreiben, zurückgewiesen. Somit ist der im Text evozierte „Bankrott des Erzählers" (GN 513) besiegelt: Die fiktionale Umgestaltung der Historie, die Klein verfolgt, um die Last zu beseitigen, „das Kind und der Enkel der Mörder" zu sein (GN 491), wird einer Kritik unterzogen und durch die Aufforderung ersetzt, sich mit der realen Geschichte auseinanderzusetzen.[33]

---

[33] Zur erinnerungskulturellen Tragweite des Romans vgl. Phil C. Langer: Kein Ort. Überall. Die Einschreibung von „Berlin" in die deutsche Literatur der neunziger Jahre. Berlin 2002, S. 197–202; Elena Agazzi: Erinnerte und rekonstruierte Geschichte. Drei Generationen deutscher Schriftsteller und die Fragen der Vergangenheit. Göttingen 2005, S. 110–133; Stephen Brockmann: Michael Kleeberg's *Ein Garten im Norden* (A Garden in the North). In: Stuart Taberner (Hg.): The Novel in German since 1990. Cambridge 2011, S. 123–135; Michael Braun: Fiktionales Erinnern in Michael Kleebergs *Ein Garten im Norden*. In: Johannes Birgfeld und Erhard Schütz (Hg.): Michael Kleeberg. Eine Werksbegehung. München 2014, S. 201–219.

4 Die kommunistische Schweiz: Christian Krachts *Ich werde hier sein* zwischen Alternate History und Science Fiction

Mit anderen Darstellungsverfahren und Voraussetzungen als Kleeberg operiert Christian Kracht in seinem 2008 bei Kiepenheuer & Witsch erschienenen Roman *Ich werde hier sein im Sonnenschein und im Schatten*.[34] Aus der Ich-Perspektive erzählt der Text die Geschichte eines namenlosen Parteikommissars afrikanischer Herkunft, der im Dienste einer imaginierten Schweizer Sowjetrepublik (SSR) steht und den Auftrag erhält, den vermeintlichen Staatsfeind Brazhinsky zu verhaften. Die Handlung spielt in einem Krieg, der seit 96 Jahren andauert und von zwei Hauptfraktionen ausgeht: den Schweizern und den englisch-deutschen Faschisten. Als der Erzähler Brazhinsky in einer Alpenfestung findet, verhaftet er ihn nicht, sondern lässt sich von ihm durch das Reduit führen und bildet sich so eine deutlichere Meinung über die Machtstruktur der SSR. Am Ende stirbt Brazhinsky in einem Bombenhagel, während der Erzähler die Schweiz verlässt und nach Afrika zurückkehrt.

Trotz der überschaubaren Handlung weist der Roman eine ungeheure Dichte an historischen Referenzen und intertextuellen Bezügen auf, welche die Forschung intensiv beschäftigt hat.[35] Interessant ist im vorliegenden Zusammenhang die historische Kontrafaktur, die den Ausgangspunkt von Krachts uchronischer Phantasie darstellt: Das im Roman gezeichnete Europa hat ein völlig anderes Gesicht als das uns bekannte, weil Lenin im Jahr 1917, „anstatt in einem plombierten Zug [...] [nach] Russland zurückzukehren, in der Schweiz geblieben war, um dort [...] den Sowjet zu gründen, in Zürich, Basel und Neu-Bern" (IWHS 58).[36] Kracht imaginiert also – ironisch genug – die Entwicklung seines eigenen Landes zur kommunistischen Macht. Und nicht nur das: Er erfindet ganz konsequent eine

---

[34] Christian Kracht: Ich werde hier sein im Sonnenschein und im Schatten. Roman. Köln 2008. Aus dieser Ausgabe wird im Folgenden mit der Sigle IWHS zitiert.
[35] Vgl. neuerdings André Menke: Die Popliteratur nach ihrem Ende. Zur Prosa Meineckes, Schamonis, Krachts in den 2000er Jahren. Bochum 2010, S. 77–103; Stefan Bronner: Vom taumelnden Ich zum wahren Übermenschen. Das abgründige Subjekt in Christian Krachts Romanen *Faserland, 1979* und *Ich werde hier sein im Sonnenschein und im Schatten*. Tübingen 2012, S. 268–346; van Dam: Geschichte erzählen, S. 268–336.
[36] Russland ist im Roman durch eine „ungeklärt gebliebene[] Tunguska-Explosion [...] viral verseucht worden" (IWHS 58), die als eigentlicher Ausgangspunkt für die alternativgeschichtliche Handlung betrachtet werden kann. Vgl. hierzu Moritz Baßler: „Have a nice Apocalypse!" Parahistorisches Erzählen bei Christian Kracht. In: Reto Sorg und Stephan Bodo Würffel (Hg.): Utopie und Apokalypse in der Moderne. München 2010, S. 257–272, hier S. 264.

globale geopolitische Neuordnung,[37] die als die Folge von Lenins Entscheidung, in der Schweiz zu bleiben, zu deuten ist. Ausgehend von dieser originären Kontrafaktur schreibt er Fakten, Orte, Grenzverläufe und historische Biographien um, deren fiktionale Transformation der Leser auf der Folie allgemein akzeptierten Wissens erkennen muss.[38] Um das Artifizielle und Fiktionale des Textes ersichtlich zu machen, integriert Kracht darüber hinaus phantastische Elemente in die Diegese: Zum Beispiel färben sich die Augen des malawischen Erzählers blau, sobald er Schweizer wird, während Brazhinsky und seine ehemalige Geliebte Favre über eine organische Steckdose neben der Achselhöhle verfügen, die „wie die Schnauze eines Schweins" aussieht (IWHS 46).

Zentraler Bestandteil der Alternativgeschichte von Kracht ist der Krieg, der vom Erzähler als ein „gerechte[r] Krieg[]", als Kampf um eine „gerechte Welt" (IWHS 61) bezeichnet wird. Tatsächlich profiliert sich die SSR als antifaschistischer und antiimperialistischer Staat, dessen „Stärke" in der „Menschlichkeit" liege (IWHS 20). Sie ist ein utopischer Ort, der die Ankunft eines goldenen Zeitalters nach dem Sieg über die Faschisten verspricht: „Wir werden goldene Dörfer bauen und goldene Städte", heißt es (IWHS 27). Doch es handelt sich um einen totalitären Staat, dessen Ideale und Zukunftsprojektionen sich als das Resultat manipulierender Propaganda entpuppen. Je weiter der Leser bei der Lektüre des Romans fortschreitet, desto auffälliger wird, dass der Erzähler aufgrund der Gehirnwäsche durch das Regime unzuverlässig wird und die beschriebene Realität eigentlich eine dystopisch-apokalyptische ist:[39] Die Arbeit an einer neuen Welt und am „neuen Menschen" (IWHS 43) wird in der SSR durch Gewalt, machiavellistische Staatsklugheit und programmatische geistige

---

37 In Europa setzt sich die SSR dem Faschismus der Engländer, Deutschen und Italiener entgegen. In Asien herrschen die Hindustanis und das Koreanisch-Minsker Reich, während Russland eine „Ödnis voller giftigem Staub und todbringender Asche" ist (IWHS 58). Der pazifische Raum gehört einem Großaustralischen Imperium, während das kolonisierte Afrika in Sektoren unterteilt ist, wobei die SSR die mittleren Staaten kontrolliert und dort Soldaten ausbildet. Von Amerika ist nicht die Rede, wohl aber von Amexikanern, die Kriege gegeneinander führen.
38 Zur Dialektik zwischen realer Welt und Kunstwelt sowie zu deren rezeptionsästhetischen Implikationen vgl. Ingo Vogler: Die Ästhetisierung des Realitätsbezugs. Christian Krachts *Ich werde hier sein im Sonnenschein und im Schatten* zwischen Realität und Fiktion. In: Birgitta Krumrey, Katharina Derlin und Ingo Vogler (Hg.): Realitätseffekte in der deutschsprachigen Gegenwartsliteratur. Schreibweisen nach der Postmoderne? Heidelberg 2014, S. 161–178, insbesondere S. 162–172.
39 Vgl. Ingo Irsigler: World Gone Wrong. Christian Krachts alternativhistorische Antiutopie *Ich werde hier sein im Sonnenschein und im Schatten*. In: Friedrich (Hg.): Der historische Roman, S. 171–186, insbesondere S. 176–178.

Verarmung[40] durchgesetzt. Kracht scheint darauf hinweisen zu wollen, dass die Ideologie der erfundenen Diktatur wie jede andere Ideologie notwendigerweise in die Barbarei mündet und dass ein Umschreiben der Geschichte des 20. Jahrhunderts im Grunde zu einer Wiederholung derselben Geschichte von Kriegen, Verfolgungen und Gewaltherrschaften führt.[41]

Der Roman endet jedoch nicht eindeutig mit einer Katastrophe, sondern mit der Reise des Ich-Erzählers weg von ihr: Er flieht vor den zivilisatorischen Projekten und den gebrochenen Utopien Europas zurück in seine afrikanische Heimat. Vielleicht eröffnet dieses Ende neue Utopien; jedenfalls kündigen das Bild der progressiven Entleerung der europäischen Städte im letzten Kapitel und die „Völkerwanderung [...] zurück in die Dörfer" (IWHS 148) den Anbruch eines neuen Zeitalters an, in dem der Mensch aus dem Karussell der Geschichte aussteigt und sich von jedem Verlangen nach politischem Fortschritt und zivilisationstechnischer Besserung verabschiedet:[42] „Es kommt nichts mehr nach uns", sagt ein alter Soldat im Gespräch mit dem Erzähler, „[o]der aber es geht immer so weiter" (IWHS 95). Diese perspektivlose Sicht auf die Geschichte, in der ganz deutlich posthistorische Anklänge zu vernehmen sind, findet in den kilometerlangen Fresken des Malers Roerich eine Entsprechung, die auf den Wänden des Reduits die gesamte Geschichte der Schweiz abbilden:

> [D]ie lineare Abfolge von Ereignissen [...] wurde nach und nach von einer sonderbaren Gleichzeitigkeit der Darstellung abgelöst [...]. Je weiter ich [...] den Verlauf der Arbeiten abschritt, desto weniger realistisch wurde die Kunst, bis [...] es [...] nur noch Formen, Flächen, unzusammenhängende, amorphe Figuren [waren]. (IWHS 122)

---

40 Immer wieder wird im Text auf das Analphabetentum der Schweizer und auf die Verschlechterung der Schriftkultur hingewiesen (vgl. etwa IWHS 95: „Ich habe verlernt zu lesen [...]. Der Krieg macht uns zu Geisteskrüppeln"). Die Idee, dass „Schönheit [...] auch mit Erinnerung zu tun [hat]", wie es bei Kleeberg heißt (GN 28–29), während geistige Verarmung nur Vergessen und Barbarei hervorbringt, wird auch in Krachts dystopischem Entwurf entfaltet, wenn er das „Verlernen des Schreibens" in der SSR als einen „Prozess des absichtlichen Vergessens" definiert (IWHS 43).
41 Vgl. Claude D. Conter: Christian Krachts posthistorische Ästhetik. In: Johannes Birgfeld und ders. (Hg.): Christian Kracht. Zu Leben und Werk. Köln 2009, S. 24–43, insbesondere S. 36–41.
42 Vgl. Johannes Birgfeld und Claude D. Conter: Morgenröte des Post-Humanismus. *Ich werde hier sein im Sonnenschein und im Schatten* und der Abschied vom Begehren. In: Dies. (Hg.): Christian Kracht, S. 252–269; Stefan Hermes: Tristesse globale. Intra- und interkulturelle Fremdheit in den Romanen Christian Krachts. In: Olaf Grabiensky, Till Huber und Jan-Noël Thon (Hg.): Poetik der Oberfläche. Die deutschsprachige Popliteratur der 1990er Jahre. Berlin 2011, S. 187–205, vor allem S. 198–202.

Dieses konfuse Panorama, in dem sich die Geschichte in „vertiginös-nausealen [...] konzentrischen Kreisen" (IWHS 122–123) wiederholt oder aber in sich selbst auflöst, spiegelt die Geschichtsauffassung der parahistorischen Fiktion von Kracht wider, in der die Chronologie gesprengt wird, die Ereignisse als austauschbar erscheinen und jede Möglichkeit einer sinnstiftenden Lektüre der historischen Prozesse vergeblich ist.

5 Fazit: Gärten der (gescheiterten) Utopie

Aus der Analyse der Werke von Kleeberg und Kracht geht hervor, dass der parahistorische Roman im 21. Jahrhundert seine formalen Charakteristika weiterhin behält: Als anspruchsvolle Beispiele einer reflektierten Auseinandersetzung mit den Möglichkeiten uchronischer Erzählungen orientieren sich die behandelten Romane an den Ereignissen der faktischen Geschichte und ersetzen sie durch deviierende Darstellungen, um den Leser zum Nachdenken über die Prozesse der Geschichte anzuregen.

Interessanterweise arbeiten beide Texte mit historisch situierten utopischen Ideen, die allerdings im Laufe der Erzählung zerbröckeln. Beide Utopien nehmen die symbolische Form eines idyllischen *hortus conclusus*,[43] eines geschlossenen Gartens an, der als Ausdruck von Möglichkeit und gleichzeitig von Isolierung gelesen werden kann. Kleebergs Garten ist ein „utopisches Eden" (G 278), in dem „[a]lles [...] richtig [...] und gut" ist (GN 100) und in dem die Entfaltung eines friedlichen Schicksals für Deutschland als möglich wahrgenommen wird. Wie in Giorgio Bassanis *Il giardino dei Finzi-Contini* (1962), der wichtigsten Inspirationsquelle des Romans,[44] sieht die Welt außerhalb des „von hohen Mauern umgeben[en]" Gartens (GN 87) jedoch alles andere als rosig aus, sodass das harmoniefördernde Projekt von Albert Klein keinen Einfluss auf die entstellte Gesellschaft der frühen 1930er Jahre ausüben kann. Die Utopie bleibt schließlich, was sie etymologisch ist: ein Nicht-Ort, eine „lebensferne Idylle", „extraterritorial" wie der Garten selbst (GN 109). In gewissem Sinne ist auch die von Kracht geschilderte Schweiz eine Enklave der Utopie, die Verwirklichung einer „gerechte[n] Welt, frei von Rassenhass und Ausbeutung" (IWHS 61). Das Regime der SSR scheint auf Humanität, Wohlstand und Fortschritt zu gründen, nährt sich aber – wie die Erkundung des Reduits durch den Erzähler enthüllt – von Krieg, Ignoranz und Gewalt. Das Machtzentrum der

---

43 Vgl. Schütz: Der kontaminierte Tagtraum, S. 70.
44 Vgl. Kleeberg und Birgfeld: Michael Kleeberg im Gespräch, S. 66.

SSR, jene isolierte, majestätische Alpenfestung, die in der Propaganda als der „Kern" und „Nährboden" der Existenz der Schweizer gepriesen wird, ist in Wirklichkeit ein „schreckliche[s], anorganische[s] Massiv[]" (IWHS 98), das figurativ die poröse Utopie der Diktatur zum Ausdruck bringt: Wie die vielen Tunnel, Grotten und Nischen im Reduit zeigen, ist die Ideologie, auf der die imaginierte kommunistische Schweiz basiert, ein löchriger Nicht-Ort, „ein leeres Ritual. Es war immer leer, es wird immer leer sein" (IWHS 127).[45]

Kleebergs Garten und Krachts Bergfestung sind geschlossene Laboratorien, in denen mit geschichtlichen Eventualitäten und gesellschaftlichen Wunschbildern experimentiert wird. Allerdings erweisen sich beide *loci amoeni* als gestörte Idyllen, in denen die jeweilige ursprüngliche Utopie dekonstruiert wird: bei Kleeberg durch die Selbstbehauptung der Realhistorie gegenüber der Alternativgeschichte, bei Kracht durch die kritische Prüfung der SSR-Diktatur und die Entpuppung jener idealen Welt als Illusion. Auf formaler Ebene betonen beide Romane auf je eigene Weise die intrinsische Spannung zwischen Realitätsbezug und ästhetischer Realitätsnegation: Kleeberg hebt metanarrativ die fiktionale Beschaffenheit seiner Erzählung hervor, während Kracht Elemente aus dem Referenzsystem ‚Wirklichkeit' mit Science-Fiction-Merkmalen interpoliert.

Wesentliche Unterschiede zwischen den beiden Texten lassen sich vor allem im Hinblick auf ihr jeweiliges Geschichtsbild ausmachen. Kleeberg, der durch die Fiktion des ‚Buchs im Buch' über den Wunsch nach einer alternativen Geschichte, aber auch über deren Problematik reflektiert, unterstreicht die Bedeutung der Auseinandersetzung mit den Traumata der realen Geschichte und verleiht dadurch seinem Werk eine stärkere erinnerungskulturelle und gegenwartskritische Dimension. Der Verzicht des Erzählers auf seine eigene Umschreibung der Geschichte und die Konzentration auf die tatsächlich geschehene sind für parahistorische Romane eher untypisch und dürfen als innovative Elemente in der Entwicklung des Genres angesehen werden. Kracht, der die Schattenseiten einer scheinbar idealen Alternativgesellschaft thematisiert, erkennt dagegen in der Geschichte der Menschheit eine konstante Tendenz zur Destruktion im Namen verschiedenster Ideologien – eine Tendenz, die alle Geschichten, sogar die alternativen, präge. In diesem radikalen Pessimismus lässt sich sein Werk weder jenen parahistorischen Romanen zuordnen, die die Möglichkeit einer Verbesserung der Geschichte ventilieren, noch jenen dystopischen Uchronien, die

---

[45] Zur Symbolik des Reduits als Nicht-Ort vgl. Brigitte Krüger: Intensitätsräume. Die Kartierung des Raumes im utopischen Diskurs der Postmoderne. Christian Krachts *Ich werde hier sein im Sonnenschein und im Schatten*. In: Gertrud Lehnert (Hg.): Raum und Gefühl. Der Spatial Turn und die neue Emotionsforschung. Bielefeld 2011, S. 259–273, insbesondere S. 270–271.

den tatsächlichen Gang der Historie apologetisch bestätigen. Sowohl Kleeberg als auch Kracht eröffnen somit neue Perspektiven auf den parahistorischen Roman und verleihen seiner Poetik neue Akzente, indem sie das Räsonieren über kontrafaktische Geschichtsverläufe als problematisch darstellen und dies im Medium der Narration selbst kritisch reflektieren.

Bibliographie

Agazzi, Elena: Erinnerte und rekonstruierte Geschichte. Drei Generationen deutscher Schriftsteller und die Fragen der Vergangenheit. Göttingen 2005.

Baßler, Moritz: „Have a nice Apocalypse!" Parahistorisches Erzählen bei Christian Kracht. In: Reto Sorg und Stephan Bodo Würffel (Hg.): Utopie und Apokalypse in der Moderne. München 2010, S. 257–272.

Birgfeld, Johannes, und Claude D. Conter: Morgenröte des Post-Humanismus. *Ich werde hier sein im Sonnenschein und im Schatten* und der Abschied vom Begehren. In: Dies. (Hg.): Christian Kracht. Zu Leben und Werk. Köln 2009, S. 252–269.

Black, Jeremy: What If? Counterfactualism and the Problem of History. London 2008.

Blignières, Pascal de: L'utopie d'un exote. Albert Kahn, les jardins d'une idée. In: Gilles Clément und Claude Eveno (Hg.): Le jardin planétaire. Châteauvallon 1997, S. 35–45.

Böhn, Andreas: Memory, Musealization and Alternative History in Michael Kleeberg's Novel *Ein Garten im Norden* und Wolfgang Becker's Film *Good Bye, Lenin!* In: Silke Arnold-de Simine (Hg.): Memory Traces. 1989 and the Question of German Cultural Identity. Bern 2005, S. 245–260.

Braun, Michael: Fiktionales Erinnern in Michael Kleebergs *Ein Garten im Norden*. In: Johannes Birgfeld und Erhard Schütz (Hg.): Michael Kleeberg. Eine Werksbegehung. München 2014, S. 201–219.

Brockmann, Stephen: Michael Kleeberg's *Ein Garten im Norden* (A Garden in the North). In: Stuart Taberner (Hg.): The Novel in German since 1990. Cambridge 2011, S. 123–135.

Brodersen, Kai (Hg.): Virtuelle Antike. Wendepunkte der Alten Geschichte. Darmstadt 2000.

Bronner, Stefan: Vom taumelnden Ich zum wahren Übermenschen. Das abgründige Subjekt in Christian Krachts Romanen *Faserland, 1979* und *Ich werde hier sein im Sonnenschein und im Schatten*. Tübingen 2012.

Butter, Michael: Zwischen Affirmation und Revision populärer Geschichtsbilder. Das Genre der *alternate history*. In: Barbara Korte und Sylvia Paletschek (Hg.): History Goes Pop. Zur Repräsentation von Geschichte in populären Medien und Genres. (Historische Lebenswelten in populären Wissenskulturen 1) Bielefeld 2009, S. 65–81.

Campeis, Bertrand, und Karine Gobled (Hg.): La guide de l'uchronie. Chambéry 2015.

Conter, Claude D.: Christian Krachts posthistorische Ästhetik. In: Johannes Birgfeld und ders. (Hg.): Christian Kracht. Zu Leben und Werk. Köln 2009, S. 24–43.

Costabile-Heming, Carol Anne: Tracing History Through Berlin's Topography. Historical Memories and Post-1989 Berlin Narratives. In: German Life and Letters 58 (2005) H. 3, S. 344–356.

Dam, Beatrix van: Geschichte erzählen. Repräsentation von Vergangenheit in deutschen und niederländischen Texten der Gegenwart. (Studien zur deutschen Literatur 211) Berlin/Boston 2016.

Danto, Arthur C.: Analytical Philosophy of History. Cambridge 1965.
Demandt, Alexander: Ungeschehene Geschichte. Ein Traktat über die Frage: Was wäre geschehen, wenn...? 3. Aufl. Göttingen 2001 [1986].
Demandt, Alexander: Es hätte auch anders kommen können. Wendepunkte deutscher Geschichte. 5. Aufl. Berlin 2015 [2010].
Dillinger, Johannes: Uchronie. Ungeschehene Geschichte von der Antike bis zum Steampunk. Paderborn 2015.
Durst, Uwe: Zur Poetik der parahistorischen Literatur. In: Neohelicon 31 (2004) H. 2, S. 201–220.
Evans, Richard J.: Altered Pasts. Counterfactuals in History. London 2014.
Ferguson, Niall (Hg.): Virtual History. Alternatives and Counterfactuals. 3. Aufl. London 2003 [1997].
Friedrich, Hans-Edwin (Hg.): Der historische Roman. Erkundung einer populären Gattung. (Beiträge zur Literatur und Literaturwissenschaft des 20. und 21. Jahrhunderts 23) Frankfurt am Main [u.a.] 2013.
Fulda, Daniel: Zeitreisen. Verbreiterungen der Gegenwart im populären Geschichtsroman. In: Silke Horstkotte und Leonhard Herrmann. (Hg.): Poetiken der Gegenwart. Deutschsprachige Romane nach 2000. (spectrum Literaturwissenschaft/spectrum Literature 37) Berlin/Boston 2013, S. 189–211.
Helbig, Jörg: Der parahistorische Roman. Ein literarhistorischer und gattungstypologischer Beitrag zur Allotopieforschung. Frankfurt am Main 1988.
Hellekson, Karen: The Alternate History. Refiguring Historical Time. Kent, Ohio [u.a.] 2001.
Hermes, Stefan: Tristesse globale. Intra- und interkulturelle Fremdheit in den Romanen Christian Krachts. In: Olaf Grabiensky, Till Huber und Jan-Noël Thon (Hg.): Poetik der Oberfläche. Die deutschsprachige Popliteratur der 1990er Jahre. Berlin 2011, S. 187–205.
Hudde, Hinrich, und Peter Kuon (Hg.): De l'utopie à l'uchronie. Formes, significations, fonctions. Tübingen 1988.
Irsigler, Ingo: World Gone Wrong. Christian Krachts alternativhistorische Antiutopie *Ich werde hier sein im Sonnenschein und im Schatten*. In: Hans-Edwin Friedrich (Hg.): Der historische Roman. Erkundung einer populären Gattung. (Beiträge zur Literatur und Literaturwissenschaft des 20. und 21. Jahrhunderts 23) Frankfurt am Main [u.a.] 2013, S. 171–186.
Kleeberg, Michael: Ein Garten im Norden. Roman. München 2001.
Kleeberg, Michael, und Johannes Birgfeld: Michael Kleeberg im Gespräch. Hannover 2013.
Korte, Barbara, und Sylvia Paletschek: Geschichte in populären Medien und Genres: Vom Historischen Roman zum Computerspiel. In: Barbara Korte und Sylvia Paletschek (Hg.): History Goes Pop. Zur Repräsentation von Geschichte in populären Medien und Genres. (Historische Lebenswelten in populären Wissenskulturen 1) Bielefeld 2009, S. 9–60.
Koselleck, Reinhard: Vergangene Zeiten. Zur Semantik geschichtlicher Zeiten. 2. Aufl. Frankfurt am Main 1993 [1979].
Kracht, Christian: Ich werde hier sein im Sonnenschein und im Schatten. Roman. Köln 2008.
Krüger, Brigitte: Intensitätsräume. Die Kartierung des Raumes im utopischen Diskurs der Postmoderne. Christian Krachts *Ich werde hier sein im Sonnenschein und im Schatten*. In: Gertrud Lehnert (Hg.): Raum und Gefühl. Der Spatial Turn und die neue Emotionsforschung. Bielefeld 2011, S. 259–273.

Langer, Phil C.: Kein Ort. Überall. Die Einschreibung von ‚Berlin' in die deutsche Literatur der neunziger Jahre. Berlin 2002.
Lisbonis, Odile: Albert Kahn (1860–1940). Réalités d'une utopie. Boulogne 1995.
McHale, Brian: Postmodernist Fiction. New York/London 1987.
McKnight, Edgar V.: Alternative History. The Development of a Literary Genre. Petaluma 1994.
Menke, André: Die Popliteratur nach ihrem Ende. Zur Prosa Meineckes, Schamonis, Krachts in den 2000er Jahren. Bochum 2010.
Neubauer, Martin: Frühere Verhältnisse. Geschichte und Geschichtsbewusstsein im Roman der Jahrhundertwende. Wien 2007.
Nünning, Ansgar: Von der fiktionalisierten Historie zur metahistoriographischen Fiktion. Bausteine für eine narratologische und funktionsgeschichtliche Theorie, Typologie und Geschichte des postmodernen historischen Romans. In: Daniel Fulda und Silvia Serena Tschopp (Hg.): Literatur und Geschichte. Ein Kompendium zu ihrem Verständnis von der Aufklärung bis zur Gegenwart. Berlin/New York 2002, S. 541–569.
Ritter, Hermann: Kontrafaktische Geschichte. Unterhaltung versus Erkenntnis. In: Michael Salewski (Hg.): Was Wäre Wenn. Alternativ- und Parallelgeschichte: Brücken zwischen Phantasie und Wirklichkeit. Stuttgart 1999, S. 13–42.
Rodiek, Christoph: Erfundene Vergangenheit. Kontrafaktische Geschichtsdarstellung (Uchronie) in der Literatur. (Analecta Romanica 57) Frankfurt am Main 1997.
Rosenfeld, Gavriel D.: Why do we ask „What If?" Reflections on the Function of Alternate History. In: History and Theory 41 (2002) H. 1, S. 90–103.
Rosenfeld, Gavriel D.: The World Hitler Never Made. Alternate History and the Memory of Nazism. Cambridge 2005.
Schilling, Erik: Der historische Roman seit der Postmoderne. Umberto Eco und die deutsche Literatur. (Germanisch-romanische Monatsschrift. Beiheft 49) Heidelberg 2012.
Schütz, Erhard: Der kontaminierte Tagtraum. Alternativgeschichte und Geschichtsalternative. In: Erhard Schütz und Wolfgang Hardtwig (Hg.): Keiner kommt davon. Zeitgeschichte in der Literatur nach 1945. Göttingen 2008, S. 47–73.
Steinmüller, Karlheinz: Zukünfte, die nicht Geschichte wurden. Zum Gedankenexperiment in Zukunftsforschung und Geschichtswissenschaft. In: Michael Salewski (Hg.): Was Wäre Wenn. Alternativ- und Parallelgeschichte – Brücken zwischen Phantasie und Wirklichkeit. Stuttgart 1999, S. 43–53.
Tellenbach, Gerd: „Ungeschehene Geschichte" und ihre heuristische Funktion. In: Historische Zeitschrift 258 (1994) H. 2, S. 297–316.
Vogler, Ingo: Die Ästhetisierung des Realitätsbezugs. Christian Krachts *Ich werde hier sein im Sonnenschein und im Schatten* zwischen Realität und Fiktion. In: Birgitta Krumrey, Katharina Derlin und Ingo Vogler (Hg.): Realitätseffekte in der deutschsprachigen Gegenwartsliteratur. Schreibweisen nach der Postmoderne? Heidelberg 2014, S. 161–178.
Wesseling, Elisabeth: Historical Fiction. Utopia in History. In: Hans Bertens und Douwe Fokkema (Hg.): International Postmodernism. Theory and Literary Practice. Amsterdam 1997, S. 203–211.
White, Hayden: Metahistory. The Historical Imagination in Nineteenth-Century Europe. Baltimore/London 1973.
White, Hayden: The Historical Text as Literary Artifact. In: Ders.: Tropics of Discourse. Essays in Cultural Criticism. Baltimore/London 1978, S. 81–100.

Widmann, Andreas: Garten Eden in einem anderen Deutschland. Kontrafaktische Geschichte als Utopie in Michael Kleebergs *Ein Garten im Norden*. In: Focus on German Studies 14 (2007), S. 3–18.

Widmann, Andreas: Kontrafaktische Geschichtsdarstellung. Untersuchungen an Romanen von Günter Grass, Thomas Pynchon, Thomas Brussig, Michael Kleeberg, Philip Roth und Christoph Ransmayr. (Studien zur historischen Poetik 4) Heidelberg 2009.

Ines Schubert
Historie und Gedächtnis im romanhaften Geschichtserzählen

Robert Menasses *Die Vertreibung aus der Hölle* (2001)

Robert Menasses Roman *Die Vertreibung aus der Hölle* thematisiert zwei epochale Zäsuren in der Geschichte des Judentums: die Diaspora der sephardischen Juden infolge der spanischen Inquisition und die Vernichtung der europäischen Juden durch die Nationalsozialisten. Die literarische Bearbeitung des geschichtlichen Stoffes betont die strukturellen Gemeinsamkeiten der historischen Ereignisse und konzentriert sich auf die Folgen der Vertreibung und der Massenmorde für die überlebenden Opfer sowie deren Nachkommen. Die iberische Katastrophe und der Holocaust lassen zerstörte Individuen zurück, deren weitere Lebensläufe von Identitätsspaltungen, Bewältigungsschwierigkeiten und Integrationsproblemen gekennzeichnet sind. Die Vergegenwärtigung des gemeinsamen Leids erfolgt durch die korrelierenden Darstellungen zweier jüdischer Biographien. Erzählt werden die Lebensgeschichte des Rabbis Manasseh ben Israel im Portugal und Amsterdam des 17. Jahrhunderts und die Lebensgeschichte des Historikers Viktor Abravanel im Wien des 20. Jahrhunderts.

Die Vertreibung aus der Hölle ist in der Forschungsliteratur verhältnismäßig breit besprochen.[1] Der inhaltlichen Anlage des Romans gemäß liegt der Schwerpunkt auf den nationalsozialistischen Verbrechen an den europäischen Juden, auf Aspekten wie Antisemitismus und jüdischem Selbsthass oder der jüdischen Gedächtniskultur. Insbesondere in den ersten Jahren seiner Rezeption traten die historischen Dimensionen des Romans sowie sein starker Fokus auf geschichtstheoretische Probleme oft in den Hintergrund. Zum einen scheint der Roman – nicht zuletzt wegen der Person seines Autors – von den in Deutschland und Österreich geführten Erinnerungsdiskursen über das Erbe der nationalsozialistischen Herrschaft vollkommen vereinnahmt zu sein.[2] Zum anderen offenbart sich

---
[1] Vgl. exemplarisch die Beiträge in Kurt Bartsch und Verena Holler (Hg.): Robert Menasse. (Dossier 22) Graz 2004; Eva Schörkhuber (Hg.): Was einmal wirklich war. Zum Werk von Robert Menasse. Wien 2007.
[2] Vgl. Matthias Beilein: 86 und die Folgen. Robert Schindel, Robert Menasse und Doron Rabinovici im literarischen Feld Österreichs. Berlin 2008; Andrea Reiter: Die Geschichte der Marranen, ein Paradigma jüdischer Identität in Österreich nach der Shoah? Robert Menasses *Die Vertreibung aus der Hölle*. In: Aschkenas 20 (2010) H. 1, S. 167–186.

im Kontext der literaturwissenschaftlichen Auseinandersetzung mit *Vertreibung aus der Hölle*, wie wirkungsvoll die traditionelle Gattungsgeschichtsschreibung des historischen Romans im 21. Jahrhundert noch immer ist. So wird der Text entweder wegen seiner Handlungskomponenten in der Nachkriegszeit und der Gegenwart nicht als historischer Roman gelesen oder ihm wird eine bestimmte literarische Qualität attestiert, weshalb er kein Vertreter der Gattung „im klassischen Sinne" sein könne.[3]

Verdikte wie dieses verweisen auf die grundsätzlichen Vorbehalte gegen den historischen Roman, denen sich schon Lion Feuchtwanger ausgesetzt sah.[4] Zudem offenbaren sich am Beispiel von *Die Vertreibung aus der Hölle* die Schwierigkeiten, zu bestimmen, was einen Roman eigentlich zu einem historischen macht. Lexikalische Gattungsdefinitionen beschränken sich darauf, historische Romane als ästhetisch strukturierte fiktionale Texte zu bestimmen, die (auch) historisch verbürgte Personen, Ereignisse und Lebensverhältnisse darstellen.[5] Dieser gattungsdefinitorische Minimalkonsens bildet vor allem die Gattungsmerkmale populärer Geschichtsromane ab. Die Absteckung des Feldes „zentrifugaler Alternativen",[6] das die Gattung seit ihren Anfängen ebenso auszeichnet, bleibt hingegen relativ unpräzise.

Robert Menasses Roman kennt keine Sicherheiten im Umgang mit Geschichte und Gegenwart. Die für den historischen Roman im 19. Jahrhundert ausschlaggebende Frage, wie es eigentlich gewesen sei, und der damit verbundene Anspruch auf „Wirklichkeitsnähe"[7] spielen keine herausragende Rolle mehr. Entsprechend werden die Probleme der Rekonstruktion und Darstellung von Geschichte sowie historische Sinnbildungsprozesse in *Vertreibung aus der Hölle* nach Manier metahistoriographischer Fiktionen literarisch inszeniert. Darüber hinaus diskutiert der Text das Verhältnis von Geschichte und Gedächtnis. Die Problematik jüdischer Existenz in Österreich nach 1945 wird in das 17. Jahrhundert verlagert, wodurch ein iberischer Assoziationsraum entsteht. Diese Projektion

---

[3] Vgl. Astrid Ment: Die Wiederholbarkeit des Unwiederholbaren. *Die Vertreibung aus der Hölle* als historischer Roman. In: Schörkhuber (Hg.): Was einmal wirklich war, S. 83–109, hier S. 83.
[4] Vgl. Lion Feuchtwanger: Das Haus der Desdemona oder Größe und Grenzen der historischen Dichtung. Frankfurt am Main 1986, S. 27ff.
[5] Vgl. Daniel Fulda: Historischer Roman. In: Dieter Burdorf, Christoph Fasbender und Burkhard Moenninghoff (Hg.): Metzler Lexikon Literatur. 3., völlig neu bearbeitete Auflage. Stuttgart 2007, S. 318–319.
[6] Hans Vilmar Geppert: Der Historische Roman. Geschichte umerzählt – von Walter Scott bis zur Gegenwart. Tübingen 2009, S. 4.
[7] Barbara Potthast: Die Ganzheit der Geschichte. Historische Romane im 19. Jahrhundert. Göttingen 2007, S. 37.

dient der Reflexion von Erinnerungen und der Verarbeitung von Erfahrungen in der Gegenwart.

Der erinnerungsgeschichtliche Aspekt hat nicht nur für *Die Vertreibung aus der Hölle*, sondern für das Erzählen von Geschichte im beginnenden 21. Jahrhundert insgesamt eine besondere Relevanz.[8] Er bringt neue literarische Formen der Vergangenheitsvergegenwärtigung hervor, die die Präsenz der Vergangenheit in der Gegenwart betonen: Das den Opfern in Menasses Roman gemeinsame Schicksal besteht in ihrer Zerrissenheit zwischen der Notwendigkeit des Erinnerns und der Unfähigkeit zu vergessen. Demgegenüber verlieren die zentralen Gattungsmerkmale des historischen Romans – die literarische Gestaltung historiographischen Wissens über die Vergangenheit und mithin auch die Debatte um die Konstruiertheit des historischen Diskurses im Rahmen metahistoriographischer Fiktionen – an Bedeutung. Insofern stellt sich für die Besprechung von *Die Vertreibung aus der Hölle* die Frage nach der Sinnhaftigkeit des traditionellen Gattungsbegriffs.

1 Gattungsgeschichte und Gattungsgeschichtsschreibung des historischen Romans

Der über zwei Jahrhunderte relativ stabile Gattungsbegriff des historischen Romans wird gegenwärtig zunehmend problematisiert. Ausschlaggebend dafür ist vor allem die zu beobachtende Hybridisierung des Geschichtserzählens. Hinzu kommen große Veränderungen des historiographischen Bezugsfeldes infolge der geschichtstheoretischen Diskussionen seit den 1960er Jahren.[9] Die formalen Kriterien, mit denen die Forschung literarische Texte der Gattung historischer Roman zuordnet, sind zu Beginn des 21. Jahrhunderts deshalb immer durchlässiger geworden, werden aber (noch) nicht gänzlich aufgegeben. Typisch erscheint Hans Vilmar Gepperts Beschreibung des historischen Romans als „differenzierte Gattung".[10] Geppert attestiert dem historischen Roman sehr große Anpassungsfähig-

---

8 Vgl. Stephanie Catani: Geschichte im Text. Geschichtsbegriff und Historisierungsverfahren in der deutschsprachigen Gegenwartsliteratur. Tübingen 2016, S. 39.
9 Vgl. Hans-Edwin Friedrich: Die Wiederkehr des historischen Romans seit den 1980er Jahren. In: Ders. (Hg.): Der historische Roman. Erkundung einer populären Gattung. (Beiträge zur Literatur und Literaturwissenschaft des 20. und 21. Jahrhunderts 23) Frankfurt am Main [u.a.] 2013, S. 1–14.
10 Geppert: Der Historische Roman, S. 1.

keit, gleichzeitig hält er am Konzept der Gattung fest. Er fasst historische Romane als Texte auf, die zuallererst Romane seien und sich daher aller Erzählformen bedienen könnten, die aber immer durch einen historischen Diskurs geprägt würden. Die Besonderheit historischer Romane bestehe in der produktiven Differenz von fiktionalem und historischem Diskurs, in welcher Weise auch immer diese Differenz ausgespielt werde.[11]

Die Entwicklungen der gegenwärtigen Gattungsforschung beschränken sich nicht auf die hybriden Formen des 21. Jahrhunderts, sie schärfen auch den Blick für die vielfältigen Gattungsausprägungen des historischen Romans, die ihn seit seinen Anfängen auszeichnen. Diese Vielfalt ist von der Gattungsgeschichtsschreibung nicht ausreichend berücksichtigt worden – wie sich am Beispiel des schottischen Autors Walter Scott beobachten lässt, dessen Werk inzwischen grundlegend neu bewertet wird. Scott veröffentlichte im Jahr 1814 seinen ersten historischen Roman *Waverley or ‚Tis Sixty Years Since'*, der – so geht die Legende – den Beginn der europäischen Gattungsgeschichte markiere. Zu den Arbeitern am Mythos Scott gehört der seinerzeit einflussreiche Literaturkritiker Wolfgang Menzel, der im Januar 1827 im *Morgenblatt für gebildete Stände* den Artikel *Walter Scott und sein Jahrhundert* publizierte. Menzel erklärte Scott zum Vater der Gattung, dem „unläugbar das Verdienst" gebühre, „den historischen Roman als eine eigenthümliche poetische Gattung" erschaffen zu haben.[12] Die erstaunliche Langlebigkeit des literaturwissenschaftlichen Topos von der Erfindung des historischen Romans durch Scott zeigt sich noch bei Hugo Aust, der Mitte der 1990er Jahre in Scott den Begründer des historischen Romans sah und dessen *Waverley' Novels* prototypischen Charakter bescheinigte.[13]

Die Konformität der Gattungsgeschichtsschreibung resultiert aus der immensen Wirkung von Georg Lukács' Studie *Der historische Roman*, die 1937 in russischer Sprache in Moskau veröffentlicht wurde und 1955 in deutscher Übersetzung erschien. Lukács erhob den historischen Roman Scotts zum Maß aller Dinge; als „geradlinige Fortsetzung des großen realistischen Gesellschaftsromans des 18. Jahrhunderts" bedeute er etwas „vollständig Neues".[14] Lukács' großer Einfluss

---

11 Vgl. Geppert: Der Historische Roman, S. 1–7.
12 Wolfgang Menzel: Walter Scott und sein Jahrhundert 1827. Zitiert nach: Hartmut Steinecke (Hg.): Romantheorie und Romankritik in Deutschland. Die Entwicklung des Gattungsverständnisses von der Scott-Rezeption bis zum programmatischen Realismus. 2. Band. Stuttgart 1976, S. 2–61, hier S. 52.
13 Vgl. Hugo Aust: Der historische Roman. (Sammlung Metzler 178) Stuttgart/Weimar 1994, S. 63.
14 Vgl. Georg Lukács: Der historische Roman. Berlin 1955, S. 23–60, Zitate S. 24.

auf die Forschung zum historischen Roman ist einigermaßen erstaunlich – besonders unter Berücksichtigung der ideologischen Implikationen seines begrifflichen Instrumentariums. Bedenkenswert ist zudem die Tatsache, dass Lukács nicht an einer Bestandsaufnahme der vielfältigen Formen des Geschichtserzählens seit dem Revolutionszeitalter interessiert war. Ihm ging es stattdessen um die „Verlebendigung der Geschichte" im historischen Roman,[15] der durch die Unmittelbarkeit seiner Erzählung den „dichterischen Beweis der historischen Realität" zu erbringen habe.[16] Nichtsdestoweniger hat Lukács' normative Festsetzung der historischen Romane Walter Scotts als Gattungsmodell Bestand.

Eine erste Zäsur erfolgte durch Hans Vilmar Gepperts Studie *Der ‚andere' historische Roman* im Jahr 1976. Im Rahmen einer fiktionstheoretischen Analyse entwickelte Geppert eine dichotome Romantypologie, aus der sich zwei Pole der Gattungsentwicklung ergeben: der ‚übliche' historische Roman, der nach dem Vorbild Scotts den Hiatus von Fiktion und Historie zu verdecken sucht, und der ‚andere' historische Roman, der diesen Hiatus akzentuiert und die eigenen Darstellungsmöglichkeiten reflektiert.[17] Gepperts Ansatz konnte sich in der Forschung etablieren, allerdings wurde er oft auf den Gegensatz von traditionellem und modernem historischen Roman verengt,[18] wodurch Geppert indirekt einen Beitrag zur Festschreibung des Paradigmas Scott geleistet hat.

Die Bedeutung Scotts relativiert sich in der gegenwärtigen Gattungsgeschichtsschreibung stark. Die Forschung geht zum einen dazu über, von den mehrfachen Anfängen des europäischen historischen Romans zu sprechen. In den Kreis der Pioniere werden nun Autoren wie Achim von Arnim, Alfred de Vigny und Alessandro Manzoni aufgenommen, die zu Beginn des 19. Jahrhunderts nach fiktionalen Darstellungsmöglichkeiten von Geschichte suchten.[19] Zum anderen führt die Verabschiedung der normativen Gattungskriterien, die Lukács anhand der Scottschen Romane entwickelte, zu einer fortschreitenden Ausweitung des Untersuchungsgegenstandes. Auf diesem Weg rücken nicht nur Texte in den Fokus, die aufgrund ihrer zu geringen temporalen Distanz

---

15 Lukács: Der historische Roman, S. 49.
16 Lukács: Der historische Roman, S. 38.
17 Vgl. Hans Vilmar Geppert: Der „andere" historische Roman. Theorie und Strukturen einer diskontinuierlichen Gattung. (Studien zur deutschen Literatur 42) Tübingen 1976.
18 Vgl. zum Beispiel Harro Müller: Geschichte zwischen Kairos und Katastrophe. Historische Romane im 20. Jahrhundert. (athenäum monografien Literaturwissenschaft 89) Frankfurt am Main 1988, S. 17–18.
19 Vgl. Fabian Lampart: Zeit und Geschichte. Die mehrfachen Anfänge des historischen Romans bei Scott, Arnim, Vigny und Manzoni. (Epistemata 401) Würzburg 2002; Geppert: Der Historische Roman, S. 8–15.

zwischen Handlung und Romanpublikum bisher nicht als historische Romane galten. Auch diejenigen geschichtserzählenden Texte, die sich nicht mehr an die Verpflichtung zu einer wirklichkeitsgetreuen Abbildung gebunden fühlen und stattdessen die epistemologischen und methodischen Schwierigkeiten historischen Erzählens betonen, erfahren seit den 1980er Jahren immer stärkere Aufmerksamkeit. Zunächst reagierte hauptsächlich die anglistische und amerikanistische Forschung auf diese vielfältigen neuen Erscheinungsformen narrativ-fiktionaler Geschichtsdarstellungen. So plädierte Ansgar Nünning Mitte der 1990er Jahre für die Erarbeitung systematischer Differenzierungskriterien und legte eine gattungsgeschichtliche Darstellung des historischen Romans seit 1950 vor, die eine Entwicklung von historischer Fiktion zur historiographischer Metafiktion insinuiert.[20]

Im 21. Jahrhundert scheint der Gattungsbegriff des historischen Romans die innovativen Formen und Themen des Geschichtserzählens nicht mehr abdecken zu können. Zumindest taucht er in den Titeln der Studien zum historischen Erzählen in der Literatur der Gegenwart immer seltener auf. Stattdessen ist die Rede von *Geschichte und Geschichtsbewusstsein im Roman der Jahrtausendwende*, von *Geschichtsbegriff und Historisierungsverfahren in der deutschsprachigen Gegenwartsliteratur* oder einfach von *Geschichte erzählen* in *Texten der Gegenwart*.[21] Wo noch explizit vom historischen Roman gesprochen wird, werden die einst konstitutiven Merkmale der Gattung weiter abgeschwächt. Beispielsweise versteht Erik Schilling solche Romane als gattungskonform, „die in wenigstens einem für die Handlung fundamentalen Erzählkern auf einem historischen Ereignis, einer historischen Persönlichkeit oder einem historischen Text beruhen."[22] Längst werden nicht mehr nur Texte, die den zitierten lexikalischen Minimalkonsens erfüllen, betrachtet. Das von der Forschung erfasste Spektrum geschichtserzählender Texte umfasst faktuale Geschichtserzählungen, Familien- und Generationserzählungen sowie Texte der Erinnerungsliteratur. Hinzu kommt, dass sich das Themenfeld historischer Romane siebzig Jahre nach dem

---

[20] Vgl. Ansgar Nünning: Von historischer Fiktion zu historiographischer Metafiktion. Theorie, Typologie und Poetik des historischen Romans. Band 1 (LIR. Literatur – Imagination – Realität. Anglistische, germanistische, romanistische Schriften 11) Trier 1995, S. 7; Band 2 (LIR 12) Trier 1995, S. 376–388.

[21] Vgl. Martin Neubauer: Frühere Verhältnisse. Geschichte und Geschichtsbewusstsein im Roman der Jahrtausendwende. (Wiener Arbeiten zur Literatur 22) Wien 2007; Catani: Geschichte im Text; Beatrix van Dam: Geschichte erzählen. Repräsentation von Vergangenheit in deutschen und niederländischen Texten der Gegenwart. (Studien zur deutschen Literatur 211) Berlin/Boston 2016.

[22] Erik Schilling: Der historische Roman seit der Postmoderne. Umberto Eco und die deutsche Literatur. (Germanisch-romanische Monatsschrift. Beiheft 49) Heidelberg 2012, S. 16.

Ende des Zweiten Weltkriegs – auch nach Auffassung der traditionellen Gattungsgeschichtsschreibung – auf Nationalsozialismus und Holocaust ausweitet. Diese traumatischen Geschichtserfahrungen sowie die dazugehörigen literarisch gestalteten Erinnerungsprozesse bringen neue narrative Strategien der Vergegenwärtigung von Vergangenheit hervor, die „Aussehen und Form der Gattung in der Gegenwart maßgeblich bestimm[en]."[23]

Robert Menasses *Die Vertreibung aus der Hölle* gehört nicht in den Kreis der kanonischen Gattungsvertreter des historischen Romans. Gattungszugehörigkeit kann dieser Text nur dann für sich beanspruchen, wenn eine sehr große historische Varianz der Gattung unterstellt wird. Doch herrscht in der Forschung und nicht zuletzt beim Autor selbst ein gewisses Unbehagen, den Roman als historischen zu behandeln.[24] Dahinter dürften nicht nur die bekannten Vorbehalte gegen die Gattung stehen, sondern auch die terminologische Engführung in der Tradition der Gattungsgeschichtsschreibung. Die Interpretation von *Die Vertreibung aus der Hölle* als eine Variante des romanhaften Geschichtserzählens im 21. Jahrhundert bietet hingegen die Möglichkeit, die spezifischen Formen der Vergegenwärtigung einer nur scheinbar fernen Vergangenheit, die Menasses Text entfaltet, in den Blick zu nehmen. Das breite Spektrum seiner Erinnerungsstrategien reicht von zahlreichen intertextuellen, insbesondere biblischen Bezügen über die Gestaltung kulturhistorischer Topoi bis hin zu den durch vielseitige narrative Verfahren inszenierten Erinnerungsprozessen einzelner Figuren.

2 Erinnern in der Gegenwart des Erzählens

In *Vertreibung aus der Hölle* werden vielfältige Relationen zwischen historischem Wissen, erinnerter Erfahrung und dem Vorgang des Erzählens entwickelt. Die komplexe Struktur des Romans ergibt sich aus seinen drei verschiedenen Erzählebenen – in der historischen Vergangenheit, in der zeitgeschichtlichen Vergangenheit sowie in der Gegenwart – und den Formen ihrer Verknüpfung: Manasseh kreuzigt im 17. Jahrhundert eine Katze und löst damit einen Skandal aus, der Ausbrüche religiösen Wahns nach sich zieht. Viktor provoziert am Ende des 20. Jahrhunderts ebenfalls einen Skandal, indem er während eines Klassentreffens eine Liste mit den angeblichen NSDAP-Mitgliedsnummern seiner Lehrer verliest.

---

23 Catani: Geschichte im Text, S. 49.
24 Vgl. exemplarisch Neubauer: Frühe Verhältnisse, S. 251; Interview mit Robert Menasse von Matthias Beilein: Wir sind die Angelus-Novus Generation. Interview mit Robert Schindel, Robert Menasse und Doron Rabinovici, 04.04.2006. In: Ders.: 86 und die Folgen, S. 297–325, hier S. 304.

Daraufhin verlassen die betagten Pädagogen und seine ehemaligen Klassenkameraden voller Wut den Saal. Die Verknüpfung dieser Ereignisse evoziert den ersten Bruch der Zeitebenen und Orte, den ersten Übertritt von der einen erzählten Welt in die andere. Unzählige Wechsel der Epochen und Schauplätze folgen. Sie figurieren die einander überlagernden, sich bedingenden und gegenseitig auslösenden Lebensgeschichten Manassehs und Viktors.

Im Anschluss an die Eröffnungsszenen kann die Vergangenheitserzählung fortgesetzt werden, denn der Zufall will es so: „Hätte sich Hildegund nicht in diesem Moment zu Viktor gesetzt, die Geschichte wäre nicht weitergegangen."[25] Hildegund verbringt mit ihm einen Abend und animiert ihn zu einem Gespräch: „He Vic, [...] Erzähl weiter! Erzähl einfach immer weiter." (VH 337) Der sich entspannende Dialog dient dem Roman als narrativer Ausgangspunkt seines Erzähldiskurses, durch den immer wieder Bezugspunkte zur iberischen Welt des 17. Jahrhunderts und zur Wiener Welt der Nachkriegszeit geschaffen werden. Die leidvollen Schicksale der Protagonisten werden dabei durch eine Vielzahl literarischer Spieleffekte synthetisiert. Eine Katze, die durch alle Zeitebenen und Handlungsstränge des Romans immer wieder auftaucht, verleiht diesem Erzählverfahren symbolischen Ausdruck. In Anlehnung an das von Uwe Johnson geprägte Motiv der „Katze Erinnerung"[26] werden die historischen Erfahrungen Manasseh ben Israels in den individuellen Erfahrungen Viktor Abravanels widergespiegelt.

Vor dem Hintergrund dieser ineinander verschränkten Erzähleben betrachtet der Roman die Vergangenheit aus der Innenperspektive der beiden Protagonisten jeweils nach Maßgabe ihres subjektiven Erfahrungshorizontes. Das auf einer dritten Erzählebene stattfindende Gespräch zwischen Viktor und seiner Schulfreundin Hildegund verbindet den historischen und den zeitgeschichtlichen Handlungsstrang miteinander. In der Gegenwartshandlung erinnert sich Viktor seiner Vergangenheit und berichtet Hildegund aus seinem Leben. Der Prozesscharakter des dargestellten Erinnerungsaktes verstärkt sich durch die Kommentare Hildegunds, die immer wieder neue Erinnerungen bei Viktor auslösen. In diese Konversation und zwischen die zeitgeschichtlichen Episoden aus Viktors Leben wird die Geschichte Manassehs eingefügt. Am Ende der langen Wiener Nacht schließt sich der Kreis der Erinnerungen: Viktor erwähnt Hildegund gegenüber, dass er am nächsten Tag auf dem Amsterdamer Spinoza-Kongress einen Vortrag über Spinozas Lehrer halten wird, zu denen

---

[25] Robert Menasse: Die Vertreibung aus der Hölle. Frankfurt am Main 2003, S. 24. Zitate aus dieser Ausgabe werden im laufenden Text mit der Sigle VH und der jeweiligen Seitenzahl belegt.
[26] Uwe Johnson: Jahrestage. Aus dem Leben von Gesine Cresspahl. Band 2. Frankfurt am Main 1971, S. 607.

Manasseh ben Israel zählte. So wird erst am Ende des Romans transparent, dass Viktor nicht nur als Erzähler und Protagonist seiner eigenen Kindheit, sondern auch als Erzähler des iberischen Handlungsstranges auftritt. Diese Erzählung basiert nicht auf Viktors Erinnerungen, sondern auf seinen Forschungen zur Geschichte des Judentums in der Frühen Neuzeit.

Das Geschichtserzählen in *Vertreibung aus der Hölle* läuft von Beginn an dem Modell Walter Scotts zuwider.[27] Es geht hier gerade nicht um die Schaffung eines geschlossenen fiktionalen Raumes, in dem eine kohärente historische Wirklichkeit entworfen werden kann – das Erzählte fällt zu keinem Zeitpunkt mit der Vergangenheit zusammen. Damit reiht sich Menasses Text in die Gruppe der postmodernen historischen Romane ein, denen seitens der Gattungsforschung bestimmte innovative Erzählverfahren attestiert werden: Die Handlung spielt nicht nur in der Vergangenheit, sondern wird auf mindestens zwei, oft mehreren Erzählebenen mit der Gegenwart verknüpft; an die Stelle eines historischen Panoramas tritt der subjektive Blickwinkel einzelner Figuren, was die Relativität retrospektiver Sinnstiftungen hervorhebt.[28] Das in Menasses Text entwickelte Erzählprinzip vermittelt ebendiese Einsicht in die Bedingtheit aller Geschichtserzählungen und allen Erinnerns.

Wesentlicher als das „Spannungsfeld von historischer Wahrheit und fiktionaler Aufbereitung"[29] scheint für das romanhafte Geschichtserzählen im 21. Jahrhundert aber die Gegenwärtigkeit der Vergangenheit zu sein, die erzählerisch durch die Gestaltung intensiver Beziehungen zwischen den Zeitebenen umgesetzt wird. Die sephardische Diaspora im 17. Jahrhundert wird nicht als ein abgeschlossenes und der Vergangenheit zugehöriges historisches Ereignis dargestellt, und auch die Vertreibung und Vernichtung der europäischen Juden durch die Nationalsozialisten ist im Roman allgegenwärtig und bildet gewissermaßen das „leere Gravitationszentrum des Romans".[30]

---

27 Vgl. Roman Lach: Walter Scott gegen E.T.A. Hoffmann. Warum jeder Roman ein historischer Roman ist. In: Neue Rundschau 118 (2007) H. 1: Historische Stoffe, S. 138–156, hier S. 143.
28 Vgl. Barbara Beßlich: Unzuverlässiges Erzählen im Dienst der Erinnerung. Perspektiven auf den Nationalsozialismus bei Maxim Biller, Marcel Beyer und Martin Walser. In: Dies., Katharina Grätz und Olaf Hildebrand (Hg.): Wende des Erinnerns? Geschichtskonstruktionen in der deutschen Literatur nach 1989. (Philologische Studien und Quellen 198) Berlin 2006, S. 35–52, hier S. 35; Friedrich: Die Wiederkehr des historischen Romans seit den 1980er Jahren, S. 9; Ansgar Nünning: Literarische Geschichtsdarstellung. Theoretische Grundlagen, fiktionale Privilegien, Gattungstypologie und Funktionen. In: Bettina Bannasch und Christiane Holm (Hg.): Erinnern und Erzählen. Der Spanische Bürgerkrieg in der deutschen und spanischen Literatur und den Bildmedien. Tübingen 2005, S. 35–58, hier S. 51.
29 Schilling: Der historische Roman seit der Postmoderne, S. 10.
30 Neubauer: Frühere Verhältnisse, S. 249.

Die Gestaltung von Viktors Biographie ist als verzerrte, komische Kopie des tragischen Lebens Manassehs angelegt und soll offensichtlich Karl Marx' Interpretation von Hegels Satz aufrufen, dass sich alles in der Geschichte wiederhole.[31] Exemplarisch für Marx' These, dass die Tragödien der Geschichte als Farce wiederkehren, sind der tödliche Konflikt Uriel da Costas mit der jüdischen Gemeinde im Amsterdam des 17. Jahrhunderts und der Schauprozess, den Viktor im Wien der 1970er Jahre über sich ergehen lassen muss. Der historische Konflikt zwischen da Costa und den Rabbinern der portugiesischen Gemeinde entsprang einem theologischen Streit über die Unsterblichkeit der Seele. In *Vertreibung aus der Hölle* scheitert da Costa an dem vergleichsweise marginalen Problem der rituellen Speisenzubereitung: „Er wurde denunziert. Er trenne das Geschirr nicht. [...] Er lebe überhaupt nicht wie ein Jude." (VH 450) Manasseh, der als Entscheidungsträger an den Sitzungen des Amsterdamer Rabbinerkollegiums beteiligt ist, gelangt zu der ihn schockierenden Einsicht:

> „O mein Gott, wir spielen Inquisition. Wir imitieren die Spanier, wir wiederholen, was unseren Vätern widerfahren ist." [...] In Portugal und Spanien wurden Christen vor Gericht gezerrt, wenn sie verdächtigt wurden, im geheimen die jüdischen Speisegesetze zu befolgen, im jüdischen Amsterdam wurden Juden denunziert, die im Verdacht standen, daß sie die Gesetze im geheimen nicht befolgten. „Bitte drehe dich um und gehe raus!" [...] „Das ist Amsterdam und nicht Porto!" (VH 451–452)

Die sich wiederholenden Mechanismen von Anpassungsdruck und Ausgrenzungsmacht werden auch auf der zeitgeschichtlichen Ebene behandelt. Viktor erkennt das Ausmaß des Gesinnungsterrors der trotzkistischen Studentenorganisation, als er wegen einer ihm angelasteten Schwängerung und der angeblich darauffolgenden Nötigung zur Abtreibung einen Schauprozess über sich ergehen lassen muss:

> Bitte! dachte Viktor, das ist Wien in den siebziger Jahren und nicht Moskau in den Dreißigern! [...] es gibt einen einfachen Beweis, den ich nun vorführen kann: Wenn ich mich jetzt umdrehe und hinausgehe – was wird passieren? Ist es Moskau in den Dreißigern, bin ich tot. Ist es Wien in den Siebzigern, bin ich aus einem Traum aufgewacht. (VH 432)

Die Präsenz der Vergangenheit in der Gegenwart wird in *Vertreibung aus der Hölle* zudem über unzählige intertextuelle Bezüge hergestellt. So ist beispielsweise die Flucht der Familie Manassehs nach Amsterdam an die Flucht der Heiligen Familie nach Ägypten angelehnt: „Da kamen sie an einen großen stillen See, und es wurde Nacht. Die Familie ließ sich am Ufer nieder. Der Vater

---

[31] Vgl. Karl Marx: Der 18. Brumaire des Louis Napoleon. In: Ders. und Friedrich Engels: Werke. Band 8. Berlin 1960, S. 110–208, hier S. 115.

betete." (VH 272) Das entstehende Bild evoziert die Erinnerung an die Ruhe auf der Flucht nach Ägypten, ein klassisches Motiv der christlichen Ikonographie.[32] Die Fluchtszene ruft nicht nur ein klassisches kunsthistorisches Bildmotiv auf, sondern entfaltet zugleich verschiedene interferierende Bibelmotive:

> Der Vater betete. Als seine letzten Worte verhallt waren, meinte das Kind, ein [nicht enden wollendes] Echo zu hören. [...], als er plötzlich einen harten Druck auf seinem Mund spürte, eine Hand die gegen seinen Mund gepreßt wurde. Es war die Hand seines Vaters, und er merkte, daß nicht das Echo nicht aufgehört, sondern – er selbst nicht aufgehört hatte zu schreien. [...] Endlich begriff er und verstummte. [...] Nun lagen sein Vater und er ineinander verschlungen und weinten. Was hatte der Vater gehört? Seine eigenen, die ungehörten Schreie in den Folterkellern der Inquisition? Das ewige Echo aber hatte der Sohn produziert. Und nie mehr, seit dieser Nacht, wurde er Mané genannt. Manasseh, sagte der Vater. Manasseh. Das war der Geburtsschrei von Samuel Manasseh Sohn Israels. (VH 272)

Hinter dem intertextuell und ikonographisch belegten christlichen Motiv der Heiligen Familie erscheint eines der hebräischen Bibel. Manassehs Vater, der in Amsterdam den Namen Joseph ben Israel annehmen wird, identifiziert sich schon in dieser Szene der Flucht mit dem alttestamentlichen Joseph, der das Schicksal der Vertreibung aus der Heimat teilt, und wiederholt in der Namensgebung des Sohnes die biblische Geschichte.[33] Im 1. Buch Mose heißt es: „Josef nannte den Erstgeborenen Manasse (Vergessling), denn er sagte: Gott hat mich all meine Sorge und mein ganzes Vaterhaus vergessen lassen."[34] Diese Form der Schichtung verschiedener kultureller Traditionen und Muster wird in *Vertreibung aus der Hölle* zum Gestaltungsprinzip für das marranische Schicksal. Der ursprünglich als Schimpfwort entstandene Ausdruck ‚Maranen' für konvertierte Christen erfuhr im 19. Jahrhundert eine signifikante Deutungserweiterung innerhalb des deutsch-jüdischen historischen Bewusstseins. An diese metonymische Generalisierung des Marranenschicksals zum Verfolgungs-, Vertreibungs- und Exilschicksal aller Juden, wie sie sich im deutsch-jüdischen kulturellen Gedächtnis des 20. Jahrhunderts als Topos verankert hat, schließt die Darstellung zweier marranischer Lebenswege in *Vertreibung aus der Hölle* an.[35]

---

32 Vgl. Engelbert Kirschbaum (Hg.): Lexikon der christlichen Ikonographie. 2. Band. Rom [u. a.] 1970, S. 43–50.
33 Vgl. Gabriele Stumpp: Zu einigen Aspekten jüdischer Tradition in Robert Menasses *Vertreibung aus der Hölle*. In: Bartsch und Holler (Hg.): Robert Menasse, S. 59–78, hier S. 66.
34 Gen 41, 51.
35 Vgl. Florian Krobb: Kollektivbiographien, Wunschautobiographien. Marranenschicksal im deutsch-jüdischen Roman. Würzburg 2002, S. 45ff., 140; Alfred Bodenheimer: Hegel und Abarbanel. Zur Metaphorik des Marranentums bei Heinrich Heine und Robert Menasse. In: Alfred

3 Das Wesen der Geschichte

„Ab wann ist Geschichte Geschichte?" (VH 442), fragt Viktor seine Freundin Hildegund zu fortgeschrittener Stunde ihrer gemeinsamen Wiener Nacht. Er erhält die für ihn sehr unbefriedigende Antwort: „Einerseits morgen, anderseits nie." (VH 442) Die Problematisierung des Geschichtsbegriffs in *Vertreibung aus der Hölle* behandelt ein zeitgenössisches Phänomen, das Hartmut Rosa als „Entzeitlichung der Geschichte" bezeichnet.[36] Ausgehend von seiner Beschreibung des Modernisierungsprozesses als einer fortschreitenden Beschleunigung des sozialen Wandels diagnostiziert Rosa einen Zerfall des modernen Geschichtsbegriffs an der Schwelle zum 21. Jahrhundert: „Geschichte wird nicht länger als ein gerichteter [...] dynamischer Prozess erfahren, sondern sie nimmt wieder die Form eines nahezu ‚statischen' Raumes von nach- und nebeneinander sich abspielenden *Geschichten* an."[37] Die einstige Vorstellung einer „durchgängigen historischen Kontinuität" erweist sich damit als „realitätsfremde Fiktion."[38] Flankiert wurde diese Entwicklung seit den 1960er Jahren von den Diskussionen der postmodernen Geschichtstheorie um die sprachliche Bedingtheit jeder historischen Erkenntnis und die narrative Konfiguration der Geschichtsschreibung. Eine zusätzlich katalysierende Wirkung konnte der nach 1989 einsetzende Wandel der Geschichts- und Erinnerungspolitik entfalten, deren neue „Gedächtnisrahmen" nicht mehr mit den bisherigen historischen Sinnkonzepten und Fortschrittsidealen vereinbar waren.[39]

Die romanhaften Geschichtserzählungen der Gegenwart greifen all diese Brüche und Diskontinuitäten auf – auch durch *Die Vertreibung aus der Hölle* zieht sich die Frage nach dem Wesen der Geschichte wie ein roter Faden. Viktors zitierte Überlegungen, ab wann Geschichte Geschichte sei, präsentieren zunächst die Bedeutungsdimensionen des Wortes Geschichte. Explizit angesprochen ist der Transformationsprozess vom historischen Geschehen in eine Vorstellung von diesem Geschehen in der Gegenwart. Hier treibt der Roman die durch Louis O. Mink und insbesondere durch Hayden White ausgelösten Debatten um den

---

Bodenheimer (Hg.): In den Himmel gebissen. Aufsätze zur europäisch-jüdischen Literatur. München 2011, S. 25–41.
36 Vgl. Hartmut Rosa: Beschleunigung. Die Veränderung der Zeitstrukturen in der Moderne. Frankfurt am Main 2005, S. 402.
37 Rosa: Beschleunigung, S. 419. Hervorhebung im Original.
38 Lucian Hölscher: Hermeneutik des Nichtverstehens. In: Ders.: Die Semantik der Leere. Grenzfragen der Geschichtswissenschaft. Göttingen 2009, S. 226–239, hier S. 239.
39 Vgl. Aleida Assmann: Der lange Schatten der Vergangenheit. Erinnerungskultur und Geschichtspolitik. München 2006, S. 112–116, Zitat S. 113.

fiktionalen Charakter der Geschichtsschreibung auf die Spitze.[40] Viktor gibt sich gegenüber Hildegund als Urheber der Erzählungen zu erkennen: „Sicher. Ich gebe es zu. Alle Formulierungen sind von mir. So stelle ich mir eben diese Situation vor." (VH 125) Konventionelle Methoden zur Aneignung und Deutung historischer Ereignisse werden hingegen parodiert. Das Spektrum reicht von einem Geschichtsprofessor, dessen didaktisches Interesse sich darauf beschränkt, „daß die Studenten seine Skripten nichts weniger als auswendig gelernt hatten" (VH 300), über Studenten, die ihrerseits glauben, „daß sie die Naturgesetze entdeckt hatten, nach denen die Geschichte funktionierte" (VH 380), bis hin zu einem Historiker, der die „Liebe für die sogenannten Zeitzeugen" als das Ende der Geschichtswissenschaft beurteilt, schließlich sei „niemand [...] so materialreich ahnungslos wie der sogenannte Zeitzeuge." (VH 388)

Der gleiche Historiker – Viktor – der hier die Ideale der Faktentreue und Objektivität hochhält, problematisiert an anderer Stelle die Tatsache, dass es sich bei der Historie immer um ein Konstrukt handelt: „Geschichte, nein, Geschichtsschreibung funktioniert letztlich immer so: Ein Vierzigjähriger erzählt mit der Autorität dessen, der erlebt hat, was ein Siebzehnjähriger mit der Gewißheit erzählt hat, daß er es mit zwölf erlebt hatte." (VH 225) Es besteht also durchaus ein Unterschied zwischen einem Ereignis und der Aussage über das Ereignis. Diese Unzuverlässigkeit entsteht aber nicht nur diachron aufgrund der Tatsache, dass das Ereignis in immer weitere Ferne rückt. Impliziert ist ebenso, dass es auch immer einen synchronen Unterschied zwischen dem Ereignis und dem Erleben dieses Ereignisses gibt – und zwar schon im Moment des Geschehens.

Viktors und Hildegunds Gespräch rückt das Problem der Legitimität von Erinnern und Vergessen in den Vordergrund. So spürt Viktor im weiteren Verlauf der Nacht, wie „die Verletzungen plötzlich wieder aufbrachen, die Aggressionen zu gären begannen", und konstatiert: „[N]ein, es war nicht Geschichte, es konnte etwas nicht Geschichte sein, worunter er augenblicklich aufs neue litt." (VH 443) Er wird umgehend von Hildegund aufgefordert, jetzt bitte „keinen schiefen Vergleich zu machen." (VH 443) Die Debatten um die Historisierung des Nationalsozialismus und um die Singularität des Holocaust in den 1980er und 1990er Jahren bilden offensichtlich die Folie für diesen Dialog der beiden Romanfiguren. In der österreichischen Erinnerungskultur erfolgte der Umgang mit der nationalsozialistischen Vergangenheit nach dem Prinzip: „Vergessen, wiederholen, dem Ausland

---

[40] Besonders einschlägig die Aufsätze von Louis O. Mink: Narrative Form as a Cognitive Instrument. In: Robert H. Canary und Henry Kozicki (Hg.): The Writing of History. Literary Form and Historical Understanding. Madison, Wisconsin 1978, S. 129–150; und von Hayden White im gleichen Band: The Historical Text as a Literary Artifact, S. 41–62.

erklären."[41] Die kollektive Lebenslüge der Nachkriegszeit, das österreichische Volk sei das erste Opfer des nationalsozialistischen Deutschlands, ließ für die Erinnerung an die von Österreichern begangenen Gewaltverbrechen nur wenig Platz und verhinderte die Auseinandersetzung mit der eigenen Verantwortung.[42] Erst infolge der Waldheim-Affäre veränderte sich der Umgang mit der nationalsozialistischen Vergangenheit in Österreich, durch die Epochenzäsur von 1989 wurde er zusätzlich intensiviert und beschleunigt.[43] Schriftstellerinnen und Schriftsteller, neben Menasse beispielsweise Anna Mitgutsch, Robert Schindel und Doron Rabinovici, sind an diesem erinnerungspolitischen Wandel wesentlich beteiligt (gewesen).[44]

Die im öffentlichen Gedächtnisraum geführten Diskussionen werden in *Vertreibung aus der Hölle* auf die Ebene individueller Erfahrungen und subjektiver Wahrnehmungen verlegt, um zu ergründen, für wen es zulässig wäre, sich zu erinnern beziehungsweise zu vergessen. Die Überführung des in Zeitzeugen verkörperten gelebten Gedächtnisses in ein institutionell geformtes Gedächtnis erfolgt im Text durch die bekannten Mechanismen kultureller Erinnerungsarbeit. Tragik und Komik liegen auch hier dicht beieinander:

> Um „Niemals zu vergessen" hat man eine Gesellschaft gegründet: Diese Gesellschaft wurde ursprünglich als die Gesellschaft zum Andenken an die zu früh Verstorbenen gegründet, bis Einwände kamen, daß die Opfer der Inquisition nicht einfach verstorben sind, sondern ermordet wurden. Also wurde der entsprechende Begriff im Namen der Gesellschaft geändert, allerdings irrtümlich nichts als dieser Begriff, weshalb sie jetzt also zum Andenken an die zu früh Ermordeten amtlich eingetragen war. Danach hatte keiner mehr Lust oder Kraft, für eine neuerliche Änderung des Namens zu streiten. Es würde, wie man sah, alles nur immer schlechter werden. Bei den zu früh Ermordeten war der Vater [Manoels] jedenfalls in jeder freien Minute engagiert, wann immer er noch die Kraft aufbrachte und wo er nur konnte, predigte er die Notwendigkeit des Erinnerns. Erinnern,

---

41 Robert Menasse: Das Land ohne Eigenschaften. Oder Das Erscheinen der Wahrheit in ihrem Verschwinden. In: Ders.: Das war Österreich. Gesammelte Essays zum Land ohne Eigenschaften. Hg. von Eva Schörkhuber. Frankfurt am Main 2005, S. 29–122, hier S. 71.
42 Vgl. Ruth Beckermann: Unzugehörig. Österreicher und Juden nach 1945. Wien 1989, S. 17–18.
43 Als Waldheim-Affäre wird der in der österreichischen und internationalen Politik ausgetragene Konflikt anlässlich der österreichischen Wahl zum Bundespräsidenten 1986 bezeichnet. Der Kandidat und ehemalige UNO-Generalsekretär Kurt Waldheim hatte seine Biographie für die Zeit der nationalsozialistischen Herrschaft und des Zweiten Weltkrieges geschönt und verharmlost. Waldheim gewann die Wahl, war aber international weitgehend isoliert. Vgl. Bertrand Perz: Österreich. In: Volkhard Knigge und Norbert Frei. (Hg.): Verbrechen erinnern. Die Auseinandersetzung mit Holocaust und Völkermord. München 2002, S. 150–162, hier S. 157–158.
44 Vgl. Karl Stuhlpfarrer: Österreich. In: Knigge und Frei (Hg.): Verbrechen erinnern, S. 233–252, hier S. 245.

erinnern! Niemals vergessen! In der Nacht aber, wenn er im Schlafe schrie, schrie seine
Sehnsucht nach dem Vergessen. Vergessen! Wenn er nur vergessen könnte! (VH 345)

Viktors Überlegungen über das Wesen der Geschichte berühren schließlich das
Verhältnis von Gedächtnis und Geschichte – von zwei Vergangenheitsbezügen,
die klassischerweise als einander ausschließend gedacht werden. In seiner
Theorie des kollektiven Gedächtnisses kennzeichnete Maurice Halbwachs das
Verhältnis zwischen Gedächtnis und Geschichte als das einer Abfolge. Demnach
beginne die Geschichte, wenn die Tradition aufhöre, das heißt „in einem
Augenblick, in dem das soziale Gedächtnis erlischt und sich auflöst."[45] Der
Roman *Die Vertreibung aus der Hölle* verschreibt sich einer anderen Form der
Vergegenwärtigung von Vergangenheit. Diese insistiert auf der Bedeutung des
Zusammenhangs zwischen den historischen Geschehnissen und der Erfahrung
des Subjekts.

4 Vom ‚üblichen' historischen Roman zum romanhaften Geschichtserzählen

Historische Romane blicken auf eine mehr als zweihundertjährige Gattungsgeschichte
zurück und generieren traditionell die vielfältigsten literarischen Darstellungsmöglichkeiten
von Geschichte. Die Anfänge der Gattung fallen nicht
zufällig in eine Zeit, in der ein völlig neuartiges Konzept von Geschichte hervorgebracht
wurde.[46] Die neue Zeiterfahrung ermöglichte es den Menschen im ausgehenden
18. Jahrhundert erstmals, ihre Vergangenheit aus der Distanz zu
betrachten, und erforderte es, sich die eigene Geschichte durch Erinnerung und
Betrachtung immer wieder zu vergegenwärtigen.

Diese Erfahrung von Geschichte im Kollektivsingular war Hartmut Rosa zufolge
aber nur innerhalb eines bestimmten „Geschwindigkeitsfensters des sozialen
Wandels" möglich.[47] Dessen Limit sei in der Spätmoderne überschritten, wodurch
die moderne Konzeption von Geschichte immer brüchiger werde. Zugleich weist
der historische Roman immer stärkere Entgrenzungserscheinungen in seiner gattungsgeschichtlichen
Entwicklung auf: An die Seite der historiographischen

---

[45] Maurice Halbwachs: Das Gedächtnis und seine sozialen Bedingungen. Übersetzt von Lutz Geldsetzer. Frankfurt am Main 1985 [französisch 1925], S. 66.
[46] Vgl. Reinhart Koselleck: (Art.) Geschichte, Historie. In: Otto Brunner, Werner Conze und R. K. (Hg.): Geschichtliche Grundbegriffe. Historisches Lexikon zur politisch-sozialen Sprache in Deutschland. Band 2. Stuttgart 1975, S. 593–717, hier S. 647–658.
[47] Rosa: Beschleunigung, S. 422.

Metafiktion tritt eine erinnerungskulturelle Dimension, die expliziter als in früheren geschichtserzählenden Texten Identitätsproblematiken, Aspekte historischer subjektiver Erfahrungen sowie Überlegungen zum Verhältnis von Geschichte und Gedächtnis thematisiert. Das wiederkehrende Muster in der Gattungsgeschichte des historischen Romans, das auf einen Zusammenhang zwischen traumatischer Geschichtserfahrung und literarischem Experiment deutet,[48] bringt im 21. Jahrhundert neue Formen romanhaften Geschichtserzählens hervor, die durch die bisherigen Gattungsbeschreibungen nicht mehr beziehungsweise nur unzureichend abgebildet werden können.

Robert Menasses *Die Vertreibung aus der Hölle* präsentiert Geschichte als Kontinuum von Höllen, das sich in permanenten Zwangszuständen und der „Zukunftsangst der Menschen, deren Geschichte ihnen diese ewige Angst nahe legte" (VH 352), niederschlägt. Das moderne Konzept von Geschichte, das ihren Verlauf als teleologischen Prozess mit immanentem Sinn begreift, entpuppt sich im Roman als der „vielleicht [...] größte historische Irrtum der Menschheit."[49] Menasse hat die These einer historischen Fehleinschätzung in den Mittelpunkt seiner Rede zur Eröffnung der Frankfurter Buchmesse gestellt, die er 1995 als Vertreter des Gastlandes Österreichs hielt.[50] Sein Roman *Die Vertreibung aus der Hölle* stellt den Versuch dar, dieses poetologisch-geschichtsphilosophische Paradigma erzählerisch zu entfalten.

Die produktive Auseinandersetzung mit der im 21. Jahrhundert als traumatisch wahrgenommen Geschichte kann der Figur Viktor zufolge weder aus der bloßen Aneignung vermeintlich objektiver Fakten bestehen noch im Vertrauen auf die Authentizität von Augenzeugenberichten erfolgen. Stattdessen entwirft der Historiker Viktor „eine am mündlichen Erzählen orientierte, sich der eigenen Fiktionalität und Subjektivität bewusste Rede, eine Rede zudem, die an ein konkretes Gegenüber gerichtet ist."[51] Der alternative Geschichtsumgang, der in dieser Variante des romanhaften Geschichtserzählens angeboten wird, besteht darin, das Fortwirken der Geschichte sowohl in ihrer Tragik als auch in ihrer Absurdität immer wieder zu erzählen.

---

48 Vgl. Geppert: Der Historische Roman, S. 13.
49 Robert Menasse: „Geschichte" war der größte historische Irrtum. Rede zur Eröffnung der 47. Frankfurter Buchmesse 1995. In: Dieter Stolz (Hg.): Die Welt scheint unverbesserlich. Zu Robert Menasses „Trilogie der Entgeisterung". Frankfurt am Main 1997, S. 27–34, hier S. 29.
50 In einem Jahr, in dem die Präsenz der Vergangenheit in der Gegenwart kaum augenscheinlicher sein könnte: Fünfzig Jahre nach dem Ende des Zweiten Weltkrieges trat Österreich der EU bei, während die FPÖ in Österreich weiter erstarkte.
51 Bettina Bannasch: Zum Problem der Vergleichbarkeit in der Shoahliteratur Robert Menasses *Die Vertreibung aus der Hölle*. In: Gerd Beyer und Rudolf Freiburg (Hg.): Literatur und Holocaust. Würzburg 2009, S. 213–236, hier S. 228.

Bibliographie

Assmann, Aleida: Der lange Schatten der Vergangenheit. Erinnerungskultur und Geschichtspolitik. München 2006.
Aust, Hugo: Der historische Roman. (Sammlung Metzler 178) Stuttgart/Weimar 1994.
Bannasch, Bettina: Zum Problem der Vergleichbarkeit in der Shoahliteratur. Robert Menasses *Die Vertreibung aus der Hölle*. In: Gerd Bayer und Rudolf Freiburg (Hg.): Literatur und Holocaust. Würzburg 2009, S. 213–236.
Bartsch, Kurt und Verena Holler (Hg.): Robert Menasse. (Dossier 22) Graz 2004.
Beckermann, Ruth: Unzugehörig. Österreicher und Juden nach 1945. Wien 1989.
Beilein, Matthias: 86 und die Folgen. Robert Schindel, Robert Menasse und Doron Rabinovici im literarischen Feld Österreichs. Berlin 2008.
Beilein, Matthias: Wir sind die Angelus-Novus Generation. Interview mit Robert Schindel, Robert Menasse und Doron Rabinovici, 04.04.2006. In: Ders.: 86 und die Folgen. Robert Schindel, Robert Menasse und Doron Rabinovici im literarischen Feld Österreichs. Berlin 2008, S. 297–325.
Beßlich, Barbara: Unzuverlässiges Erzählen im Dienst der Erinnerung. Perspektiven auf den Nationalsozialismus bei Maxim Biller, Marcel Beyer und Martin Walser. In: Dies., Katharina Grätz und Olaf Hildebrand (Hg.): Wende des Erinnerns? Geschichtskonstruktionen in der deutschen Literatur nach 1989. (Philologische Studien und Quellen 198) Berlin 2006, S. 35–52.
Bodenheimer, Alfred: Hegel und Abarbanel. Zur Metaphorik des Marranentums bei Heinrich Heine und Robert Menasse. In: Alfred Bodenheimer (Hg.): In den Himmel gebissen. Aufsätze zur europäisch-jüdischen Literatur. München 2011, S. 25–41.
Catani, Stephanie: Geschichte im Text. Geschichtsbegriff und Historisierungsverfahren in der deutschsprachigen Gegenwartsliteratur. Tübingen 2016.
Dam, Beatrix van: Geschichte erzählen. Repräsentation von Vergangenheit in deutschen und niederländischen Texten der Gegenwart. (Studien zur deutschen Literatur 211) Berlin/Boston 2016.
Feuchtwanger, Lion: Das Haus der Desdemona oder Größe und Grenzen der historischen Dichtung. Frankfurt am Main 1986.
Friedrich, Hans-Edwin: Die Wiederkehr des historischen Romans seit den 1980er Jahren. In: Ders. (Hg.): Der historische Roman. Erkundung einer populären Gattung. (Beiträge zur Literatur und Literaturwissenschaft des 20. und 21. Jahrhunderts 23) Frankfurt am Main [u.a.] 2013, S. 1–14.
Fulda, Daniel: Historischer Roman. In: Dieter Burdorf, Christoph Fasbender und Burkhard Moenninghoff (Hg.): Metzler Lexikon Literatur. 3., völlig neu bearbeitete Auflage. Stuttgart 2007, S. 318–319.
Geppert, Hans Vilmar: Der „andere" historische Roman. Theorie und Strukturen einer diskontinuierlichen Gattung. (Studien zur deutschen Literatur 42) Tübingen 1976.
Geppert, Hans Vilmar: Der Historische Roman. Geschichte umerzählt – von Walter Scott bis zur Gegenwart. Tübingen 2009.
Halbwachs, Maurice: Das Gedächtnis und seine sozialen Bedingungen. Übersetzt von Lutz Geldsetzer. Frankfurt am Main 1985 [französisch 1925].
Hölscher, Lucian: Hermeneutik des Nichtverstehens. In: Ders.: Die Semantik der Leere. Grenzfragen der Geschichtswissenschaft. Göttingen 2009, S. 226–239.

Johnson, Uwe: Jahrestage. Aus dem Leben von Gesine Cresspahl. Band 2. Frankfurt am Main 1971.
Kirschbaum, Engelbert (Hg.): Lexikon der christlichen Ikonographie. 2. Band. Rom [u.a.] 1970.
Koselleck, Reinhart: Geschichte, Historie. In: Otto Brunner, Werner Conze und R. K. (Hg.): Geschichtliche Grundbegriffe. Historisches Lexikon zur politisch-sozialen Sprache in Deutschland. Band 2. Stuttgart 1975, S. 593–717.
Krobb, Florian: Kollektivautobiographien, Wunschautobiographien. Marranenschicksal im deutsch-jüdischen Roman. Würzburg 2002.
Lach, Roman: Walter Scott gegen E.T.A. Hoffmann. Warum jeder Roman ein historischer Roman ist. In: Neue Rundschau 118 (2007) H. 1: Historische Stoffe, S. 138–156.
Lampart, Fabian: Zeit und Geschichte. Die mehrfachen Anfänge des historischen Romans bei Scott, Arnim, Vigny und Manzoni. (Epistemata 401) Würzburg 2002.
Lukács, Georg: Der historische Roman. Berlin 1955.
Marx, Karl: Der 18. Brumaire des Louis Napoleon. In: Ders. und Friedrich Engels: Werke. Band 8. Berlin 1960, S. 110–208.
Menasse, Robert: „Geschichte" war der größte historische Irrtum. Rede zur Eröffnung der 47. Frankfurter Buchmesse 1995. In: Dieter Stolz (Hg.): Die Welt scheint unverbesserlich. Zu Robert Menasses „Trilogie der Entgeisterung". Frankfurt am Main 1997, S. 27–34.
Menasse, Robert: Die Vertreibung aus der Hölle. Frankfurt am Main 2003.
Menasse, Robert: Das Land ohne Eigenschaften. Oder Das Erscheinen der Wahrheit in ihrem Verschwinden. In: Ders.: Das war Österreich. Gesammelte Essays zum Land ohne Eigenschaften. Hg. von Eva Schörkhuber. Frankfurt am Main 2005, S. 29–122.
Ment, Astrid: Die Wiederholbarkeit des Unwiederholbaren. *Die Vertreibung aus der Hölle* als historischer Roman. In: Eva Schörkhuber (Hg.): Was einmal wirklich war. Zum Werk von Robert Menasse. Wien 2007, S. 83–109.
Menzel, Wolfgang: Walter Scott und sein Jahrhundert 1827. In: Hartmut Steinecke (Hg.): Romantheorie und Romankritik in Deutschland. Die Entwicklung des Gattungsverständnisses von der Scott-Rezeption bis zum programmatischen Realismus. 2. Band. Stuttgart 1976, S. 52–61.
Mink, Louis O.: Narrative Form as a Cognitive Instrument. In: Robert H. Canary und Henry Kozicki (Hg.): The Writing of History. Literary Form and Historical Understanding. Madison, Wisconsin 1978, S. 129–150.
Müller, Harro: Geschichte zwischen Kairos und Katastrophe. Historische Romane im 20. Jahrhundert. (athenäum monografien Literaturwissenschaft 89) Frankfurt am Main 1988.
Neubauer, Martin: Frühere Verhältnisse. Geschichte und Geschichtsbewusstsein im Roman der Jahrtausendwende. (Wiener Arbeiten zur Literatur 22) Wien 2007.
Nünning, Ansgar: Von historischer Fiktion zu historiographischer Metafiktion. Theorie, Typologie und Poetik des historischen Romans. Zwei Bände. (LIR. Literatur – Imagination – Realität. Anglistische, germanistische, romanistische Schriften 11 und 12) Trier 1995.
Nünning, Ansgar: Literarische Geschichtsdarstellung: Theoretische Grundlagen, fiktionale Privilegien, Gattungstypologie und Funktionen. In: Bettina Bannasch und Christiane Holm (Hg.): Erinnern und Erzählen. Der Spanische Bürgerkrieg in der deutschen und spanischen Literatur und in den Bildmedien. Tübingen 2005, S. 35–58.
Perz, Bertrand: Österreich. In: Volkhard Knigge und Norbert Frei (Hg.): Verbrechen erinnern. Die Auseinandersetzung mit Holocaust und Völkermord. München 2002, S. 150–162.

Potthast, Barbara : Die Ganzheit der Geschichte. Historische Romane im 19. Jahrhundert. Göttingen 2007.

Reiter, Andrea: Die Geschichte der Marranen, ein Paradigma jüdischer Identität in Österreich nach der Shoah? Robert Menasses *Die Vertreibung aus der Hölle*. In: Aschkenas 20 (2010) H. 1, S. 167–186.

Rosa, Hartmut: Beschleunigung. Die Veränderung der Zeitstrukturen in der Moderne. Frankfurt am Main 2005.

Schilling, Erik: Der historische Roman seit der Postmoderne. Umberto Eco und die deutsche Literatur. (Germanisch-romanische Monatsschrift. Beiheft 49) Heidelberg 2012.

Schörkhuber, Eva (Hg.): Was einmal wirklich war. Zum Werk von Robert Menasse. Wien 2007.

Stuhlpfarrer, Karl: Österreich. In: Volkhard Knigge und Norbert Frei (Hg.): Verbrechen erinnern. Die Auseinandersetzung mit Holocaust und Völkermord. München 2002, S. 233–252.

Stumpp, Gabriele: Zu einigen Aspekten jüdischer Tradition in Robert Menasses *Vertreibung aus der Hölle*. In: Kurt Bartsch und Verena Holler (Hg.): Robert Menasse. (Dossier 22) Graz 2004, S. 59–78.

White, Hayden: The Historical Text as a Literary Artifact. In: Robert H. Canary und Henry Kozicki (Hg.): The Writing of History. Literary Form and Historical Understanding. Madison, Wisconsin 1978, S. 41–62.

IV Zeitreisen und populäres Geschichtserzählen

Gaby Pailer
Frauen im Turm

Geschichtserzählung und Geschlechterverhältnis bei
Felicitas Hoppe, Viola Roggenkamp und Sabine Weigand

> Wär ich ein Jäger auf freier Flur,
> Ein Stück nur von einem Soldaten,
> Wär ich ein Mann doch mindestens nur,
> So würde der Himmel mir raten;
> Nun muß ich sitzen so fein und klar,
> Gleich einem artigen Kinde,
> Und darf nur heimlich lösen mein Haar,
> Und lassen es flattern im Winde![1]

Annette von Droste-Hülshoffs Gedicht *Am Turme* von 1842 präsentiert ein lyrisches Ich, das sich aufgrund von Geschlecht und Stand auf eine höhere Warte verpflichtet sieht. Vom Balkon am Turm verfolgt eine Frauengestalt die Abenteuer anderer, die in Schiffen über Meer und Wellen fahren. Binäre Denkvorstellungen von Statik und Dynamik, Luft und Wasser verbinden sich mit dem Motiv des gebändigten bzw. gelösten weiblichen Haupthaares. Lesbar ist dies als Reflex auf die *Loreley* Heinrich Heines (1841) oder, in die Antike zurückgreifend, die Homerischen Sirenen, wie sie in Horkheimers und Adornos *Dialektik der Aufklärung* geschichtsphilosophisch allegorisiert werden. Der *zwölfte Gesang der Odyssee*[2] symbolisiert dort den Moment des Eintritts in geschichtliches Denken, die Scheidung von Vergangenheit, Gegenwart und Zukunft unter den Bedingungen der Kapitalwirtschaft. Odysseus, der Grundherr, verschließt seinen Schiffsleuten das Gehör, damit sie fleißig rudern, er selbst aber, am Schiffsmast festgezurrt, den Sirenenfels offenen Ohrs passieren kann. Nur: Durch die Sicherheitsmaßnahmen, die er trifft, ist das, was er vernimmt, längst in das Produkt seiner eigenen Wahrnehmung transformiert. In ihm manifestiert sich die Heteronormativität westlicher Zivilisation, „der identische, zweckgerichtete, männliche Charakter des Menschen", von dem „etwas [...] noch in jeder Kindheit wiederholt [wird]".[3] Es gibt keine ‚Natur' oder, für den vorliegenden Zusammenhang gesprochen, natürliche,

---

[1] Annette von Droste-Hülshoff: Sämtliche Werke in zwei Bänden. Bd. 1. Hg. von Bodo Plachta und Winfried Woesler. Frankfurt am Main/Leipzig 2004, S. 74–75, hier S. 75.
[2] Max Horkheimer und Theodor W. Adorno: Dialektik der Aufklärung. Philosophische Fragmente. Frankfurt am Main 1984 [1947], S. 32.
[3] Horkheimer und Adorno: Dialektik der Aufklärung, S. 33.

https://doi.org/10.1515/9783110541687-016

unmittelbare geschichtliche Erfahrung, die vor ihrer Interpretation, Überlieferung und bildhaften, szenischen oder erzählerischen Gestaltung läge.

Ebensowenig gibt es *gender*-indifferente Menschen- oder Heldenbilder jenseits historischer Narrative. Mit der ‚Neuerfindung der Natur' durch wissenschaftliche Narrative befasst sich Donna Haraway,[4] indem sie aufzeigt, wie der akademische Gründervater der Primatologie, Sherwood Washburn, den ‚Menschenaffen' gegenüber eine solche Beobachtungsposition einnimmt, dass seine eigenen Vorstellungen von menschlicher Interaktion ihm als vermeintlicher Naturzustand wiederbegegnen. Seine akademischen Töchter ändern Objektbild, Methodik und Zielsetzung und gelangen zu entweder affirmierenden oder opponierenden Ergebnissen – entsprechend der eingenommenen ‚Warte'. Haraways Denkmodell verdeutlicht, wie naturwissenschaftliche Erkenntnisbildung die Form eines humanwissenschaftlichen ‚Geschichtenerzählens' annimmt, insofern nicht ontologische Wahrheiten verhandelt, sondern stets alte durch neue ‚Narrative' abgelöst werden. Für den vorliegenden Zusammenhang von Geschichtserzählung und Geschlechterverhältnis geht es in ähnlicher Weise um die Revision von Narrativen, wie sie die literaturwissenschaftliche Forschung zu Formen und Funktionen des historischen Romans herausgebildet hat.

Im Fokus der Analyse stehen drei Romane aus weiblicher Feder, die leitmotivisch ‚Frauen im Turm' gestalten und dabei jeweils eine Geschichts- mit einer Gegenwartshandlung verknüpfen, um eine historische Frauenfigur erzählerisch zu vergegenwärtigen. Felicitas Hoppes *Johanna* (2006) behandelt Jeanne d'Arc, Viola Roggenkamps *Die Frau im Turm* (2009) Anna Gräfin Cosel, die berühmte Mätresse Augusts des Starken, und Sabine Weigands *Die Markgräfin* (2005) die kaum bekannte Barbara von Brandenburg-Ansbach. Doch soll zunächst die Forschung zum historischen Roman mit Blick auf die von ihr vorgenommenen Korrelationen von *gender* und Gattung kurz gemustert werden.

Im Anschluss an Lukács präsentiert Hugo Austs *Der historische Roman* die Gattungsentwicklung als europäisch-nordamerikanisches Phänomen, wofür er die beiden von Scott geprägten Typen, *Waverley* und *Ivanhoe*, als gattungskonstituierend erklärt.[5] Mehrfach kehrt er dabei zurück zur grundsätzlichen Vorstellung einer Verknüpfung von politischem und privatem Geschehen, wobei er Ersterem den Bereich des Faktischen, Letzterem den des Fiktiven zuweist: „Der Geschichtsroman erzählt von politischen Handlungen der Vergangenheit, die mehr oder

---

[4] Vgl. Donna Haraway: Simians, Cyborgs, and Women. The Reinvention of Nature. New York 1991, insbesondere Kapitel 5: The Contest for Primate Nature: Daughters of Man-the-Hunter in the Field, 1960–80, S. 81–108.
[5] Vgl. Hugo Aust: Der historische Roman. (Sammlung Metzler 178) Stuttgart/Weimar 1994, S. 32 und S. 66.

minder mit privaten Handlungen einer erfundenen Geschichte verknüpft sind."[6] Jerome de Groots *The Historical Novel* konzentriert sich dagegen auf die Popularität des Genres, die ihm zugleich zum Scheidungskriterium zwischen anspruchsvollen und unterhaltenden Geschichtsnarrativen gerät. Im Kapitel *Genre Fiction* behandelt er „novels that are not generally judged literary and therefore are often unconsidered by critics",[7] zumeist Texte von Autorinnen, für die er die Unterscheidung zwischen *romance* („romanhaft') und *literary* („literarisch') trifft:

> Historical novels by women for women, then, whether romance or more literary, have often been dismissed by literary critics and marginalised by standard accounts, but there is a weight of argument which suggests this is an error: „historical fiction has been one of the major forms of women's reading and writing in the second half of the twentieth century" [...] as a form which has „offered women readers the imaginative space to create different, more inclusive versions of ‚history', which are accessible or appealing to them in various ways" [...].[8]

Dies erweckt den Eindruck, dass Autorinnen zum einen nur für ein Teilpublikum, nämlich exklusiv für Frauen, schrieben und dass sie zum zweiten an geschichtlicher Überlieferung weniger als an einer ‚weiblichen', wenn nicht gar programmatisch-feministischen Umschreibung historischer Geschehnisse interessiert seien: „This sense of the rewriting of history is common to revisionist feminist histories of the last three decades, and situates female historical fiction writers as ‚writing back', bringing their subjects from darkness to light."[9] De Groot übersieht, dass der historische Roman, ob von Autoren oder Autorinnen, generell eine Form ist, die „Geschichte umerzählt".[10] Doch auch, was das implizit angesprochene Spannungsverhältnis von *romance* (also fiktiver Romanhandlung) und *history* (also faktisch überliefertem Geschehen) betrifft, das den Genrediskurs grundlegender prägt,[11] wird eine Tendenz zur *romance* besonders

---

6 Aust: Der historische Roman, S. 31.
7 Jerome De Groot: The Historical Novel. London/New York 2010, S. 51.
8 De Groot: The Historical Novel, S. 67, bezieht sich hier auf Alison Light: ‚Young Bess'. Historical Novels and Growing up. In: Feminist Review 33 (1989), S. 57–72, hier S. 60; sowie Diana Wallace: The Woman's Historical Novel. British Woman Writers, 1900–2000. Basingstoke 2005, S. 3.
9 De Groot: The Historical Novel, S. 70.
10 Vgl. Hans Vilmar Geppert: Der Historische Roman. Geschichte umerzählt – von Walter Scott bis zur Gegenwart. Tübingen 2009, S. 151–152.
11 Diskursbegründend hierfür ist Hayden White: Metahistory. The Historical Imagination in Nineteenth-Century Europe. Baltimore/London 1973, auf den sich u.a. Paul Michael Lützeler: Klio oder Kalliope? Literatur und Geschichte. Sondierung, Analyse, Interpretation. Berlin 1997 bezieht. Zu literarischen Mustern innerhalb der Geschichtsschreibung im Übergang vom Aufklärungsdiskurs zu historisch-teleologischen Entwürfen vgl. insbesondere Stephan Jaeger:

Autorinnen zugeschrieben, nicht selten unter Verweis auf populäre Genremuster wie den Kriminalroman oder den historischen Roman oder eine Kombination aus beiden.[12] Grundlagenstudien zu Autorinnen historischer Romane und/oder Protagonistinnen existieren hingegen nur wenige und bleiben bislang ohne nennenswerten Einfluss auf den allgemeinen Diskurs.

Hierfür seien zwei Beispiele genannt. Waltraud Maierhofer konzentriert ihre Untersuchung *Hexen – Huren – Heldenweiber* auf Frauenfiguren in Erzählwerken über den Dreißigjährigen Krieg. In ihrem Forschungsüberblick und Bezug auf Theoriebildungen insbesondere des *New Historicism* lenkt sie das Interesse auf das viel diskutierte Verhältnis von Fakten und Fiktion: „Wir werden sehen, je mehr ein Text Frauen in ‚große Geschichte' verwickelt und darin aktiv werden läßt, desto größer ist das Ausmaß an Fiktionalisierung, desto seltener aber nennen sich die Werke auch ‚historische Erzählung', sondern einfach ‚Roman'."[13] Sie weist darauf hin, dass das Label „historisch" häufig für „in der Vergangenheit angesiedelt" stehe und sich keineswegs auf „Dokumentiertes und Nachweisbares"[14] beschränke, was sie indessen nicht mit mangelndem ästhetischen Vermögen seitens der Autorinnen, sondern mangelndem Geschichtswissen zu historischen Frauenviten erklärt. Ein zweites Beispiel bildet der von Marianne Henn, Irmela von der Lühe und Anita Runge herausgegebene Sammelband *Geschichte(n) Erzählen*, der Traditionslinien historischen Erzählens deutschsprachiger Autorinnen seit dem 18. Jahrhundert ins Gedächtnis ruft. Dabei geht es „nicht nur um ein materialiter, d.h. positivistisch zu kompensierendes Forschungsdesiderat", sondern vielmehr, im Sinne Benjamins, „um die Integration und vergleichende Analyse gattungs-, geschlechter- und erinnerungstheoretischer Fragestellungen."[15] Henns abschließender Beitrag unterstreicht, inwiefern, und für den deutschsprachigen Raum allemal, Benedikte

---

Performative Geschichtsschreibung. Forster, Herder, Schiller, Archenholz und die Brüder Schlegel. (Hermaea 125) Berlin/Boston 2011.
12 Hierauf verweist etwa Daniel Fulda: Zeitreisen. Verbreiterung der Gegenwart im populären Geschichtsroman. In: Silke Horstkotte und Leonhard Herrmann (Hg.): Poetiken der Gegenwart. Deutschsprachige Romane nach 2000. (spectrum Literaturwissenschaft/spectrum Literature 37) Berlin 2013, S. 189–211.
13 Waltraud Maierhofer: Hexen – Huren – Heldenweiber. Bilder des Weiblichen in Erzähltexten über den Dreißigjährigen Krieg. Köln [u.a.] 2005, S. 15.
14 Maierhofer: Hexen, S. 15.
15 Marianne Henn, Irmela von der Lühe und Anita Runge (Hg.): Geschichte(n) Erzählen. Konstruktionen von Vergangenheit in literarischen Werken deutschsprachiger Autorinnen seit dem 18. Jahrhundert. Göttingen 2005, S. 12.

Naubert als die Begründerin des Genres gelten kann, lange vor Scott, der die Kenntnis ihrer früh ins Englische übertragenen Romane bestätigt hat.[16] Fragt man nach den multiplen ‚Anfängen' des historischen Romans,[17] so verdient für den englischsprachigen Raum Sophia Lees Roman *The Recess* (1783/85) Beachtung, der den historischen Konflikt zwischen Maria Stuart und Elisabeth I., einschließlich Lord Leicesters Doppelliebe, auf die Generation zweier (fiktiver) Töchter der schottischen Königin transponiert.[18] In der neueren Forschung wurde *The Recess* gerade in Bezug auf den erzählerischen Umgang mit dem historischen Stoff aufgewertet, indem der Roman und seine deutsche Übertragung durch Benedikte Naubert (*Die Ruinen*, 1788)[19] als mögliche Quellen für Friedrich Schillers Drama *Maria Stuart* (1801) geltend gemacht wurden.[20]

Für die Anfänge historischer Romane von Autorinnen in Deutschland und England verdienen demnach Szenarien der *alternate history* sowie Referenzen auf andere Erzählgenres, besonders auf die *gothic novel* – mit chronotopischen Motiven wie Türmen, Verliesen, weiblicher Existenz als ‚lebendigem Begrabensein' – besondere Aufmerksamkeit.[21] Zu vermeiden gilt es, den heteronormativen Genrediskurs zu wiederholen, innerhalb dessen Erzählteile der *history* – mit der Begriffstrias ‚faktisch/politisch/historisch' – tendenziell als ‚männlich', solche der *romance* – ‚fiktiv/privat/romanhaft' – als ‚weiblich' konnotiert werden. Zu den drei nachfolgend untersuchten Romanen will ich daher die jeweiligen narrativen Praktiken der Vergegenwärtigung

---

16 Vgl. Marianne Henn: Frauen und geschichtliches Erzählen im 19. Jahrhundert. Von Benedikte Naubert zu Ricarda Huch. Eine (statistische) Auswertung. In: Henn, von der Lühe und Runge (Hg.): Geschichte(n) erzählen, S. 287–30, hier S. 289.
17 Z.B. Fabian Lampart: Zeit und Geschichte. Die mehrfachen Anfänge des historischen Romans bei Scott, Arnim, Vigny und Manzoni. Würzburg 2002. Ann Rigney: Imperfect Histories. The Elusive Past and the Legacy of Romantic Historicism. Ithaca/London 2001.
18 Vgl. Sophia Lee: The Recess; or, A Tale of Other Times. Hg. von April Alliston. Lexington, Kentucky 2000. Ein möglicher Grund, warum Autorinnen die Rolle als Wegbereiterinnen gerne aberkannt wird, könnte sein, dass ihnen ein Desinteresse an *history* und eine Neigung zur *romance* unterstellt wird. Dies lässt etwa der Beitrag von Frauke Reitemeier erkennen: Nationale Unterschiede? Sophia Lee und Benedikte Naubert. In: Henn, von der Lühe und Runge (Hg.): Geschichte(n) erzählen, S. 215–230.
19 Sophia Lee: Die Ruinen; eine Geschichte aus den vorigen Zeiten. Übersetzt von Benedikte Naubert. Prag 1788.
20 Vgl. Jennifer Driscoll Colosimo: Mortimers ‚Gothic' Vorgänger. Eine potenzielle Quelle für Schillers „Maria Stuart" in der englischen Schauerliteratur. In: Zeitschrift für deutsche Philologie 129 (2010), S. 161–171.
21 Vgl. Diana Wallace: ‚The Haunting Idea': Female Gothic Metaphors and Feminist Theory. In: Diana Wallace und Andrew Smith (Hg.): The Female Gothic. New Directions. London/New York 2009, S. 26–41.

historischen Geschehens innerhalb größerer intertextueller und generischer Bezüge betrachten. Erzähltechnisch wird hierfür besonders auf Verfahren der Fragmentierung zu achten sein. Mit Blick auf *Gedächtniskonzepte der Literaturwissenschaft*[22] lässt sich für die drei Romane grundsätzlich festhalten, dass dem traditionell vorherrschenden ‚monumentalen' ein eher ‚erfahrungshafter' Erzählmodus entgegengestellt wird. Gegenüber dem für viele ältere Romane typischen Erzählverfahren einer ‚kompletten Analepse' wird in ihnen die Verschränkung historischen und gegenwärtigen Geschehens eher als ein ‚Abtragen von Schichten' dargestellt.

1 Felicitas Hoppe: *Johanna*

Für Hoppes *Johanna*[23] erhob sich die Frage nach der Neuartigkeit ihres Geschichtserzählens gleich im ersten ihrem Œuvre gewidmeten Sammelband von Stefan Neuhaus und Martin Hellström (2008),[24] noch vor der Verleihung des Büchner-Preises 2012, der weitere Konferenzen und Bände nach sich zog.[25] In neueren Arbeiten dominieren Fragen von metafiktionaler Geschichtsdarstellung und insbesondere räumlichen Konzeptionen[26] sowie der medialen Überdeterminiertheit und -präsenz der legendären Jeanne d'Arc bei reziprokal mangelndem Wissen über die

---

[22] Astrid Erll und Ansgar Nünning (Hg.): Gedächtniskonzepte der Literaturwissenschaft. Theoretische Grundlegung und Anwendungsperspektiven. Berlin/New York 2005, besonders die Beiträge von Astrid Erll (S. 249–276) sowie Michael Basseler und Dorothea Birke (S. 123–147).
[23] Felicitas Hoppe: Johanna. Roman. Frankfurt am Main 2006, nachfolgend zitiert als „J".
[24] Stefan Neuhaus und Martin Hellström (Hg.): Felicitas Hoppe im Kontext der deutschsprachigen Gegenwartsliteratur. Innsbruck 2008. Siehe insbesondere die Beiträge von Gerhard Scholz (S. 145–156), Oliver Ruf (S. 157–172) und Thomas Steinfeld (S. 189–198).
[25] Vgl. Thomas Homscheid und Esbjörn Nyström (Hg.): Geschichten des Reisens – Reisen zur Geschichte. Studien zu Felicitas Hoppe. Uelvesbüll 2012; Michaela Holdenried (Hg.): Felicitas Hoppe. Das Werk. Berlin 2015; Peer Tricke (Hg.): Felicitas Hoppe. Text + Kritik H. 207 (2015); Svenja Frank und Julia Ilgner (Hg.): Ehrliche Erfindungen. Felicitas Hoppe als Erzählerin zwischen Tradition und Transmoderne. Bielefeld 2017, besonders die Beiträge von Erik Schilling (S. 259–271) und Nadine Schneiderwind (S. 301–318). Im Juni 2012 veranstaltete Ortrud Gutjahr in Hamburg die Tagung *Abenteuer. Welten. Reisen. Felicitas Hoppes Interkulturelle Poetik. Internationale Tagung in Anwesenheit der Autorin*.
[26] Vgl. Stephanie Catani: Metafiktionale Geschichte(n). Zum unzuverlässigen Erzählen historischer Stoffe in der Gegenwartsliteratur. In: Christoph Hamann und Alexander Honold (Hg.): Ins Fremde Schreiben. Gegenwartsliteratur auf den Spuren historischer und fantastischer Entdeckungsreisen. Göttingen 2009, S. 143–168.

historische Figur.²⁷ Maierhofer erhellt zum Beispiel den Bezug zu Friedrich Schillers Stoffbearbeitungen, nicht nur zur *Jungfrau von Orleans*, sondern vor allem auch zu der von ihm herausgegebenen entsprechenden Pitaval-Geschichte.²⁸ Weniger deutlich wurde bisher die erzählerische Vergegenwärtigung von Geschichtlichem herausgearbeitet und mit *gender*-Aspekten verbunden. Wie im Folgenden ausgeführt werden soll, ist der Roman in einem assoziativen Erzählmodus gehalten, indem Facetten des historischen Geschehens innerhalb einer gegenwärtigen Reisehandlung – gleichsam als mentale ‚Zeitreise' – aufgerufen werden. Einem anti-biographischen Erzählmuster unterliegen mehrere intertextuelle und, bezogen auf den Johanna-Stoff, generische Schichten, von denen hier die Linie von Mark Twain zurück zu Scott und Schiller verfolgt werden soll.

In *Johanna* betreibt eine Ich-Erzählerin im Laufe dreier Tage eine geschichtswissenschaftliche Spurensuche zur historischen Jeanne d'Arc in Vorbereitung auf ihre Doktorprüfung. Dies vollzieht sich im Wetteifer mit ihrem gleichfalls noch nicht promovierten Kommilitonen „Doktor Peitsche" (J 11). Zur Triangulierung fügt sich der akademische (Über-)Vater, der arrivierte Professor der Geschichtswissenschaft. Untergliedert ist dieses Geschehen in einen *Prolog*, der knapp über Johannas Leben und Taten informiert, und sieben Kapitel: *Mützen*, *Stimmen*, *Wunder*, *Prüfungen*, *Zeugen*, *Leitern* und *Himmel*.

In ihrer Göttinger Poetikvorlesung behandelt Hoppe zwei erzählerische Grundmotive der *Johanna*, „Abenteuerlichkeit" und „Ritterlichkeit". Johanna von Orleans, so schreibt sie, unterliege dem Paradoxon, „Jungfrau und Ritter zugleich"²⁹ zu sein. Dies eröffnet Überlegungen zur modernen Erzählform des Bildungs- und Entwicklungsromans, wie sie Hegel beschrieben hat, der in seinen ästhetischen Überlegungen zur „Abenteuerlichkeit" mit der Funktion der „Ritterlichkeit" des Helden argumentiert³⁰ und die männliche Verfasstheit der zentralen Figur festlegt. Das ältere, antik vorgeprägte Erzählmuster des Liebes- und Abenteuerromans³¹ präsentiert im Unterschied dazu die Geschichte eines

---

27 Vgl. René Freudenthal: Verschwommene Jungfrau, vergebliches Porträt. Felicitas Hoppes Roman *Johanna* als Skizze einer Verschwundenen. In: Holdenried (Hg.): Felicitas Hoppe, S. 87–98.
28 Vgl. Waltraud Maierhofer: „…groß in Mode". Johanna von Orleans und das populäre Erzählen im Umkreis von Schiller und heute. In: Homscheid und Nyström (Hg.): Geschichten des Reisens – Reisen zur Geschichte, S. 83–107.
29 Felicitas Hoppe: Abenteuer – was ist das? Göttingen 2010, S. 21.
30 Georg Wilhelm Friedrich Hegel: Ästhetik. 2 Bde. Hg. von Friedrich Bassenge. 2., durchges. Aufl. Bd. 1. Berlin 1965, S. 567–568.
31 Siehe hierzu Gaby Pailer: Liebe, Abenteuer und weibliche Autorschaft. Charlotte Schillers ‚Die Königin von Navarra' als novellistische Umdichtung der historischen Geschicke Marguerites de

Paares, das anfangs auseinandergerissen, am Ende vereint wird, und im großen zeitlichen wie geographischen Zwischenraum getrennt auf widrige Verhältnisse – heimische und fremde – stößt. Prominent parodiert in Voltaires *Candide* (1759), lässt sich das Muster bereits in Christian Fürchtegott Gellerts *Leben der schwedischen Gräfin von G**** (1747) erkennen. Bachtin prägte für den ‚griechischen Roman', wie er ihn nennt, den Chronotopos der „Abenteuerzeit". Kennzeichnend ist eine wundersame Inkohärenz der Raum-Zeit-Verhältnisse, indem bei prinzipiell stark ereignis- und erlebnishaftem Geschehen keine definierbare biographische Zeit zu verstreichen scheint.[32]

Hoppes *Johanna* lässt sich als Reprise dieses Erzählmusters lesen. Die kurze Spanne der Gegenwartshandlung – drei Tage vor, während und nach der akademischen Prüfung – wird von Reisen in die Erinnerung mit unterschiedlichen geschichtswissenschaftlichen Mitteln durchsetzt, die als Bereich der Abenteuerzeit identifizierbar sind. Auf der Ebene der Gegenwartshandlung, d.h. der biographischen Zeit, agieren drei Figuren: das sich bildende Paar, Ich-Erzählerin und Peitsche, in Konfrontation mit dem Professor, der die Position der konfliktbereitenden Eltern, Vorgesetzten etc. innehat. Der akademische Nachwuchs laboriert in der Privatküche, im Kontrast zum universitären Arbeitsfeld des arrivierten Wissenschaftlers. Peitsche ist positivistischer Sammler (vgl. J 62), der Professor auf eine teleologisch ausgerichtete Geschichte gekrönter Häupter fixiert: „Selbstverständlich nimmt er Johanna nicht ernst, denn er weiß genau, wer sie ist. Eine Fußnote in der Geschichte von Karl" (J 41). Im Unterschied zu diesen beiden zielt die Ich-Erzählerin auf eine Geschichtsschreibung von unten und unternimmt eine Art Benjamin'sches „Ausgraben und Erinnern".[33]

Auf der Ebene der Gegenwartsfiguren und ihrer Konstellation geht es darum, sich auf Geschichtsforschung als Abenteuer einzulassen, zum Beispiel auf einer gemeinsamen Exkursion, bei der sich der Professor „in einen kleinen Jungen verwandelt, der, hochrot im Gesicht und beglückt durch die Aussicht auf Abenteuer, vollkommen sorglos geworden ist" (J 69). Für die historische Handlung findet Erwähnung, dass Johanna, die Paradoxie einer ‚Abenteuer*in*', es versäumt habe, sich auf dem Höhepunkt ihrer Siege zurückziehen und in die

---

Navarre. In: Martin Baisch und Jutta Eming (Hg.): Hybridität und Spiel. Der europäische Liebes- und Abenteuerroman von der Antike zur Frühen Neuzeit. Berlin 2013, S. 275–297, hier S. 277–280.
32 Michail M. Bachtin: Formen der Zeit im Roman. Untersuchungen zur historischen Poetik. Hg. Edward Kowalski und Michael Wegner. Übersetzt von Michael Dewey. Frankfurt am Main 1989.
33 Walter Benjamin: Ausgraben und Erinnern. In: Ders.: Gesammelte Schriften. Bd. VI.1. Hg. von Tillmann Rexroth. Frankfurt am Main 1980, S. 400–401.

Geschichte einzugehen: „Geliebte Johanna! Warum bist du nicht einfach nach Hause geritten und hast dich auf deinem Sieg ausgeruht, auf dem Sieg von Orléans oder dem von Patay. [...] Immer wieder hätte man dich gefragt, wie es war, im Wind von Orléans." (J 86–87) Stattdessen wagt sie wiederholt den Sturm auf Compiègne, bei dem sie schmählich im Stich gelassen wird (vgl. J 87). Der Gefangensetzung und Stillstellung („Das kommt davon, wenn man glänzen will! Am Ende steht immer Gefangenschaft. [...] Willkomme[n], Johanna, im Turm von Beaulieu!" J 88) folgen Verhöre und Prozess („Hier spricht in zwölf hohen gewichtigen Punkten die Universität von Paris." J 103), mit denen in der Gegenwartshandlung die akademische Prüfung im geschichtswissenschaftlichen ‚Elfenbeinturm' korrespondiert: „Johanna hatte längst ihren Zweck erfüllt, ihre kurze Geschichte war schon zu Ende, bevor der lange Prozess begann." (J 108) Ebenso ist die Prüfung bereits vorbei, bevor sie begonnen hat, da Johanna aufgrund ihres Fußnotenstatus im herrschenden akademischen Diskurs nicht zum Prüfungsgegenstand werden kann. Das bisherige vom Professor veranlasste Spiel: „ERKENNE DEN KÖNIG" (J 17)[34] verwandeln Peitsche und Ich in ein „ERKENNE DIE JUNGFRAU" (J 139), deren Geschichte sich nur momenthaft aufrufen, nicht monumental rekonstruieren lässt:

> Auch das eine Kunst, die ich nicht beherrsche. Denn wie schwer ist es, diese Stille zu fassen, die aus nichts als gesenkten Köpfen besteht und aus dem leisen Kratzen der Federn oder aus dem Geräusch, das ich dafür halte, denn natürlich schreibt hier keiner mit Federn. Aber womit wir auch schreiben, wir kommen der Sache nicht näher. Auch wenn wir bis an unser Ende schreiben, um mit dabei gewesen zu sein, wir werden es doch nicht zu Zeugen bringen, weil wir nicht schreiben, was wir sehen. (J 114)

In Simultanschaltung der Prozess- und Prüfungssituation beider Zeitebenen gerät der Erzählvorgang zur mentalen ‚Zeitreise'. Lautet das Motto auf dem Frontispiz des Romans „Par mon Martin!" und werden im Laufe des Romans der Schutzheilige Martin und das Motiv des geteilten Mantels mehrfach aufgerufen, z.B. beim Sturm auf Compiègne (J 87), so geht es später um den letzten Beistand und Gefährten Martin Ladvenue, der der im Zug Reisenden erscheint: „PAR MON MARTIN, da bist du ja endlich! Ich legte DIE JUNGFRAU aus der Hand, setzte mich auf und stieß mit dem Kopf an die Decke. Pritsche Achtvier, das Bett meines Bruders [...]. Und als Bruder Martin die Leiter bestieg" (J 142). Weitere im Erzählvorgang imaginierte ‚Zeitreisende' gesellen sich hinzu, etwa La Hire. Indes: „Karl war nirgends zu sehen, und De La Trémoille lag längst unterm Tisch" (J 152). Dabei werden nicht nur die historischen Figuren als

---

34 Versalien in den Zitaten hier und nachfolgend wie im Original.

Besucher der gegenwärtig im Zug Reisenden, sondern auch der gegenwärtige Reisepartner als historischer Waffengefährte Jeanne d'Arcs imaginiert: „Peitsche neben der Jungfrau zu Pferd, in der Linken die Fahne" (J 85). Ausgelöst wird das Oszillieren zwischen Vergangenheits- und Gegenwartsgeschehen durch Lektüre, stellenweise sogar mit Seitenangabe: „Neben mir auf dem Kissen DIE JUNGFRAU, Seite Zwölfach, sehr weit bin ich also nicht mehr gekommen, die Heiligsprechung steht folglich noch aus" (J 149). Dass es sich hierbei um Schillers *Jungfrau von Orleans* handelt, liegt nahe; auf der bezeichneten Seite 128 in der Reclam-Ausgabe setzt just die Szene der von ihrem eigenen König verratenen, im Wartturm gefangenen Johanna (V. 9) ein.[35]

Obschon nicht direkt markiert, lässt sich ein intertextueller Bezug auf Mark Twains historisch-biographischen Roman *Personal Recollections of Joan of Arc by the Sieur Louis de Conte (her Page and Secretary)*[36] feststellen, von dem aus man über Scott zu Schiller zurückgelangt. Twains Verfahren ist das der kompletten Analepse, die als Ich-Erzählung eines Gefährten Johannas präsentiert wird, gerahmt durch Herausgeber- und Übersetzerfunktionen. In drei Bücher untergliedert, wird die Biographie Jean d'Arcs im Dreischritt von *vision – agency – captivity* entworfen. Auf dem Höhepunkt ihrer Mission, dem Sturm auf Compiègne, wird sie von ihrem König im Stich gelassen: „Joan of Arc, who had never been defeated by the enemy, was defeated by her own King." (*Joan of Arc* 832) „It was the 24th of May. At four in the afternoon Joan moved out at the head of six hundred cavalry – on her last march in this life! / It breaks my heart." (*Joan of Arc* 836) Im dritten Buch, das Gefangenschaft, Verhöre, Prozess und insbesondere die zwölf Artikel der hohen Universität zu Paris (vgl. *Joan of Arc* 930) ausführlich behandelt, werden die Rollen des Verräters Loiseleur und des Beistandes Martin Ladvenue hervorgehoben. Das Kapitel, in dem das Unheil anhebt, beginnt (in Versalien, wie alle Kapitelanfänge): „THE BRILLIANT WEATHER" (*Joan of Arc* 924). Hoppes anti-biographisches Erzählmuster lässt sich mithin in mehrerlei Hinsicht als Gegenentwurf zu Mark Twains biographisch-monumentalem Entwurf lesen. Der Roman endet entsprechend heiter: „Und morgen, falls es das Wetter erlaubt, werden wir uns duzen." (J 171)

Was Hoppes erinnerndem Erzählmodus einer imaginären Zeitreise betrifft, kommt der mittlere der drei historischen Romane Twains in den Sinn, *A Connecticut Yankee in King Arthur's Court*, in dem ein Nordamerikaner ins

---

35 Vgl. Friedrich Schiller: Die Jungfrau von Orleans. Stuttgart 1973, S. 128.
36 Mark Twain: Personal Recollections of Joan of Arc by the Sieur Louis de Conte (her Page and Secretary), Freely translated out of the ancient French into modern English from the original unpublished manuscript in the National Archives of France by Jean Francois Alden. In: Ders.: Historical Romances. New York 1994, S. 541–970, nachfolgend zitiert als „*Joan of Arc*".

englische Mittelalter katapultiert wird, der die berühmte Invokation des schottischen Romanciers „Great Scott!" gern im Munde führt.[37] So stellt sich auch eine Assoziation zu Scotts Ritterroman *Ivanhoe* ein, die über einen markierten intertextuellen Bezug auf Schillers *Jungfrau von Orleans* zurückweist: Am Beginn des Kapitels, in dem die im Turmzimmer gefangene Rebecca den bewusstlosen Ivanhoe pflegt, stellt ein Motto aus Schillers Drama den Vergleich mit der im Turm von Beaulieu ihrer *agency* beraubten Johanna her: „Ascend the watchtower yonder, valiant soldier, / Look on the field, and say how goes the battle. SCHILLER'S Maid of Orleans".[38] Interessanterweise ist in Scotts *Ivanhoe* der Titelheld überwiegend abwesend oder handlungsunfähig; wesentlich aktiver sind der als Schwarzer Ritter verkappte Richard the Lionhearted sowie, als heimliche Akteurin, die Jüdin Rebecca. Liest man den Roman als *ihre* Geschichte, so ergibt sich ein ähnlicher Dreischritt von *vision – agency – captivity* wie für Twains *Joan of Arc*: Sie sieht Ivanhoe, unterstützt ihn finanziell, damit er sich für die Rückkehr des rechtmäßigen Königs und die Anerkennung des jüdischen Volkes einsetzt, pflegt ihn wiederholt gesund und wird, nachdem der Templer Bois-Guilbert sie zur Hochburg des Ordens verschleppt hat, als Hexe perhorresziert und beinahe verbrannt.[39]

2 Viola Roggenkamp: *Die Frau im Turm*

Auch Roggenkamps Roman *Die Frau im Turm*[40] wählt den Erinnnerungsmodus für das erzählte Geschehen, den Aufstieg und Fall der berühmten Gräfin Cosel, der kometenhaft aufsteigenden Mätresse Augusts des Starken, die 49 Jahre auf der Festung Stolpen fristet. Erzählt wird auf zwei Zeitebenen in alternierenden Handlungssträngen. Es beginnt mit einer Episode des historischen Handlungsstrangs

---

[37] Der Ausruf „Great Scott!" wurde besonders durch die Kult-Filmtrilogie *Back to the Future* (Reg. Robert Zemeckis, USA 1985–1990) popularisiert. Der erste der drei historischen Romane Twains, *The Prince and the Pauper*, hauptsächlich durch Mainstream-Filmversionen bekannt, entwirft ein Modell der *alternate history* durch den Rollentausch von Prince, bzw. nach dem Tod Heinrichs VIII., King Edward mit dem Dorfjungen Tom Canty.
[38] Walter Scott Ivanhoe. Mineola, NY 2004 [1820], S. 242 (Kapitälchen im Original).
[39] Vgl. hierzu Gaby Pailer: Melodramatik der Mesalliance – Zur Reprise von Walter Scotts *Ivanhoe* in Fanny Lewalds *Jenny* nebst einem Ausblick auf den Holywoodfilm der 50er Jahre. In: Marion Schmaus (Hg.): Melodrama – Zwischen Populärkultur und Moralisch-Okkultem. Heidelberg 2015, S. 115–145.
[40] Viola Roggenkamp: Die Frau im Turm. Frankfurt am Main 2009, nachfolgend zitiert als „FT".

Winter 1761 (FT 7), von der aus rückblickend weitere, nun chronologisch angeordnete Episoden folgen:

Frühling 1720 (FT 46)
Sommer 1725 (FT 81)
Winter 1726 (FT 125)
Sommer 1727 (FT 174)
Winter 1728 (FT 222)
Frühjahr 1733 (FT 274)
Spätsommer 1744 (FT 318)
Herbst 1751 (FT 372)
Frühling 1765 (FT 405).

Abwechselnd damit tragen die Episoden der Gegenwartshandlung als konstante Kapitelüberschrift das Jahr vor der Jahrtausendwende: *1999* (FT 24, 67, 103, 156, 198, 248, 294, 347 und 389). Hauptfiguren der Gegenwartshandlung sind der Regisseur August, der bislang hauptsächlich im Porno-Genre tätig war, nun aber einen Historienfilm über Cosel drehen will. Seine Hauptdarstellerin ist Janina Helle, seine Mitarbeiterin Masia Bleiberg. Deren Perspektive, in der dritten Person, doch überwiegend in erlebter Rede gehalten, stellt den tieferen Zusammenhang mit der historischen Handlung her: Als Tochter deutsch-jüdischer Eltern ist sie auf der Suche nach ihrem Vater Max Sigmund Bleiberg. Das Film-Team reist nach Dresden, um das Taschenbergpalais als Drehort in Augenschein zu nehmen; Masia spürt ihren Vater auf, der dort als Portier „Maurice" tätig ist – in Abwandlung seines früheren Stasi-IM-Namens „Moritz" (FT 165).

Die historischen Handlungsteile beginnen jeweils mit einer Einstimmung in die Turmsituation, in Variation: „Die Cosel erwacht. Die Cosel erwachte. Die Cosel ist erwacht. Die Cosel steht am Fenster. Die Cosel stand am Fenster. Die Cosel hatte am Fenster gestanden." (FT 46) Erinnerungshaft vergegenwärtigt werden ihre Situation und Teilhabe an der Macht mit dem neuralgischen Punkt der offiziellen Anerkennung als Königin, zumindest in Nachfolge der rechtmäßigen Konsortin Eberhardine. Gefangenenwärter und Besucher (ihr Widersacher Flemming z.B.), alle sind darauf dressiert, ihr die „Copulationsurkunde" (FT 179) abzulocken, ein Dokument, um dessentwillen sie eine fast fünfzigjährige Freiheitsberaubung erduldet. Die legendäre Stärke des sächsischen Kurfürsten August, der ab 1697 auch polnischer König war, wird anhand persönlich-intimer Situationen memoriert, etwa im Gespräch über sein Verlangen nach dem Königstitel sowie seine exorbitante Fähigkeit des Eisenbiegens, die sich als Inszenierung entpuppt:

Unter den Herrschern Europas war August der Starke der einzige ohne königlichen Titel gewesen. [...]

> Einen Silberteller zusammenrollen, einen Eisenstab zur Schraube drehen, mit einer Hand ein Hufeisen zusammendrücken, einem Tanzbären die Zunge aus dem Maul reißen. Sie hätte es nicht geglaubt. Zum Beweis war da seine Hand auf ihrem nackten Bauch, und es fehlte wahrhaftig ein Finger. [...]
> Dein Vater war eben kein König. Hat sie zu ihm gesagt. Und deine Mutter? Was denn mit ihrer Mutter sei? Eine Bürgerliche. Sie rollten am Boden. Sie überkugelten einander und küßten sich. Im übrigen waren seine Hufeisen und seine Eisenstäbe spezielle Einschmelzungen, weiches Metall. Das hatte er ihr damals verraten. (FT 194–195)

In motivischer Verklammerung wird Augusts männlich-sexuelle und fürstliche Potenz relativiert und zugleich Cosels Anspruch auf Beteiligung an der fürstlichen Macht mit ihrer weiblich-sexuellen Potenz legitimiert. Tatsächlich ist sie ihm in allen Sparten – Sexualität, Reiten, Schießen, Regieren – mindestens ebenbürtig. Anders als seine angetraute Königin Eberhardine begleitet sie ihn ins Schlachtengetümmel. Ihr starrsinniges Beharren auf dem Königinnentitel verbindet sich im narrativen Erinnerungsmodus mit der Vorstellung eines öffentlich-zeremoniellen Beilagers:

> Wir, Friedrich August von Gottes Gnaden König in Polen et cetera, sie kann das Dokument auswendig, nach Art der Könige in Frankreich und Dänemark, auch andern Souverainen in Europa als Unsere legitime épouse. Statt Gemahlin dieses Wort, sie hat es akzeptiert, mag sein ein Fehler, sie wollte auch großzügig sein, und sie sah ihn schwitzen wegen Eberhardine. Also épouse und ohne formelles Beilager, wie es doch üblich ist vor Gott und der Welt. Das ging nicht. Das hätten ihm seine Bischöfe schwer verübelt. Wäre das schön gewesen! Wie ein Stier wäre er über sie gekommen [...]. Tödlich langweilig waren solche Beilager im allgemeinen. (FT 95)[41]

Ähnlich wie im Jeanne-d'Arc-Stoff symbolisiert die Gefangensetzung im Turm auch hier eine Stillstellung der *female agency*. Im Kapitel *Sommer 1725* erinnert sie sich, wie sie mit August die Burg Königstein besuchte; während beider sexuellen Vereinigung ersann der Potentat Spottnamen für die von ihm dort Eingekerkerten. Nun selbst Gefangene, fragt sich Cosel, wie es wäre, wenn er mit seiner neuen Mätresse Dönhoff im Burghof flanierte und welchen Namen er ihr wohl gäbe: „Gräfin Größenwahn?" (FT 83) Den Höhepunkt des Romans bildet denn auch Augusts Besuch auf Stolpen. Ihre Magd Lenchen meldet aufgeregt: „Der König kommt." Cosel empfindet „[d]ie Illusion der Wiedervereinigung." (FT 192) Indes wollen er und sein Gefolge nur ihre neuen Geschütze an den Festungsmauern erproben. Er kommt, schaut aber nicht

---

[41] Eine weitere Reiseepisode, in der August ihre sexuelle Lust mit Blick auf die Öffentlichkeit zügelt, wird in erlebter Rede kommentiert: „Ach, furchtbar! Der starke August. Kleinmütig." (FT 82).

nach ihr; ihr Pistolenschuss vom Turmfenster bleibt ohne Wirkung und löst nur ihren eigenen Zusammenbruch aus (vgl. FT 197). So wird der Turm zum Ort persönlicher Entwicklung: Von der schönen Bürgerlichen, die erst mit dem Grafen Hoym vermählt wurde, dann an der Seite Augusts des Starken zu fast königlicher Würde aufstieg, wandelt sich die im Turm Gefangene zur Erzieherin der ihr anfangs unliebsamen Magd Lenchen, befreundet sich mit dem jüdischen Händler Moische Schieber, wird Patin des Kindes dieser beiden und mutiert zur Schriftgelehrten der jüdischen Tora.

Die Verbindung zur Gegenwartshandlung leistet die Figur eines Zeitreisenden, Masius vom Bleiberg, der Cosel in den beiden rahmenden Kapiteln, dem eröffnenden (*Winter 1761*) und dem abschließenden (*Frühling 1765*), besucht. Die hochbetagte Gräfin residiert nun im Johannisturm, den sie sich nach dem Tod Augusts im Selbstentwurf einer „Königinwitwe" (FT 328) eingerichtet hat.

> Er ist vorbereitet. Der Weg zu ihr ist weit gewesen, über zwei Jahrhunderte, er hat ihn im Flug oder besser gesagt in einem Zug zurückgelegt, lesend in einem Buch, er liest gern im Zug, und unterwegs ein Schild mit der Aufschrift Ritterstraße. Masius Ritter vom Bleiberg. Er verneigt sich. Er sei nach Belieben ein Passant, ein Vorübergehender, ein neugieriger Zeitgenosse, wo immer man ihn brauche gegenwärtig. Die elegante Kleidung habe er sich eigens für sie besorgt. (FT 11)

Und er erscheint vier Jahre später erneut, bereits wissend, dass sie am nämlichen Tag sterben wird: „Masius Ritter vom Bleiberg reist auf einem rotbraunen Wallach. Für ihn streckt sich der Augenblick. Er muß eilen und kommt nur zögerlich voran. Heute, noch vor Mittag, gegen elf Uhr, wird die Cosel sterben." (FT 406) Im historischen Geschehen tritt er weitere Male in Erscheinung, insbesondere in Verbindung mit Moische Schieber, dessen qualvoller Folterung und Hinrichtung er mit einem Steinschuss ein Ende bereitet (vgl. FT 341–347). In der Gegenwartshandlung erscheint er als imaginäres ‚ritterliches' *alter ego* der ‚jungfräulichen' Masia Bleiberg, die im Verlaufe der Filmarbeiten eine intime Beziehung mit Regisseur August eingeht und Janina Helle als Cosel-Darstellerin ablöst. Eine Verschränkung beider Zeitebenen ergibt sich, während Masia im Zug von Hamburg nach Dresden reist, als plötzlich „Masius vom Bleiberg" in der Tür steht: „Er sah ziemlich verwildert aus, eine Steinschleuder hing ihm am Gürtel, er war bleich, fast völlig verblichen." (FT 360)[42]

---

42 Zum Element der Zeitreise im populären Geschichtsroman siehe Fulda: Zeitreisen, S. 202–205. Das Medium der lesenden Zugreise bildet eine interessante Überschneidung mit Hoppes *Johanna*. Nicht zuletzt erinnert die Beziehung Masia Bleibergs zu Masius vom Bleiberg an Audrey Niefeneggers Bestseller *The Time Traveller's Wife* (2003).

Im Aufrufen der historischen Frauengestalt geht es um das Umschreiben von Geschichte unter gleichzeitigem *female empowerment*. Dies manifestiert sich in der Beziehung der beiden Frauen Cosel und Lenchen, die von einer vertikalen Herrin/Magd-Beziehung in eine horizontale Freundschaftsbeziehung verwandelt wird, bis hin zur körperlichen Verschmelzung im Massageakt, als Cosel auf die Nachricht von Augusts Tod einen neuerlichen Zusammenbruch erleidet (vgl. FT 289–292). Im vorletzten Kapitel (*Herbst 1751*) reist Cosel heimlich, in Begleitung von Lenchens mittlerweile herangewachsener Tochter Mili, nach Dresden. Erzählerisch ereignet sich hier ein Zeitsprung, insofern Cosel rückkehrend ein Schreiben des Grafen Brühl erhält, in dem auf eine Episode bei „Kraszewski" verwiesen wird (FT 387). Dies eröffnet einen intertextuellen Bezug zu Roggenkamps wichtigstem Vorläufertext, Józef Ignazy Kraszweskis Roman *Gräfin Cosel* (1874),[43] der Teil einer umfassenden polnischen Geschichte in Form einer Romanreihe ist. Auch dort besucht Cosel heimlich Dresden, jedoch in ganz anderer Kontextualisierung: Kurz nach ihrer Verbannung und ersten Flucht wagt sie den Besuch eines Maskenfestes in Dresden, auf dem sie in einem von rot zu schwarz wechselbaren Cape für kurze Augenblicke erst August, dann seiner Mätresse Dönhoff entgegentritt.[44]

Kraszewkis historisch-biographischer Roman ist auktorial und chronologisch fortschreitend im monumentalen Modus erzählt. In 29 Kapiteln wird der Mythos Cosel entfaltet, ihr kometenhafter Aufstieg und umso härterer Fall. In diversen ‚Türmen' gefangen – Stolpen ist nur ihr letzter und längster Aufenthalt –, opfern sich serienweise ‚Ritter', um sie zu befreien. Treu ihr zur Seite ist der junge Pole Zaklika, der am kursächsischen Hof Aufmerksamkeit auf sich zieht, da er ebenso gut wie der Herrscher Eisen biegen kann. Kraszewkis Modell ist der weibliche Bildungs- und Entwicklungsroman à la Sophie La Roches *Geschichte des Fräuleins von Sternheim* (1771): Von der Versetzung der jungen Protagonistin an einen größeren Hof, an dem sie zwischen höfischen Verführern ihre Tugend zu wahren bestrebt ist, zu Scheinehe und Verschleppung in die schottischen Bleigebirge – dies sind in groben Zügen die Handlungselemente, die Kraszewski auf Cosel überträgt. Im Unterschied zu Kraszewskis chronologisch sich entwickelnder Handlung, in der Cosel als das Objekt höfischer Intrigen und Opfer ihrer eigenen Schönheit erscheint, ist Roggenkamps Handlung mit den rahmenden ersten und letzten Kapiteln *Winter 1761* und *Frühling 1765*, in denen auch das Alternieren zwischen Zeitebenen am stärksten ist, auf die

---

43 J[ózef] I[gnazy] Kraszewski: Gräfin Cosel. Ein Frauenschicksal am Hofe Augusts des Starken. Lizenzausgabe Warschau 1962 [Rudolstadt 1952]. Das polnische Original erschien 1874.
44 Vgl. Kraszewski: Gräfin Cosel, Kap, XIX, S. 220–228.

letzten Jahre Cosels fokussiert. Statt als Objekt oder Opfer wird die Gräfin in Alleinstellung und in wachsender Solidarität mit ihrer Bediensteten Lenchen und dem Juden Schieber entworfen.

Was ihr Verhältnis zur rechtmäßigen Königin Eberhardine betrifft, stellt sich ein Zusammenhang zum Maria-Stuart-Stoff ein. Die Kontroverse zwischen dieser und Elisabeth I. lässt sich stoffgeschichtlich auf Kantorowicz' These der ‚zwei Körper des Königs'[45] beziehen, mit der Besonderheit, dass in Literarisierungen – paradigmatisch bei Schiller – der königliche Körper auf die zwei Figuren verteilt wird: Elisabeth darf nur ‚politischer', Maria nur ‚natürlicher' Körper sein. Das Motiv der symbolischen Macht, die der schottischen Königin gerade als Gefangener und Hinrichtungsopfer Elisabeths in den vielfältigen Literarisierungen zuwächst, kommt besonders in Stefan Zweigs Roman *Maria Stuart* (1935)[46] zum Vorschein. Mit Roggenkamps erzählerischem Fokus auf die letzten Jahre Cosels ergibt sich hier eine Gemeinsamkeit bezüglich der romanhaft gestalteten ‚Raumzeit', die Zweig einleitend kommentiert: „Man empfindet es deshalb nicht als Widerspruch, wenn innerhalb dieses Buches die breiten Zeitspannen ihrer ersten dreiundzwanzig Jahre und wiederum die der fast zwanzig ihrer Gefangenschaft zusammen nicht mehr Raum einnehmen als die zwei Jahre ihrer leidenschaftlichen Tragödie."[47] Bei Roggenkamp steht bezüglich der von Cosel angestrebten Königinnenwürde weniger die Schiller'sche Diskussion, wer hier die wahre Königin, wer Bastard ist, im Zentrum; stattdessen geht es – ähnlich wie in Zweigs *Maria Stuart* – um ein *female empowerment* im Sinne eines Beharrens auf den ‚doppelten Körper der Königin', die Gemeinsamkeit von körperlicher und fürstlicher Potenz in einer weiblichen Person.

3 Sabine Weigand: *Die Markgräfin*

Weigands historischer Kriminalroman *Die Markgräfin*[48] verbindet gegenwärtiges mit vergangenem Geschehen über den Hauptschauplatz, die Plassenburg bei Kulmbach. Strukturell lösen sich zwei Handlungsstränge ab: die zwischen Dezember 2001 und Januar 2003 spielende Detektionshandlung und die Bildungs- und Entwicklungsgeschichte der Barbara von Brandenburg-Ansbach,

---

45 Ernst H. Kantorowicz: The King's Two Bodies. A Study in Medieval Political Theology. Princeton, NJ 2016 [1957].
46 Stefan Zweig: Maria Stuart. Frankfurt am Main 1981 [1935].
47 Zweig: Maria Stuart, S. 11.
48 Sabine Weigand: Die Markgräfin. 10. Aufl. Frankfurt am Main 2010 [2005], nachfolgend zitiert als „M".

die sich erzählerisch von 1526 bis 1546 erstreckt. Der Roman ist in drei Bücher unterteilt, innerhalb derer das Geschehen in zahlreiche mit Orts- und Jahresangaben übertitelte Einzelepisoden[49] gegliedert und mit einer Vielzahl dokumentarischer Passagen (Briefen, Urkunden etc.) durchsetzt ist.

Die Gegenwartshandlung eröffnet der Fund eines Kinderskeletts im Gemäuer der Plassenburg während Bau- und Reparaturarbeiten. Kastellan Gregor Haubold ruft seinen Stammtisch der „Forschenden Vier" (M 124) zusammen – nebst ihm ein Pfarrer, ein Archivar und ein Hauptschullehrer. Im Laufe ihrer Hobby-Ermittlungen entdeckt Haubold einen Geheimgang mit dem weiteren Skelett eines Einbeinigen. Das Team erweitert sich in der zweiten Romanhälfte um den jungen Kustos Thomas Fleischmann und die Archivassistentin Geli Hufnagel, wodurch sich zugleich eine Liebeshandlung anbahnt.

Die Vergangenheitshandlung erzählt die Geschichte der Markgräfin Barbara, die zehnjährig mit dem Herzog von Glogau und, nach dessen baldigem Tod, mit König Wladislaus von Polen verheiratet wird, Letzteres allerdings nur auf dem Papier. Eigenmächtig erwirkt sie päpstlichen Dispens und verlobt sich neu, was ihr den Hass ihrer Brüder zuzieht, insbesondere des jüngeren, kriegstreiberischen Albrecht, der sie auf der Plassenburg einkerkert, um ihr ein Widerrufsschreiben abzupressen. Mit ihrer Gefangenhaltung auf der Burg (ab dem zweiten Buch) beginnt erzählerisch die Umstellung vom Modus der *history* auf den der *romance* mit zugleich zunehmendem *emplotment und female empowerment*: Die Eingesperrte erhält „zwei unbescholtene Mägdlein" (M 312) zu Gesellschafterinnen, wodurch sie neuen Lebenswillen gewinnt und sich äußerlich zur Schönheit verwandelt. Im dritten Buch trifft zudem der Maler Lorenzo Neri ein, der zuerst mit einem großen Schlachtengemälde, später mit einem Porträt Barbaras beauftragt wird – beide stellen als Funde in der Gegenwartshandlung Leitmotive zur erzählerischen Konturierung Barbaras dar.[50] Zugleich spitzt sich nun die Handlung melodramatisch zu: Der neue Priester Jakob Tiefenthaler und Barbara verlieben sich; sie bringt Zwillinge zur Welt, kann jedoch nur eines der Kinder retten. Das Andere lässt ihr Bruder durch Georg von Leuchtenberg, seinen „Hauptmann auf dem Gebirg" (M 380), ermorden.

Gelöst ist so das Rätsel der Kindsgebeine; beim Skelett des Einbeinigen handelt es sich um Leuchtenberg, den Barbara in Rage erstochen hat, als sie bei der Schleifung der Plassenburg im Bundesständischen Krieg (1554) fliehen

---

49 28 Hauptüberschriften für die Gegenwartshandlung, 41 für die Vergangenheitshandlung.
50 Signifikant für die Identifikation ist der merkwürdig abgeknickte kleine Finger, in der Gegenwartshandlung M, S. 162–163 (Freilegung des Schlachtengemäldes) und S. 210 (Entdeckung des Porträts), in der historischen Handlung S. 332–333 (Vorfall mit ihrem Bruder Albrecht) sowie S. 537–538 (Barbaras Dienerin macht den Maler Neri auf den Finger aufmerksam).

konnte. Ähnlich wie bei Roggenkamp wird Barbara in Alleinstellung gezeigt: Sie ist solidarisch mit ihren beiden Gehilfinnen und hat Verständnis für die Homosexualität ihres Bruders, die sie schon als Jugendliche entdeckt. Initiiert wird ihre weltoffene Haltung und Erkenntnissuche interessanterweise durch die erste Ehe mit dem Herzog von Glogau. Das Motiv des „Beilagers" (M 46) erscheint hier als spielerische Initiation der Zehnjährigen in die Welt der Erkenntnissuche, des Wissenserwerbs und der Selbstbehauptung.

Der Transfer zwischen Vergangenheits- und Gegenwartshandlung wird durch den musealen, archivalischen und dokumentarischen Charakter von Räumen, Artefakten, Briefen etc. geleistet. Als Historikerin weiß Weigand historisches Detailwissen einzuflechten, zum einen zur politischen Geschichte, zum anderen zur Mentalitäts- und Alltagsgeschichte und zu Kulturpraktiken. Dass sie mit der Darstellung Barbaras als Schwester des Ansbacher „Alkibiades" (M 223) gegen die historischen Fakten verstößt – in Wahrheit lebte sie von 1464–1515 und war seine Tante –, legitimiert sie im Nachwort als gezieltes Erschaffen starker Frauenfiguren der Vergangenheit. Man fühlt sich erinnert an Schillers Verstoß gegen die englisch-schottische Geschichte des 16. Jahrhunderts, wenn er Elisabeth und Maria im Alter angleicht und sie einander persönlich begegnen lässt.[51]

Ein möglicher Vorläufertext Weigands ist Lion Feuchtwangers *Die häßliche Herzogin Margarete Maultasch* (1923), ein gleichfalls dreiteiliger Roman, der mit der ersten Vermählung der minderjährigen Heldin beginnt. Eingeführt wird sie als Zwölfjährige, auf der Reise zu ihrem designierten Bräutigam: „Wohl war die Stirn klar und rein, und die Augen schauten klug, rasch, urteilend, spürend; aber unter einer kleinen, platten Nase sprang der Mund äffisch vor mit ungeheuren Kiefern, wulstiger Unterlippe. Das kupferfarbene Haar war hart, spröde, ohne Glanz, die Haut kalkig grau, bläßlich, lappig."[52] Der krasse Widerspruch zwischen Margaretes gebildetem und klugem Wesen und ihrem als ‚äffisch' stigmatisierten Äußeren, den als einziger ihr Berater Jakob von Schenna versteht, wird ihr zum Verhängnis. Vergeblich fragt sie ihren Gemahl Johann, „wann er eigentlich und wo die Feier ihres Beilagers abzuhalten für ratsam halte".[53] Von Beginn an wird sie kontrastiert mit Agnes von Flavon, die

---

[51] Andreas Martin Widmann: Kontrafaktische Geschichtsdarstellung. Untersuchungen an Romanen von Günter Grass, Thomas Pynchon, Thomas Brussig, Michael Kleeberg, Philip Roth und Christoph Ransmayr. (Studien zur historischen Poetik 4) Heidelberg 2009 erwähnt eröffnend Konzepte der *Alternate history*, z.B. Carlos Fuentes' *Terra nostra* (1975), in dem Elizabeth Tudor doch Philipp II. von Spanien geheiratet hat (vgl. S. 11).
[52] Lion Feuchtwanger: Die häßliche Herzogin Margarete Maultasch. Roman. Frankfurt am Main 1987 [1923], S. 16.
[53] Feuchtwanger: Die häßliche Herzogin Margarete Maultasch, S. 61.

aufgrund ihrer Schönheit zur heimlichen Herrscherin aufsteigt und über die sie am Ende in bitterer Rache triumphiert. Die Doppelung der Frauenfiguren erinnert gleichfalls an den Streit der Königinnen Elisabeth und Maria. Jakob von Schenna kann man in der Position des Lord Leicester sehen; wie dieser zwielichtige Liebhaber beider Königinnen (bei Schiller und Lee) wendet Schenna sich nun auch noch von Margarete ab, ihren Racheakt gegen die schöne Agnes scharf verurteilend:

> Aber hatte Margarete, die Fürstin, den Schlag geführt oder Margarete, die Frau? [...] Es war nicht recht gewesen von der Maultasche. Er hatte ihren wüsten Mund hingenommen, ihre Hängebacken, ihre ganze, arme Häßlichkeit. Ihren Haß gegen die Tote nahm er nicht hin. Ein simples, gerades Gefühl stellte sich gegen sie. Man mußte Zeugnis ablegen für die Schönheit.[54]

Verglichen mit Feuchtwangers Aufspaltung der beiden Körper der Königin, vollzieht Weigand eine Synthese, indem sich ihre Protagonistin zum Ideal eines ‚natürlich-politischen Frauenkörpers' entwickelt. Mehr als Hoppe und Roggenkamp eröffnet Weigand einen Zusammenhang von „Romanform und Wissensvermittlung".[55] Im Vergleich zu ihrem historischen Kriminalroman lässt sich Thea Leitners populärwissenschaftliche Darstellung der Wilhelmine von Bayreuth, Schwester Friedrichs des Großen und gewissermaßen ‚Fußnote in der Geschichte von Fritz',[56] kursorisch betrachten. Anachronismen im Bereich der Mentalitäts- und Emotionsdarstellung, modernes *misreading* historischer Dokumente und empathischer Kolumnenstil kennzeichnen hier die Diktion, sodass etwa das „Beilager"[57] – ein Motiv, das auch hier nicht fehlt – als Initiation erfüllter Sexualität gedeutet wird. Auf Leitners Geschichtserzählung trifft eindeutig zu, dass der „fundamentale Mentalitäts-Anachronismus [...] nicht auf Durchschautwerden angelegt"[58] ist, was man für Weigand so nicht sagen kann, sieht man einmal ab von der etwas deplatzierten Betonung der ungewöhnlichen ‚Mutterliebe' der Markgräfin.[59]

---

54 Feuchtwanger: Die häßliche Herzogin Margarete Maultasch, S. 245.
55 So die übergreifende Fragestellung in Ina Ulrike Paul und Richard Faber (Hg.): Der historische Roman zwischen Kunst, Ideologie und Wissenschaft. Würzburg 2013, S. 5.
56 Dies ließe sich etwa für die Biographie von Tom Goeller sagen: Der alte Fritz. Mensch, Monarch, Mythos. 2. Aufl. Hamburg 2012 [2011].
57 Thea Leitner: Skandal bei Hof. Frauenschicksale an europäischen Königshöfen. 22. Aufl. München 2013 [1995] (Kapitel: Martyrium eines Kindes. Wilhelmine 1709–1758, S. 133–196, hier S. 165).
58 Fulda: Zeitreisen, S. 207.
59 „Die Markgräfin hing mit abgöttischer Liebe an ihren Kindern. Anders als die adeligen Mütter der Zeit, die ihre Babys nach der Geburt üblicherweise in die Obhut einer

4 Fazit

In Auseinandersetzung mit Gattungs- und Stofftraditionen des historischen Erzählens von Schiller bis zur klassischen Moderne spielen alle drei Romane mit dem Motiv der besonderen ‚Warte', die Frauen im literatur- und kulturgeschichtlichen Prozess – in Denkbildern wie der Prinzessin am Turme (Droste-Hülshoff), der Loreley (Heine), der Homerischen Sirenen (Horkheimer und Adorno) oder der ‚tier-menschlichen' Beobachtungsobjekte der Primatenforschung (Haraway) – zugeschrieben wird.

Felicitas Hoppes *Johanna* ist eine anti-biographische Reprise des antiken Liebes- und Abenteuerromans, die sich als Gegenentwurf zum biographisch-monumentalen *Joan-of-Arc*-Roman Mark Twains lesen lässt; von diesem aus stellt sich eine weitere Verbindung zur Scott'schen Rebecca-Figur in *Ivanhoe* und Schillers *Jungfrau von Orleans* her, insbesondere im erzählerischen Dreischritt von *vision – agency – captivity*. Viola Roggenkamps biographischer Erinnerungsroman *Die Frau im Turm* konturiert Gräfin Cosel innerhalb von beide Zeitebenen übergreifenden Sexualitäts- und Machtkonstellationen, bei denen es um *female empowerment* auch in Verbindung mit *race*-Diskursen geht. Verbindungen der beiden Handlungsstränge leistet hier die Figur eines Zeitreisenden. Als Gegenentwurf lässt sich der Roman zu Kraszewskis biographisch-monumental verfahrendem Roman *Gräfin Cosel* lesen; darüber hinaus gibt es Parallelen zu Zweigs *Maria Stuart*, vor allem, was das Motiv des ‚doppelten Körpers der Königin', der Verbindung von natürlichem und politischem Frauenkörper, betrifft. Weigands historischer Kriminalroman verknüpft eine gegenwärtige Detektions- und Liebeshandlung mit einer Retrospektive auf die Geschichte der Markgräfin Barbara, bei der die Verbindung zwischen den Zeitebenen durch das vielfältige Ruinen-, Artefakt-, Bild- und Schriftzeugenmaterial geleistet wird. Zum Vergleich lässt sich Feuchtwangers chronologisch fortschreitend erzählter *Margarete-Maultasch*-Roman heranziehen, von dem über das Motiv des Streites der Königinnen eine Linie zu Schillers *Maria-Stuart*-Drama zurückführt. Die bei Feuchtwanger aufgespaltenen Königinnen werden bei Weigand gewissermaßen auf eine Figur vereinigt.

Als Geschichtserzählungen im 21. Jahrhundert leisten die drei Romane auf unterschiedliche Weise Vergegenwärtigungen historischen Geschehens: Hoppes assoziativer Erzählmodus erlaubt ihr, ein zwischen Vergangenheits- und

---

Amme geben und sich danach kaum noch mit ihnen beschäftigen." (M 694) Innerhalb der von Weigand entworfenen Fiktion der in Angst und Bedrängnis empfangenen Zwillinge wäre alles andere als Liebe zu den Kindern jedenfalls höchst sonderbar.

Gegenwartsebenen oszillierendes Geschehen darzustellen und auf diese Weise auch *gender*-Zuschreibungen spielerisch zu verweigern. Bei Roggenkamp und Weigand dagegen wird durch Erinnerungsmodus, Dokumentar- und Briefelemente sowie Fragmentierung des Geschehens ein *female empowerment* der Protagonistinnen evoziert, bei dem diesen und ihren befreundeten Zirkeln eine ‚moderne' Mentalität (im Sinne von Solidarität, Toleranz und psychisch-physischer Selbstbestimmung), den männlichen Widersachern dagegen eine eher ‚atavistische' Mentalität (sinnloses Intrigieren, Kriegstreiben und ungezügelte Gier) beigegeben wird.

Bibliographie

Aust, Hugo: Der historische Roman. (Sammlung Metzler 278) Stuttgart/Weimar 1994.
Bachtin, Michail M.: Formen der Zeit im Roman. Untersuchungen zur historischen Poetik. Hg. von Edward Kowalski und Michael Wegner. Übersetzt von Michael Dewey. Frankfurt am Main 1989.
Benjamin, Walter: Ausgraben und Erinnern. In: Ders.: Gesammelte Schriften. Bd. VI.1. Hg. von Tillmann Rexroth. Frankfurt am Main 1980, S. 400–401.
Catani, Stephanie: Metafiktionale Geschichte(n). Zum unzuverlässigen Erzählen historischer Stoffe in der Gegenwartsliteratur. In: Christoph Hamann und Alexander Honold (Hg.): Ins Fremde Schreiben. Gegenwartsliteratur auf den Spuren historischer und fantastischer Entdeckungsreisen. Göttingen 2009, S. 143–168.
Colosimo, Jennifer Driscoll: Mortimers ‚Gothic' Vorgänger. Eine potenzielle Quelle für Schillers „Maria Stuart" in der englischen Schauerliteratur. In: Zeitschrift für deutsche Philologie 129 (2010), S. 161–171.
De Groot, Jerome: The Historical Novel. London/New York 2010.
Droste-Hülshoff, Annette von: Am Turme. In: Dies.: Sämtliche Werke in zwei Bänden. Bd. 1. Hg. von Bodo Plachta und Winfried Woesler. Frankfurt am Main/Leipzig 2004, S. 74–75.
Erll, Astrid, und Ansgar Nünning (Hg.): Gedächtniskonzepte der Literaturwissenschaft. Theoretische Grundlegung und Anwendungsperspektiven. Berlin/New York 2005.
Feuchtwanger, Lion: Die häßliche Herzogin Margarete Maultasch. Roman. Frankfurt am Main 1987 [1923].
Frank, Svenja, und Julia Ilgner (Hg.): Ehrliche Erfindungen. Felicitas Hoppe als Erzählerin zwischen Tradition und Transmoderne. Bielefeld 2017.
Freudenthal, René: Verschwommene Jungfrau, vergebliches Porträt. Felicitas Hoppes Roman *Johanna* als Skizze einer Verschwundenen. In: Michaela Holdenried (Hg.): Felicitas Hoppe. Das Werk. Berlin 2015, S. 87–98.
Fulda, Daniel: Zeitreisen. Verbreiterung der Gegenwart im populären Geschichtsroman. In: Silke Horstkotte und Leonhard Herrmann (Hg.): Poetiken der Gegenwart. Deutschsprachige Romane nach 2000. (spectrum Literaturwissenschaft/spectrum Literature 37) Berlin/Boston 2013, S. 189–211.
Geppert, Hans Vilmar. Der Historische Roman. Geschichte umerzählt – von Walter Scott bis zur Gegenwart. Tübingen 2009.

Goeller, Tom: Der alte Fritz. Mensch, Monarch, Mythos. 2. Aufl. Hamburg 2012 [2011].
Haraway, Donna: Simians, Cyborgs, and Women. The Reinvention of Nature. New York 1991.
Hegel, Georg Wilhelm Friedrich: Ästhetik. 2 Bde. Hg. von Friedrich Bassenge. 2., durchges. Aufl. Bd. 1. Berlin 1965, S. 567–568.
Henn, Marianne, Irmela von der Lühe und Anita Runge (Hg.): Geschichte(n) Erzählen. Konstruktionen von Vergangenheit in literarischen Werken deutschsprachiger Autorinnen seit dem 18. Jahrhundert. Göttingen 2005.
Henn, Marianne: Frauen und geschichtliches Erzählen im 19. Jahrhundert. Von Benedikte Naubert zu Ricarda Huch. Eine (statistische) Auswertung. In: Dies., Irmela von der Lühe und Anita Runge (Hg.): Geschichte(n) Erzählen. Konstruktionen von Vergangenheit in literarischen Werken deutschsprachiger Autorinnen seit dem 18. Jahrhundert. Göttingen 2005, S. 287–303.
Holdenried, Michaela (Hg.): Felicitas Hoppe. Das Werk. Berlin 2015.
Homscheid, Thomas, und Esbjörn Nyström (Hg.): Geschichten des Reisens – Reisen zur Geschichte. Studien zu Felicitas Hoppe. Uelvesbüll 2012.
Horkheimer, Max, und Theodor W. Adorno: Dialektik der Aufklärung. Philosophische Fragmente. Frankfurt am Main 1984 [1947].
Hoppe, Felicitas: Johanna. Roman. Frankfurt am Main 2006.
Hoppe, Felicitas: Abenteuer – was ist das? Göttingen 2010.
Jaeger, Stephan: Performative Geschichtsschreibung. Forster, Herder, Schiller, Archenholz und die Brüder Schlegel. (Hermaea 125) Berlin/Boston 2011.
Kantorowicz, Ernst H.: The King's Two Bodies. A Study in Medieval Political Theology. Princeton, NJ 2016 [1957].
Kraszewski, J.[ózef] I.[gnazy]: Gräfin Cosel. Ein Frauenschicksal am Hofe Augusts des Starken. (Rudolstadt 1952) Lizenzausgabe Warschau 1962 [1874].
Lampart, Fabian: Zeit und Geschichte. Die mehrfachen Anfänge des historischen Romans bei Scott, Arnim, Vigny und Manzoni. Würzburg 2002.
Lee, Sophia: The Recess; or, A Tale of Other Times. Hg. von April Alliston. Lexington, Kentucky 2000.
Lee, Sophia: Die Ruinen; eine Geschichte aus den vorigen Zeiten. Übersetzt von Benedikte Naubert. Prag 1788.
Leitner, Thea: Skandal bei Hof. Frauenschicksale an europäischen Königshöfen. 22. Aufl. München 2013 [1995].
Light, Alison: ‚Young Bess'. Historical Novels and Growing up. In: Feminist Review 33 (1989), S. 57–72.
Lützeler, Paul Michael: Klio oder Kalliope? Literatur und Geschichte: Sondierung, Analyse, Interpretation. Berlin 1997.
Maierhofer, Waltraud: Hexen – Huren – Heldenweiber. Bilder des Weiblichen in Erzähltexten über den Dreißigjährigen Krieg. Köln [u.a.] 2005.
Maierhofer, Waltraud: „…groß in Mode": Johanna von Orleans und das populäre Erzählen im Umkreis von Schiller und heute. In: Thomas Homscheid und Esbjörn Nyström (Hg.): Geschichten des Reisens – Reisen zur Geschichte. Studien zu Felicitas Hoppe. Uelvesbüll 2012, S. 83–107.
Neuhaus, Stefan, und Martin Hellström (Hg.): Felicitas Hoppe im Kontext der deutschsprachigen Gegenwartsliteratur. Innsbruck 2008.
Pailer, Gaby: Liebe, Abenteuer und weibliche Autorschaft. Charlotte Schillers ‚Die Königin von Navarra' als novellistische Umdichtung der historischen Geschicke Marguerites de

Navarre. In: Martin Baisch und Jutta Eming (Hg.): Hybridität und Spiel. Der europäische Liebes- und Abenteuerroman von der Antike zur Frühen Neuzeit. Berlin 2013, S. 275–297.

Pailer, Gaby: Melodramatik der Mesalliance. Zur Reprise von Walter Scotts *Ivanhoe* in Fanny Lewalds *Jenny* nebst einem Ausblick auf den Holywoodfilm der 50er Jahre. In: Marion Schmaus (Hg.): Melodrama – Zwischen Populärkultur und Moralisch-Okkultem. Heidelberg 2015, S. 115–145.

Paul, Ina Ulrike, und Richard Faber (Hg.): Der historische Roman zwischen Kunst, Ideologie und Wissenschaft. Würzburg 2013.

Reitemeier, Frauke: Nationale Unterschiede? Sophia Lee und Benedikte Naubert. In: Marianne Henn, Irmela von der Lühe und Anita Runge (Hg.): Geschichte(n) Erzählen. Konstruktionen von Vergangenheit in literarischen Werken deutschsprachiger Autorinnen seit dem 18. Jahrhundert. Göttingen 2005, S. 215–230.

Rigney, Ann: Imperfect Histories. The Elusive Past and the Legacy of Romantic Historicism. Ithaca/London 2001.

Roggenkamp, Viola: Die Frau im Turm. Frankfurt am Main 2009.

Scott, Walter: Ivanhoe. Mineola, NY 2004.

Tricke, Peer (Hg.): Felicitas Hoppe. Text + Kritik H. 207 (2015).

Twain, Mark: Personal Recollections of Joan of Arc by the Sieur Louis de Conte (her Page and Secretary), Freely translated out of the ancient French into modern English from the original unpublished manuscript in the National Archives of France by Jean Francois Alden. In: Ders.: Historical Romances. New York 1994, S. 541–970.

Wallace, Diana: The Woman's Historical Novel. British Woman Writers, 1900–2000. Basingstoke 2005.

Wallace, Diana: ‚The Haunting Idea'. Female Gothic Metaphors and Feminist Theory. In: Diana Wallace und Andrew Smith (Hg.): The Female Gothic. New Directions. London/New York 2009, S. 26–41.

Weigand, Sabine: Die Markgräfin. 10. Aufl. Frankfurt am Main 2010 [2005].

Widmann, Andreas Martin: Kontrafaktische Geschichtsdarstellung. Untersuchungen an Romanen von Günter Grass, Thomas Pynchon, Thomas Brussig, Michael Kleeberg, Philip Roth und Christoph Ransmayr. (Studien zur historischen Poetik 4) Heidelberg 2009.

White, Hayden: Metahistory. The Historical Imagination in Nineteenth-Century Europe. Baltimore/London 1973.

Zweig, Stefan: Maria Stuart. Frankfurt am Main 1981 [1935].

Sabine Planka
Geschichtserzählende Zeitreiseliteratur des 21. Jahrhunderts für Kinder und Jugendliche

> Put simply, historical literature has to be both good history and good literature.[1]

„Geschichtserzählende Literatur zählt seit gut zwei Jahrzehnten wieder zu den populärsten und auflagenstärksten Genres der modernen Kinder- und Jugendliteratur",[2] hält Gabriele von Glasenapp in einer Rezension fest. Das Genre historischer Roman, dessen neu erstarkte Popularität sie betont, hat seit den 1970er Jahren zahlreiche neue Formen hervorgebracht, die, so Hans-Edwin Friedrich, „eine hohe Variationsbreite jenseits der von Walter Scott dominierten Tradition [entwickelten]."[3] Der klassische Zeitreiseroman lässt sich hingegen auf H. G. Wells' *The Time Machine* (1895) zurückführen und hat besonders Science-Fiction-Autoren angetrieben, sich mit phantastischen Reisen in Vergangenheit und Zukunft zu befassen. Im ‚historischen Zeitreiseroman', der sich explizit historischer Ereignisse und mitunter (narrativer) Elemente des historischen Romans bedient – wie z.B. der (exordialen) Landschaftsschau,[4] erzählerischer und ästhetischer Unmittelbarkeit sowie der Inszenierung des Erzählers als Herausgeber, um Authentizität zu erzeugen[5] –, aber auch „experimentelle[] Erzählverfahren [und] metafiktionale [] Elemente[]" nutzt und „mit Reflexionen

---

1 Lydia Kokkola: Representing the Holocaust in Children's Literature. (Children's Literature and Culture 26) New York/London 2003, S. 47.
2 Von Gabriele Glasenapp: Geschichtserzählende Kinder- und Jugendliteratur. [Rezension zur] Aufsatzsammlung Archäologie, Ur- und Frühgeschichte im Kinder- und Jugendbuch. In: Informationsmittel (IFB): digitales Rezensionsorgan für Bibliothek und Wissenschaft, URL: http://swbplus.bsz-bw.de/bsz108030296rez.pdf;jsessionid=F810CDEB42C1F8296BBC0035F5720BDC?1428383968907, zuletzt besucht am 10.10.2018.
3 Hans-Edwin Friedrich: Die Wiederkehr des historischen Romans seit den 1980er Jahren. In: Ders. (Hg.): Der historische Roman. Erkundung einer populären Gattung. (Beiträge zur Literatur und Literaturwissenschaft des 20. und 21. Jahrhunderts 23) Frankfurt am Main [u.a.] 2013, S. 6.
4 Siehe dazu Julia Ilgner: Ut veduta poesis. Topographisches Erzählen als Authentizitätsstrategie im historischen Roman. In: Antonius Weixler (Hg.): Authentisches Erzählen. Produktion, Narration, Rezeption. (Narratologia. Contributions to Narrative Theory 33) Berlin/Boston 2012, S. 197–212, hier S. 199.
5 Vgl. Antonius Weixler: Authentisches erzählen – authentisches Erzählen. Über Authentizität als Zuschreibungsphänomen und Pakt. In: Ders.: (Hg.): Authentisches Erzählen, S. 1–32, hier S. 17.

über Geschichte und Historiographie"⁶ kombiniert, vermischen sich beide Genres, was nicht ohne Auswirkungen auf die Kinder- und Jugendliteratur (nachfolgend KJL) geblieben ist.⁷

Kennzeichnend für den historischen Roman ist vor allem dessen Hybridität, erzeugt aus faktualen und fiktiven Elementen – besonders in der KJL wird faktuales Wissen fiktional „in sprachlich realisierte, sinnlich-konkrete Bilder, Szenen und Situationen verwandelt"⁸ –, die dem Leser⁹ Geschichte vermittelt und die Auseinandersetzung mit längst vergangenen Epochen ermöglicht.¹⁰ Dass dies für die KJL ebenfalls interessant ist, leuchtet vor allem vor dem Hintergrund ein, dass „[g]eschichtliches Erzählen für ein junges Lesepublikum – also das Fiktionalitätsformat Geschichtserzählung [...] – [...] fast so alt [ist] wie diese literarische Subgattung selbst" und einen „ersten Höhepunkt [...] bereits im späten 18. Jh. [erlebte] – im Zuge der Entstehung einer intentionalen belletristischen KJL".¹¹ Die geschichtserzählende KJL ist „ein Kind des Geschichtsunterrichts, anders gesagt: Sie ist ursprünglich eine ins Belletristische transformierte Geschichtslehre, die mit den Mitteln des Geschichtsromans arbeitet",¹² Neuerungen liegen „wesentlich im Inhaltlichen [...], in der Darstellungsperspektive und in den politischen und weltanschaulichen Voraussetzungen dieser Geschichtsvergegenwärtigung

---

6 Ansgar Nünning: Von historischer Fiktion zu historiographischer Metafiktion. Bd. 1: Theorie, Typologie und Poetik des historischen Romans. (LIR. Literatur – Imagination – Realität. Anglistische, germanistische, romanistische Schriften 11) Trier 1995, S. 2.
7 Auf diesen Genremix bzw. auf die Ausdifferenzierung des Genres ‚historischer Roman' hat bereits Hans-Edwin Friedrich hingewiesen. Siehe dazu Friedrich: Wiederkehr des historischen Romans, S. 13.
8 Ulf Abraham und Kristina Bismarck: Kinder- und Jugendliteratur als Tor zu mittelalterlichen Welten. In: Ingrid Bennewitz und Andrea Schindler (Hg.): Mittelalter im Kinder- und Jugendbuch. Akten der Tagung Bamberg 2010. (Bamberger interdisziplinäre Mittelalterstudien 5) Bamberg 2012, S. 79–90, hier S. 83.
9 Gemeint sind hier und im Folgenden sowohl Leserinnen und Leser. Im Sinne der Lesbarkeit wird das generische Maskulinum verwendet.
10 Vgl. Hans Vilmer Geppert: Der historische Roman. Geschichte umerzählt – von Walter Scott bis zur Gegenwart. Tübingen 2009, S. 3–4.
11 Rüdiger Steinlein: Geschichtserzählende KJL seit den 1990er Jahren – neue Wege zeitgeschichtlichen Erzählens vom NS, von Judenverfolgung und Holocaust: Phantastik, Komisierung und Adoleszenz. In: Carsten Gansel und Pawel Zimniak (Hg.): Zwischen didaktischem Auftrag und grenzüberschreitender Aufstörung? Zu aktuellen Entwicklungen in der deutschsprachigen Kinder- und Jugendliteratur. In Verbindung mit Roswitha Budeus-Budde. Heidelberg 2011, S. 169–194, hier S. 164 und 169.
12 Steinlein: Geschichtserzählende KJL, S. 171.

[begründet]."¹³ Daran lassen sich die Überlegungen Ulf Abrahams und Kristina Bismarcks anknüpfen, die festhalten, dass faktuales/historisches Wissen nicht demonstrativ vermittelt, sondern scheinbar beiläufig der KJL eingeschrieben wird und so ein „implizite[s], [...] beiläufige[s] Lernen"¹⁴ stattfindet, da das Lesevergnügen sowie der Austausch mit Gleichaltrigen im Vordergrund steht.¹⁵ Während aus Steinleins Überlegungen ein dezidiert literaturhistorischer Blickwinkel abzulesen ist, argumentieren Abraham und Bismarck aus einer literaturdidaktischen Perspektive und präsentieren Überlegungen, die sie einer Deutschdidaktik der 1980er und 1990er Jahre gegenüberstellen, der „es beim Lesen von Literatur vorwiegend um ‚Einfühlung', ‚Nachempfinden' und ‚Perspektivübernahme' [ging]."¹⁶

Beide Blickrichtungen – Steinleins sowie Abrahams und Bismarcks – halten somit übereinstimmend fest, dass die Fakten, die für das historische Erzählen kennzeichnend sind, in den Erzählfluss eingebettet und somit instrumentalisiert werden müssen, um der Narration zu dienen und nicht nur als reines Faktenwissen angeboten zu werden.¹⁷ Insofern ist – und das kann bereits an diesem Punkt vorweggenommen werden – davon auch die Zeitreiseliteratur (für Kinder und Jugendliche) betroffen, da sie durch Fakten das empathische Miterleben der Handlungen der Protagonisten in der Vergangenheit (und auch in der Zukunft), in die die Protagonisten reisen, fördert. So gewinnen Fakten deutlich an Bedeutung für das Verständnis der Narration.

Geschichtserzählende KJL greift auf alle historischen Epochen zurück und verknüpft fiktives Geschehen mit faktualen Handlungsräumen und Ereignissen. Handlungen können dementsprechend in der Steinzeit, der Antike oder im Mittelalter angesiedelt sein¹⁸ und entweder eine ganze Epoche umfassen oder sich

---

13 Steinlein: Geschichtserzählende KJL, S. 173.
14 Abraham und Bismarck: KJL als Tor zu mittelalterlichen Welten, S. 79. Dazu auch S. 82, sowie Steinlein: Geschichtserzählende KJL, S. 172.
15 Vgl. Abraham und Bismarck: KJL als Tor zu mittelalterlichen Welten, S. 82.
16 Abraham und Bismarck: KJL als Tor zu mittelalterlichen Welten, S. 79.
17 Siehe Steinlein: Geschichtserzählende KJL, S. 173 sowie Abraham und Bismarck: KJL als Tor zu mittelalterlichen Welten, S. 86.
18 Dazu z.B. Günter Lange und Kurt Franz (Hg.): Von der Steinzeit bis zur Gegenwart. Historisches in der Kinder- und Jugendliteratur. Festschrift für Heinrich Pleticha zum 80. Geburtstag. Baltmannsweiler 2004; Kurt Franz, Günter Lange, Herbert Ossowski und Heinrich Pleticha (Hg.): Archäologie, Ur- und Frühgeschichte im Kinder- und Jugendbuch. Mit einer Gesamtbibliographie. (Schriftenreihe der Deutschen Akademie für Kinder- und Jugendliteratur Volkach e.V. 29) Baltmannsweiler 2003; Melanie Rossi: Das Mittelalter in Romanen für Jugendliche. Historische Jugendliteratur und Identitätsbildung. (Kinder- und Jugendkultur, -literatur und -medien.

auf einzelne historische Momente beschränken.[19] Erklären lässt sich diese Bandbreite durch die Entwicklung des Genres der geschichtserzählenden KJL, fand doch „vom 16. bis zur Mitte des 20. Jahrhunderts eine erste Begegnung der Kinder mit der Alten Welt durch die biblischen Geschichten [statt]."[20] Die sich im 17. Jahrhundert vollziehende Differenzierung in einen historischen und einen mythologischen Strang setzte sich bis ins 18. Jahrhundert fort, erst im 19. Jahrhundert rückten historische Stoffe im Gegensatz zu mythologischen in den Vordergrund.[21]

Gerade im Aufgreifen von Themen wie Holocaust und Judenverfolgung, die inzwischen ein fester Bestandteil der geschichtserzählenden KJL geworden sind, verdeutlicht Steinlein den Wandel und die Weiterentwicklung des Genres.[22] Gleichzeitig zeigt er auf, dass diese neuen Themen verknüpft werden mit neuen narrativen Möglichkeiten, um Historisches zu erzählen. Insbesondere beschreibt er Elemente der Phantastik, wie das Motiv der Zeitreise, die es ermöglichen, Geschichte zu erleben,[23] und gleichzeitig (Wissen über) Geschichte zu bewahren.[24]

Theorie – Geschichte – Didaktik 64) Frankfurt am Main [u.a.] 2010; Sebastian Schmideler: Vergegenwärtigte Vergangenheit. Geschichtsbilder des Mittelalters in der Kinder- und Jugendliteratur. Vom 18. Jahrhundert bis 1945. (Epistemata 740) Würzburg 2012.
19 Dazu z.B. Blanca Ana Roig Rechou und Velja Ruzicka Kenfel (Hg.): The Representations of the Spanish Civil War in European Children's Literature (1975–2008). (Kinder- und Jugendkultur, -literatur und -medien. Theorie – Geschichte – Didaktik 87) Frankfurt am Main [u.a.] 2014; Jo Lampert: Children's Fiction about 9/11. Ethnic, Heroic and National Identities. (Children's Literature and Culture) New York/London 2010; Donnarae MacCann und Yulisa Amedu Maddy (Hg.): Apartheid and Racism in South African Children's Literature 1985–1995. (Children's Literature and Culture) New York/London 2013.
20 Heinrich Pleticha: ‚Am Anfang war das Wort.' Der Themenbereich *Archäologie, Ur- und Frühgeschichte in der Kinder- und Jugendliteratur* – ein Überblick. In: Franz, Lange, Ossowski und Pleticha (Hg.): Archäologie, Ur- und Frühgeschichte im Kinder- und Jugendbuch, S. 1–14, hier S. 1.
21 Vgl. Pleticha: ‚Am Anfang war das Wort', S. 2.
22 Vgl. Steinlein: Geschichtserzählende KJL, S. 176ff.
23 Vgl. Steinlein: Geschichtserzählende KJL, S. 186. Vgl. auch Holger Zimmermann: Geschichte(n) erzählen. Geschichtliche Kinder- und Jugendliteratur und ihre Didaktik. (Kinder- und Jugendkultur, -literatur und -medien. Theorie – Geschichte – Didaktik 32) Frankfurt am Main 2004, S. 123.
24 Siehe dazu Sabine Planka: Back (in)to history: Die Zeitreise im Bilderbuch. In: Dies. (Hg.): Die Zeitreise. Ein Motiv in Literatur und Film für Kinder und Jugendliche. (Kinder- und Jugendliteratur intermedial 3) Würzburg 2014, S. 63–83.

1 Geschichte erzählen: Narrative Elemente in geschichtserzählender Kinder- und Jugendliteratur

Für geschichtserzählende Werke der KJL gelten zunächst ganz grundsätzlich dieselben Regeln der Narration wie für jedes andere Werk auch, egal ob es sich um ein Werk aus dem Bereich der Phantastik oder um einen historischen Roman handelt. Ein Geschehen – das *Was* der Erzählung – wird in einer bestimmten Art und Weise – *Wie* – an den Rezipienten durch eine Erzählerfigur – *Wer* – vermittelt, wobei der präsentierten *story* ein *plot* eingeschrieben ist. Erzählen bedeutet also das „(sprachliche) *Ausdrücken, Verknüpfen* und gleichzeitige *thematische Ordnen* von (wahren oder vorgestellten) *Fakten zu Geschichten*".[25]

Die Erzählerfigur als Vermittler der Geschichte/des Geschehens kann sich selbst als Ich-Erzähler – im Sinne Gérard Genettes als homodiegetische oder gar autodiegetische Erzählinstanz – präsentieren oder aber als heterodiegetischer Erzähler, der nicht handelnde Figur der Erzählung ist, auftreten. Dabei kann der Hauptstrang der Erzählung durch eine Rahmenhandlung eingegrenzt oder durch Binnenerzählungen ergänzt und erweitert werden.[26] Die Art und Weise, wie eine Geschichte erzählt wird – der Diskurs – umfasst Fragen bezüglich der Zeitrelationen, der Wiedergabe von wörtlicher Rede und der Perspektive; aber auch Fragen nach der Zuverlässigkeit des Erzählers und der Erzählstil spielen hier eine Rolle.[27] Das *Was* zielt auf Themen und Ereignisse ab, auf die Handlung und die involvierten Figuren, aber auch auf den Raum – der in der Forschung immer mehr in den Fokus gerückt und gerade für historische Romane relevant ist – sowie auf die Zeit, in der das Geschehen angesiedelt ist – auch dies eine für den historischen Roman relevante Analysekategorie.[28] Carsten Gansel betont zudem die für die KJL relevante Bedeutung der Erzählspannung, „weil junge Leser in besonderer Weise nach ihr verlangen."[29] Dabei differenziert er zwischen äußerer Spannung, die sich im „Handlungsverlauf und dabei durch das Aufeinanderprallen von Gegensätzen,

---

25 Silke Lahn und Jan Christoph Meister: Einführung in die Erzähltextanalyse. Stuttgart/Weimar 2008, S. 4. Kursivierungen im Originaltext Fettdruck.
26 Siehe dazu Lahn und Meister: Einführung in die Erzähltextanalyse, S. 61–100.
27 Siehe dazu Lahn und Meister: Einführung in die Erzähltextanalyse, S. 101–197.
28 Siehe dazu Lahn und Meister: Einführung in die Erzähltextanalyse, S. 199–256. Zum Erzählen in der KJL siehe auch Carsten Gansel: Moderne Kinder- und Jugendliteratur. Vorschläge für einen kompetenzorientierten Unterricht. 4. überarb. Aufl. Berlin 2010, insbesondere. S. 55–90. Zur Relevanz des Raums speziell in der KJL siehe, S. 86.
29 Gansel: Moderne Kinder- und Jugendliteratur, S. 87.

der Konfrontation von verschiedenen Figuren bzw. Gegnern [...]" manifestiert, und innerer Spannung, die „durch die Konzentration auf die Figuren und ihre innere Disposition, ihr Denken, Fühlen, kurz ihren Charakter" entsteht.[30]

Für geschichtserzählende Literaturen werden gerne Erzählstrategien benutzt, die das Geschehen authentisch wirken lassen, sodass der Leser in die literarisch ausgestaltete Epoche eintauchen kann. Solches Erzählen versucht ein möglichst realistisches Bild vergangener Epochen heraufzubeschwören, bevor später mit bewusst inszenierten Brüchen im Erzählprozess oder experimentellen Erzählstrategien gespielt werden kann.[31] Dazu gehören die bereits genannten Mittel der (exordialen) Landschaftsschau[32] und die erzählerische/ästhetische Unmittelbarkeit durch einen homo-/autodiegetischen Erzähler, aber auch die Inszenierung des Erzählers als Herausgeber, der als eingeschobene Vermittlungsinstanz einen fingierten Originaltext präsentiert.[33] Besonders die homo- bzw. autodiegetischen Erzählsituationen ermöglichen es Lesern, die dargestellte Welt durch die Augen des Protagonisten zu sehen, gleichzeitig aber auch den Erfahrungshorizont, das Bewusstsein und die Wahrnehmung des Protagonisten zu erfahren, sodass eine direkte Anteilnahme am Geschehen möglich wird.[34] Auch heterodiegetische Erzählsituationen lassen sich ausmachen, bei denen die Erzählinstanz eine interne Fokalisierung aufweist, somit über den gleichen Wissensstand wie die handelnde Figur verfügt und so den Leser teilhaben lassen kann an der Innenwelt der Akteure.[35]

Zusätzlich ergeben sich für das Erzählen in geschichtserzählender KJL Besonderheiten, die durch die ‚Anreicherung' der Geschichte um historische Fakten bedingt sind. Sowohl Steinlein als auch Abraham und Bismarck haben im Hinblick auf Literatur für Kinder und Jugendliche auf die Notwendigkeit hingewiesen, Historisches/Faktisches derart in die fiktive Handlung zu integrieren, dass der Erzählfluss nicht gestört, Geschichtliches aber dennoch erfasst werden kann.[36] Wichtig ist jedoch vor allem der

---

30 Gansel: Moderne Kinder- und Jugendliteratur, S. 87.
31 Vgl. dazu Friedrich: Wiederkehr des historischen Romans, S. 9ff.
32 Siehe dazu Ilgner: Ut veduta poesis, S. 199.
33 Vgl. Weixler: Authentisches erzählen – authentisches Erzählen, S. 17.
34 Siehe dazu Wilhelm Steffens: Aspekte des Erzählens in ausgewählten historischen Kinder- und Jugendromanen. In: Lange und Franz (Hg.): Von der Steinzeit bis zur Gegenwart, S. 216–234, hier S. 221. Dazu ebenfalls Lahn und Meister: Einführung in die Erzähltextanalyse, S. 76–77. Siehe auch Abraham und Bismarck: KJL als Tor zu mittelalterlichen Welten, S. 85–86.
35 Dazu Lahn und Meister: Einführung in die Erzähltextanalyse, S. 107ff.
36 Siehe Steinlein: Geschichtserzählende KJL, S. 173: „Alles Wissenswerte und ‚Kritische' muss in den Erzählfluss integriert werden, ein Bestandteil der Handlung sein und darf nicht

Bezug zu allgemeinen Regeln der Lebenspraxis [...]. Die historischen Jugendromane sollten daher z.B. in der Figuren- oder Handlungsgestaltung oder auch den Informationen des Erzählers Bezüge zur jugendlichen Lebenswelt aufweisen. Außerdem sollte die Darstellung die Möglichkeit lassen, von Traditionsvorgaben abzuweichen und zudem die Lebenspraxis sich an den Veränderungen orientieren lassen.[37]

Es geht somit um die Möglichkeit des beiläufigen Wissenserwerbs.[38] In Bezug auf geschichtserzählende Literaturen handelt es sich um historisches Wissen über die dargestellte Epoche, das verknüpft wird mit dem Wissen um Verhaltenskodizes und gesellschaftliche Konventionen, die sich auf Gesellschaftsstrukturen ebenso wie auf Gesetze und Regeln, aber auch auf Kleidung beziehen. Dieses Wissen können die Protagonisten praktisch im dargestellten Alltag nutzen, um nicht als ‚andersartig' aufzufallen, sodass es ihre Integration in den neuen, ihnen fremden Alltag gewährleistet. Gleichzeitig wird Orientierungswissen vermittelt, sodass sich die Akteure räumlich orientieren können. All dies dient zusammen mit einem oft eingeschobenen Erzählerkommentar dazu, den Lesern beiläufig durch eine Mischung aus *showing* und *telling* das Geschehen vergangener Epochen nahezubringen.[39] Historisches wird in Bilder übertragen, die vom kindlichen/jugendlichen Rezipienten erfasst werden können und das Setting/den Rahmen für die Erzählung bilden.[40]

2 Das Motiv der Zeitreise in der Kinder- und Jugendliteratur

Die Verknüpfung von Gegenwart und Vergangenheit bzw. Zukunft mittels Zeitreise ist im Bereich der KJL nicht neu und findet sich schon zu Beginn des 20. Jahrhunderts in nahezu allen Genres.[41] Typisch für alle Formen von Zeitreisen

---

aufgesetzt wirken."; sowie Abraham und Bismarck: KJL als Tor zu mittelalterlichen Welten, S. 86: „In die Konstruktion der Figuren, ihrer Motive, Probleme und Gedanken fließt historisches Faktenwissen ein." Siehe dazu auch Rossi: Das Mittelalter in Romanen für Jugendliche S. 52.
37 Rossi: Das Mittelalter in Romanen für Jugendliche, S. 51–52.
38 Siehe Abraham und Bismarck: KJL als Tor zu mittelalterlichen Welten, S. 79.
39 Siehe Abraham und Bismarck: KJL als Tor zu mittelalterlichen Welten, insbesondere S. 82, 86 und 88. Oftmals zeigt sich die Erzählinstanz in solchen Momenten als eine heterodiegetische mit Nullfokalisierung, weil sie mehr weiß als die handelnden Akteure.
40 Siehe Abraham und Bismarck: KJL als Tor zu mittelalterlichen Welten, S. 83.
41 Zur Zeitreise und deren Entwicklung in der KJL siehe Sabine Planka: Einleitung. In: Dies. (Hg.): Die Zeitreise, S. 9–27.

ist das Reisen „zwischen unterschiedlichen Zeitebenen, was den Reisen von Primär- in Sekundärwelten der Phantastik entspricht".[42] Darauf beruft sich auch Maria Nikolajeva:

> Time and space appear to be just two aspects of one abstracts, literary unit that I have already calles, after Mikhail Bakhtin, a chronotope. We may thus speak of the primary chronotope (a unity of primary world and primary time) and the secondary chronotope (a unity of secondary world and secondary time).[43]

Diesen Übergang von der Primär- in die Sekundärzeit differenziert Nikolajeva noch einmal aus: So beschreibt sie erstens einen *global chronotope*, wenn Protagonisten zwischen unterschiedlichen Zeiten/Räumen reisen; zweitens einen *local chronotope*, wenn zwar der gleiche Raum, aber eine andere Zeit bereist wird; drittens einen *deep chronotope*, wenn mehrere Jahrhunderte bei der Zeitreise überbrückt werden; und viertens den *shallow chronotope*, bei dem ein Zeitraum von maximal zwei Generationen überbrückt wird.[44] Während Nikolajeva das Verhältnis von Primär- und Sekundärzeit sowie deren unterschiedliche Ausgestaltungen beschreibt und Termini einführt, die die Form der Zeitreise und das Verhältnis von Ort/Raum und Zeit definieren, legt Carsten Gansel den Schwerpunkt auf die Ausgestaltung der besuchten Welten selbst sowie auf deren Verhältnis zueinander und betont die Schwelle, die er „Schleuse" nennt, die über- bzw. durchschritten wird.[45] Gerade dieser Schwellenübertritt ist für Zeitreiseromane relevant, weil die Zeitreise selbst mit unterschiedlichen Mitteln erfolgen kann, die sich unterteilen lassen in technische und magische Varianten, z.B. eine Zeitmaschine[46] oder ein Gang durch einen Tunnel.[47]

Besonders Gansels Grundmodell B kann hier angeführt werden, wenn er den Übertritt aus der realen in eine phantastische Welt und zurück beschreibt.[48] Wie zu sehen sein wird, kann auch die Reise in die Vergangenheit eine Reise in eine andere ‚phantastische' Welt sein, sodass sich Gansels Überlegungen ebenfalls auf Zeitreiseromane anwenden lässt: Der Besuch einer

---

42 Planka: Einleitung, S. 12.
43 Maria Nikolajeva: The Magic Code. The Use of Magical Patterns in Fantasy for Children. Stockholm 1988, S. 64.
44 Vgl. Nikolajeva: The Magic Code, S. 73–74.
45 Siehe Gansel: Moderne Kinder- und Jugendliteratur, S. 145ff.
46 Siehe z.B. Alex Scarrow: TimeRiders. Wächter der Zeit. Bd. 1. Übersetzt von Cornelia Panzacchi. Stuttgart 2011 [englisch 2010].
47 Siehe z.B. Ransom Riggs: Die Insel der besonderen Kinder. Aus dem Amerikanischen übersetzt von Silvia Kinkel. München 2013. Zu den unterschiedlichen Möglichkeiten der Zeitreise im Kinder- und Jugendbuch siehe Planka: Einleitung, insbesonders S. 13.
48 Vgl. Gansel: Moderne Kinder- und Jugendliteratur, S. 146.

anderen Zeit ist für den Protagonisten ein Besuch einer anderen – für ihn normalerweise nicht erlebbaren – Welt. Gleichzeitig entsteht oftmals eine Deckungsgleichheit von nicht erfahrbarer Zeit und nicht erfahrbarem Ort: Beides ist eng miteinander verknüpft und beides oft ein Novum für die Akteure.

Zeitreisen selbst können sowohl in die Vergangenheit als auch in die Zukunft erfolgen, für beide Varianten gilt, dass die Möglichkeit der Zeitreise dem Leser glaubhaft vermittelt werden muss, was zum Teil durch technische, aber auch durch mythologische Erklärungen gewährleistet wird. Auch Kombinationen aus beiden Elementen sind denkbar, wie in Kerstin Giers Zeitreise-Trilogie, bei der ein angeborenes ‚Zeitreisegen' technisch kontrolliert und nutzbar gemacht wird. Glaubhaft und (nach)erlebbar wird die Zeitreise für den Leser – neben Strategien der narrativen Authentizitätserzeugung – zudem durch die Konzeption der Protagonisten, die aus der Lebenszeit des Lesers stammen und als Anker in die ‚normale' Zeit fungieren.[49] So gelingt der Zeitsprung in Vergangenheit und Zukunft zusammen mit den Akteuren, und Leser können die für sie neue Zeit ‚gemeinsam' mit den Protagonisten der Bücher entdecken. Ein anderes Szenario lässt einen Zeitreisenden aus der Zukunft in die Zeit der Protagonisten reisen, die in der Regel der Lebenszeit des Lesers entspricht, der dem Zeitreisenden bei der Orientierung behilflich ist. In diesem Fall ist es die bereiste Welt selbst, die als Anker für den Leser fungiert.[50] Hier ergibt sich für den Leser die Möglichkeit, nicht nur die eigene Welt noch einmal aus einer neuen Perspektive zu entdecken, sondern gleichzeitig birgt dieses Konzept die Möglichkeit, durch Schilderungen des aus der Zukunft kommenden Zeitreisenden zu zeigen, welche Auswirkungen gegenwärtige Handlungen für die Zukunft haben.

---

[49] Ein Beispiel hierfür ist – unter vielen anderen – Holly-Jane Rahlens' Science-Fiction-Roman *Federflüstern* (Reinbek bei Hamburg 2016), der die Protagonisten aus ihrer Gegenwart 125 Jahre zurück in die Vergangenheit bringt, wo sie Mark Twain in Berlin treffen. Diese Form der Zeitreise entspricht Gansels Grundmodell B.
[50] Als Beispiel lässt sich der Science-Fiction-Roman und Vorgängerband zu *Federflüstern* – ebenfalls von Holly-Jane Rahlens – *Blätterrauschen* (Reinbek bei Hamburg 2015) anführen. Einer der Protagonisten, Colin, ist ein Zeitreisender, der aus der Zukunft in die Gegenwart reist und dort auf andere Kinder trifft, mit denen er dann gemeinsam durch die Zeit reist, schließlich die anderen aber wieder in ihre eigene Zeit zurückbringen muss. Ebenfalls von Holly-Jane Rahlens und mit dem gleichen Konzept spielend, ist der Roman *Everlasting* (Reinbek bei Hamburg 2012). Auch hier geht es um einen Protagonisten aus der Zukunft, der in die Gegenwart des Lesers geschickt wird. Dieses Konzept der Zeitreise entspricht Gansels Grundmodell A: „In die real-fiktive Welt treten plötzlich Figuren, Gegenstände, Erscheinungen, die aus einem phantastischen Handlungskreis kommen, oder innerhalb der real-fiktiven Welt laufen Veränderungen (Verwandlungen) ab" (Gansel: Moderne Kinder- und Jugendliteratur, S. 145).

3 Zeitreisen in der geschichtserzählenden Kinder- und Jugendliteratur

Zeitreisen als Handlungselement kommen lediglich in einer kleinen Gruppe historischer Romane vor, während alle Texte dieser Gattung dem Leser das Angebot einer imaginären ‚Zeitreise' machen. Im Hinblick auf die geschichtserzählende KJL beschreibt bereits Holger Zimmermann das Moment der Zeitreise als aus literaturdidaktischer Perspektive probates und immer wieder genutztes Mittel, um Vergangenes in den Fokus zu rücken und den Protagonisten – in der Regel einen Außenseiter – in der Konfrontation mit einer ihm unbekannten Zeit und häufig auch Umgebung die Möglichkeit zu geben zu reifen, sodass er sich in seiner alltäglichen Lebenswelt nach der Rückkehr aus der Vergangenheit besser behaupten kann.[51] Gemäß dieser Aussage stellt Zimmermann in seinen exemplarischen Analysen fest, dass

> die Vergangenheit ein Flucht- und Bewährungsraum für die Zeitreisenden [ist]. Die Bedeutung der historischen Räume reicht somit über die reine Darstellung von Geschichte hinaus, sie sind vielmehr auch Projektionsflächen für kindliche bzw. jugendliche Wünsche, wie die (Selbst-)Bestätigung im Abenteuer und das gleichberechtigte Agieren in einer Gesellschaft der Erwachsenen. In dieser Funktion entsprechen die historischen Räume der geschichtlichen Kinder- und Jugendliteratur den Zielen der Phantasiereisen in der phantastischen Kinder- und Jugendliteratur und stellen somit eine Vorstufe des Adoleszenzromans für intendierte kindliche Leser dar.[52]

Da Zimmermann die Zeitreise ausschließlich als Möglichkeit für den Protagonisten begreift, während seiner *queste* zu reifen, verliert er aus dem Blick, was Abraham und Bismarck konstatiert haben, nämlich dass Literatur auch Abenteuer sein und die Suche danach in den Fokus rücken kann und dass didaktische Implikationen nicht immer im Vordergrund stehen (müssen).

Geschichtserzählende Zeitreiseromane zeigen – wie eine Vielzahl von Kinder- und Jugendbüchern – reifende und sich entwickelnde Protagonisten, was wiederum empathische Leser ermächtigt, Entwicklungsschritte zu vollziehen. Und dennoch steht, bedingt durch die Wahl des Motivs, das seinen Ursprung in der Science Fiction hat, gegenwärtig jedoch sowohl in Science-Fiction- als auch in Fantasy- und phantastischen Romanen der KJL zu finden ist, auch das spekulative Spiel mit Möglichkeiten im Fokus. So nutzt eine Vielzahl von Zeitreiseromanen zum Beispiel das Handlungselement der Änderung der Vergangenheit

---

[51] Vgl. Zimmermann: Geschichte(n) erzählen, S. 120.
[52] Zimmermann: Geschichte(n) erzählen, S. 122.

zu Gunsten der Zeitreisenden, sodass sich zugleich der Geschichtsverlauf und damit das Leben einer ganzen Gesellschaft verändern. Ebenso häufig finden sich der Blick in eine düstere Zukunft und die damit verbundene Frage, wie der Zeitreisende in seiner Gegenwart dieser Zukunft vorbeugen und eine bessere Welt schaffen kann.

4 Das Spiel mit der Zeit oder die Frage nach der Veränderbarkeit der Vergangenheit: Alex Scarrows Reihe *TimeRiders* (seit 2011)

Das Spiel mit den Möglichkeiten der Weltveränderung durch Manipulationen – besonders der Vergangenheit – prägt die neunbändige Buchreihe *TimeRiders* von Alex Scarrow.[53] Die einzelnen Bände der Reihe stellen unterschiedliche Epochen und Zeiträume in den Fokus und thematisieren dabei sowohl einzelne Ereignisse – die dann Auswirkungen auf den Verlauf der Geschichte haben – als auch ganze Epochen, die als Folie für die sich abspielende Handlung dienen. Zusammengehalten werden die Bände der Serie durch die Protagonisten, die sich in unterschiedlichen Zeiten und Epochen bewähren müssen. Ab dem sechsten Band wird die Handlung übergreifender, da die Einsatzzentrale der Protagonisten zerstört wurde und sie nun auf der Flucht sind, die sie erneut in unterschiedliche Zeiten führt. Zudem erweitert sich ihr Team und neue Protagonisten treten auf den Plan. Gleichzeitig stellt sich für die Protagonisten die handlungsübergreifende Frage – die über die Bände hinweg immer mehr Raum gewinnt und von den Protagonisten kritisch diskutiert wird –, wer genau hinter der Organisation steckt, die die Protagonisten auf die Zeitreisen schickt und wer sich verantwortlich für den Auftrag zeichnet, den Lauf der Geschichte vor Veränderungen zu retten. Vermittelt wird das Geschehen, das sich zwischen historischen und fiktiven Ereignissen entfaltet und zunehmend eine den Lesern unbekannte Realität zeigt, durch eine heterodiegetische Erzählinstanz mit variabler interner Fokalisierung, die die unterschiedlichen Perspektiven der Protagonisten, aber auch der Antagonisten einnimmt.

Vor diesen Hintergründen ist besonders der erste Band interessant, worin der Leser mit dem Konzept der Geschichten bekannt gemacht wird, die Protagonisten

---

[53] Bisher (Stand Januar 2018) sind von den neun Bänden erst die Bände 1–5 ins Deutsche übersetzt worden und bei Thienemann erschienen. Für diese Bände wird nachfolgend der deutsche Titel verwendet, für die anderen Bände der englische.

eingeführt werden und das Setting entwickelt wird. Die Handlung startet im Jahr 1912 auf der sinkenden Titanic, auf der sich der 16-jährige Liam O'Connor als Steward seine Überfahrt nach Amerika verdienen will. Kurz bevor das sinkende Schiff auseinanderbricht, erscheint Mr. Foster, ein Zeitreisender aus der Zukunft, und eröffnet Liam die Möglichkeit, dem Tod zu entkommen und ein anderes, verborgenes Leben zu führen. Liam nimmt die Option an und findet sich im Jahre 2001, genauer am 11. September 2001 wieder, wo er auf die 18-jährige Madelaine ‚Maddy' Carter trifft, die im Jahr 2010 von Foster aus einem abstürzenden Flugzeug gerettet worden ist. Die Dritte des Teams ist die 13-jährige Saleena ‚Sal' Vikram, die Foster im Jahr 2026 in Mumbai gerettet hat.

Schon hier wird deutlich, dass Geschichte selbst nicht nur für die Protagonisten, sondern auch für Leser ‚erlebbar' gemacht wird, wenn mit dem Untergang der Titanic 1912 und den Terroranschlägen am 11. September 2001 zwei historische Ereignisse eingeführt werden, die sowohl für die Protagonisten relevant als auch den Lesern bekannt sind. Während die Protagonisten ihre eigene Geschichte erleben und den Umgang mit der für sie neuen Geschichte erlernen müssen – Liam kommt aus der Vergangenheit in eine für ihn zukünftige Welt, Sal aus der Zukunft in eine für sie vergangene Welt, Maddie bleibt in ihrer Zeit, sie hat 9/11 miterlebt, und ist somit die einzige ‚zeitkongruente' Figur –, sind die Leser besonders gefordert, wenn sie Liam und die Support Unit Bob, einen Klon,[54] bei ihren Reisen durch die Zeit begleiten, die sie in den ersten Bänden zunächst nur in die Vergangenheit, später auch in die Zukunft führen.

Zusammen bilden die drei Protagonisten das Team der „TimeRiders". Sie werden instruiert, ihre ‚neue' Gegenwart genau auf Veränderungen hin zu überprüfen, die durch Manipulationen der Vergangenheit verursacht wurden. Das Konzept der Zeitwellen, das hier thematisiert wird, ist ein typisches und für Zeitreisen oft genutztes Prinzip, das im Sinne des sogenannten Schmetterlingseffekts davon ausgeht, dass kleinste Veränderungen der Vergangenheit im Laufe der Zeit immer größere Wellen schlagen und zu immer größeren Abweichungen im Geschichtsverlauf führen.

Parallel dazu wird in Scarrows Serie ein zweites Motiv aufgegriffen, das besonders durch den Film *Und täglich grüßt das Murmeltier* (1993, R: Harold Ramis) bekannt ist, nämlich das der Zeitschleife,[55] das sich inzwischen auch literarisch manifestiert hat.[56] Die Zeitschleife wird hier mit historischen Ereignissen,

---

54 Siehe dazu Sabine Planka: At the Border of Humanity: Artificial Humans in Current Theoretical Discourse and Literature. In: Dies. (Hg.): Critical Perspectives on Artificial Humans in Children's Literature. Würzburg 2016, S. 9–43.
55 Vgl. Scarrow: TimeRiders, Bd. 1, S. 51–52.
56 Z.B. in Riggs: Die Insel der besonderen Kinder, S. 183.

namentlich 9/11, verknüpft und stellt entsprechend eine erste Herausforderung dar, der sich die Protagonisten – und mit ihnen die Leser – stellen müssen, wenn sie den Tag des Anschlags immer und immer wieder erleben. Während Maddy durch den Verlust eines Angehörigen direkt betroffen ist, kennt Sal die Terroranschläge nur durch mediale Berichte; für Liam als aus der Vergangenheit Kommendem ist das Ereignis zunächst unbekannt. Er hat wiederum mehr mit den technischen Neuerungen der Zeit zu kämpfen, die für Sal hingegen veraltet, daher jedoch genauso unbekannt sind. 9/11 wird hier als Folie genutzt und wird für die Protagonisten zu ihrer neuen Realität, damit die Zeitreisen unbemerkt vollzogen und Zeitwellen beobachtet werden können.[57]

Dementsprechend gestaltet sich auch die Handlung des ersten Bandes – die für den Leser trotz vieler Zeitsprünge nachvollziehbar bleibt durch realhistorisch belegte Fakten, die die Grundlage für den alternativen Geschichtsverlauf bilden, sowie durch die Einsichtnahme in Gedanken und Handlungsmotivationen der Protagonisten – sehr komplex. Nachdem Foster sein neues Team einem kurzen Test unterzogen hat, spielt sich die Handlung zwischen dem 15. April 1941 und den Jahren 1956 bzw. 2066 ab. Aus der Zukunft des Jahres 2066 reist Antagonist Paul Kramer verbotenerweise aus einem dystopisch gestalteten New York[58] ins Jahr 1941 zurück, um Hitler dazu zu bringen, nicht nach Russland einzumarschieren, in der Hoffnung, Amerika und New York retten zu können. Die Auswirkungen auf die nun folgenden historischen Ereignisse sind gewaltig: Das Deutsche Reich breitet sich aus und kann unter der Macht des Führers Kramer – Hitler hat sich im Wahn ein paar Jahre nach Kramers Auftauchen umgebracht – Amerika einnehmen, sodass sich das alternative New York straff organisiert präsentiert, es keine Mobiltelefone gibt und das Internet in den Kinderschuhen zu stecken scheint. Geschichtsbücher oder historische Informationen reichen lediglich bis ins Jahr 1956 zurück, als Kramers Armee Amerika erreichte. Aufgrund dieser Veränderungen schickt Maddy Liam und Bob ins Jahr 1956, wo sich eine zweite Zeitwelle anbahnt, in deren Folge New York – zerstört durch eine Atombombe – zu einer totalen Dystopie wird und kaum noch Leben in der Stadt existiert. Liam und Bob kehren mit Maddys Hilfe ins Jahr 1941 zurück und können Kramer töten, noch bevor er Hitler treffen und so den Geschichtsverlauf ändern kann.

---

57 Vgl. Riggs: Die Insel der besonderen Kinder, S. 52.
58 Scarrow zeichnet hier das Bild einer Stadt, die die ganze Welt widerspiegelt: Sterbend, zerstört, überbevölkert von hungernden Menschen und gezeichnet von Umweltverschmutzung sowie von „schwindenden Ressourcen" (Scarrow: *TimeRiders*, Bd. 1, S. 122; dazu auch S. 224). Derartige dystopische Weltentwürfe sind typisch für das Science-Fiction-Genre und hier insbesondere für wirtschaftliche Dystopien oder Postapokalypsen, die von Krankheiten, Atomkriegen oder Überbevölkerung gezeichnete Welten zeigen.

Der Einsatz der gewählten Erzählperspektive, die einmal Liams Geschichte im Jahr 1956 bzw. 1941, dann wiederum Maddys und Sals Geschichte im Jahr 2001 folgt und auch Kramers Geschichte in den Blick nimmt, die sich zwischen 2066 und 1941 bzw. 1956 spannt, ermöglicht einerseits einen Spannungsaufbau, der primär durch die Frage geprägt ist, ob es den TimeRiders gelingt, den bekannten Geschichtsverlauf wiederherzustellen. Dabei lässt Scarrow die Leser am Geschehen und – viel wichtiger – an den Gedanken, Gefühlen und Handlungen der Protagonisten teilhaben, sodass sie sich mit den neuen Gegebenheiten arrangieren und sich historisches Wissen aneignen können. Die Leser begleiten Sal durch die Straßen von New York und prägen sich Straßenzüge und Bauwerke ebenso ein wie vorbeieilende Menschen und deren Handlungen, sie recherchieren mit Maddy historische Fakten im PC der Einsatzzentrale, um Liam für seine Zeitreisen auszustatten und Ursprünge für Zeitwellen zu rekonstruieren, und sie begleiten Liam in fremde Zeiten und werden dort gemeinsam mit unbekannten historischen Ereignissen konfrontiert, in der sie sich dank Maddys Recherchen mehr oder weniger unauffällig bewegen können.

Andererseits wird gleichzeitig das Erleben mehrerer historischer Ereignisse ermöglicht, die sich als relevant für die Narration entpuppen: Nicht nur die Tage um 9/11 herum werden erlebbar gemacht, sondern auch das Sinken der Titanic und das Attentat auf John F. Kennedy. Alle diese historischen Ereignisse werden mit fiktiven Ereignissen sowie Gedankenspielen kombiniert, die geradewegs in eine dystopische Welt führen, in der kaum mehr übrig ist als Stahlskelette und Autowracks.

Derartig komplex gestaltete Zeitreiseromane, die mit der Vergangenheit spielen und die Frage ausloten, ob die Vergangenheit verändert werden darf, sind primär an Jugendliche adressiert. Weniger komplexe Zeitreiseromane, die sich vorrangig an Kinder richten, bauen ihre Handlung vor historischer Kulisse auf und kontrastieren das Leben der Zeitreisenden mit den Lebensumständen in der Vergangenheit. Die von Zimmermann aufgestellte These, dass die „bereiste Epoche [...] in der Regel implizit als rückständig bewertet [wird]" und ihre Bewohner mit dem modernen Helden lediglich durch ihre Tugenden in Konkurrenz treten können,[59] kann nicht für alle geschichtserzählenden Zeitreiseromane bestätigt werden. Gleichwohl haben Tugenden wie z.B. Mut, Ehrlichkeit und Beistand/Hilfe in der Not durchaus hohe Relevanz in den Zeitreiseromanen der KJL; hier ist ein nicht zu gering einzuschätzender didaktischer Impetus zu vermuten, was freilich ebenso für Freundschafts- und Abenteuerromane gilt.

---

59 Zimmermann: Geschichte(n) erzählen, S. 119.

5 Kirsten Boie: *Alhambra* (2007)

Während sich Alex Scarrows komplexe Serie *TimeRiders* primär mit der Frage beschäftigt, wie man eine Veränderung der Vergangenheit und mitunter auch der Zukunft verhindern und damit Geschichte (be)schützen kann, stellen deutschsprachige Zeitreiseromane weniger Science-Fiction-Elemente in den Fokus, sondern verknüpfen vielmehr die Zeitreise mit Magie und setzen stärker auf historische Settings, in denen sich die Handlung abspielt – vor dem Hintergrund der beständigen Frage für den Protagonisten, wie er wieder in die Gegenwart zurückkehren kann. Ein bekanntes Beispiel ist der von Kirsten Boie verfasste Roman *Alhambra*,[60] der sich an ältere Kinder richtet und zeigt, dass auch ‚kleinere' Zeitreiseabenteuer den Leser in die Geschichte hineinziehen und ein Erkunden von Geschichte ermöglichen.

Der 13-jährige Protagonist Boston wird während einer Sprachreise mit seiner Schule nach Granada aus seiner Gegenwart in das Spanien des Jahres 1492 gerissen, als er eine alte Fliese berührt, die er auf einem Basar sieht. In der Vergangenheit sieht er sich mit spanischer Geschichte, Inquisition, der Eroberung sowie der Besetzung Granadas durch die Christen konfrontiert. Gleichzeitig ist er Zeuge, dass Christopher Kolumbus' Anliegen, über den Ozean segeln zu dürfen, um Indien zu erreichen, durch die spanische Königin Isabella abgelehnt wird – und somit die Entdeckung Amerikas auf dem Spiel steht. Seine eigene Familiengeschichte – seine Mutter ist alleinerziehend, sein Vater, ein Amerikaner, weiß nichts von seiner Existenz – lässt ihn schließlich erkennen, dass er selbst in Gefahr ist, wenn Amerika nicht entdeckt wird und die Geschichte nicht so verläuft, wie es allgemein bekannt ist: Seine Mutter würde vermutlich nicht nach Amerika reisen und seinem Vater begegnen, sodass es ihn nicht geben würde. Nach Verwechslungen und zahlreichen Gefahren, denen sich Boston stellen muss – er muss vor der Inquisition fliehen, erhält Hilfe von einheimischen Mauren, Juden und Mönchen und schließlich auch von Prinzessin Johanna selbst –, gelingt es ihm, den königlichen Schatzmeister Santángel davon zu überzeugen, dass Kolumbus den Seeweg nach Indien erkunden muss, um das noch unentdeckte Land, von dem Boston ständig spricht, zu entdecken und Spanien dadurch zu Reichtum zu verhelfen. Schließlich gelingt es Boston, die Fliese, die ihn in die Vergangenheit gebracht hat, mit Hilfe seiner neuen Freunde aufzuspüren und dorthin zu bringen, wo sie hingehört: in die Alhambra, wo sie ausgeschlagen wurde. Boston setzt sie in die Lücke in der Wand und findet sich in seiner Gegenwart wieder, wo die Polizei, seine Lehrerin, seine Mitschüler und auch seine Mutter nach ihm gesucht haben.

---

60 Kirsten Boie: Alhambra. Hamburg 2007.

Die Autorin Kirsten Boie hat das Motiv der linear verlaufenden Zeitreise genutzt, um dem Leser spanische Geschichte und historische Fakten nahezubringen und dies verflochten mit einer spannend konstruierten Geschichte um Boston, die konsequent ihrem Höhepunkt zustrebt. Historische Fakten werden durch wörtliche Rede vermittelt oder aber durch den Reiseführer, den Boston auf seiner Zeitreise dabei hat. Immer wieder blättert er darin, um sich in der Zeit, in der er gelandet ist, zu orientieren. Dabei gelingt es Boie, historische Sachverhalte dort einzustreuen, wo sie im Alltagsleben der Akteure eine Rolle spielen. Es ist also nicht nur das große historische Geschehen, das hier präsentiert wird, sondern das alltägliche Leben, das an Kontur gewinnt und den Leser in seinen Bann zieht. Gleichzeitig nutzt Boie immer wieder die für historische Romane geläufige Landschaftsschau, um dem Leser einen Eindruck von der Umgebung – und gleichzeitig ein mögliches Bild der Vergangenheit – zu vermitteln, in der sich Boston befindet.[61]

Die Erzählinstanz, die Boie nutzt, erscheint als heterodiegetische mit einer variablen internen Fokalisierung: Zwischen Gegenwart und Vergangenheit springend, wird der Leser Zeuge, was Boston einerseits in Spanien erlebt, andererseits erlebt er auch mit, welche Bemühungen Bostons Mitschüler an den Tag legen, um sein Verschwinden aufzuklären. Und nicht zuletzt ermöglicht diese Variabilität auch Einsicht in das Gefühlsleben des Basarhändlers, der die Fliese jahrelang in seinem Besitz hatte und dem die Gerüchte und Sagen, die sich um die Fliese ranken, selbst Angst gemacht haben, sodass er sie loswerden wollte.

Anders als viele andere Zeitreiseromane endet Boies Roman mit einem Kapitel, das in der Vergangenheit spielt – nachdem Boston sein Happy End in der Gegenwart hatte: Sie lässt Bostons Helfer ein letztes Mal im Jahr 1492 auftreten und mit ihnen die kommende Entdeckung Amerikas ins Bewusstsein des Lesers rücken. So gelingt es ihr, die Relevanz der Vergangenheit für die Gegenwart aufzuzeigen und Geschichte insgesamt als eine Verkettung von Ereignissen zu zeigen.

> Die Vermittlung der Bedeutsamkeit historischer Ereignisse und Entwicklungen für die Gegenwart ist ein zentrales Element der Geschichtsdidaktik. Daher lässt sich sagen, dass Boie dem Zeitreisemotiv in ihrer Erzählung eine quasi didaktische Funktion verleiht. Sie lässt die Hauptfigur ihres Romans und damit auch die Lesenden die Relevanz der geschichtlichen Ereignisse [...] erfahren.[62]

---

61 Vgl. z.B. Boie: Alhambra, S. 224.
62 Andreas Seidler: Kirsten Boies *Alhambra*. Eine Zeitreise zur Gegenwart. In: Bennewitz und Schindler (Hg.): Mittelalter im Kinder- und Jugendbuch, S. 441–455, hier S. 443.

Die historischen Ereignisse in Spanien sind die Folie, vor der sich die Handlung entwickelt und in deren Rahmen sich Boston bemüht, wieder in seine Gegenwart zurückzukehren. Dass dies nicht so einfach wird, stellt er zum Beispiel daran fest, dass sein Mobiltelefon in der Vergangenheit nicht mehr funktioniert. Auf beiläufige Weise wird hier dem Leser die Fremdheit der Vergangenheit vermittelt und gleichzeitig bewusst gemacht, dass technische Errungenschaften ein Produkt der Neuzeit sind, die wiederum nur durch das Zeitalter der Industrialisierung und daran anknüpfende Entwicklungen möglich waren.

6 Heike Eva Schmidt: *Purpurmond* (2012)

Inquisition und Verfolgung sind auch Thema in Heike Eva Schmidts Roman *Purpurmond*,[63] der sich um die 17-jährige Caitlin dreht, die mit ihren Eltern nach Bamberg zieht und sich sowohl in der Stadt als auch in der neuen Schule zurechtfinden muss. Gemobbt von ihren neuen Klassenkameradinnen, nimmt sie trotzdem eine Einladung zu einer Party an, die im Drudenhaus, auch Malefizhaus genannt, stattfinden soll. Im ausgehenden Mittelalter wurden in diesem Haus Menschen eingekerkert, die man als Hexen und Zauberer gebrandmarkt hatte. Im Sinne der Handlung kommt es, wie es kommen muss: Caitlin wird eingesperrt. Auf ihrer Suche nach einem Ausgang findet sie, verborgen hinter Backsteinen, einen Lederfetzen, auf dem ein Spruch eingebrannt ist, sowie einen bronzefarbenen Halsreifen, den sie direkt umlegt. Mit fatalen Folgen: Als sie den Spruch laut rezitiert, wird sie ins Bamberg des Jahres 1630 ‚gezogen' und findet sich mitten auf dem Marktplatz wieder, wo sie direkt Zeugin einer Hexenverbrennung wird. Ein erneuter Strudel zieht sie zurück in ihre Gegenwart, wo sie feststellt, dass sie noch immer den Halsreifen trägt, der sich nicht mehr lösen lässt. Nach Recherchen und Gesprächen stellt sich heraus, dass der Halsreifen magisch verflucht ist und nur eine erneute Reise in die Vergangenheit diesen Fluch lösen kann. In einem parallelen Handlungsstrang, der im Jahre 1630 stattfindet, wird die 16-jährige Dorothea Flock eingeführt, die sich in Daniel Förg verliebt hat. Förg ist der Sohn des Richters, der maßgeblich an den Hexenprozessen beteiligt ist. Ihre Liebe steht unter keinem guten Stern, versucht doch der Richter die Beziehung zu unterbinden, indem er Dorothea selbst umwirbt. Als sie auf seine Werbung nicht eingeht, setzt der Richter alles daran, Dorothea als Hexe zu denunzieren und auf dem Scheiterhaufen brennen zu lassen.

---

[63] Heike Eva Schmidt: Purpurmond. München 2012.

Bei ihrer zweiten Zeitreise – Caitlin kann die Reisen in die Vergangenheit bewusst auslösen, indem sie den Vers von dem Lederfetzen abliest, die Rückreisen sind jedoch nicht kontrollierbar – kreuzen sich die Wege Caitlins und Dorotheas. Caitlin erlebt, dass Dorotheas Beziehung zu Daniel zunehmend unter Richter Förgs Bestrebungen, sie zu denunzieren, leidet. Zudem erkennt sie, dass sich ihr Halsreifen auf unerklärliche, magische Weise zusammenzieht und ihr die Luft zum Atmen zu nehmen droht. Gleichzeitig – und hier zeigt sich, dass der Roman vornehmlich an eine weibliche Leserschaft gerichtet ist – verliebt sie sich jedoch in Dorotheas Bruder Jakob, der als Mönch im Kloster lebt und sein Leben der Wissenschaft und dem Studium gewidmet hat.

Es braucht insgesamt vier Zeitsprünge, in deren Verlauf Caitlin erkennt, dass Grete Haan, mütterliche Freundin Dorotheas, für den Fluch verantwortlich ist, der Caitlin die Luft abschnürt: Grete ist ebenfalls der Hexerei angeklagt und hat Förg und seine Nachkommen verflucht – ein Blutfluch, wie Caitlin im Jahr 2012 erfährt, von dem sie als Nachfahrin von Förg betroffen ist. Es gelingt Caitlin zusammen mit Daniel und Jakob, die Hexenverbrennungen zu stoppen. Gleichzeitig wird der Fluch um den Halsreifen aufgehoben, sodass Caitlin endgültig in ihre Gegenwart zurückreisen kann. Dort angekommen, erfährt sie, dass sie durch ihre Zeitreise den Geschichtsverlauf verändert hat – auch hier findet sich somit das Motiv des Schmetterlingseffekts: aus nunmehr anders lautenden historischen Dokumenten erfährt sie, dass Dorothea überlebt und Daniel Förg geheiratet hat.

Ebenso wie Boie nutzt Schmidt die Landschaftsschau und baut historische Stadtbeschreibungen z.B. des Marktplatzes der Stadt Bamberg[64] bei Caitlins erster Zeitreise ein, um den Leser langsam mit der Vergangenheit und der mittelalterlichen Historie der Stadt vertraut zu machen. Zudem erweist sich – wie bei Scarrow – die Erzählinstanz als variabel: Während die Kapitel, in denen es ausschließlich um Dorotheas Leben geht, heterodiegetisch mit interner Fokalisierung erzählt werden, haben die Kapitel, in denen Caitlin im Mittelpunkt steht, eine autodiegetische Perspektive: Das berichtende ist das erlebende Ich selbst. Das ermöglicht es dem Leser einerseits, Caitlins Zeitsprünge ebenso nachzuvollziehen wie die verzweifelten Versuche, den Halsreifen loszuwerden. Andererseits wird auch das Erleben von Caitlins zunehmenden Gefühlen für Jakob nachvollzieh- und erlebbar. Die autodiegetische Erzählinstanz befördert die Identifikation mit der Protagonistin und ihren Erlebnissen während der Zeitsprünge.

---

64 Siehe Schmidt: Purpurmond, S. 52–53.

Thematisch siedelt Schmidt die Handlung in der Zeit der Hexenprozesse an, doch stellt sie das persönliche Schicksal der Akteure in den Vordergrund, das eng verknüpft wird mit den Prozessen, deren historische Dimension implizit und altersgerecht vermittelt werden. Auch hier funktioniert die Faktenvermittlung mittels Ich-Erzählperspektive: Die Leser folgen Caitlin durch die Zeit und wohnen den Hexenprozessen und -verbrennungen auf dem Bamberger Marktplatz bei. Verflochten werden die dem Roman zugrunde liegenden historischen Ereignisse – aus dem Nachwort der Autorin geht hervor, dass Dorothea Flock wirklich lebte, jedoch 1630 im Alter von 22 Jahren ein Opfer der Hexenprozesse wurde und nicht gerettet werden konnte – mit der sich zuspitzenden Handlung um Caitlin und der Frage, ob sie sich ihres Halsschmucks, der sich, je weiter die Hexenprozesse um Dorothea und Grete fortschreiten, immer mehr zuzieht und ihr die Luft abzuschnüren droht, rechtzeitig entledigen und damit auch die Hexenprozesse stoppen kann.

7 Implizite Wissens- und Geschichtsvermittlung

Den drei analysierten Werken ist – wie auch anderen Zeitreiseromanen mit historischer Ausrichtung – gemeinsam, dass sie, ganz im Sinne Steinleins sowie Abrahams und Bismarcks und im Gegensatz zu den expliziten geschichtsvermittelnden Literaturen des 18./19. Jahrhunderts, historische Fakten in die fiktive Handlung integrieren, sodass faktuales Wissen nicht aufgesetzt und künstlich implementiert, quasi addiert erscheint, sondern sich in den Erzählfluss einfügt und beiläufig vermittelt wird,[65] wobei sich historische Zeitreiseromane die stilistischen Mittel ‚normaler' historischer Romane zunutze machen. So gelingt es, die Leser zusammen mit den Protagonisten auf Zeitreisen zu schicken und sie an den erlebten Abenteuern teilnehmen zu lassen, die in nahezu allen Fällen über eine steigende Spannungskurve verfügen, die sich oftmals aus der Sorge speist, ob die Protagonisten wieder in ihre eigene Realität zurückkehren können, die in der Regel der Lebenswirklichkeit des Lesers entspricht. In der Spannungskurve wird gleichzeitig – besonders Boies Roman macht dies deutlich – die Relevanz der Vergangenheit für die Gegenwart herausgestellt. Nicht selten ähnelt die Reise der Protagonisten strukturell der Heldenreise, wie sie Vogler beschreibt: Nach einem Übertritt in eine fremde Welt – hier eine fremde Zeit – muss sich

---

65 Siehe Abraham und Bismarck: KJL als Tor zu mittelalterlichen Welten, S. 79.

der Protagonist bewähren, ggf. auch im Kampf gegen einen Antagonisten, um in die eigene Welt/Zeit zurückkehren zu können.[66]

Unterstützt werden Protagonisten bei ihren Bestrebungen, eine Möglichkeit zur Rückreise zu finden, von Helfern, die sie z.B. mit Informationen versorgen. Das Wissen, das hier vermittelt wird und an dem auch Leser partizipieren, umfasst nahezu alle Lebensbereiche. Praktisches Handlungswissen, das Wissen um kulturelle und mitunter auch gesetzliche Gepflogenheiten sowie praktisch verwertbares Alltagswissen voraussetzt, wird dabei ebenso vermittelt wie Orientierungswissen und theoretisches Wissen über Meilensteine der Geschichte, beispielsweise die Entdeckung Amerikas. Der Blick auf die Vergangenheit – und hier wird eine dezidiert genderspezifische Fragestellung ermöglicht – konfrontiert Protagonisten und Leser zudem nicht selten mit alten gesellschaftlichen Rollenvorstellungen, die zunächst fremd erscheinen und erlernt werden müssen. Die Wissensvermittlung gelingt durch andere Akteure ebenso wie durch Selbststudien der Protagonisten in Zeitdokumenten oder Reiseführern. Besonders die Konfrontation mit ‚dem Fremden', dem Unbekannten, wird als Herausforderung präsentiert, an dem nicht nur die adoleszenten Akteure wachsen und eigene Fähigkeiten entdecken und erproben, sondern sich auch adoleszente Leser abarbeiten können. In den oftmals gleichaltrigen Protagonisten finden Leser Vorbilder, die eine Identifikation ermöglichen und beitragen können zur eigenen Identitätsstärkung.[67]

Den Zeitreiseromanen werden oft gesonderte, unterschiedlich ausgestaltete historiographische Anhänge beigefügt, die an die Leserschaft selbst gerichtet sind und in denen Auskünfte über den tatsächlichen Geschichtsverlauf gegeben werden, der in einigen Zeitreiseromanen pervertiert wird. Während *Time-Riders* ‚nur' ein Schaubild über tatsächliche und mögliche andere Zeitverläufe präsentiert, beinhalten die Werke Boies und Schmidts ganze Nachworte – im Falle Boies zudem ein Glossar –, in denen die Relevanz der erzählten historischen Ereignisse dargestellt wird und Begriffe erläutert werden. Besonders Boie legt darauf Wert, dem Leser nachvollziehbar zu erklären, was historisch belegbar ist und wo sie Änderungen vorgenommen hat. In abgeschwächter Form gilt das auch für Schmidt, die den Leser aufklärt über die historischen Figuren, die ihrem Roman als Vorbild gedient haben.

---

[66] Siehe dazu Christopher Vogler Die Odyssee des Drehbuchschreibers. Über die mythologischen Grundmuster des amerikanischen Erfolgskinos. Aus dem Englischen übersetzt von Frank Kuhnke. 4., aktual. u. erw. Aufl. Frankfurt am Main 2004. Dazu auch Planka: Einleitung, S. 16.

[67] Vgl. Planka: Einleitung S. 16.

Dass diese historiographischen Anhänge keine Einzelphänomene sind, zeigt ein Blick auf die im Loewe-Verlag erschienenen Reihen *Tatort Geschichte* und *Tatort Forschung*, in denen sowohl unterschiedliche Epochen vom alten Ägypten bis zum Mittelalter als auch historische Persönlichkeiten im Fokus stehen. Die Klappentexte bewerben die Bände als: „Packende Ratekrimis und Geschichtsunterricht zugleich: mit anschaulichen Abbildungen zur Epoche und ausführlicher Zeittafel" (Reihe *Tatort Geschichte*); „Fesselnde Ratekrimis rund um berühmte Wissenschaftler, ihre Entdeckungen und Erfindungen. Mit umfassender Zeittafel" (Reihe *Tatort Forschung*). Der – hier wiederum explizite – didaktische Impetus steht im Vordergrund dieser beiden Reihen und zeigt zudem, dass es in gegenwärtigen Kinder- und Jugendromanen nicht nur implizit, sondern eben doch auch explizit intendierte Geschichtsvermittlungen gibt. Die mitunter fiktiven Abenteuer sind zwar relevant, um Wissen anders als ein Geschichtsbuch zu vermitteln, der Leitgedanke ist jedoch die *Wissens*vermittlung. Zeitreiseromane beinhalten immer Historie, sie sind Historie, vergangene ebenso wie zukünftige, und ermöglichen einen Zugang zu Geschichte.[68] Vergangenes wird präsent gemacht und einer Leserschaft vermittelt, die im Zuge des Lesevergnügens beiläufig Zugang zu historischen Ereignissen erhält. Die Intention von Zeitreiseromanen hat sich jedoch gewandelt: Während bis Mitte des 20. Jahrhunderts mit Zeitreiseromanen fast ausschließlich politische und pädagogische Intentionen verknüpft wurden und entsprechende Romane sozialisatorische Funktionen beinhalteten – auch in gegenwärtigen Zeitreiseliteraturen des ausgehenden 20. und beginnenden 21. Jahrhunderts werden immer noch gesellschaftspolitische Problematiken verhandelt –, lösen sich jüngere Erzählungen von diesem Konzept und binden das Element der Zeitreise in Abenteuerromane ein, um „Spannung und Emotionen in den Handlungsbogen [zu] integrieren."[69] Denn „Kinder- und Jugendliche lesen, um sich zu unterhalten, um in andere Welten einzutauchen, um sich ihrer selbst zu vergewissern und um sich mit Gleichaltrigen über das Gelesene auszutauschen."[70]

Bibliographie

Abraham, Ulf, und Kriszina Bismarck: Kinder- und Jugendliteratur als Tor zu mittelalterlichen Welten. In: Ingrid Bennewitz und Andrea Schindler (Hg.): Mittelalter im Kinder- und

---

[68] Siehe dazu Planka: Back (in)to history, S. 75.
[69] Planka: Einleitung, S. 14.
[70] Planka: Einleitung, S. 14.

Jugendbuch. Akten der Tagung Bamberg 2010. (Bamberger interdisziplinäre Mittelalterstudien 5) Bamberg 2012, S. 79–90.
Boie, Kirsten: Alhambra. Hamburg 2007.
Franz, Kurt, Günter Lange, Herbert Ossowski und Heinrich Pleticha (Hg.): Archäologie, Ur- und Frühgeschichte im Kinder- und Jugendbuch. Mit einer Gesamtbibliographie. (Schriftenreihe der Deutschen Akademie für Kinder- und Jugendliteratur Volkach e.V. 29) Baltmannsweiler 2003.
Friedrich, Hans-Edwin: Die Wiederkehr des historischen Romans seit den 1980er Jahren. In: Ders. (Hg.): Der historische Roman. Erkundung einer populären Gattung. (Beiträge zur Literatur und Literaturwissenschaft des 20. und 21. Jahrhunderts 23) Frankfurt am Main [u.a.] 2013, S. 1–13.
Gansel, Carsten: Moderne Kinder- und Jugendliteratur. Vorschläge für einen kompetenzorientierten Unterricht. 4., überarb. Aufl. Berlin 2010.
Geppert, Hans Vilmer: Der historische Roman. Geschichte umerzählt – von Walter Scott bis zur Gegenwart. Tübingen 2009.
Glasenapp, Gabriele von: Geschichtserzählende Kinder- und Jugendliteratur. [Rezension zur] Aufsatzsammlung Archäologie, Ur- und Frühgeschichte im Kinder- und Jugendbuch. In: Informationsmittel (IFB): digitales Rezensionsorgan für Bibliothek und Wissenschaft, URL: http://swbplus.bsz-bw.de/bsz108030296rez.pdf;jsessionid= F810CDEB42C1F8296BBC0035F5720BDC?1428383968907, zuletzt besucht am 10.10.2018.
Ilgner, Julia: Ut veduta poesis. Topographisches Erzählen als Authentizitätsstrategie im historischen Roman. In: Antonius Weixler (Hg.): Authentisches Erzählen. Produktion, Narration, Rezeption. (Narratologia. Contributions to Narrative Theory 33) Berlin/Boston 2012, S. 197–212.
Lahn, Silke, und Jan Christoph Meister: Einführung in die Erzähltextanalyse. Stuttgart/Weimar 2008.
Lampert, Jo: Children's Fiction about 9/11. Ethnic, Heroic and National Identities. (Children's Literature and Culture) New York/London 2010.
Lange, Günter, und Kurt Franz (Hg.): Von der Steinzeit bis zur Gegenwart. Historisches in der Kinder- und Jugendliteratur. Festschrift für Heinrich Pleticha zum 80. Geburtstag. Baltmannsweiler 2004.
MacCann, Donnarae, und Yulisa Amedu Maddy (Hg.): Apartheid and Racism in South African Children's Literature 1985–1995. (Children's Literature and Culture) New York/London 2013.
Nikolajeva, Maria: The Magic Code. The Use of Magical Patterns in Fantasy for Children. Stockholm 1988.
Nünning, Ansgar: Von historischer Fiktion zu historiographischer Metafiktion. Bd. 1: Theorie, Typologie und Poetik des historischen Romans. (LIR. Literatur – Imagination – Realität. Anglistische, germanistische, romanistische Schriften 11) Trier 1995.
Planka, Sabine: Einleitung. In: Dies. (Hg.): Die Zeitreise. Ein Motiv in Literatur und Film für Kinder und Jugendliche. (Kinder- und Jugendliteratur intermedial 3) Würzburg 2014, S. 9–27.
Planka, Sabine: Back (in)to history: Die Zeitreise im Bilderbuch. In: Dies. (Hg.): Die Zeitreise. Ein Motiv in Literatur und Film für Kinder und Jugendliche. (Kinder- und Jugendliteratur intermedial 3) Würzburg 2014, S. 63–83.

Planka, Sabine: At the Border of Humanity: Artificial Humans in Current Theoretical Discourse and Literature. In: Dies. (Hg.): Critical Perspectives on Artificial Humans in Children's Literature. Würzburg 2016, S. 9–43.

Pleticha, Heinrich: ‚Am Anfang war das Wort.' Der Themenbereich *Archäologie, Ur- und Frühgeschichte in der Kinder- und Jugendliteratur* – ein Überblick. In: Kurt Franz, Günter Lange, Herbert Ossowski und Heinrich Pleticha (Hg.): Archäologie, Ur- und Frühgeschichte im Kinder- und Jugendbuch. Mit einer Gesamtbibliographie. (Schriftenreihe der Deutschen Akademie für Kinder- und Jugendliteratur Volkach e.V. 29) Baltmannsweiler 2003, S. 1–14.

Rahlens, Holly-Jane: Everlasting. Der Mann, der aus der Zeit fiel. Reinbek bei Hamburg 2012.

Rahlens, Holly-Jane: Blätterrauschen. Aus dem Amerikanischen übersetzt von Ulrike Wasel und Klaus Timmermann. Reinbek bei Hamburg 2015.

Rahlens, Holly-Jane: Federflüstern. Aus dem Amerikanischen übersetzt von Alexandra Ernst. Reinbek bei Hamburg 2016.

Riggs, Ransom: Die Insel der besonderen Kinder. Aus dem Amerikanischen übersetzt von Silvia Kinkel. München 2013.

Roig Rechou, Blanca Ana, und Velja Ruzicka Kenfel (Hg.): The Representations of the Spanish Civil War in European Children's Literature (1975–2008). (Kinder- und Jugendkultur, -literatur und -medien. Theorie – Geschichte – Didaktik 87) Frankfurt am Main [u.a.] 2014.

Rossi, Melanie: Das Mittelalter in Romanen für Jugendliche. Historische Jugendliteratur und Identitätsbildung. (Kinder- und Jugendkultur, -literatur und -medien. Theorie – Geschichte – Didaktik 64) Frankfurt am Main [u.a.] 2010.

Rox-Helmer, Monika: Jugendbücher im Geschichtsunterricht. (Methoden Historischen Lernens) Schwalbach/Ts. 2006.

Scarrow, Alex: TimeRiders. Wächter der Zeit. Bd. 1. Übersetzt von Cornelia Panzacchi. Stuttgart 2011 [englisch 2010].

Scarrow, Alex: TimeRiders: Hinter feindlichen Linien. Bd. 4. Übersetzt von Cornelia Panzacchi. Stuttgart 2013 [englisch 2011].

Schmideler, Sebastian: Vergegenwärtigte Vergangenheit. Geschichtsbilder des Mittelalters in der Kinder- und Jugendliteratur. Vom 18. Jahrhundert bis 1945. (Epistemata 740) Würzburg 2012.

Schmidt, Heike Eva: Purpurmond. München 2012.

Schütz, Erhard: Der kontaminierte Tagtraum. Alternativgeschichte und Geschichtsalternative. In: Erhard Schütz und Wolfgang Hardtwig (Hg.): Keiner kommt davon. Zeitgeschichte in der Literatur nach 1945. Göttingen 2008, S. 47–73.

Seidler, Andreas: Kirsten Boies *Alhambra*. Eine Zeitreise zur Gegenwart. In: Ingrid Bennewitz und Andrea Schindler (Hg.): Mittelalter im Kinder- und Jugendbuch. Akten der Tagung Bamberg 2010. (Bamberger interdisziplinäre Mittelalterstudien 5) Bamberg 2012, S. 441–455.

Steffens, Wilhelm: Aspekte des Erzählens in ausgewählten historischen Kinder- und Jugendromanen. In: Günter Lange und Kurt Franz (Hg.): Von der Steinzeit bis zur Gegenwart. Historisches in der Kinder- und Jugendliteratur. Festschrift für Heinrich Pleticha zum 80. Geburtstag. Baltmannsweiler 2004, S. 216–234.

Steinlein, Rüdiger: Geschichtserzählende KJL seit den 1990er Jahren – neue Wege zeitgeschichtlichen Erzählens vom NS, von Judenverfolgung und Holocaust: Phantastik, Komisierung und Adoleszenz. In: Carsten Gansel und Pawel Zimniak (Hg.): Zwischen didaktischem Auftrag und grenzüberschreitender Austörung? Zu aktuellen Entwicklungen in der deutschsprachigen Kinder- und Jugendliteratur. In Verbindung mit Roswitha Budeus-Budde. Heidelberg 2011, S. 169–194.

Vogler, Christopher: Die Odyssee des Drehbuchschreibers. Über die mythologischen Grundmuster des amerikanischen Erfolgskinos. Aus dem Englischen übersetzt von Frank Kuhnke. 4., aktual. u. erw. Aufl. Frankfurt am Main 2004.

Weixler, Antonius: Authentisches erzählen – authentisches Erzählen. Über Authentizität als Zuschreibungsphänomen und Pakt. In: Ders. (Hg.): Authentisches Erzählen. Produktion, Narration, Rezeption. (Narratologia. Contributions to Narrative Theory 33) Berlin/Boston 2012, S. 1–32.

Zimmermann, Holger: Geschichte(n) erzählen. Geschichtliche Kinder- und Jugendliteratur und ihre Didaktik. (Kinder- und Jugendkultur, -literatur und -medien. Theorie – Geschichte – Didaktik 32) Frankfurt am Main 2004.

Filmographie

Und täglich grüßt das Murmeltier (1993, R: Harold Ramis).

Anushka Gokhale
Im Zeichen der Normalisierung

Historische Kriminalromane zur Weimarer Republik im neuen Jahrhundert

Dem vorliegenden Beitrag zum historischen Kriminalroman dienen zwei Beobachtungen als Ausgangspunkt. Als erstes lässt sich feststellen, dass seit den 1990er Jahren Geschichte in vielen westlichen Kulturen zu einem populären Phänomen geworden ist. Dabei handelt es sich nicht nur um ein mediales Phänomen, indem das Vergangene etwa in literarischer, filmischer oder populärwissenschaftlicher Form verarbeitet wird, sondern auch um etwas unmittelbar Erlebbares in Museen oder historischen Themenparks.[1] Parallel zu diesem Aufschwung des Geschichtlichen in der Populärkultur entwickelt sich in Deutschland seit den 1990er Jahren der Versuch zur ‚Normalisierung' der deutschen Nation. Im wiedervereinigten Deutschland wird die Nation zunehmend identifikationswürdig, ein politisches Motiv, das in der alten Bundesrepublik noch ideologische Bruchlinien zwischen linksliberalen und konservativen Historikern erzeugte.

Dieser Prozess einer neuen nationalen Identitätskonstruktion vollzieht sich physisch und symbolisch am deutlichsten in der neuen Hauptstadt Berlin. Die hier zu behandelnden historischen Kriminalromane spielen im Berlin der Weimarer Republik und tragen, so die These, zu jenem Prozess bei, indem sie am medialen Ereignis ‚Berlin' mitarbeiten. Sie betreiben die Aneignung der Weimarer Republik für die 1990 neu erstandene ‚Berliner Republik'. Diese Aneignung, um die These Daniel Fuldas zu historischen Populärromanen aufzunehmen, rückt die Weimarer Republik in den Bereich des „überzeitlich Allgemeinmenschlich[en]".[2] Indem die „Gewohnheiten und

---

[1] Vgl. Barbara Korte und Sylvia Paletschek: Geschichte in populären Medien und Genres. Vom historischen Roman zum Computerspiel. In: Dies. (Hg.): History goes Pop. Zur Repräsentation von Geschichte in populären Medien und Genres. (Historische Lebenswelten in populären Wissenskulturen 1) Bielefeld 2009, S. 9–60, hier S. 9; Jerome de Groot: Consuming History. Historians and Heritage in Contemporary Popular Culture. New York 2009, S. 2.

[2] Bei historischen Romanen kann man „von hier und heute lebenden Schauspielern in altertümlichen Kostümen und Kulissen sprechen, um die halbierte, bloß äußerliche Historizität jener Romane zu kennzeichnen. Die andere Hälfte geben die historischen Populärromane als überzeitlich Allgemeinmenschliches aus [...]. Indem *unsere* Gewohnheiten und Normen als das überhistorisch Normale erscheinen, wird dem Leser ein leichter Zugang zu jeder beliebigen Vergangenheit angeboten". Daniel Fulda: Zeitreisen. Verbreiterungen der Gegenwart im populären Geschichtsroman. In: Silke Horstkotte und Leonhard Herrmann (Hg.): Poetiken der

Normen"[3] der Gegenwart auf die Weimarer Republik projiziert werden, wird sie wie andere Epochen leichter zugänglich gemacht bzw. ‚normalisiert'.

Zunächst möchte ich auf die sogenannte Politik der Normalisierung eingehen, die der darauffolgenden Textanalyse einen geschichtspolitischen Rahmen liefert. Außerdem sind die gattungstheoretischen Vorüberlegungen zur Hybridität des historischen Romans festzuhalten. Im Analyseteil werden dann einige immer wiederkehrende Erzählstrategien des gegenwärtigen historischen Kriminalromans zur Weimarer Republik herausgearbeitet, die sich insbesondere um die Figur des Detektivs zentrieren. Neben historischen Romanen wird auch eine andere Form historischer Verarbeitung der Weimarer Republik, nämlich das virtuelle Second-Life-Projekt, berücksichtigt. Im Schlussteil werden die Texte in gattungstheoretischer Hinsicht kommentiert und mit dem deutschen Normalisierungsdiskurs kontextualisiert.

1 ‚Berliner Republik': Auf dem Weg zur normalen Nation

Mit der Wiedereinsetzung Berlins als Hauptstadt Deutschlands und dem Umzug der Regierung im Jahr 1999 intensivierte sich die öffentliche Debatte darüber, ob sich die deutsche Nation, welche die nationalsozialistischen Gräueltaten begangen hat, wieder als ‚normal' wahrnehmen lässt. Ruth Wittlinger and Steffi Boothroyd stellen die These auf, dass mit dem Normalisierungsprozess eine Suche nach ‚brauchbarer' Vergangenheit einherging.[4] In den zwei Jahrzehnten nach der Wiedervereinigung hat das kollektive Gedächtnis einen Wandel zugunsten einer Identifikation mit der deutschen Nation durchgemacht. Anfang der 1990er Jahre profilierte man sich nicht über einen ins Vergangene rückblickenden Nationalstaat, sondern über eine europäische Identität. Für Wittlinger und Boothroyd ist dies zum Beispiel in solchen Aussagen wie „to Germans nation-state attitudes are a thing of the past" aus dem vom Auswärtigen Amt veröffentlichten Band *Facts about Germany*[5] deutlich zu spüren. Die Suche nach einer brauchbaren Vergangenheit

---

Gegenwart. Deutschsprachige Romane nach 2000. (spectrum Literaturwissenschaft/spectrum Literature 37) Berlin 2013, S. 189–211, hier S. 202.
3 Fulda: Zeitreisen, S. 202.
4 Vgl. Ruth Wittlinger and Steffi Boothroyd: A ‚Usable' Past at Last? The Politics of the Past in United Germany. In: German Studies Review 33 (2010) H. 3, S. 489–502.
5 Wittlinger und Boothroyd: A ‚Usable' Past, S. 490.

verlief parallel zu einer Institutionalisierung der Erinnerung an das Vergangene, wie es etwa am Bau des Denkmals für die ermordeten Juden Europas in Berlin zu beobachten ist. Die linksliberalen Kritiker assoziieren allerdings mit der Praxis der Institutionalisierung der Geschichte einen Versuch zur Verharmlosung der Geschichte. Thomas Ernst meint, dass im wiedervereinigten Deutschland mit der Normalisierung die „nationale Homogenisierung nach innen", eine „Erweiterung der militärischen und außenpolitischen Präsenz nach außen" und „eine Einschränkung von Grundrechten bei gleichzeitiger Realisierung neoliberaler Reformen" einhergegangen sei.[6] Darüber hinaus wurde die Diskussion über den Holocaust zunehmend internationalisiert, indem sie sich von den Deutschen als Schuldigen auf die Frage verlagerte, wie sich ganz einfache Menschen in Massenmörder verwandeln. Die Erinnerung an die Vernichtung der europäischen Juden wurde Teil eines europäischen und sogar eines globalen Kollektivgedächtnisses.[7]

Um nach der Wiedervereinigung auf jenem geschichtlichen Kontinuum weiterzumachen, das 1933 abgebrochen wurde, suchte man nach positiven Vorbildern in der Vergangenheit. Bei den Feierlichkeiten zum 50. Jubiläum der Bundesrepublik wurde ihre demokratische Struktur als wegweisend für die Wiedervereinigung dargestellt. Gleichzeitig konnte man durch die Feierlichkeiten von den Unvollkommenheiten der Gegenwart ablenken. Die Verwandlung der alten Bonner Republik in die neue ‚Berliner Republik' und die Suche nach einer neuen Definition des Deutschseins, deren erste Anzeichen bereits Ende der 1980er Jahre erkennbar waren, bedingten einander gegenseitig. Jene Suche nach einer neuen deutschen Identität, die anfänglich auf intellektuelle Kreise beschränkt blieb, manifestierte sich laut Katrina Sark während der Fußball-Weltmeisterschaft 2006 in der breiten Öffentlichkeit.[8] Dieser Entwicklung ging, so Sark, eine bewusste mediale Kampagne voraus, die in Berlin wie an keinem anderen Ort in Deutschland zu sehen war. Berliner Schriftsteller, Kuratoren und Filmemacher setzten sich mit der Frage auseinander, was es bedeutet, im wiedervereinigten Deutschland zu leben. Berlin wurde als die Werkstatt der Wiedervereinigung, als größte Baustelle Deutschlands bezeichnet. Es wurden

---

6 Thomas Ernst: Literatur und Subversion. Politisches Schreiben in der Gegenwart. Bielefeld 2013, S. 46.
7 Wittlinger und Boothroyd meinen, dass Ausdrücke wie ‚humankind's darkest hour', ‚world's crudest episode in history', or the ‚modern era's greatest calamity' auf die Tatsache verweisen, dass die Welt die Verantwortung für den Holocaust trage, womit man den Blick von der deutschen Täterschaft abwende (A ‚Usable' Past, S. 493).
8 Vgl. Katrina Sark: Fashioning a New Brand of ‚Germanness'. The 2006 World Cup and Beyond. In: Seminar. A Journal of Germanic Studies 48 (2012) H. 2, S. 254–266.

Werbekampagnen mit den Slogans „‚Hauptstadt‘,‚Kreative Stadt‘, ‚Kulturmetropole‘,‚Lebenswerte Stadt‘, oder ‚Ost-West-Metropole‘"[9] geführt, um eine junge Generation auf die attraktive Zukunft der Stadt aufmerksam zu machen. Im Zuge dieser medialen Vermarktung Berlins versuchte der Soziologe Heinz Bude einen neuen, den 68ern entgegengesetzten Begriff ‚Generation Berlin‘ in Umlauf zu bringen. Jener Generation komme die Aufgabe zu, so Bude, „eine Berliner Republik jenseits vergangenheitspolitischer Alarmreflexe zu begründen", nachdem die „Bonner Republik [sich durch] eine zivilisatorische Distanz zur nationalsozialistischen Vergangenheit" profiliert habe.[10] Bude scheint sich am konservativen Zeitgeist der ‚Neuen Mitte‘ zu orientieren, indem er die Generation Berlin als jene charakterisiert, die weder vom Osten noch vom Westen geprägt, weder kommunistisch noch kapitalistisch sei. Im Kontext der hier zu behandelnden historischen Kriminalromane ist zu fragen, wie sie sich zu dieser politischen Vermarktungsstrategie verhalten, die im Zeichen der politischen Mitte steht.

Auch Deborah Smail und Corey Ross beschäftigen sich mit dem Projekt der Identitätsrekonstruktion im Nachwende-Berlin.[11] Die Markierung ‚Berliner Republik‘ ist, behaupten sie, kein kitschiges politisches Wortspiel, sondern eine bewusste Inanspruchnahme der ersten Republik auf deutschem Boden. Bei der Neuprofilierung der Stadt im vereinten Deutschland wird ihres Erachtens auf das Berlin der Weimarer Zeit Bezug genommen, weil dies die einzige Epoche ist, in der die Stadt vereint war und unter demokratischer Regierung stand. Die rekonstruierte ‚Neue‘ Mitte Berlins vom Potsdamer Platz im Süden bis zum Lehrter Bahnhof im Norden solle der ‚Generation Berlin‘ eine neue räumliche und zeitliche Identitätsachse anbieten.[12] Das Projekt, Berlins ‚neue Mitte‘ als ein Abbild der Weimarer Zeit wiederaufzubauen, war zugleich der Versuch, so Smail und Ross, der neuen Politik der Mitte unter Bundeskanzler Gerhard Schröder eine Legitimation zu verleihen.

---

9 Sark: Fashioning, S. 258.
10 Heinz Bude: Generation Berlin. Leipzig 2001, S. 29.
11 Deborah Smail and Corey Ross: New Berlins and New Germanies: History, Myth and the German Capital in the 1920s and 1990s. In: Mary Fulbrook und Martin Swales (Hg.): Representing the German Nation. Manchester 2000, S. 63–76.
12 „The architecture of the Friedrichstrasse development is a clear invocation of 1920s styles, in particular the rounded cupola of the ‚Galeries Lafayette‘, imitating the 1920s restructuring of the Mosse publishing house at a nearby site, and the eclectic cubist/Neue Sachlichkeit architecture of the new ‚Friedrichstadt Passagen‘ building. There are also numerous references to the 1920s at Potsdamer Platz, from the traffic signal tower (to remind people that this was once the busiest square in Europe) to the aforementioned Marlene Dietrich Platz." Smail und Ross: New Berlins, S. 72.

Smail und Ross verweisen darauf, dass dieses Heraufbeschwören der Vergangenheit als Folge eines seit 1989 wiederauflebenden akademischen und populären Interesses am Berlin der 1920er Jahre zu verstehen ist. In der deutschen Geschichtsschreibung der Weimarer Republik überwog bis in die 1980er Jahre die sozialgeschichtliche Methode, so Rüdiger Gräf,[13] die sich eher auf die gesellschaftlichen und wirtschaftlichen Strukturen konzentrierte, die möglicherweise einen Nährboden für den Nationalsozialismus geschaffen haben. Von der Sonderweg-These ausgehend suchte man die Frage zu beantworten, wie es zum Nationalsozialismus kommen konnte. Die Weimarer Republik wurde somit eher von ihrer katastrophalen Kulmination ins Dritte Reich her untersucht und interpretiert. An der Dominanz der sozialgeschichtlichen Methode, deren Vertreter zum großen Teil der Hitlerjugend-Generation angehörten und somit nicht direkt an den NS-Verbrechen beteiligt waren, wurden erst „im Zeichen der Alltags- und Mikrohistorie sowie einer erneuerten Kultur- und Geistesgeschichte [...] Unbehagen"[14] geäußert. Detlev Peukerts Studie[15] zur Weimarer Republik distanziert sich im Sinne der Letzteren von der dominanten sozialgeschichtlichen Perspektive auf die Weimarer Republik, um den historischen Akteuren der Weimarer Republik gerecht zu werden.

Angesichts dieses Überblicks über die Wandlung des Geschichtsdiskures im wiedervereinigten Deutschland lässt sich die These aufstellen, dass das heutige Phänomen des populären historischen Kriminalromans zur Weimarer Republik aus der Umwandlung der intellektuellen bzw. sozialhistorischen Auseinandersetzung mit der nationalsozialistischen Vergangenheit einerseits und aus der alltagsgeschichtlichen Verarbeitung jener Vergangenheit andererseits hervorgeht. Diese These soll im Folgenden zur Analyse der hier zu behandelnden historischen Kriminalromane fruchtbar gemacht werden.

2 Historischer Kriminalroman: Zur Hybridität der Gattung

Der historische Kriminalroman ist eine hybride Gattung, da in ihm das historische mit dem kriminalliterarischen Erzählen vereinigt wird. Diese Zusammenführung

---

[13] Vgl. Rüdiger Graf: Die Zukunft der Weimarer Republik. Krisen und Zukunftsaneignungen in Deutschland 1918–1933. München 2008.
[14] Graf: Die Zukunft, S. 14.
[15] Vgl. Detlev J. K. Peukert: Die Weimarer Republik: Krisenjahre der Klassischen Moderne. Frankfurt am Main 1987.

zweier Erzählweisen ist allerdings keine zufällige, sondern in der Poetik des historischen Kriminalromans als eine Hybride zweier Gattungen bezeichnet, die epistemologische Gemeinsamkeiten aufweisen. Sowohl der Historie als auch der Kriminalistik geht es um das ‚Spurenlesen' und die ‚Abduktion', also das Rückwärtsdenken.[16] Das Spurenlesen des Detektivs veranschaulicht, „dass Arbeit an der Geschichte immer auch imaginativ ist"[17] und dass der Historiker wie ein Detektiv anhand von Indizien das Vergangene rekonstruiert. Laut Kniesche besteht die charakteristische Eigenschaft des historischen Kriminalromans als einer hybriden Gattung vor allem darin, dass er grundsätzlich detektivisch mit dem überlieferten historischen Wissen umgeht und es als politisch manipuliertes Scheinwissen herausstellt.[18] In ihm begegnet der Leser einem Rätsel, das mit dem vorhandenen historischen Wissen nicht zu lösen ist. Sein objektives Wahrnehmungsvermögen, das auf intellektueller Souveränität und Distanziertheit basiert, macht für den Detektiv die Großstadt lesbar. „Das vermeintliche Rätsel" der Stadt kann „dem analytischen Vermögen des Detektivs"[19] nicht standhalten. Bereits für Siegfried Kracauer repräsentierte der Meisterdetektiv „den Zustand einer Gesellschaft, in dem der bindungslose Intellekt seinen Endsieg erfochten hat".[20] Die stabile narratologische Struktur des Detektivromans ist seit Auschwitz aber aus den Fugen geraten:

> There is a specter haunting German detective fiction [today]: the specter of the Nazi past. [...] [F]or the last 50 years it has been nearly impossible for a German-speaking audience to easily identify with a German detective or accept one as the hero of a novel, because of the sure knowledge that a real German [...] detective might well have been a perpetrator of Nazi crimes.[21]

Analog zu dieser Einsicht ist im Kontext der hier zu behandelnden historischen Kriminalromane zur Weimarer Republik im neuen Jahrhundert zu fragen, wie die Figur des Detektivs konzipiert worden ist, nämlich: ob der Detektiv einen

---

16 Barbara Korte und Sylvia Paletschek: Geschichte und Kriminalgeschichte(n). Texte, Kontexte, Zugänge. In: Dies. (Hg.): Geschichte im Krimi. Beiträge aus den Kulturwissenschaften. Köln 2009, S. 20.
17 Korte und Paletschek: Geschichte und Kriminalgeschichte(n), S. 20.
18 Vgl. Thomas Kniesche: Einführung in den Kriminalroman. Darmstadt 2015, S. 98.
19 Friedrich Lenger: Detektive und Historiker. Detektivgeschichten und Geschichtswissenschaft. In: Korte und Paletschek (Hg.): Geschichte im Krimi, S. 33.
20 Zitiert bei Lenger: Detektive, S. 33.
21 Bruce B. Campbell: The *Krimi* as a Site of Memory in Contemporary Germany. Justice and Genre. In: Ders., Alison Guenther-Pal und Vibeke Rützou Petersen (Hg.): Detectives, Dystopias, and Poplit. Studies in Modern German Genre Fiction. New York 2014, S. 133–151, hier S. 133.

Spürsinn für die nationalsozialistische Umwandlung der Gesellschaft hat, ob er das bevorstehende Zeitalter des Nationalsozialismus vorausahnen kann oder ob er selbst bereits nationalsozialistisch gesinnt ist.

3 Historische Kriminalromane zur Weimarer Republik im neuen Jahrhundert

Der Detektiv in Robert Baurs Roman *Mord in Metropolis* von 2014 heißt Robert Grenfeld.[22] Er ist frühzeitig aus dem Dienst getreten, weil er glaubt, dass seine Arbeit nicht zur Abnahme der Verbrechen in der Stadt beiträgt. Als Polizist ist er immer und überall zu spät gekommen, sodass er sich nur mit „Maden, Fliegen und Zeugen ohne Erinnerungsvermögen"[23] hat abgeben müssen. Stattdessen sucht er nun Zuflucht im Alkohol. Seine Frau Helen hat sich deshalb von ihm abgewendet und reist durch Europa. Grenfeld lebt aber nach wie vor in der prunkvollen Villa, die seiner Frau gehört. Als sein ehemaliger Chef, der historische und recht bekannte Berliner Kriminalrat Ernst Gennat, ihn mit der Metropolis-Affäre beauftragt, wird er erneut mit dem Alltag der Stadt konfrontiert. Er muss zurück in die Milieus, von denen er nach seinem Dienstaustritt Abstand genommen hat. Erst Fritz Langs *Metropolis*-Film holt ihn aus der Trägheit heraus, in die ihn das rasante Leben des modernen Berlins gestürzt hat.

Die Hauptdarstellerin von *Metropolis*, Brigitte Helm, bekommt Drohbriefe in Form von Gedichten. Sie verweisen darauf – wie Grenfeld genialisch feststellt –, dass der anonyme Briefeschreiber nicht nur literarisch begabt ist, sondern sich auch mit dem Manuskript des Films bestens auskennt. Die Ermittlungen Grenfelds führen den Leser von den grandiosen Kulissen der UFA mit hunderten Komparsen zu den Berliner Ringvereinen und schließlich zu völkischen Gruppierungen. Der Oberleutnant einer solchen Gruppierung hat den Angriff auf das Filmprojekt Metropolis geplant. Gleichzeitig steckt die UFA in großen finanziellen Schwierigkeiten, sodass das Scheitern des Metropolis-Projekts sie endgültig in die Hände der Amerikaner geben würde. Mit der Warnung davor versuchen wiederum die Deutschnationalen, die Weimarer Regierung als anti-deutsch und anti-national zu verleumden. Diesen geheimen Plan zu verstehen, gelingt Grenfeld allerdings nur mit größter Mühe, weil ihm die Brutalität der Völkischen neu ist. Sie passen nicht in die ihm bekannte Typologie des modernen, sozial determinierten Täters hinein.

---

22 Robert Baur: Mord in Metropolis. Meßkirch 2014.
23 Baur: Mord, S. 80.

Das Nachkriegsberlin der 1920er Jahre verwirrt den Detektiv, weil die sozialen Stereotypen aus der Zeit vor dem Krieg nicht mehr der gesellschaftlichen Wirklichkeit entsprechen. Grenfeld ist sicherlich kein Gegner der sich entwickelnden Massenkultur Berlins wie seine konservativen Zeitgenossen, aber er merkt, dass eine alte Ordnung zugrunde gegangen ist. Das Berlin, in dem er vor 20 Jahren angefangen hat, „Verzweifelte, Raffgierige und Wahnsinnige" zu jagen, ist inzwischen „laut, eckig, gierig und zerfilmt" geworden.[24] Ihm kommt seine Arbeit undankbar vor, denn die Massen scheinen sich nicht für die Realität zu interessieren, die er mit Hilfe seines kriminalistischen Spürsinns und der Logik jahrelang gestützt hat. Vielmehr sieht er immer größere Massen in die Scheinwelt der Filmpaläste strömen. Auch weil seine Kollegen aus der politischen Polizei manchen Verbrechern gegenüber ein Auge zudrücken, kann Grenfeld seine Arbeit nicht mehr reibungslos ausüben.

In *Mord in Metropolis* steht zwar wie in einem klassischen Whodunit die Lösung des Kriminalfalles im Mittelpunkt der Handlung, aber das eigentliche Thema des Romans scheint etwas anderes zu sein. Er veranschaulicht das Selbstverständnis des Detektivs, dass nämlich das offene kulturelle Gewebe der modernen Großstadt von den konservativen Kräften gefährdet wird. Doch gelangt der Detektiv zu spät zu dieser Einsicht, sodass man behaupten kann, dass ihm gerade die Fähigkeiten versagt bleiben, mit denen Walter Benjamin den Detektiv ausgestattet sah. Der Detektiv, so Benjamin, „sieht ziemlich weite Gefilde seinem Selbstgefühl aufgetan. Er bildet Formen des Reagierens aus, wie sie dem Tempo der Großstadt anstehen. Er erhascht die Dinge im Flug".[25] Das Verständnis der eigenen Gesellschaft qua detektivischer Ermittlung war für Benjamin sowie seine Weimarer Zeitgenossen wie Brecht oder Kracauer ein ideales Verfahren, um den Charakter der Moderne zum Vorschein zu bringen. Der Detektiv Robert Grenfeld scheint allerdings die modernen Subjekte, die über den Lebensraum der Großstadt miteinander verhandeln, nicht mehr enträtseln zu können.

Der Leser bzw. Berliner der Nachwende-Zeit teilt mit Grenfeld die vermeintliche Orientierungslosigkeit, sofern er in der Stadt erneut nach Anknüpfungspunkten sucht. Man kann in Baurs Hauptfigur daher einen Repräsentanten der Gegenwart im historischen Gewand sehen. Dieses Gewand wird daran erkennbar, dass der Detektiv eine andere Rolle innehat als in der Literatur der Weimarer Zeit: Aus seiner historischen Perspektive

---

[24] Baur: Mord, S. 29.
[25] Walter Benjamin: Charles Baudelaire. Ein Lyriker im Zeitalter des Hochkapitalismus. In: Ders.: Gesammelte Schriften. Band I/2. Abhandlungen. Hg. von Rolf Tiedemann und Hermann Schweppenhäuser. Frankfurt am Main 1974, S. 543.

scheint es Baur fast unmöglich zu sein, eine Detektivfigur zu schaffen, die fest an ihre Aufgabe als „Sachwalter der gesetzlichen Ordnung"[26] glaubt. Robert Grenfeld stellt am Ende des Romans fest:

> Dieser Mörder wird nicht etwa seine gerechte Strafe in Tegel verbüßen. Seine Anwälte werden argumentieren, es handle sich einzig und allein um die politische Tat eines Einfältigen, in guter Absicht, zum Schutz der Reichswehr. Er wird sich, wie seine Kameraden, nach Spanien oder Guatemala absetzen, um dann nach ein paar Jahren wieder in Berlin aufzutauchen. Haltet ihm also eine Rolle frei – im nächsten Film! Und wer weiß, vielleicht wird er die Hauptrolle spielen – im Kampf um Metropolis.[27]

Wie in *Mord in Metropolis* funktioniert auch in dem Roman *Gefährliches Terrain* (2011)[28] von Gabriele Stave der Detektiv als ein Kritiker der hergebrachten gesetzlichen Ordnung. In Staves Roman, der im Jahr 1923 spielt, gerät auch die ländliche Peripherie in den Sog der Großstadt. Den Mordfall bei einem Schützenfest auf dem märkischen Gut Rhunow kann der in die Jahre gekommene Detektiv Eugen Ruben schnell lösen, doch während des Gerichtsprozesses bekommt er Zweifel an seinen eigenen Ermittlungsergebnissen. Ein längerer Aufenthalt auf dem Gut Rhunow führt ihn zur richtigen Täterin und entlarvt darüber hinaus die tyrannischen Verhältnisse an diesem kleinen Ort. Ruben entdeckt, dass es auf dem Gut mehrere merkwürdige Todesfälle gegeben hat, zu denen keine Ermittlungen vorgenommen wurden. All diese Fälle führen ihn zum Rhunower Gutsherrn von Roelcke. Gegen ihn wird am Potsdamer Gericht nun ein Prozess geführt, der das wahre Gesicht der dortigen Richterschaft, die hauptsächlich aus Adligen besteht, entlarvt: Sie wollen ihren Klassengenossen um jeden Preis schützen. Bei Ruben löst dies einen Lernprozess aus, denn seine Überzeugung, dass durch die Gründung der Republik die alte konservative Weltordnung verabschiedet und an ihre Stelle die Moderne gesetzt wurde, entpuppt sich als naiv und wirklichkeitsfern. Die undemokratischen Verhältnisse, die der Republik zugrunde liegen, kann der Detektiv in kein kriminalistisches Register einordnen. In einem Gespräch mit einem Freund gibt er resigniert zu:

> Über dreißig Jahre bin ich jetzt bei der Kriminalabteilung, ich hatte Mordopfer aus Eifersucht, Habgier, Sadismus, Rache. Es gab Tote, die einfach nur Pech hatten, weil sie zur falschen Zeit am falschen Ort waren und in geplante Schießereien gerieten. Nach der Beweislage gegen diesen Herrn von Roelcke aber bin ich zum ersten Mal ratlos: Dort im Forst sitzt ein Mann mit der Flinte im Anschlag und knallt freiweg die Leute ab, die da

---

26 Walter Benjamin: Brechts Dreigroschenoper. In: Ders.: Gesammelte Schriften. Band III. Kritiken und Rezensionen. Hg. von Hella Tiedemann-Bartels. Frankfurt am Main 1974, S. 448.
27 Baur: Mord, S. 364.
28 Gabriele Stave: Gefährliches Terrain. Berlin 2011.

zufällig des Wegs kommen – aus Hochmut, aus adliger Borniertheit. In vollem Rechtsbewusstsein und Vertrauen auf Rückendeckung. Ich hielt diese Zeit für vergangen.[29]

Die historischen Krimis veranschaulichen, wie durch den reaktionären Angriff auf die Moderne der gesellschaftliche Verhandlungsprozess außer Kraft gesetzt wird, indem manche Bewohner der Metropole, beispielsweise Juden, an jenem Prozess nicht teilhaben dürfen. Durch die Sicht des Detektivs erfährt man, wie Juden ihrer Bürgerrechte entkleidet und zu Bürgern zweiten Ranges gemacht werden. Am deutlichsten wird dies in den Texten von Susanne Goga thematisiert.

Wie *Mord in Metropolis* beleuchten Gogas Leo-Wechsler-Detektivromane die krisenhaften Verhältnisse am Anfang der 1920er Jahre. Wechsler ist verwitweter Vater von zwei Kindern. Seine Schwester lebt bei ihm und kümmert sich um den Haushalt. Freunde hat er in der KPD, während ihm seine adligen Polizeikollegen sehr zuwider sind, allen voran sein Kollege Herbert von Malchow. In *Leo Berlin*,[30] dem ersten Roman der mittlerweile sechs Bände umfassenden Krimi-Serie von 2005, kommt Leo Wechsler dem Mörder eines Wunderheilers auf die Spur. Die Ermittlungen führen ihn zu dem reichen Fabrikantensohn Max Edel, der sich vor elf Jahren in einem Bordell mit Syphilis angesteckt hat. Den fatalen Bordellbesuch hatte sich Edels Vater als eine erzwungene Entjungferung ausgedacht, auf dass der weiche Junge durch sexuelle Initiation zu einem würdigen Erbe des familiären Unternehmens reife. Die traumatische Kindheit im Vaterhaus, das gesellschaftliche Stigma eines Syphiliskranken und die durch Medikamente verursachten Halluzinationen bringen Max Edel schließlich dazu, den Mord zu begehen. Die Suche nach dem Mörder dient im Roman allerdings nur als ein Vehikel, um die gesellschaftliche Mentalität zu entlarven, die eine machohafte Männlichkeit idealisiert. Wechsler entdeckt, dass sich der eigentliche Schuldige und Vertreter jener Mentalität in seinem eigenen Umkreis befindet. Es ist sein adliger Kollege von Malchow, ein ehemaliger Freund des Mörders und Mitschuldiger an seiner Zwangsentjungferung. Derselbe Kollege bereitet ihm immer wieder Schwierigkeiten bei der Arbeit, sodass Wechsler in einen schlechten Ruf gebracht wird. Auch der Sohn Wechslers ist von Lehrern und Kommilitonen umgeben, die kriegsverherrlichende, antisemitische und deutschnationale Gedanken verbreiten. Sogenannte Berufskriminelle, die ihren „Unterhalt mit Stehlen und Rauben, mit Fälschen und Betrügen"[31] verdienen, zu verfolgen und ihrer Strafe zuzuführen, ist für Leo

---

29 Stave: Gefährliches Terrain, S. 201.
30 Susanne Goga: Leo Berlin. München 2012.
31 Goga: Leo Berlin, S. 208.

Wechsler die Aufgabe der Polizei gewesen und hat sie zugleich legitimiert, doch nun muss er feststellen, dass die Polizei nicht mehr das Pendant zum Berufskriminellen bildet. Auch die rohe Gewalt gegen Juden auf der Straße kann er nicht mehr dem Berufskriminellen zuordnen. Er erkennt, dass durch seine Arbeit die rechtliche Ordnung nicht wiederherzustellen ist.

In *Die Tote von Charlottenburg*,[32] dem dritten Fall in der Leo-Wechsler-Reihe von 2012, wird das Verbrechen wieder im bürgerlichen Milieu verortet. Der Roman spielt 1923 zur Zeit der Hyperinflation. Das Unbehagen des Detektivs an seiner Arbeit kommt hier noch stärker zum Ausdruck. Während er den Mordfall verfolgt, passieren wichtige politische Ereignisse, die ihn davon abhalten, seinem Beruf nachzugehen. Wechslers Chef, auch hier Ernst Gennat, der für seine in der preußischen Beamtenkultur seltene Offenheit geschätzt wird, stellt ihm einen ‚ostjüdischen' Kriminalassistenten namens Jakob Sonnenschein[33] zur Seite. Im jüdischen Viertel brechen neue Unruhen aus, bei denen Sonnenschein und dessen Vater verletzt werden. Wie bei den kommunistischen Demonstrationen gegen die Ermordung Rathenaus erfährt der fiktionale Zeitzeuge Wechsler bei der Judenhetze aus erster Hand, dass die Polizei bei den gewalttätigen Antisemiten wegschaut. Wechslers hautnahes Erlebnis der Judenhetze hat im Roman eine didaktische Funktion. Es ist hier ein wichtiges Anliegen des Romans, den Detektiv mit der politischen Wirklichkeit der Weimarer Republik vertraut zu machen und durch ihn dem Leser des 21. Jahrhunderts historisches Wissen zu vermitteln.

Wie in den bisher diskutierten Romanen steht auch bei Volker Kutschers *Der stumme Tod* (2009)[34] der Kommissar im Mittelpunkt der Handlung. Gereon Rath setzt sich im Labyrinth eines ambivalenten Großstadtlebens durch. Zudem wird Rath durch seine Exzesse charakterisiert. Er ist Kettenraucher, hat früher Drogen konsumiert, und wenn er zu viel getrunken hat, neigt er auch zur Gewalt. Er ist immer mal jemandem etwas schuldig und muss neben seiner polizeilichen Tätigkeit dann auch Privatgeschäfte erledigen. Mal geht es um finanzielle Schwierigkeiten eines Politikers wie etwa des Kölner Oberbürgermeisters Konrad Adenauer, der ihm im Gegenzug einen höheren Posten verspricht, mal geht es um eine vermisste Schauspielerin und Geliebte eines Filmregisseurs, von dem Rath Drogen gekauft hat. Interessanterweise färbt das bunte Leben nicht auf seine Ermittlertätigkeit ab. Den Staat als eine Gerechtigkeitsinstanz unterminiert er nicht. Ihm gilt

---

32 Susanne Goga. Die Tote von Charlottenburg. München 2012.
33 Sonnenschein wird als ein Paradebeispiel für gelungene Integration dargestellt. Zum einen beherrscht er im Unterschied zu den anderen aus seiner Gemeinschaft fließend Deutsch und zum anderen ist er als Polizist Teil der breiten deutschen Gesellschaft.
34 Volker Kutscher. Der stumme Tod. Gereon Raths zweiter Fall. Köln 2009.

der ‚Buddha vom Alex'[35] – wiederum Ernst Gennat – als Idealbild, der allein mit seinem scharfen Intellekt im Stande ist, die Ordnung in der Großstadt wiederherzustellen. Diese Möglichkeit der Wiederherstellung der Ordnung und Raths Vertrauen in sie werden in den Gereon-Rath-Romanen, die von der Zeit des Nationalsozialismus handeln, allerdings zunehmend problematisiert.[36]

Der stumme Tod beginnt mit einem merkwürdigen Unfall, bei dem eine Filmschauspielerin, Betty Winter, während der Dreharbeiten zu einem Tonfilm ums Leben kommt. Sofort wird klar, dass es sich um Mord handelt. Es ist das Jahr 1930, und die Filmindustrie, die sich der Herausforderung der neuen Tonfilmtechnologie stellen muss, befindet sich in einer Umbruchssituation. Als einflussreichstes Massenmedium der Weimarer Zeit und als Symbole für Modernisierung und den technischen Fortschritt bieten bei Kutscher, wie auch bei Robert Baur in *Mord in Metropolis*, das Kino und der Filmbetrieb die ideale Kulisse, den Kampf zwischen konservativen und progressiven Kreisen der Weimarer Gesellschaft vorzuführen. Wie seine Zeitgenossen ist auch Rath ein Kinobesucher, aber der Filmbetrieb an sich ist ihm fremd. Er steht den zeitgenössischen politischen wie sozialen Verhältnissen stets neutral gegenüber. Wie der Autor in einem Interview bestätigt,[37] war es tatsächlich seine Absicht, den Kommissar nicht allzu sehr mit einem politischen Spürsinn auszustatten, mit dem er in die Zukunft der Weimarer Republik hätte vorhersehen können. So meidet Rath alle Aufgaben, die mit politischen Gruppierungen zu tun haben, weil er weder von den Kommunisten noch von den Nationalsozialisten etwas hält. Er findet es bedenklich, dass die Polizei sich immer mehr mit politischen Konflikten beschäftigen muss. Während die Polizei ermittelt, fallen dem Mörder noch weitere Schauspielerinnen zum Opfer. Selbst für Gennat ist weder der Mörder noch das Mordmotiv zu erkennen. Auch die Chefs der Berliner Ringvereine können das Tötungsdelikt nicht verstehen. Dieser allseitigen Ratlosigkeit entspricht die narrative Strategie, dass allein der Erzähler einen Zugang zur Welt des Mörders hat. Wie bei den Romanen Susanne Gogas kommt auch hier der Kriminelle, Wolfgang Marquard, aus wohlhabenden Kreisen und ist geistig gestört. Er ist Filmverleiher und hält den Tonfilm für dekadent. Marquard lockt bekannte Schauspielerinnen in seine Villa und schneidet ihnen ihre Stimmbänder durch, bevor er sie endgültig tötet. Er wohnt in einer mittelalterlich anmutenden Villa mit seinem Butler, der seiner Folter still

---

35 Vgl. Regina Stürickow: Kommissar Gennat ermittelt. Die Erfindung der Mordinspektion. Berlin 2016.
36 Siehe hierfür das Fazit unten.
37 Vgl. Gereon Asmuth: Eins ist klar: Er wird nie Nazi werden, URL: http://www.taz.de/!5165094/, zuletzt besucht am 10.10.2018.

beiwohnt. Damit wird Marquard zum Inbegriff der undemokratischen, kulturkonservativen, anti-westlichen und anti-modernen Strömungen der Weimarer Republik, die letztlich zur Machtübernahme der Nationalsozialisten geführt haben. Entsprechend wird er im Roman von dem modernen Kommissar, der in den 1920er Jahren statt mit der Pferdekutsche mit dem Taxi fährt, morgens duscht oder amerikanischen Jazz hört, ins Gefängnis gebracht.

Man kann an den Detektivfiguren unterschiedliche politische Orientierungen feststellen. Während Gereon Rath und Robert Grenfeld eher politisch neutral bleiben, neigt Leo Wechsler zur linken Weltanschauung. Indem sie alle dem Staat dienen, müssen sie ihrer Rolle eines objektiven Beobachters treu bleiben. Theoretiker des Detektivromans haben in Anlehnung an Walter Benjamin argumentiert, dass die Beschäftigung mit Verbrechen und Kriminalität im Grunde der bürgerlichen Klasse zuzuordnen sei.[38] Die klassische Detektivgeschichte spielt auf die bürgerliche Angst vor der modernen Anonymität, der Unfassbarkeit der ausufernden Metropole, der Unüberschaubarkeit der Massen an, so Carlo Salzani. Das Detektivgenre habe seit seiner Entstehung im 19. Jahrhundert an Popularität gewonnen, weil es der bürgerlichen Paranoia wegen Gefährdung der Ordnung und somit des Privatbesitzes in Zeiten politischer und sozialer Unruhen entspreche. Die Spurensuche des Detektivs diene als Mittel der sozialen Kontrolle. Der Detektiv werde, mit Benjamin gesprochen, zum ‚Sachwalter der gesetzlichen Ordnung', die wiederum den bürgerlichen Interessen dient. Die bürgerliche Paranoia wird in der Detektivgeschichte durch die Entfremdung und Kriminalisierung der marginalen Existenzen, der Armen und der Flüchtigen, kompensiert. Indem sie sich gegenseitig bedingen wie der Flaneur und die Masse, bestimmen beide Seiten, also die Vertreter des Gesetzes und die Kriminellen, zusammen die Konturen der modernen städtischen Kultur. Dieses dialektische Gegenspiel zwischen dem Gesetzmäßigen und dem Gesetzwidrigen wird auch in den historischen Krimis zur Weimarer Republik aufrechterhalten. Fast alle Täter der hier behandelten Romane repräsentieren das konservative Milieu, aber sie sind weder ausgesprochene Nationalsozialisten noch antisemitisch motiviert. Die polizeiliche Ermittlung wird zum Vorwand in der erzählten Geschichte, damit der Detektiv einen Zugang zu jenen antimodernen konservativen Kreisen der Gesellschaft bekommt. Die Detektive wissen zwar, dass die ‚eigentlichen' Kriminellen durch den Rechtsstaat nicht zur Rechenschaft zu ziehen sind, aber ihre Rolle hindert die Detektive daran, dass sie deswegen zur herrschenden Ordnung in Opposition gehen. Als

---

[38] Vgl. Carlo Salzani: The City as Crime Scene. Walter Benjamin and the Traces of the Detective. New German Critique 100 (2007), S. 165–187.

konventionelle Kommissare können sie nicht zum Gegner des Status quo werden und sind darauf festgelegt, ihre Gesellschaft aus der Distanz zu beobachten.

4 Darstellungen des Weimarer Berlin in anderen historischen Gattungen

An einem Second-Life-Projekt, einer virtuellen Simulation zum Berlin der Weimarer Republik, kann man ebenso beobachten, dass in den gegenwärtigen historischen Darstellungen der Weimarer Republik eine Politik der Mitte bevorzugt wird. Die Benutzer müssen sich einen 1920er Avatar aussuchen. Sie bewegen sich durch die Straßen des damaligen Berlins und können sich auf sexuelle Abenteuer begeben.[39] Diese virtuelle Welt scheint allerdings nicht fern von der historischen Wirklichkeit der Weimarer Republik zu liegen. In ihr werden die politischen Spannungen der Weimarer Republik simuliert. Beim virtuellen Reenactment des Verfassungstags der Weimarer Republik lauten die Anweisungen für die Benutzer folgendermaßen:

> On this day we celebrate the constitutional principles and ideas of our nation with flags, parades and pride! Lets show those extremists on all sides that the republic DOES have a future and that we believe in it! This is our new country, show that you love it, show those who plan to destroy it! [...] Put on your uniform, grab a flag and show those right wing trouble makers and left wing rioters that we have faith in the republic and want a future for it![40]

Bei einem anderen Reenactment, den 1.-Mai-Ausschreitungen des Jahres 1929, können die Benutzer in die Rolle des naiven Schaulustigen schlüpfen oder sich als Krankenpfleger, Soldat oder Polizist anmelden. Es besteht auch die Möglichkeit, als kommunistische Randalierer aufzutreten, allerdings muss man dann mit Schlägereien rechnen, bei denen manche Avatare sterben können. Verboten ist es den Benutzern, den Avatar eines Nationalsozialisten anzunehmen. Die Geschichte der Weimarer Republik wird in dem Second-Life-

---

39 In dem virtuellen, einst berühmt-berüchtigten Berliner Transvestiten-Lokal finden regelmäßig Wettbewerbe statt, bei denen das Cross-Dressing besonders geschätzt wird, URL: https://1920sberlinproject.wordpress.com/2015/07/29/the-eldorado-cabaret-celebrates-its-4th-anniversary/, zuletzt besucht am 10.10.2018.
40 Vgl. URL: https://1920sberlinproject.wordpress.com/2011/08/10/verfassungstag-constitution-day/, zuletzt besucht am 10.10.2018.

Projekt in politisch verengter Form dargeboten, wie man sowohl an den oben zitierten Anweisungen für die Nutzer als auch an der Simulation anlässlich der 1.-Mai-Ausschreitungen beobachten kann: Während die rechtsextreme Rollenübernahme verboten ist, sind die Kommunisten ausschließlich in der Rolle der Randalierer verfügbar. Mit dem Angebot, sich die Rollen der Schaulustigen, Krankenpfleger, Soldaten und Polizisten anzueignen, wird einer staatstreuen Gesinnung Vorrang gegeben.

Den politisch kontrollierten Blickwinkel, wie man ihn bei den Detektiven der historischen Kriminalromane feststellen oder bei den Simulationen des Second-Life-Projekts auswählen kann, finden wir ebenso in einem weiteren Beispiel populärer Geschichtsdarstellung: *Die Inderin*, ein 2006 erschienener Roman Wolfram Fleischhauers,[41] dreht sich um einen jungen Fabrikantensohn, Edgar Falkenbeck von Rabov, der fern von der väterlichen Kontrolle im Berlin der 1920er Jahre ein dandyhaftes Leben führt. Er sucht Zuflucht in der lasterhaften Nachtwelt Berlins, um den politischen Realitäten seiner Gegenwart zu entkommen. Sein bester Freund ist ein kommunistischer Jude und Theaterkritiker, der ihn gelegentlich auf seinen nächtlichen Abenteuern begleitet. Daniels kommunistische Weltanschauung teilt der Fabrikantensohn nicht, da er nicht in Schwierigkeiten mit seinem Vater und seiner völkisch orientierten Familie geraten möchte. Daniel und Edgars Familie halten ihn für realitätsfern. Daniel wirft ihm vor, dass er als Adliger „einer ausgestorbenen Art"[42] angehöre. Als Erbe des Familienunternehmens werde Edgar, so warnt ihn Daniel, erstens sein freizügiges dekadentes Leben einbüßen und zweitens auf seine nationalsozialistisch gesinnte Familie angewiesen sein, um das Unternehmen führen zu können; letztendlich werde auch er in den Sog des Nationalsozialismus geraten. Auf diese Warnung hört Edgar nicht; er meint, der Nationalsozialismus sei nur eine Modeerscheinung und stelle keine Gefahr dar. Dem freizügigen Edgar sind Kommunisten und Nationalsozialisten gleichermaßen zuwider, „wie überhaupt alle Politik".[43] Seine Familie will ihn jedoch unbedingt für ihre nationalsozialistische Weltanschauung gewinnen und so das Familienvermögen vor dem bolschewistischen Feind schützen.

Weder Daniel noch seiner Familie gelingt es, Edgar für ihre politischen Zwecke zu gewinnen, sondern seinem in England lebenden Onkel, der sich vor Jahren schon von der Familie distanziert hat. Er stellt ihm eine Falle, die eigentlich als eine politische Initiation gedacht ist. So verliebt sich Edgar in eine mysteriöse

---

41 Wolfram Fleischhauer: Die Inderin. München 2008.
42 Fleischhauer: Die Inderin, S. 135.
43 Fleischhauer: Die Inderin, S. 135.

Halb-Inderin in dem berühmten Transvestitenklub El Dorado. Durch sie entdeckt er die Abgründe seiner Person, zum Beispiel, als sie ihn in Magnus Hirschfelds Institut für Sexualwissenschaft lockt. Er folgt ihr sogar nach Indien, wo ihn die herrschenden kolonialen Verhältnisse zu ernsthaftem Nachdenken über die politische Situation der Heimat bringen. Edgar wird dort sogleich in die Weltpolitik eingeführt. Weder der kommunistische Freund Daniel noch seine nationalsozialistische Familie sind in der Lage, über die engen Grenzen der Politik Deutschlands hinauszudenken. Edgar von den „romantischen Zauberwäldern"[44] Deutschlands zu befreien, schafft allein der Onkel, der Verfechter des britischen Utilitarismus, der im Freihandel die Möglichkeit sieht, „die vielen irrationalen Faktoren, welche die Feindschaft zwischen den Völkern anheizte, zu beseitigen".[45] Am Ende gelingt es Edgar, die polarisierenden Gegensätze der Weimarer Republik zu überwinden. Er übernimmt eine Stelle im Unternehmen seines Onkels in Bombay. Die Polaritäten der Weimarer Republik werden in Fleischhauers Roman durch die Perspektive des Onkels ‚provinzialisiert'. Indem er die Deutschen als „in spekulativen und metaphysischen Rätselwelten" verweilende „Idealisten"[46] bezeichnet und den liberalen Kapitalismus als Modell – und als ein Pendant zur Weimarer Republik – aufwertet, scheint er sich vom ‚Sonderweg' der deutschen Nation zu verabschieden. Man könnte sagen, dass im Roman retrospektiv eine andere Zukunft für die Weimarer Republik vorstellbar gemacht wird.

5 Fazit

Alle hier behandelten Romane lassen sich als eine Demokratisierung der Geschichtsschreibung lesen, weil sie „Geschichte aus der Sicht von Außenseitern oder [...] ‚von unten', [...] aus der Perspektive der ‚einfachen' Männer und Frauen" darlegen.[47] Durch ihre Fülle an Zeit- und Lokalkolorit dienen sie sogar als ein Ersatz für die fehlenden Kriminalromane aus der Zeit der Weimarer Republik selbst und sind in diesem Sinne in Anlehnung an Sascha Gerhards „Verarbeitungskrimis"[48] zu nennen. Ihr Anliegen ist es, die Weimarer Republik wieder als Gegenwart erlebbar zu machen. Sie appellieren an die kriminalistische

---

44 Fleischhauer: Die Inderin, S. 295.
45 Fleischhauer: Die Inderin, S. 294.
46 Fleischhauer: Die Inderin, S. 294.
47 Korte und Paletschek, Kriminalgeschichte, S. 17.
48 Sascha Gerhards: Krimi quo vadis. Literary and Televised Trends in the German Crime Genre. In: Lynn M. Kutch und Todd Herzog (Hg.): Tatort Germany. The Curious Case of German-Language Crime Fiction. New York 2014, S. 47.

Phantasie, die schon in der Weimarer Republik als bezeichnend für das Selbstverständnis der Gesellschaft thematisiert wurde.[49] Für jene Gesellschaft wurde im Kriminalgenre die undurchdringliche, befremdende städtische Masse erstmals in ein Geheimnis verwandelt, das der Detektiv auflöst und der Ratio wieder zugänglich macht.

In den aktuellen historischen Berlin-Krimis[50] wird anstatt des Kriminalfalles das Andere jener Epoche zum Geheimnis. Der Detektiv löst den Fall und entlarvt unbewusst das eigentliche Gesicht seiner Gesellschaft. Die Ermittlungen im Kriminalfall dienen nur als Vehikel, um dem historischen Geheimnis der Zeitgeschichte nachzuspüren. Der Detektiv löst das Rätsel ‚Weimarer Republik' für den Leser im 21. Jahrhundert. Der Leser entdeckt durch den argwöhnischen Blick des Detektivs die konservative und antisemitische Unterminierung der Weimarer Republik. Er lernt, dass der gesellschaftliche Modernisierungsprozess nicht selbstverständlich aus der Errichtung einer bürgerlichen Demokratie und Republik folgte und folgt. Die geographische Nähe und zeitliche Ferne der historischen Krimis zur Welt des Lesers erlauben ihm eine Beschäftigung mit der Krise der Moderne, ohne sich direkt mit seiner eigenen Gegenwart auseinandersetzen zu müssen.

In den analysierten Romanen ist der Detektiv mit dem „necessary anachronism"[51] des historischen Romans ausgestattet. Er hat ein beklemmendes Vorgefühl von einer unheilvollen Zukunft. Die Darstellung des Detektivs als Seher scheint aus dem gegenwärtigen Bedürfnis nach einer Neuprofilierung der Weimarer Republik hervorzugehen. Als ein populärkulturelles Phänomen spiegeln die gegenwärtigen historischen Kriminalromane zur Weimarer Republik den

---

49 Vgl. Todd Herzog: Crime Stories. Criminalistic Fantasy and the Culture of Crisis in Weimar Germany. New York 2009.
50 Weitere historische Krimis zur Weimarer Republik, die hier nicht behandelt wurden, sind: Martin Genahl: Der Tag, an dem es Kapitalisten regnete. Köln 2014; Renegald Gruwe: Spreeleichen. Ein Fall für Erich Malek. Meßkirch 2016; Martin Keune: Black Bottom. Kriminalroman. Berlin 2013; Martin Keune: Die Blender. Kriminalroman. Berlin 2014; Martin Keune: Knockout. Kriminalroman. Berlin 2015.
51 Mit „necessary anachronism" meint Jerome de Groot die Fähigkeit, der Zeit voraus zu sein. Erst die anachronistische Denkweise macht den historischen Roman für den Leser identifikationsträchtig: „The character in [the historical novel] speaks in a way that is anachronistic, but necessarily so for the piece to work, and in a way that is tacitly understood by the reader. The historical text is constantly calling attention to itself as a construct, but the reader happily forgets this. [...] A historical novel is one step more complex than a contemporary novel because of its historical quality – it is continually illustrating to the reader that it is false while at the same time striving for truthfulness and authenticity". Jerome De Groot: Consuming History. Historians and Heritage in Contemporary Popular Culture. New York 2009, S. 182.

Prozess gesellschaftlicher und politischer Konsensbildung und untermauern die Normalisierung der deutschen Nation im 21. Jahrhundert.

Allerdings ist die Demokratisierung der Geschichtsschreibung in diesen Romanen eng mit der Suche nach einer ‚verwendungsfähigen' Vergangenheit bzw. mit einer geschichtsrevisionistischen Tendenz verbunden. Diese in der Weimarer Zeit spielenden Berlin-Krimis tragen „der neuen Beliebtheit der deutschen Hauptstadt in jüngster Zeit"[52] Rechnung und reflektieren das seit den 1980er Jahren wahrnehmbare „Bedürfnis nach Orientierung und Identitätsstiftung in einer komplexer werdenden und sich schnell verändernden Gegenwart".[53] Dies rückt sie auch in die Nähe der sogenannten Berlin-Romane der Nachwendezeit. Kennzeichnend für jüngere Autoren des Berlin-Romans wie Tanja Dückers, Inka Parei, Christa Schmidt, Zafer Senocak, Thomas Hettche, Katja Lange-Müller und Wolfgang Herrndorf ist, so Katharina Gerstenberger, das Selbstverständnis, dass man die 68er-Generation und deren Programm des sozialen und politischen Umsturzes überwinden muss.[54] Sie bilden die von Bude so genannte ‚Generation Berlin', eine Generation ohne Last der Vergangenheit. In den hier behandelten Kriminalromanen manifestiert sich diese Tendenz in der Figur des politisch desinteressierten Protagonisten Edgar, in dem Benutzer des Second-Life-Projekts und schließlich in der Figur des Detektivs, der inmitten einer polarisierten Gesellschaft einigermaßen objektiv seine Aufgabe zu erfüllen sucht.

Da die Nationalsozialisten nur eine marginale Erscheinung in den hier behandelten historischen Krimis sind, ist hier auf jene Texte hinzuweisen, die den Übergang zum Nationalsozialismus thematisieren. In zwei Kettenromanen wird die Epochenschwelle zwischen der Weimarer Republik und dem Dritten Reich überschritten, nämlich in der von verschiedenen Krimi-Autoren in historischen Zweijahresabständen von 1910 bis zur Zeit 1966 geschriebenen Hermann-Kappe-Serie *Es geschah in Berlin*[55] und der hier besprochenen Gereon-Rath-Serie von Volker Kutscher.[56] In beiden Serien fällt es den Ermittlern immer schwerer, ihre beruflichen Pflichten mit ihrem Gewissen in Einklang zu bringen. Es wird zunehmend Druck auf sie ausgeübt, dem NS-Staat gegenüber ihre Loyalität zu beweisen. Diese Detektive können ihre Rolle des distanzierten Beobachters bei der Erfüllung ihrer Arbeit nicht mehr ausfüllen. Sie und ihre Familien werden

---

52 Korte und Paletschek: Geschichte und Kriminalgeschichte(n), S. 15.
53 Korte und Paletschek: Geschichte, S. 9.
54 Vgl. Katharina Gerstenberger: Writing the New Berlin. The German Capital in Post-Wall Literature. New York 2008, S. 171.
55 Vgl. URL: http://www.jaron-verlag.de/kappe-krimis.html, zuletzt besucht am 10.10.2018.
56 Vgl. URL: http://www.gereonrath.de/die-buecher.html, zuletzt besucht am 10.10.2018.

im Gegensatz zu den Detektiven der Weimarer Zeit in den Sog der politischen Ereignisse hineingezogen. Zum Beispiel gerät die Frau von Gereon Rath in *Lunapark* (2016)[57] wegen ihrer politischen Einstellung in SA-Haft. Es wäre interessant, die Darstellung der Detektivfiguren auf eine These Bruce Campbells zu den historischen Krimis zur Weimarer Republik abzuklopfen: Eignen sich die Detektivfiguren auch in der NS-Zeit noch als Identifikationsfiguren?[58] Ist die Identifikation mit ihnen wahrscheinlicher, wenn sich die Leser bereits in den historischen Kriminalromanen über die Weimarer Zeit mit der jeweiligen Detektivfigur identifizieren konnten? Und würde eine solche Identifikation den Leser letztendlich auch ein Stück mit der historischen Wirklichkeit der NS-Verbrechen versöhnen?

Bibliographie

Asmuth, Gereon: Eins ist klar: Er wird nie Nazi werden. URL: http://www.taz.de/!5165094/, zuletzt besucht am 10.10.2018.
Baur, Robert: Mord in Metropolis. Meßkirch 2014.
Benjamin, Walter: Brechts Dreigroschenoper. In: Ders.: Gesammelte Schriften. Band III. Kritiken und Rezensionen. Hg. von Hella Tiedemann-Bartels. Frankfurt am Main 1974, S. 440–449.
Benjamin, Walter: Charles Baudelaire. Ein Lyriker im Zeitalter des Hochkapitalismus. In: Ders.: Gesammelte Schriften. Band I/2. Abhandlungen. Hg. von Rolf Tiedemann und Hermann Schweppenhäuser. Frankfurt am Main 1974, S. 509–690.
Campbell, Bruce B.: The *Krimi* as a Site of Memory in Contemporary Germany. Justice and Genre. In: Ders., Alison Guenther-Pal und Vibeke Rützou Petersen (Hg.): Detectives, Dystopias, and Poplit. Studies in Modern German Genre Fiction. New York 2014, S. 133–151.
De Groot, Jerome: Consuming History. Historians and Heritage in Contemporary Popular Culture. New York 2009.
Fleischhauer, Wolfram: Die Inderin. München 2008.
Fulda, Daniel: Zeitreisen. Verbreiterungen der Gegenwart im populären Geschichtsroman. In: Silke Horstkotte und Leonhard Herrmann (Hg.): Poetiken der Gegenwart. Deutschsprachige Romane nach 2000. (spectrum Literaturwissenschaft/spectrum Literature 37) Berlin/Boston 2013, S. 189–211.
Genahl, Martin: Der Tag, an dem es Kapitalisten regnete. Köln 2014.
Gerhards, Sascha: Krimi quo vadis. Literary and Televised Trends in the German Crime Genre. In: Lynn M. Kutch and Todd Herzog (Hg.): Tatort Germany. The Curious Case of German-Language Crime Fiction. New York 2014, S. 41–60.

---

57 Volker Kutscher: Lunapark. Gereon Raths sechster Fall. Köln 2016.
58 Campbell: The *Krimi*, S. 133.

Gerstenberger, Katharina: Writing the New Berlin. The German Capital in Post-Wall Literature. New York 2008.
Goga, Susanne: Die Tote von Charlottenburg. München 2012.
Goga, Susanne: Leo Berlin. München 2012.
Graf, Rüdiger: Die Zukunft der Weimarer Republik. Krisen und Zukunftsaneignungen in Deutschland 1918–1933. München 2008.
Gruwe, Renegald: Spreeleichen. Ein Fall für Erich Malek. Meßkirch 2016.
Herzog, Todd: Crime Stories. Criminalistic Fantasy and the Culture of Crisis in Weimar Germany. New York 2009.
Keune, Martin: Black Bottom. Kriminalroman. Berlin 2013.
Keune, Martin: Die Blender. Kriminalroman. Berlin 2014.
Keune, Martin. Knockout. Kriminalroman. Berlin 2015.
Kniesche, Thomas: Einführung in den Kriminalroman. Darmstadt 2015.
Korte, Barbara, und Sylvia Paletschek: Geschichte in populären Medien und Genres. Vom historischen Roman zum Computerspiel. In: Dies. (Hg.): History goes Pop. Zur Repräsentation von Geschichte in populären Medien und Genres. (Historische Lebenswelten in populären Wissenskulturen 1) Bielefeld 2009, S. 9–60.
Korte, Barbara, und Sylvia Paletschek: Geschichte und Kriminalgeschichte(n). Texte, Kontexte, Zugänge. In: Dies. (Hg.): Geschichte im Krimi. Beiträge aus den Kulturwissenschaften. Köln 2009, S. 7–27.
Kutscher, Volker: Der stumme Tod. Gereon Raths zweiter Fall. eBook. Köln 2009.
Kutscher, Volker: Lunapark. Gereon Raths sechster Fall. Köln 2016.
Lenger, Friedrich: Detektive und Historiker. Detektivgeschichten und Geschichtswissenschaft. In: Barbara Korte und Sylvia Paletschek (Hg.): Geschichte im Krimi. Beiträge aus den Kulturwissenschaften. Köln 2009, S. 31–42.
Peukert, Detlev J. K.: Die Weimarer Republik: Krisenjahre der Klassischen Moderne. Frankfurt am Main 1987.
Salzani, Carlo: The City as Crime Scene. Walter Benjamin and the Traces of the Detective. New German Critique 100 (2007), S. 165–187.
Sark, Katrina: Fashioning a New Brand of ‚Germanness'. The 2006 World Cup and Beyond. In: Seminar. A Journal of Germanic Studies 48 (2012) H. 2, S. 254–266.
Smail, Deborah, und Corey Ross: New Berlins and New Germanies: History, Myth and the German Capital in the 1920s and 1990s. In: Mary Fulbrook und Martin Swales (Hg.): Representing the German Nation. Manchester 2000, S. 63–76.
Stave, Gabriele: Gefährliches Terrain. Berlin 2011.
Stürickow, Regina: Kommissar Gennat ermittelt. Die Erfindung der Mordinspektion. Berlin 2016.
Wittlinger, Ruth, und Steffi Boothroyd: A ‚Usable' Past at Last? The Politics of the Past in United Germany. In: German Studies Review 33 (2010) H. 3, S. 489–502.

Norbert D. Wernicke
Geschichte und ihre (un)politische Dimension in der Literatur und Erinnerungskultur der Schweiz des 21. Jahrhunderts

> Die Historie ist ein Spiegel der Wahrheit, welcher die vorigen Zeiten darstellt, wie sie waren, damit unser Zeitalter sorgfältiger wache.[1]

Der Historische Roman des 19. Jahrhunderts ist nicht ohne den Kontext der Nationalstaatsbildung und damit der nationalen (Gründungs-)Mythen zu verstehen. Gerade Romane, die identitätsstiftende Ereignisse der Nationalgeschichte berühren, lassen sich kaum anders als unter diesem Blickwinkel betrachten. Aber selbst wenn ein Autor Nationalmythen aus dem Weg geht und unangetastet lässt, bedeutet dies nicht, dass er sie ignoriert oder gar affirmiert. So wäre es unangemessen, Adolf Muschg zu unterstellen, er habe sich in seinen Erzählungen nicht um die Nationalmythen der Schweiz gekümmert, da er statt eines Tell- einen Parzivalroman schrieb. Muschg hatte eine dezidierte Meinung zu Tell:

> [D]ie Schweiz, die Sie möglicherweise bewundern, ist eine ausländische Erfindung. Die Schönheit ihrer Berge verdankt sie den englischen Reisenden, ihren Nationalhelden, Wilhelm Tell, einem deutschen Dichter, ihre Bürgerrechte einer französischen Invasion, ihr Zweikammersystem sogar den Amerikanern. Natürlich übertreibe ich. Aber die geistigen Landesverteidiger[2] haben es nach der anderen Seite getan, 50 Jahre fast unwidersprochen.[3]

Muschg hat sich der neuesten identitätsstiftenden Nationalmythen angenommen, so vor allem der ‚Neutralität' der Schweiz während des Zweiten Weltkriegs und der Reduitpolitik, die beim Rütli-Rapport auf *der* Wiese begründet wurde, auf der angeblich die drei Eidgenossen ihre Verschwörung gestartet haben

---

[1] Johannes [von] Müller: Der Geschichten schweizerischer Eidgenossenschaft Erstes Buch. Leipzig 1786, S. XXII.
[2] Zum Begriff einleitend vgl. Marco Jorio: Geistige Landesverteidigung. In: HLS = Historisches Lexikon der Schweiz, URL: http://www.hls-dhs-dss.ch/textes/d/D17426.php, zuletzt besucht am 10.10.2018.
[3] Adolf Muschg: Wenn Auschwitz in der Schweiz liegt. Fünf Reden eines Schweizers an seine und keine Nation. Frankfurt am Main 1997, S. 30.

sollen (und die seit Anfang des Jahrtausends besonders am Nationalfeiertag beliebtes Ausflugsziel Schweizer Rechtsradikaler ist).[4]

> Oder war es nicht Schwachsinn, zwar 1848 zum Feiern freizugeben, nicht aber 1798 – ein Datum, dem die Waadt oder der Thurgau ihre Befreiung verdanken [...]?[5] Als wäre unsere Geschichte ein Verhandlungsangebot, bei dem es uns zustehe, die Rosinen herauszupicken [...]. Wollen wir den Unfug, von uns selbst in den Jahren 1939–45 im Ernst nichts wissen zu wollen, über die ganze Geschichte unseres Staates erstrecken; einer Schweiz, die in ihrer realen – nicht legendären – Form jünger ist als Belgien und ohne eine französische Invasion so wenig zustande gekommen wäre wie ohne einen Bürgerkrieg [...]?[6]

Muschg stand und steht in Auseinandersetzung mit dem Rechtspopulismus in der Schweiz, der seit den 1990er Jahren auf dem Vormarsch ist und vielen rechtsextremen und rechtspopulistischen Strömungen und Parteien Europas als Vorbild dient.[7] Die ‚wehrhafte' Schweiz hat als föderativer Staat ähnliche Schwierigkeiten bei der Definition eines homogenen Schweizer-Innenbildes wie der ‚große Kanton', kann anders als jener nicht auf einen homogenen Sprachraum zurückgreifen, hat jedoch im Gegensatz zu Deutschland seit dem Spätmittelalter ein relativ konstantes Staatsgebiet. So stellte sich auch die offizielle Schweiz im Rahmen der Geistigen Landesverteidigung noch bis in die 1960er Jahre als Festung dar, und es verwundert nicht, dass sich ein Gutteil des schweizerischen Selbstverständnisses um die Frage der politischen Eigenständigkeit dreht. Auf dem Weg einer

---

4 Vgl. Hans Stadler: Rütli. In: HLS, URL: http://www.hls-dhs-dss.ch/textes/d/D8794.php, zuletzt besucht am 10.10.2018; Hans Senn: Rütli-Rapport. In: HLS, URL: http://www.hls-dhs-dss.ch/textes/d/D17340.php, zuletzt besucht am 21.30.2017; Marc Tribelhorn: Reduit-Mythos. Diamant mit dunklen Flecken. In: Neue Zürcher Zeitung, 25.08.2014, URL: https://www.nzz.ch/schweiz/schweizer-geschichte/diamant-mit-dunklen-flecken-1.18369553, zuletzt besucht am 10.10.2018; die ökonomischen Verflechtungen zwischen der Schweiz und NS-Deutschland wurden ab 1996 durch eine unabhängige Expertenkommission aufgearbeitet, deren Berichte seit 2002 vorliegen, vgl. *Unabhängige Expertenkommission Schweiz – Zweiter Weltkrieg UEK*, URL: https://www.uek.ch, zuletzt besucht am 10.10.2018; der sogenannte Bergier-Bericht steht im Zentrum von Muschgs *Kinderhochzeit* (2008); *O mein Heimatland! 150 Versuche mit dem berühmten Schweizer Echo* (1998) setzt sich in anekdotisch-essayistischer Weise mit der Schweizer Geschichte auseinander.
5 Entgegengesetzt hatte Silvio Blatter: Zunehmendes Heimweh. Frankfurt am Main 1978, S. 295, die mythische Schlacht am Morgarten 1315 für die Gesamtschweiz dekonstruiert: „Der Befehl, am 15. November sei der Gedenktag der Schlacht am Morgarten zu feiern, wurde vom General persönlich herausgegeben [...]. Der Lange fühlte sich während der Feierlichkeiten unbehaglich; es fiel nicht leicht, einen Sieg zu feiern, der für das Freiamt, das zu dieser Zeit noch österreichisch war und auf der Verliererseite gekämpft hatte, gar keiner gewesen war."
6 Muschg: Auschwitz, S. 17.
7 Vgl. z.B. das sogenannte ‚Schäfchenplakat', bei dem mehrere weiße Schafe ein schwarzes Schaf aus dem Land treten und das von NPD und Vlaams Belang kopiert wurde.

zunehmenden europäischen Integration kam es 1992 allerdings wieder zu einem Rückschritt, der bis heute nachwirkt: In der Abstimmung am 6. Dezember lehnte das Wahlvolk einen Beitritt in den Europäischen Wirtschaftsraum (EWR), der als Vorstufe zu einem EU-Beitrag gesehen wurde, ab. Die nationalkonservative Schweizerische Volkspartei (SVP) und in ihr besonders der spätere Bundesrat Christoph Blocher konnten erfolgreich gegen diese EU-Integration politisieren und das Nein zum EWR als ihren Erfolg verbuchen. Damit etablierte die SVP sich als eine der stärksten politischen Kräfte (die SVP ist mit 29,4% Stimmenanteil die größte Fraktion im aktuellen Nationalrat). Mit Kampfbegriffen aus der Bundesurkunde von 1291 („fremde Richter") polemisiert heute eine SVP-nahe Volksinitiative gegen den Europäischen Gerichtshof für Menschenrechte,[8] obwohl die Schweiz dort auch Einsitz[9] hat und der Begriff der „fremden Richter" hier kaum falscher sein könnte. „‚Ritter' spielen" ist damit nicht unbedingt „politisch unverdächtig", wie es Wolfgang Hochbruck dem seit einiger Zeit boomenden ‚reenactment' attestiert.[10]

Zwar gab es schon vor Muschg auch in der Schweiz eine Tradition der Auseinandersetzung mit der NS-Zeit, so – um nur ein Beispiel zu nennen – in Hans Walters Roman *Mitläufer* (1977),[11] der auch Frontisten[12] in die Handlung einbindet. Gleichzeitig sahen sich Schweizer Autoren bis zum Bergier-Bericht (dem Abschlussbericht der Unabhängigen Expertenkommission zur Aufarbeitung der Rolle der Schweiz im Zweiten Weltkrieg) verständlicherweise unbeteiligt, war die Schweiz doch in die eigentlichen Kriegshandlungen nicht verstrickt. Walter zumindest reklamierte in den 1960er Jahren nach der Absage eines deutschen Verlegers zu Recht, dass die Literaturszene Deutschlands nicht das alleinige

---

8 Laut Bericht der NZZ meint der SVP-Kantonsrat und maßgebliche Mitarbeiter an der Initiative Hans-Ueli Vogt, „[d]ie Schweiz brauche kein Völkerrecht und kein ausländisches Gericht, das uns sage, wie wir die Rechte der Menschen zu schützen hätten"; vgl. Markus Hofmann: Die SVP sieht die Souveränität zunehmend bedroht. In: Neue Zürcher Zeitung, 25.10.2014, URL: https://www.nzz.ch/schweiz/svp-sieht-souveraenitaet-zunehmend-bedroht-volksinitiative-landesrecht-vor-voelkerrecht-1.18411389, zuletzt besucht am 10.10.2018; als nur ein Beispiel, wie 1291 gegen die EU benutzt wird vgl. das Editorial der Weltwoche, deren Chefredakteur gleichzeitig SVP-Nationalrat ist: Roger Köppel: Editorial: Ausgeschweizert. In: Die Weltwoche, Ausgabe 12/2017, URL: http://www.weltwoche.ch/ausgaben/2017-12/artikel/ausgeschweizert-die-weltwoche-ausgabe-122017.html, zuletzt besucht am 10.10.2018.
9 Aktuell vertreten durch die Zürcher Rechtsprofessorin Helen Keller.
10 Wolfgang Hochbruck: Geschichtstheater. Formen der „Living history". Eine Typologie. Bielefeld 2013, S. 86.
11 Hans Walter: Mitläufer. Zürich 1977.
12 Walter Wolf: Frontenbewegung. In: HLS, URL: http://www.hls-dhs-dss.ch/textes/d/D17405.php, zuletzt besucht am 10.10.2018.

Recht habe, Inhalte und Interessenschwerpunkte der deutschsprachigen Literatur zu definieren.[13] In einer Zeit, in der sich die deutsche Literatur mit der Vorgeschichte zur Gründung der Bundesrepublik befasste, erinnerten sich auch Schweizer Schriftsteller an die Bundesstaatsgründung 1848, so Silvio Blatter in seinem Roman *Zunehmendes Heimweh*, bei dem in das Zeitbild der 1970er Jahre die historischen Ereignisse der Aargauer Klosteraufhebungen 1841 sowie Erlebnisse der Grenzwachttruppen im Ersten Weltkrieg eingewoben sind, deren Dienst und damit die Mobilmachung an sich als trist und sinnlos erscheinen. In Blatters Roman erscheint die Schweiz wie in sich abgeschlossen, unter einer trüben Käseglocke, in der selbst eine Flucht nach Deutschland nur angedacht, aber nicht durchgeführt wird.

Wenn in diesem Beitrag nicht weiter auf Muschg eingegangen wird, dann aus dem Grund, dass nur auf eigentliches historisches Erzählen zurückgegriffen werden soll, also Erzählen, das in eine historisch belegte, aber nicht selbst erlebte Zeit zurückreicht. Dieses Erzählen historisiert, um historische Distanz zu verdeutlichen, oder arbeitet mit Anachronismen, um eine historische Distanz zu überbrücken.[14] Im Fokus sollen dabei Romane stehen, denen man die Lust zum Erzählen auch an Wendepunkten der Schweizer Geschichte anmerkt, die im Kontext neuen, genussvollen historischen Erzählens seit 1980 stehen.[15] Anders als Muschg reflektieren diese wenig: Sie erzählen und lassen die Handlung für sich sprechen.

1 Ein einzig Volk von Brüdern

Im Herz der nationalen Identität der Schweiz steht seit Schillers *Wilhelm Tell* der Rütlischwur. Der Freiheitskämpfer mit dem heroischen Apfelschuss ist

---

13 Vgl. Walters Aussagen zur deutschen Literaturszene der Nachkriegszeit in einem Brief vom 10. November 1960 an Berthold Spangenberg in Carla Lydia Sonanini: „Dichter in der Fremde der Gegenwart". Wertvorstellungen und literarische Werte eines traditionalistischen Schriftstellers in der Nachkriegszeit, dargestellt am Beispiel Hans Walter (1912–1992). Liz. phil. Bern 1998, S. 89–90.
14 Vgl. Maike Schmidt: Der historische Regionalkrimi. In: Hans-Edwin Friedrich (Hg.): Der historische Roman. Erkundungen einer populären Gattung. (Beiträge zur Literatur und Literaturwissenschaft des 20. und 21. Jahrhunderts 23) Frankfurt am Main [u.a.] 2013, S. 245–256, hier S. 248, Fußnote 11.
15 Hans-Edwin Friedrich: Die Wiederkehr des historischen Romans seit den 1980er Jahren. In: Ders. (Hg.): Der historische Roman. Erkundung einer populären Gattung. (Beiträge zur Literatur und Literaturwissenschaft des 20. und 21. Jahrhunderts 23) Frankfurt am Main [u.a.] 2013, S. 1–13, hier 7ff.

neben Heidi der bekannteste schweizerische Mythenexport und dient zuverlässig als Touristenspektakel. 1512 das erste Mal als Fastnachtsspiel in Uri greifbar, wurde es über unzählige Theaterbearbeitungen, Opern, Fernsehfilme und -serien, ein Musical am Walensee[16] und nicht zuletzt die regelmäßigen Tellspiele nach Schiller in Altdorf[17] und Interlaken[18] weitertradiert.[19] Im modernen historischen Roman sind solche Theateraufführungen selbst Teil des Mythos und werden dadurch zur Bewährungsprobe: „Schon in seiner Studentenzeit, als er acht Jahre lang in Bern lebte, verunmöglichte ihm dieser [Sprachfehler] die Schauspielerei. Seinetwegen entzog man ihm die Rolle des Melchthal im ‚Wilhelm Tell', die er einstudiert hatte" heißt es in E. Y. Meyers *Der Ritt*, in dem Jeremias Gotthelf auf seinem Weg zu seiner Lebensstelle in Lützelflüh im Emmental sein Leben und seine Traumata reflektiert.[20] Im post- oder sogar antiheroischen *Wilhelm Tell für die Schule* stellt sich Max Frisch dagegen auf die Seite Gesslers, der sich als Reichsbeamter in die Bergwelt aufmachen muss und dort von einem offenbar intellektuell schnell überforderten Tell erschossen wird, obwohl er als weltmännischer und vernünftiger Städter den berühmten Tellschuss gerade verhindert. Seine Satire versieht Frisch mit Fußnoten, in der er nicht nur die Quellenlage problematisiert, sondern auch eine direkte Linie von falsch verstandener Geschichte zur Rolle der Schweiz im Zweiten Weltkrieg und aktuellster Schweizer Politik zieht:

> Unter Freiheit verstehen Eidgenossen von 1291 in erster Linie: Freiheit von Habsburg. „Wir wollen frei sein wie die Väter waren", die Parole, die Friedrich Schiller gestiftet hat [...], richtet sich keineswegs auf die einheimischen Besitzverhältnisse [...]. Gemeint war

---

16 Tell (Walenstadt 2012), URL: https://unitedmusicals.de/produktion/tell-walenstadt-2012/, zuletzt besucht am 10.10.2018.
17 Tellspiele Altdorf, URL: http://www.tellspiele-altdorf.ch/, zuletzt besucht am 10.10.2018, seit 1899.
18 Tellspiele Interlaken, URL: http://www.tellspiele.ch/, zuletzt besucht am 10.10.2018, seit 1912.
19 Solche Freilufttheater stehen in der starken Laientheatertradition der Schweiz, vgl. einführend Martin Dreier: Theater. In: HLS, URL: http://www.hls-dhs-dss.ch/textes/d/D11895.php, zuletzt besucht am 10.10.2018; zu Vorläufern des modernen Geschichtstheaters bei Hochbruck: Geschichtstheater, S. 18–24; zur modernen Geschichtsvermittlung Alexandra Bloch Pfister: Außeruniversitäre Geschichtspraxis in der Schweiz. In: Wolfgang Hardtwig und Alexander Schug (Hg.): History sells! Angewandte Geschichte als Wissenschaft und Markt. Stuttgart 2009, S. 425–437; zur kommerziellen Nutzung von Literatur als Geschichte beispielhaft bei Norbert D. Wernicke: Auf Besuch im Gotthelfland. Literatur als touristisches Verkaufsargument. In: Martin Stuber und Gerrendina Gerber-Visser (Hg.): ... wie zu Gotthelfs Zeiten? Bern 2014, S. 26–35.
20 E. Y. Meyer: Der Ritt. Ein Gotthelf-Roman. Bozen 2004, S. 11.

[...] die Freiheit der einheimischen Freiherren, ihre Unabhängigkeit, die mit Leib und Seele zu verteidigen auch das einfache Volk verpflichtet ist. Die schweizerische Armee (jeder Schweizer ist wehrpflichtig) dient heute noch diesem urschweizerischen Freiheitsbegriff. Vgl. Generalstreik 1918, wo unsere Armee gegen die sozialistische Arbeiterschaft eingesetzt wurde.[21]

Die Tendenz der mündlichen Überlieferung, das eigene Kollektiv zu rechtfertigen, ist natürlich. [...] Die mündliche Überlieferung setzt sich sogar gegen Dokumentationen durch, wie sie dem mittelalterlichen Chronisten nicht zur Verfügung standen; die Publikation von Dokumenten bringt daher nicht selten einen Schock, wie z.B. der sog. Bonjour-Bericht über die Neutralität der Schweiz im Zweiten Weltkrieg [...]. Hätten auch wir, wie damals die Urschweiz, nur die mündliche Überlieferung (Stammtisch, Volksschule usw.), so gäbe es in der Schweiz von 1933 bis 1945 beispielsweise keine hitler-freundlichen Großbürger und Offiziere usw. und dies schon nach einem Vierteljahrhundert mündlicher Überlieferung.[22]

Der Freiburger Schriftsteller Thomas Vaucher (*1980) greift für den Plot seines 2017 erschienenen Tell-Buches auf den klassischen Bericht Tschudis zurück. Der hauptberufliche Primarschullehrer, der sich in seiner Freizeit als Autor (Selbstbeschreibung: Fantasy, Historisches, Thriller), Heavy-Metal-Musiker und Schauspieler (auch im Live Action Role Play) betätigt,[23] stellt sich damit in dieselbe literarische Tradition wie Frisch. Aber Vaucher bringt neue handlungsrelevante Elemente ein. Faktizitätssignale wie Jahreszahlen, Ortsangaben (in historischer Namensgebung) und Karten signalisieren den Anspruch, hinter der Sage die ‚wahre' Geschichte Tells zu erzählen.[24] Bemerkenswert ist, dass das Buch bei Stämpfli in Bern, also in einem Sachbuchverlag (vor allem juristischer Fachliteratur und Bernensia) mit nur einem kleinen belletristischen Programm erschien. Neu im Vergleich zur Stofftradition ist bei Vaucher eine starke Faszination für blutrünstige Kampfhandlungen, durchaus im Stile moderner historischer Unterhaltungs- und Trivialromane.[25] Dadurch bricht Vaucher mit der Tradition: Tell,

---

21 Max Frisch: Wilhelm Tell für die Schule. 29. Aufl. Frankfurt am Main 2015 [1971], S. 57–58.
22 Frisch: Tell, S. 32–33.
23 Vgl. die Selbstdarstellung: Thomas Vaucher – Autor, Musiker, Schauspieler, URL: http://www.thomasvaucher.ch, zuletzt besucht am 10.10.2018.
24 Vgl. Hugo Aust: Der historische Roman. (Sammlung Metzler 178) Stuttgart/Weimar 1994, S. 25–29; Achim Saupe und Felix Wiedemann: Narration und Narratologie. Erzähltheorien in der Geschichtswissenschaft, Version: 1.0. In: Docupedia-Zeitgeschichte, 28.01.2015, URL: http://docupedia.de/zg/Narration, zuletzt besucht am 10.10.2018.
25 Vgl. Daniel Fulda: Zeitreisen. Verbreiterungen der Gegenwart im populären Geschichtsroman. In: Silke Horstkotte und Leonhard Herrmann (Hg.): Poetiken der Gegenwart. Deutschsprachige Romane nach 2000. (spectrum Literaturwissenschaft/spectrum Literature 37) Berlin/Boston 2013, S. 189–211, hier S. 200.

Werner Stauffacher und Arnold von Melchtals Vater Heinrich Abderhalden sind hier nicht die biederen Schweizer, als die sie in der Stofftradition erscheinen, sondern brutale Söldner. Es erscheint provokant, sich den Stauffacher als „Bluttrinker" vorzustellen, der kannibalisch das Blut seiner besiegten Gegner trinkt.[26] Lagerleben, Mordintrigen, Prostitution: Die Jugendjahre Tells werden in der konservativen Geschichtsschreibung mit Gründen ignoriert, glaubt man Vaucher.

Im Kontext eines anti-modernistischen Ehrenkodex, in dem die aufrichtige Ehrlichkeit des berglerischen Freiheitskämpfers der korrumpierten städtisch-höfischen Kultur entgegengesetzt wird – man denke auch an Mel Gibsons Film *Braveheart* von 1995 –, ließe sich Vauchers Tell durchaus als eine Version des Mythos lesen, die (Version des Mythos) wiederum das Potential hätte, von einem Teil der politischen Rechten für sich vereinnahmt zu werden. Das Buch sperrt sich allerdings gegen eine solche Vereinnahmung, denn die Handlung nimmt eine unerwartete Wendung, die vor dem Hintergrund politischer Propaganda zwar schon immer aktuell gewesen wäre, im Zeitalter der Verbreitung von Propagandalügen durch die sozialen Medien aber eine neue Relevanz bekommt. Anders, als es der Leser erwartet, trifft Tell bei Vaucher nämlich nicht den Apfel, sondern erschießt seinen Sohn. Die Aufrührer des Rütlischwurs zwingen Tell allerdings, mit ihnen an den ‚Fake News' vom mit ruhiger Hand getroffenen Apfel festzuhalten, um Tell zum Freiheitskämpfer stilisieren und die Bauern zum Aufstand gegen Gessler und damit Habsburg motivieren zu können – „Zum Wohle der Allgemeinheit".[27] Der fiktive Chronist der Geschichte erklärt auch, wie er die Geschichte weiterhin geschönt und, wie der Leser ergänzen kann, die traditionelle Version begründet hat:

> Keine Sorge, ich werde auch den Bluttrinker zum Helden machen. Zwei Helden sind besser als einer. Aber ich werde auch bei ihm als Dichter tätig sein müssen. Das Volk will keinen Teufel, der das Blut seiner Feinde trinkt. [...] Er soll als kluger und umsichtiger Führer in die Geschichte eingehen, als Stauffacher und nicht als Bluttrinker.[28]

Vauchers Tell ist ein bürgerlicher, menschlicher Anti-Held, der seinen Alltag (nicht ohne moralische Schuld) besteht, in der heroischen Tat aber versagt. Der Roman lebt von starker Polarisierung, die auch durch die Figur des Gessler eine Brechung erfährt. Gessler ist hier nicht aargauisch-österreichisch, sondern einheimischer Innerschweizer, der sich aus Eigennutz mit den österreichischen Landesherren einlässt, zum Schaden der Bevölkerung. Ein Volksverräter? Ein ‚EU-Turbo', der auf einen Posten in Brüssel hofft und sich dafür mit der ‚Diktatur' und dem

---

26 Ähnliches zum amerikanischen Gründungsmythos im älteren und neueren amerikanischen Roman, vgl. Jerome de Groot: The Historical Novel. London 2010, S. 141.
27 Thomas Vaucher: Tell – Mann. Held. Legende. Bern 2017, S. 268.
28 Vaucher: Tell, S. 307.

‚Fehlkonstrukt von Brüssel' einlässt? Der heute für eine Deutschschweizer Identität benutzte, zumeist als Abgrenzung gegenüber Deutschland inszenierte Gegensatz zwischen Schweizer Mundarten und einer als deutschländisch empfundenen, auf dem Lutherdeutsch basierenden Hochsprache, die bei Vaucher anachronistisch erwähnt wird,[29] drängt diese Deutung auf. Die Konzentration auf den Konflikt zwischen Tell und Gessler, der bis in beider Jugend zurückreicht,[30] wird dagegen zu einer rein innerschweizerischen Angelegenheit, bei der die äußere Bedrohung nur noch als dunkler Hintergrund in der Ferne wahrgenommen wird und die allgemein menschlichen Konflikte in den Vordergrund rücken: nicht ein einzig Volk von Brüdern, sondern biblischer Brudermord.

2 Bei Murten den Mut

Während die Tell-Figur auf eine historisch nicht belegte Sage zurückgeht, stellen die Burgunderkriege und hierbei besonders die Schlacht bei Murten am 22. Juni 1476 einen der historischen Höhepunkte des ‚heroic age' der Eidgenossenschaft dar. Verglichen mit dem Rütlischwur ist die politische Vereinnahmung der Burgunderkriege durch die Jahrhunderte wesentlich mehrdeutiger. Die eidgenössischen Orte waren in die Machtpolitik zwischen dem Reich, dem Herzogtum Burgund und Frankreich eingebunden und schlossen in der zweiten Hälfte des 15. Jahrhunderts mit verschiedenen Parteien unterschiedliche Bündnisse und Nichtangriffspakte. Ludwig XI. konnte in den Burgunderkriegen seinen Einfluss auf die eidgenössischen Orte festigen und legte damit den Grundstein für eine jahrhundertelange Verbundenheit zwischen Frankreich und der Schweiz.[31] Trotz der politischen Gemengelage ist die Schlacht selbst von kaum zu überbietender Eingängigkeit und prägt seit Jahrhunderten das Schweizer Selbstverständnis: Adrian von Bubenberg wird zur nahezu aussichtslosen Verteidigung Murtens abkommandiert. Er hält die Stadt gegen die siebenfache Übermacht seines herzoglichen Jugendfreundes. Erst im allerletzten Moment trifft endlich der eidgenössische Entsatz ein und schlägt das unvorbereitete Heer Karls des Kühnen in die Flucht.

---

29 Vaucher: Tell, S. 212.
30 „Es braucht heute niemand mehr zu sterben", führt Helm [Wilhelm Tell] fort, „der Vogt ist tot. Der Groll, den er gegen mich hegt, war persönlicher Natur" (Vaucher: Tell, S. 304).
31 Vgl. grundlegend Norbert Stein: Burgund und die Eidgenossenschaft zur Zeit Karls des Kühnen. Die politischen Beziehungen in ihrer Abhängigkeit von der inneren Struktur beider Staaten. Frankfurt am Main 1979.

Der Stoff ist schon von Anbeginn an, also schon von Zeitzeugen, literarisch verarbeitet worden.[32] Von Kriegsliedern des 15. Jahrhunderts über Barockdramen, Trauerspiele und Romane (unter anderem *Quentin Durward* [1823] und *Anne of Geierstein* [1829] von Walter Scott), eine Ouvertüre für großes Orchester von Casimir Meister, ein Panorama der Schlacht als Großgemälde in Öl bis hin zu Bubenberg-Standbildern in Spiez und Bern wurde der Stoff immer wieder aufgegriffen und ausgedeutet. Albrecht von Haller dichtete für das Beinhaus in Murten, das die Überreste der Gefallenen aufbewahrte, eine Gedenktafel, die sich jetzt im Museum in Murten findet. Der Murtenlauf, ein Langlauf über die knapp 17 km zwischen Murtener Schloss und Murtenlinde in Fribourg,[33] und das Murtenschießen, ein Schützenfest auf dem alten Schlachtfeld jeweils um den 22. Juni eines Jahres, erinnern seit den 1930er Jahren an den Kampf der Eidgenossen gegen den übermächtigen Feind[34] und nehmen auf die Burgunderkriege ebenso Bezug wie Freiluftinszenierungen und politische Machtkämpfe des 21. Jahrhunderts.[35] Johann Jakob Reithard (1805–1857) verfasste einen Gedichtzyklus zu Bubenberg und ein Gedicht über die Murtenlinde, die der Sage nach aus einem Zweig erwuchs, den der Siegesbote aus Murten nach Freiburg mitbrachte, und die, 500-jährig und schon etwas altersschwach, vor gut 30 Jahren bei einem Unfall von einem betrunkenen Lastwagenfahrer unrettbar zerstört wurde. Bereits in den 1970er Jahren war es aber gelungen, Zweige dieser angeblich orignalen Murtenlinde (die vermutlich 1463 gepflanzt wurde) zu bewurzeln, und so steht heute etwa am selben Ort die neue Murtenlinde als direkter Ableger des ‚Originals', vor Lastwagen einigermaßen geschützt.[36]

Vauchers Erstlingswerk, *Der Löwe von Burgund* von 2010,[37] widmet sich den Burgunderkriegen mit historischem Anspruch. Schon bei einem Blick ins Inhaltsverzeichnis fällt die strenge Strukturierung und damit didaktische

---

32 Übersicht bei Hellmut Thomke: Der Se der ward von Bluote rot. Die Burgunderkriege im Spiegel der Dichtung. In: Berner Zeitschrift für Geschichte und Heimatkunde 38 (1976), S. 1–40.
33 Vgl. MurtenLauf, URL: http://www.murtenlauf.ch, zuletzt besucht am 10.10.2018.
34 Vgl. Murtenschiessen – Tir Historique de Morat, URL: http://www.murtenschiessen.ch, zuletzt besucht am 10.10.2018.
35 Vgl. Heidi Gmür: Konkrete Pläne für neue Partei. In: Neue Zürcher Zeitung, 10.10.2018, URL: http://www.nzz.ch/konkrete-plaene-fuer-neue-partei-1.725492, zuletzt besucht am 10.10.2018.
36 Vgl. Moritz Boschung: Murtenlinde und Murtenlauf in Sage und Wirklichkeit. In: Beiträge zur Heimatkunde 42 (1972), S. 80–93; A. Schmid: Die Fortpflanzung der Murtenlinde. In: Bulletin de la Société Fribourgoise des Sciences Naturelles/Bulletin der Naturforschenden Gesellschaft Freiburg 64 (1975), S. 41–45.
37 Thomas Vaucher: Der Löwe von Burgund. Ein historischer Roman zur Zeit Karls des Kühnen. Bern 2010.

Aufbereitung des Stoffes auf: Die drei Hauptteile sind in Kapitel unterteilt, deren Titel allein aus der Jahreszahl bestehen, während Abschnitte unterhalb der Kapitelebene nach dem Ort der Handlung benannt sind. Diese Aufteilung behielt Vaucher für seinen Tell-Roman bei. Die Parallelität beider Romane unterstreicht wiederum den Faktizitätsanspruch seiner Tell-Geschichte.

Im Murten-Roman lässt sich eine eindeutige Parteinahme schlecht ausmachen. Durch die Erwähnung der Kriegszüge der Berner Truppen in Savoyen wird Karl als Aggressor entlastet. Auch verliert Karl nach Murten zwar den Mut[38] und zunehmend auch den Bezug zur Umwelt, doch ist er noch keineswegs der gebrochene Mann, als der er in der vaterländischen Geschichtsschreibung des 18. und 19. Jahrhunderts und auch bei Walter Scott gezeichnet wird.[39] Zudem entlastet ein Berner Wachtmeister den Burgunderherzog implizit: „Ich war dabei, als wir brandschatzend und plündernd durch die Waadt gezogen sind. Glaubt mir, der Krieg macht alle gleich. Früher oder später erliegt ein jeder seinem düsteren Fluch."[40] Vauchers Beschreibungen bestechen durch detaillierte militärische Kenntnisse, und der Autor beweist hier wie im späteren Tell-Roman ein Fasziniertsein von einem ritterlichen und blutrünstigen Mittelalter. Die Buchgestaltung lässt durch die Schrifttypenwahl eher auf das Fantasygenre schließen, das Umschlagbild dagegen ist ein Ausschnitt aus dem 1893 von Louis Braun gemalten Murtenpanorama.[41]

Der Berner Krimiautor Paul Lascaux (*1955), der hauptberuflich als Gymnasiallehrer arbeitet, nähert sich dem Thema auf andere Weise. In seinen Regionalkrimis *Gnadenbrot* (2010) und *Burgunderblut* (2014) wird der Privatdetektiv Heinrich Müller jeweils in eine Verschwörung mit Morden gezogen, die er als Detektiv aufzuklären sich anschickt. Der Detektiv lebt als Altlinker im Berner Alternativquartier Breitenrain, und statt Soldatenliedern, die der Freiburger Vaucher im alten Stile nachdichtete, zitiert Lascaux Hippiehymnen der 1960er Jahre, so z.B. *Somebody to love* von Jefferson Airplane.[42] In *Gnadenbrot* spannt sich eine Verschwörung um einen Bilderteppich Karls, der nach der Schlacht von Grandson

---

38 Volkstümlicher Merkspruch: [Karl der Kühne verliert] Bei Grandson das Gut, bei Murten den Mut, bei Nancy das Blut.
39 Vgl. Walter Scott: Anna von Geierstein oder: Das Nebelmädchen. Übersetzt von Georg Nicolaus Bärmann. 5 Bde. Zwickau 1829, dort die Beschreibung Karls im 33. Kapitel.
40 Vaucher: Der Löwe von Burgund, S. 222–223.
41 Zur Einführung vgl. URL: http://www.murtenpanorama.ch, zuletzt besucht am 10.10.2018; Grundlegendes zum Panoramabild im 19. Jahrhundert bei Silke Eilers: Kommerzialisierung nationaler Gedächtniskultur. Panoramabilder im 19. Jahrhundert. In: Hardtwig und Schug: History Sells!, S. 217–228.
42 Vgl. Paul Lascaux: Burgunderblut. Ein Fall für Müller & Himmel. Meßkirch 2014, S. 16.

den Eidgenossen in die Hände fiel. Auch hier dienen als Faktizitätssignale originalsprachliche Zitate aus zeitgenössischen Quellen oder aus der Fachliteratur.[43] Der Stoff wird somit zwar auf Basis der klassischen eidgenössischen Geschichtsschreibung dargestellt, allerdings durch die Krimi- und Thrillerhandlung in einen neuen Kontext gebracht. Stärker als die hier besprochenen, im eigentlichen Sinne historischen Romane negiert Lascaux damit die Bedeutsamkeit von Geschichte für das Heute oder schwächt sie zumindest ab. Geschichte ist hier nur im Einzelfall interessant, nur als Sujet für die heute stattfindende Handlung. Sie reicht nur punktuell in die jetzige Realität hinein und bekommt nur dadurch Relevanz, dass heute lebende Akteure sich auf sie beziehen, in diesem Fall die geheimnisvollen Verschwörer, die dem Bilderteppich eine Bedeutung zumessen.

Die Fülle der künstlerischen Auseinandersetzungen bis ins 21. Jahrhundert zeigt, dass sich in den Burgunderkriegen und der Schlacht von Murten nach wie vor das schweizerische Selbstverständnis kristallisiert. Die eingeschlossenen Freiburger und Berner, die sich – anders als 23 Jahre zuvor die Verteidiger Konstantinopels[44] – erfolgreich gegen die anstürmenden Massen wehrten, prägten und prägen das nationale Selbstbild: Die Schweiz wird von außen bedroht, sie zieht sich hinter Mauern oder gleich in das Alpenmassiv zurück.[45] Kontrastierend kann man die Bedeutung der Murtenschlacht an einem historischen Roman eines Deutschen ersehen: In Peter Pranges *Ich, Maximilian, Kaiser der Welt* über Karls des Kühnen Schwiegersohn Maximilian I. werden die Burgunderkriege zwar am Rande erwähnt, die Murtenschlacht aber mit keinem Worte.[46]

3 Liberté, égalité, fraternité

Der klassische Tellmythos (vor Schiller) hatte seinen politischen Ort nicht im konservativen Spektrum. Im 18. Jahrhundert nutzten ihn progressive Köpfe, um ein nationales Bewusstsein über Kantonsgrenzen hinweg zu evozieren. 1798

---

43 Vgl. Paul Lascaux: Gnadenbrot. Müllers vierter Fall. Meßkirch 2010, S. 28, 59–63; vgl. auch S. 37 und 47.
44 Zusammengestellt werden beide Ereignisse in den Notizen von Jeremias Gotthelf: Schulpolitische Publizistik 1824–1849. Hg. v. Barbara Mahlmann-Bauer [u.a.] Hildesheim [u.a.] 2016, S. 88.
45 So Bundesrat Ueli Maurer (SVP), der beim Festspiel von 2014 Murten als einen Kristallisationspunkt der Schweiz sieht, die sich gegen „europäische Träume, Ideen durchgesetzt hat"; vgl. den Zusammenschnitt im youtube-Kanal von 1476 – Die Geschichte um die Murtenschlacht.
46 Peter Prange: Ich, Maximilian, Kaiser der Welt. Historischer Roman. Frankfurt am Main 2014, S. 108 und 659.

wurde Tell aus dem revolutionären Frankreich reimportiert. In den fünf Jahren der Helvetik, dem ersten einheitlichen Bundesstaat, verschwanden von öffentlichen Schriftstücken die bisherigen Nationalinsignien, die jeweiligen Kantonswappen, und wurden durch Tellvignetten ersetzt.[47] Ähnlich wie hinsichtlich der Burgunderkriege ist die schweizerische Erinnerungskultur bezüglich der napoleonischen Besetzung der Schweiz im Jahre 1798 zwiespältig. Einerseits wurden das erste Mal auf Schweizer Boden eine Staatsform nach modernen demokratischen Grundsätzen installiert und die Macht des aristokratischen Ancien Régime gebrochen, andererseits war es seit dem ‚heroic age' der Schweizer das erste Mal, dass sie sich einer Besatzungsmacht beugen mussten, Bern überhaupt erobert wurde. Kurz zuvor musste Murten kampflos den Franzosen übergeben werden. Das Beinhaus der Murtenschlacht wurde nach dem Einmarsch der Franzosen 1798 abgerissen. 1476, als das Jahr, in dem das erfolgreiche Halten Murtens die Eroberung Berns verhinderte, und 1798 werden deshalb häufig als Klammer gedacht.[48]

Zwei Jahre nach dem oben bereits erwähnten Freilufttheater auf dem Originalboden der Murtenschlacht 2014 brachte dieselbe Produktionsfirma ein Freiluftspiel über die Helvetik heraus, verfasst von Daniel Howald – die Klammer wirkt bis in kommerzielle Kulturgroßereignisse nach. Auch das Festspiel erkennt die zwiegespaltene Haltung zu 1798 an: „Während für die einen die Franzosen die Befreier sind, sehen die anderen sie als Besatzer", doch sieht die Inszenierung (wohl auch zu einem Gutteil publikumsheischend) die ‚Helvetische Revolution' als einen Meilenstein, dessen Beitrag zur Entwicklung einer modernen, demokratischen Schweiz nicht zu ignorieren ist: „Ohne die helvetische Revolution wäre die Schweiz nicht, was sie heute ist. Ohne diese bewegte und dramatische Zeit würden wir nicht leben in einem Land der Freiheit und Gleichheit. Vive la révolution! Vive la Suisse!"[49]

In *Die letzte Nacht der alten Zeit* widmete sich Lukas Hartmann (*1944) als einziger hier behandelter hauptberuflicher Schriftsteller dem Ende des Ancien Régime[50] in drei Erzählsträngen. Er verwebt die imaginierten Lebenserinnerungen

---

[47] Für Bern nachgewiesen bei Hans Bloesch: Die Buchdruckerei Stämpfli in Bern, 1799–1924. Denkschrift zum 125jährigen Bestehen des Hauses. Bern 1924, S. 12 und 20. Zur Schweizer Tellbegeisterung schon vor 1789 vgl. François de Capitani: Tell, Wilhelm. In: HLS, URL: http://www.hls-dhs-dss.ch/textes/d/D17475.php, zuletzt besucht am 10.10.2018.

[48] Die Zusammenstellung beider Ereignisse in den Novellen *Die Fahrt des Adrian von Bubenberg* und *Liberté, égalité, fraternité* bei Gustav Renker: Berner Novellen. Zwei Geschichten aus dem alten Bern. Basel 1929, verwundert deshalb nicht.

[49] Helvetische Revolution: Handlung, URL: http://helvetische-revolution.ch/stück/geschichte/handlung, zuletzt besucht am 21.03.2017 [URL bei Drucklegung nicht mehr aktuell].

[50] Neben dem Pestalozziroman Hartmanns (*Pestalozzis Berg*, 1978), der sich vermittelt über die Lebensgeschichte des bekannten Pädagogen der Helvetik nähert, finden sich in seinem

des Berner Schultheißen Niklaus Friedrich Steiger, den faktisch überlieferten Gedächtnisbericht des Berner Stadtwachenleutenants Christian Dubi, der Steigers Flucht unterstützte, und den fiktiven Bericht der Freiburger Wäscherin Maria miteinander.[51] In seinem Roman *Die Seuche* (1992), eine Pesterzählung aus dem 14. Jahrhundert, hatte Hartmann noch zeitgenössische Szenen eingeflochten, in denen die AIDS-kranken Heroinsüchtigen rund um den Berner Hauptbahnhof (der am Ort der alten Stadtmauern steht) den Pestkranken des Mittelalters, die vor den Stadttoren lagern, entgegengesetzt werden, womit letztlich Judenpogrom und Süchtigenhatz einander gegenübergestellt werden.[52] In seinem Helvetikroman lässt Hartmann die historische Handlung und die Figuren für sich sprechen. Die Gräueltaten beider Seiten, der einfallenden französischen Armee und der verteidigenden Berner Soldaten, bilden die problematischen Rahmenverhältnisse, in denen die Hauptfiguren agieren. Die Freiburger Wäscherin lernt einen Berner Deserteur aus dem Oberland kennen und flüchtet zu ihm. Der Roman bricht ab, als sie sein Heimatdorf erreicht, und die Schilderung deutet zumindest die Hoffnung auf eine bessere Zukunft an.

> Das ist das Dorf, denkt Maria. Menschenleer scheint es; doch aus einem Kamin steigt Rauch. Und steht dort jemand und wartet auf sie? [...] Und so redet sie sich gut zu weiterzugehen. Hier gibt es keinen Krieg; hier wird sie Frieden finden, Frieden und Glück.[53]

Muschg hatte in seinem Auschwitz-Essay die Erinnerung an 1798 eingefordert, Hartmann erfüllt diese Forderung und zeigt auf, dass die erste Demokratie nach der Französischen Revolution von außen importiert wurde und nicht, wie es das nationalkonservative Schweizbild glauben machen möchte, 1291 auf dem Rütli als genuin Schweizer Erfindung ins Leben trat. Man kann davon ausgehen, dass die Entscheidung Hartmanns bewusst erfolgte, lebt er doch als Ehemann der sozialdemokratischen Bundesrätin Simonetta Sommaruga in einem hochpolitisierten Umfeld, das im politischen Alltag der nationalkonservativen SVP und deren Geschichtsbild entgegentritt.

Werk verschiedenste Themen von der Pestzeit im 14. Jahrhundert über das 18. Jahrhundert und die NS-Zeit bis heute.
51 Murten wurde im Ancien Régime von Bern und Freiburg verwaltet und erst durch die Mediation 1803 unter freiburgische Verwaltung gestellt; vgl. Murten (Gemeinde). In: HLS, URL: http://www.hls-dhs-dss.ch/textes/d/D1014.php, zuletzt besucht am 10.10.2018.
52 Vgl. Lukas Hartmann: Die Seuche. Zürich 2009 [1992], z.B. S. 123, 127–135 und 184.
53 Lukas Hartmann: Die letzte Nacht der alten Zeit. 3. Aufl. Frankfurt am Main 2014 [2009], S. 276.

4 Einer für alle, alle für einen

So wie 1476 und 1798 in der Schweizer Literatur und Erinnerungskultur als Klammer gesehen werden, steht dem mythischen Datum 1291 die faktische Bundesstaatsgründung von 1848, von den progressiven ‚Nationalen' durchgesetzt, entgegen. In der Linken wird dem Nationalfeiertag der Schweiz, dem 1. August (1291), der tatsächliche Bund von 1848 mit der Unterzeichnung der modernen Bundesverfassung am 12. September entgegengesetzt. Dieses Narrativ ist zumindest soweit diskursprägend geworden, dass inzwischen sogar der Rechtspopulist Blocher versucht, die SVP als Erben des Freisinns und damit als Gründerin des Bundesstaates zu installieren,[54] die historische Distanz vollkommen ignorierend.

In der Sonderbundszeit (Vormärz) spielen zwei Romane von Schweizer Schriftstellerinnen, die seit 1992 erschienen sind: *Berner Lauffeuer* (1998) der Journalistin Monika Dettwiler (*1948) und *Taumel am Abgrund* (2016) der pensionierten Kauffrau Bruna Moehl (*1931). Moehls Roman präsentiert sich als Familiengeschichte im Umfeld der Zürcher Familie Escher. Schon der Klappentext macht die Stoßrichtung deutlich, bezeichnet er doch den Inhalt als „Die Schweiz in der nachnapoleonischen Zeit bis zur Bundesverfassung" – die erzählte Zeit wird anhand von Daten der Ereignisgeschichte abgesteckt. Auch ist Alfred Escher ein noch heute bekannter Freisinniger, der zur Finanzierung seiner Eisenbahnprojekte die ‚Schweizerische Kreditanstalt' gründete, die als ‚Credit Suisse' heute eine der größten Banken der Schweiz ist. In der Familiengeschichte kommt Alfred Escher allerdings nur am Rande vor. Auch wenn einzelne Personen der Familie Escher tragende Rollen im Roman einnehmen, so spannt sich die Haupthandlung doch um die fiktiven, miteinander befreundeten Familien Keller und vom Friesenberg, die als protestantische Unternehmer bzw. katholische Gutsbesitzer die beiden Gegenpole der konfessionell zerstrittenen Schweiz bilden. Die Unterschiede könnten kaum größer sein, denn Georg Keller verkörpert als Waisenkind unbekannter Herkunft, das in eine Seidenhändlerfamilie einheiratet und das Geschäft erfolgreich leitet, protestantischen Geschäftssinn, während in der Familie vom Friesenberg der Sohn von seinem jesuitischen Onkel unter die Fittiche genommen wird, der ihn aus Zürich an ein Internat in das sonderbündlerische Freiburg (im Üechtland) bringt.

---

[54] Vgl. Alan Cassidy und Philipp Loser: „Ich verbitte mir diese Unterstellungen". In: Der Bund, 03.03.2017, URL: http://www.derbund.ch/schweiz/standard/ich-habe-keine-lust-am-zuendeln/story/18607370, zuletzt besucht am 10.10.2018.

Der Roman versucht offensichtlich schon in der Figurenkonstellation, sich einer eindeutigen Parteinahme zu entziehen. Sowohl protestantische als auch katholische Figuren agieren überkantonal und verkörpern damit eine Schweizer Identität abseits des ‚Kantönligeistes'. Das Schleifen der Stadtmauern und Schanzen in Zürich wird nur zum Problem für die protestantische Julia, die im aristokratischen Geist des Ancien Régime verhaftet bleibt und sich in zunehmender Geistesverwirrung das Leben nimmt.

> Friedrich [...] antwortete: „Das Grendeltor gibt es nicht mehr. Seit die Schanzen geschleift sind, weichen auch die Tore, um den Zugang zur Stadt zu erleichtern."
>
> Julia schaute ihn entsetzt an. „Die Mauern werden niedergerissen, die Tore verschwinden, jeder Dieb kann ungehindert in die Stadt kommen. [...]". Die Nachricht hatte sie dermassen erregt, dass sie zusammenbrach.[55]

Für die Mehrheit bedeutet die neue Zeit einen Gewinn: „Der Verkehr zwischen dem wirtschaftlichen Zentrum des Kantons und der Landschaft wurde durch wegfallende Zollstellen und neue Strassen bedeutend erleichtert."[56] Während die Hauptelemente der Handlung also fiktiv sind, werden sie immer wieder von Fakten der Ereignisgeschichte oder alltagsgeschichtlichen Details ergänzt. Die Verteidigung der Stadtmauern wird in einem nur scheinbar blinden Motiv nochmals historisiert. Die Erwähnung der Schlacht bei St. Jakob an der Sihl von 1444 verweist auf den Alten Zürichkrieg, bei der die Stadt als Verbündete Habsburgs gegen die Innerschweizer Kantone kämpfte.[57] Im Sonderbundskrieg dagegen hofften die katholischen Innerschweizer Kantone auf militärische Hilfe aus dem Metternichschen Österreich. Der Unterschied zwischen Fakt und Fiktion wird wie bei den Romanen von Vaucher durch ein Personenverzeichnis, das historisch belegte und fiktive Figuren trennt, deutlich gemacht.

Auch mehrere deutsche und österreichische Migranten machen als Sympathieträger im Roman Staatsgrenzen deutlich („[Die bayrische] Lotte lachte: ‚Nun, die Schweiz ist ja auch etwas Spezielles! Man muss sich schon fast die Zunge brechen, um die verschiedenen Dialekte nachzuahmen.'").[58] Grenzen führen aber nicht zu einer unüberwindlichen Trennung der Staatsbürger, wenn die Migranten die reaktionären Kräfte im deutschen Bayern selbst missbilligen und sich somit als Geistesbrüder der progressiven Schweizer beweisen: „Was

---

55 Bruna Moehl: Taumel am Abgrund. Basel 2016, S. 316–317.
56 Moehl: Taumel, S. 372.
57 Vgl. Moehl: Taumel, S. 185; der Alte Zürichkrieg wiederum rekapituliert auch bei Blatter: Zunehmendes Heimweh, S. 429–430.
58 Moehl: Taumel, S. 373.

Bayern anbelangt', sprach Herr Rittmeyer weiter, ‚passt mir die Politik nicht mehr. König Ludwig I. begann als liberaler Herrscher, wird aber zusehends zu einem Radikalen. Er will das Land um jeden Preis wieder dem Katholizismus zuführen, [...] also das Rad zurückdrehen.'"[59]

So wie Muschg sich der Zerstörung des Mythos „Neutralität im Zweiten Weltkrieg" widmete, greift Moehl einen weiteren Neutralitätsmythos auf:

> Das Vermögen der reichen Handelshäuser stammte aus Quellen, über die man nicht gerne sprach. Dazu gehörte der Sklavenhandel, eine unerschöpfliche Goldgrube im 17. und 18. Jahrhundert. [...] Friedrich hatte nie Anstoss genommen an der Quelle seines Reichtums.[60]

Eine Mitschuld der historischen ‚Bankenschweiz', die Verbrechen gegen die Menschlichkeit zwar nicht beging, aber finanzierte, gab es demnach schon lange vor der eigentlichen Staatsgründung. In Moehls Roman fungiert sie als Spiegel der bis in die 1990er Jahre verschwiegenen monetären Mitschuld am Nazi-Regime.

Eindeutiger noch bezieht Monika Dettwilers in ihrem Roman *Berner Lauffeuer* (1998) zum Schweizer Vormärz Stellung. Sie wurde, in Rom lebend und dort Kulturreisen organisierend, selbst vom Erfolg des Romans überrascht – er stand fünf Monate auf der Bestsellerliste des Schweizerischen Buchhändler- und Verleger-Verbands. Hauptberuflich blieb sie trotzdem auch nach ihrer Rückkehr in die Schweiz 1999 als Journalistin (Redaktion des Wochenblattes der schweizerischen reformierten Kirche) tätig. Sie erzählt die Staatsgründung anhand der deutschen Exilanten Ludwig und Wilhelm Snell und deren Schülern und Schwiegersöhnen Jakob Stämpfli und Niklaus Niggeler und verwebt mit den historischen Ereignissen zugleich einen Regionalkrimi mit fiktiver Handlung,[61] in dem Niggeler und dessen spätere Ehefrau Emelie Snell[62] die Ermittlungen führen. Stärker noch als Hartmann in seinem Helvetikroman markiert Dettwiler die moderne Demokratie als Import: Snell

> war 1820 an den ersten revolutionären Unruhen der Liberalen im deutschen Nassau beteiligt gewesen und hatte aus politischer Überzeugung seine Heimat verlassen. Das demokratische Engagement zwang den grossen Rechtsgelehrten, seine vielversprechende deutsche Karriere zu unterbrechen [...]. Und nun zündeten die snellschen Ideen in Bern weiter, und bald würde er daraus ein Riesenleuchtfeuer machen, das man in ganz Europa sehen musste.[63]

---

59 Moehl: Taumel, S. 351.
60 Moehl: Taumel, S. 74.
61 Zum Begriff und Genre vgl. einleitend Schmidt: Regionalkrimi.
62 Das HLS gibt als Vornamen Berta an, vgl. Peter Stettler: Niggeler, Niklaus. In: HLS, URL: http://www.hls-dhs-dss.ch/textes/d/D4631.php, zuletzt besucht am 10.10.2018.
63 Monika Dettwiler Rustici: Berner Lauffeuer. Roman zur Gründung des Schweizer Bundesstaates. 5. Aufl. Bern 2010 [1998], S. 11–12.

Statt der drei schweizerischen Eidgenossen verschwören sich bei Dettwiler die deutschen Brüder Snell und der italienische Freiheitskämpfer Guiseppe Mazzini. Sie treffen sich im Verborgenen, um die liberale Revolution in der Schweiz und damit, so hoffen sie, in ganz Europa vorzubereiten. Wie Hartmann greift Dettwiler damit das Schweizer Selbstverständnis als ‚älteste Demokratie' an. Sie nimmt das Narrativ der wehrhaften Schweiz auf, die unter diplomatischem Druck und militärischer Bedrohung von außen steht, und dreht es um: Das reaktionäre Europa bedroht die Schweiz, in der sich progressive Exilanten treffen, um eine liberale Revolution zu initiieren. Den Bezug auf die Schweizer Nationalmythen macht Dettwiler sogar explizit: Während der Eröffnung der Tagsatzung 1847, in der die liberalen Kantone die Auflösung des durch die Habsburgermonarchie unterstützten Sonderbunds beschließen sollten, bilden „die bei Grandson erbeuteten Teppiche Karls des Kühnen [...] den imposanten Hintergrund".[64] Es sind dies die Bilderteppiche aus den Burgunderkriegen, die in Lascauxs Krimi *Gnadenbrot* bereits eine Hauptrolle erhalten hatten. Während aber Murten, eingeschlossen von den Burgundern, bis zum Eintreffen des eidgenössischen Entsatzes gehalten werden konnte, warteten die Sonderbundskantone vergeblich auf österreichische Unterstützung. Nicht nur durch einen zweigeteilten Epilog, bei dem klassische Geschichtsschreibung die im Roman behandelten Ereignisse rekapituliert, unterstreicht Dettwiler die Faktizität des Handlungsgerüstes des Romans. Sie liefert auch mehrere zeitgenössische Lithographien ihrer Hauptfiguren und bezeichnet sich im Klappentext als Nachfahrin Stämpflis, tritt also durch ihre eigene physische Existenz für die Existenz ihrer Romanfiguren ein.[65]

Es ist nicht unhistorisch, wenn beide Autorinnen weiblichen Figuren tragende Rollen geben und das Frauenwahlrecht thematisieren.[66] Gleichzeitig deutet Moehl im Bericht ihrer Protagonistin Sarah an,[67] warum es bis 1971 und damit verhältnismäßig lange dauerte, bis in der Schweiz das Frauenwahlrecht eingeführt wurde: „[Ihre Tante Lotte sagt:] ‚Sarah, Politik ist Männersache. Also, lassen wir das Thema.' ‚Ja, ich denke, das ist besser', fügte ich mich, obwohl mir diese Aussage weder Hilfe noch Trost bot."[68] Auch Moehl bezeichnet (in Figurenrede) den Schweizer Vormärz als eine „Demokratie im Entstehen".

---

64 Dettwiler: Lauffeuer, S. 269.
65 Man kann hier den von Fulda geprägten Begriff „Enkelliteratur" wörtlich nehmen, vgl. Fulda: Zeitreisen, S. 193.
66 Vgl. Dettwiler: Lauffeuer, S. 190.
67 Für die letzten 150 der insgesamt 493 Seiten wechselt die Erzählhaltung vom Er-Erzähler zur Ich-Erzählerin Sarah.
68 Moehl: Taumel, S. 567.

In indirekter Figurenrede weist sie darauf hin, dass „Zürich [...] sich rühmen [konnte], die erste von einem demokratischen Staatswesen gegründete Universität Europas zu besitzen. Sie genoss einen hervorragenden Ruf, galt als modern und liberal. Zahlreiche ausländische Lehrkräfte unterrichteten hier, um den Studenten das beste Wissen zu vermitteln, das der deutschsprachige Raum zu bieten hatte."[69] Anders als Dettwiler geht sie aber auf die Rolle eben dieser ausländischen Lehrkräfte wie Ludwig Snell an der liberalen Revolution nicht ein, sondern lenkt den Blick weg von den Einflüssen des Jungen Europa und hin zu einer, so scheint es bei ihr, aus eigener Kraft errungenen Demokratie. Dieser Fokus begründet einen neuen Mythos, der denjenigen von 1291 mehr fortschreibt, als ihn aufzulösen.

5 Fazit

In der romanhaften Behandlung der Nationalmythen und der Schweizer Geschichte wird auf die eine oder andere Weise immer wieder auf die Hauptfrage, die nationale Eigenständigkeit, Bezug genommen, und damit werden die Positionen immer wieder neu verhandelt: Kamen Freiheit und Demokratie von außen oder sind sie eine genuin schweizerische Erfindung? Kaum verwunderlich taucht selbst in unterschiedlichen Zusammenhängen immer wieder die gleiche Motivik auf, so Referenzen auf den Tellmythos, die Burgunderkriege oder den Alten Zürichkrieg. Schulbuchwissen wird so neu verarbeitet und montiert und dem Leser als Anknüpfungspunkt angeboten. Es griffe zu kurz, in der Beschäftigung mit einer bestimmten Zeit allein schon eine politische Stellungnahme zu vermuten. Das 19. Jahrhundert z.B. ist nicht nur die Zeit des revolutionären Vormärz, die Bundesstaatsgründung von 1848 nicht nur ein Gegennarrativ zum nationalkonservativen Rütlischwur von 1291, sondern es ist wie das Mittelalter auch Projektionsfläche eines angeblich antimodernistischen einfacheren Lebens, eines Lebens ‚wie zu Gotthelfs Zeiten', und so scheint es nicht erstaunlich, dass auf dem jährlichen ‚Gotthelf-Märit' in Sumiswald die örtliche SVP als einzige Partei mit einem Stand vertreten ist.[70] Nicht ob eine Zeit oder ein Mythos, sondern wie sie bzw. er aufgegriffen wird, ist bedeutend.

Die hier behandelten Autoren neigen dazu, in Exkursen oder Epilogen eine fiktionale und eine faktuale Ebene voneinander zu trennen. Die Autoren desavouieren damit nicht ihre eigene fiktionale Geschichte, sondern beweisen

---

69 Moehl: Taumel, S. 360.
70 Vgl. Wernicke: Besuch, S. 30–31.

sich umgekehrt als Sachexperten und somit als geeignet, in die verhandelten Zeiträume eine fiktionale Erzählung einzubetten. Gerade durch einen auf diese Weise behaupteten Expertenstatus erfolgt ein subtiler Zugriff auf das Schweizer Selbstverständnis. Mythen werden hier nicht umgestoßen, sondern die Romane verhandeln die Schweizer Nationalmythen neu und überlagern sie mit Sichtweisen, die das Potential haben, auf das Schweizer Selbstverständnis zurückzuwirken, oder legen ihr Augenmerk auf Geschichtsereignisse, die Anknüpfungspunkte für eine Debatte über die Rolle der Schweiz in Europa dienen.

An den untersuchten Romanen ließe sich weiterhin zeigen, dass weniger die Orientierung an einer wie auch immer gearteten Geschichtsschreibung, sondern vor allem kulturgeschichtliche Details ein Hineinversetzen in andere Zeiten ermöglichen sollen. Sie verhindern allerdings ein vollkommenes Eintauchen in die Zeit, wenn dem Leser historische Inkorrektheiten bewusst werden. In Vauchers Tell-Roman sieht nur dann der Leser die alten Schweizer Recken wie in einem Hollywoodfilm im Kampf über Kirchenbänke hechten, wenn er nicht weiß, dass Kirchenbestuhlung sich erst mit der Reformation durchsetzte. Der Gegensatz zwischen Schweizer Dialekt und der modernen Hochsprache schmälert die historische Distanz und bietet dem Schweizer Leser eine Identifikationsmöglichkeit an. Der Roman irritiert erst, wenn der Anachronismus einer Hochsprache auf Grundlage des Lutherdeutsch für die Zeit um 1300 bewusst wird. Auch Details in Moehls Roman („Dirndl", „Desinfektion",[71] „Fotografie"[72]) sollen die Plastizität des Erzählens verstärken, wirken aber befremdend, wenn ihr Anachronismus erkannt wird. Der Text liefert keine Signale, dass diese Anachronismen gewollt sind. Es muss also von erzählerischen ‚Fehlern' ausgegangen werden, die wiederum die Schreibmotivation erhellen: Schreiben als farbreiches, nicht bis ins letzte Detail historisch korrektes Wiederauflebenlassen der Vergangenheit.

Bibliographie

Aust, Hugo: Der historische Roman. Stuttgart/Weimar 1994.
Blatter, Silvio: Zunehmendes Heimweh. Frankfurt am Main 1978.
Bloch Pfister, Alexandra: Außeruniversitäre Geschichtspraxis in der Schweiz. In: Wolfgang Hardtwig und Alexander Schug (Hg.): History sells! Angewandte Geschichte als Wissenschaft und Markt. Stuttgart 2009, S. 425–437.

---

[71] Moehl: Taumel, S. 445.
[72] Moehl: Taumel, S. 89–90.

Bloesch, Hans: Die Buchdruckerei Stämpfli in Bern, 1799–1924. Denkschrift zum 125jährigen Bestehen des Hauses. Bern 1924.

Boschung, Moritz: Murtenlinde und Murtenlauf in Sage und Wirklichkeit. In: Beiträge zur Heimatkunde 42 (1972), S. 80–93.

Cassidy, Alan, und Philipp Loser: „Ich verbitte mir diese Unterstellungen". In: Der Bund, 03.03.2017, URL: http://www.derbund.ch/schweiz/standard/ich-habe-keine-lust-am-zuendeln/story/18607370, zuletzt besucht am 10.10.2018.

De Groot, Jerome: The Historical Novel. London 2010.

Dettwiler Rustici, Monika: Berner Lauffeuer. Roman zur Gründung des Schweizer Bundesstaates. 5. Aufl. Bern 2010 [1998].

Eilers, Silke: Kommerzialisierung nationaler Gedächtniskultur. Panoramabilder im 19. Jahrhundert. In: Wolfgang Hardtwig und Alexander Schug (Hg.): History sells! Angewandte Geschichte als Wissenschaft und Markt. Stuttgart 2009, S. 217–228.

Friedrich, Hans-Edwin: Die Wiederkehr des historischen Romans seit den 1980er Jahren. In: Hans-Edwin Friedrich (Hg.): Der historische Roman. Erkundung einer populären Gattung. (Beiträge zur Literatur und Literaturwissenschaft des 20. und 21. Jahrhunderts 23) Frankfurt am Main [u.a.] 2013, S. 1–13.

Frisch, Max: Wilhelm Tell für die Schule. 29. Aufl. Frankfurt am Main 2015 [1971].

Fulda, Daniel: Zeitreisen. Verbreiterungen der Gegenwart im populären Geschichtsroman. In: Silke Horstkotte und Leonhard Herrmann (Hg.): Poetiken der Gegenwart. Deutschsprachige Romane nach 2000. (spectrum Literaturwissenschaft/spectrum Literature 37) Berlin/Boston 2013, S. 189–211.

Gmür, Heidi: Konkrete Pläne für neue Partei. In: Neue Zürcher Zeitung, 04.05.2008. URL: http://www.nzz.ch/konkrete-plaene-fuer-neue-partei-1.725492, zuletzt besucht am 10.10.2018.

Gotthelf, Jeremias: Schulpolitische Publizistik 1824–1849. Hg. v. Barbara Mahlmann-Bauer, Markus Hofer, Roland Reichen, Norbert D. Wernicke und Ruedi Graf. Hildesheim [u.a.] 2016.

Hartmann, Lukas: Pestalozzis Berg. Bern 1978.

Hartmann, Lukas: Die Seuche. Zürich 2009 [1992].

Hartmann, Lukas: Die letzte Nacht der alten Zeit. 3. Aufl. Frankfurt am Main 2014 [2009].

HLS = Historisches Lexikon der Schweiz, URL: http://www.hls-dhs-dss.ch.

Hochbruck, Wolfgang: Geschichtstheater. Formen der „Living history". Eine Typologie. Bielefeld 2013.

Hofmann, Markus: Die SVP sieht die Souveränität zunehmend bedroht. In: Neue Zürcher Zeitung, 25.10.2014, URL: https://www.nzz.ch/schweiz/svp-sieht-souveraenitaet-zunehmend-bedroht-volksinitiative-landesrecht-vor-voelkerrecht-1.18411389, zuletzt besucht am 10.10.2018.

Köppel, Roger: Editorial: Ausgeschweizert. In: Die Weltwoche, Ausgabe 12/2017, URL: http://www.weltwoche.ch/ausgaben/2017-12/artikel/ausgeschweizert-die-weltwoche-ausgabe-122017.html, zuletzt besucht am 10.10.2018.

Lascaux, Paul: Gnadenbrot. Müllers vierter Fall. Meßkirch 2010.

Lascaux, Paul: Burgunderblut. Ein Fall für Müller & Himmel. Meßkirch 2014.

Meyer, E. Y.: Der Ritt. Ein Gotthelf-Roman. Bozen 2004.

Moehl, Bruna: Taumel am Abgrund. Basel 2016.

Müller, Johannes [von]: Der Geschichten schweizerischer Eidgenossenschaft Erstes Buch. Leipzig 1786.

MurtenLauf, URL: http://www.murtenlauf.ch, zuletzt besucht am 10.10.2018.
Murtenschiessen – Tir Historique de Morat, URL: http://www.murtenschiessen.ch, zuletzt besucht am 10.10.2018.
Muschg, Adolf: Wenn Auschwitz in der Schweiz liegt. Fünf Reden eines Schweizers an seine und keine Nation. Frankfurt am Main 1997.
Muschg, Adolf: O mein Heimatland! 150 Versuche mit dem berühmten Schweizer Echo. Frankfurt am Main 1998.
Muschg, Adolf: Kinderhochzeit. Frankfurt am Main 2008.
Panorama der Schlacht bei Murten 1476, URL: http://www.murtenpanorama.ch, zuletzt besucht am 10.10.2018.
Prange, Peter: Ich, Maximilian, Kaiser der Welt. Historischer Roman. Frankfurt am Main 2014.
Renker, Gustav: Berner Novellen. Zwei Geschichten aus dem alten Bern. Basel 1929.
Saupe, Achim, und Felix Wiedemann, Narration und Narratologie. Erzähltheorien in der Geschichtswissenschaft, Version: 1.0. In: Docupedia-Zeitgeschichte, 28.01.2015, URL: http://docupedia.de/zg/Narration, zuletzt besucht am 10.10.2018.
Schmid, A.: Die Fortpflanzung der Murtenlinde. In: Bulletin de la Société Fribourgoise des Sciences Naturelles / Bulletin der Naturforschenden Gesellschaft Freiburg 64 (1975), S. 41–45.
Schmidt, Maike: Der historische Regionalkrimi. In: Hans-Edwin Friedrich (Hg.): Der historische Roman. Erkundungen einer populären Gattung. (Beiträge zur Literatur und Literaturwissenschaft des 20. und 21. Jahrhunderts 23) Frankfurt am Main [u.a.] 2013, S. 245–256.
Scott, Walter: Anna von Geierstein oder: Das Nebelmädchen. Übersetzt von Georg Nicolaus Bärmann. 5 Bde. Zwickau 1829.
Stein, Norbert: Burgund und die Eidgenossenschaft zur Zeit Karls des Kühnen. Die politischen Beziehungen in ihrer Abhängigkeit von der inneren Struktur beider Staaten. Frankfurt am Main 1979.
Tell (Walenstadt 2012), URL: https://unitedmusicals.de/produktion/tell-walenstadt-2012, zuletzt besucht am 10.10.2018.
Tellspiele Altdorf, URL: http://www.tellspiele-altdorf.ch, zuletzt besucht am 10.10.2018.
Tellspiele Interlaken, URL: http://www.tellspiele.ch, zuletzt besucht am 10.10.2018.
Thomas Vaucher – Autor, Musiker, Schauspieler, URL: http://www.thomasvaucher.ch, zuletzt besucht am 10.10.2018.
Thomke, Hellmut: Der Se der ward von Bluote rot. Die Burgunderkriege im Spiegel der Dichtung. In: Berner Zeitschrift für Geschichte und Heimatkunde 38 (1976), S. 1–40.
Tribelhorn, Marc: Reduit-Mythos. Diamant mit dunklen Flecken. In: Neue Zürcher Zeitung, 25.08.2014, URL: https://www.nzz.ch/schweiz/schweizer-geschichte/diamant-mit-dunklen-flecken-1.18369553, zuletzt besucht am 10.10.2018.
Unabhängige Expertenkommission Schweiz – Zweiter Weltkrieg UEK, URL: https://www.uek.ch, zuletzt besucht am 10.10.2018.
Vaucher, Thomas: Der Löwe von Burgund. Ein historischer Roman zur Zeit Karls des Kühnen. Bern 2010.
Vaucher, Thomas: Tell – Mann. Held. Legende. Bern 2017.
Walter, Hans: Mitläufer. Zürich 1977.
Wernicke, Norbert D.: Auf Besuch im Gotthelfland. Literatur als touristisches Verkaufsargument. In: ... Martin Stuber und Gerrendina Gerber-Visser (Hg.): wie zu Gotthelfs Zeiten? Bern 2014, S. 26–35.

Beiträgerinnen und Beiträger

Elena Agazzi, Prof. Dr., Professorin für Neuere deutsche Literaturwissenschaft an der Universität Bergamo (Italien). Präsidentin des italienischen Germanistenverbandes (AIG) 2016–2019 und Mitglied des Vorstandes der IVG für Italien 2010–2020. 2010–2017 im Kuratorium des dt.-it. Exzellenz-Zentrums Villa Vigoni (Loveno di Menaggio); Fellow der A.v.Humboldt-Stiftung seit 1996 und Alumna des DAAD. Ordentl. Mitglied des Istituto Lombardo – Accademia di Scienze e Lettere di Brera (Mailand). Gastprofessuren in Berlin, Mannheim, Weimar, Budapest. Forschungsschwerpunkte: Aufklärung und Klassik, Frühromantische Literaturtheorie, Kultur und Literatur der deutschen Avantgarde, Nachkriegskultur nach 1945, Gedächtniskultur und Gegenwartsliteratur. Jüngste Buchveröffentlichungen (Auswahl): *Nachkriegskultur. Literatur, Sachbuch und Film in Deutschland (1945–1962)* (hg. zus. mit Erhard Schütz, De Gruyter 2013, 2. Aufl. 2016); *Hermann Brochs Vergil - Roman: Literarischer Intertext und kulturelle Konstellation* (hg. zus. mit Guglielmo Gabbiadini und Paul Michael Lützeler, Stauffenburg 2016); *Distorsioni percettive nella Moderne* (hg. zus. mit Raul Calzoni: *Cultura tedesca* 2018).

Beatrix van Dam, Dr., wissenschaftliche Mitarbeiterin für moderne niederländische Literatur am Institut für Niederländische Philologie an der WWU Münster. Forschungsschwerpunkte: Fiktionalität, historisches Erzählen im fiktionalen und faktualen Kontext, postmoderne Literatur, Reiseliteratur des 19. Jahrhunderts, Habilitationsprojekt zur Repräsentation von Nicht-Wissen in niederländischsprachiger Literatur um 1800. Publikationen: Mitherausgabe des Handbuchs *Fiktionalität* in der Reihe „Grundthemen der Literaturwissenschaft" (De Gruyter, erscheint 2019); *Travel Writing in Dutch and German, 1790–1930: Modernity, Regionality, Mobility* (hg. zus. mit Alison E. Martin und Lut Missinne, Routledge 2017); *Geschichte erzählen. Repräsentation von Vergangenheit in deutschen und niederländischen Texten der Gegenwart* (Diss., De Gruyter 2016); „Ignorant Dutch Boys Reading German Philosophy? The Concept of Ignorance in Rhijnvis Feith's Brieven aan Sophie (1806) and Johannes Kinker's Brieven van Sophie aan Mr. Rhynvis Feith (1807)." *Journal of Dutch Literature* (Sonderheft *On Margins and Contact Zones: 500 Years of Dutch-German Cultural Interaction*) 9 (2018), H. 1.

Robert Forkel, M.A., Lehrkraft für besondere Aufgaben an der Martin-Luther-Universität Halle-Wittenberg. Forschungsschwerpunkte: Kognitive Literaturwissenschaft, Erinnerungsliteratur, Literaturtheorie. Buchveröffentlichung: *Historisierung. Begriff – Geschichte – Praxisfelder* (hg. zus. mit Moritz Baumstark, Metzler 2016). Dissertation *Erfahrung aus Nurration. Erinnerungskulturelle Funktionen der Enkelliteratur* (Veröffentlichung in Vorb.).

Daniel Fulda, Prof. Dr., Professor für Neuere deutsche Literaturwissenschaft an der Universität Halle–Wittenberg und Leiter des dortigen Interdisziplinären Zentrums für die Erforschung der Europäischen Aufklärung (IZEA). Gastprofessuren in Paris, Notre-Dame (U.S.A.) und Lyon. Ordentl. Mitglied der Sächsischen Akademie der Wissenschaften zu Leipzig. Forschungsschwerpunkte: Theorie und Geschichte von Geschichtserzählungen, Komödie und Tragödie, Aufklärung und Klassik, Transformation von Weltdeutungsmustern im Übergang zur Moderne. Jüngste Buchveröffentlichungen: *„Die Geschichte trägt der Aufklärung die Fackel vor." Eine deutsch-französische Bild-Geschichte* (Mitteldeutscher Verlag 2017); *Lumières et classicism. Enlightenment and classicism. Aufklärung und Klassizismus* (hg. zus. mit Jean-Christophe Abramovici). In: International Review of Eighteenth-Century Studies 3 (2017); *Poetik und Politik des Geschichtsdiskurses.*

Deutschland und Frankreich im langen 19. Jahrhundert. Poétique et politique du discours historique en Allemagne et en France (1789–1914) (hg. zus. mit Elisabeth Décultot und Christian Helmreich, Winter 2018).

Helmut Galle, Prof. Dr., Professor für Deutsche Literatur an der Universität São Paulo (USP). Gastdozenturen an den Universitäten Aveiro (Portugal), Recife (UFPR; Brasilien), Buenos Aires (IES en Lenguas Vivas und UBA) und Bern. Forschungsschwerpunkte: Gegenwartsliteratur, Holocaustliteratur, Autobiographie, Fiktionalität. Jüngste Publikationen: *Ficcionalidade. Uma prática cultural e seus contextos* (hg. zus. mit V. S. Pereira und J. P. Perez, FFLCH 2018); „O testemunho. Um novo paradigma da ficção?" In: *Ficcionalidade. Uma prática cultural e seus contextos* (2018); „Versuch über die Ökonomie der Schuld. Das radikale Böse in der Darstellung von Holocausttätern: das Beispiel von Peter Schneiders *Vati*". In: *Pandaemonium Germanicum* 34 (2018); „Die Welt von Gestern als Autobiografie, Memoirenwerk und Zeugnis". In: *Stefan-Zweig-Handbuch* (De Gruyter 2018); „O testemunho como ensaio – o ensaio como testemunho. Jean Améry nos limites do intelecto". *Remate de males* 37 (2017); „Fiktionalität in hybriden Gattungen. Tatsachenroman und Dokudrama versus Reportage und Dokumentarfilm". In: *Fiktion im Vergleich der Künste und Medien* (De Gruyter 2016).

Anushka Gokhale, Dr., Assistant Professor für German Studies an der Central University of Gujarat, Gandhinagar (Indien). Jakob-&-Wilhelm-Grimm-Förderpreis 2011. Forschungsschwerpunkte: Reiseliteratur, Darstellung Indiens in deutschsprachiger Literatur, populäre Literatur, Deutsch als Fremdsprache. Monographie: *Indien erzählen. Eine Studie zur deutschsprachigen Reiseliteratur* (Königshausen & Neumann 2011).

Leonhard Herrmann, PD Dr., Privatdozent für Neuere Deutsche und Allgemeine Literaturwissenschaft am Institut für Germanistik der Universität Leipzig, dort tätig als wissenschaflicher Mitarbeiter mit Schwerpunkt deutschsprachige Literatur des 19.–21. Jahrhunderts. Forschungsaufenthalte an der University of Chicago (2014–15) und an der University of California Berkeley (2019–20). Forschungsschwerpunkte: Gegenwartsliteratur, Literatur und Erkenntnis, Literatur und Geschichte, Kanontheorie und Kanonisierungspraxis. Jüngste Veröffentlichungen: *Literarische Vernunftkritik im Roman der Gegenwart* (Metzler 2017, zugl. Habil.-Schrift); *Gegenwartsliteratur. Eine Einführung. Lehrbuch Germanistik* (zus. mit Silke Horstkotte, Metzler 2016); *Strukturalismus, heute. Brüche, Spuren, Kontinuitäten* (hg. zus. mit Martin Endres, Metzler 2018); Dissertationsschrift: *Klassiker jenseits der Klassik. W. Heinses Ardinghello – Individualitätskonzeption und Rezeptionsgeschichte* (De Gruyter 2010). Aktuelles Forschungsprojekt: Skeptischer Realismus. Erkennen und Erzählen im 19. Jahrhundert.

Stephan Jaeger, Prof. Dr., Professor für German Studies an der Universität Manitoba, Winnipeg (Kanada). Forschungsschwerpunkte: Literatur des 18. bis 21. Jahrhunderts, Verhältnis von Literatur und Geschichte, Narratologie und Ästhetik von Geschichtsschreibung, Kriegsdarstellungen, Geschichts- und Kriegsmuseen, historisches Erzählen, Lyrik. Aktuelles Monographieprojekt (Abschluss Herbst 2019) *The Second World War in the Museum in the Twenty-First Century. From Narrative, Memory, and Experience to Experientiality*. Jüngste Buchveröffentlichungen (Auswahl): *Performative Geschichtsschreibung. Forster, Herder, Schiller, Archenholz und die Brüder Schlegel* (De Gruyter 2011); *Fighting Words and Images. Representing War across the Disciplines* (hg. zus. mit Elena Baraban und Adam Muller, University of Toronto Press 2012); *Representations of War Experiences from the Eighteenth Century to the Present* (hg. zus. mit Susanne Vees-Gulani,

Sonderheft *Seminar* 2014); *Views of Violence. Representing the Second World War in German and European Museums and Memorials* (hg. zus. mit Jörg Echternkamp, Berghahn 2019).

Eva Kuttenberg, Ph.D., Associate Professor für German Studies an der Pennsylvania State University in Erie, Pennsylvania (USA). Forschungsschwerpunkte: Suizid in der österreichischen Literatur des 20. Jahrhunderts (Arthur Schnitzler, Thomas Bernhard) und im deutschsprachigen Film (Margarethe von Trotta, Michael Haneke), die visuelle Kultur im Wien der 1920er Jahre, Trauma-Forschung, österreichische Erinnerungskultur v.a. zu den Gedenkjahren 1988 und 2018. Jüngste Veröffentlichungen (Auswahl) zu Melitta Breznik in *Seminar* (2011) und *Austrian Studies* (2011), zu Michael Haneke in *New Austrian Film* (Berghahn 2011, 2014) und zu Lilian Faschinger in *Winning Back Lost Territory. The Writing of Lilian Faschinger* (Ariadne Press 2014).

Kathrin Maurer, Associate Professor für Germanistik an der University of Southern Denmark (Dänemark). Promotion in deutscher Literatur an der Columbia University; arbeitete als Assistant Professor an der University of Arizona. Seit 2015 Dr. phil an der University of Southern Denmark. Forschungsstipendium der Humboldt-Stiftung (2009) und des „Independent Research Fund Denmark" (2017, 2019). Forschungsbereiche: Überwachung, Drohnen und Ästhetik, deutsche Literatur des 19. und 20. Jahrhunderts, Bildkultur, Repräsentationen von Geschichte, Kriegswissenschaften. Publikationen: *Visualizing History. The Power of the Image in German Historicism* (De Gruyter 2013); *Discursive Interaction. German Historicism and Literary Realisms in Nineteenth-Century Germany* (Synchron 2006). Mitherausgeberin der Anthologie *Visualizing War: Images, Emotions, Communities* (Routledge 2018). Zahlreiche Artikel zur visuellen Kultur, zur deutschen Literatur sowie zu Technik und Ästhetik (*New German Critique, Media, War, and Conflict; Germanic Review*). Leiterin des Netzwerks „Drones and Aesthetics" sowie der Forschungsgruppe „War and Culture" an der University of Southern Denmark.

Michael Ostheimer, PD Dr., Privatdozent für Neuere Deutsche und Vergleichende Literaturwissenschaft an der TU Chemnitz. Forschungsschwerpunkte: DDR-Literatur, Gegenwartsliteratur, Literaturtheorie, Raum und Zeit in der Literatur. Jüngste Buchveröffentlichungen: *Das temporale Imaginäre. Zum Chronotopos als Paradigma literaturästhetischer Eigenzeiten* (zus. mit Ines Detmers, Wehrhahn 2016); *Inseln und Insularitäten. Ästhetisierungen von Heterochronie und Chronotopie seit 1960* (hg. zus. mit Sabine Zubarik, Wehrhahn 2016); *Geschichte – Latenz – Zukunft. Zur narrativen Modellierung von Zeit in der Gegenwartsliteratur* (hg. zus. mit Anna-Katharina Gisbertz, Wehrhahn 2017); *Leseland. Chronotopographie der DDR- und Post-DDR-Literatur* (Wallstein 2018).

Gaby Pailer, Prof. Dr., Professorin für Germanistische Literaturwissenschaft an der University of British Columbia in Vancouver B.C., Kanada. 2011–14 Leiterin des Department of Central, Eastern and Northern European Studies und 2013–15 kommissarische Leiterin der French, Hispanic und Italian Studies. Gastlehrtätigkeiten an der Freien Universität Berlin und der Leibniz-Universität Hannover. Forschungsschwerpunkte auf gender- und kanonkritischen Revisionen literarischer Genres, Muster und Motive im kulturübergreifenden historischen Vergleich. Aktuelles Monographieprojekt: *Gender Performances of the Enlightened Stage. The German Drama of the 18th Century* (Frank & Timme, Herbst 2019). Neuere Buchpublikationen: Charlotte Schiller, *Literarische Schriften*. (hg. zus. mit Andrea Dahlmann-Resing und Melanie Kage. WBG 2016); Sophie Albrecht, *Theresgen. Ein Schauspiel mit Gesang, in fünf Aufzügen* (hg. zus. mit

Rüdiger Schütt, Wehrhahn 2016); *Fremde - Luxus - Räume* (hg. zus. mit Jutta Eming, Franziska Schößler und Johannes Traulsen, Frank & Timme 2015); *Scholarly Editing and German Literature* (hg. zus. mit Lydia Jones, Bodo Plachta und Catherine K. Roy, Brill/Rodopi 2015).

Sabine Planka, Dr., wissenschaftliche Mitarbeiterin im geisteswissenschaftlichen Fachreferat der Universitätsbibliothek der FernUniversität Hagen. Forschungen in den Bereichen der Kinder- und Jugendliteratur (19. bis 21. Jahrhundert), der Kunstgeschichte sowie der Filmwissenschaft. Jüngste Veröffentlichungen: Hg. von *Berlin. Bilder einer Metropole in erzählenden Medien für Kinder und Jugendliche* (Königshausen & Neumann 2018); *Enchanted, Stereotyped, Civilized: Garden Narratives in Literature, Art and Film* (hg. zus. mit Feryal Cubukcu, Königshausen & Neumann 2018); „Musik zwischen Erinnerung, Trauerbewältigung und Verstehen in Jugendromanen des 21. Jahrhunderts". (In: Texte komponieren, von Klängen erzählen. Studien zu den Beziehungen von Literatur und Musik, hg. von Małgorzata Filipowicz u. a., Peter Lang 2019); „‚...und von hier oben sieht es so aus, als wären die Trümmer der alten Bibliothek mit riesigen schwarzen Spinnen bedeckt.' Die Bibliothek in dystopischen Jugendromanen des 21. Jahrhunderts". In: *Bibliotheksdienst* 53 (2019) H. 1.

Ines Schubert, Doktorandin an der Justus-Liebig-Universität Gießen, Mitglied des International Graduate Centre for the Study of Culture (GCSC). Forschungsschwerpunkte: Literatur des 20. und 21. Jahrhunderts, Theorie und Gattungsgeschichte des historischen Romans, Theorie und Geschichte der Historiographie, kultur- und literaturwissenschaftliche Gedächtnisforschung. Buchveröffentlichungen: *Das riskante Projekt. Die Moderne und ihre Bewältigung* (Bd. 1–2, hg. mit Simon Huber, Behrang Samsami und Walter Delabar, Aisthesis 2011–2014). Weitere Publikation: „Der historische Roman einer Historikerin. Ricarda Huchs Darstellung des Dreißigjährigen Krieges". (In: *Geschichtsgefühl und Gestaltungskraft. Fiktionalisierungsverfahren, Gattungspoetik und Autorreflexion bei Ricarda Huch*, hg. Cord-Friedrich Berghahn, Jörg Paulus, Jan Röhnert, Winter 2016).

Herbert Uerlings, Prof. Dr., Professor für Neuere deutsche Literaturwissenschaft an der Universität Trier. Forschungsschwerpunkte: Literatur des 18. bis 21. Jahrhunderts, Frühromantik, Geschlechterforschung, Interkulturelle Germanistik. Jüngere Buchveröffentlichungen (Auswahl): *"Ich bin von niedriger Rasse". (Post-)Kolonialismus und Geschlechterdifferenz in der deutschen Literatur* (Böhlau 2006); *Fremde Arme – arme Fremde. ‚Zigeuner' in Literaturen Mittel- und Osteuropas* (hg. zus. mit Iulia-Karin Patrut und George Guţu, Lang 2007); *Strangers and Poor People. Changing Patterns of Inclusion and Exclusion in Europe and the Mediterranean World from Classical Antiquity to the Present Day* (hg. zus. mit Andreas Gestrich und Lutz Raphael, Lang 2009); *Armut – Perspektiven in Kunst und Gesellschaft. Ausstellungsbegleitband* (hg. zus. mit Nina Trauth und Lukas Clemens, Primus / Wissenschaftliche Buchgesellschaft 2011); *Postkolonialismus und Kanon* (hg. zus. mit Iulia-Karin Patrut, Aisthesis 2012); *Inklusion/Exklusion und Kultur. Theoretische Perspektiven und Fallstudien von der Antike bis zur Gegenwart* (hg. zus. mit Iulia-Karin Patrut, Böhlau 2013).

Daniele Vecchiato, Dr., Marie Curie Research Fellow am German Department des King's College London (Großbritannien). Cultore della Materia an der Università Ca' Foscari Venezia (Italien). Forschungsschwerpunkte: Literatur und ideengeschichtliche Konstellationen in der Goethezeit, Literatur des 20. und 21. Jahrhunderts, Verhältnis zwischen Literatur und Geschichte, Literatur und Recht, Literatur und Politik, kulturelles Gedächtnis, Theorie und

Geschichte translatorischer Prozesse, Gender Studies, Lyrik, Theater. Jüngste Buchveröffentlichungen: *Urs Widmer. Top Dogs. Manager alla deriva* (Hg., Mimesis 2012); *Verhandlungen mit Schiller. Historische Reflexion und literarische Verarbeitung des Dreißigjährigen Kriegs im ausgehenden 18. Jahrhundert* (Wehrhahn 2015); *Gerhard Anton von Halem: Wallenstein. Ein Schauspiel* (Hg., Wehrhahn 2016); *Versi per dopodomani. Percorsi di lettura nell'opera di Durs Grünbein* (Hg., Mimesis 2019); *Kreative Praktiken des literarischen Übersetzens um 1800. Übersetzungshistorische und literaturwissenschaftliche Studien* (hg. zus. mit Alexander Nebrig, De Gruyter 2019).

Norbert D. Wernicke, Dr., Mitarbeiter am Editionsprojekt „Alexander von Humboldt – Sämtliche Schriften (Aufsätze, Artikel, Essays). Berner Ausgabe". Forschungsschwerpunkte: Editionsphilologie, Schrift und Materialität, Schweizer Literatur, historisches Erzählen, populäre Literaturen, Publizistik. Monographien: *„... kurz, was sich in den Kalender schikt." Literarische Texte in Schweizer Volkskalendern von 1508 bis 1848. Eine Bestandsaufnahme* (edition lumière 2011); *Kommentiertes Verzeichnis der Schreibkalender des 16. und 17. Jahrhunderts in Schweizer Bibliotheken* (HKD 2012); *Jeremias Gotthelf: Politische Publizistik 1828–1854* (hg. zus. mit Barbara Mahlmann-Bauer, Jürgen Donien und Ruedi Graf, Olms 2012/13); *Jeremias Gotthelf. Kurt von Koppigen. Nach dem Text der zweiten Fassung von 1850* (hg. u. komm. zus. mit Marianne Derron, Haller 2016).

Lynn L. Wolff, Ph.D., Assistant Professor für German Studies an der Michigan State University, East Lansing (USA); Gründungsmitglied des dortigen Graphic Narratives Network. Forschungsschwerpunkte: Literatur des 20. und 21. Jahrhunderts, Verhältnis von Literatur und Geschichte, Holocaust Studies, Intermedialität. Fulbright Research Fellow an der Humboldt Universität 2008–2009 und Alexander von Humboldt Research Fellow an der Universität Stuttgart 2011–2014. Veröffentlichungen (Auswahl): *W.G. Sebald's Hybrid Poetics. Literature as Historiography* (De Gruyter 2014); *Aisthesis und Noesis. Zwei Erkenntnisformen vom 18. Jahrhundert bis zur Gegenwart* (hg. zus. mit Hans Adler, Fink 2013); *Witnessing, Memory, Poetics. H.G. Adler and W.G. Sebald* (hg. zus. mit Helen Finch, Camden House 2014); hg. von *A Modernist in Exile. The International Reception of H.G. Adler* (Legenda 2019); *Wirklichkeit erzählen im Comic* (hg. zus. mit Christian Klein und Matías Martínez, Sonderheft *Diegesis*, Juni 2019).

Namen-, Titel- und Sachregister

Das Register bezieht sich ausschließlich auf den Haupttext, nicht auf Fußnoten und Bibliographien.

A
Adorján, Johanna
– *Eine exklusive Liebe* 16
Adorno, Theodor W. 112, 182, 185, 393, 412
Afrika, mon amour (Film) 309
Allen, Woody
– *Midnight in Paris* (Film) 27
Alltagsgeschichte 9, 279, 410
Alterität 33, 71, 73, 323
alternative Geschichte, alternativer Geschichtsverlauf 43, 199, 269, 352, 353, 355, 359–361, 363, 366, 386, 429
Améry, Jean
– *Die Tortur* 191
– *Jenseits von Schuld und Sühne* 187
Amis, Kingsley
– *The Alteration* 351
Anachronismen (des Erzählens)
– faktographisch 90
Anachronismen (des Geschichtenerzählens)
– darstellungstechnisch 87, 88
– epistemisch 86, 98
– faktographisch 87, 98, 103
– interessenorientiert 86, 100
– interpretatorisch 86, 104
– wirkungsorientiert 86
Anachronismus, historischer (*anachronism*) 29, 42, 85–90, 93, 94, 98, 100–104, 354, 356, 411, 457, 464, 479
Andre, Edgar
– *Wie Blätter im Wind* 157
Antisemitismus, antisemitisch 4, 158, 235, 242, 345, 346, 371, 450, 451, 457
Archiv, Archivar 183, 195
Aristoteles 59, 66, 68, 100
– *Poetik* 284
Assmann, Aleida 183, 184, 186, 187, 232
Atmosphäre, historische (Simulation) 30, 37, 43, 175, 178, 337, 346
Augenzeuge 20, 64, 74, 77, 184, 185, 187, 195, 315, 386

Auschwitz 4, 181, 182, 184, 186, 188, 197, 198, 237, 446, 473
Aust, Hugo 4, 374, 394
Authentizität, das Authentische 2, 7, 18, 27, 42, 43, 71, 77, 157, 177, 232, 287, 306, 307, 310, 332, 386, 417
Autobiographie, autobiographisch 10–14, 33, 38, 119, 128, 138, 156, 159, 163, 166, 192, 195, 196, 280, 281, 288, 290, 295, 296
Autorenkreis Historischer Roman Quo Vadis 17
Autoritätsverlust 5, 15, 21, 23
Avanessian, Armen 199, 201

B
Bachmann, Ingeborg 11
– *Unter Mördern und Irren* 230
Back to the Future (Film) 27
Bader, Katarina
– *Jureks Erben* 188
Baier, Lothar 256
– *Volk ohne Zeit* 256
Baláka, Bettina 158, 172
– *Eisflüstern* 158, 176
– *In dieser Stunde spricht man Deutsch* 171
Bärfuss, Lukas 314–316, 319, 321–325
– *Hundert Tage* 314, 323
Bart, Stephanie
– *Deutscher Meister* 3
Barthes, Roland 60–62, 65, 66, 69
Bastogne War Museum 40
Battegay, Caspar 197
Baur, Robert 448, 452
– *Mord in Metropolis* 447–450, 452
Beckermann, Ruth
– *The Missing Image* 242
Beltracchi, Wolfgang 101
Benjamin, Walter 287, 396, 400, 448, 453
Berlin-Roman 458
‚Berliner Republik' 198, 441, 443, 444
Bernhard, Thomas
– *Auslöschung* 192

– Heldenplatz 241
Beschleunigung 382
Bethmann, August 342
– Eine sorgenfreie Zukunft 335
Beyer, Marcel 116, 199, 201
– Kaltenburg 199, 200
– Spione 12
Blatter, Silvio 464
– Zunehmendes Heimweh 464
Blocher, Christoph 463, 474
Blom, Philipp 75, 76
– Der taumelnde Kontinent 59, 75
Blumenberg, Hans 140, 141
– Die Legitimität der Neuzeit 141
– Höhlenausgänge 142
Boie, Kirsten 432, 434–436
– Alhambra 431
Boothroyd, Steffi 442
Borries, Achim von 19
Bossong, Nora 11
– Webers Protokoll 5, 11
Boyden, Joseph 160
– Three Day Road 160
Braun, Volker 257, 262–266, 274
– Das unbesetzte Gebiet 252, 257, 263, 265, 273, 274
Brecht, Bertolt 448
– Die Geschäfte des Herrn Julius Cäsar 88
Breznik, Melitta 232, 246, 248
– Basel bei Kriegsausbruch 172
– Der Sommer hat lange auf sich warten lassen 231, 233, 237
Brokken, Jan
– Die Vergeltung. Rhoon 1944 39
Browning, Christopher 184
Bruhns, Wibke
– Meines Vaters Land 11, 16
Brussig, Thomas 117, 118, 126–128
– Helden wie wir 111, 117
Buch, Hans Christoph
– Kain und Abel in Afrika 333
– Sansibar Blues 325
Buhl, Marc 329, 330, 332–339, 341–344, 346
– Das Paradies des August Engelhardt 329, 333
Burgunderkriege 468, 469, 471, 472, 477, 478

C
Canetti, Elias 107
Capus, Alex
– Eine Frage der Zeit 313, 324
Catani, Stephanie 13, 19
Certeau, Michael de 63
Chronopolitik 254–256
Clark, Christopher
– Die Schlafwandler 155
Cohn, Dorrit 112, 113
Coleridge, Samuel Taylor 8
Computerspiele 3, 20, 21, 27, 83
Conrad, Joseph
– Heart of Darkness 321, 346
Cooper, Katherine 8

D
Dachau 18, 237
Dallaire, Roméo 317, 318
Dante Alighieri 142, 143
– Die Göttliche Komödie 142
DDR (Deutsche Demokratische Republik) 11, 35, 42, 43, 117, 125, 126, 146–148, 193, 199, 253–267, 269–274
DDR-Geschichte 42, 128
De Groot, Jerome 282, 395
Demandt, Alexander 355
Denkmal für die ermordeten Juden Europas, Berlin 443
Der Führer schenkt den Juden eine Stadt (NS-Propagandafilm) 4
Derrida, Jacques 114, 118
Detektiv 26, 158, 167, 442, 446, 448–451, 453, 455, 457–459
Dettwiler, Monika 476–478
– Berner Lauffeuer 474, 476
Diaspora 303, 371, 379
Dick, Philip K.
– The Man in the High Castle 351
Die Peanuts (Charles M. Schulz) 107
Die Wüstenrose (Film) 309
Dische, Irene 19
– Großmama packt aus 19
Döblin, Alfred 107, 113, 119
Doderer, Heimito von
– Die Merowinger oder Die totale Familie 229

Dokumentarfilm 43, 156, 174, 177, 340, 359
dokumentarisch 3, 19, 58, 90, 91, 94, 102, 104, 159, 171, 173, 174, 177, 183, 195, 280, 337, 354, 410
Dösseker, Bruno. (siehe Binjamin Wilkomirski)
Droste-Hülshoff, Annette von 412
– Am Turme 393
Dückers, Tanja 458
– Himmelskörper 14
Dürrenmatt, Friedrich 181, 182
– Das Hirn 181

E
Echenoz, Jean 163
– 14 160, 162
Eco, Umberto 102, 115, 200, 331, 332
– Der Name der Rose (Il nome della rosa) 101, 332
11. September (2001) (9/11) 131, 148, 428–430
Eichenberg, Ariane 7, 9, 232
Eichmann-Prozess 183
Empathie, empathisch, empathetisch 12, 44, 160, 195, 284–286, 288, 299, 411, 419, 426
Enkelliteratur 10, 16
entangled history 304, 323
Enthierarchisierung 5, 15, 23, 43, 230
Enzensberger, Hans Magnus
– Hammerstein oder Der Eigensinn 38
– Wo warst du, Robert? 26
Ereignis, historisches 8, 20, 33, 34, 36, 39, 40, 43, 67, 115, 126, 251, 266, 283, 329, 332, 347, 352, 371, 372, 376
Erfahrung, kollektive 286, 299
Erfahrungspanorama 174
Erfahrungsraum 253, 259
Erinnerung 1, 7, 8, 12, 13, 16–18, 21, 22, 45, 137, 232, 235, 236, 311, 315, 351, 359, 361, 371, 373, 377, 385, 386, 443
Erinnerungsdiskurs 232, 371
Erinnerungskultur 1, 7, 8, 12, 13, 16–18, 21, 22, 45, 137, 235, 236, 351, 386
Erinnerungskultur, erinnerungskulturell 1, 7, 8, 13, 16, 17, 18, 21, 22, 45, 137, 235, 236, 351, 386

Erinnerungsprozesse 377
Ermarth, Elizabeth Deeds 279
Ernst, Thomas 443
Erpenbeck, Jenny
– Heimsuchung 18
Erwartungshorizont 2, 137, 253, 259, 324
Erzählen
– erinnerungskulturell 17
– faktual 37, 42, 58–63, 70, 75–77, 76, 77, 187, 324, 376
– fiktional 42, 60–62, 65, 66, 77, 84, 89
– historisch. (siehe Geschichtserzählen)
– homodiegetisch 3, 8, 74, 77, 139
– intradiegetisch 10, 74, 77, 125, 315
– metaerinnerungskulturell 2, 16, 18, 21, 43
– metafiktional 8, 10, 30, 42
– primär 60, 61, 63, 196
– realistisch 34, 40, 42, 127, 160
– sekundär 60, 61, 63, 69, 71, 77
– szenisch 14, 66, 67, 75–77, 164
Erzähler
– covert 69, 166
– overt 69, 77
Erzählperspektive 38, 116, 123, 126, 127, 160, 310, 315, 330, 430, 435
Erzählstrategie 64, 66, 75, 166, 299, 422, 442
Erzähltechniken, -verfahren 2, 9, 44, 66–69, 75, 77, 87, 133, 193, 280, 288, 299, 314, 360, 378, 398, 417
– emersiv 42, 67, 68, 72, 74–77
– immersiv 42, 43, 45, 59, 68, 74, 75, 77, 83, 157, 164, 166, 178
– romanhaft 31, 37, 39, 40, 43, 58, 59, 61–64, 165, 176, 178
Essay, essayistisch 13, 14, 30, 43, 161, 171
Exotische, das 332
Expertenkultur 15

F
Fakt und Fiktion, Fakten und Fiktionen 4, 6, 8, 45, 172, 280, 282, 304, 305, 313, 323, 325, 335, 396, 475
Fakt, historischer 7, 30, 122, 194, 198, 284, 354, 422, 435
Faktenvermittlung 435

Faktenwissen 201, 419
Faktizität 41, 353, 466, 470, 477
Faktualität 4, 27, 37, 42, 43, 58, 60, 61, 103, 124, 128, 163, 282
Familienerzählung, -erinnerung, -geschichte 6, 7, 13, 15, 106, 107, 229, 232, 233, 236, 242, 243, 247, 280, 288, 289, 294, 299, 307
Familiengeheimnis 233
Fantasy (Literatur, Spiel) 24, 27, 30, 426, 466, 470
Felman, Shoshana 186
Feuchtwanger, Lion 89, 102, 372, 411, 412
– *Die häßliche Herzogin Margarete Maultasch* 410
Fiktion und Historie (Zusammenspiel) 36, 37, 40, 88, 375
Fiktion, literarische 43, 201
Fiktionalisierung 24, 116, 123, 185, 187, 199, 233, 356, 396
Fiktionalität, das Fiktionale, fiktional 4, 6–8, 11–14, 23, 24, 27, 30, 36, 37, 41, 43, 57, 58, 60–62, 65, 66, 68, 90, 101, 102, 105, 112, 113, 132–135, 137, 143, 144, 146, 149, 150, 155, 163, 166, 173, 187, 194, 195, 199, 200, 232, 282, 287, 304, 329, 331, 353, 354, 363, 374, 375, 383, 386, 418, 478, 479
Fiktionserzählen 201
Finlay, Frank 336
Fleischhauer, Wolfram 456
– *Die Inderin* 455
Fokalisierung, fokalisiert 10, 11, 33, 68, 125, 304, 324, 422, 427
Fontane, Theodor
– *Vor dem Sturm* 87
Fortschritt 41, 46, 251, 254, 255, 382
Fortschrittsdenken 46, 254, 255, 382
Fotografie. (siehe Photographie)
Franck, Julia
– *Die Mittagsfrau* 4
Franz-Kafka-Museum, Prag 41
Freud, Sigmund 238, 263, 305
Friedländer, Saul 183
– *Wenn die Erinnerung kommt* 188
Friedrich, Jörg 184

– *Der Brand* 22, 185
Frisch, Max 465, 466
– *Wilhelm Tell für die Schule* 465
Fritsch, Gerhard
– *Fasching* 230
– *Moos auf den Steinen* 230
Fulda, Daniel 5, 42, 196, 230, 441

G
Gabaldon, Diana
– *Outlander*-Serie 26
Gansel, Carsten 421, 424
Gattungsbegriff 5, 15, 29, 30, 91, 373, 376
Gattungsgeschichte 41, 374, 385, 386
Gattungsgeschichtsschreibung 372, 374, 375, 377
Gattungsmerkmal 123, 372, 373
Gedächtnis 45, 234, 398
– Bild- 241
– kollektives 164, 183, 184, 190, 196, 234, 237, 305, 313, 321, 372, 384–386, 442, 443
– kommunikatives 11, 184, 313
– kulturelles 176, 184, 381
– nationales 234, 236
Gedächtniskonzept 398
Gedächtnisort 234
Gegenwartsliteratur 42, 132, 138, 148, 149, 191, 282, 288, 332, 353, 376
Geiger, Arno 21, 34, 231, 247, 248
– *Es geht uns gut* 11, 231, 239, 240, 243, 246, 247
– *Unter der Drachenwand* 21, 33, 34
Geil, Joachim 10, 11, 14
– *Heimaturlaub* 9
Gellert, Christian Fürchtegott
– *Leben der schwedischen Gräfin von G**** 400
gender. (siehe Geschlecht)
Gendering 82, 83
Generationenerzählung 1, 5–14, 21, 23, 26, 30, 43, 106, 176, 281
Generationenmodell 232
Generationsbegriff 236
Generationswandel 236
Genozid 146, 184, 185, 187, 188, 198, 314–316, 318–324

Gerstenberger, Katharina 458
Geschichte unerzählt versus erzählt 190
Geschichtsaufarbeitung 245
Geschichtsbewusstsein (auch historisches
  Bewusstsein) 46, 242, 246, 247, 353,
  376
Geschichtsbild 8, 18, 23, 150, 230, 232, 243,
  247, 357, 358, 366, 473
Geschichtsdarstellung 6, 8, 21, 43, 44, 81,
  82, 86, 90, 91, 98, 102, 104, 107, 125,
  127, 246, 283, 284, 286, 300, 329, 352,
  355, 376, 398, 455
Geschichtsdiskurs 9, 11, 23, 34, 82, 85, 190,
  232, 237, 242
Geschichtserfahrung 25, 27, 65, 285
– Evokation von 42, 77
Geschichtserzählen, Geschichtserzählung
  1–3, 5, 13, 20, 21, 31, 32, 34–36, 43, 44,
  61, 62, 66, 68–70, 89, 100, 114, 138, 157,
  281, 282, 285, 300, 373, 375, 376, 394
– experimentell 2, 18, 21, 43
– populär 37, 45, 58, 77
– romanhaft 4, 5, 7, 11, 14, 18, 19, 23, 25,
  27, 29, 30, 32, 33, 36–38, 40-44, 57,
  59, 77, 85, 90, 94, 103, 105, 156, 160,
  162, 163, 175–177, 252, 256, 299,
  323, 377, 379, 382, 386
Geschichtsinteresse 5, 20, 46
Geschichtskultur 4, 5, 14, 21, 23, 41, 46
Geschichtsliteratur 3, 4, 20, 24, 280
Geschichtsmedien 20
Geschichtsnarrativ 43, 118, 246, 247, 395
Geschichtsphilosophie,
  geschichtsphilosophisch 43, 46, 88,
  137, 253, 274, 386, 393
Geschichtsschreibung (auch
  Historiographie) 6, 22, 30, 31, 58–61,
  64, 66, 81, 82, 86, 87, 89, 113, 134, 137,
  144, 155, 163, 165, 173, 176, 194–196,
  243, 279, 280, 281, 283, 284, 286, 287,
  299, 304, 305, 330, 354, 355, 357, 382,
  383, 418, 456, 458
– alternative 269, 287
– experimentelle 37
– Kultur- 81
Geschichtsunternehmer 22

Geschichtsverständnis der Moderne 46
Geschichtswissen 5, 12, 18, 20, 21, 23, 24,
  25, 185, 195, 229, 252, 373, 396
Geschichtswissenschaft 5, 20, 21, 23, 24,
  185, 195, 252, 373
Geschlecht 42, 45, 81–85, 94, 95, 97, 99,
  104, 105, 107, 229, 318, 393, 394, 399,
  413, 436
Geschlechterrollen 84, 85, 97, 229
Geschlechterverhältnis 84, 394
Gibson, Mel
– *Braveheart* 467
Gier, Kerstin 84, 425
– *Liebe geht durch alle Zeiten*
  (Edelsteintrilogie) 26, 84
Glavinic, Thomas 132
Goga, Susanne 450, 452
– *Die Tote von Charlottenburg* 451
– *Leo Berlin* 450
– Leo-Wechsler-Reihe (historische
  Kriminalromane) 450
Golon, Anne (d. i. Simone Changeux)
– *Angélique*-Reihe 17
Gombrich, Ernst 67
gothic novel 397
Gott (im historischen Erzählen) 140, 145–147
Grass, Günter
– *Im Krebsgang* 22, 184
Großelterngeneration 11
Gründer, Horst 338
Gumbrecht, Hans Ulrich 46
Günther, Herbert
– *Zeit der großen Worte* 159

H
Haasse, Hella 57, 58, 68
– *Bentinck*-Romane 58, 68
– *Die Teebarone* 57
– *Ein neueres Testament* 58
– *Wald der Erwartung* 58
Habermas, Jürgen 22, 148, 149
Habsburgermonarchie 229, 239, 477
Hacker, Katharina 5, 11, 189, 191, 192
– *Der Bademeister* 12
– *Eine Art Liebe* 5, 11, 14, 188, 189
Hackl, Erich 19

– *Die Hochzeit von Auschwitz* 18, 196
Haderlap, Maja 11, 248
– *Engel des Vergessens* 11, 12, 16, 231, 241, 245, 246
Hahn, Ulla
– *Unscharfe Bilder* 15
Halbwachs, Maurice 385
Hamann, Christof 306–312, 323, 324, 325
– *Fester* 313
– *Usambara* 305, 306, 308, 309, 314, 316, 323, 333
Handloegten, Henk 19
Hanika, Iris 18
– *Das Eigentliche* 16
Haraway, Donna 394, 412
Harlan, Thomas 192, 196
– *Heldenfriedhof* 192
Harlan, Veit 192
Harris, Robert
– *Fatherland* 351
Hartman, Geoffrey 184
Hartmann, Lukas 473, 476, 477
– *Die letzte Nacht der alten Zeit* 472
– *Die Seuche* 473
Haslinger, Josef 247, 248
– *Das Vaterspiel* 230, 231, 238
– *Vaterspiel* 231
Hauenstein, Robin 116, 117, 286
Haus der Geschichte Österreich 248
Hebel, Johann Peter 347
Heer, Hannes 7
Hegel, Georg Wilhelm Friedrich 89, 137, 380, 399
– *Die Phänomenologie des Geistes* 137
Heidenreich, Gisela
– *Das endlose Jahr* 16
Heilige, das 132, 136
Heilsgeschichte 137
Heine, Heinrich
– *Loreley* 393, 412
Held, mittlerer 92, 324
Hellström, Martin 398
Henn, Marianne 396
Hennig, Anke 199
Herrndorf, Wolfgang 458
Hettche, Thomas 458

Hexenprozesse 433, 435
Hielscher, Martin 280
Hiery, Hermann Joseph 336, 338
Hilmes, Oliver 38
– *Berlin 1936* 38
Hilsenrath, Edgar
– *Das Märchen vom letzten Gedanken* 115
– *Nacht* 187
Hirsch, Marianne 184
Historiker (auch Geschichtsschreiber) 3, 22, 23, 30, 59, 60, 64, 66, 69, 73, 107, 165, 441, 446
Historiographie. (siehe Geschichtsschreibung)
Historischer Roman. (siehe Roman, historischer)
Historisierung 4, 85, 99, 104, 106, 253, 258, 260, 323, 376, 383
Historizität 28, 29, 84, 93, 97, 100, 102
Hitler, Adolf 197, 198, 235, 239, 241, 345, 351, 360, 466
Holocaust (auch Shoah) 4, 7, 22, 33, 42, 182, 183, 185, 186, 188, 192, 197, 198, 199, 200, 229, 236, 239, 240, 280, 283, 286, 288, 346, 371, 377, 383, 420, 443
Holocaustliteratur 43, 184, 191, 194
Holocaustüberlebende 183, 185–189, 191, 240, 243
Hölscher, Lucian 195
Homer
– *Odyssee* 393
Homosexualität, homosexuell 92, 95–98, 104, 107
Hoppe, Felicitas 132, 399, 402, 411, 412
– *Johanna* 36, 394, 398–400, 412
Horkheimer, Max 393, 412
Horstkotte, Silke 132, 194
Hrdlicka, Alfred
– *Mahnmal gegen Krieg und Faschismus* 241
Huizinga, Johan 63, 64, 111
Hummel, Eleonora
– *Die Fische von Berlin* 16
Hybridität, Hybridisierung, hybride 2, 5, 7, 19, 26, 27, 30, 36, 38–44, 128, 163, 191, 232, 280, 281, 288, 299, 325, 330, 373, 374, 418, 442, 445, 446

I

Illies, Florian 38
- *1913* 38
Illusion (Geschichte, historisch) 41, 60, 66, 67, 100, 160, 163
Illusionscharakter (Darstellung) 60, 61, 66
Imaginäre, das 112, 114, 122, 311
Immersion, immersiv 3, 24, 67–69, 75, 76, 85, 91, 106
Inferenz (Semiotik) 67
Ingarden, Roman 194
Interkulturalität, interkulturell 44, 303, 304, 323
Intermedialität 44, 281, 285, 287, 288
Intertextualität, intertextuell 45, 101, 116, 285, 287, 325, 330, 343, 356, 362, 377, 380, 381, 398, 399

J

Jahraus, Oliver 330
Janesch, Sabrina
- *Katzenberge* 13, 14, 16
Janz, Oliver 155
Jessen, Olaf 155
Jetter, Monika
- *Mein Kriegsvater* 16
Judentum 131, 371, 379
Jugoslawienkriege (auch Balkankonflikte) 32, 120, 123, 124
Just, Adolf 338
- *Kehrt zur Natur zurück!* 335

K

Kant, Immanuel 100, 103
Kappe, Hermann
- *Es geschah in Berlin* (Reihe) 458
Kehlmann, Daniel 15, 16, 90, 132, 335
- *Die Vermessung der Welt* 7, 90, 347
- *Tyll* 7
Kempowski, Walter 3, 38, 195
- *Alles umsonst* 2
- *Aus großer Zeit* 159
- *Echolot*-Projekt 38, 184, 195
Keneally, Thomas 183
Kennel, Herma 3
- *BergersDorf* 3
Kinder- und Jugendliteratur (KJL) 1, 25, 45, 417–423, 426, 430
Kittler, Friedrich 100
Kleeberg, Michael 358, 360–362, 365, 366
- *Ein Garten im Norden* 197, 353, 358
Klüger, Ruth 244
- *weiter leben* 9, 187
Kniesche, Thomas 446
Knopp, Guido
- *Das Weltreich der Deutschen* (Dokumentarfilm) 309
Koeppen, Wolfgang 191, 192
Köhlmeier, Michael 143, 144, 147
- *Abendland* 135, 144, 146
- *Die Abenteuer des Joel Spazierer* 135, 146
Kokovorismus 333, 335, 342
Kolonialismus 303, 308, 309, 317, 319, 321, 324, 325, 329
Kolonialschuld 308
Kolonisierte 44, 303, 304, 311–313, 322, 324
Kommunismus, kommunistisch 261, 268, 271, 366, 444, 451, 454, 455
Koneffke, Jan
- *Ein Sonntagskind* 11
Konjektur, konjektural 355, 357
Kontingenz 114, 145
Kontrafaktur, kontrafaktisch 30, 35, 44, 183, 197, 198, 260, 352–356, 358, 360–363, 367
Kopetzky, Steffen 171
- *Risiko* 158
Köppe, Tilmann 112
Korte, Barbara 46
Koselleck, Reinhart 253, 355
Kracht, Christian 116, 132, 330, 332–336, 338–341, 344–347, 358, 362–367
- *Faserland* 197
- *Ich werde hier sein im Sonnenschein und im Schatten* 353, 362
- *Imperium* 309, 313, 329, 333, 336, 341, 345, 346
Kramer, Sven 192
Krankenhagen, Stefan 182, 185
Krechel, Ursula
- *Shanghai fern von wo* 196
Kriegsgefangene(r) 237, 246, 291

Kriegsheimkehrer 238, 243
Kriminalroman. (historischer; siehe Roman, Kriminal-)
Krisenzeit 254, 271, 272, 331
Kuckart, Judith 12
- *Lenas Liebe* 12
Kühn, Dieter 27
- *Ich war Hitlers Schutzengel* 197
- *Parzival des Wolfram von Eschenbach* 27
Kutscher, Volker 19, 452
- *Der nasse Fisch* 19
- *Der* stumme *Tod* 451, 452
- Gereon-Rath-Reihe 18, 19, 452, 458
- *Lunapark* 459

L
La Roche, Sophie von 343
- *Geschichte des Fräuleins von Sternheim* 407
Lange-Müller, Katja 458
Lascaux, Paul 470, 471
- *Burgunderblut* 470
- *Gnadenbrot* 470, 477
Laub, Dori 186
Lee, Sophia 411
- *The Recess* 397
Leerstelle 1, 22, 42, 150, 230, 232, 236, 265
Lehr, Thomas
- *Frühling* 18
Lemaitre, Pierre 159
- *Wir sehen uns dort oben* 159
Lenk, Fabian
- *Die Zeitdetektive* (Reihe) 26
Leo, Maxim
- *Haltet euer Herz bereit* 16
Leo, Per 279, 293–297, 299, 300
- *Flut und Boden* 13, 280, 288, 293
Leonhard, Jörn 155, 164–166
- *Die Büchse der Pandora* 165
Lethen, Helmut 39
Leupold, Dagmar
- *Nach den Kriegen* 13, 15
Lewinsky, Charles
- *Gerron* 4
Lewitscharoff, Sibylle 132, 140, 141, 143
- *Blumenberg* 135, 140, 142
- *Das Pfingstwunder* 135, 140, 142

Liebesbrief 101
Liebmann, Irina
- *Wäre es schön? Es wäre schön!* 16
linguistic turn 61, 65, 70, 77, 279
Literatur ohne Fiktion 13
Literatur und Geschichte 282, 285, 329
Literatur und Geschichtsschreibung 38, 136, 283, 288, 300, 353
Literaturwissenschaft, Literaturwissenschaftler 3, 114, 132, 191, 236, 252, 343, 356
Littell, Jonathan
- *Les Bienveillantes (Die Wohlgesinnten)* 185
Littner, Jakob
- *Weg durch die Nacht* 191
Löffler, Sigrid 229, 284
Lorentz, Iny (d.s. Ingrid Klocke und Elmar Wohlrath) 16, 19
- *Wanderhuren*-Serie 16, 17, 18
Luckmann, Thomas 149
Ludwig II., König von Bayern 92, 96, 107
Lühe, Irmela von der 396
Luhmann, Niklas 111, 118
Lukács, Georg 88, 89, 374, 375, 394
Lustiger, Gila
- *So sind wir* 9, 13, 15, 16
Lützeler, Paul Michael 303, 332
Lyotard, François 114

M
Maierhofer, Waltraud 396, 399
Mak, Geert 69, 71, 73, 74
- *In Europa* 59, 69, 72
Man, Paul de 118
Mann, Heinrich
- *Henri Quatre* 88
Männliche, das, Männlichkeit 105, 450
Margalit, Avishai 186
Marginalisierung 82, 304, 308, 311–313
Maron, Monika 10
- *Pawels Briefe* 10
Marschner, Rosemarie 244, 248
- *Das Bücherzimmer* 231, 243, 246
Martenstein, Harald
- *Heimweg* 19
Märtyrer 186
Marx, Karl 254, 380

Mauerfall (Fall der Berliner Mauer) 167, 169, 256, 267, 270–272, 358
May, Karl
– *Die Liebe des Ulanen* 17
Medialität 38, 43, 116, 178
Memoria 303, 304, 309, 322, 325
Menasse, Eva
– *Vienna* 8
Menasse, Robert 372, 373, 377, 379, 384, 386
– *Die Vertreibung aus der Hölle* 45, 371, 372, 373, 377, 379–382, 384–386
Menzel, Wolfgang 374
Mercier, Louis-Sébastien
– *L'An 2440, rêve s'il en fut jamais* 25
Mersch, Dieter 65
Metafiktionalität, metafiktional, Metafiktion 1, 10, 11, 15, 41, 44, 45, 115, 116, 159, 176, 189, 196, 287, 304, 305, 312, 324, 325, 330, 336, 361, 376, 386, 398, 417
Metahistoriographie, metahistoriographisch 1, 6, 7, 13, 15, 19, 23, 29, 40, 59, 75, 77, 105, 115–119, 122, 123, 127, 128, 169, 194, 372, 373
metahistorisch 6, 14, 127, 332
metamnemonisch 1, 13
metanarrativ 1, 8, 14, 17, 39, 44, 146, 366
Meyer, E. Y. (Peter)
– *Der Ritt* 465
Mimesis 37, 112, 313
Mise en abyme 103
Mit dieser Welt muss aufgeräumt werden. August 1914 (Sonderheft *die horen*) 171, 172, 174, 176
Mitgutsch, Anna 231, 232, 235, 236, 244, 247, 248, 384
– *Die Annäherung* 231, 235, 237, 247
– *Haus der Kindheit* 231, 243, 244, 247
Mitscherlich, Alexander und Margarete 259, 260
Modernisierungsprozess 382, 457
Modick, Klaus 18
– *Bestseller* 17
Moehl, Bruna 474, 476, 477, 479
– *Taumel am Abgrund* 474
Molesini, Andrea 172

Momella – Eine Farm in Afrika (Film) 309
Mommsen, Theodor 88
– *Römische Geschichte* 87
Müller, Franz Carl 92
Müller, Harro 115
multimedial 3, 40, 178
Multiperspektivität, multiperspektivisch 18, 38, 41, 43, 116, 125, 127, 159, 160, 174, 175, 177, 178, 233
Münkler, Herfried 155, 164, 176
– *Der Große Krieg* 164
Murten 468–472, 477
Murtenschlacht 471, 472
Muschg, Adolf 461–464, 473, 476
Museum europäischer Kulturen
– *Der gefühlte Krieg* (Sonderausstellung) 156, 173
Museum (Museen) 20, 37, 40, 41, 43, 177, 178, 441
Mythos, Mythen 141, 235, 240, 243, 247, 289, 461, 465, 467, 476, 478, 479

N
Narrativität 14, 44, 144, 353
Nationalmythos, -mythen 45, 461, 477–479
Nationalsozialismus, nationalsozialistisch 1, 3, 5, 10, 12, 14, 15, 16, 21, 22, 28, 39, 185, 188, 197, 230, 231, 233, 234, 237, 239, 240, 243, 245, 280, 285, 294, 308, 309, 336, 341, 344, 351, 360, 371, 377, 379, 383, 384, 442, 444–447, 452, 458
NS-Propaganda 198
NS-Schuld 308
NS-Verbrechen 10, 445, 459
NS-Zeit 11, 12, 183, 280, 303, 310, 459, 463
Nawrat, Matthias
– *Die vielen Tode unseres Großvaters Jurek* 16
Nesbit, Edith
– *The Story of the Amulet* 25
Neuhaus, Stefan 331, 398
Nicht-Fiktion, nicht-fiktional 1, 3, 14, 23, 27, 30, 58, 59, 62, 65, 66, 112, 281
Nietzsche, Friedrich 46, 100
Nikolajeva, Maria 424
Normalisierung 45, 441–443, 458

Nostalgie 126, 332
Nünning, Ansgar 7, 30, 115–117, 123, 125, 194–196, 281, 376

O
Olkusz, Gesa
– *Legenden* 20
Opfer 4, 10, 16, 22, 183–186, 188, 191–193, 201, 230, 235, 238, 240, 243, 245, 246, 315, 318, 371, 384, 407, 435
Oral History 279, 287

P
Paletschek, Sylvia 46, 81, 84
Panfiktionalismus 323
parahistorisch 44, 45, 353, 357, 365
Parei, Inka 458
Pehnt, Annette
– *Chronik der Nähe* 13
performativ (Sprechakt) 186
Peter, Jan
– *14 – Tagebücher des Ersten Weltkriegs* (Dokumentarfilmserie) 157, 174
Petrowskaja, Katja 279, 288, 289, 291, 293, 295–297, 299, 300
– *Vielleicht Esther* 196, 280, 288–290
Peukert, Detlef 445
Photographie 22, 38, 76, 90
Piper, Ernst 155, 164
poiesis 111
Pollack, Martin
– *Der Tote im Bunker* 16
Polyphonie, polyphon 31, 38, 125, 126, 195, 232
Populäre, das 2, 5, 15, 19, 21
Populärkultur 27, 83, 441
Poschenrieder, Christoph 168–170, 176
– *Der Spiegelkasten* 156, 167, 168
Positionalität (von Autor oder Figuren) 43, 183
Post-DDR-Literatur 252
post-memory 184
Postkolonialismus, postkolonial 303, 304, 313, 322, 329, 332, 344
Postmoderne, postmodern 34, 41, 44, 65, 71, 111, 114, 116–119, 127, 128, 159, 163, 170, 172, 325, 329, 332, 353, 355, 379, 382

postreligiös, postsäkular 148, 149
Pradelski, Minka
– *Und da kam Frau Kugelmann* 8, 14
Prange, Peter
– *Ich, Maximilian, Kaiser der Welt* 471
Preisendörfer, Bruno
– *Als Deutschland noch nicht Deutschland war. Reise in die Goethezeit* 27
– *Die Verwandlung der Dinge. Eine Zeitreise von 1950 bis morgen* 27
Primor, Avi
– *Süß und ehrenvoll* 160

Q
Quellen, historische (Originalquelle) 6, 14, 33, 38, 44, 58, 67, 68, 74, 94, 96, 98, 165, 171
Quintilianus, Marcus Fabius 66

R
Raabe, Wilhelm
– *Das Odfeld* 113
Rabinovici, Doron 234, 384
Rajewsky, Irina 197
Rang, Florens Christian 28
Ranke, Leopold von 61, 69
Ransmayr, Christoph 116
– *Die letzte Welt* 115, 332
Rasse 3, 318, 319, 346
Realität, das Reale 7, 8, 35, 42, 77, 112, 113, 114, 120, 122, 127, 158, 169, 170, 178, 181, 182, 189, 190, 200, 201, 244, 261, 273, 284, 287, 295, 330, 345, 357, 375
Recherchieren 6, 247
Reenactment 20, 43, 173–175, 178, 309, 310, 323, 454, 463
Referenz, Referentialität, referentiell (Semiotik) 5, 7, 8, 13, 41, 43, 60, 67, 74–77, 90, 111, 118, 119, 120, 123, 124, 127, 128, 182, 190, 199, 232, 258, 264, 287, 357, 362, 366, 397, 478
Reflexivität 41, 103
Reidy, Julian 7
Reithard, Johann Jakob 469
Rekonstruktion, rekonstruieren (des Vergangenen) 1, 6–8, 10–13, 16, 18, 19, 39, 40, 64, 72, 76, 102, 107, 116, 122,

126, 183, 190, 195, 229, 232, 236, 247, 258, 259, 285, 286, 288, 299, 305, 337, 372, 444, 446
Rekonstruktionsarbeit 12, 299
Religion 94–97, 131–138, 147–150, 229
Religiöse, das 42, 132, 135
Religiosität 131, 133–135, 138–140, 149
Restitution (des Vergangenen) 286, 289, 300
Reusch, Nina 81, 84
revisionistisch 395, 458
Reybrouck, David van
– *Kongo. Eine Geschichte* 59, 71
Rhythmus 111
Riehl, Wilhelm Heinrich
– *Kulturgeschichtlichen Novellen* 35
Roggenkamp, Viola 407, 408, 410, 411, 413
– *Die Frau im Turm* 394, 403, 412
– *Tochter und Vater* 13, 16
Roman 42, 58, 68, 77
– Abenteuer- 30, 45, 159, 330, 335, 399, 412, 430, 437
– Bildungs- 14, 30
– Brief- 91, 94, 105, 106
– Emanzipations- 30, 325
– Gegenwarts- 30, 35, 325, 330
– Generationen- 5, 7, 21, 33, 43, 163, 229, 230, 233, 234, 236–238, 241, 243–247, 295
– Geschichts- 29, 33, 83, 119, 128, 372, 394, 418
– historischer 1–8, 10, 12, 13, 15, 21, 26, 29–32, 37, 41–44, 62, 68, 88, 98, 101, 111, 113–120, 123, 127, 128, 155, 156, 158, 161, 167, 173, 176, 194, 196, 280, 281, 287, 295, 303, 304, 306, 310, 312, 329–332, 337, 352, 354, 356, 372–377, 379, 386, 394, 396, 397, 417, 418, 421, 426, 435, 442, 457, 465, 471
– Kolonial- 30, 325, 331
– Kriminal- 396, 412, 441, 442, 444–446, 455–459
– Liebes- 30
– Montage- 167
– mythopoetischer 330
– parahistorischer 44, 352, 353, 356–358, 365–367

– postkolonialer historischer 44, 303, 305, 309, 313, 323, 324
– postmoderner 160, 303, 331
– Unterhaltungs- 18
– Wende- 251
– Zeitreise- 417, 424, 426, 430–432, 435–437
romance (als fiktive Romanhandlung) 335, 395, 397, 409
Romanhaftes Geschichtserzählen. (siehe Geschichtserzählung, romanhaft)
Romanhaftigkeit 58, 68, 77
Rosa, Hartmut 254–256, 382, 385
Ross, Corey 444, 445
Roth, Patrick 132
Rothmann, Ralf 11, 14
– *Der Gott jenes Sommers* 33, 34
– *Im Frühling sterben* 10, 33
Rousseau, Jean-Jacques 334
Ruanda 314–316, 318–321, 323
Ruge, Eugen 119, 125–128
– *Es geht uns gut* 11
– *In Zeiten des abnehmenden Lichts* 111, 125
Runge, Anita 396
Rüsen, Jörn 107

S

Sachbuch, historisches 27, 37, 38
Säkularisierung 135–138, 140, 148, 150
Sark, Katrina 443
Scarrow, Alex 428, 430, 434
– *TimeRiders* (Serie) 427, 431, 436
Schaefer, Beate
– *Weiße Nelken für Elise* 16
Scheffel, Victor von
– *Ekkehard. Eine Geschichte aus dem zehnten Jahrhundert* 113
Scheub, Ute
– *Das falsche Leben* 16
Schiller, Friedrich 96, 399, 402, 403, 408, 410–412, 465, 471
– *Jungfrau von Orleans* 399, 402, 403, 412
– *Maria Stuart* 397, 412
– *Wilhelm Tell* 464
Schilling, Erik 376
Schindel, Robert 234, 235, 242, 244, 248

– *Der Kalte* 231, 235, 240, 241, 243, 246
Schindler's List (Film) 183
Schirach, Ferdinand von
– *Der Fall Collini* 7
Schirach, Richard von
– *Der Schatten meines Vaters* 16
Schlögel, Karl 31
– *Terror und Traum. Moskau 1937* 31
Schmidt, Arno
– *Alexander* 88
Schmidt, Christa 458
Schmidt, Eva 433–436
Schmidt, Sibylle 186
Schmitt, Éric-Emmanuel
– *La part de l'autre* 351
Schneider, Helga
– *Laß mich gehen* 15, 16
Schneider, Robert
– *Schlafes Bruder* 332
Schoch, Julia 267, 274
– *Mit der Geschwindigkeit des Sommers* 252, 266, 268, 273, 274
Schreibfiktion 14
Schulze, Ingo 273, 274
– *Neue Leben* 252, 270, 271, 273, 274
Schwarz, Thomas 344
Schweizer Geschichte 45, 464, 478
Science Fiction 24, 366, 417, 426, 431
Scott, Walter 2, 17, 29, 31, 58, 89, 92, 163, 374, 375, 379, 394, 397, 399, 402, 417, 470
– *Anne of Geierstein* 469
– *Ivanhoe* 394, 403, 412
– *Quentin Durward* 469
– *Waverley* 374, 394
Sebald, Winfried Georg 115, 116, 190–192, 279, 280, 282–289, 291, 294, 297–300, 347
– *Austerlitz* 188, 190, 285, 286, 288
– *Die Ausgewanderten* 9
Second-Life-Projekt 442, 454, 455, 458
Selbstreferentialität, Selbstreferenz 3, 8, 13, 14, 42, 111, 116, 118–120, 122–125, 127, 128, 329

Selbstreflexion, -reflexivität 7, 42, 59, 62, 77, 305, 316, 355
Senfft, Alexandra
– *Schweigen tut weh* 16
Şenocak, Zafer 458
sexual agency 84
Sexualität. (siehe auch Homosexualität) 84, 85, 94, 131, 411
Seyfried, Gerhard
– *Herero* 313, 333
– *Verdammte Deutsche!* 158
Shoah. (siehe Holocaust)
Short, Emma 8
showing und *telling* 423
Signale (Fiktion) 62, 69, 112
Smail, Deborah 444, 445
Sozialismus 147, 254, 255, 259–264
spatial turn 70
Speke, John Hanning
– *Die Entdeckung der Nilquellen* 318
Spielbegriff 111–118, 125, 127, 128
Spinnen, Burkhard
– *Zacharias Katz* 158
Spivak, Gayatri 313
sprachpragmatisch 61
Stangl, Thomas
– *Der einzige Ort* 313
Stanišić, Saša 119–124, 126–128
– *Wie der Soldat das Grammofon repariert* 111, 119
Stave, Gabriele 449
– *Gefährliches Terrain* 449
Steidele, Angela 28, 91–99, 101, 104–107
– *Rosenstengel* 85, 91, 94, 95, 97, 98, 100–107
– *Zeitreisen* 26, 106, 107
Stein, Benjamin 193
– *Die Leinwand* 193
Steinaecker, Thomas
– *Schutzgebiet* 309, 313
Stocco, Giampietro
– *Nero Italiano* 351
Strukturerzählung 156, 165, 166
Subjektivierung 62, 116, 166

Subjektivität 9, 14, 144, 145, 299, 315, 354, 386
Südtiroler Landesmuseum 26
supranational (siehe auch Transnationalität, transnational) 230, 256
Süskind, Patrick
- *Das Parfum* 332

T

Täter 10, 12, 15–17, 183–185, 189-193, 230, 238, 243, 281, 315, 318, 322, 324, 447, 453
Tätergesellschaft 189, 192
Täterkollektiv 190, 191
Täterschaft 16, 281
Tatort Forschung (Reihe) 437
Tatort Geschichte (Reihe) 437
Taylor, Charles
- *Ein säkulares Zeitalter* 149
Teege, Jennifer
- *Amon* 13
Tell, Wilhelm (Mythos) 471
Tellkamp, Uwe
- *Der Turm* 35
Text-Bild-Beziehung 287, 291, 298
Thomasius, Christian 94, 98
Timm, Uwe 115
- *Am Beispiel meines Bruders* 196, 280
- *Morenga* 322, 333
Transnationalität, transnational (siehe auch supranational) 43, 156, 157, 164–166, 172, 175, 177, 229, 246
Transzendenzerfahrung 133
Trauerarbeit 258–260, 263
Trauma, traumatisch 9, 17, 19, 158, 160, 184, 186, 229, 233, 236, 244, 245, 321, 351, 366, 377, 386
Trivialliteratur 15–18
Trojanow, Ilija 138, 140
- *Der Weltensammler* 135, 138, 324
Trotha, Hans von 167–170, 176
- *Czernin oder wie ich lernte den Ersten Weltkrieg zu verstehen* 156, 167, 176

Trzebiner, Channah
- *Die Enkelin oder Wie ich zu Pessach die vier Fragen nicht wusste* 16
Twain, Mark 399, 402
- *Personal Recollections of Joan of Arc by the Sieur Louis de Conte* 402, 403, 412
Tykwer, Tom 19
- *Babylon Berlin* (TV-Serie) 19

U

Uchronie, uchronisch 352, 354–357, 360–362, 365, 366
Uecker, Matthias 12
Unterhaltungsliteratur 18, 128
Urban, Simon
- *Plan D* 35
Utopie, utopisch 25, 43, 44, 254, 255, 257–260, 262–266, 274, 335, 353, 358–361, 364–366

V

Väterliteratur 11, 12, 15, 16
Vaucher, Thomas 466–468, 470, 475, 479
- *Der Löwe von Burgund* 469
Vennemann, Kevin 5, 199, 201
- *Nahe Jedenew* 4, 200
Verdrängung (von Geschichte) 247, 259, 263, 293, 323
Vergegenwärtigung, vergegenwärtigt (von Geschichte/Vergangenheit) 1, 2, 4, 13, 21, 27, 37, 38, 40, 43–45, 65, 69, 77, 122, 233, 234, 244, 283, 309, 323, 325, 373, 377, 385, 397, 399, 412, 419
Vermes, Timur
- *Er ist wieder da* 198, 351
Virtualität 122
Völkermord 303, 315, 323
Voltaire
- *Candide* 400
Voss, Bastienne
- *Drei Irre unterm Flachdach* 16
Vring, Georg von der 299
Vuillard, Éric 162, 163
- *Ballade vom Abendland* 161
- *Die Tagesordnung* 39

W

Wackwitz, Stephan 7, 14
- *Die Bilder meiner Mutter* 13
- *Ein unsichtbares Land* 6, 13, 313
- *Neue Menschen* 13
Wagner, Richard 197, 359
Wahrheit
- historisch 20, 40, 289, 379
- literarisch 143, 289
Waldheim, Kurt 234, 235, 240, 241
Walter, Hans
- *Mitläufer* 463
Walton, Kendall 112, 194
Weber, Anne 28
- *Ahnen. Ein Zeitreisetagebuch* 26, 28, 106
Wehrmachtsausstellung (*Vernichtungskrieg. Verbrechen der Wehrmacht 1941 bis 1944*) 22, 235
Weibliche, das 83
Weigand, Sabine 410–413
- *Die Markgräfin* 394, 408
Weimarer Republik 45, 156, 198, 359, 360, 441, 442, 445, 446, 451–454, 456–459
Wells, Herbert G.
- *The Time Machine* 25, 417
Weltkrieg, Erster 42, 43, 76, 77, 155–164, 166–178, 464
Weltkrieg, Zweiter 2, 3, 7, 16, 17, 19, 22, 33, 34, 42, 43, 162, 176, 229, 236, 257, 346, 347, 351, 376, 461, 463, 465, 466, 476
Welzer, Harald 305, 308
Wendeliteratur 43, 251
Wendezeit (1989/90) 32, 251, 273, 274
White, Hayden 60, 61, 72, 382
- *Metahistory* 60
Wiedervereinigung (Deutschland 1990) 35, 118, 255, 442, 443
‚Wilde', der/die ‚Wilden' 319, 334, 341, 346
Wilkomirski, Binjamin (auch Bruno Dösseker) 191–193
Wirklichkeitsbezug 59, 60, 63, 64, 68
Wittlinger, Ruth 442
Wohlrab-Sahr, Monika 148
Wolf, Christa
- *Kindheitsmuster* 196
Wolf, Werner 67

Z

Zeit, biographische 400
Zeitdenken 43
Zeiterfahrung 43, 252, 267, 268, 271, 274, 385
Zeiterleben 253
Zeitforschung 252
Zeitgeschichte 43, 457
Zeitregime 135, 269, 273, 274
Zeitreise 5, 20, 21, 24–29, 40, 42–45, 105, 143, 161, 177, 310, 323, 399, 401, 402, 406, 412, 417, 419, 420, 423–432, 434, 435, 437
Zeitreise. Für Geschichte begeistern! (Schulbuch) 26
Zeitreiseliteratur 419, 437
Zeitreisender, Zeitreisende 27, 28, 406, 412, 425–428, 430
zeittheoretisch 251, 252, 273, 274
Zeitzeuge 3, 5, 6, 10, 11, 14, 15, 18, 21, 22, 188, 195, 230, 384, 469
Zeugnis, Zeuge, Zeugenschaft 19, 43, 183–188, 190, 191, 194–196, 199, 201
Zimmermann, Holger 426, 430
Zöller, Elisabeth
- *Der Krieg ist ein Menschenfresser* 158
Zürichkrieg, Alter 475, 478

www.ingramcontent.com/pod-product-compliance
Lightning Source LLC
Chambersburg PA
CBHW020603300426
44113CB00007B/486